国家社会科学基金
NSSFC
The National Social Science Fund of China

美、英、加、澳四国高等学校财务报告信息公开研究

赵红卫 著

中国财经出版传媒集团
中国财政经济出版社

图书在版编目（CIP）数据

美、英、加、澳四国高等学校财务报告信息公开研究／赵红卫著．--北京：中国财政经济出版社，2022.12
ISBN 978－7－5223－1817－2

Ⅰ.①美…　Ⅱ.①赵…　Ⅲ.①高等学校－财务管理－研究－美国、英国、加拿大、澳大利亚　Ⅳ.①G647.5

中国版本图书馆 CIP 数据核字（2022）第 254800 号

责任编辑：张怡然　　　　责任印制：张　健
封面设计：卜建辰　　　　责任校对：胡永立

中国财政经济出版社 出版

URL：http：//www.cfeph.cn
E－mail：cfeph@cfeph.cn

社址：北京市海淀区阜成路甲 28 号　邮政编码：100142
营销中心电话：010－88191522
天猫网店：中国财政经济出版社旗舰店
网址：https：//zgczjjcbs.tmall.com
北京财经印刷厂印刷　各地新华书店经销
成品尺寸：170mm×240mm　16 开　43.75 印张　650 000 字
2022 年 12 月第 1 版　2022 年 12 月北京第 1 次印刷
定价：108.00 元
ISBN 978－7－5223－1817－2
（图书出现印装问题，本社负责调换，电话：010－88190548）
本社质量投诉电话：010－88190744
打击盗版举报热线：010－88191661　QQ：2242791300

本书系国家社科基金项目全国教育科学“十三五”规划国家级一般课题“美、英、加、澳四国高等学校财务报告信息公开研究”（BIA160133）的研究成果。

特别鸣谢！

导　言 FOREWORD

当今世界，信息公开已成为衡量一个国家民主政治进步程度的重要表征。2007年1月17日，国务院第165次常务会议首次通过了《中华人民共和国政府信息公开条例》（国务院令第492号，以下简称《条例》），自2008年5月1日起施行。2019年4月3日，国务院第711号令对《条例》进行了实施十年后的第一次重要修订，自2019年5月15日起施行。《条例》的颁布和修订，成为我国政府信息公开立法进程中的重要里程碑。《条例》自颁布以来，我国各级政府高度重视并持续推进政府信息公开工作，积极应对政府信息公开为社会改革发展所带来的机遇和挑战；社会公众开始尝试利用信息公开积极参政议政，维护合法权益，参与社会治理；社会各界开始习惯于把信息公开工作的质量作为衡量公共部门工作好坏的重要标尺。

公共性是高等教育的基本属性。高等学校信息公开，是政府信息公开在高等教育领域的自然延伸和时代诉求，是政府信息公开工作的重要组成部分。高等学校信息公开，既是高等教育适应经济社会高质量发展的客观要求，更是高等学校本体追求高质量发展的内在路径，是高等教育公共基本属性的直接体现。高等学校财务报告信息公开，是高等学校信息公开工作的重要组成部分，是高等教育承担公共服务和履行受托责任的具体体现，为实现高等教育资源的合理配置、有效运营、科学评价、规范监督等提供了更多可能。因此，高等学校财务报告信息公开，既关乎高等学校信息公开的基本属性，更关乎高等学校信息公开的目标达成。

我国教育部于2010年3月30日第5次部长办公会议审议通过了《高等学校信息公开办法》（教育部第29号令，以下简称《办法》），自2010年9月1日起施行；随之先后发布了《关于做好高等学校财务信息公开工作的通知》（教财〔2012〕4号）、《关于进一步做好高等学校财务信息公开工作的通知》（教财函〔2013〕96号，以下简称《通知》），以及《高等学校信息公开事项清单》（教办函〔2014〕23号，以下简称《清单》）等一系列高校财务信息公开相关文件。《条例》《办法》《通知》《清单》等对推进我国高等学校财务信息公开工作提出了明确具体的要求。自2012年《通知》发布至今，已整十年，我国高等学校财务信息公开工作取得了显著成就，教育部直属高校财务信息公开率甚至达到了100%，高校财务报告（目前仅要求公开预决算报告）在社会公众视野中实现了从无到有的历史性突破。

在西方国家，政府信息公开的历史可追溯至18世纪。与我国颁布《条例》的时间相比，美国、英国、加拿大、澳大利亚四国政府颁布《信息自由法》的时间相对较早。至于高等教育领域中的高校财务信息，在公开实践方面，美国、英国、加拿大、澳大利亚四国高校的起步时间，比我国要早十余年之久；在公开范围方面，无论是公立还是私立高校，四国高校财务报告公开的比例均相对较高；在公开质量方面，四国高校公开的财务报告，框架、内容、形式均相对完善，且体现出较强的社会公信力。尽管如此，我们仍能发现其中存在着一些共性问题，如从立法到实践，经历的时间跨度较长、进程较慢；而我国高校财务信息公开从立法到实践，跨度更小、进程更快。

“他山之石，可以攻玉。”美、英、加、澳四国是全球公认的世界高等教育强国，本研究以世界著名的大学排名机构——美国新闻和世界报道（U. S. News & World Report）发布的世界最好大学排行榜（Best Global Universities Ranking）为依据，择取进入该排名的四国共295所高校（含一些医学类研究机构，下同）为样本，研究四国高校财务报告信息公开的理论基础、法制遵循、现实状况，统计分析样本高校的公开进程、公开框架、报告文本、会计制度、治理保障等，对四国高校的20余份财务报告进行了文本翻译和比较归纳，首次在本书中以中文版的形式，完整呈现了四国5所高校2018/2019财年度财务报告的原貌。

截至本研究结束之时，以美、英、加、澳四国共295所高校为样本，其中有284所高校在其官方网站公开了财务报告，未能获得财务报告的高校仅11所；四国样本高校财务报告信息公开率极高，总体达96%以上，加拿大37所样本高校的财务报告公开率甚至达到100%；四国样本高校的财务报告，呈现出框架完整、体系规范、内容丰富、形式多样等共同特征；同时剖析各国高校间财务报告信息公开进程差异明显、一些高校财务报告获取难度较大等存在的问题。

我国高等学校财务信息公开工作起步较晚，尽管教育部直属高校在财务信息公开进程中做出了很好的样例，但从全国范围看，尚处于财务信息公开的初级阶段。现阶段依然存在着高校财务信息整体公开率不高，地区间公开差异明显，公开框架不完整、内容不充分、公信力不强、使用率较低等方面问题。究其原因，既有高校信息公开理论研究方面的基础薄弱、文化历史传统方面的自利顾虑，又有法制规约方面的遵循不力，还有高等会计教育的相对滞后，更有国民财经素养的能力不足，以及教育评价与资源配置之间的关系弱化等。

在研究过程中，本课题形成了一系列较为系统的研究成果，内容涉及高校财务信息公开的财务信息质量、财务报告体系、会计制度比较、治理保障研究、财经素养教育、高等会计教育等方面，这些方面对高校财务信息公开而言，都是必不可少或密切相关的研究内容。本研究通过总结四国高校财务报告信息公开的共同特征，对高校财务报告信息公开的未来进行了展望，结合我国高校财务信息公开工作十年来的现状和问题，提出了有针对性的对策和建议，对推进我国高校财务信息公开工作的持续深入开展，具有鲜明的理论奠基价值和实践指导意义。

本课题为国家社科基金全国教育科学“十三五”规划国家一般项目，基金资助为本课题开展研究和顺利完成提供了良好的支持和保障，借此机会对全国教育科学规划领导小组办公室、课题组成员单位表示衷心的感谢！

在研究成果中，我们参阅、借鉴、吸收了教育学、管理学、经济学、政治学等领域诸多国内、外专家、学者的方法、思想、成果，其为课题提供了宝贵的研究思路和学术滋养；在研究过程中，我们还得到了一些专家、学者提供的宝贵的国、内外访学和学术交流机会，以及给予的无私的关心、指导、帮助和支持。借此机会请允许我们表示最诚挚的感谢和由衷的谢意！

由于课题组能力和水平局限，难免有纰漏和不足之处，敬请各位专家、学者批评指正。

赵红卫
于英国　林肯
2022 年 6 月

附：课题研究设计思维导图

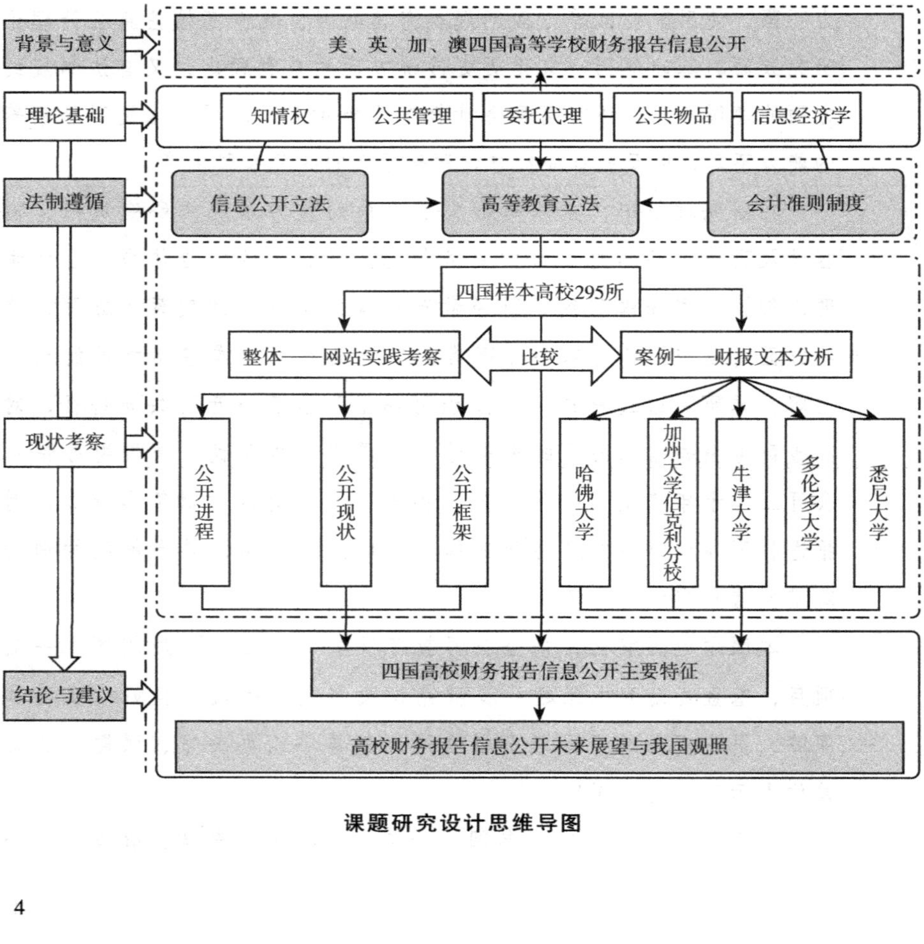

课题研究设计思维导图

目　录 CONTENTS

第一章　绪论 …… 1

本章导读 …… 3

一、研究缘起与问题 …… 4

（一）研究缘起 …… 4

（二）研究问题 …… 7

二、核心概念 …… 8

（一）信息公开 …… 8

（二）财务报告 …… 9

（三）财务信息 …… 11

三、研究思路 …… 12

（一）研究路径 …… 12

（二）研究方法 …… 13

四、研究成果与创新 …… 16

（一）研究成果 …… 16

（二）创新之处 …… 17

（三）改进方向 …… 18

第二章　高校财务报告信息公开理论基础 …… 21

本章导读 …… 23

一、知情权利理论 …… 24

（一）知情权 …… 24

（二）知情权与信息公开 …… 25

（三）知情权与高校财务信息公开 …… 26

二、公共管理理论 …… 27
（一）公共管理理论主要流派 …… 27
（二）公共管理与高校财务信息公开 …… 30
三、委托代理理论 …… 33
（一）委托代理理论概述 …… 33
（二）委托代理与高校财务信息公开 …… 35
四、公共物品理论 …… 38
（一）公共物品理论概述 …… 38
（二）公共物品与高校财务信息公开 …… 39
五、信息经济学理论 …… 41
（一）信息经济学理论概述 …… 41
（二）信息经济与高校财务信息公开 …… 43

第三章　美国高校财务报告信息公开研究 …… 45

本章导读 …… 47
一、美国高校财务报告信息公开法制遵循 …… 48
（一）美国联邦政府信息公开立法 …… 49
（二）美国国家信息自由联盟 …… 52
（三）美国各州地方政府信息自由立法 …… 54
（四）美国联邦财务信息公开制度 …… 71
二、美国高校财务报告信息公开现状 …… 76
（一）美国高校样本选择及分布概况 …… 77
（二）美国高校财务报告信息公开进程与现状 …… 79
（三）文本案例：哈佛大学财务报告信息公开 …… 86
（四）文本案例：加州大学伯克利分校财务报告信息公开 …… 90
三、美国高校财务报告信息公开的主要特征 …… 92
（一）法制遵循 …… 92
（二）公开框架 …… 94
（三）高校性质 …… 96

附录 1：哈佛大学财务报告（2019 财年）…………………………… 97
附录 2：加州大学伯克利分校年度财务报告（2018/2019 年度）…… 172

第四章　英国高校财务报告信息公开研究 …………………………… 215

本章导读 …………………………………………………………………… 217
一、英国高校财务信息公开法制遵循 …………………………………… 217
（一）英国联邦政府信息公开立法历史演进 ………………………… 217
（二）英国联邦政府信息公开机构设置 ……………………………… 221
（三）英国高校信息公开相关法规 …………………………………… 223
二、英国高校财务报告信息公开现状 …………………………………… 225
（一）英国高校样本选择及分布概况 ………………………………… 225
（二）英国高校财务报告信息公开进程与现状 ……………………… 227
（三）文本案例：牛津大学财务报告信息公开 ……………………… 230
三、英国高校财务报告信息公开的主要特征 …………………………… 232
（一）法制遵循 ………………………………………………………… 232
（二）公开框架 ………………………………………………………… 236
（三）高校性质 ………………………………………………………… 237
附录：牛津大学财务报表（2018/2019 财年）………………………… 238

第五章　加拿大高校财务报告信息公开研究 ………………………… 375

本章导读 …………………………………………………………………… 377
一、加拿大高校财务信息公开法制遵循 ………………………………… 378
（一）加拿大联邦政府信息公开立法 ………………………………… 378
（二）加拿大地方政府信息公开立法 ………………………………… 380
（三）加拿大信息公开立法内容分析 ………………………………… 382
（四）加拿大联邦政府财务信息公开法制遵循 ……………………… 384
二、加拿大高校财务报告信息公开现状 ………………………………… 388
（一）加拿大高校样本选择及分布概况 ……………………………… 388
（二）加拿大高校财务报告信息公开进程与现状 …………………… 389
（三）文本案例：多伦多大学财务报告信息公开 …………………… 391

三、加拿大高校财务报告信息公开的主要特征…………………… 395
（一）法制遵循 ………………………………………………… 395
（二）公开框架 ………………………………………………… 396
（三）高校性质 ………………………………………………… 398
附录：多伦多大学财务报告（2019 年 4 月 30 日）…………… 400

第六章　澳大利亚高校财务报告信息公开研究……………………… 491

本章导读………………………………………………………………… 493
一、澳大利亚高校财务信息公开法制遵循……………………… 494
（一）澳大利亚联邦政府信息公开立法 …………………… 494
（二）澳大利亚地方政府信息公开立法 …………………… 495
（三）澳大利亚财务信息公开法制遵循 …………………… 496
二、澳大利亚高校财务报告信息公开现状……………………… 498
（一）澳大利亚高校样本选择及分布概况 ………………… 498
（二）澳大利亚高校财务报告信息公开进程与现状 ……… 499
（三）文本案例：悉尼大学财务报告信息公开 …………… 501
三、澳大利亚高校财务报告信息公开的主要特征……………… 503
（一）法制遵循 ………………………………………………… 503
（二）公开框架 ………………………………………………… 503
（三）高校性质 ………………………………………………… 506
附录：悉尼大学 2019 年度报告 ……………………………… 507

第七章　高校财务报告信息公开未来展望及对策建议……………… 667

本章导读………………………………………………………………… 669
一、四国高校财务报告信息公开共同特征……………………… 670
（一）财务报告公开率高且高校属性间无差异 …………… 670
（二）财务报告框架完备且报告发布公信度高 …………… 670
（三）财务报告印刷精美且内容呈现形式多样 …………… 671
（四）财务报告公开法制遵循滞后且差异较大 …………… 671

二、高等学校财务报告信息公开未来展望 …… 672
（一）信息公开是国际高等教育未来的主流趋势 …… 673
（二）各国高校信息公开的进程会存在较大差异 …… 674
（三）高校财务报告信息公开目标达成任重道远 …… 675
（四）信息公开立法需要与隐私保护法并行不悖 …… 675
三、我国高校财务报告信息公开对策建议 …… 676
（一）加强高校财务报告信息公开的理论研究 …… 676
（二）完善高校财务报告信息公开的法律体系 …… 678
（三）提升高校财务报告信息公开的信息质量 …… 679
（四）构建高校财务报告信息公开的产品市场 …… 681

后记 …… 684

第一章

绪　论

一切划时代的体系的真正内容，都是由于产生这些体系的那个时期的需要而形成的。所有这些体系都是以本国过去的整个发展为基础的，是以阶级关系的历史形式，及其政治的、道德的、哲学的以及其他的成果为基础的。[①]

——《马克思恩格斯全集》（第三卷）

① 马克思，恩格斯．马克思恩格斯全集［M］．第三卷．中共中央马克思恩格斯列宁斯大林著作编译局，编译．北京：人民出版社，1960：544.

本章导读

绪论部分主要阐述为什么选择本课题研究，以及如何开展研究的问题。为什么选择本课题研究，即研究的缘起和问题意识；如何开展研究，则涉及研究的边界、思路和方法，最终关乎研究的过程、成果、创新等。

高校信息公开之必要性似乎已无须过多讨论，这在我国高校信息公开法规中已有了明确的要求。那么，高校财务信息的主要载体——财务报告，作为高校信息公开的重要组成部分，应当在公开之列。自我国教育部于2012年11月发布《通知》之时起，截至2021年11月已整整十年。据统计，教育部直属高校财务信息公开率已达100%，但是地方高校财务信息公开率则整体不高；而且在高校财务信息公开的体系、框架、内容方面，仍存在明显的地域和程度差异，私立高校更是鲜少公开其财务信息。为什么？这显然是值得研究的问题。

有比较才能有鉴别。这里的比较包括国内比较和国际比较。国内比较相对容易，国际比较则难度较大，大样本的国际比较就更为困难。本研究根据美国新闻和世界报道发布的世界最好大学排行榜，择取美、英、加、澳四国295所高校为研究样本，通过研究其理论基础、法制遵循，并进行现状调查，采用文献研究、实践考察、比较研究、案例研究和文本分析等方法，对四国295所样本高校财务报告信息公开进行专题研究，呈现了四国高校财务报告信息公开的原貌。样本选择和研究设计既具有公认的先进性，又具有广泛的代表性，更兼具类别的普遍性。

在梳理高校财务报告信息公开的理论基础之上，本研究对四国295所样本高校的财务报告公开状况，实施了连续四年的跟踪调查研究，首次完成了全部样本高校财务报告公开进程与现状的统计分析，开展了四国10余所高校不同年度20余份财务报告的翻译工作，完整呈现了5所案例高校2018/2019财年度的财务报告原貌，理论视角、实践视角体现出一定的创新性。在研究过程中，形成了一系列研究成果，涵盖大学治理结构、财务报告分析、财务信息重量、审计风险保障、会计准则比较、高等会计教育和财经素养教育等方面，这些成果均与高校财务报告信息公开有着密切、直接的联系，共同构成该课题研究的完整体系。

一、研究缘起与问题

（一）研究缘起

当人类社会进入21世纪，信息公开对经济社会发展的影响已日渐深远，回应社会各界对信息公开的诉求开始席卷全球，成为民主政治国家不可回避的公共事务。尽管如此，信息公开仍不可避免地受到一个国家的文化传统、经济发展、政治体制、民主进程等因素的影响。

2007年1月17日，国务院第165次常务会议通过《中华人民共和国政府信息公开条例》（以下简称《条例》），自2008年5月1日起施行。《条例》第六章第五十五条规定：教育、卫生健康、供水、供电、供气、供热、环境保护、公共交通等与人民群众利益密切相关的公共企事业单位，公开在提供社会公共服务过程中制作、获取的信息，依照相关法律、法规和国务院有关主管部门或者机构的规定执行。全国政府信息公开工作主管部门根据实际需要可以制定专门的规定。[①] 2019年4月3日，李克强总理签署国务院令，公布新修订的《中华人民共和国政府信息公开条例》，自2019年5月15日起施行。此次对《条例》的修订，是坚决贯彻落实党中央、国务院全面推进政务公开的精神，加大政府信息公开力度，既要在公开数量上有所提升，也要在公开质量上有所优化；积极回应人民群众对于政府信息公开的需求，体现近年来政府信息公开工作的新进展、新成果，解决实践中

---

① 张穹．贯彻《政府信息公开条例》 开创政府工作新局面［J］．国家行政学院学报，2008（3）：15－18.

遇到的突出问题。[①] 政府信息公开，已经从原来的单纯重数量形式，步入数量与质量并重的快速发展阶段。

高校财务信息公开，既是国家信息公开在高等教育领域的自然延伸和必然要求，又是高等学校主体顺应高等教育改革与发展的必然选择。正如信息公开的意愿不会自动产生一样，高校财务信息公开过程中受制的因素同样复杂，既有主观认识方面的社会因素，又有客观实践方面的技术因素。教育部于2010年颁布《高等学校信息公开办法》（以下简称《办法》）[②]，2012年发布《关于做好高等学校财务信息公开工作的通知》（以下简称《通知》）[③]，2014年发布《高等学校信息公开事项清单》（以下简称《清单》）[④]，结合我国高等教育发展和高等学校会计改革的现状，对我国高校财务信息公开提出了阶段性要求。国内关注该领域的一些学者在对我国高校财务信息公开进行研究发现，我国高校财务信息公开存在着地区间公开不平衡，不同办学性质高校间财务信息公开差异大，公开的财务信息框架不完整、内容不充分、公信力不强，公开后的财务信息关注度不高、利用率偏低等问题。还有一些学者对世界高等教育强国的一些高校进行了个案研究，为我国高校财务信息公开提供了国际比较和经验借鉴，但在研究中存在着理论研究不系统、法制溯源不系统、国家选择较为单一、国际比较不够充分、研究样本数量不足、报告呈现不够完整等问题。

近年来，我国加快推进政府会计改革。2013年11月，党的十八届三中全会审议通过了《中共中央关于全面深化改革若干重大问题的决定》，提出要建立权责发生制的政府综合财务报告制度，拉开了新的历史时期我国政府会计重大改革的序幕；2014年12月，国务院以国发〔2014〕63号批转财政部《权责发生制政府综合财务报告制度改革方案》，任务是要

① 国务院．李克强签署国务院令公布修订后的《中华人民共和国政府信息公开条例》[J]．电子政务，2019（5）：108.

② 教育部．高等学校信息公开办法［EB/OL］．http：//www. moe. gov. cn/srcsite/A02/s7049/201005/t20100511_170528. html.

③ 教育部．关于做好高等学校财务信息公开工作的通知［EB/OL］．http：//www. moe. gov. cn/srcsite/A05/s7052/201309/t20130910_157199. html.

④ 教育部．关于公布《高等学校信息公开事项清单》的通知［EB/OL］．http：//www. moe. gov. cn/srcsite/A01/s7048/201407/t20140728_174685. html.

建立健全政府会计核算体系，建立健全政府财务报告体系，建立健全政府财务报告审计和公开机制，建立健全政府财务报告分析应用体系；[①]2015年10月，财政部令第78号公布了《政府会计准则——基本准则》（以下简称《准则》），自2017年1月1日起执行；[②] 2017年10月，财政部制定印发《政府会计制度——行政事业单位会计科目和报表》，自2019年1月1日起施行。[③] 我国政府会计准则、制度体系和政府财务报告制度正在逐步建立完善。

高等学校会计是政府会计的重要组成部分，高等学校会计受到政府会计改革与发展的影响较大。此前，高等学校会计核算执行的是政府会计标准体系中的事业单位会计准则制度，《准则》颁布后，高等学校则执行新的收付实现制与权责发生制并行的双轨制政府会计准则，预算会计与财务会计适度分离并相互衔接，强化了财务会计核算，通过同时编制决算报告和财务报告，全面、清晰地反映政府会计主体的预算执行信息和财务信息。相应地，《办法》《通知》《清单》亦应随着《准则》的实施及时修订完善。

高校财务报告信息公开不仅体现对信息公开立法的法制遵循，同时也受到会计准则制度的规约，还受到高等教育法律法规的深度影响。美、英、加、澳四国不仅是世界高等教育强国，也是信息公开立法较早而且法制建设比较健全的国家，同时也是高等教育立法和会计准则体系相对完善的国家。那么，我国在推进高校财务报告信息公开过程中出现的问题，在美、英、加、澳四国是否同样存在？四国高校财务报告信息公开的进程和程度如何，财务报告是什么样的，有哪些成功的经验，与我国相比有哪些具体的差异，对我国财务报告信息公开而言是否值得借鉴？对上述疑问的回应，正是本课题着力回答的问题，也是本课题重要的研究缘起。

---

① 王晨明．《权责发生制政府综合财务报告制度改革方案》四大任务间的逻辑关系探析［J］．财务与会计，2016（11）：18－20.

② 中华人民共和国财政部会计司．建立健全政府会计标准体 系夯实政府财务报告编制基础——财政部有关负责人就制定《政府会计准则——基本准则》有关问题答记者问［EB/OL］．（2015－11－11）［2022－09－20］http：//kjs. mof. gov. cn/zhengcejiedu/201511/t20151110_1553279. htm.

③ 中华人民共和国财政部．关于印发《政府会计制度——行政事业单位会计科目和报表》的通知［EB/OL］．（2017－10－24）http：//kjs. mof. gov. cn/zhengcefabu/201711/t20171109_2746877. htm.

（二）研究问题

正如研究缘起所述，高校财务报告信息公开是一个关涉多维度的研究领域，受一国信息公开立法的规制，且是一国高等教育领域的事务，更是一个国家会计准则制度的组成部分，甚至受到一国文化传统、民主政治、社会经济等诸多因素的影响。

一方面，只有认识了理的不得不然，有了自觉，便会自愿。① 人类社会的实践，普遍会受到那个时代人类认识世界水平和程度的制约。高校财务报告信息公开，既在实践应用研究的范畴，又需要基础理论研究的指引。这方面体现最明显的，就是高校财务报告信息公开工作中人的主观认识方面的社会性，如文化素养、民主意识、经济水平等方面，需要开展系统、深入的理论研究以支撑，需要用坚实的理论基础来冲击和改变人们固有的思维和习惯。即先要认识理论基础，然后通过在实践中践行理论，理论与实践相互联系、相互作用，最终达到自觉自愿。

另一方面，高校财务报告信息公开是一个多维度的研究领域，需确立广域的研究视角。在聚焦高校财务报告的公开现状、框架、报告等研究内容基础上，将研究内容拓展至影响财务报告生成、保障和利用的会计准则、审计保障、大学治理、财经素养等方面。如果没有开展前者的必要研究，课题研究就会缺失主体的灵魂；没有开展后者的相关研究，课题研究就会弱化体系的完整性。

我国《条例》《办法》《通知》《清单》等的颁布时间，与美、英、加、澳四国联邦政府颁布信息公开立法的时间相比，要晚一些，甚至晚了许多年。但自我国教育部2010年发布《办法》，特别是2012年12月首次专门要求高校公开财务信息后，在很短的时间内，教育部直属高校即全部实现了财务报告信息公开，这是我国部属高校推进财务信息公开的良好实践，充分体现了我国社会主义制度的优越性。但从地方高校财务信息公开状况看，还存在着公开进程相对滞后、财报公开率较低、信息点击率不高、公开的

① 冯契．中国古代哲学的逻辑发展（下）［M］．上海：上海人民出版社，1985：843.

公信力不强等问题。因此，既要正确看待取得的成绩，又要充分认识存在的问题，并积极借鉴美、英、加、澳四国高校财务报告信息公开的有益经验。

二、核心概念

（一）信息公开

1. 信息

“信息”，英文为“information”，常被译为情报、资讯或资料。中国大陆多将其译为“信息”或“情报”，中国港澳台地区则多译为“资讯”。国内外权威辞典对“信息”给出了不同的定义。《牛津辞典》的定义：信息就是谈论的事物、新闻和知识。《韦氏大辞典》的定义：信息是用来通信的事实，在观察中得到的数据、新闻和知识。《辞海》的定义：信息是消息接受者预先不知道的有用的情报或报道。《现代汉语词典》的定义：①音信；消息。②信息论中指用符号传送的报道，报道的内容是接收符号者预先不知道的。尽管对“信息”的定义表述有所差异，但共同强调了信息的有用性，即有用的知识、情报或报道。

国外一些研究信息理论的学者对“信息”也给出了不同定义。例如，美国数学家、信息论的创始人克劳德·艾尔伍德·香农（Claude Elwood Shannon）认为，凡是在一种情况下能减少不确定性的任何事物都被称为信息；控制论的创始人诺伯特·维纳（Norbert Wiener）认为，信息是人们在适应外部世界，并使这种适应反作用于外部世界的过程中，同外部世界进行相互交换的内容的名称；美国信息资源管理学家福雷斯特·伍迪·霍顿（Forest W. Horton）认为，信息是按照最终用户决策的需要经过处理和格式化的数据。我国信息科学领域的专家学者也从不同角度给出了信息的定义。例如，北京邮电大学钟义信教授认为，信息是事物的存在方式或运动状态，以及这种方式和状态的直接或间接表述；西安交通大学邬焜教授认为，信息是标志物质间接存在性的哲学范畴，是物质存在方式和状态的自身显示。[①]

根据信息理论，信息由主体、载体、内容和传输通道四部分组成，这四个组成部分构成统一整体，缺一不可。其中，信息主体是信息链的主导者，依据主导性划分为信息发出者和信息接收者，两者既相对又可相互转化；信息载体作为介质反映和记录信息；信息内容体现信息自身特征；信息通道作为传输途径连接信息发出者和接收者。[②]

2. 信息公开

信息公开，通常与信息自由作为同义语使用，指信息传播的及时、畅通与公开。[③] 一些学者认为，信息公开就是指信息自由，是指政府和各种组织机构在国家基本法规规定的范围内向公众公开或开放自己所拥有的信息，使其他组织机构和公众个人可以基于任何正当的理由和采用尽可能简便的方法获得上述信息。[④] 信息自由是公民行使民主权利、参与政府决策的决定性的前提条件。信息自由是防止腐败、建立透明政府的基石，也是现代民主的重要支柱。[⑤]

（二）财务报告

我国财务报告的历史悠久，源远流长，在2000多年的发展历程中，财务报告先后经历簿记报告、会计报告、财务（会计）报告三种形式。[⑥] 从国际范围看，“财务报告”是一个比较通用的术语，在我国现行法律、行政法规中，通常使用“财务会计报告”。因此，“财务会计报告”又称

---

① 段尧清，汪银霞．政府信息公开机制研究［M］．北京：高等教育出版社，2014：1－3.

② 许婷婷．高等院校财务信息公开研究［D］．蚌埠：安徽财经大学，2013：8.

③ 董岩，张萌．中外信息公开情况综述［N］．人民日报，2005－04－13.

④ 张继明，吴智鹏．高等教育信息不对称对策研究——高校信息公开的视角［J］．教育学术月刊，2010（11）：66－69.

⑤ 赵正群，胡锦光等．政府信息公开法制比较研究［M］．天津：南开大学出版社，2013：185.

⑥ 普雷维茨，沃顿，沃尼泽．世界会计史：财务报告与公共政策：亚洲与大洋洲卷［M］．陈秧秧，译．上海：立信会计出版社，2015：82.

“财务报告”。①

财务报告是指财务会计通过确认、计量、记录等程序，对数据进行加工，最后形成以财务报表为核心、以其他财务报告为补充的财务报告体系。美国财务会计准则委员会（Financial Accounting Standard Board，FASB）第5号概念公告阐述了财务报告、财务报表与其他报告的界限（见图1－1）。财务报表是财务报告的核心，其他形式的财务报告是财务报表信息的补充。②

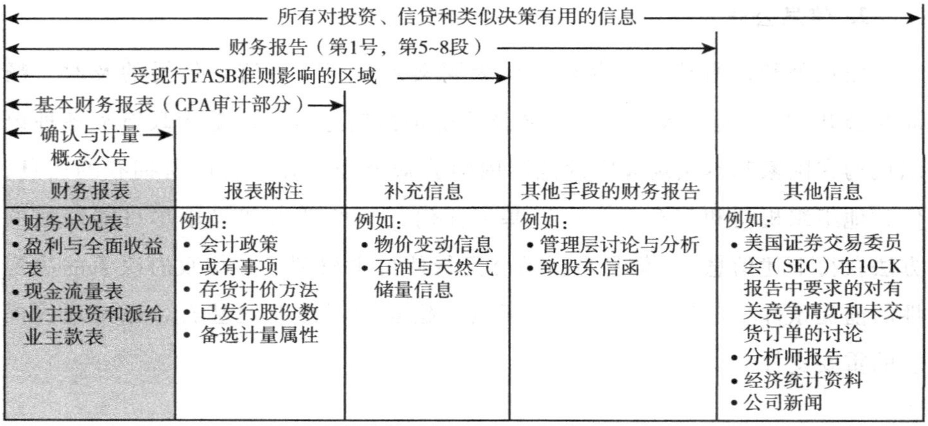

图1－1 FASB第5号概念公告确认的财务报告体系

资料来源：上海国家会计学院主编：《财务报告》（2011年）。

目前，我国行政事业单位的财务报告，主要有财务报告、财务会计报告、财务报表等几种说法。《行政单位财务规则》（财政部令第71号）和《事业单位财务规则》（财政部令第108号）中使用“财务报告”，《事业单位会计准则》（财政部令第72号）中使用“财务会计报告”，《政府会计制度——行政事业单位会计科目和报表》（财会〔2017〕25号）中使用“财务报表”。综合来看，三者实际上是一致的，常统称为“财务报告”。财务报告包括财务报表和财务情况说明书。③ 基于对财务报告的普遍认识和比

① 李远慧，郝宇欣．财务报告解读与分析［M］．北京：清华大学出版社、北京交通大学出版社，2011：1.

② 上海国家会计学院．财务报告［M］．北京：经济科学出版社，2011：51.

③ 崔运政，何宪红等．行政事业单位会计理论与实务［M］．上海：立信会计出版社，2015：25－26.

较，本书中对财务会计报告、财务报告和财务报表不作严格区分，作为同一含义统一使用“财务报告”。

随着政府会计的改革，财务会计和预算会计正式成为政府会计核算的两大体系，将预算会计的工作成果称为“决算报告”，将财务会计的工作成果称为“财务报告”。

（三）财务信息

会计的产品是信息，是一种非常有用且重要的商品。之所以这样说有两个原因：一是由于缺乏完善或真实的会计概念及准则，个体对于相同信息的反应会不一致；另一个原因是它不仅会影响到个人的决策，还会影响到市场的运作。① 会计的这种非常有用且重要的信息产品，就是财务信息，是一种以货币形式的数据资料为主，主要用于显示经济主体资金使用情况和运营状况的信息，包括各类财务报表和会计分录等会计资料，具有可计量性、相关性等会计信息质量特征。与财务信息相对应的是非财务信息，指以非财务资料为主，与经济主体的运营活动有直接或间接联系的相关信息，具有延展性、预测性等特点。②

一般认为，财务报告以财务报表为核心，是会计产品——财务信息的最主要载体，是基于国家或行业公认的会计准则所编制的，因而对于投资者来说，财务报告应该是即时可用而且易于理解的，是符合成本效益原则的信息来源。正是由于财务报告的核心是财务报表，财务报告又是会计产品——财务信息的主要载体，导致在我国会计法规和会计实务中就有了财务报告信息、财务会计信息、财务信息、会计信息等不同的表述。当然，这种不同的表述即使在国外的会计教材中，也不加严格区分。如在丁远、埃韦尔·施托洛韦（Hervé Stolowy）等（2013）的《财务报告与分析》，加里·J. 普雷维茨（Gary John Previts）、皮特·沃顿（Peter Walton）等（2015）的《世界会计史：财务报告与公共政策》，威廉·R. 斯科特（Wil-

① 斯科特．财务会计理论［M］．陈汉文，等译．北京：中国人民大学出版社，2012：15.

② 罗策元．我国部属高校财务信息公开问题与对策研究［D］．广州：华南理工大学，2016.

liam R. Scott）（2012）的《财务会计理论》等著作中亦经常互相替代使用。但可以肯定的是，财务报告是财务信息的主要载体，谈到财务信息，作为其主要载体的财务报告固然不可或缺。

财务报告的目标之一就是提供财务信息。若将财务报告视为一种“产品”的话，那么从供需理论出发就需明白：第一，谁是财务报告的使用者？第二，使用者需要什么样的财务信息？第三，会计在多大程度上能生产出使用者所需要的信息等问题。因此，财务报告的目标，是向现有和潜在的投资者、贷款人和其他债权人提供有助于他们作出决策的财务信息，这些决策包括买、卖、持有权益和债务工具，提供和清算贷款以及其他形式的债务。由于财务报告各个主要使用者的信息需求和愿望各不相同，甚至可能会有一些冲突，会计准则的制定者在制定财务会计准则时，所追求的目标就是最大化满足大多数主要使用者的需求。但是，注重通用的信息需要，并不妨碍财务报告主体提供有用的其他信息给特定类型的主要使用者。①言外之意，对财务报告进行加工，也是提供财务信息的重要渠道。

三、研究思路

（一）研究路径

本书确立鲜明的“问题导向”，遵循“提出问题→现状调查→原因探究→解决问题”的研究线路，从两端分别向前向后延伸，确立“提出问题→理论支撑→制度演进→现状研究→比较分析→个案研究→解决问题→建构规范→观照现实”的研究思路（见图1－2）。

研究起点中的问题主要有：四国高校的财务报告信息公开是普遍实践吗？四国高校财务报告信息公开是在什么情况下实施的？其公开的法制依据有哪些？各高校对财务报告信息公开法制遵循如何？实施初期与当前相

---

① 上海国家会计学院．财务报告［M］．北京：经济科学出版社，2011：64－65.

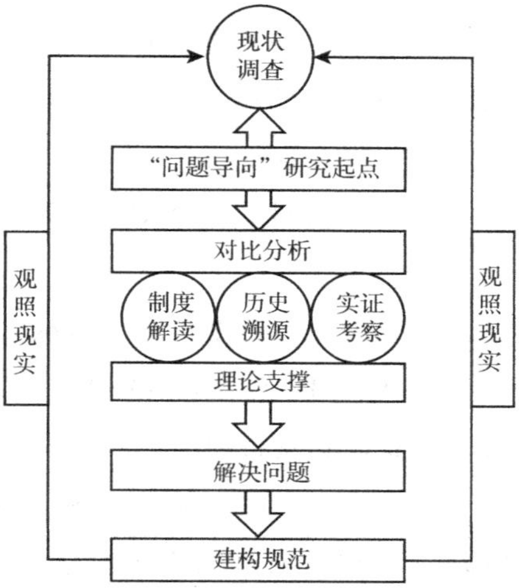

图 1－2 课题研究思路

比发生了哪些变化？四国高校之间的财务报告公开在公开渠道、公开内容、公开方式等方面各自有什么特点、有什么差异？未来的大学财务报告公开会有什么样的趋势？

沿着研究起点提出的问题向前延展，对四国高校财务报告信息公开进行"现状调查"，初步回应研究起点中提出的部分问题，进而通过制度解读、历史溯源、实证考察，梳理高校财务报告信息公开的理论基础，比较、分析、归纳四国高校财务报告信息公开的共同特征及未来发展趋势，建构高校财务报告信息公开的基本规范，为推进高校财务报告信息公开提供有益启示和借鉴。

（二）研究方法

研究方法是开展研究的思维方式、行为方式的集合，涉及研究的计划、策略、手段、工具、步骤以及过程。

1. 文献研究法

文献研究是科学研究的基础和主要方法之一，是在对文献检索和分类的基础上，对部分文献有选择地进行分析研究。要站在前人科学研究的基础上，对已有的研究成果和结论进行归纳、综合和评述，从而开展自己的研究。文献的获取渠道主要有：中外文数据库、互联网搜索站点、行业协会网站、政府部门网站、各高等学校网站，以及国内外专家学者撰写的专著、教材、研究报告、工具书、年鉴等。

（1）中外文数据库，如中国知网（CNKI），Emerald、Jstor、Springer、Willy 等。

（2）互联网搜索站点，如百度、百度学术、Google、Ask. com 等。

（3）行业协会网站，如 GASB、FASB、IASB、AICPA 等国内外会计行业协会、信息公开组织等（获取其发布的法规、报告、统计数据等）。

（4）政府部门网站，如美、英、加、澳、中各国各级政府机关和教育、财政行政部门的门户网站（获取政府部门有关信息公开立法和高校财务信息公开相关的法律规章）。

2. 内容分析法

内容分析法是 20 世纪才兴起的一种新的文献研究方法。[①] 内容分析法用于考察社会人为事实，即人类行为或人类行为的产物，主要指成文文件。内容分析法特别适用于传播媒介方面的研究，并能够回答传播媒介研究的经典问题："谁说了什么，对谁说，为什么说，如何说，以及产生了什么影响？"内容分析法作为观察法的一个模式，要求研究者仔细地处理要关心的内容。和对人的研究一样，在对传播媒介的研究中，要直接观察所有的对象常常是不可能的，通常比较适当的方法就是抽样。[②] 这种方法更接近于一种观察研究方法，在一定程度上有别于普通的文献研究，故将其单列出来。

根据美国新闻和世界报道（U. S. News & World Report）发布的世界最好大学排行榜，本课题择取美、英、加、澳四国进入排行榜前 1,500 名的 295 所高校作为研究样本。其中，美国样本高校为该机构发布的 2020 年排行榜前 500 名的 132 所高校；英、加、澳三国样本高校为该机构发布的 2021 年排行榜前 1,500 名的共 163 所高校（英国 87 所、加拿大 37 所、澳大利亚 39 所）。

---

① 风笑天．社会科学研究方法［M］．第 4 版．北京：中国人民大学出版社，2013：204.

② 巴比．社会研究方法（上）［M］．第 8 版．邱泽奇，译．北京：华夏出版社，2000：391－395.

本课题的主要研究内容，是对四国295所样本高校的官方网站进行为期4年的连续跟踪访问和实践考察，获得样本高校历年的财务报告信息公开情况，以及四国政府和样本高校网站链接的高校财务报告信息公开的相关法制遵循。在此基础上，对四国样本高校财务报告信息进行统计、比较、分析，最终呈现四国高校财务报告信息公开发生、发展的现状、趋势和结果。

3. 个案研究法

个案研究是指对一个个人、一件事件、一个社会集团或一个社区等所进行的深入全面的研究。它的特点是焦点特别集中，对现象的了解特别深入、详细。个案研究通过对事物深入的洞察，能够获得非常丰富、生动、具体、详细的资料，能够较好地反映出事物或事件发生、发展及变化的过程，而且能为相应的总体研究提供理论假设，是社会科学研究中一种重要的研究方法。个案研究对于深入实地研究一个特定的单位，或者以比较为目的而研究几个单位来说特别有用。[①] 本书中个案研究法主要应用如下：

（1）在制度溯源部分，主要探寻美、英、加、澳四国信息公开立法（包括高校财务报告信息公开制度）的演进，并对可获得文献进行了较为全面、系统的梳理。

（2）在现状考察中，逐一对美、英、加、澳四国样本高校财务报告信息公开的现状、进程、进展和变化情况进行调查研究。

（3）在文本分析时，分别选择美国的哈佛大学和加州大学伯克利分校、英国的牛津大学、加拿大的多伦多大学、澳大利亚的悉尼大学，对5所大学的财务报告开展文本研究，并翻译五校2018/2019财年度的财务报告，总结四国各高校财务报告信息公开的框架与共同特征。

4. 比较研究法

比较研究法是对研究对象之间的相似或相异程度进行研究与判断的方法。认识一个事物常借助于与其他事物的比较来实现。只有比较，才有鉴别；只有鉴别，才有认识。在理论和实践研究中，比较是认识事物本质的最基本也是最重要的方法之一。

---

① 风笑天. 社会科学研究方法［M］. 第4版. 北京：中国人民大学出版社，2013：229.

根据课题研究需要，本书分别对美、英、加、澳四国联邦政府和地方政府的信息公开立法，以及四国高校财务报告信息公开的总体特征进行梳理，进行总体间比较和个案间比较研究。

四、研究成果与创新

（一）研究成果

研究成果观照并回应课题确立的研究问题，最终体现在高校财务报告信息公开的理论基础和实践指引等方面。高校财务报告信息公开的研究对象虽然是高等学校，但其研究内容却聚焦高等学校的财务报告及其信息公开，重点关涉会计准则、大学治理、公共物品、公民素养等多个方面，是高等教育学、工商管理学、政治学、法学等领域的交叉学科研究。

1. 国际会计准则比较和制度遵循方面

高校财务报告信息公开，公开的是财务信息，其载体主要是财务报告，而编制财务报告须遵循一国的会计准则制度。随着近年来我国政府会计的改革与发展，以及会计准则逐渐与国际趋同，高校如何贯彻执行政府会计准则，并进行国际比较与借鉴，成为高等教育领域会计研究的重要内容。

通过会计准则和制度的国际比较，研究成果提出目前我国在会计对象分类中存在的问题及建议，体现在《会计准则国际趋同背景下会计对象分类差异研究》中，该文发表于《商业研究》（CSSCI）2017 年第 7 期。在对我国会计报告体系整合和高校财务报告完善方面，课题也形成了一些研究成果，《新时期中国特色"综合会计报告"整合研究》已被《会计之友》（北大核心）录用（稿件号：1004－5937－8021000000437GSD），待刊出。

2. 大学治理和财务信息质量方面

高校财务信息的质量，在很大程度上受到大学治理和审计服务的影响，这也很好地解释了为什么四国样本高校公开的财务报告，不约而同涵盖了大学治理、审计服务、审计报告等相关内容，还有一些高校公开了管理层对高校财务活动的责任声明。审计是对会计的再会计活动，通过风险管理和审计服务，对高校的财务活动起到应有的管理和监督作用。在课题研究过程中，我们发现样本高校几乎同时公开有独立审计报告，甚至还公开了内部控制报告，这些举措对提升高校财务报告信息公信力不无裨益，课题组对以上方面给予了应有的关注和研究。相关研究成果见于《哈佛大学风险管理审计的经验与启示》中，该文发表于《审计研究》（CSSCI）2017 年第 4 期；《现代大学风险管理和审计服务研究》和《高校财务信息公开的三维观照与未来展望》等文，分别发表于《高教探索》（CSSCI）2017 年第 9 期和《会计之友》（CSSCI）2020 年第 15 期；《高校财务信息公开的信息质量特征研究》，发表于《中国总会计师》2017 年第 5 期。

3. 提升财务信息关注度和利用率方面

高校财务报告信息公开，不是为了公开而公开，而是为了财务信息的使用而公开。在对国内高校财务信息公开研究中发现，当前普遍存在着对公开的高校财务报告信息关注度和利用率低的现象，这与高校财务信息公开的目标背道而驰。课题研究分析认为，一方面是财务信息本身质量问题，另一方面是财务信息使用者的财经素养问题，从而提出加快高等会计教育创新创业能力教育，以及重视国民特别是青少年的财经素养教育。这方面的研究成果，见于《高等会计教育的创新创业能力导向研究》和《世界一流大学绩效评价研究与镜鉴》两文中，分别发表于《财会月刊》（北大核心）2021 年第 1 期和《大学（研究版）》2018 年第 11 期。还有对英、美两国的财经素养教育实践研究的成果——《财经素养教育国外经验借鉴》，发表于《财会月刊》（北大核心）2021 年第 16 期。

以上学术论文均围绕课题研究确立的高等学校财务报告信息公开理论基础、法制遵循、现状考察三个方面，从高校财务报告相关会计准则、现代大学治理和高校审计风险保障、高等会计教育、财经素养教育等方面开展研究。

（二）创新之处

从理论视角看，本课题采用信息经济学理论视角，瞄准高校财务报告信息公开的目标——实现信息价值，在理论研究部分即提出高校财务报告信息公开过程中，应加快形成高校财务信息产品市场，用信息市场化推动信息公开化，从而引导高等教育资源有效配置，彰显和强化了高校财务报告信息公开从“有没有”到“用没用”，最终实现“尽其用”的目标导向。

从实践视角看，本课题提出高校财务报告信息公开不单是高等教育领域的事务，而是高等教育、信息公开、会计准则领域的三重维度叠加。高校财务报告信息公开的理论、立法、实践中，需要综合考虑三个维度的影响，合力推进高校财务报告信息公开。同时注重信息公开与隐私保护之间的适度，一方面加快推进信息公开，另一方面注重和加强隐私保护的立法。

从现状考察看，课题组第一次开展了本研究领域如此大规模的国际比较和案例研究，对四国 295 所样本高校的官方网站进行了逐一访问，搜寻、获取、统计其财务报告信息公开情况，为高校财务报告信息公开研究提供了第一手的原始研究资料，是对美、英、加、澳等世界高等教育强国高校财务报告的第一次较为全面的、有针对性的统计，翻译分析了四国样本高校的 20 余份财务报告，以中文版原貌呈现了 5 所世界一流大学的财务报告。

以上创新之处，也分别体现在本课题的一系列研究成果中。由于本书的篇幅、研究设计等原因，未能将获得的和翻译的全部研究成果一一列出，但开展如此大规模的研究，的确耗费了课题组大量的心血，实属难能可贵。

（三）改进方向

1. 研究对象和样本选择方面

由于时间、人力等因素，在选择研究对象样本时，仅选择美、英、加、澳四国 295 所高校作为实践考察对象；虽然在研究过程中翻译了四国 10 余所大学的 20 余份财务报告，但在比较研究和个案研究时，仅呈现了哈佛大学、加州大学伯克利分校、牛津大学、多伦多大学、悉尼大学 5 所大学财务报告。总体而言，研究对象的国家覆盖范围还不够广泛，未对四国之外的其他国家高校进行实践考察和研究，亦未能涉及四国未进入排行榜的其他类型和层次的高等教育机构。

2. 高校财务报告信息公开的法制遵循方面

研究提出，高校财务信息公开是对高等教育、信息公开、会计准则领域三个维度法制遵循的叠加，在搜集四国三个领域的相关立法时，有选择也一定还有遗漏。比如搜集并翻译了联邦政府和部分地方政府的信息公开立法，但四国样本高校的财务报告公开进程与政府信息公开立法之间存在有较长的时间间隔，原因尚未梳理清楚，尚未能完整获取和呈现四国高校财务报告信息公开的法制遵循体系。

3. 高校财务报告收支结构财务分析方面

正如本课题确立的主要研究内容——高校财务报告信息公开，侧重于研究为什么公开、如何公开、何时公开、公开了什么等方面的内容。而对高校财务报告信息公开的绩效评价、高校财务报告收支结构分析等方面，只是涉及或研究其表面，未能有足够的深入。

总之，就课题本身而言，完成了预定的研究目标和任务。至于研究样本的扩大、法制遵循的再完善，以及高校财务报告收支结构的财务分析等，每一项都需要单独的课题进行专项研究，这些为相关的后续研究提供了较好的研究思路和方向，也为开展后续研究奠定了基础。

第二章

高校财务报告信息公开理论基础

真正的理论在世界上只有一种，就是从客观实际抽出来又在客观实际中得到了证明的理论，没有任何别的东西可以称得起我们讲的理论……我们所要的理论家，是能够依据马克思列宁主义的立场、观点和方法，正确地解释历史中和革命中所发生的实际问题，能够在中国的经济、政治、军事、文化种种问题上给予科学的解释，给予理论的说明。①

——《毛泽东选集》（第三卷）

① 毛泽东．毛泽东选集［M］．第三卷．北京：人民出版社，2003：789.

本章导读

首先，绪论部分主要阐述的问题是为什么要选择本课题开展研究，本章则是立足于本课题的研究本体，重点解决的是研究对象和研究内容为什么要这样设定的问题，即探究高校财务报告信息为什么需要公开？同时回答如果之前高校财务报告信息可以不公开，而随着经济社会的发展，高校财务信息现在为什么不公开不行的问题。

自20世纪末开始，美、英、加、澳四国以及我国推进高校财务报告信息公开的进程和实践，已经对以上问题做出了最有力的实践注解。但更重要的是，实践背后的驱动力是什么？是什么原因使得高校财务报告信息公开成为当今世界高等教育领域的共识与实践，这需要挖掘和梳理高校财务报告信息公开的理论基础，为实践寻求理论支撑。

其次，本章还回应了高校财务信息公开的目标。高校财务报告信息公开，不是为了公开而公开，而是为了使用而公开。这种需要高等教育领域投入人、财、物等资源的管理活动，效益如何实现？本章采取从公共物品到信息经济学的递进视角，针对信息公开后的价值实现与增值，探究促进高校财务报告信息公开目标达成的理论逻辑。

通过将公开的高校财务信息定义为公共物品，然后再从信息经济学的视角，分析公开的高校财务信息从公共物品到信息市场中非公共物品的转换和增值问题，提出要加快构建高校财务报告信息产品的信息市场。高校财务报告信息公开，需要从最初关注“有没有”公开，到当前追问公开的高校财务报告信息“用没用”，再到未来形成高校财务报告信息的产品市场，最终实现高校财务报告信息公开“尽其用”的目标。

最后，在高校财务报告信息公开的这些理论之间，是否存在着某种逻辑关系？本章通过对高校财务报告信息公开的理论基础进行思维梳理和逻辑关联，初步形成了高校财务报告信息公开的理论基础结构图。

一、知情权利理论

（一）知情权

知情权，又称知情权利，英文为“right to know”，翻译过来就是“知的权利”“得知权”“知悉权”“了解权”“知晓权”等。

知情权产生的根源，在于对人性的不信任。人既具有向善的禀赋，又具有向恶的禀赋，都是人的本性的可能性。人性与生俱来的幽暗意识一旦被邪恶所浸染，人先天的向恶禀赋——堕落趋势和罪恶潜能，就会被激发出来，由此产生对人性的不信任。

康德（Immanuel Kant）曾说：“自然的历史是由善开始的，因为它是上帝的成品；自由的历史是由恶开始的，因为它是人的成品。”① 汉密尔顿（Alexander Hamilton）在《联邦党人文集》中更是直接指出：“如果人人都是天使，就不需要任何政府了；如果是天使统治人，就不需要对政府有任何外来的或内在的控制了。”② 梭伦（Solon）也认为：“无人可以绝对信任”，他主张让一切掌权者皆处于他们所代表的那些人的谨慎控制之下。③

正是由于对人性的这种不信任，人与人之间、人与集团之间才会相互猜疑，甚至引发斗争，于是自然就有了相互监督、遏制疑虑的“知情”主张，“知情”便成为必然要求。

第二次世界大战期间，新闻工作者慑于严格的新闻管制，导致许多新闻报道失实。1945 年，美国美联社编辑肯特·库珀（Kent Cooper）提出了知情权的概念，后得到世界范围的广泛认同。④ 库珀所提出的知情权是指：“公民有权知道他应该知道的事情，国家应最大限度地保障公民获取所有信

① 康德．单纯理性限度内的宗教［M］．李秋零，译．北京：中国人民大学出版社，2003：10.

② 汉密尔顿，杰伊，麦迪逊．联邦党人文集［M］．程逢如，等译．北京：商务印书馆，1980：264.

③ 阿克顿．自由与权力［M］．侯健，范亚峰，译．北京：商务印书馆，2001：35.

④ 王万华．知情权与政府信息公开制度研究［M］．北京：中国政法大学出版社，2013：1.

息的权利，尤其是获得政府信息的权利。”[①] 2001 年的诺贝尔经济学奖获得者约瑟夫·斯蒂格利茨（Joseph E. Stiglitz）认为：“所谓知情权，就是公民对于国家的重要决策、政府的重要事务以及社会上当前发生的与公民权利和利益密切相关的重大事件，有及时、准确地了解和知悉的权利。”[②]

（二）知情权与信息公开

被奉为英国行政法开山鼻祖的威廉·韦德爵士（Sir William Wade）曾断言：权利依赖救济（Rights depends upon remedies）。[③] 有权利必有救济，无救济则无权利。与知情权或信息权相伴而生的概念便是“信息自由”或“信息公开”。知情权利的救济就是信息自由，或称信息公开。知情权是信息公开的理论依据，信息公开是知情权实现的救济途径。否定了知情权利，就不会有信息公开；反之，没有信息公开，就谈不上知情权利。知情权依赖于信息公开，二者相辅相成。因此，知情权又称“信息权”，知情权中“知”（know）的内容就是“信息或情报”（information）。基于知情权之于公民权的重要性，联合国 1946 年 12 月 14 日通过的第 59（1）号决议中宣示：“信息自由是一项基本人权，而且……是被联合国视为神圣的所有自由权利的试金石。”[④]

无数事实证明，信息不会主动公开，知情权往往得不到有效保障。因此，为了保障人们的知情权利，就需要有相关的信息公开立法来救济，这些为保障人们的知情权而颁布的信息公开立法，统称为“信息公开制度”。[⑤] 一个国家或政府有无颁布信息公开制度，已成为当今国际社会判断其民主进程快慢及开放程度高低的基本标准。

至今公认的世界范围内最早的信息公开制度，可追溯至 1766 年瑞典所

---

① 夏青青．公民知情权的基本理论探研［J］．通化师范学院学报，2010（7）：62－66.

② 斯蒂格利茨，宋华琳．自由、知情权和公共话语——透明化在公共生活中的作用［J］．环球法律评论，2002（3）：263，273.

③ 韦德．行政法［M］．徐炳，等译．北京：中国大百科全书出版社，1997：233.

④ 曼德尔．信息自由：多国法律比较［M］．龚文庠，译．北京：社会科学文献出版社，2011：7.

⑤ 王万华．知情权与政府信息公开制度研究［M］．北京：中国政法大学出版社，2013：2.

颁布的《出版自由法》，它开创了世界信息公开立法之先河。直到 200 年后的 1966 年，联合国才通过了《公民权利和政治权利国际公约》，以国际公约的形式要求世界各个国家（地区）应该保障公民的知情权利，有力地推动了 20 世纪后叶世界各国政府颁布信息公开立法的进程。

然而，世界范围内的信息公开立法之路并非一帆风顺。自 1766 年至 1990 年的 200 多年间，仅有 13 个国家通过了政府信息公开的立法。进入 21 世纪，全球政府信息公开立法风起云涌，经历了一场名副其实的“信息公开革命”，越来越多的国家和地区通过了信息公开立法，建立起专门的知情权利保障法律制度，以国家法律的形式强制保障公民的知情权利。根据全球信息自由倡议网络组织统计，截至 2017 年 9 月，世界上已有 119 个国家和地区颁布了政府信息公开立法。2007 年 4 月，国务院发布了《中华人民共和国政府信息公开条例》（国务院令第 492 号），我国成为世界上第 68 个颁布信息公开立法的国家。①

（三）知情权与高校财务信息公开

知情权是公民的固有权利之一，包括公民信息接受权和信息获取权，后者包括了不受公共权力干涉以妨碍其请求权的权利；政府信息公开是政府的一项基本义务，政府只有通过各种形式充分地公开信息，公民才能真正实现知情权。公民拥有了知情权，才能有效地监督和制约政府、防止腐败，才能真正地参政议政，行使宪法所赋予的管理国家的权利。没有政府信息公开就谈不上知情权。②

高等教育属于公共事务，高校信息公开是满足社会公众知情权利的必然要求，高校财务报告公开是高校信息公开的重中之重。高校信息公开是政府信息公开在高等教育领域的自然延伸和必然要求，是世界高等教育强国和世界著名大学的广泛共识和普遍实践。一些世界高等教育强国早在 20 世纪 90 年代已开始探索和实践高校财务信息公开，为世界各国高校财务报

---

① freedominfo. org. Alphabetical and Chronological lists of countries with FOI regimes [EB/OL]. http://www.freedominfo.org/? p = 18223.

② 段尧清，汪银霞. 政府信息公开机制研究 [M]. 北京：高等教育出版社，2014：43.

告信息公开积累了可资借鉴的宝贵经验。

根据知情权理论和委托代理理论，委托人为具有知情权利的一方，为公开权利主体；受托人为负有公开信息责任的一方，为公开义务主体。在高等教育领域中，社会公众、政府、教育、财政部门、高校主管部门、高校之间，存在着复杂的多层面的委托代理关系。与之相对应，高校财务信息公开中应存在多元的公开权利主体和义务主体。相对于权利主体，公开义务主体由于负有信息公开的法定义务和责任，是信息系统模型的信息源，更应在法律中明确规定。

知情权决定了社会公众对所有高等学校（无论公办高校还是民办高校）的财务状况都具有知情权。仅就高等学校而言，不仅公办高校，而且民办高校亦应公开其财务信息，公办高校和民办高校都应是高校财务信息公开的义务主体。

二、公共管理理论

（一）公共管理理论主要流派

公共管理理论滥觞于19世纪末的公共行政，其理论研究和实践探索始终伴随着世界各国政府公共服务管理的改革与发展，并逐步形成较为成熟的理论体系，备受学术界关注和热议。尽管各国政府对公共管理理论各取所需，学术界亦尚存在学派争议，但不可否认，当前公共管理理论正被三种范式所主导——公共行政、新公共管理、新公共治理，并以势不可挡的趋势在各国政府公共服务管理中发挥着理论基础和实践指引作用。

1. 公共行政

公共行政作为一个独立的研究和实践领域，始于19世纪末20世纪初。尽管不同国家、不同时期、不同的学者基于不同的视角，对于公共行政的基本特征仍存在认同差异，但公共行政仍有一些被普遍接受的主流观点：公共行政重在设计和执行政策，公共行政的目标由政治组织单方面设定，目标相对集中单一；行政官员对由民主选举产生的政治领导人负责；公共项目得以实施的最佳途径是通过等级制组织，从该组织的顶部开始施加控制，逐步下移；公共组织作为一个封闭的系统，运转的效率最高，因此公民的参与比较有限。①

公共行政在英国1949—1979年福利国家时期达到顶峰，公民希望国家满足其“从摇篮到坟墓”的所有经济和社会需求，强调通过行政程序来确保公平，但公共需求远远超出了公共资源，以致后期遭到越来越多的批评，为后来新公共管理的兴起铺平了道路。②

2. 新公共管理

20世纪90年代，在欧美出现了“重塑政府”（Reinvented Government）运动，也称“新公共管理”（New Public Management，NPM）运动。改革的内容就是向公民承诺提供更好的服务，更好地利用税收，更热情地改进行政管理，在政府管理和公共服务中引入市场和竞争。

1991年，英国梅杰政府率先发动“公民宪章运动”，纠正过去“公共服务中服务提供者占主导地位的局面”；1992年，法国和比利时相继仿效英国的经验改革本国公共服务机构，并颁布《公民服务宪章》；1993年，美国负责行政改革的“戈尔委员会”提出“顾客第一”的原则和具体实施建议，在克林顿政府时期推行“政府业绩评价”（National Performance Review，NPR），目标是“让政府做得更多、花得更少……更聪明、更好、更快和更便宜（smarter，better，faster and cheaper）”，并由国会通过了《政府业绩和效果法》；加拿大政府在1993年发表了白皮书《公共服务2000：加拿大公共服务的更新》，提出了在公共部门中注重业绩的改革方案和政府部门今后改善公共服务应当达到的基准。③

3. 新公共治理

20世纪的公共服务管理被公共行政和新公共管理两个范式所主导。几

---

① 登哈特．新公共服务：服务，而不是掌舵［M］．丁煌，译．北京：中国人民大学出版社，2016：8.

② 奥斯本．新公共治理——公共治理理论和实践方面的新观点［M］．包国宪，赵晓军，等译．北京：科学出版社，2016：3.

③ 杨仕兵．公共物品供给法律制度研究［M］．北京：中国检察出版社，2009：19.

乎是在同时期的20世纪90年代，另一种治理理论正悄悄在西方兴起。世界银行于1989年发布的《撒哈拉以南的非洲：从危机到可持续增长》中，针对非洲发展过程中反复出现的“治理危机”（crisis governance）提出，该问题的解决，首要应创造多元制度结构的政治革新，开始赋予“治理”新的话语意涵，并由此成为一门显学，成为社会学、管理学、经济学研究的热点议题。[①] 全球治理委员会在1995年发布的《我们的全球伙伴关系》中，首次总结性地对“治理”做出了明确的界定。所谓治理，是指由各种公共的或私人的个人和机构，管理其共同事务的诸多方式的总和，它是使相互冲突的或不同的利益得以调和，并且采取联合行动的持续的过程，这既包括有权迫使人们服从的正式制度和规则，也包括各种人们同意或符合其利益的非正式制度协议。[②]

进入21世纪后，随着国际社会越来越公开透明的民主化进程，各国政府所信奉的仅仅依靠政策制定实施，以及引进市场竞争提高组织效率等组织内部的变革，已经远远不能满足社会公众对公共服务的开放需求，也与现代社会日益明显的多元化和网络化不相适应。社会公众参与公共服务提供和监督，不仅是政府改革和发展的政策基础，而且成为公共服务价值实现和效率提升的有效路径，这种路径被英国爱丁堡大学斯蒂芬·奥斯本（Stephen P. Osborne）教授定义为新公共治理。

相对于公共行政和新公共管理而言，新公共治理扎根于制度理论和网络理论，假定公共活动的参与者是多元的，大量相互依赖的行动主体共同致力于公共服务的提供；新公共治理同时也假定公共活动的决策制定过程是复杂的，政策制定系统由各种不同的过程共同组成。它特别关注制度及外部环境的压力，关注组织间的关系和对过程的控制管理，强调依赖公共服务组织与环境间的交互作用提高服务的效率和产出。[③]

公共行政、新公共管理和新公共治理的核心要素概括如表2-1所示。

---

① 于文明，卢伟．治理理论的适用性及大学治理的中国实践方略［J］．高等教育研究，2016，37（10）：25-30.

② 俞可平．治理与善治［M］．北京：社会科学文献出版社，2000：270.

③ 奥斯本．新公共治理——公共治理理论和实践方面的新观点［M］．包国宪，赵晓军，等译．北京：科学出版社，2016：8.

表 2-1　　公共行政、新公共管理和新公共治理的核心要素

要素 范式	发端	理论基础	公共组织的特点	焦点	强调重点	资源分配机制	服务系统的特点	价值基础
公共行政	19 世纪末	政治科学及公共政策	官僚/单一集权型	政治集权	政策制定和实施	等级制	封闭	公共部门的精神
新公共管理	20 世纪 90 年代	公共选择理论及管理科学	企业家式领导管制型	组织分权	组织资源和绩效管理	市场和古典主义或契约	开放理性	竞争效力和市场效率
新公共治理	21 世纪初	制度及网络理论	提供主体多元化	组织间关系	价值意义和关系协商	网络和关系契约	开放自然	价值分散与相互竞争

资料来源：斯蒂芬·奥斯本著，包国宪、赵晓军等译：《新公共治理》(2016)。

(二) 公共管理与高校财务信息公开

新公共治理理论强调通过推进公共服务提供主体的多元化，形成开放自然、相互竞争的公共服务提供系统，强调基于网络和关系契约的组织间关系，与社会公众接受高等教育公共服务的时代背景相契合，同时也为解决当前高校财务信息公开面临的问题提供了有益的理论指导。

当前我国正加快推进教育领域综合改革，不断建立、完善中国特色现代大学制度，逐步实现教育治理能力和治理体系现代化。现代大学制度的核心是大学的治理结构。就大学与政府的关系而言，其基本框架是大学自治、依法办学、政府管理；就大学与社会的关系而言，其基本框架是社会参与、中介协调、开放竞争。① 伴随着经济社会的发展，大学正从社会边缘走向中心，大学利益日趋多元化，大学逐步成为多元利益相关者共同控制的组织，大学之外的利益相关者参与高等教育事务已然成为广泛的社会共识。应该在大学和社会力量之间建立起一个直接的、畅通的信息沟通渠道，使社会力量能够直接参与大学治理，为社会提供和大学直接交流、反映其

① 张应强，蒋华林．关于中国特色现代大学制度的理论认识［J］．教育研究，2013，34（11）：35-43.

对大学需求意愿的机会，促进多元治理机制的形成。①

曾任哈佛大学文理学院院长的亨利·罗索夫斯基（Henry Rosovsky）将大学的利益相关者分为四个层次：第一层次为教师、行政主管和学生。他们是学校最重要的利益相关者。第二层次为董事、校友和捐赠者。“他们才是正式决定主要政策的人，他们因为出钱，所以会非常关心‘他们’学校的声誉，因此他们是学校的重要利益相关者。”第三层次为政府和议会。因为他们只是在特定条件下，比如在提供经费资助并且制定规章制度和评审学术活动时，才与大学之间产生利害关系，是利益相关者中的“部分拥有者”。第四层次则是大学利益相关者中最边缘的一部分，即市民、社区、媒体等，相比较而言，他们是次要层次的利益相关者。②

李维安、王世权（2013）借鉴爱德华·弗里曼（Edward Freeman）于1984年提出的广义上的利益相关者范畴，将大学利益相关者的概念界定为“那些给予大学影响或被其影响的个人或集团”，同时结合罗伯特·布朗（Robert Brown）等学者的研究，综合考察大学运营的实践，总结出包括政府和教师在内的可能会对大学产生影响或被大学影响的12类利益相关者（见表2-2）。③

表2-2 大学利益相关者的利益诉求及利益实现方式

利益相关者	主要利益诉求	利益实现方式	利益相关者	主要利益诉求	利益实现方式
政府	社会教育水平的提高 政治诉求的表达 人才的培养科技创新	法律保障 政策动向 立法限制	校友	校友资源 母校支持	校友会协作 对母校捐赠
教师	工资福利的提高 学术观点的表达 学术声誉的提升职称晋升	法律法规 沟通调解 罢工、辞职	债权人	债权安全 与学校关系融洽	沟通协调 法律法规

① 杨纳名．大学治理的必要与可能：治理理论的大学实践［J］．河南师范大学学报（哲学社会科学版），2009，36（6）：239-241.

② 罗索夫斯基．美国校园文化——学生·教授·管理［M］．谢宗仙，等译．济南：山东人民出版社，1996：5-7.

③ 李维安，王世权．大学治理［M］．北京：机械工业出版社，2013：29.

续表

利益相关者	主要利益诉求	利益实现方式	利益相关者	主要利益诉求	利益实现方式
行政人员	工资福利的提高 职位晋升 控制权扩大	法律法规 优先求偿	其他大学	校际合作 校际交流	沟通协调 校际联盟
学生/家长	良好的学业前景 良好的学习环境 雄厚的师资力量	法律法规 沟通协调 学生组织	捐赠者	与大学的良性互动 捐赠物的合理使用	法律监督 舆论监督 沟通协调
用人单位	高质量毕业生 产学研合作	社会舆论 用人反馈 法律法规	社区	拉动消费 社会形象提升	沟通协调 社会舆论 法律法规
利益团体	各利益团体创立的主旨	代表这个团体的力量	科研经费提供者或学术机构	高水平科研成果 经费合理支出	合同要求 法律法规 资助额度社会监督

资料来源：李维安、王世权著：《大学治理》（2013）。

美国高等教育研究协会（Association for the Study of Higher Education，ASHE）发布的关于21世纪大学治理的研究报告中，将大学治理定义为：大学内外部利益相关者参与大学重大事务决策的结构和过程。① 大学内外部利益相关者参与大学重大事务决策的重要前提条件，就是知情大学事务必要的、重要的信息。

高校财务报告信息是各级政府教育和财政部门、各高校主管部门和各高校管理和配置高等教育资源最基础、最重要的信息之一，也是检视各级政府的教育和财政部门、各高校主管部门和各高校履行高等教育公共受托责任的重要依据。近年来，高校财务报告信息公开已成为高等教育事务公共管理中备受利益相关者关注的敏感内容，也是高校信息公开工作的重点内容和关键事项。随着我国社会公众知情、参与、表达、监督社会公共事务意识的日益增强，社会公众对高等教育资源的配置、管理决策等公共事务会愈加关注，高校财务报告信息亦将会在未来的高等教育资源配置、管理决策中发挥更加重要的作用。

---

① Dennis John Gayle，Bhoendradatt Tewarie，A. Quinton White Jr. Governance in the Twenty – First – Century University：Approaches to Effective Leadership and Strategic Management：ASHE – ERIC Higher Education Report［M］. San Francisco：Wiley Subscription Services，2003：153.

三、委托代理理论

（一）委托代理理论概述

委托代理理论（Principal - agent Theory）是制度经济学契约理论的主要内容之一，该理论建立在非对称信息博弈论（Asymmetric Information Game Theory）的基础之上，是针对私营部门的问题而产生的，旨在解释私营企业中股东（委托人或被代理人）和管理者（受托人或代理人）的目标为何经常出现差异，以及该如何构建企业的问责机制。① 委托代理关系中的所有者或授权者就是委托人，管理者或被授权者就是代理人。

美国经济学家阿道夫·A. 伯利（Adolf A. Berle）和加德纳·C. 米恩斯（Gardner C. Means）洞悉到美国企业中所有权兼具经营权的做法存在极大的弊端，在合著《公司治理：现代企业与私有制》（*Corporate Governance: The Modern Corporation and Private Property*, 1932）中提出委托代理理论，倡导所有权和经营权分离，企业所有者保留剩余索取权，而将管理经营权让渡给职业经理人。而一般认为，现代委托代理关系由美国经济学家斯蒂芬·罗斯（Stephen A. Ross）提出，他认为委托代理关系是现代社会活动中最普遍的模式之一，当一方主体扮演、代表或代理另一主体行使某些决策权或做出某种决定时，当事人双方之间即产生委托代理关系。②

在现代委托代理关系中，非对称信息现象普遍存在。代理人代表委托人行动，掌握着信息优势，代理人可能会在设法完成契约责任的同时，以损害委托人的利益为代价来追求自身利益最大化；而委托人往往处于信息劣势，为了防止自己的利益受到损害，就会要求代理人尽可能地公开相关信息，以减少代理过程中的信息不对称，同时在一定程度上解脱代理人的受托责任。

---

① 休斯．公共管理导论［M］．张成福，马子博，等译．北京：中国人民大学出版社，2015：10.

② Stephen A. Rose. The Economic Theory of Agency: The Principal's Problem [J]. The American Economic Review, 1973 (2): 134 - 139.

非对称性信息可从以下两个角度进行划分：一是非对称信息发生的时间，二是非对称信息的内容。信息时间和信息内容是实现信息对称的两个重要方面。在委托代理关系中，代理人负有公开信息的义务，是信息公开的公开义务主体；委托人享有获取信息的权利，是信息公开的公开权力主体。

经济学领域的委托代理理论同样被运用于公共部门，受托人在公共部门委托代理关系中负有的责任，被称为公共受托责任。因此，公共受托责任是受托责任在公共部门委托关系中的存在形式。所谓公共受托责任，就是指那些负责管理公共资源的政府、机构和人员，接受社会公众的委托所负有的履行社会公共事务管理、提供社会公共服务的职能和责任，并向社会公众提交报告，以说明其职能和责任履行情况的义务。尽管现实社会中存在着诸多层次的公共受托责任，但从根本上讲，不同层次的公共受托责任最终均来源于公众与政府之间的委托代理关系。①

公共受托责任是产生于现代社会民主政治进程中的一种特殊的委托代理关系。美国政府责任署（General Accountability Office，GAO）认为：公共受托责任就是指那些受托管理并且有权使用公共资源的机构，负有向社会公众说明其全部活动情况的义务。最高审计机关亚洲组织（Asian Organization of Supreme Audit Institutions，ASOSAI）认为：公共受托责任是指受托管理公共资源的机构报告管理这些资源及其有关的规划、控制、财务的责任。管理好受托公共资源，更好地为公众利益服务，是政府公共受托责任的核心要求。

从 GAO 和 ASOSAI 对公共受托责任的定义可以看出，公共受托责任应当包括行为和报告两个层面，而且行为和报告这两个层面紧密相连，相互促进，不可分割。一方面，政府及其相关部门和人员应当从人民的公共利益出发，管理好人民托付的公共财产，履行好国家和社会公共事务管理职责；另一方面，政府应当向公众及其代表（立法机构）报告其受托责任的履行情况，以解脱自己的公共受托责任。因为不参与公共资源经营管理的

① 刘笑霞．我国政府绩效评价理论框架之构建［M］．厦门：厦门大学出版社，2011：1.

委托人，没有办法也更不可能直接监视政府的全部行为，只能通过政府公开的信息间接了解，这就需要政府向公众提出报告，说明自己对公共资源的受托管理情况，从而产生了报告责任。从这个意义上说，政府的报告责任是由政府的行为责任衍生出来的，而报告责任也有助于强化行为责任。通过报告，委托人可以评价政府行为的效率、效果并发现其中存在的问题，从而促进政府努力提高业绩，更好地履行其公共管理职责。①

从受托责任的角度而言，财务信息的作用，就是采用一系列专门的会计技术和方法，来计量和报告受托责任的履行情况。会计工作的目标，在于以适当的方式有效反映受托人的受托责任及其履行情况。② 几乎所有的单位——无论是营利组织的企业，还是非营利组织（如政府、学校等）——都设有会计机构，这也间接印证了会计是一种比较有效的履约机制。任何一种方法，都有其相应的成本效益比。在经济全球化的今天，会计已成为世界各国间经济交流的一门通用的商业语言，是一种低成本、可以普遍应用的信任机制。会计的价值就在于它是维系自利的经济人之间相互信任的、成本较低的手段。通过会计方式，将企业经营活动用货币量化表述，便于汇总、比较，是一种相对有效的方法，因此被广泛采用。③

（二）委托代理与高校财务信息公开

联合国教科文组织（United Nations Educational, Scientific and Cultural Organization, UNESCO）在《21 世纪的高等教育：展望和行动世界宣言》中明确强调："高等学校应拥有管理其内部事务的自主权，但同时必须有明确和透明的责任制，向政府、议会、学生和整个社会负责。"④

在高校教育领域，高等学校各利益相关者之间，存在着多个层级的委托代理关系。社会公众，政府，教育、财政行政部门和高校主管部门，高

① 刘笑霞．我国政府绩效评价理论框架之构建［M］．厦门：厦门大学出版社，2011：62.

② 刘笑霞．我国政府绩效评价理论框架之构建［M］．厦门：厦门大学出版社，2011：53.

③ 上海国家会计学院．财务报告［M］．北京：经济科学出版社，2011：4.

④ 赵中建．全球教育发展的研究热点——90 年代来自联合国教科文组织的报告［M］．北京：教育科学出版社，1999：424.

校之间，存在着基于国民高等教育和高等教育资源配置的复杂的委托代理关系，共同形成多层面的委托代理多元主体（见图2-1）。

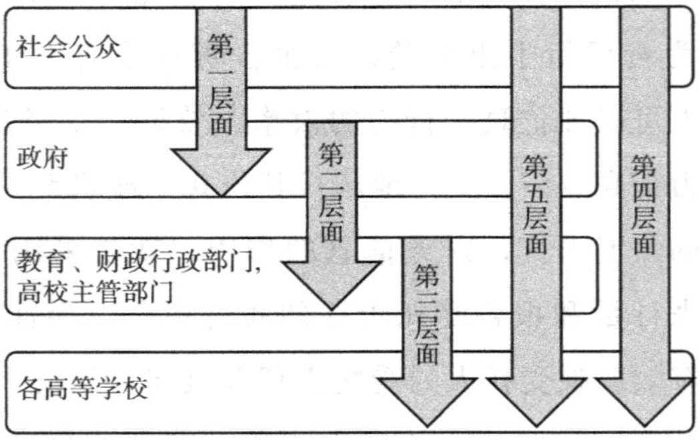

图2-1　高等教育事务多元主体间的委托代理关系

第一层面，社会公众与政府之间存在委托代理关系。由于政府管理的高等教育资源直接或间接来自于社会公众的纳税、缴费、捐赠等，社会公众与政府之间就形成了委托代理关系。政府作为代理人，受社会公众委托管理高等教育资源，政府就应向社会公众公开高等教育资源信息。社会公众是公共委托代理关系中享有知情权利的公开权利主体，政府是负有公共受托责任的公开义务主体。

第二层面，政府与教育、财政行政部门，高校主管部门之间存在公共委托代理关系。教育、财政行政部门和高校主管部门作为代理人，受政府的委托，具体负责高等教育资源配置，教育、财政行政部门和高校主管部门应向政府公开高等教育资源信息。政府成为公共委托代理关系中享有知情权利的公开权利主体，教育、财政行政部门和高校主管部门是负有公共受托责任的公开义务主体。

第三层面，教育、财政行政部门与高校主管部门和高校之间存在委托代理关系。高校作为代理人，受教育、财政行政部门和高校主管部门委托，直接消费高等教育资源，提供高等教育服务，高校应向教育、财政行政部门和高校主管部门提供高等教育资源信息。教育、财政行政部门和高校主管部门成为公共委托代理关系中享有知情权利的公开权利主体，高校成为负有公共受托责任的公开义务主体。

第四层面，社会公众与高校之间存在委托代理关系。社会公众直接向高校提供高等教育资源，高校直接消费社会高等教育资源、提供公共高等教育服务，高校应向社会公开高等教育资源使用信息。社会公众成为公共委托代理关系中享有知情权利的公开权利主体，高校成为负有公共受托责任的公开义务主体。

第五层面，社会公众，政府，教育、财政行政部门，高校之间同时存在着委托代理关系。高等教育事务中这些复杂的委托代理关系，有时是单向度的、两元主体间的，有时则是多向度的、多元主体间的；具体到某一个单一主体而言，有时是单一的公开权利主体，或是单一的公开义务主体，有时则既是公开权利主体，又是公开义务主体。①

新的背景和历史时期，基于多层面的高等教育资源委托代理关系的高校财务信息公开和公共问责越来越受到社会公众关注，如何提高高等教育资源使用绩效已成为我国各级政府和社会公众关注的热点，质量和效益并重已经成为我国高等教育绩效管理的核心理念。②

2010年国务院发布的《国家中长期教育改革和发展规划纲要（2010—2020年）》中明确要求，要在高校中“引入竞争机制，实行绩效评估，进行动态管理”。2014年教育部直属高校第24次工作咨询委员会主题为“以‘评价’为切入点 全面深化高等教育综合改革”，会上提出：“以科学评价为基础，通过绩效拨款引导高校内涵发展、提高质量。”

科学评价其实就是要进一步发挥市场在办学资源配置中的决定性作用，激发大学的改革动力和办学活力。从发展趋势看，引入高校绩效评价并且实行绩效拨款，在我国不仅只停留在理论研究层面，而且已经成为一种政策的现实诉求。③ 由于会计在解除受托责任方面具有独特的不可替代的重要作用，作为高校会计工作成果的高校财务信息，必将在高校绩效评价中显

---

① 张桂丽，李艳花，赵红卫．高校财务信息公开的三维观照与未来展望［J］．会计之友，2020（14）：57－62.

② 谢梅，李强．教育部直属高校绩效评价研究——基于产出滞后效应的分析［J］．教育与经济，2015（5）：46－54.

③ 张男星，王春春，姜朝晖．高校绩效评价：实践探索的理论思考［J］．教育研究，2015，36（6）：19－28.

现出天然的优势。高校财务信息公开，打破了之前社会公众无法自由获取高校财务信息的“坚冰”，使得学术团体、研究机构、专家学者和社会公众获取高校信息、评价高校绩效有了依据，成为可能。接下来的问题就是，如何通过高校财务信息公开，促进信息流动共享、开发加工，实现高校财务报告信息从“有没有”到“用没用”甚至“尽其用”的公开目标与价值增值。

四、公共物品理论

（一）公共物品理论概述

公共物品是与私人物品相对的概念。关于公共物品的思想，最早可以追溯到古希腊时期。亚里士多德（Aristotle）曾断言：“凡是属于最多数人的公共事物，常常是最少受人照顾的事物。人们关怀着自己的所有，而忽视公共的事物；对于公共的一切，他至多只留心到其中与他个人多少有些相关的事物。”① 最早使用公共物品这一概念的是瑞典经济学家埃里克·林达尔（Erik Robert Lindahl），他在1919年出版的《公共课税论》中首先提出“公共物品”，从而第一次把物品划分为公共物品和私人物品两大类别，这一划分在经济学上具有里程碑式的意义。②

迄今为止，还没有哪个国家法律给予公共物品以明确的定义，但是给予了一定的原则或性质方面的说明，如具有非竞争性、非排他性等特征。公共物品被生产出来后，可以同时供两个以上的个人或团体联合消费，无论个人对这种物品是否支付了价格，并且一个人对公共物品的消费不减少或不影响其他人对这种物品的消费。

一般而言，公共物品被认为是社会公共利益的载体，是因为公共物品符合社会公共利益所蕴含的本质特征。第一，公共物品的公共性体现了社

---

① 亚里士多德．政治学［M］．北京：商务印书馆，2007：48－49.

② 吕振宇．公共物品供给与竞争嵌入［M］．北京：经济科学出版社，2010：25－27.

会公共利益特征。这里的“公共”，是与私域相对应的范畴，是与社会主体的共有、共享、共利、共需等内容相联系，是指社会不同群体或不同利益主体之间所具有社会公共性和社会共享性。第二，公共物品受益主体的不特定性体现了社会公共利益特征。公共物品的消费只能在保持其完整性的前提下，由众多的消费者共同享受，而不能将其分割成可以计价的单位，供市场出售，这种消费的不可分割性也是由于公共物品的非排他性和非竞争性决定的。第三，公共物品的供给方式体现了公共利益的代表主体的多元性。公共物品可以是政府直接生产，也可以是政府利用市场间接供应，还可以是合作组织或社会捐赠供应。从公共物品的应用范围看，有全国性公共物品和地方性公共物品，并且地方性公共物品也具有多层级表现。第四，公共物品公共性具有相对性，体现了公共利益的变动性特征。由于社会发展特别是科学技术的进步，会使公共物品的公共性在一定程度上发生变异，一些本来属于公共物品的东西，在性质上会发生根本性改变，而成为私人物品，反之亦然。①

现代经济学研究根据物品的竞争性和排他性强弱，将物品分为四类：私人物品、俱乐部物品、共同资源、纯公共物品。其中，将介于纯公共物品和私人物品之间的俱乐部物品和共同资源，称为准公共物品，纯公共物品和准公共物品都属于公共物品。②

（二）公共物品与高校财务信息公开

信息总是具有公共产品的纬度。③ 公益性信息资源是进入公共流通领域的，由公益性机构管理和向公众提供的信息资源。教育、科研、文化、娱乐、生活等领域的信息资源属于公益性信息资源。④

高校财务报告信息一旦向社会公开，就具有了公共物品的基本特征，

---

① 杨仕兵．公共物品供给法律制度研究［M］．北京：中国检察出版社，2009：28－29.

② 赵红卫．我国高等学校财务信息公开理论研究与实践［M］．北京：人民出版社，2019：39－40.

③ 奥格斯．规制：法律形式与经济学理论［M］．骆梅英，译．北京：中国人民大学出版社，2008：40.

④ 赖茂生．信息资源管理教程［M］．北京：清华大学出版社，2006：6.

对这些信息的使用具有典型的非竞争性和非排他性，因为一个人对公开的高校财务报告信息的使用，不会影响另一个人的使用；而且一个人占用公开的高校财务报告信息的多寡，不会影响其他人占用公开的高校财务报告信息的多寡。

根据教育部《办法》《通知》《清单》要求，高等学校应于规定的时间内在公开平台上向社会公开特定的财务信息，这些公开的财务信息属于高校财务信息中的基础性信息，是高校在财务活动中所直接产生的以财务报告为主要信息载体的信息，属于公共物品；而这些公开的财务信息，在经过获取信息的个人和单位二次加工后，所产生的更能满足信息使用者需求的二次信息，则属于增值信息，可能是公共物品，也可能不是公共物品，甚至需要支付价格才能获得。

美国学者理查德·H. 莱特尔（Richard H Lytle）指出，信息作为一种资源，以及信息可以作为商品进入市场，这一观念的深入代表了消费者价值观的一次革命。① 而会计本身是一种具有专业技术壁垒的活动。会计文献的特殊格式，使得除了那些有机会对会计进行深入研究的人之外，大多数人很难理解会计报告的真正意义，而大多数经济学家是不具备这个条件的，更何谈一般的社会公众。② 因此，公开的财务信息相比较其他信息而言，更需要专业化加工和开发。

高校财务信息公开的目的，是为了信息的使用，强调其"用"，不单为公开而公开。受会计报告的专业壁垒影响，社会公众对财务信息的接受和利用能力受到很大的限制。这一方面解释了为什么公开的高校财务信息点击率不高、利用率较低等原因；另一方面也指出了公开的高校财务信息需要走市场化道路，一部分信息可以作为公共物品提供给社会公众，另一部分则需要经过开发，形成增值信息产品，将公开的高校财务报告信息公共物品转变为差异性的非公共物品供给，特定信息使用者可通过支付市场价格购买获得，从而推动并形成高校财务报告信息产品市场。这些都需要我

① LYTLE R. Information Resources Management：1981 – 1986 ［J］. Annual Review of Information Science and Technology，1986（21）：309 – 336.

② 坎宁．会计中的经济学［M］. 宋小明，谢盛纹，译．上海：立信会计出版社，2014：2 – 6.

国加快制订和完善财经素养教育相关的教育政策和配套办法，持续推进和普及国民特别是青少年财经素养教育，不断提升公民阅读财务报告的能力和水平。

五、信息经济学理论

（一）信息经济学理论概述

20 世纪八九十年代，信息经济学逐渐成为世界经济学的重要研究领域。其主要表征就是 1995 年和 1996 年的诺贝尔经济学奖分别授予了与信息经济学研究有关的几位著名学者。1995 年诺贝尔经济学奖获得者是美国芝加哥大学教授罗伯特·卢卡斯（Robert E. Lucas），他是基于信息的理性预期理论学派的杰出代表。他研究行为科学和经济学之间的边缘领域，认为信息预期与人的期望值有关，而期望值是人从信息中获得的主观感受。1996 年诺贝尔经济学奖获得者是英国剑桥大学教授詹姆斯·莫里斯（James A. Mirrlees）和美国哥伦比亚大学教授威廉·维克里（William Vickrey），前者在信息经济学理论领域做出了重大贡献，特别是不对称信息条件下的经济激励理论，而后者在信息经济学、激励理论、博弈论等方面都做出了重大贡献。

1959 年，美国著名的经济学家雅各布·马尔萨克（Jacob Marschak）开创了从信息学的角度对经济学进行研究。他首次在《信息经济学评论》中提出了“信息经济学（Economics of Information）”这一术语，成为信息经济学诞生的标志。① 信息经济学是从不同侧面、不同角度对信息进行经济研究的新兴综合性学科。由于信息经济学的研究者分别来自经济学界、信息科学界以及图书情报学界，使不断涌现出的有关信息经济学的成果和文献给人以一种复杂纷纭、内容迥异的感觉。②

① 杜杨芳，刘欢．我国信息经济学研究述评［J］．图书馆学研究，2014（6）：2－5＋28.

② 马费成，龙鹫．信息经济学（一）第一讲 信息经济学的主要领域［J］．情报理论与实践，2002（1）：77－79＋72.

按照我国著名经济学家乌家培教授的观点，信息经济学从研究的性质来看，有理论信息经济学和应用信息经济学；从研究的范围来看，有微观信息经济学和宏观信息经济学。理论信息经济学研究的主要领域有：研究信息及其特征对经济主体的行为与相互关系的影响，目的在于借助信息以减少或消除不确定性因素对经济主体的影响，它包括市场的、技术的、政策的以及其他不确定性。所以，信息与经济间关系的研究成了理论信息经济学的重要领域。应用信息经济学研究的重点领域有：从研究信息产业（包括知识产业）和信息职业（包括知识职业）开始的，主要研究信息产品、信息服务、信息资源的开发和利用、信息系统和信息网络、信息基础设施建设、信息产业、信息市场以及信息化等方面的经济问题。①

国外对信息经济学的研究从一开始就有两条主线。一是以乔治·斯蒂格勒（George J. Stigler）和肯尼斯·阿罗（Kenneth J. Arrow）为代表的最早的研究者，从微观的角度入手，研究信息的成本和价格，并提出用不完全信息理论来修正传统的市场模型中的信息完全和确知的假设，重点考察运用信息提高市场效率的种种机制；二是以弗里兹·马克卢普（Fritz Machlup）和马克·波拉特（Marc U. Porat）为创始人的宏观信息经济学，以研究信息产业和信息经济为主。②

波拉特研究认为，随着社会经济的发展，人们需要更多的信息活动才能获得与以往相同的经济效用。关于信息与资本市场的关系，2001 年诺贝尔经济学奖获得者、美国哥伦比亚大学教授约瑟夫·斯蒂格利茨（Joseph Eugene Stiglitz）研究认为，业绩不佳的企业当然会隐瞒信息，但是如果只有一部分企业披露了信息，那么市场就会认为那些不披露信息的企业是业绩不佳的。由于没有关于它们的任何信息，所有这样的企业都会被一视同仁。然而，对于那些业绩好于这些差企业平均值的企业而言，它们可以通过有意或无意地披露自身信息来增加企业的市场，这个过程一直重复直到每个企业的信息都被披露为止。反过来，假如披露信息不会改变资产的价值，

① 黄炳坤．信息经济学应成为信息经济时代的主流经济学［J］．华南师范大学学报（社会科学版），2007（4）：125－127.

② 王芳．近十年我国信息经济学研究述评［J］．情报理论与实践，1999（4）：76－78.

那么某一类人对于证券的需求上升，一定会被另一类人的需求下降所抵消。即使提供信息没有任何成本，并且就算提供信息具有很高的社会价值，企业也没有激励去提供信息。因此，提供信息的回报，应主要被证券的原始持有人获得，这种信息改变了企业的市值，只有他们才有提供信息的经济激励。[①] 从这个意义上说，信息披露的立法者应充分考虑对信息披露者的激励机制，使信息披露者得到比隐瞒信息者更多的市场回报，从而形成良性循环；否则，就可能导致市场主体的逆向选择（Adverse Choice）。

（二）信息经济与高校财务信息公开

信息社会和经济社会的快速发展与结合，使信息的经济价值得以彰显。谁最先拥有了有价值的信息，谁就会在激烈的市场竞争中占得先机。信息关系着个人财富、组织资源和社会发展。

随着经济在社会公共事务中的日趋重要，经济学家在经济调查中对会计师报告的运用日益增多。经济学家所关注的社会事务总是会有一种共性特质，即这些问题的解决需要大量信息，相对于其他信息而言，财务信息往往更为适宜。

信息的价值，在于有和没有信息时对决策带来的期望效用之间的差额。引申到会计领域，信息的价值就是基于会计信息进行决策带来的超额收益或异常收益（Abnormal Return）。[②] 但由于会计文献的特殊格式，使得除了那些有机会对会计进行深入研究的人之外，大多数人很难理解会计报告的真正意义，而大多数经济学家是不具备这个条件的。[③]

正如上述所言，即使是经济学家，也通常会误读甚至误用财务信息，并不是因为他们有失勤勉，而是由于财务信息有专业技术壁垒。财务报告是财务（会计）信息的主要载体。对于高校财务信息而言，大多数公开的基础财务信息可能是无用的或用处甚微，只有针对不同财务信息使用者的

---

① 斯蒂格利茨．信息经济学：应用［M］．纪沫，陈佳，刘海燕，译．北京：中国金融出版社，2009：53.

② 王铁林．基于信息经济学的会计信息价值研究［J］．财政研究，2009（7）：67－70.

③ 坎宁．会计中的经济学［M］．宋小明，谢盛纹，译．上海：立信会计出版社，2014：2.

差异化需求，经过进一步开发加工形成结构化、差异化的高校财务信息产品，才能充分发挥财务信息在财务管理、资源配置、绩效评价、优胜劣汰等方面的价值增值功能。公开的高校财务信息需要从基础信息到市场开发，再到市场交易，完成从公共物品到信息产品的属性转换，才能更好地实现高校财务信息公开的终极目标——价值增值使命。

本章先从信息理论的视角，从最广泛的人的知情权利开始，递进到高等教育这一现代公共领域的公共管理理论和委托代理理论，从信息领域进入财务信息所在的经济领域，最后聚焦公开的高校财务报告的公共物品属性；瞄准高校财务报告信息公开的目标，探索在信息经济时代，如何发挥公开的高校财务报告信息的增值价值。通过对高校财务报告信息公开理论基础的梳理和展望，缕清了高校财务报告信息公开理论基础之间的逻辑关系，初步形成了高校财务报告信息公开的理论思维结构图（见图2-2）。

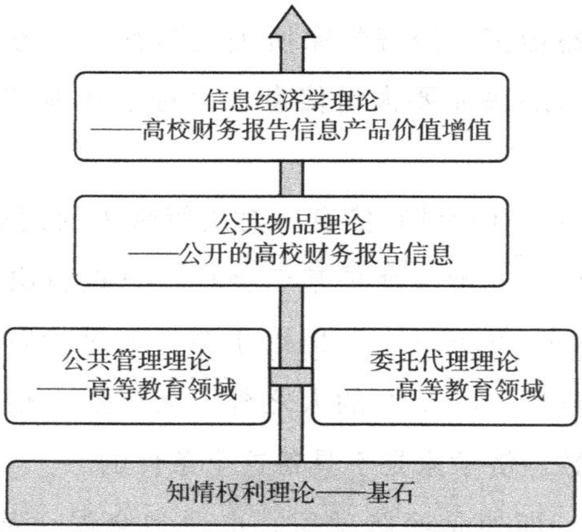

图2-2　高校财务报告信息公开的理论基础

第三章

美国高校财务报告信息公开研究

人的思维是否具有客观的真理性，这并不是一个理论的问题，而是一个实践的问题。人应该在实践中证明自己思维的真理性，即自己思维的现实性和力量，亦即自己思维的此岸性。①

——《马克思恩格斯选集》（第三卷）

学史可以看成败、鉴得失、知兴替；学诗可以情飞扬、志高昂、人灵秀；学伦理可以知廉耻、懂荣辱、辨是非。我们不仅要了解中国的历史文化，还要睁眼看世界，了解世界不同民族的历史文化，去其糟粕，取其精华，从中获得启发，为我所用。②

——《习近平谈治国理政》（第一卷）

① 马克思，恩格斯．马克思恩格斯选集［M］．第三卷．中共中央马克思恩格斯列宁斯大林著作编译局，编译．北京：人民出版社，1995：4.

② 习近平．习近平谈治国理政［M］．第一卷．北京：外文出版社，2018：406.

本章导读

美国是举世公认的资本主义经济强国和高等教育强国。在政府信息公开立法方面，继瑞典1766年颁布世界上第一部《信息自由法》、1951年芬兰颁布《信息自由法》之后，美国联邦政府于1966年颁布了《信息自由法》，是世界上第三个颁布信息自由立法的国家。① 在信息自由的立法与实践方面，美国一直走在世界前列。在高等教育领域，尽管与美国联邦政府颁布信息公开立法时间相比，美国高校在官方网站上开始公开财务报告信息的时间显得比较滞后，而且各高校开始公开财务报告的年度之间存在较大差异，但与英国、加拿大、澳大利亚等世界高等教育强国相比，美国仍是最早公开高校财务报告信息的国家。

在本章中，课题组以进入美国新闻和世界报道（U. S. News & World Report）2020年度世界大学排行榜前500名的美国132所高校为研究样本，通过逐一访问其官方网站，查找各样本高校公开的财务报告信息，并统计各样本高校财务报告信息公开情况。从总体上看，132所样本高校中，可从学校官方网站获得财务报告的高校数量有124所，财务报告信息公开率为93.9%；从办学属性看，美国是四国样本高校中私立高校最多的国家，私立高校占样本高校数量达到1/3，高校中公立高校86所、私立高校46所，但美国私立高校同公立高校一样，可以从学校官方网站获得财务报告信息，公立、私立两类性质高校财务报告信息的公开进程、公开框架、详细程度等方面并不存在明显差异。

课题组还分别以美国私立、公立高校代表——哈佛大学和加州大学伯克利分校为个例，对两校财务报告进行翻译和研究，代表性地呈现了美国私立、公立高校财务报告信息公开的完整原貌。此外，课题组还对美国常春藤八校，以及斯坦福大学等其他一些大学的财务报告

① Freedominfo. org. Alphabetical and Chronological lists of countries with FOI regimes [EB/OL]. http://www.freedominfo.org/? p=18223.

进行了翻译和研究。最后从法制遵循、公开框架、高校性质三个方面，总结和述评美国高校财务报告信息公开情况和特征。

一、美国高校财务报告信息公开法制遵循

1766 年瑞典颁布的《信息自由法》，被公认为世界上最早的政府信息公开立法。但之后漫长的时间内，信息公开的立法和实践并没有得到世界各国政府的普遍重视和广泛推进。直到第二次世界大战后，新的信息公开立法的潮头才开始从美国席卷而来，政府部门间经过 20 年的艰苦博弈，美国终于在 1966 年颁布了《信息自由法》（Freedom of Information Act，FOIA），成为世界上颁布时间较早、体系较为完备的政府信息公开立法。

自美国《信息自由法》颁布后，世界各国颁布信息公开立法的进程明显加快，掀起了信息公开法治化的世界浪潮。北美和一些发达国家政府颁布信息公开立法的时间领先于世界其他国家和地区，并在实践过程中逐步得以完善。例如，芬兰于 1951 年、法国于 1978 年、澳大利亚于 1982 年、加拿大于 1983 年先后颁布了本国的《信息自由法》。①

美、英、加、澳四国并未专门针对高等学校颁布财务信息公开法，高校财务信息公开遵循联邦和地方政府关于信息公开等相关法律规定。对国外高校官方网站进行财务报告的访问考察结果，以及对高校财务报告进行内容分析的结果，也印证了这一事实。美国一些高校在公开其财务报告时，明确说明其财务报告信息公开的法律遵循，是以联邦和州的信息公开立法等法规为依据。例如，美国公立大学加州大学伯克利分校在公开其财务报告（reporting transparency）时说明：支持加州政府采取的类似的透明度努力（in support of similar transparency efforts undertaken by the state of California），其中还特别指出：大学所获得的联邦资金支出（expenditures of Federal funds），还须根据美国白宫行政管理和预算办公室（Office of Management

① Freedominfo. org. Alphabetical and Chronological lists of countries with FOI regimes [EB/OL]. http://www. freedominfo. org/? p = 18223.

and Budget, OMB）发布的美国联邦法规（Code of Federal Regulations, CFR）200号统一指引（Uniform Guidance 2 CFR. 200）要求，向社会公开编制和审计的（prepared and audited）财务报告。[①] 鉴于美、英、加、澳四国联邦政府信息公开立法的特点，在域外制度源流部分，主要梳理介绍域外国家信息公开立法的演进过程。

（一）美国联邦政府信息公开立法

美国联邦政府信息公开立法的先进性和完备性为世界各国所公认。关于美国联邦信息公开立法的起源，历史学界存在不同的看法，代表性的观点主要有：1787年《美利坚合众国宪法》（Constitution of the United States）、1798年的《管家法》（Housekeeping Act）、1946年的《行政程序法》（Administrative Procedure Act），以及1966年的《信息自由法》（FOIA）。后向东（2014）认为，无论从法律体例结构角度、法律实体内容角度，还是从历史缘由和事实出发，美国信息公开立法的历史源头，应当以1946年的《行政程序法》为起点。后来美国颁布的《隐私权法》《阳光下的政府法》等都依然只是《行政程序法》的一个组成部分。[②]

1.《行政程序法》

1946年6月11日，美国总统杜鲁门签署了国会参议院通过的《行政程序法》（S. 7号法案），编入美国法典，代码为“5 U. S. C. 1002”。此时的《行政程序法》虽然内容相对简单，条款较少，但已经初步包含了一项法律应具备的基本要义。从内容看共分12节：①标题；②定义；③公共信息；④规则制定；⑤裁定；⑥附属事项；⑦听证；⑧决定；⑨处罚和权力；⑩司法审查；⑪检查人员；⑫结构和生效条款。其中第③节“公共信息”，即为后来美国联邦《信息自由法》的最初内容。

《行政程序法》确立了信息公开重要的立论基础——关于行政的信息应

① University of California. Reporting Transparency [EB/OL]. http://reportingtransparency. Universityofcalifornia. edu/.

② 后向东. 美国联邦信息公开制度研究 [M]. 北京：中国法制出版社，2014：146-149.

当成为公共财产，而不应当仅为少数人所了解。从结构看，《行政程序法》第3节基本涵盖了美国联邦《信息自由法》的五个主要方面：①公开的内容；②免于公开内容的认定原则；③公开的方式；④公开义务履行的保障机制；⑤依申请公开的程序。

《行政程序法》在美国信息公开制度发展历程中的开创意义不容忽视。首先，它确立了信息公开的分类思路和标准。在对行政信息进行功能分类的基础上，分别确立不同的公开要求，使得此后对行政信息公开进行规范、统一的要求变得可行。其次，明确了信息公开的范围和方式。公开范围：①基于制定规则的职能而产生的规则信息；②基于裁决职能产生的意见和命令信息；③依申请向特定当事人单独公开的官方记录。公开方式：①在联邦登记簿上公告；②公开出版；③供公众查询。最后，确立公共记录对当事人公开的一般性要求，为未来针对不特定公共记录信息的依申请公开留下发展空间。①

尽管《行政程序法》首次以法律形式明确了公民的知情权，但在实践中，《行政程序法》第③节中仍存在许多问题和漏洞。例如，行政机关可"基于正当理由保密""为了公共利益需要保密"，信息申请人和被申请信息之间应存在"适当的和直接的关系"等规定，赋予了政府拒绝信息公开相当大的自由裁量权，使联邦政府经常可以利用这些法律规定的漏洞，阻止公众获取政府信息。

2. 《信息自由法》

针对《行政程序法》在实践中存在的限制性条款，经过美国新闻界、律师界、学术界进步人士如詹姆斯·蒲柏（James S. Pobe）、哈罗德·克劳斯（Harold Cross）、约翰·莫斯（John E. Moss）、托马斯·亨宁斯（Thomas Hennings）、爱德华·郎（Edward V. Long）等长达十余年的不懈努力，他们与联邦政府行政部门和官员进行了艰苦的斗争，最终争取到美国国会参、众两院的支持，加快了美国联邦《信息自由法》的诞生。

1963年，雅各布·谢尔（Jacob Scher）为主要负责人起草参议院

① 后向东．美国联邦信息公开制度研究［M］．北京：中国法制出版社，2014：159－172.

S. 1666 法案——《信息自由法》的前身法案。该法案在 1964 年获参议院通过，于 1966 年 6 月 20 日获众议院批准，最终在 1966 年 7 月 4 日美国国庆日当天，由约翰逊总统发表总统声明签署批准生效。1967 年，美国国会将 S. 1666 法案的体例和内容稍作调整，编入《美国法典》(United States Code)，位置由原《行政程序法》第 3 节，调整为《美国法典》第 5 卷政府组织和雇员(Government Organization and Employees) 第 5 章 (Chapter) 行政程序 (Administrative Procedure) 第 552 节 (Section)，编号为 Pub. Law 90 - 23，命名为公共信息法 (Public Information; Agency rules, opinions, orders, records, and proceeding)，即《信息自由法》。[①] 至此，美国联邦信息公开立法中，关于主动信息公开的部分基本发展成熟。

美国《信息自由法》的出台过程，伴随着国会与行政机关之间的信息公开与保密权利之争，因此在执行过程中显性和隐性的障碍无处不在。《信息自由法》后来屡经修订，总的趋势表现为《信息自由法》对行政机关的约束力度愈加严格。

1972 年的"水门事件"大大加快了对《信息自由法》实施以来的第一次重大修订——1974 年修订案 (Pub. L. 93 - 502)。修法过程中福特总统对法案的否决，以及国会对总统否决权的否决，彰显了《信息自由法》的权威，进一步明确了严格的责任追究、信息公开年度报告等条款；1974 年修订案对行政机关施加了过度的信息公开义务，甚至超出了客观实际的限度，特别是极大地削弱了联邦调查局和禁药取缔机构的行政执法能力。

里根总统期间启动了《信息自由法》的第二次重大修订——1986 年修订案 (Pub. L. 99 - 570)，确认了行政机关承担信息公开责任的有限性，但也为后续的法案修订埋下了伏笔；计算机的广泛应用和信息时代的到来，催生了《信息自由法》1996 年修订案——《1996 电子化的信息自由法修订案》(Pub. L. 104 - 231)。克林顿政府以主动提升行政透明度为目标，着力推动美国全方位抢占信息社会的制高点，进一步增强了《信息自由法》的

---

① Office of the Law Revision Counsel. Public information: agency rules, opinions, orders, records, and proceedings [EB/OL]. http://uscode.house.gov/browse/prelim@title5/part1/chapter5/subchapter2&edition=prelim.

强制效力，解决了行政机关在信息公开方面的消极、拖延等内在顽疾。几乎是在同时，伴随着美国《文书消减法》（Paperwork Reduction Act of 1995），行政机关信息公开年度报告向社会公开、行政机关制作信息索引和信息公开指南的义务得以确认。

受2001年“9·11”事件影响，小布什总统任期内对信息公开持保守立场，行政机关态度消极、申请积压严重等现象重新出现。针对这种情况，美国国会于2007年重启了修订案（Pub. L. 110－175），小布什总统于2007年12月31日签署了《公开政府法》（Open Government Act），实施一系列措施，如进度查询机制、替代性纠纷解决机制、逾期办理约束机制等，设立统一的“政府信息服务办公室”、各机关“首席信息公开官”及“信息公开公众联络官”，构建起一套自上而下无缝覆盖的工作体系，为美国联邦信息公开工作的开展提供了完备的组织体系保障①；同时确立了“强烈推定有利于公开原则”，“公开、不保密是该法的主要目标”②。

截至本书发稿前，根据美国法典法律修订委员会办公室的公告，美国联邦政府《信息自由法》的最新一次修订是2016年6月30日的修订案（Pub. L. 114－185），增加了公众查询和复制电子信息的权利，进一步扩大了联邦机构的信息公开范围。

（二）美国国家信息自由联盟

美国国家信息自由联盟（National Freedom of Information Coalition，NFOIC）是一个于1989年成立于美国德克萨斯州达拉斯市的国家级信息自由组织，当时该组织名称为“国家信息自由大会”（National Freedom of Information Assembly），大会在1991年人权法案200周年之际在达拉斯再次开会，并计划于1992年1月开会以制订一项相互支持的计划。在这次会议上，国家信息自由大会正式更名为“国家信息自由联盟”（NFOIC）。

NFOIC的成员，包括公民驱动的非营利性FOI组织、宪法第一修正案

---

① 后向东．美国联邦信息公开制度研究［M］．北京：中国法制出版社，2014：345.

② 杨建生．美国政府信息公开司法审查研究［M］．北京：法律出版社，2014：29.

中心、新闻社团和律师。2018 年，NFOIC 将其办公室从密苏里州哥伦比亚大学转移到盖恩斯维尔（Gainesville）的佛罗里达大学，NFOIC 现位于佛罗里达大学新闻与传播学院（University of Florida College of Journalism and Communications），并与其邻居布雷希纳信息自由中心（Brechner Center for Freedom of Information）紧密合作。

NFOIC 通过推动州和地方政府以及公共机构制定法律、政策和程序，方便公众获取公共记录和程序，从而保护公众对开放政府的权利。NFOIC 代表美国 35 个州和哥伦比亚特区的州级和州级会员，是全国性的非营利、无党派组织。通过联盟的计划和服务，以及全国会员网络，NFOIC 促进新闻自由、立法和行政改革、争议解决和诉讼（必要时），以确保州、地方政府和公共机构的开放、透明和可获得性。

NFOIC 旨在帮助建立州同盟，并支持和赋予其力量，从而改善州和地方政府层面的法律、司法救济和信息传播的实践。其愿景是，通过建立透明的州和地方政府，进而促进公民参与、自治，以及公共事务新闻和公民信息的增加，最终形成更加公开和透明的社会与民主。NFOIC 提供公开教育和指导，为 FOI 诉讼提供财务支持，为各州 FOI 组织和信息提供资源指南，并开展基于证据的研究项目。

每年 NFOIC 及其成员都会召开全国 FOI 峰会。每年为期两天的峰会的突出特征就是就美国各州和地方层面的信息自由法、政策和实践的最新问题和趋势发表思想、经验和讨论。NFOIC 还管理 Knight FOI 诉讼基金，该基金提供财政支持以支付公开政府法院案件中的成本和费用。

NFOIC 及其联盟成员主张消除公共机构中阻止或阻碍人们获取正确信息的障碍。其目标不仅仅在于确保所有人的知情权，而且还倡议公共机构应根据州政府信息公开立法，以最经济高效的方式履行其法律义务。NFOIC 主要工作职责如下：

（1）努力建立新的并支持现有的、公民主导的信息自由和第一修正案组织。

（2）在年度全国 FOI 峰会上通过网络促进信息公开交流。

（3）关于政府公开和透明的法律责任，咨询、教育获得任命和当选的公职人员。

（4）就信息自由问题发表全国性的集体声音。

（5）支持州议员筹款。

（6）探索关键问题，为州或国家行动提供建议。

（7）为国家民众准备有关 FOI 问题的教育报告和研究。

（8）管理 Knight FOI 诉讼基金，提供财政支持以支付公开政府案件的费用和支出。①

（三）美国各州地方政府信息自由立法

除美国联邦政府信息公开立法外，美国州和地方政府也分别颁布各自的信息公开立法。美国州和地方政府信息公开立法通常包括公开会议立法（Open Meetings Law）和公开记录法（Public Records Law）。

美国各州政府根据联邦政府《信息自由法》，颁布各自的《信息自由法》，通常指的是《公开会议法》《公开记录法》《公开政府法》或《阳光法案》。《公开会议法》赋予了公民可以自由地获取处理人民事务的机构、董事会、委员会和其他政府机构会议信息的权利；而《公开记录法》则授予公民检查和复制公共文件的权利，除非法规另有明确规定，否则每个公民都有权检查并取得该州任何公共文件的副本。但各州颁布《信息自由法》的时间各不相同，以下列举美国 50 个州以及哥伦比亚特区的《信息自由法》概况（见表 3－1）。②

表 3－1　　美国各州《信息自由法》

序号	州省	英文名	简称	FOI 公开记录法	FOI 公开会议法
1	阿拉巴马州	Alabama	AL	Alabama § 36－12－40 et seq.	Alabama 2015－340
2	阿拉斯加州	Alaska	AK	Alaska Statute 40. 25. 110	Alaska Statute 44. 62. 310

① National Freedom of Information Coalition. Who we are [EB/OL]. https://www.nfoic.org/about/.

② National Freedom of Information Coalition. State Freedom of Information Laws [EB/OL]. https://www.nfoic.org/state－freedom－of－information－laws/.

续表

序号	州省	英文名	简称	FOI 公开记录法	FOI 公开会议法
3	亚利桑那州	Arizona	AZ	Arizona Public Records Law	Arizona Open Meeting Law
4	阿肯色州	Arkansas	AR	Arkansas Freedom of Information Act	
5	加利福尼亚州	California	CA	California Government Code Sections 6250 – 6276. 48 (California Public Records Act)	California Government Code sections 54950 – 54963 (Ralph M. Brown Act)
6	科罗拉多州	Colorado	CO	CRS Title 24 – Article 72	CRS Title 24 – Article 6
7	康涅狄格州	Connecticut	CT	Connecticut FOI Act	
8	华盛顿特区	District of Columbia	DC	D. C. Code § 2 – 531, et seq.	D. C. Code § 2 – 571 et seq.
9	特拉华州	Delaware	DE	Title 29, Chapter 100	
10	佛罗里达州	Florida	FL	Florida Statute 119. 01 et seq.	Florida Statute 286. 011 et seq.
11	佐治亚州	Georgia	GA	Official Code of Georgia § 50 – 18 – 70 et seq.	Official Code of Georgia § 50 – 14 – 1 et seq.
12	夏威夷州	Hawaii	HI	Chapter 92F, Hawaii Revised Statutes (Uniform Information Practices Act – UIPA)	Chapter 92, Hawaii Revised Statutes (Sunshine Law)
13	艾奥瓦州	Iowa	IA	Iowa Code Chapter 22	Iowa Code Chapter 21
14	爱达荷州	Idaho	ID	Idaho Code § § 74 – 101 to 74 – 126	Idaho Code § § 74 – 201 to 74 – 208
15	伊利诺伊州	Illinois	IL	5 Illinois Compiled Statutes 140 – FOIA	5 Illinois Compiled Statutes 120 – Open Meetings Act
16	印第安纳州	Indiana	IN	Indiana Code 5 – 14 – 3 Chapter 3 (Access to Public Records Act)	Indiana Code 5 – 14 – 1. 5 et seq. (Open Door Law)
17	堪萨斯州	Kansas	KS	KSA 45 – 215 et. seq.	KSA 75 – 4317 et seq.
18	肯塔基州	Kentucky	KY	Kentucky Revised Statute Chapter 61. 870 et seq.	Kentucky Revised Statute Chapter 61. 800 et seq.
19	路易斯安那州	Louisiana	LA	LSA – R. S. 44: 1 et seq.	LSA – R. S. 42: 11 et seq.

续表

序号	州省	英文名	简称	FOI 公开记录法	FOI 公开会议法
20	缅因州	Maine	ME	Maine Revised Statute Title 1, Chapter 13 (Freedom of Access)	
21	马萨诸塞州	Massachusetts	MA	G. L. c. 4, § 7 (26)	G. L. c. 30A, § § 18 – 25
22	马里兰州	Maryland	MD	Md. Ann. Code art. GP, § 4 – 101 (2014)	Md. State General Provisions Article Title 3
23	密歇根州	Michigan	MI	Michigan Freedom of Information Act (FOIA)	Michigan Open Meetings Act (OMA)
24	明尼苏达州	Minnesota	MN	Minnesota Statutes 13. 01 et seq.	Minnesota Statutes, Chapter 13D
25	密苏里州	Missouri	MO	Mo. Code § 610. 023 et seq.	Mo. Code § 610. 010 et seq.
26	密西西比州	Mississippi	MS	Mississippi Code Annotated § 25 – 61 – 1 et seq.	Mississippi Code Annotated Act § 25 – 41 – 1 et seq.
27	蒙大拿州	Montana	MT	Montana Code 2 – 6 – 1001 et seq	Montana Code 2 – 3 – 201 et seq
28	北卡罗来纳州	North Carolina	NC	Chapter 132 – North Carolina General Assembly	Chapter 143 – Article 33C North Carolina General Assembly
29	北达科他州	North Dakota	ND	NDCC 44 – 04 – 18 et seq	NDCC 44 – 04 – 19 et seq
30	内布拉斯加州	Nebraska	NE	Nebraska Revised Statute 84 – 712	Nebraska Revised Statute 84 – 1408 et seq.
31	新罕布什尔州	New Hampshire	NH	Chapter 91 – A (Right to Know Law)	Chapter 91 – A (Right to Know Law)
32	新泽西州	New Jersey	NJ	New Jersey S. A. 47: 1A – 13 (Open Public Records Act – OPRA)	New Jersey S. A. 10: 4 – 6 (Senator Byron M. Baer Open Public Meetings Act – OPMA)
33	新墨西哥州	New Mexico	NM	NMSA (1978) 14 – 2 et seq.	NMSA (1978) 10 – 15 – 1 et seq.
34	内华达州	Nevada	NV	NRS: CHAPTER 239 – PUBLIC RECORDS	NRS: CHAPTER 241 – MEETINGS OF STATE AND LOCAL AGENCIES

续表

序号	州省	英文名	简称	FOI 公开记录法	FOI 公开会议法
35	纽约州	New York	NY	New York Freedom of Information Law (FOIL)	New York Open Meetings Law (OML)
36	俄亥俄州	Ohio	OH	Ohio Revised Code Chapter 149. 43 et seq.	Ohio Revised Code Chapter 121. 22 et. seq.
37	俄克拉何马州	Oklahoma	OK	Title 51 Oklahoma Statutes § 24A. 1 et seq.	Title 25, Oklahoma Statutes § § 301 et seq.
38	俄勒冈州	Oregon	OR	O. R. S. Chapter 192 Section 410 et. seq.	O. R. S. Chapter 192 Section 610 et seq.
39	宾夕法尼亚州	Pennsylvania	PA	65 Pennsylvania Statute § 67. 101 et seq. (Right – to – Know Law)	65 Pennsylvania Statute C. S. § § 701 et seq.
40	罗得岛州	Rhode Island	RI	Chapter 38 – 2 (Access to Public Records Act – APRA)	Chapter 42 – 46 (Open Meetings Act – OMA)
41	南卡罗来纳州	South Carolina	SC	South Carolina Freedom of Information Act Section 30 – 41 – 10 to 30 – 4 – 55	South Carolina Freedom of Information Act Section 30 – 4 – 60 et seq.
42	南达科他州	South Dakota	SD	SDCL Chapter 1 – 27	SDCL Chapter 1 – 25
43	田纳西州	Tennessee	TN	Tennessee Code Annotated 10 – 7 – 503 et seq.	Tennessee Code Annotated 8 – 44 – 101 et seq.
44	德克萨斯州	Texas	TX	Texas Government Code 552 (Public Information Act)	Texas Government Code Chapter 551
45	犹他州	Utah	UT	Utah code Title 63G Chapter 2	Utah Code Title 52 Chapter 4
46	弗吉尼亚州	Virginia	VA	Virginia Freedom of Information Act: § § 2.2 – 3700 – 2.2 – 3714	Virginia Freedom of Information Act: § § 2.2 – 3700 – 2.2 – 3714
47	佛蒙特州	Vermont	VT	Vermont Statute Title 1, Chapter 5. 315	Vermont Statute Title 1, Chapter 5. 310

续表

序号	州省	英文名	简称	FOI 公开记录法	FOI 公开会议法
48	华盛顿州	Washington	WA	Chapter 42. 56 RCW	Chapter 42. 30 RCW
49	威斯康星州	Wisconsin	WI	Wisconsin Statute 19. 21 et seq.	Wisconsin Statute 19. 81 et seq.
50	西弗吉尼亚州	West Virginia	WV	West Virginia Code § 29B－1－1 et seq.	West Virginia Code §6－9A－1 et seq.
51	怀俄明州	Wyoming	WY	Wyoming Statute §16－4－201 et seq.	Wyoming Stat. §16－4－401 et seq.

美国地方政府《信息自由法》举例：

以纽约州政府颁布的《纽约信息自由法》（New York Freedom of Information Law，以下简称 NY FOIL）为例。NY FOIL 是一系列旨在确保公众能够访问纽约政府机构公共记录的法律。纽约的第一部此类法律于 1974 年通过，1997 年进行较大修改后与纽约《公开会议法》并行。此后，于 1982 年、2005 年和 2008 年又对该法律进行了重要修订。这里的记录，定义为由机构或州立法机关产生，或被机构或州立法机关保存、持有、归档、制作或复制的任何信息，而无论其形式如何。如果已经解除了保密承诺，或者如果文件由他人临时拥有，或者源于政府之外，但已由政府拥有，则该文件仍受该法案的保护。

任何人都可以在纽约请求获取记录，通常不需要任何目的声明。但如果请求者的动机是获取与未决诉讼有关的文件，一些纽约法院会认为请求者的动机是与诉讼相关的。如果所要求获得的清单将用于商业或筹款目的，则 FOIL 允许机构拒绝获取请求。但是，一旦获取公共记录后，对于如何使用它们则没有任何限制。法规允许机构有 5 天时间响应公众提出的公共记录请求。①

NY FOIL 对应纽约《公务员法》（Public Officers Law）第六条款（article）第 84～90 节，共 7 个部分，各节内容如下：

① National Freedom of Information Coalition. New York FOIA Laws [EB/OL]. https://www.nfoic.org/coalitions/state－foi－resources/new－york－foia－laws.

第84～90节：信息自由法。

第84节：立法声明。

第85节：短标题。

第86节：定义。

第87节：获取机构记录。

第88节：获取州立法记录。

第89节：关于获取记录、特定案例的一般条款。

第90节：可分割性。

第84节 立法声明

该节中明确：

立法机关认为，当政府回应公众并对公众承担责任，以及公众知道政府的行为时，自由社会就会得以维护。政府对公民的开放程度越高，公众对政府的了解和参与就越多。

随着州和地方政府服务的增加，公共问题变得更加精细和复杂而难以解决，并且导致收入和支出也随之增加，因此，无论在何时何地，州和地方政府均应在可行的情况下，义不容辞地扩大公共问责的范围。

人民拥有知悉政府决策过程的权利，并有对决策依据的文件和统计资料进行审查的权利，这是我们社会的根基。获取这些信息的通道，不应因保密或机密的外衣而受到阻碍。因此，立法机关宣布，政府是公众的事务，根据此条款规定（provisions），公众（无论是个人、集体，还是以新闻自由为代表），应该有权利获得政府记录。

第85节 短标题

本条款应以“信息自由法”的名义被知晓和使用。

第86节 定义

1. “司法机关”，指纽约州法院，包括任何市级或地区法院，无论是否曾备案可查。

2. “州立法机关”，指纽约州立法机关，包括任何委员会、小组委员会、联合委员会、专职委员会或其他委员会。

3. “机构”，指为该州或其任何一个或多个城市行使政府或特定职能的任何州或市政部门，董事会、局、部门，专门委员会，常务委员会，公共机构，公共公司，理事会，办公室或其他政府实体，司法机关或州立法机关除外。

4. “记录”，指由机构或州立法机关保存、持有、归档、制作或复制的任何信息，无论其形式如何；包括但不限于报告、报表、检查、备忘录、意见、资料夹、档案、书籍、手册、小册子、表格、文件、规划、图纸、地图、照片、信件、缩微胶卷、计算机磁带或光盘、条例、规章或法规。

5. “关键基础设施”，指对国家至关重要的系统、资产、场所或事物，无论是物理的还是虚拟的，如果破坏、失能或摧毁此类系统、资产、场所或事物，可能危害到州、州的人民或州的竞争者的健康、平安、福利或安全。

第 87 节　获取机构记录

1. (a) 根据公开政府委员会颁布的适用于本条款规定和关于本条款实施的总条例和规章，在本条款生效的 60 日内，各公共法人理事机构应为该公共法人所有机构颁布统一的条例和规章。

(b) 每个机构，应根据本条款和 (a) 段规定颁布的适用性条例和规章，以及公开政府委员会颁布的与本条款规定的一致性条例和规章，颁布条例和规章，相关的可用记录和程序如下，包括但不限于：

i. 这些记录可获得的时间和地点；

ii. 可从哪些人处获得这些记录；

iii. 根据本部分 (c) 段要求，每张不超过 9 英寸 ×14 英寸的照片，复制记录的费用不应超过 25 美分，或者复制任何记录的真实成本，除非由州机构限定了不同的费用。

(c) 在确定复制记录的实际成本时，机构应仅包括：

i. 等于机构雇员最低工资的时薪金额，该雇员仅需具有准备请求记录的副本所需的必要技能。

ii. 为满足请求而提供给请求人的存储设备或介质的实际成本。

iii. 机构雇用外部专业服务以准备记录副本的实际成本，但也仅限于该机构的信息技术设备不足以准备副本时（如果该服务用于准备副本）。

iv. 准备副本不应该包括搜寻时间或管理成本，除非准备请求记录的副本需要至少2个小时，否则应该免费。如果机构雇员准备记录的时间超过2个小时，那么请求记录的人应被告知准备记录副本的预计成本。

2. 每个机构应根据它的公开规则，为公众查阅和复制目的提供所有记录。除非由于以下原因，机构不可拒绝访问记录或其部分：

（a）被州或联邦政府特别豁免披露。

（b）根据本章第89节（section）第2分节（subdivision）规定，披露的信息构成对个人隐私的无正当理由侵犯。

（c）如果披露，将损害当前或即将发生的合同授予或集体谈判。

（d）商业机密，或由商业企业提交给机构，或者从商业企业获得的信息中衍生的信息，这些信息如果泄露，将对本企业的竞争地位造成重大损害。

（e）为了法律实施目的而汇编的信息，如果披露将：

i. 妨碍法律实施调查或司法程序；

ii. 剥夺一个人的公平审判权或不公正判决；

iii. 暴露一个关于犯罪调查的机密资源，或披露机密信息；

iv. 泄露犯罪调查技术或程序。

（f）如果披露，可能危害他人的生命和安全。

（g）是机构内部或机构间的材料，并不是：

i. 统计的或事实的表格或数据；

ii. 影响公众的员工指南；

iii. 最终的机构政策或决定；

iv. 外部审计，包括但不限于由审计官和联邦政府实施的审计。

(h) 在考试最终实施之前所要求的问题或答案。

(i) 如果披露，将危及机构或单位与另一个机构分享信息有关的保障信息技术资产的能力。这些资产，包括电子信息系统和基础设施。

(j) 根据《车辆和交通法》(Vehicle and Traffic Law) 第1111条第a款，授权存贮的照片、显微照片、录像带或其他记录的图像。①

(k) 根据《车辆和交通法》第1111条第b款，授权存储的照片、显微照片、录像带或其他记录的图像。②

(l) 根据《车辆和交通法》第1111条第c款，规定存储的公交专用道照相设备产生的照片、显微照片、录像带或其他记录的图像。③

(m) 根据《车辆和交通法》第1180条第b款，授权存储的照片、显微照片、录像带或其他记录的图像。④

(n) 根据《车辆和交通法》第1180条第c款，授权存储的照片、显微照片、录像带或其他记录的图像。⑤

(n) 根据《车辆和交通法》第1180条第d款，授权存储的照片、显微照片、录像带或其他记录的图像。⑥

(o) 根据《车辆和交通法》第1180条第e款，授权存储的照片、显微照片、录像带或其他记录的图像。⑦

(p) 根据《车辆和交通法》第44条第c款和《公共机构法》(Public Authorities Law) 第3条第3款，授权存贮的照片、显微照片、录像带或其他记录的图像。⑧

---

①② 该条款将于2024年12月1日废止。

③ 该条款于2020年9月20日废止。

④ 该条款于2018年8月30日废止。

⑤ (n) 段有2条。第一条于2018年7月25日废止。

⑥⑦ 该条款将于2024年12月1日废止。

⑧ 该条款于2020年9月12日废止。

3. 每个机构应保留：

（a）该机构中每个成员在投票过程中的最终投票记录。

（b）载有该机构每名官员或雇员的姓名、公共办公室地址、职称和薪水的记录。

（c）无论是否根据本条款要求，机构拥有的所有记录，应按主题事项列出适当且详细的清单。每个机构应每年更新其主题事项清单，并在清单上明确标示最近更新日期。本节第4分节中定义的每个国家机构，应将其当前清单发布到其网站上，并且链接到公开政府委员会的网站。任何无网站的机构，应将其清单发布在公开政府委员会的网站上。

4.（a）根据本节第2分节（d）段，保有可拒绝获取机密记录的每个州机构，应根据本章第89节第5分节关于此类记录的规定，颁布法规，包括但不限于以下内容：

i. 识别所有或部分记录的方式；

ii. 识别机构内人员的方式，这些人员指负责保管所有或部分记录的人，或负责检查或研究记录是否可用的人；

iii. 防止未经授权访问记录的方式。

（b）本分节使用的机构或州机构，仅指州的部门，董事会、局、部门，委员会和办公室，以及大多数成员由州长任命的公众法人。

（c）每个有网站的州机构，应在网站上发布关于本条款和本章（chapter）第6-A条款的信息。这些信息至少应包括：机构记录获取人的联系信息、检查和复制这些记录的时间和地点，以及如果机构可接受电子记录的请求，个人如何通过邮件获取记录的信息，并应链接到公开政府委员会网站。

5.（a）如果机构能提供合理备份，或可由外部专业服务机构提供这些备份，那么机构应提供个人获取记录的方法。以计算机格式提供的记录不应被加密。

（b）如果损害了公众检查或复制机构记录的权利，那么机构将不得订立、更新其生成和维护的记录。

第88节 获取州立法记录

1. 根据本条款关于可获得、位置和记录性质的规定，参议院临时议长和议会发言人应为他们所代表的议院颁布规则和条例，包括但不限于：

（a）可获得这些记录的时间和地点；

（b）可从哪些人员处获取记录；

（c）关于记录的复制费用，每个不超过9英寸×14英寸的图片，不得超过25美分或者重新制作记录的实际成本，法律另有规定的费用除外。

2. 根据公开规则，州立法机构应保障公众检查和复制：

（a）票据及背书、财务票据、介绍人票据备忘录、决议及背书和索引记录；

（b）源自政府或其他立法机构的消息，以及国内法律的消息；

（c）机构拟采用推荐规则的立法通知；

（d）副本或备忘录（如有），包括委员会、分委员会和公共听证会会议的公共会议日志记录，以及当时参会会员记录和任何投票的记录；

（e）内部或外部审计和统计的真实表格，或者本节或其他任何法律应用条款的用于公共检查和复制的其他相关可用资料；

（f）影响社会公众的行政人员手册和员工指南；

（g）提交给立法机构的最终报告和正式意见；

（h）最终报告和建议、少数派或反对报告，以及全体委员会、分委员会或立法委员会的成员意见；

（i）法律规定的满足公众检查和复制的任何其他档案、记录、文件或文档；

（j）根据本章第92节进行的外部审计，以及根据本章第90节第2分节发布的时间表。

3. 每个议院应保留并为公众检查和复制提供：

（a）每次会议、每次委员会和分委员会会议中，成员投票时每位成员的投票记录；

(b) 说明名称、公共办公室地址、标识，以及每个官员和雇员薪水的记录；

(c) 本节所要求的主题事项当前清单的适度详细记录。

第89节 关于获取记录、特定案例的一般条款

适用于获取所有记录，除非下文特别规定：

1. (a) 公开政府委员会应持续推进公开，并由以下人员组成：副州长或其代表、州秘书长或其代表并行使委员会秘书职责，总务办公室委员长或其代表、预算负责人或其代表，以及其他成员等7人。除此处规定的代表外，任何人不得担任任何州或地方公共部门的其他职务。其任命如下：5人由州长任命，其中至少2人是或曾经是新闻媒体代表，1人在任命时代表地方政府并正在担任地方政府官员；1人由参议员议长任命；1人由议会发言人任命。由参议院议长和议会发言人任命的代表，应服务至参议院议长和议会发言人任职到期后被重新选举时为止。目前由州长任命以固定任期任职的4人，应继续任职，直至各自任期届满为止。此后，其各自的继任者应任期4年。代表地方政府的成员任期为4年，只要该成员仍是地方政府的当选官员即可。该委员会每年应举行不少于2次会议，但可以随时开会。委员会成员有权获得其履行职责时发生的实际费用补偿。

(b) 委员会应当：

i. 提供关于本条款的任何机构咨询准则、意见，或其他适当信息；

ii. 提供关于本条款的任何个人咨询建议，或其他适当的信息；

iii. 颁布关于实施本章第87节第1子节和第3子节 (c) 段的规则和条例；

iv. 要求任何机构提供援助、服务和信息，以使委员会能够有效行使其权利和职责；

v. 开发一种可用于互联网的格式，能用于记录公众的要求；

vi. 报告其关于本节第6条和第7条规定的活动和成果，包括在每年的12月15日或之前，对州长和立法机构提出修订法律建议。

2. (a) 公开政府委员会可根据本条款防止未经授意的个人隐私受到侵犯，颁布关于删除识别细节或隐瞒可用记录的指引。如果没有这些指引，机构可在制作可用记录时，删除识别细节。

(b) 未经授权的个人隐私，包括但不限于：

i. 从业信息、医疗或信用记录，或用于就业的个人资料；

ii. 关于顾客或病人在医疗机构的医疗和个人情况记录、用品记录；

iii. 销售或发布姓名和地址清单，而这些清单可被用于揽客或筹资目的；

iv. 当披露可能使社会或个人经济安全受到侵犯，或者在这些信息与机构工作不相关等的情况下披露个人信息；

v. 机构机密的和与这些机构工作无关的个人性质信息；

vi. 工人赔偿记录中包含的个人信息，但《工人赔偿法》(Workers' Compensation Law) 第110条另有规定的除外；

vii. 根据《房地产税法》(Real Property Tax Law) 第140条，从纳税人那里收集的电子联系信息，例如电子邮件地址或社交网络用户名；

viii. 执法人员办案或个人提供的照片，除非公开发布此类照片是用于特定的执法目的，且任何州或联邦法律均不禁止披露。

(c) 除本条款另有规定，根据本分部 (a) 和 (b) 规定，不得将披露解释为对个人隐私的无理侵犯：

i. 识别细节被删除时。

ii. 与记录有关的人以书面形式同意披露。

iii. 在出示合理的身份证明时，某人可要求访问与他或她有关的记录。

iv. 当一条记录或一组记录与不动产的使用权、所有权或权益有关，或与不动产的清单、状态或特性有关时，在这种情况下，披露和提供该记录或记录组的副本，不应被认为是未经授权侵犯个人隐私。但这里的任何内容均不得解释为授权披露电子联系信息，例如电子邮件地址或社交网络用户名。这些电子联系信息是指根据《房地产税法》第104节从纳税人处收集取得的信息。

2－a. 根据本章第96节第2部分是否禁止披露，本条款中所有构成未经授权侵犯个人隐私的内容，将不允许披露。

3.（a）受本条规定约束的每个机构，在收到合理获取书面记录请求后的5个工作日内，应将该记录提供给请求人；或以书面形式拒绝该请求；或提供书面声明，说明可收到这些请求的大约日期；或根据要求该请求应被合理地同意或拒绝，包括在适当情况下根据本节第5部分对记录访问权的声明。机构不得以请求量大或者缺乏足够的人员配备为理由，而不查看所请求的记录，或因提供所请求的副本是一项繁重的工作，或者由于其他原因而拒绝请求。如果该代理机构可以雇用外部专业服务提供复制、编程，或提供复制所需的其他服务，机构可根据本章第87节（c）段收取成本费。机构可能会要求那些请求姓名和地址清单的人提供书面证明，证明请求人不会将这些姓名和地址清单用于招募或筹资目的，并且不会出售、提供或以其他方式提供此类姓名和地址清单给其他任何人用于招揽或筹资。

机构决定全部或部分同意一个请求时，如果情况不允许在收到请求的20个工作日向个人提供记录或记录组，那么机构应当书面声明：在20个工作日不能同意请求的原因，以及视情况在合理期限内处理情况的确定日期。请求人在支付规定的费用后，机构应提供该记录的副本，并证明该副本的正确性（如果有此要求），或者视情况而定证明其不拥有此记录，或经过认真搜索后找不到该记录。本条中的任何内容均不得解释为要求任何机构提供该机构不拥有或保留的任何记录，但本章第87节第3分节和第88节第3分节规定的记录除外。当机构有能力检索或以合理的努力提取保存于计算机存储系统中的一项记录或数据，那么该机构应提供记录。当这样做所需要的雇员时间，比从非电子记录中手工检索或编辑少时，机构应用电子方式检索或提取这些记录或数据。检索保存在计算机存储系统中的记录，将该记录传输到请求的介质，或允许读取或打印已传输的记录，这些所需的任何程序均不应视为正在准备或创建新记录。

(b) 所有机构应在有合理手段的情况下接受以电子邮件形式提交的记录请求，并应在切实可行的范围内，使用与电子邮件所要求的一种或多种相一致的形式，通过电子邮件对此类请求做出回应。公开政府委员会根据本节第 1 款的规定提供记录，但前提是请求人的书面请求并未寻求其他形式的答复。

(c) 本节第 5 分节定义的有网站的每个州机构，应确保网站能够提交关于本条款要求的记录在线请求。

4. (a) 除本节第 5 分节规定外，被拒绝访问记录的任何人，均可在 30 天内以书面形式向该机构负责人、首席执行官、理事机构，或由该负责人、首席执行官、理事机构指定的人员提出书面上诉。在收到此类上诉后的 10 个工作日内，机构应以书面形式向要求记录的人充分说明进一步拒绝的原因，否则应提供所要求的记录。此外，各机构应在收到上诉副本和随后的裁定后，立即将其副本提交给公开政府委员会。机构不遵守本节第 3 分节的规定即构成拒绝。

(b) 除本节第 5 分节规定外，根据本分节 (a) 款规定，在上诉裁定中被拒绝获得记录的人，可根据《民事诉讼法条例》(Civil Practice Law and Rules) 第 78 条规定，提起对该拒绝进行审查的程序。根据本章第 87 节第 2 分节规定，如果机构拒绝访问某记录，则所涉机构应承担举证责任，证明该记录属于该分节规定。机构不遵守本分节 (a) 段规定即构成拒绝。

(c) 法院在此程序中：

i. 可在任何情况下根据本分节规定，在记录请求人实质上占优势的情况下，并且机构未在法定时间内对该请求或上诉做出回应时，判定涉事机构承担合理的律师费，以及请求人发生的其他诉讼费用；

ii. 可在任何情况下根据本分节规定，在记录请求人实质上占优势的情况下，并且法院发现机构没有合理拒绝记录获取的合理基础时，判定涉事机构承担合理的律师费，以及请求人发生的其他诉讼费用。

（d）i. 向最高法院上诉庭提出的上诉，必须依照《民事诉讼法条例》第5513节第（a）款的规定进行。

ii. 法院同意被请求披露记录的机构上诉：

（A）应予优先；

（B）在诉讼的任何当事方提出申请后，应根据审判长所指定的条款和条件进行辩论；

（C）如果机构在收到上诉通知书之日后的60天内没有提供服务、未提交记录和简报，则应视为已放弃，除非各方均同意进一步延长，或除非法院根据正当理由和显示的充分理由，同意进一步延长。

5.（a）依照法律或法规行事的人，在本分节生效日期后，向本州的任何机构提交任何信息时，可在提交时要求该机构披露本章第87节第2分节（d）款之外的信息。如果请求本身包含的信息被披露时，会破坏寻求例外的目的，则此类信息应排除在披露范围之外。

i. 除本章第87节第2分节所列的例外信息外，向任何机构提交或以其他方式提供任何记录的个人或单位，可随时识别可能包含关键基础设施信息的那些记录或其中的某些部分，并要求机构保留此类记录。如果请求本身包含的信息被披露，会破坏寻求例外的目的，则此类信息应排除在披露范围之外。

ii. 例外请求应以书面形式，并陈述这一信息作为披露例外的原因。

iii. 根据本段1和1－a子段提交的信息，根据合法管辖权法院命令，应作为披露例外，并由机构将其与其他所有记录分开保有，直到例外决定做出 15 天后或更久的时间。

(b) 除了本分节规定的披露例外，根据代理机构的要求，对于任何时候或者根据任何人的要求，记录机构应：

i. 告知请求人有关机构的例外意图，以确定是否应准予或继续这种例外；

ii. 允许请求人例外，在收到该机构通知后 10 个工作日内，提交同意或继续例外的必要性书面声明；

iii. 在收到书面声明的 7 个工作日内，或根据这些声明表述的豁免 7 个工作日内，发布一个书面同意、继续或终止该例外的决定，并陈述原因；该决定的复印件通知个人，如果可能，应通知请求记录、请求例外的人，以及公开政府委员会。

(c) 根据本分节 (b) 段的拒绝披露例外，可由主张信息人上诉。拒绝获取记录可由请求记录人根据本分节提出上诉。

i. 在收到拒绝要求书面通知的 7 个工作日内，请求人可以根据机构决定，向机构负责人、首席执行官或理事机构或其指定代表提出书面上诉。

ii. 上诉应在收到决定后的 10 个工作日内确定。决定的书面通知应送达请求记录人（如有的话）、请求例外的人，以及公众访问记录委员会。该通知应包含明确理由的说明。

(d) 依照本分节 (c) 段审查不利裁定的程序，可根据《民法条例》第 78 条处理。当该请求人根据本分节寻求披露例外时，必须在本分节 (c) 段第 2 子段所规定的不利裁定的书面通知送达后的 15 天内处理。

(e) 根据本分节寻求披露例外的人，应在所有的程序中负有证明例外的责任。

(f) 当机构根据第 87 条第 2 节 (d) 段拒绝记录请求时，机构负有证明记录属于例外规定的责任。

(g) 根据本条款其余规定，此节中的任何内容，均不得解释为拒绝任何人访问所有或部分记录，除非获得例外请求人明确的书面同意。

(h) 本子节中的术语“机构”或“州机构”，仅指各州的部门、董事会、局、理事会或办公室，以及其多数成员由州长任命的任何公共公司。

6. 本条中的任何内容，均不得解释为依法或以任何一方的权益，而限制或削减其他任何获取权。

7. 本条款任何规定，均不得要求披露高级职员或雇员、前高级职员或雇员，以及适用公职人员退休制度的退休人员的姓名和家庭住址；也不应要求披露公共雇员退休制度的受益人，或受聘为公共就业的申请人姓名或家庭住址。但是，根据《公务员法》(Civil Service Law) 第14条规定，本子节中的任何内容，均不得限制或剥夺经雇主组织的任何集体谈判单位认证或认可的雇员组织，获取任何官员姓名或家庭住址的权利（如果根据本条款可获得此姓名或家庭住址）。

8. 蓄意阻止公众根据本条对记录进行检查，而故意隐瞒或销毁任何此类记录的任何人，均属违法。

9. 以电子方式保存的记录，包括根据本条可获得的信息，以及可以保留的信息，机构在设计其信息检索方法时，应在可行和合理的情况下，允许以电子方式分离和检索可用项目，以提供最大的公众访问权限。

第90节　可分割性

如果本条款的规定及其应用，任何人或情况被合法管辖权法院判定为无效的，不会影响或削弱本条款其他规定及其应用对其他人和情况的效力。

(四) 美国联邦财务信息公开制度

1. 《A-130通告》和《公共部门信息准则》

除《信息自由法》等联邦层级的信息公开立法外，美国联邦公共部门的财务信息资源管理还受联邦《A－130通告》和《公共信息准则》等规制。

1985年12月24日，美国白宫管理和预算办公室（OMB）发布《联邦信息资源管理》（Management of Federal Information Resource, Circular No. A－130），简称为《A－130通告》。该通告为联邦信息资源管理规定了一个总的政策框架，使得政府信息在得到充分利用的同时，降低了政府信息活动的费用。《A－130通告》首次从政府角度将信息资源管理定义为“与政府信息相关的规划、预算、组织、指挥、培训和控制”，并将信息资源的范围扩展到信息本身以及与信息相关的人员、设备、资金和技术等方面。之后，《A－130通告》分别于1994年、1996年和2000年进行了三次修订，形成了全面的联邦政府信息资源管理政策。

《A－130通告》适用于所有美国联邦政府部门和机构，成为联邦政府信息资源管理和信息安全的政策大纲。《A－130通告》主要包括信息管理政策，以及信息系统和信息技术管理。其中，信息管理政策包括信息管理规划、信息收集、电子化信息收集、档案管理、向公众提供信息、信息传播管理系统、避免不恰当的限制、电子化信息传播、安全保卫等；信息系统和信息技术管理包括战略性信息资源管理规划、信息系统的管理和监督、信息资源的利用以及信息技术的采购、监督、职责等。实施《A－130通告》，使得《信息自由法》在执行过程中有了进一步明确的政策依据，显得更加务实，更加具有可操作性，从而为美国联邦信息资源管理提供了实践层面的具体政策指导。

1990年由美国政府常设的行政机构——美国全国图书馆和情报科学委员会（National Commission on Libraries and Information Science, NCLIS）发布了《公共部门信息准则》。该准则强调美国联邦政府受公众的信赖，生产、编辑和维护公共部门信息，但同时这些信息也属于公众，政府有义务在法律允许的范围内公开这些信息，让公众共享。

《公共部门信息准则》为公共部门信息资源开发与利用提供了重要的法律基础，进一步明确和规范了联邦政府提供公共部门信息的标准，共8条准则。其中，第（1）条明确公众的信息获取权：公众有从公共部门获取公共信息的权利；其他（2）～（7）条则全部针对联邦政府，规定联邦政府在信息公开中的义务。如：第（2）条，强调确保公共信息在任何形式下的完整性和处于良好的保存环境；第（3）条，确保公共信息的传播、再生产和再分配；第（4）条，保护使用或要求提供信息人员的隐私权，也应保护那些在政府记录中有关个人信息的人的隐私权；第（5）条，确保获取公共信息渠道的多样性；第（6）条，确保不乱收费；第（7）条，确保公开的公共信息容易使用；第（8）条，确保公众通过全国信息网络和出借政府出版物的图书馆及相关程序获取公共信息，无论信息利用者居住在何地及在何地工作。①《公共部门信息准则》赋予了公众获取公共信息的极大权利，明确规范了联邦政府部门提供公共部门信息的义务和标准，并对信息的有用性、易获得性予以明确要求，极大地推动了公共部门信息公开及信息再利用业务的开展。

2.《A－133 通告》和《总指引》

1958 年，美国白宫行政管理和预算办公室（OMB）发布《A－21 通告》，建立起适用于教育机构的财政补助、合同款及其他协议款资助项目的成本确定指南；1993 年颁布的《A－110 通告》，为高等教育机构获得联邦政府资助与协议款资助制定统一管理规范；2007 年颁布的《A－133 通告》，旨在建立联邦政府机构对高等教育机构使用科研基金情况进行审计的一致性和统一性的一系列标准，凡接受政府资助的高等教育机构，须公开年度《A－133 报告》。②

2013 年 12 月 26 日，OMB 对 A－21、A－110、A－133 等一系列纷繁复杂的通告予以替代和简化，发布《联邦资助统一指引》，简称《总指引》（Uniform Administrative Requirements，Cost Principles，and Audit Requirements for Federal Awards，Final Guidance），要求接受联邦拨款资金的机构，须按统一指引要求编制财务报告、接受审计，并向社会公开，旨在通过创新和有效使用拨款模式、绩效指标和评估，强化项目成效，以减少非联邦部门

① 冉从敬．美国公共部门信息再利用的制度体系研究［J］．图书与情报，2010（4）：69－74.
② 刘爱东，周琼．中美高校国有固定资产管理比较研究［J］．财务研究，2015（3）：88－96.

获取联邦拨款的行政负担，同时减少浪费、腐败和滥用风险。《总指引》还明确指出，该指引并未扩大其适用范围，仍广泛适用于：州和当地政府等联邦机构，高等教育机构、非营利组织等非联邦部门，以及部分适用于特定环境下的营利性机构、外国机构等。① 换言之，美国大学应按 OMB 发布统一指引的要求编制财务报告，同时接受审计机构审计，并对外公开《A－133 报告》和审计报告。

3.《开放政府指令》《数据法》与《财政透明度法》

早在 2006 年，奥巴马还在担任美国国会参议员时，与另一名参议员科伯恩联署推出《联邦资金责任透明法案》（Federal Funding Accountability and Transparency Act，FFATA），也被称为《科伯恩—奥巴马法案》。根据这一法案，美国民间机构“OMB 监督”，一家专门监督 OMB 的公益组织，于 2007 年推出美国首个公共支出数据开放网站——USAspending. gov，后来成为美国联邦政府发布公共支出信息的门户网站，用于统一公布联邦政府开支数据。这一创举当时被《洛杉矶时报》盛赞为美国“财政透明的起点”。②

奥巴马总统任期除继续推动《信息自由法》实施外，更在增强财政透明度方面持续发力。他上任伊始就立即发布专门针对《信息自由法》的总统备忘录，强调“行政机关是公众的服务员”，“所有的机关都要以公开为前提假设”，“公开的前提假设应当贯穿在所有信息公开决定中”，要求“总检察长发布新的《信息自由法》指引，重申对责任政府和透明政府的承诺，并在联邦登记簿上刊登”。③

2009 年，美联邦发布《开放政府指令》（Open Government Directive），作为大数据的前奏推出“Data. gov”政府数据开放网站。《开放政府指令》要求政府应采取措施，达到创建开放政府的目标，包括在线公布政府信息、

---

① OMB. Uniform Administrative Requirements，Cost Principles，and Audit Requirements for Federal Awards［EB/OL］. https：//www. federalregister. gov/documents/2013/12/26/2013 － 30465/uniform － administrative － requirements － cost － principles － and － audit － requirements － for － federal － awards#print.

② 黄河．从信息公开运动到数据技术演化［EB/OL］. http：//news. ifeng. com/gundong/detail_2012_08/12/16742117_0. shtml.

③ 后向东．美国联邦信息公开制度研究［M］. 北京：中国法制出版社，2014：350－351.

提高政府信息质量、创建“公开政府”文化等方面；强调及时出版信息是增强透明度的必要因素，要求政府在线公布的信息必须能被检索、下载、索引，可用Web搜索工具查询，还应以开放形式在“Data. gov”公布《年度信息自由法报告》。①

2010年美国国会启动对FFATA的修订工作，提出建立《数据问责和透明度法案》(Digital Accountability and Transparency Act, DATA Act)，简称《数据法》，该法案先后经参、众两院通过，于2014年5月9日由奥巴马总统签署生效，是美国首个关于数据透明度的法律授权。《数据法》旨在实现更多数据、更优决策、更好治理（Better Data, Better Decision, Better Government)，它要求美国财政部及OMB须将与联邦支出相关的非链接文件转换成开放的、标准化的数据，并在网上公布。②《数据法》是继1996年美国《信息自由法》以来最有效的开放政府立法，具有里程碑意义。根据《数据法》要求，联邦资助和合同的摘要、从拨款到账户再到经费的每一笔联邦资金流，都必须在USASpending. gov上以机器可读的格式公开，实现联邦支出数据的标准化和透明度，促进信息数据共享，有助于政府做出更及时准确的管理决策；通过对政府监管和资本市场运行等重要数据的透明、合理分析，创造一种通用数据格式，为企业家、投资者、分析师以及大众查询、分析联邦数据提供方便并从中获益。③

2015年，奥巴马政府宣布推出《财务透明度法案》(Financial Transparency Act of 2015)，旨在改变美国的财务监管报告，使这些互不相关的文件向开放和可检索数据转变。该法案要求联邦金融监管机构采用一致的数据标准来收集证券、商品和银行相关法规所要求的信息。④

奥巴马政府建成了Data. gov、Recovery. gov、USAspending. gov、FOIA. gov、

① 朱作鑫．大数据视野下的政府信息公开制度建设［J］．中国发展观察，2015（9）：86－89.

② 曹磊．美国最新《数据法》浅析［EB/OL］．http：//www. istis. sh. cn/list/list. aspx? id = 8563.

③ 李培培．美国《数据法案》对我国财政支出公开及审计工作的启示［EB/OL］．http：//www. audit. gov. cn/n6/n39/n63/c77142/content. html.

④ Date Coalition. Financial Transparency Act of 2015 Introduced, Promising Open Data Across Financial Regulation［EB/OL］．https：//www. datacoalition. org/financial－transparency－act－of－2015－introduced/.

Grants. gov 等网站，成为美国联邦政府信息公开的资源库。Data. gov 可提供国家基本数据、环境、健康、经济等400多种统计数据，供公众免费查询、研究和利用，网站还同时提供数据分析工具与应用程序。Recovery. gov 专门针对 2009 年美国《复苏和再投资法》计划而设立，网站使用大量图表分门别类说明经济刺激计划资金流向。USAspending. gov 则专项公开联邦政府采购数据和补贴数据等普通财政数据，对 2000 年以来联邦政府高达 3 万亿美元的政府资金使用情况，以及 30 多万个政府合同商所承包的项目进行跟踪、搜索、排序、分析和对比，其数据每两周更新一次，以方便民众监督。①

此外，为了促进对这些网站公开数据的全面使用，OMB 和美国财政部根据《数据法》要求，发布了《加强联邦开支的透明度——实现联邦开支数据的可访问性、可检索性和可靠性》《DATA 法案实施手册》等信息公开指引，推出了发布信息的数据标准和数据交换格式，包含被广泛接受的、非专有的、可检索的、独立于平台的、计算机可读的格式，如可扩展标记语言（XML）或可扩展商业报告语言（XBRL）等。

二、美国高校财务报告信息公开现状

根据美国新闻和世界报道（U. S. News & World Report）世界大学排行榜（Best Global Universities Rankings）数据，2021 年度排行榜包括来自全球 80 多个国家和地区的 1,500 所大学。其中，美国 259 所、英国 87 所、加拿大 39 所、澳大利亚 38 所、中国 203 所；前 500 名的大学中，美国 132 所、英国 42 所、加拿大 19 所、澳大利亚 25 所、中国 32 所；前 300 名的大学中，美国 93 所、英国 30 所、加拿大 12 所、澳大利亚 18 所、中国 18 所；前 200 名的大学中，美国 68 所、英国 22 所、加拿大 8 所、澳大利亚 10 所、中国 7 所；前 100 名的大学中，美国 44 所、英国 11 所、加拿大 3 所、澳大

① 财政部．美国应用 XBRL 的最新进展——XBRL 正式成为美国政府支出信息披露标准［EB/OL］．http：//kjs. mof. gov. cn/zhengwuxinxi/guojidongtai/201506/t20150604_1252437. html.

利亚8所、中国2所；前30名的大学中，美国20所、英国5所、加拿大2所、澳大利亚2所、瑞士1所（具体数据见表3-2、表3-3）。

表3-2　2021年度世界最好大学排行榜（美、英、加、澳、中五国）

国家	进入排名的大学数量（所）及数量占比（%）											
	排名前1,500		排名前500		排名前300		排名前200		排名前100		排名前30	
美国	259	17.2%	132	26.4%	93	31%	68	34%	44	44%	20	73%
英国	87	5.8%	42	8.4%	30	10%	22	11%	11	11%	5	17%
加拿大	39	2.6%	19	3.8%	12	4%	8	4%	3	3%	2	1%
澳大利亚	38	2.5%	25	5%	18	6%	10	5%	8	8%	2	1%
中国	203	13.5%	32	6.4%	18	6%	7	3.5%	2	2%	0	0%

注：以上百分比计算四舍五入。

表3-3　2021年度世界大学排行榜前30名大学榜单

国家	大学名称（名称后上标数字为该大学的世界排名）
美国（20）	哈佛大学[1]；麻省理工[2]；斯坦福大学[3]；加州大学伯克利分校[4]；哥伦比亚大学[6]；加州理工大学[7]；华盛顿大学[8]；约翰霍普金斯大学[10]；普林斯顿大学[11]；耶鲁大学[12]；加州大学洛杉矶分校[13]；宾西法尼亚大学[14]；加州大学旧金山分校[15]；芝加哥大学[16]；密歇根大学安娜堡[17]；加州大学圣迭哥分校[21]；康奈尔大学[22]；杜克大学[23]；西北大学[24]；纽约大学[29]
英国（5）	牛津大学[5]；剑桥大学[9]；帝国理工学院[20]；伦敦大学学院[21]；爱丁堡大学[28]
加拿大（2）	多伦多大学[18]；英属哥伦比亚大学[30]
澳大利亚（2）	墨尔本大学[26]；悉尼大学[27]
瑞士（1）	瑞士联邦理工学院[25]

（一）美国高校样本选择及分布概况

美国新闻和世界报道2021年度世界最好大学排行榜前1,500名高校中，美国高校占259所，广泛分布于美国本土47个州，海外阿拉斯加州和夏威夷州2个州，以及首都华盛顿哥伦比亚特区和波多黎各领地。除缅因州无高校进入该排行榜前1,500名外，其他49个州、华盛顿特区、波多黎各领地入选该年度榜单的高校数量和分类统计如表3-4所示。

表 3－4　　2021 年度世界最好大学排行榜美国各州大学分布

序号	州省	简称	数量	公立	私立	医	序号	州省	简称	数量	公立	私立	医
1	阿拉斯加州	AK	1	1			27	北卡罗莱纳州	NC	9	7	2	
2	阿拉巴马州	AL	5	5			28	北达科他州	ND	2	2		
3	阿肯色州	AR	2	2		1	29	内布拉斯加州	NE	2	1	1	
4	亚利桑那州	AZ	3	3			30	新罕布什尔州	NH	2	1	1	
5	加利福尼亚州	CA	22	18	4	1	31	新泽西州	NJ	6	4	2	
6	科罗拉多州	CO	5	4	1		32	新墨西哥州	NM	2	2		
7	康涅狄格州	CT	3	1	2		33	内华达州	NV	2	2		
8	华盛顿特区	DC	5		5		34	纽约州	NY	24	8	16	3
9	特拉华州	DE	1	1			35	俄亥俄州	OH	11	10	1	
10	佛罗里达州	FL	9	6	3		36	俄克拉何马州	OK	3	3		1
11	佐治亚州	GA	6	5	1		37	俄勒冈州	OR	4	4		1
12	夏威夷州	HI	1	1			38	宾夕法尼亚州	PA	10	3	7	1
13	艾奥瓦州	IA	2	2			39	波多黎各领地	PR	2	2		1
14	爱达荷州	ID	2	2			40	罗得岛州	RI	2	1	1	
15	伊利诺伊州	IL	11	5	6		41	南卡罗来纳州	SC	2	2		1
16	印第安纳州	IN	6	5	1		42	南达科他州	SD	1	1		
17	堪萨斯州	KS	2	2			43	田纳西州	TN	4	3	1	
18	肯塔基州	KY	2	2			44	德克萨斯州	TX	20	15	5	4
19	路易斯安那州	LA	5	4	1	1	45	犹他州	UT	4	3	1	
20	马萨诸塞州	MA	12	4	8		46	弗吉尼亚州	VA	9	7	2	1
21	马里兰州	MD	5	4	1	1	47	佛蒙特州	VT	1	1		
22	密歇根州	MI	7	7			48	华盛顿州	WA	2	2		
23	明尼苏达州	MN	1	1			49	威斯康星州	WI	4	2	2	1
24	密苏里州	MO	6	4	2		50	西弗吉尼亚州	WV	2	2		
25	密西西比州	MS	3	3			51	怀俄明州	WY	1	1		
26	蒙大拿州	MT	1	1			合计			259	182	77	18

注：美国样本选择以 2021 年度美国新闻和世界报道世界最好大学排行榜为依据。

从数量分布看，除缅因州外，美国其他 51 个州（特区、领地）均至少有 1 所高校进入榜单前 1,500 名，其中入选超过 10 所（含）高校的州共 7 个，分别是纽约州 24 所、加州 22 所、德州 20 所、麻省 12 所、伊利诺伊州 11 所、俄亥俄州 11 所、宾夕法尼亚州 10 所。从高校办学属性看，259 所高校中，公立高校182所，约占入选高校总数的70%；私立高校77所，约占入选高校总数的30%。259所高校中，医学类研究机构18所，约占入选高校总数的7%。

（二）美国高校财务报告信息公开进程与现状

尽管美国联邦政府早在1966年就颁布了联邦信息公开立法，但美国高等教育机构信息公开的进程和步伐，在公开记录法等阳光法案实施的早期，却充满争议。

1. 美国高校财务报告信息公开进程

2003年，美国范德堡大学（Vanderbilt University）皮博迪教育与人类发展学院的领导、政策与组织系开展了"高等教育领域的州公开会议和分开记录法案：对公立大学治理委员会完成公共责任的影响"研究项目，该项目受公立高等教育信托中心、大学治理委员会联盟、南加州大学高等教育政策分析中心的资助。该项目组对1975—2002年的文献，以及大概自大学中出现关于阳光法案主题的可识别的文献至今的文献，进行了扫描，搜索的范围包括以下电子研究数据库：ABI/Inform、Books in Print、高等教育编年史档案、ERIC（First Search and Silver Platter version）、国际论文摘要、Lexis Nexis Academic Universe和Proquest，搜索关键字包括："高等教育""学院"或"大学"，并加上"阳光法案""公开会议"和"公开记录"，进行单独或并列搜索。

研究表明，过去几十年里仅积累了少量描述和分析大学公开会议和记录的文献，总结出五个方面的特征：第一，我们注意到文献中缺乏报告系统性研究结果的文献，然而非正式的数量较多，高等教育中关于阳光法案的概念性的实证知识很少。此外，现存的许多研究是20年或更久之前的。第二，无论正式或非正式，我们注意到高等教育中许多关于公开会议和公开记录主题的文献，大多仅关注某一个机构或某一个州的经验，而不是关于地域、政治、组织环境的比较经验。第三，我们注意到尽管缺乏关于主题的实验研究，近期几个法律分析提供了十分有价值的洞见以及几个州法院采取关于高等教育中公开会议和公开记录立法问题的研究方向前景。第四，从文献研究发现，存在相当一致的意见，即为了达到他们追求服务的公开利益，州阳光法案要求在至少三组竞争性利益中有一些平衡：隐私个人权利、公众知情权利和公立大学有效和高效运作的充分自由需要。对这一所谓的“三难选择困境”最清楚的表达可被发现于海伦·克里夫兰的研究——由大学治理联盟出版于1985年的《公开的成本和收益：阳光法和高等教育》。最后，我们注意到大量涉及阳光法案的文献专注于一个单一主题——校长遴选，而其他大量的对未来发展很重要的主题（如研究大学校园、学生事务和学科事务、董事会评估和发展）仍然基本上被忽略。①

大学理事会联盟（Association of Governing Boards of Universities and Colleges，AGB）于1985年发布了一份名为《公开会议：让阳光照进来》的报告。该报告概述了由AGB主办的研讨会上与会人员的讨论情况，该研讨会旨在审议克利夫兰（Harlan Cleveland）在1985年的著作《开放的代价与好处：阳光法与高等教育》中提出的问题。克利夫兰认为州制定的关于公开会议和公开记录的法律给现在的高等教育带来“困境”或“三重困境”，要求同时平衡公众知情权、个人隐私权和机构有效运作的责任。研讨会议题聚焦于“公开假定”，即嵌入于关于阳光法应用于高等教育的公开辩论。研讨会与会者一致认为，公开对公众、新闻界和各种利益集团是有利的，有助于满足当事方在公立高等教育机构事务中的合法利益，并提高机构的效力。例如，公开的行动包括，在董事会审查有关预算编制和审议之前提供的信息，并公开一般的或集体的人事事务，同时保护个人雇员或应聘者的隐私权。研讨会参加者还讨论了机构应如何就某些公开“例外”做出决定，例如董事会自我评估或校长选举。该报告的结论是，尽管参与者之间就特定问题仍存在分歧，但关于高等教育“公开假定”的重要性仍存在共识。与会者还同意，在决定是否公开“例外”方面，机构可合理主张，高等教育应注意“困境”，使公众、市民群体、新闻界、信托委员会、州立法者和

---

① M K McLendon，L Gilchrist，J C Hearn. State Open – Meetings and Open – Records Laws in Higher Education：An Annotated Bibliography［Z］. Open – Meetings and Open – Records Laws，2003.

高等教育社区成员可以最大限度地拥有自己的利益代表。[①]

1996 年，美国学者 S. G. 吉纳尔吉斯（S. G. Geenarghese）在《看穿基金的面纱：大学基金与公开记录法案》一文中，以国家新闻披露关于俄亥俄州最高法院 1992 年托莱多基金案例为背景，分析了关于州公开记录法应用于大学基金的问题。作者写道，尽管 50 个州的公开记录法语言类似，但州法院对公开记录法的应用却不同，没有应用于一般非营利基金和大学附属基金。该文讨论运用公开记录法诉讼大学基金的案例，概括了学术研究方面显示出的公开记录问题，对大学基金提出了建议。在相关的讨论里，作者总结了案例中关键的法律规则：主张基金记录不受公开记录法案影响的一些案例和主张基金记录受公开记录法案影响的一些案例。在这些案例中，法院解决关键问题倾向于两个顺序：①基金是公共主体吗？②如果是，那么这些基金捐赠记录是否应当遵循州公开记录的披露要求？尽管法院从多个视角看待大学基金问题，但并无明确的一致意见出现。作者引证了导致法院划分基金为公共机构或私营公共事业机构的不同情况，这些情况决定公开记录法案更可能应用于基金。例如，这些情况包括：大学基金是否收到任何州的公共资金；它是否服务于大学内部的任何公共决策角色；是否以大学的名义持有基金；基金是否以减少或优惠利率用于改善办公空间或为办公空间支付租金；它是否对大学提供无成本服务；大学是否支付雇员的薪金或福利基金；公众是否认为基金是大学的延伸。最后，鉴于托莱多基金案，作者提出建议及类似司法回应。[②]

美国高校财务报告信息公开作为高等教育领域信息公开的一个重要内容，其进程要比高等教育领域公开会议和记录法的实施要晚得多，但从实施的范围看，美国高校对财务信息公开似乎并无争议，只是各高校间财务信息公开的时间早晚不一。从本研究调查的美国高校官方网站看，美国高校财务报告信息公开起始于 20 世纪 90 年代中后期，也有一些高校直到 21

---

① Association of Governing Boards of Universities and Colleges. Open – meetings: Let the Sunshine in [J]. AGB Reports, 1985, 27 (4): 30 – 33.

② Geenarghese, S. G. Looking behind the foundation veil: University foundations and open records laws [J]. Journal of Law and Education, 1996, 25 (2): 219 – 236.

世纪的第一个十年才开始公开财务报告信息。

表3－5列举了进入美国新闻和世界报道2020年度世界最好大学排行榜前500名的美国132所高校财务报告信息公开进程（起始年度）情况。

表3－5　美国132所高校财务报告信息公开进程（起始年度）统计表

序号	高校名称	起始年度	序号	高校名称	起始年度
1	哈佛大学	2004	29	科罗拉多大学（波尔德分校）	2012
2	麻省理工大学	2014	30	波士顿大学	2014
3	斯坦福大学	1999	31	马里兰大学（帕克分校）	2000
4	加州大学（伯克利分校）	2007	32	伊利诺伊大学（香槟分校）	2004
5	加州理工大学	2006	33	佐治亚理工学院	2003
6	哥伦比亚大学	2007	34	洛克菲勒大学	滚动1年
7	普林斯顿大学	2000	35	加州大学（戴维斯分校）	2013
8	华盛顿大学	2000	36	西奈山伊坎医学院*	私*
9	约翰霍普金斯大学	2001	37	南加州大学	2014
10	耶鲁大学	2003	38	埃默里大学	2008
11	芝加哥大学	1997	39	宾夕法尼亚大学（帕克分校）	2007
12	加州大学（洛杉矶分校）	2003	40	范德堡大学	2014
13	加州大学（旧金山分校）	2009	41	加州大学（圣克鲁兹分校）	2010
14	宾夕法尼亚大学	1995	42	加州大学（尔湾（欧文）分校）	2010
15	密歇根大学（安娜堡分校）	2007	43	卡耐基梅隆大学	1999
16	加州大学（圣迪亚哥分校）	1995	44	亚利桑那大学	2009
17	杜克大学	2002	45	密歇根州立大学	1999
18	康奈尔大学	2000	46	布朗大学	2010
19	西北大学	2001	47	新泽西州立大学（罗格斯分校）	2007
20	纽约大学	2007	48	佛罗里达大学	2014
21	华盛顿大学（圣路易斯分校）	2007	49	弗吉尼亚大学	1994
22	北卡罗来纳大学（教堂山分校）	1994	50	莱斯大学	2003
23	德克萨斯大学（奥斯汀分校）	2000	51	普渡大学（西拉法叶分校）	滚动1年
24	威斯康星大学（麦迪逊分校）	2009	52	罗切斯特大学	2003
25	加州大学（圣芭芭拉分校）	2001	53	贝勒医学院（休斯顿分校）*	私*
26	俄亥俄州立大学（哥伦布分校）	2008	54	德州农机大学（学院站分校）	2003
27	明尼苏达大学（双城分校）	1995	55	印第安那大学（伯明顿分校）	2002
28	匹斯堡大学	2010	56	马萨诸塞大学（安姆斯特分校）	2008

续表

序号	高校名称	起始年度	序号	高校名称	起始年度
57	犹他大学	2003	89	佐治亚大学	滚动 2 年
58	亚利桑那大学（坦佩分校）	2009	90	内布拉斯加大学（林肯分校）	2013
59	德州大学西南医学中心*	2007	91	华盛顿州立大学	2010
60	加州大学（河滨分校）	2010	92	乔治城大学	2004
61	俄勒冈健康科学大学*	2012	93	纽约州立大学（奥尔巴尼分校）	2012
62	凯斯西储大学	2006	94	韦恩州立大学（底特律分校）	2002
63	艾奥瓦大学	2015	95	南佛罗里达大学	2009
64	纽约州立大学（石溪分校）	2004	96	特拉华大学	2012
65	阿拉巴马大学（伯明翰分校）	2008	97	印第安纳普渡大学	2002
66	佛罗里达州立大学	1998	98	天普（坦普尔）大学	2009
67	塔夫茨大学	2001	99	康涅狄格大学	2003
68	辛辛那提大学	2004	100	科罗拉多大学（丹佛分校）	2012
69	东北大学	2017	101	雪城（锡拉丘兹）大学	2001
70	达特茅斯学院	2002	102	肯塔基大学	2003
71	伊利诺伊大学（芝加哥分校）	2004	103	贝勒大学	2003
72	田纳西大学	2003	104	密西西比大学	2016
73	艾奥瓦州立大学	2010	105	密苏里大学（哥伦比亚分校）	2003
74	俄勒冈大学	2009	106	麻萨诸塞大学（沃斯特分校）*	2008
75	圣母（诺特丹）大学	2001	107	夏威夷大学（马诺阿分校）	2013
76	北卡罗莱纳州立大学罗利	1997	108	路易斯安那州立大学（巴吞鲁日分校）	1999
77	迈阿密大学	2007			
78	布兰迪斯大学	2004	109	休斯顿大学	2004
79	新墨西哥大学	2005	110	堪萨斯州立大学	2002
80	弗吉尼亚理工大学	1997	111	托马斯杰弗逊大学*	私*
81	乔治华盛顿大学	2004	112	维克森林大学	滚动 3 年
82	马里兰大学（巴尔的摩分校）*	2011	113	弗吉尼亚联邦大学	2014
83	耶什华大学	2011	114	德雷塞尔大学	2008
84	科罗拉多州立大学		115	俄克拉何马大学	2010
85	俄勒冈州立大学	1994	116	佛罗里达国际大学	1989
86	纽约州立大学（水牛城分校）	2013	117	南卡罗莱纳医科大学*	公*
87	德克萨斯大学（达拉斯分校）	2016	118	阿拉巴马大学（塔斯卡卢萨分校）	2010
88	堪萨斯大学	2002			

续表

序号	高校名称	起始年度	序号	高校名称	起始年度
119	乔治梅森大学	1999	126	加州州立大学（弗雷斯诺分校）	联系获取
120	拉什大学*	私*	127	佐治亚州立大学	滚动1年
121	威斯康星大学（密尔沃基分校）	2011	128	南卫理公会大学	滚动1年
122	德克萨斯理工大学	2002	129	中佛罗里达大学	1995
123	佛罗里达科技学院	需登录	130	佛蒙特大学	2015
124	德克萨斯大学（阿灵顿分校）	2006	131	俄克拉何马州立大学	滚动5年
125	杜兰大学	2006	132	威廉玛丽学院	2005

注：*表示9所医学类高校，其中公立医学类高校5所、私立医学类高校4所。表中，浅灰度单元格对应的是2000年之前开始公开财务报告的高校；深灰度单元格对应的是2010年之后公开财务报告的高校；其他为2000—2010年公开财务报告的高校，或滚动显示1~5年财务报告的高校，或未公开财务报告的高校。

从132所美国高校的年度财务报告信息公开情况统计看，最早在官方网站公开财务报告的高校是佛罗里达国际大学。作为一所公立研究型大学，其在官方网站上公开了自1988/1989年度至今所有年度的财务报告。① 紧随其后于1994年公开1993/1994年度财务报告的高校为北卡罗来纳大学（教堂山分校）、弗吉尼亚大学、俄勒冈州立大学3所公立大学；私立大学公开财务报告的时间稍晚，最早在官方网站公开财务报告的私立大学是芝加哥大学，于1997年公开了大学的第一份1996/1997年度财务报告。②

从132所高校财务报告信息公开起始年度看，其中，2000年（不含）之前公开财务报告的高校有17所，约占总体数量的13%；2000年（含）至2010年（含）之间公开财务报告的高校有78所，约占总体数量的59%；2011年（含）之后公开财务报告的高校有22所，约占总体数量的17%；滚动显示1~5年度财务报告的高校共7所，约占总体数量的5%；未在官方网站找到财务报告，或需要登录获取财务报告，或需要联系获取财务报告等未能直接获得财务报告的高校共8所，约占总体数量的6%（见图3-1）。

① Florida International University. Accounting and Reporting Services [EB/OL]. http://finance.fiu.edu/controller/AnnualReports.html.

② The University of Chicago. Financial Services [EB/OL]. https://finserv.uchicago.edu//reporting/statements.shtml.

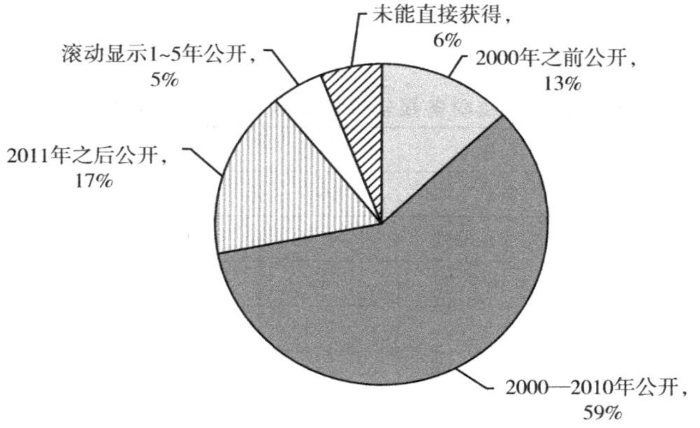

图 3－1 美国 132 所高校财务报告信息公开起始年度统计

2. 美国高校财务报告信息公开现状

从以上 132 所高校办学性质看，其中，公立高校 86 所，占总体数量约 65%；私立大学 46 所，占总体数量约 35%。此外，在 132 所高校中，医学类大学 9 所，占总体数量约 7%，其中公立医学类高校 5 所、私立医学类高校 4 所。

未在官方网站找到财务报告，或需要登录才能获取财务报告，或需要联系才能获取财务报告的 8 所高校中，私立高校 5 所、公立高校 3 所。其中，私立医学类高校 4 所，分别是西奈山伊坎医学院（Icahn School of Medicine at Mount Sinai）、贝勒医学院（休斯顿分校）（Baylor College of Medicine，Houston）、托马斯杰弗逊大学（Thomas Jefferson University）、拉什大学（Rush University）；公立医学高校 1 所，为南卡罗来纳医科大学（Medical University of South Carolina）；公立州立大学 1 所，为科罗拉多州立大学（Colorado State University）；需要账户登录或通过邮箱获取财务报告的高校 2 所，私立高校佛罗里达科技学院（Florida Institute of technology）的财务服务网页需要账户登录；公立大学加州州立大学弗雷斯诺分校（California State University，Fresno）需要通过邮箱申请获取年度财务报告。

9 所医学类高校中，公立医学类高校共 5 所，其中，有 4 所公开了年度财务报告，未能在南卡罗来纳医科大学官方网站获得其财务报告；私立医学类高校 4 所，均未能在其官方网站获得其财务报告。

按办学性质分类，美国132所高校财务报告公开数据如表3－6、图3－2所示。

表3－6　美国132所高校财务报告公开现状（按办学性质分类）

编号	高校属性	类别	总数量	公开数量	未公开数量	公开率
1	公立	合计	86	83	3	96%
2		公立非医学类	81	79	2	98%
3		公立医学类	5	4	1	80%
4	私立	合计	46	41	5	89%
5		私立非医学类	42	41	1	97%
6		私立医学类	4	0	4	0%

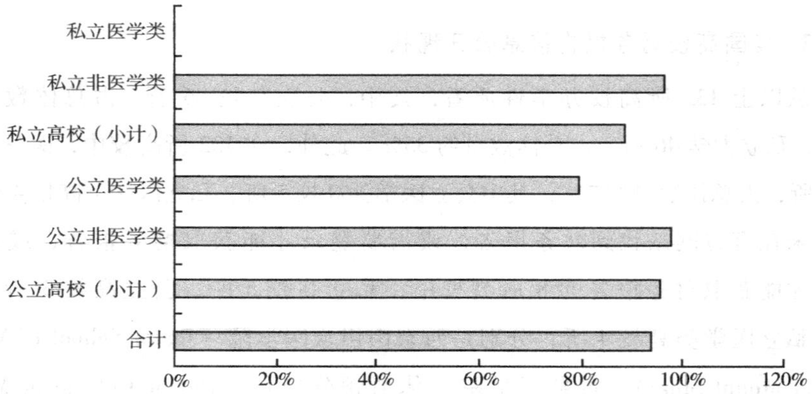

图3－2　美国132所高校财务报告公开率（按办学性质分类）

（三）文本案例：哈佛大学财务报告信息公开

美国高校根据举办者不同分为公立高校和私立高校，此以哈佛大学和加州大学伯克利分校为例，分别代表美国私立和公立高校，翻译两所高校财务报告，展示美国高校财务报告信息公开的文本案例。

1. 哈佛大学概况

哈佛大学（Harvard University），简称“哈佛”，是享誉全球的私立研究型大学，是美国著名的常春藤盟校成员之一，坐落于美国马萨诸塞州波士顿都市区剑桥市。哈佛大学同时也是美国本土历史最悠久的高等学府，建立于1636年，最早由马萨诸塞州殖民地立法机关创建，初名“新市民学院”，为了纪念在成立初期给予学院慷慨支持的约翰·哈佛牧师，学校于1639年3月更名为“哈佛学院”（Harvard College），1780年，哈佛学院正式改称“哈佛大学”。

哈佛大学由十个学院以及一个高等研究所构成，坐拥世界上规模最大的大学图书馆系统，2018学年注册本科生6,699人、硕士及博士研究生13,120人，在文学、医学、法学、商学等领域拥有崇高的学术地位及广泛的影响力。截至2019年10月，哈佛大学共培养了包括富兰克林·罗斯福、贝拉克·侯赛因·奥巴马在内的8位美利坚合众国总统，而哈佛的校友、教授及研究人员中共产生了160位诺贝尔奖得主（世界第一）、18位菲尔兹奖得主（世界第一）、14位图灵奖得主（世界第四）。2019—2020年，哈佛大学位列“THE世界大学声誉排名”世界第一；2020—2021年，哈佛大学位列“美国新闻和世界报道世界最好大学排名榜”世界第一、“软科学世界大学学术排名”世界第一、“QS世界大学排名”世界第三、“THE世界大学排名”世界第三。

2. 哈佛大学的治理

大学法人治理结构是现代大学制度的基石。① 科学合理的大学法人治理结构是现代大学治理必不可少的前提和基础。缺乏这个前提和基础，大学治理将如无源之水、无本之木。

1650年，哈佛大学获马萨诸塞高等法院批准成立法人机构，其后历经近四个世纪的嬗变，形成了现在较为稳定成熟的法人治理结构。根据哈佛大学特许状，形成两个治理委员会（Governing Board），分别是哈佛大学法人团（Corporation）和监事会（Board of Oversees），组成哈佛大学最高权力机构，两个委员会互补互助，共同履行相当于受托董事会的职责。

哈佛大学法人团承担有关大学学术、财务、物质资源及全面声誉的职责，致力于制定大学长期的战略、政策和计划，以及大学的特殊交易事项。同时，

① 龚怡祖. 大学治理结构：现代大学制度的基石［J］. 教育研究，2009，30（6）：22－26.

哈佛大学法人团作为校长重要事项决策时最信任的参谋团，还要与各学院院长、副校长等就广泛的项目和计划进行商议，同时批准大学的预算、主要的资金项目、捐赠支出、学费变化等其他事项。自 2010 年 12 月开始，根据治理委员会的建议，哈佛大学法人团成员人数从最开始的 7 人扩增到 13 人。

哈佛大学监事会共 32 人，由校长、财务主管作为 2 名当然成员（Serve Ex Officio）和其他经推选的 30 名成员组成。推选的 30 名成员中，每年要保证从 8 名或更多的候选人中推选出 5 名新成员进入监事会，这样 6 年完成一轮成员更新循环。监事会成员依靠广泛的经验和专业技术，能够有效影响学校的战略方向，监事会下设 50 个左右的巡视委员会，旨在能够更多、更全面地发现大学发展中存在的问题，50 个巡视委员会受监事会的监察并向监事会报告，完成监事会大部分的监察职责。

哈佛大学法人治理架构如图 3－3 所示。

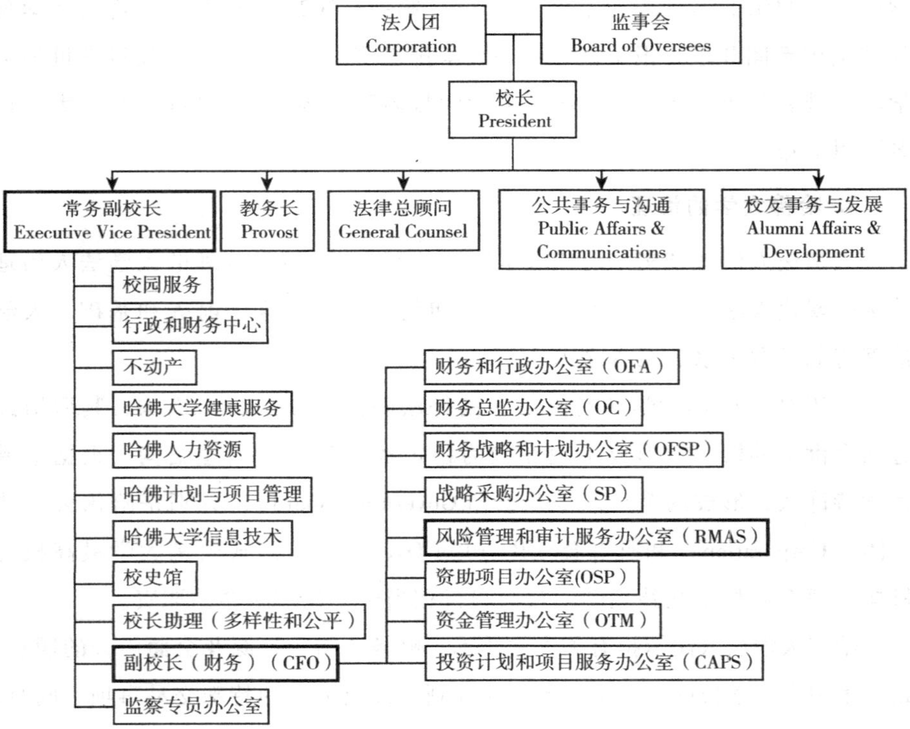

图 3－3　哈佛大学法人治理架构

哈佛大学通过构建科学合理的学校层级的大学法人治理结构和资源权力制衡构架、部门层级的风险管理组织架构和职能架构，以及通过提供完善的人性化的资源服务策略，彰显了哈佛大学风险管理和审计服务体系的价值，对于丰富我国大学风险管理和审计服务理念，提升我国大学风险管理和审计服务实践的实效性，推进我国高等学校财务信息公开等方面，均有重要的借鉴和启示意义。各级政府、教育行政部门和各高校应结合我国历史文化传统和经济社会发展的现实，积极借鉴世界高等教育强国著名大学在风险管理审计方面的有益经验，着力提升我国高校风险管理审计水平，加快推进我国高等教育治理体系和治理能力现代化。①

3. 哈佛大学 2018/2019 年度财务报告

哈佛大学办学资源充盈，资金实力雄厚，2000 年以来实现总收入持续增长，从 2003/2004 学年的 26 亿美元增长到 2015/2016 学年的 47. 8 亿美元，2015/2016 学年实现总支出 47 亿美元。面对如此巨额的资金收支，哈佛大学通过不断完善大学法人治理架构，有效构建大学风险管理和审计服务体系，不仅在保障资产安全完整、促进资金效益提升方面显示其突出成效，同时极大彰显了其推动大学可持续发展的自身价值，为世界各国大学树立了典范。

哈佛大学的会计年度为每年的 7 月 1 日至次年的 6 月 30 日，在每个会计年度结束后，哈佛大学财务报告会经过普华永道会计师事务所（PricewaterhouseCoopers LLP）审计，并于 10 月底前在哈佛大学财务部门官方网站上公开。截至 2021 年 3 月，哈佛大学在其财务部门（Financial Administration）网站的财务报告栏目（Financial Reports）内，公开了自 2004/2005 年度至今共 16 个财年度的财务报告（Annual Financial Report）②。

以哈佛大学 2018/2019 年度财务报告为例，哈佛大学该年度财务报告共 47 页，总体上看印刷精美、图文并茂、内容翔实、信息丰富。哈佛大学财务报告分为校长致辞（Message from the President）、财务概况（Financial

① 赵红卫．哈佛大学风险管理审计的经验与启示［J］．审计研究，2017（4）：106－112.

② Harvard University. Financial Administration［EB/OL］. https：//finance. harvard. edu/annual－report.

Overview)、哈佛管理公司 CEO 致辞（A Letter from the President and CEO of Harvard Management Company)、独立审计报告（Report of Independent Auditors)、财务报表（Financial Statements)、财务报表附注（Notes to Financial Statements）六大部分。① 本书翻译了哈佛大学 2018/2019 年度的财务报告，呈现哈佛大学年度财务报告公开的范本（详见本章附录 1）。

（四）文本案例：加州大学伯克利分校财务报告信息公开

1. 加州大学伯克利分校概况

加州大学伯克利分校（University of California，Berkeley)，简称“伯克利”，建立于 1868 年，坐落在美国旧金山湾区的伯克利市，是世界最顶尖的公立研究型大学之一，列 2020 年美国新闻和世界报道 U. S. News 世界最好大学排行榜中排名第 4 位，公立大学第 1 位；世界大学学术排行榜中排名第 5 位。伯克利被誉为“公立常春藤”，在学术界享有极高的盛誉，与旧金山南湾的斯坦福大学共同构成美国西部的学术中心。

截至 2020 年 10 月，伯克利校友、教授及研究人员中共产生了 110 位诺贝尔奖得主（世界第三)、14 位菲尔兹奖得主（世界第四）和 25 位图灵奖得主（世界第三)。现在职教师中有诺贝尔奖获得者 9 人，普利策奖获得者 4 位，学校共有 184 个学术部门和项目，提供 350 多个学位项目，生师比为 17. 8 : 1。

2. 加州大学伯克利分校的治理

从组织架构看，加州大学伯克利分校目前是加州大学系统 10 所分校、5 个医学中心和 3 个附属国家实验室之一。加州大学总部坐落于加州奥克兰市，是大学的总部所在地。加州大学各分校之间保持相对的独立性，每个校区分别作为一所独立的大学，拥有极大的自主管理权，并设有自己的校长，而加州大学仅仅作为加州政府对公立大学的管理机构。

在加州大学系统层面，其最高权力机构“加州大学评议会”（Board of

---

① Harvard University. Annual Financial Report [EB/OL]. https://finance.harvard.edu/files/fad/files/fy19_harvard_financial_report.pdf.

Regents)，包括 7 名职务成员和 18 名指定成员。其中，职务成员所任职务期限即为评议会成员任期，7 人分别为：州长、副州长、议会发言人、公共教育监督官、校友会主席、校友会副主席、加州大学系统主席；指定成员由州长征询顾问委员会决定成员人选，各任期 12 年。另外，评议会中还有教师代表和顾问。教师代表 2 名，由学术委员会正、副主席担任，无表决权，可参与一切讨论和决策；教师顾问 2 名。[①]

评议会的主要职责：制定和裁决涉及大学教育方向、重大的设施性建筑和改革之类的决策；接受州财政拨款和各项公私赠予，监督大学的财政支出与实施；任命和指定加州大学系统的主席（President）、各校区的校长（Chancellor）、各机构的主管负责人，监督大学行政方面的管理和实施，等等。法律规定：加州大学评议会对加州大学有充分的组织和管理的权力，只有在这种立法条规的控制下，才能对在规定范围内的大学捐赠使用提供必要的保证，并维护大学的资产。由此可见，加州大学评议会的主要权力在于对大学财政支出的监督和控制，这是在美国社会中公立大学必须采取的措施。

加州大学评议会管理为第一级管理，上对州议会与州政府负责，下对 10 个分校施行统一管理，实际行政职权属于加州大学系统主席（President），由主席指定副主席（Vice President）人选，并分别组成各自的办公室，行使日常行政职能。现共有 6 名副主席分别主司学术、商业财政、农业和自然资源、大学和对外关系、保健和医疗服务发展。分校这一层次的管理称为第二级管理层次。在这一层次上，管理事务更为具体，直接关系到教学安排和学生培养以及科研活动。

加州大学伯克利分校实行校长（Chancellor）和副校长（Vice Chancellor）分级负责制。分校校长由加州大学评议会任命，副校长经过多层次的严格考核、评选，由分校校长任命。另设教务长（Provost），也是校级管理人员。校级管理人员之下设各职能办公室。各院系设院长、系主任。

---

① University of California. Board of Regents［EB/OL］. https：//regents. universityofcalifornia. edu/about/members – and – advisors/index. html.

3. 加州大学伯克利分校2018/2019年度财务报告

在加州大学伯克利分校官方网站上，可以在多处方便地获取大学历年财务报告。在首席财务官办公室（Office of the Vice Chancellor of Finance）网页开辟了信息中心专栏（Information Center），并列示了自2006/2007学年度以来大学历年财务报告①。在财务副校长办公室网页的审计官办公室（Controller's Office）的会计与控制栏目下，开辟有财务报告（Financial Reports）专栏，同样罗列了自2006/2007学年度以来大学历年财务报告②。此外，加州大学系统还在大学校长办公室（University of California Office of President，UCOP）网站中开辟首席财务官专栏，可在其财务会计（Financial Accounting）栏目中找到大学历年财务报告③。此栏目下还开辟了报告公开（Reporting Transparency）专栏，公开了加州大学2009/2010学年度以来的财务报告，该栏目声明，报告公开的目的，旨在为包括投资者在内的加州大学社区和公众提供易获得的、多样化的加州大学的财务信息，以支持加州政府实施的相关公开化工作④。

完整财务报表详见本章附录2。

三、美国高校财务报告信息公开的主要特征

（一）法制遵循

美国高校财务报告信息公开体现了对信息公开法、高等教育法和财务会计法规的三重法制遵循。

---

① Vice Chancellor & Chief Financial Officer. Information Center [EB/OL]. https://cfo.berkeley.edu/about-us/information-center.

② Controller's Office. UC Berkeley Financial Reports [EB/OL]. https://controller.berkeley.edu/accounting-and-controls/financial-reporting/uc-berkeley-financial-reports.

③ UCOP. Financial Accounting [EB/OL]. https://www.ucop.edu/financial-accounting/financial-reports/annual-financial-reports.html.

④ University of California. Reporting Transparency [EB/OL]. https://reportingtransparency.universityofcalifornia.edu.

1. 信息公开法对高校财务信息公开的要求——权利性法制遵循

美国信息公开法（FOIA）包括联邦信息公开法和各州政府信息公开法，是美国高等学校财务报告信息公开的上位法，是美国高等教育法和政府会计准则等其他信息公开相关法规和条款的依据。美国信息公开法是对公众获取信息的一般性权利规定，包括公众有权利获得高等教育及高等教育机构的财务信息。高等教育机构财务信息公开，是对美国信息公开法规定的公众知情权的权利性法制遵循。

2. 高等教育法对高校财务信息公开的要求——领域性法制遵循

根据1965年颁布的《高等教育法》（Education Act of 1965，HEA）和2008年《高等教育机会法案》（Higher Education Opportunity Act of 2008，HEOA）关于大学信息披露的要求，美国国家教育统计中心1995年建立的美国国家高等教育合作社（National Postsecondary Education Cooperative，NPEC）于2009年发布《1965年高等教育法要求披露的信息：发布建议》（见图3－4）。HEA和HEOA包括诸多披露和报告的要求。

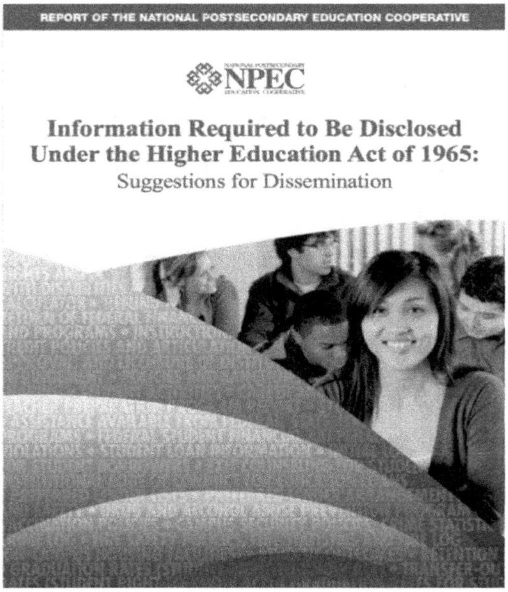

图3－4 根据美国1965年高等教育法要求披露的信息

高等教育机构被要求向第三方，如学生和雇员等，提供或披露可用的信息，向美国教育部或其他机构提交报告的信息。对于一些信息，机构还必须使学生或其他人知悉该信息，并向教育部提供。这些信息包括财务资助、财务救助和奖助学金、财务救助回报等财务信息，以及机构的报告信息。

3. GASB 关于高校财务信息公开的要求——业务性法制遵循

早在 1986 年，GASB 就增加了一项关于大学财务会计报告（accounting and financial reporting）的议事日程，该项目首先聚焦于旨在收集大学财务信息使用人所需要的信息，并将财务报告作为大学实体治理的主要报告之一。两年后的 1988 年就发布了该项目的研究报告——《大学财务决策者的信息需求》（Information Needs of College and University Financial Decision Makers）。1991 年 GASB 发布了第 15 号公告，提供了 AICPA 大学财务报告审计指引模式和公共机构财务会计报告的治理模式。

1999 年 11 月，GASB 对第 34 号声明——《州和地方政府基本财务报表，以及管理层讨论和分析》（Basic Financial Statements—and Management's Discussion and Analysis—for State and Local Governments）进行了修正，发布了第 35 号声明，专门针对大学的《公立大学基本财务报表以及管理层讨论与分析》（Basic Financial Statements— and Management's Discussion and Analysis—for Public Colleges and Universities）（见图 3－5）。

第 35 号修正案允许大学作为特定意义上的仅参与商业活动和仅参与政府活动，或既参与商业活动又参与政府活动的机构，采用该指引独立发布财务报表。该指引规定公共机构发布的财务报告中，要求包括管理层讨论和分析（management's discussion and analysis，MD&A），基本财务报表（basic financial statements）适当的时候作为特定目的治理报告的选择，财务报表附注，以及要求的其他补充信息等四项内容。

（二）公开框架

根据美国信息自由法（FOIA）、美国高等教育法（HEA），以及美国政府会计准则（GASB）等法案中关于美国高等学校财务报告信息公开的条款规定。

图 3-5 公立大学基本财务报表以及管理层讨论与分析

从公开的财务报告的框架体系看，美国高等学校财务报告信息公开的框架体系完备，已超出传统意义上的财务报告的边界和内容，特别是在公开的财务报告中公开了独立审计报告，有些高校还增加了内部控制报告等内容，如表 3-7 所示。

表 3-7 美国高等学校财务报告信息公开框架

编号	框架	项目
1	年度财务评述	包括：年度亮点、财务成果、评述等
2	致辞	包括：校长致辞、财务副校长致辞
3	管理层财务报表责任公告	

续表

编号	框架	项目
4	独立审计报告	由四大会计师事务所或州审计长办公室审计
5	财务报表	包括资产负债表、收支出表、现金流量表
6	财务报表附注	体量占整个公开内容总体量的一半左右
7	大学参议院信息	大学校长和参议院议员姓名、职务、学术背景等
8	大学高层管理人员名单	校长团队和各学院院长姓名、职务、学术背景等
9	其他信息	如内部控制报告等

（三）高校性质

美国高等学校财务报告信息公开，在不同性质的公立、私立高等学校之间，在高校财务报告信息的公开进程，以及财务报告信息的详细程度方面并无明显差异。

在高校财务信息公开进程方面，最早公开（2000 年之前）的 17 所高校中，有 4 所私立大学，分别是斯坦福大学、芝加哥大学、卡耐基梅隆大学和乔治梅森大学，其余 13 所为公立大学。

从 132 所高校是否公开财务信息的整体看，公立高校 86 所，其中有 3 所未能在其官方网站获得财务报告；私立高校 46 所，其中有 5 所未能在其官方网站获得财务信息，包括 4 所私立医学类高校。值得注意的是，132 所高校中共有 9 所医学类高校，公立医学类高校 5 所，可以从官方网站获得财务报告信息，而私立医学类高校 4 所，未能在其官方网站获得财务报告信息。

在公立、私立不同性质高校财务报告信息公开的详细程度方面，从获得的两类高校财务报告文本内容比较看，财务信息详细丰富，特别在财务报表附注中，对主要财务报表的重要事项，如会计政策采取和变更、财务活动重要事项等的解释说明较为详细，财务报表附注在整个财务报告中的分量较重，占到一半以上，有些甚至占到整个财务报告文本量的 4/5 左右。

附录 1：

哈佛大学财务报告[①]
（2019 财年）

目录：

校长致辞
财务概况
哈佛大学管理公司 CEO 致辞
独立审计报告
财务报表
财务报表附注

① Harvard University. Financial report [EB/OL]. https://finance.harvard.edu/files/fad/files/fy19_harvard_financial_report.pdf.

校长致辞

我非常荣幸地报告哈佛大学2019财年度的财务成果。

在我作为哈佛大学校长的第一个完整年度，我非常荣幸见证了哈佛大学的巨大突破、巨大发现和教育成就。我们祝贺研究人员通过可视望远镜抓取了有史以来第一张太阳黑洞的清晰照片，这是哈佛大学研究人员与来自全球同行的合作成果。在波士顿和剑桥，我们还将持续致力于房屋和工作室的开发，以及我们所生活和工作的社区的经济增长。明年将见证阿斯顿区新的科学和工程综合体开放的进一步进展、企业研究园区的进一步壮大，以及位于巴里地区北哈佛街打破边界的文科规划设计和研究项目的成型。

通过增加财务资助预算，制定鼓励人才和思想自由流动的移民政策。还在挑战哈佛大学招生政策的案件中赢得了有利的判决。我们努力确保大批来自全国和世界各地，致力于改善世界的学生和学者获得哈佛大学的学术体验。

尽管我们的财务资源仍然充裕，但我们与所有高等教育界的同仁，必须意识到当前环境下的挑战，长期经济增长正在终结。联邦研究资助的不确定性，以及《减税和就业法案》（Tax Cuts and Jobs Act）中针对大学和大学捐赠的破坏性税收，也可能限制哈佛大学对全校财务资助、教学和研究增加投入的能力。我们面临的挑战是，认识到这些现实，倡议支持我们使命的政策和法律，并继续审慎和周到地管理我们的财务，以便我们能够对学生、教职员工、教学和研究进行投入，并在世界上产生积极和持久的影响。

感谢全世界对我们的大学使命和价值观充满信心，以及那些持续对我们所从事的重要工作给予投资的哈佛大学的朋友和捐赠者。这些支持与我们对资源的精心管理，是一项重要的协作，它们共同为未来的学生和学者提供机会，帮助他们批判性思考、扩展知识范围，帮助我们改变社会，并使其变成我们所期望的样子。

万事如意！

校 长

劳伦斯·巴科（Lawrence Bacow）

2019 年 10 月 24 日

财务概况

在过去的一年中，哈佛大学可喜的财务成果推动了哈佛大学的教学和研究任务，增加了奖学金和财务资助，资助了大学的研究和对教职员工的投入，并更新了一些教室、实验室、住房和公共场所。

请注意阅读“财务评述”（Financial Overview）部分的内容，更详细地了解大学的财务资源管理，了解大学如何重点保障教学、学习和研究，从而对世界产生积极的影响。

大学的整体实力和财务健康，取决于每一个学院和部门的局部管理。哈佛大学各学院和部门的领导，重视收入和支出相匹配中的精细管理，使大学的总盈余达到 2.98 亿美元成为可能。大学利用局部盈利以及保留的每一项盈余，推进与之前确立的任务相关的优先战略，缩减负债，并为未来的投资或不可避免的“不时之需”（rainy day）建立储备基金。

来自捐赠基金的分配，为大学运营提供了 19 亿美元支持，占年度总收入的 35%。另有总收入的 9% 来源于当期的慈善捐赠。我们万分感谢哈佛大学过去和现在的捐赠者，感谢他们在提供资源时的慷慨，这些资源支持了哈佛大学的使命和大学对卓越的追求。我们也非常感谢哈佛管理公司（Harvard Management Company）首席执行官纳尔维·纳尔维卡和他的同事们，他们在捐赠投资组合重组中付出了不懈的、艰辛的努力。我们建议您审阅本报告中纳尔维卡的信。

纵观历史，哈佛大学都能成功应对变幻无常的经济环境，经济变化为哈佛大学带来了独特的机遇和挑战。我们能够经受住这些挑战，并且变得更加强壮，彰显了大学通过领导和精心计划所培养的坚韧品质。这种勤勉更增强了我们应对挑战的能力，支持了当前和未来的关键项目，并为未来保持了良好势头。审视当前和正在展现的宏观环境，我们有理由保持警惕：

（1）随着学生人数趋于平衡，学费达到负担能力的限度，联邦研究基金的前景不确定，投资市场对假设的预期回报减弱，高等教育收入正面临压力。

（2）此外，最近通过的《减税和就业法案》对我们的捐赠加征了新的税收。据估计，过去的一年，哈佛大学税收支出大约 5,000 万美元，该项新的负担大约相当于收入的 1%。或从维持负担能力方面的视角，大学用于维持财务资助的资金较少，去年本科生的资助总计为 1.93 亿美元。

（3）哈佛大学的捐赠全部用于支持当前运营。捐赠限定于大学范围内的数千项活动，并且可以永久使用。与流行的财富观念相反，由于哈佛大学各学院和学生的规模、广度和多样性，哈佛大学的生均（on a per - student basis）捐赠规模落后于其他高等教育机构。

（4）最近利率曲线的逆增以及投资市场的波动提醒我们，当前的经济膨胀已经是美国历史上持续时间最长的经济膨胀，尽管不可能永久持续，但需要“不时之需”的储备。

近年来，大学采取数项措施，包括降低负债水平、增加现金持有以及增加储备等，为结束当前的经济膨胀做准备。各学院和单位每年编制滚动 5 年财务计划，并作为今年工作的一部分纳入“下行”方案中。大学以史为鉴，并为未来准备一项集体的“经济衰退方案”，旨在激发规划和设想的创新。我们还致力于教授我们的社区——教师、员工、学生和校友——关于哈佛大学的财务模式，以及今天高等教育的风险和机遇。

关于财务资源，哈佛大学能做的最明智的事情，就是将它们最优化配置于教学、研究和奖学金。由于时间和优先级不断变化，这只是一种理想化的日常管理行为。在所有经济条件下，养成重新配置资源的习惯，是一项成功的改革战略。

在准备应对下一个经济衰退期过程中，我们的学院和单位将致力于学术和研究优先，在这方面持续和增加投资是必要的，但也应聚焦于尽可能限制或减少各项活动的规模和范围。

总之，我们要感谢大学过去和现在的每一位捐助者。因为我们认识到，哈佛大学在教学和研究方面的卓越是通过您的慷慨才得以实现。我们还要感谢哈佛大学的教职员工，他们每一天都在为哈佛大学成为世界杰出的机构之一而做着重要的贡献。

托马斯 J. 霍利斯特（Thomas J. Hollister）
哈佛大学财务副校长

保罗 J. 芬尼根（Paul J. Finnergan）
哈佛大学财务主管

2019 年 10 月 24 日

附：财务评述

哈佛大学的财务资源管理，旨在促进教学、学习和研究优先战略，在世界范围内产生了积极的影响，包括扩大全球受教育的机会，用我们强有力的财务资助项目支持学生，实现我们对公共服务的持续承诺，并极大地影响着如何通过研究来理解和解决问题。在本报告中的 2019 财年主要财务亮点部分，彰显了大学对推进这些优先战略的持续承诺。

2019 财年末，大学运营盈余 2.98 亿美元，而 2018 财年为 1.96 亿美元。得益于捐赠的投资回报、慷慨的捐赠，以及严格的财务管理，在 2019 年 6 月 30 日，大学的净资产达到 493 亿美元，增加了 23 亿美元。

2019 财年，总运营收入增加 6%，达到 55 亿美元。哈佛大学多样化的收入组合，依赖于三个主要收入来源：教育或学费、研究资助、慈善。教育总收入来自于两个传统学位的学生学费、伙食费和住宿费，包括研究生、职业教育和本科生，以及行政管理和持续教育项目。在支持研究企业过程中，我们优秀的教师申请外部资助，开展全球化、批判性的优先战略研究，包括癌症治疗、了解多元文化，以及开发清洁能源，资助资金占收入的 17%。每年从学费和研究资助中获得的收入，并不足以给大学的运营提供充足的资金，因此，大学还需要依靠慈善捐赠以弥补这一缺口。在 2019 财年度，我们的捐赠者，通过他们的慷慨，以及他们对哈佛教育和研究具有影响的信念，提供了大学 43% 的收入（见图 1）。

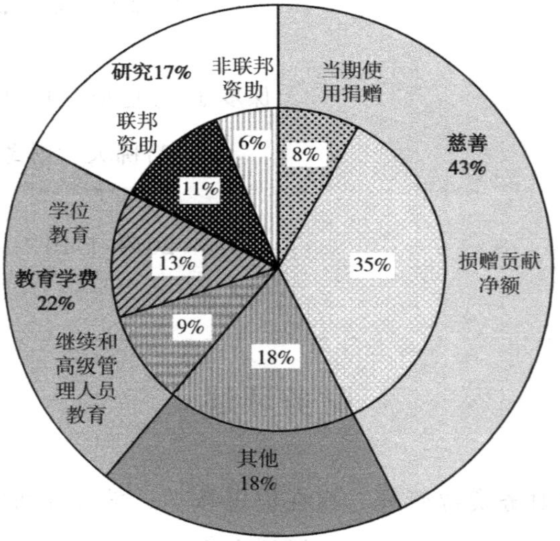

图 1[①] 哈佛大学 2019 财年收入来源

哈佛大学的许多学院和部门之间，收入状况差异很大。每个学院和部门能够从它的捐赠和其他资源中安排不同比例的预算（见图 2）。

由于增加了对人员和空间的投资，大学运营支出增加了 4%，达到 52 亿美元，两项支出占大学运营支出的近 70%（见图 3）。人员是哈佛大学最

① 编者注：财务报表中的表、图不按正文中的表、图排序。

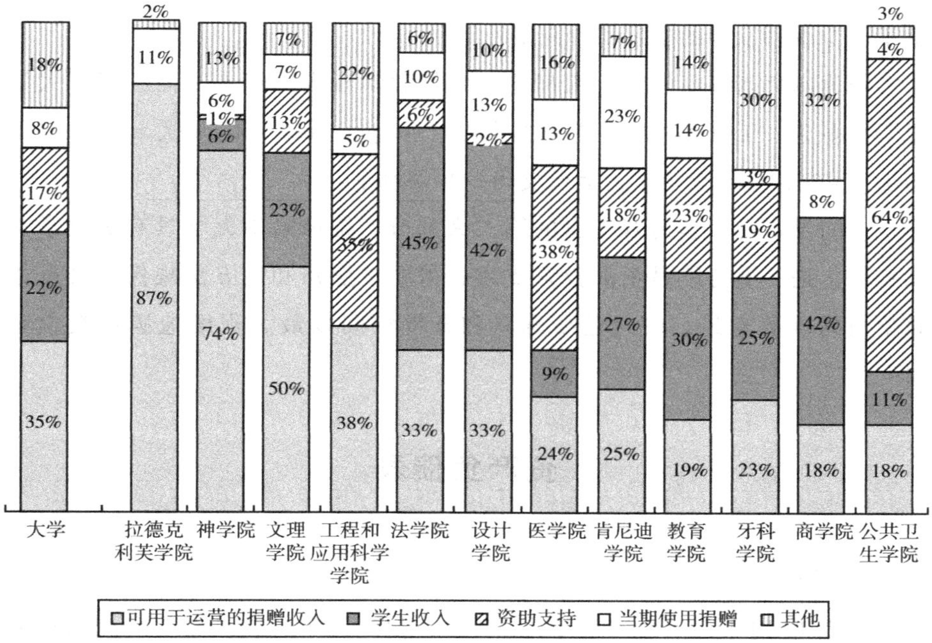

图 2 哈佛大学及各学院 2019 财年运营收入来源

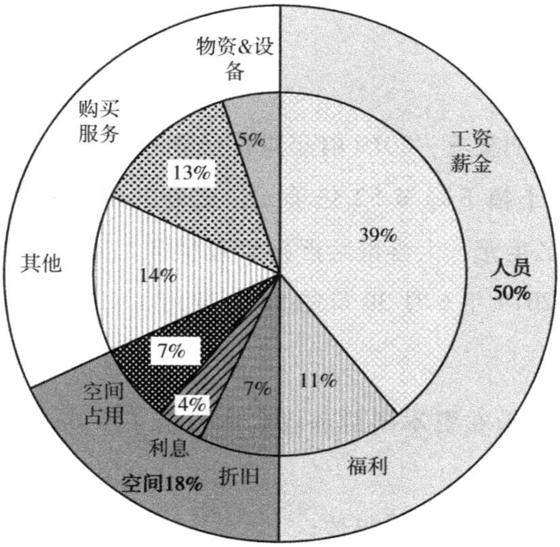

图 3 哈佛大学 2019 财年运营支出

有价值的资产。在整个校园中，我们的学生、教职员工汇聚一堂，共同造就了一个蓬勃发展的学习和研究型社区。

作为麻萨诸塞州的第五大雇主，哈佛大学在人力资本方面进行了大量投资，薪金、工资和福利费等报酬支出（compensation expense）比上一财年增加了4%，继续保持着占运营支出一半的水平。

空间投资是大学运营支出的第二大部分。维修哈佛大学具有历史意义的校区，是一项持续昂贵的投资支出，需要按照州和地方法规保存具有建筑价值的重要建筑，同时还要翻新和开辟空间以最大程度地满足教学和研究。

资产负债表

1. 投资

在2019财年，捐赠回报率为6.5%，扣除用于运营、联邦税的捐赠分配的净影响，以及今年新馈赠对捐赠的增加额后，捐赠价值从2018财年末的392亿美元，增加到2019财年末的409亿美元。更多的信息详见本报告中哈佛管理公司CEO的致辞。

2. 债务

由于预计了到期款项，2019财年应付债券和应付票据较2018年6月30日的53亿美元，小幅下降至52亿美元。此外，相关的利率支出也减少了3%，减至1.82亿美元。大学继续严格管理债务，其余额从2011财年的63亿美元，减少到2019年6月30日的52亿美元。

3. 固定资产

2019财年，大学在资本项目和收购中投资了9.03亿美元，而2018财年为9.08亿美元。

几个重要项目的重大进展包括：

哈佛大学艺术实验室（Harvard ArtLab），是位于阿斯顿大学园区内的一个跨学科的创造和创新中心（见图4）。它拥有实验表演空间以及艺术展厅和录音室，还有一个研讨会场和一些办公室，对全校学生和教师开放。艺术实验室营造了一个“创新”集群，包括 iLab、帕格柳卡生命实验室（Pagliuca Life Lab），以及由大学校友发起的用于初创公司工作空间的孵化实验室（Lanuch Lab）。

完成了本科生长期房屋翻新倡议的洛厄尔之家（Lowell House，见图 5）和举办毕业典礼的亚当之家（Adams House）的翻新。

建设施瓦兹馆（Schwartz Pavilion，见图 6）。这是位于商学院内用于交

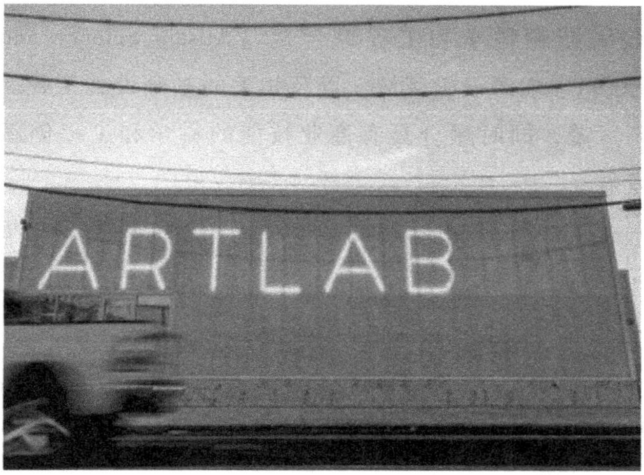

图 4 哈佛大学艺术实验室

图 5 洛厄尔之家

图 6 施瓦兹馆

流和社交、娱乐和思考的一个有顶的露天表演和集会空间。它被设计为一个充满活力的活动中心，支持季节性和编排的灵活性。

法学院的新建建筑（见图 7），能够培养和拓展体验式学习，并能够支持学院的课程。

建成了史密斯校园中心（Smith Campus Center，见图 8），它提供了一个通向哈佛大学的前门，将大大增加公共领域，使该区域更具蓬勃生机。通过建设这样一个全年开放的便利设施，形成一个更具包容性和协作性的社区。

继续建设阿斯顿科学和工程综合楼（Allston Science and Engineering Complex，见图 9）、能源设施区域，以及相关的基础设施工程。这些工程将构建一个创新区域，同时融合具有商业技能的科学和工程创新，促进社区企业研究的发展。

图 7　法学院新楼

图 8　史密斯校园中心

图 9　阿斯顿科学和工程综合楼

教育

在 2019 财年，哈佛大学 12 个学院从全球招收 23,336 名学生。其中，哈佛学院招收学生 6,722 名，约占哈佛大学年度招收学生总数的 29%。

1. 学生收入总计

在 2019 财年，学生收入总计增长大约 7%，达 12 亿美元。其中，本科生和研究生项目收入 5.04 亿美元，高级管理和继续教育收入 5 亿美元。

2019 财年，本科生和研究生学费净收入增长 4%。由于大学坚定承诺对本科生的财务资助，因此本科生学费的净贡献，仅增长了 3%。除了这些传统的教育项目外，哈佛大学继续感受到全校对扩大继续教育和提供行政管理项目的增长需求，继续教育和行政管理项目的贡献，占净收入增长的 12%。

2. 本科生和研究生项目以及财务资助

哈佛大学始终承诺，致力于培育一个由才华横溢的学生组成的多元化社区，而无关他们的财务能力。归功于大学开创性的财务资助项目，哈佛学院约 54% 的学生收到基于需求的奖学金，生均支出 12,000 美元。此外，哈佛学院 20% 的学生无须支付任何费用。自从 2004 年发起了哈佛财务资助倡议后，哈佛学院在奖励资助中有超过 20 亿美元的奖励，本科生财务资助预算增长超过 140%，从 2005 年的 0.8 亿美元到 2019 年的 1.93 亿美元，哈佛学院学生的平均入学成本（the average cost of attendance）为 38,200 美元。

2019 财年，奖学金和其他学生奖励支出从 5.92 亿美元增至 6.13 亿美元，增加 2,100 万美元，增长了 4%。图 10 显示 2019 财年奖励的学生财务资助和奖学金来源，兑现了大学对财务资助的承诺。

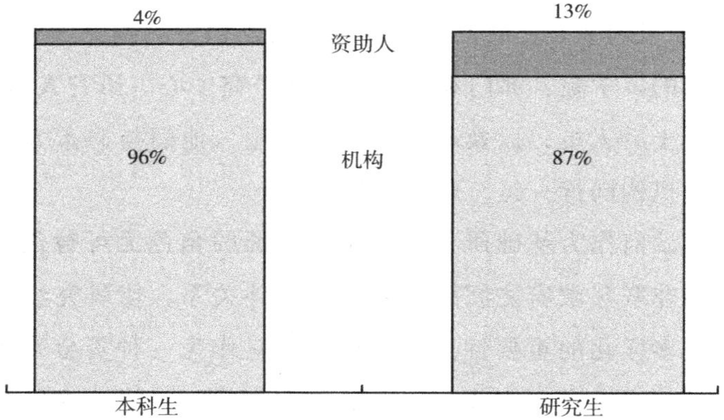

图 10　哈佛大学 2019 财年学生资助来源

3. 行政管理和继续教育

过去十年，哈佛大学一直致力于将哈佛教育拓展到传统的本科生和研究生之外的客户。12 个学院中，有 9 个开展了对于个人和组织的行政管理人员教育项目。这些项目覆盖了全世界数千名职员，帮助他们发挥个人的职业潜能，并在他们的组织中有所作为。在继续教育部门，通过许多免费的课程和将近 800 门学分课程（for - credit courses），鼓励学生为个人和职业的成长探寻机会。

为吸引更多全球客户，HarvardX 对世界各地的人群提供在线课程，内容涉及哈佛大学提供的学术多元化、高质量、创新的免费在线学习活动集合，教师能够开发线下（on - campus）、线上和其他方面的教学和学习。截至目前，HarvardX 已对约 200 万名单一用户，其中包括超过 100 万名国际注册者，提供了超过 90 门独立课程。

研究

几乎在每一个领域，哈佛大学学者都在开展研究，通过分析、创新和洞悉，拓展人类知识。在 2019 年，赞助研究基金收入达到 9.37 亿美元。根据国家科学基金高等教育和研究发展调查［National Science Foundation Higher Education and Research Development（HERD）Survey］，2018 年大学共获得 3.61 亿美元机构基金资助，2019 年结果目前仍不可用。这些研究，广泛开展于校内外的各学院、部门和超过 100 个研究中心。研究人员包括教师、访问学者、博士后人员，以及研究生和本科生，他们与遍布大学的附属机构和其他研究机构同行一起，开展协作研究。

尽管联邦政府作为基础研究经费主要来源的角色无可替代，但哈佛大学正在通过与非联邦政府之间建立牢固的伙伴关系，使研究经费资助日益多样化。日益多样化的重要性，不仅仅在于它作为一种资金来源，而且在于它更是一种与基金会和行业合作者的协作方式，并能够将研究成果转化为新的科学技术。

在 2019 财年，大学在研究基金方面实现持续增长。总体看，源于联邦和非联邦资助收入增长 3%，达 9.37 亿美元。联邦研究基金总计，约占 2019 财年总资助收入的 67%，增长了 1%，达 6.31 亿美元。在 2019 年，大学拓展了与企业、基金会和其他非联邦资助者之间的关系，导致非联邦研究基金资助收入增长6%，达3.07亿美元。在过去几年中，由于研究人员将目光投向了联邦政府以外的领域以寻求资金支持，因此非联邦资金成为新增长领域。此外，哈佛大学投入大量机构资源来利用这些联邦和非联邦投资，这些资金对于支持早期开发和研究至关重要，这使得研究人员能够将一个初步设想，发展到可以向资助者提出额外资助的地步。

1. 见之未见

通过十年的竭尽全力工作，哈佛大学科学家主导的全球天文学家团队，第一次捕捉到一个黑洞（black hole）影像（见图11）。该影像为天文学家和物理学家打开了一扇门，在宇宙最极端的条件下，它能够检测爱因斯坦的万有引力（gravity）和广义相对论（general relativity）理论。

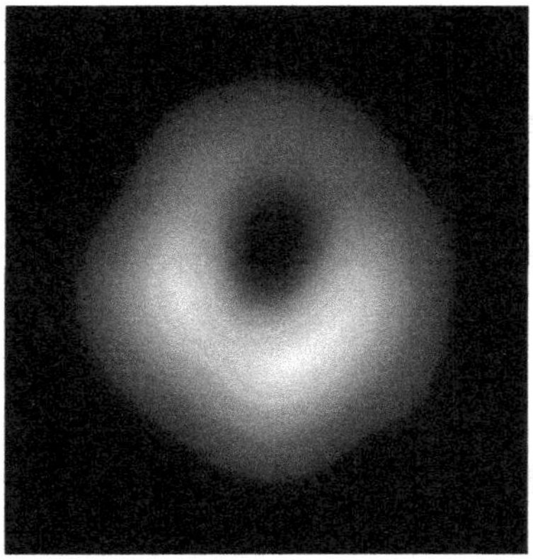

图11 黑洞影像

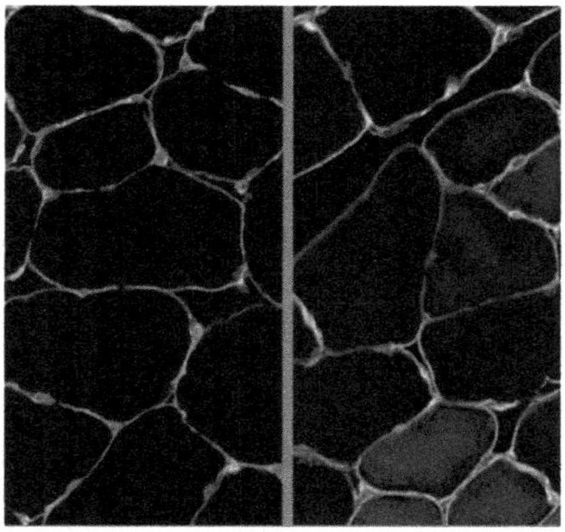

图12 从源头编辑基因

2. 受美国宇航局资助（NASA-Funded）的德克萨斯农工大学（Texas A&M）与哈佛大学大气研究项目

德克萨斯农工大学与哈佛大学的研究人员正开展一项大气研究合作项目。美国宇航局资助的3,000万美元，来自美国宇航局的地球风险计划，资助用于调查北美上空的夏季强对流风暴（strong summertime convective storms）如何能改变平流层的化学性质。

3. 从源头编辑基因

突破性研究发现，干细胞基因能够在生物系统中编辑，而不是在培养皿中编辑。该发现对于生物技术研究和遗传疾病疗法的发展具有重大意义，因为它改变了我们研究人体干细胞的方式，并且这是开发有效基因疗法的关键一步。

慈善

哈佛大学的当期礼品馈赠（gifts）和捐赠（endowment distribution）两项，占2019财年总收入的43%。对于促进我们学术研究的卓越发展、招录和留下我们世界一流的教职员工、改善学生的生活、通过财务资助提供机会而言，每一笔捐赠都是必不可少的。

1. 当期礼品馈赠

在2019财年，哈佛大学从校友、基金会和其他人收到的当期馈赠总计4.72亿美元，约占运营收入的8%。大学的支持来自大大小小的所有捐赠（donations）；2019年占80%的馈赠中，平均每个捐赠者捐赠150美元。我们感谢所有捐赠者的慷慨，使哈佛大学能够创设一个生机勃勃的学术发现文化氛围。

2. 哈佛大学捐赠基金

无论在现在还是未来，哈佛大学的捐赠基金都是支持大学教学和研究使命的一个特别的和稳定的来源。捐赠总额由过去至今350年内的13,000多人捐赠组成，这些捐赠为教师和学生提供支持，包括教授职位、本科生财务资助、研究生奖学金，以及学生生活和活动。

捐赠者对捐赠基金的缴款，使领先的财务资助计划、科学研究的开创性发现以及宽广的学术领域的数百个教授职位成为可能。每年，捐赠的一部分作为年度分配支出，以支持大学的年度运营。超过这一年度分配的任何增值，将被保留于捐赠中，为子孙后代提供支持。因此，捐赠能够为来到大学的后辈奠定财务基础。

劳伦斯·S. 巴科校长指出："无论我们的大学是公立的还是私立的，我们都依赖于向研究捐赠和提供财务资助的美国人民的慷慨。我们因他们而卓越，并必须努力使他们的支持物有所值。因此，我们必须铭记，这些始终是我们对公共利益的共同责任。”

捐赠中的现金馈赠，2019 财年为 6.13 亿美元（详细数据见图 13），2018 财年为 6.46 亿美元。

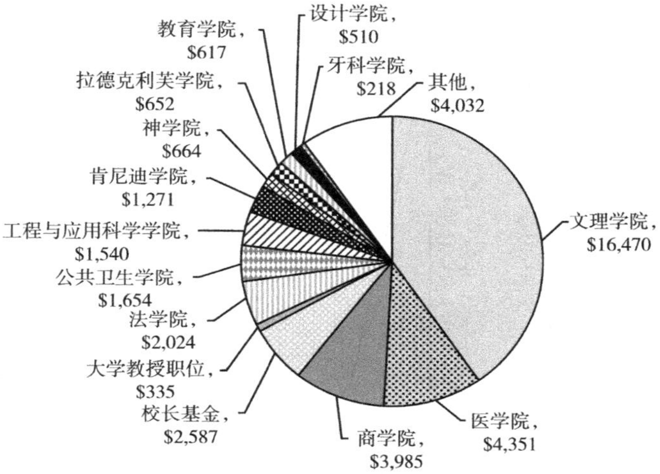

图 13　2019 年 6 月 30 日捐赠的市场价值（单位：千美元）

3. 可用于运营的捐赠回报

大学的捐赠支出实践必须平衡两个相互矛盾的目标：具有稳定性和可预测分配的运营预算的资金需求，以及维持捐赠基金长期价值的责任。大学的捐赠，包括哈佛大学的，能像银行账户中的资金一样，只要资金可用就能在任何时候用于任何事项，这是一种普遍的错误认识。实际上，哈佛大学从捐赠基金中支出的灵活性，受到旨在永久持续的事实的限制，这对于一个旨在服务未来学生和追求不能用一生来回答的大问题研究的机构而言，是至关重要的。

哈佛大学有义务通过每年仅仅支出捐赠价值的一小部分，来储备捐赠基金的购买力。无论出于何种原因，随着时间的推移，重大的支出都将大大增加。如果将特权赋予现在的支出，优先于未来，这样做的结果，将会以某种方式与捐赠想要维持代际公平的基本目标相抵触。作为一个总体原则，哈佛大学设定一个年度捐赠支出率 5% ~5.5% 的目标。在 2019 财年，支出率为 5.1%，而 2018 财年的支出率为 5.2%。这一重要的基金资源，在 2019 年度共分配了 19 亿美元，占哈佛大学总运营收入的 35%，是支持哈佛大学的单项最大收入来源（见图 14）。

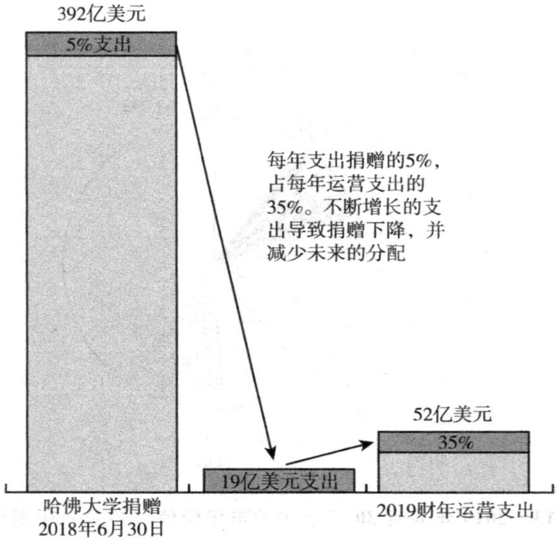

图 14　哈佛大学捐赠分配与 2019 财年运营支出

由于捐赠基金是重要的资金来源，因此，每年捐赠分配的 70% 被限定于具体的项目、部门或目标，并且必须按捐赠人的限定支出。无捐赠人限制的资金，具有更灵活的属性，主要用于支持建设性运营支出和变革性的战略行动（见图 15）。总之，捐赠基金支持大学运营的几乎每个方面。

4. 税收改革

2017 年的《减税和就业法案》对大学增加了一系列新的税负，在 2019 财年导致增加预计 4,980 万美元的税负。由于最终指引仍未发布，这项支出仍继续作为一项估计，公认会计准则要求估计应在支出发生期间记录。最终税负数额将反映由美国财政部发布的税收政策。在总的税收支出中，3,770 万美元反映 2019 财年预计的净投资收益税额。在支付这些税收时，将减少可用于教学和研究任务的捐赠基金。剩余的 1,210 万美元反映预计的

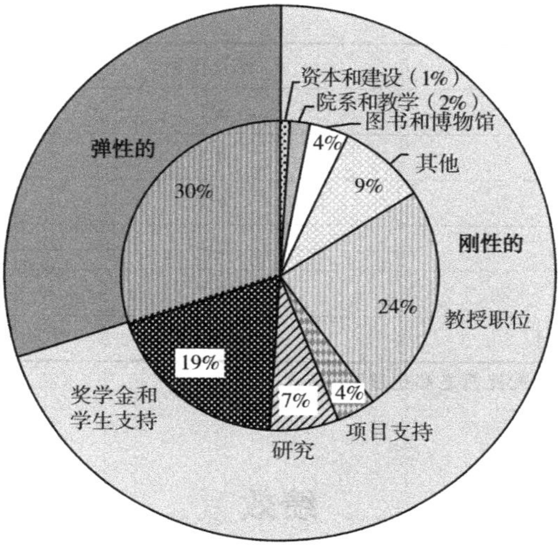

图 15 哈佛大学捐赠支出灵活性

运营收入中净投资收入税、不相关的应税收入变化（包括通勤福利和停车的交通许可附加税），以及高管薪酬消费税。

哈佛大学管理公司 CEO 致辞

亲爱的哈佛大学社区成员：

对于 2019 年 6 月 30 日的最近财年度而言，哈佛大学的捐赠基金回报率为6.5%（具体数据见表1），价值409 亿美元。捐赠基金对大学运营预算分配超过 19 亿美元，支持了财务资助、研究基金、教师支持以及其他诸多方面。

表 1 哈佛大学捐赠基金配置比例及回报率

资产类别	配置比例	回报率
公共证券	26%	5.9%
私人证券	20%	16%
对冲基金	33%	5.5%

续表

资产类别	配置比例	回报率
不动产	8%	9.3%
自然资源	4%	-12.4%
债券	6%	5.7%
其他实物资产	2%	-8.3%
现金及其他	2%	—
捐赠基金总计	100% *	6.5%

* 由于取整，大约分配比例之和超过100%。

绩效

与2018财年情况一样，尽管是以更细微的方式，2019财年的资产配置或风险水平是影响本年度资本回报的主要因素。尤其是，当其他所有情况相同时，风险资本［一种高风险/高回报（high-rish/high-reward）的资产类别］的风险越大，带来的回报越高。哈佛大学风险资本的风险显著低于主要的捐赠基金。我们正在对哈佛大学的风险容忍度进行评估，将在本函的后面进一步详细讨论。

我们对这一表现并不满意，我们注意到，哈佛大学管理公司（以下简称HMC）是一个正在进行重大重组的组织，拥有一些流动性不足的继承资产，对业绩有很大影响。强大的继承资产是我们建设发展的坚实基础，有目的地提高或降低一年期回报不会影响我们继续追求的重组。一些变化将需要几年才能产生影响，我们强烈地意识到我们正在进行一场马拉松而不是一场冲刺，我们已经可以检测到积极的进展指标。

HMC进展与挑战

大概在5年重组期的中间时点，两个完整的财年度之后，讨论HMC在扭亏为盈方面的进展，以及我们仍面临的挑战，我们认为是值得的。

我们之前的努力包括重建组织的结构和文化，建设一个有多方面知识和经验的通才团队，建立新的投资程序。我们还为通才团队和支持团队招募了其他的团队成员，并给予适当的激励以奖励协作、长期投资思维和计量风险。

文化、组织结构和激励是HMC面临的深层问题的核心，对我们的方案至关重要。更重要的是，我们是一个团队在运营，而不是孤立的专业人员。我们感谢所有团队成员的奉献和技能。尽管我们仍有很多工作要做，但我们执行良好，并且这些工作对HMC周转的影响总体令人满意。事实上，我们改进和发展的努力，并不会在5年期时结束，我们仍将努力变得更好。

过去2年的报告聚焦于这些组织的变化，随着工作的继续，我更愿意将今年的报告聚焦于HMC投资组合的发展和挑战。

1. 投资组合的发展与问题

观测变化带来的影响，需要一定的时间。在HMC投资组合中，流动和非流动部分之间有着显著差异。投资组织中更具流动性的部分，已经带来了一定影响，并且结果在总体上比较满意。然而，就确定性程度而言，除了出售资产外，我们并不能很快评估投资组合中非流动部分的绩效。我们将继续辛勤努力建立起非流动性资产的优势，并解决存在的问题。不出意外的话，大约需要5年的重构时间。

2. 流动性投资组合：公共股票和对冲基金

公共股票和大多数对冲基金是流动性最强的（尽管在我们的对冲基金配置中，大约有20%流动性不足，剩余部分则具有相对流动性）。因此，在这些领域，我们的投资团队能对HMC产生最直接影响。

好消息是，在过去的两个财年，我们两类资产的产出都超出了基准。更重要的是，在组合的基础上，他们的产出比同期混合年化基准率超出2.25%。我认为该表现已经非常好了，尽管并不优秀。我在这儿提及它们仅仅是为了说明我们的进展而举例。如果我们考虑基准的话，这两部分投资组合约占总捐赠基金的60%。

我们对对冲基金的表现非常满意，因为其并不是由积极的证券市场驱动。根据设计，当前我们的对冲基金组合的证券市场风险，低于我在21年的捐赠基金管理期内监管的任何此类投资组合。而且，正如上面提到的一样，大约20%的对冲基金组合是非流动性的。由于许多继承的非流动性组合回报并不值得注意，并且拖累了绩效，因此，我们更满意于投资组合中更具流动性的那部分产生的影响。

尽管我们能够影响这部分投资组合，并看到了积极的结果，但以两个完整的财年对真实影响做出有意义评估而言，时间仍然太短。作为长期投资者，我们认为至少需要十年的绩效。作为我们建立的时间框架，对于投资组合的流动性部分，有好年和差年之分。我们认为需要进一步改善，我坚信我们正在这样做。很清楚的是，之前的结果对我们的方法提供一个积极的肯定，对HMC而言代表着一个重大的进步。

3. 非流动性投资组合：私人证券、不动产和自然资源

正如许多人已经知道的一样，捐赠基金绩效的主要挑战在于非流动资产。谨慎地增加某些投资组合的规模，与减少其他规模一样，往往需要几年的时间来完成。与更具流动性的投资组合部分形成直接对照，我们仅仅能在短期内形成有限的影响。从我到这里的那一天起，我们就一直怀着一种紧迫感实施非流动性投资的周转和重新配置。

非流动性投资是长期投资组合中非常重要的组成部分。在不同程度上，HMC预期其非流动资产的收益，会明显高于其在公共市场上获得的收益，主要基于三个方面的原因：第一，投资者必须获得这些较大风险的投资补偿；第二，投资者还必须获得大量的非流动性补偿——因特别要求，这些资产往往需要多年才能退出；第三，对于重要的资产类别，某些战略提供有独特的机会。

4. 私募股权（收购、增长和风险资本）

让我们从好消息说起吧。HMC的私募股权投资组合历来强劲，我们拥有一个在现在和过去都广受赞誉的HMC团队。而且，对于过去两年中投资组合的增加和调整，我们感到兴奋。但我们也清楚地知道，仍需要数年才能看到这些投资影响。

今天，我们主要关心的是，相对于对哈佛大学的认知而言，HMC的收购、增长和风险资本的配置仍然较低（详见“风险容忍度”部分）。在这种情况下，我在加入HMC时，就表达了要增加这部分配置。增加私募股权配置，并不是因为那时候私募股权表现好。事实上，从最近的绩效来看，存在限制因素，比如估值环境。我清楚地知道私募股权是高风险/高回报投资，将会有困难的时期。但我们仍然坚信，对 HMC 而言，相比现在投资组合中其他高风险的非流动性资产，一些私募股权——当然并不是全部——通常是更具有吸引力的长期资源和风险来源，我们已经开始进行配置类型的转换。

5. 冷静的思考

许多人都知道，私募股权基金会在一段时间内减少资本额，并且在退出前需要投资数年时间。在未来的几年内，我们将受到私募股权“J－curve”的影响，基金价值在这个领域的自然进展表现为短期损失先于长期收益。许多同行在十年前就曾经历过这种不断增长的痛苦。我在任的早期，用了 7～9 年的时间以十分谨慎的方式尝试，以获得比较高的私募股权配置（例如，保持高管理质量、适当的旺年多样化，以及关注积极的估值环境等）。

尽管我们已做出谨慎的改进，但很显然，我们当前仍处于需要较长时间过渡的早期阶段。值得注意的是，去年春天一些大型 IPO 都得到了风险投资基金的支持。哈佛大学并没有参与这些领域的基金，因此 2019 财年并没有从这些支持中明显受益，事实上，这是一个长期的游戏。

6. 不动产

我们的目标之一是减少不动产风险的规模，令人高兴的是，HMC 的不动产风险大约为 2017 年初规模的一半。非常幸运，主要的风险仍由我们原来的 HMC 团队管理，该团队现在由贝恩资本（Bain Capital）管理。将管理团队剥离给贝恩资本，是一个关键的里程碑，因为它确保了这部分投资组合由专家管理的稳定性。

我在任的早期，风险降低是由于有重要资产出售，以及贝恩资本团队和其他外部管理者管理的资产成功退出的结果。我们还专门有选择性地增加了对外部管理者的承诺，正如我们最近的私募股权投资一样，看到我们的努力所产生的影响，还需要数年时间。

7. 自然资源

投资组合的另一个目标，是减少自然资源的风险。我们对投资组合中继承部分的持续负回报感到失望；然而，自从我来到以后，我们对已经减少超过一半的风险——从总捐赠基金的9%降至大约4%——感到满意，而且也满意于已经完全重建了一个了不起的团队来管理这一投资组合。

我们的投资组合由三类资产组成：

（1）非常麻烦的资产。在2017财年我上任的早期，我们不得不在HMC减记（write-down）或注销（write-off）大约10亿美元这类投资，从那以后，我们的自然资源团队一直努力抢救或处置剩下的这些投资。

（2）状况良好但有错位的资产。我们认为，这些资产在风险、回报、流动性方面的特征，并不特别适合作为一项捐赠基金。我们已经向更适合的投资者出售了超过11亿美元的此类资产。在本财年剩下的时间内，我们打算出售其他此类资产将近2亿美元。

（3）一致性资产。这些都是高质量的资产，在风险、回报、流动性方面非常适合捐赠，并且现在状况良好。自从新的自然资源团队到来后，已经有了重大的管理变化。此外，在这类资产中，我们进行了新的有价值的投资，价值超过1亿美元。

我们在2017财年初进行大规模减持后，第1组资产的表现继续欠佳，仍影响着自然资源投资组合的整体表现。我们注意到，在2019财年的回报中，包含了第1组资产约1亿美元的减持。即使没有这一减持，2019财年的自然资源回报率仍为-7%，主要归因于上述第1组不良资产。

哈佛大学风险容忍度

在5年过渡期的前半段时间内，另一个重要的里程碑事件，是在HMC建立了一个新的风险框架。在我们的投资管理中，这是一个非常重要的工具，对我们与大学讨论哈佛大学的风险容忍度而言，也是一个核心的投入。

这些讨论开始于去年春天，是近年来HMC与大学之间开展的最深入的讨论，包括HMC董事会成员和大学领导层。

我们关注并清醒地认识到，HMC 通常接受较低的风险，因而将产生比许多同行较低的市场周期回报。在讨论过程中，我们将决定这一方法是否适当。当然，与波动较小的回报相比，这种权衡会有更高的回报。或许这样表述更清楚，更高的回报会导致更大的长期捐赠，而较低的波动，对于机构在其重大固定成本预算方面，可能会有帮助。我相信我们将在未来的 18 个月左右结束这些讨论，这将有助于影响今后几年的配置决策。

最后的思考

在我们过渡期的中点，我们正在走的道路，以及迄今为止已取得的进展，都使我备受鼓舞。前半段的转变基本上表现以下几个方面：HMC 的组织重构、进程开发，以及捐赠基金投资组合的重新定位。

感谢这样一个天才和勤勉的团队的努力工作，使我们取得了良好的进步。为了做出更明智的决策，我们开发了投资进程和风险框架，我们组成一个通才的团队，并拆分 4 个内部投资平台，这些变化都是巨大的。然而，组织的适应速度令人印象深刻。在我们迅速实施这些改变的同时，我们也在不断寻求机遇，以促进或调整支持长期绩效的方法。

我们的公共债券和对冲基金投资组合的发展，正展现出显著的积极影响，早期回报令人振奋。话虽如此，我们仍需要保持这一势头，并在未来几年内进一步改进。

在流动性方面，我们正利用 5 年的重构期朝着马拉松的终点而努力。该投资组合的重要部分均非常强劲——表扬我们以前和现在的团队。我们必须建立在这种实力的基础上，并审慎地增长非流动性投资组合部分。再次强调，我们必须慎重和战略性地保持高质量的标准，避免绩优年度过于集中。

同样重要的是，仍有许多非流动性的资产正影响我们的投资组合与绩效。也就是说，一部分继承资产投资组合，不可能产生与其风险和非流动性相匹配的回报预期，甚至根本不能有任何回报。通过减少资产销售的组合，这一问题与两年前相比，已少了很多，但仍有着重大的挑战，而且对HMC而言是一个重要的优先事项。正如我们所言，实施一项完整的进程修正，将需要数年时间。

对哈佛大学而言，捐赠基金是一项非常重要的资源，使哈佛大学能够保持它在教学和研究方面的领先地位。哈佛大学现在和未来的学生、教师和学者，依赖于这一重要的资源支持。我们的团队清醒地意识到，满足这些需要，要求持续改进和克服上面提到的挑战。我相信我们有能力做到，并怀有坚定的信心。

谨致以诚挚的祝愿。

纳尔维卡（N. P. Narvekar）

首席执行官（Chief Executive Officer）

2019 年 10 月

独立审计报告

致哈佛大学治理理事会联合监察委员会：

我们审计了随附的哈佛大学及其附属机构（以下简称“大学”）的合并财务报表，包括截至 2019 年 6 月 30 日的资产负债表，相关的有一般运营账户细节的合并净资产变化表、捐赠净资产变化表，以及截止年度的现金流量表。

对合并财务报表的管理层责任

管理层对根据美国公认会计准则编制和公允呈报合并财务报表负责，包括与编制和公允呈报合并财务报告相关的内部控制设计、执行和保持，使合并财务报表免于因欺诈或错误产生重大误报。

审计责任

我们的责任基于审计工作，从而表达对合并财务报表的观点。我们根据美国公认审计准则实施审计，这些准则要求我们在计划和实施审计时，获得的合并财务报表无重大误报和合理保证。

一项审计包括执行程序，以获得在合并财务报表中相关金额和披露的审计证据。执行程序的选择依赖于我们的判断，包括对合并财务报表是否存在重大误报风险的评估，在做出这些风险评估时，为了设计适合审计环境的审计程序，我们会考虑与大学编制和公允呈报合并财务报表相关的内部控制，但并不是出于表达大学内部控制有效性观点的目的。因此，我们并不表达这样的意见。

审计还包括评估所采用会计政策的适当性和重大会计估计的合理性，以及评估是否全面呈报合并财务报表。我们相信，对于提出的审计意见的基础而言，我们获得的审计证据是充分和适当的。

意见

我们认为，在所有实质性方面，上述合并财务报表都根据美国公认会计准则，公允呈报了哈佛大学及其附属机构截至 2019 年 6 月 30 日的财务状况，以及截至当年末年度净资产及其现金流的变化。

强调事项

在讨论合并财务报表附注 2 时，在 2019 年，大学改变了其作为非营利组织呈报净资产，以及报告合并财务报表的一些方式。关于这一事项，我们意见没有改变。

其他事项

我们之前审计了截至2018年6月30日的合并资产负债表，及该年度末一般运营账户详细的合并净资产变化表、捐赠基金和现金流净资产变化表（并未在此列示）。在2018年10月25日报告日，我们表达了对于这些合并财务报表的无保留意见。我们认为，随附的截至2018年6月30日和年度末的年度财务信息概述中呈报的信息，在所有重大方面均与据此做出的已审计合并财务报表一致。

PricewaterhouseCoopers LLP

普华永道有限责任合伙会计师事务所

2019年10月24日

普华永道，海港大道101号，500幢，波士顿，马萨诸塞省02210

T：(617) 530 5000，F：(617) 530 5001，www.pwc.com/us

财务报表

表2 **资产负债表** 单位：千美元

项目	2019年6月30日	2018年6月30日
资产：		
现金	$158,640	$144,982
应收账款净额（附注4）	296,321	301,258
预付账款和递延费用	266,719	130,925
应收票据净额（附注5）	373,623	381,795
应收抵押净额（附注6）	2,765,827	1,837,792

续表

项目	2019年6月30日	2018年6月30日
固定资产净额（附注7）	8,271,711	7,732,172
第三方持有信托权益（附注3）	420,371	408,968
抵押给合约方有价证券公允价值（附注3）	49,971	162,790
投资组合公允价值（附注3）	46,723,970	45,647,599
资产总计	$59,327,153	$56,748,281
负债：		
应付账款	$398,134	$359,847
递延收入和其他负债	1,517,022	1,327,454
与投资组合相关的其他负债（附注3和附注10）	875,141	884,501
分割利益合约到期债务（附注9）	859,744	862,413
应付债券和应付票据（附注10）	5,213,349	5,300,921
应计退休责任（附注11）	1,120,544	983,552
政府贷款预付款（附注5）	66,733	65,409
负债总计	$10,050,667	$9,784,097
净资产	49,276,486	46,964,184
负债和净资产总计	59,327,153	56,748,281

注：随附的附注是合并财务报告不可分割的组成部分。后同。

表3　　按照有无捐赠人限制分类的净资产　　单位：千美元

项目	2019年6月30日			2018年6月30日
	无捐赠人限制	有捐赠人限制	合计	
净资产				
一般运营账户GOA（附注8）	$4,890,118	$2,883,299	$7,773,417	$7,171,297
捐赠（附注8）	7,091,584	33,838,116	40,929,700	39,233,736
分割利益合约（附注9）		573,369	573,369	559,151
净资产总计	$11,981,702	$37,294,784	$49,276,486	$46,964,184

表4　　净资产变化表及总运营账户细目　　单位：千美元

项目	2019年6月30日			2018年6月30日
	无捐赠人限制	有捐赠人限制	合计	
运营收入：				
学生收入（附注2和12）	$1,200,838		$1,200,838	$1,122,065

续表

项目	2019 年 6 月 30 日			2018 年 6 月 30 日
	无捐赠人限制	有捐赠人限制	合计	
资助支持（附注 13）				
联邦政府——直接成本	448, 832		448, 832	453, 084
联邦政府——间接成本	181, 948		181, 948	172, 223
非联邦资助人——直接成本	88, 620	$178, 637	267, 257	251, 997
非联邦资助人——间接成本	21, 532	17, 821	39, 353	36, 932
资助支持总计	740, 932	196, 458	937, 390	914, 236
当期使用的礼品捐赠（附注 14）	190, 610	281, 503	472, 113	466, 546
投资收益				
用于运营的捐赠基金回报（附注 8）	339, 007	1, 569, 416	1, 908, 423	1, 821, 645
用于运营的 GOA 回报	180, 634		180, 634	176, 230
其他投资收益	34, 289	4, 845	39, 134	25, 873
投资收益总计	553, 930	1, 574, 261	2, 128, 191	2, 023, 748
其他收益（附注 15）	772, 038		772, 038	688, 724
从限制中释放的净资产	1, 987, 573	(1, 987, 573)	0	0
运营收入总计	5, 445, 921	64, 649	5, 510, 570	5, 215, 319
运营支出：				
薪金和工资	2, 038, 478		2, 038, 478	1, 943, 836
雇员福利（附注 11）	565, 505		565, 505	569, 223
购买服务	680, 691		680, 691	617, 210
空间和占用	379, 290		379, 290	410, 441
折旧（附注 7）	382, 775		382, 775	357, 965
供应和装备	270, 623		270, 623	268, 200
利息（附注 10）	181, 633		181, 633	187, 883
奖学金和其他学生奖励（附注 12）	155, 874		155, 874	152, 421
其他支出（附注 16）	557, 801		557, 801	511, 778
运营支出总计	5, 212, 670	0	5, 212, 670	5, 018, 957
净运营盈余	233, 251	64, 649	297, 900	196, 362
非运营活动：				
GOA 投资收益	5, 112		5, 112	8, 751

续表

项目	2019 年 6 月 30 日			2018 年 6 月 30 日
	无捐赠人限制	有捐赠人限制	合计	
GOA 实现和未实现的增值变化（附注 3）	261,944		261,944	475,207
用于运营的 GOA 回报	(180,634)		(180,634)	(176,230)
抵押余额变化（附注 6）		352,553	352,553	28,562
第三方持有信托利息变化		1,656	1,656	(740)
设施和贷款基金的礼品捐赠（附注 14）		86,372	86,372	109,227
退休责任变化（附注 11）	(126,744)		(126,744)	143,110
其他变化	(17,505)		(17,505)	1,871
GOA 和捐赠基金间转移（附注 8）	(103,802)	11,382	(92,420)	(83,207)
GOA 和分割利益合约间转移（附注 9）		13,886	13,886	12,661
从限制中释放的非运营净资产	226,112	(226,112)	0	0
非运营活动总计	64,483	239,737	304,220	519,212
年度一般运营账户净变化：	297,734	304,386	602,120	715,574
年度捐赠基金净变化	331,683	1,364,281	1,695,964	2,137,262
年度分割利益合约净变化（附注 9）		14,218	14,218	25,269
年度净变化	629,417	1,682,885	2,312,302	2,878,105
年初净资产	11,352,285	35,611,899	46,964,184	44,086,079
年末净资产	$11,981,702	$37,294,784	$49,276,486	$46,964,184

表 5　　　　捐赠净资产变化表　　　　单位：千美元

项目	2019 年 6 月 30 日			2018 年 6 月 30 日
	无捐赠人限制	有捐赠人限制	合计	
投资回报（附注 3）				
一般投资收益	$6,672	$30,517	$37,189	$47,775
实现和未实现的增值/贬值变化净额	413,975	1,875,524	2,289,499	3,284,706
总投资回报	420,647	1,906,041	2,326,688	3,332,481
用于运营的捐赠基金回报	(339,007)	(1,569,416)	(1,908,423)	(1,821,645)

续表

项目	2019 年 6 月 30 日			2018 年 6 月 30 日
	无捐赠人限制	有捐赠人限制	合计	
净投资回报	81, 640	336, 625	418, 265	1, 510, 836
礼品捐赠基金（附注 14）	109, 612	503, 675	613, 287	646, 299
捐赠基金和 GOA 间转移（附注 8）	103, 802	（11, 382）	92, 420	83, 207
分割利益合约资本化（附注 9）		15, 213	15, 213	25, 707
抵押余额变化（附注 6）		575, 155	575, 155	（139, 309）
第三方持有信托利息变化（附注 8）		9, 747	9, 747	12, 547
其他变化	（3, 947）	（24, 176）	（28, 123）	（2, 025）
从限制中释放的净资产	40, 576	（40, 576）	0	0
年度捐赠基金净资产变化	331, 683	1, 364, 281	1, 695, 964	2, 137, 262
年初捐赠基金净资产	6, 759, 901	32, 473, 835	39, 233, 736	37, 096, 474
年末捐赠基金净资产	$7, 091, 584	$33, 838, 116	$40, 929, 700	$39, 233, 736

表 6　　现金流量表　　单位：千美元

项目	2019 年 6 月 30 日	2018 年 6 月 30 日
运营活动现金流：		
净资产变化	$2, 312, 302	$2, 878, 105
调整净资产变化至（用于）运营活动净现金：		
折旧	382, 775	357, 965
溢价摊销和相关应付债券和应付票据折扣	（27, 272）	（27, 265）
实现和未实现变化（增值）净额	（2, 611, 556）	（3, 829, 446）
利率互换协议公允价值变动	11, 928	（6, 463）
第三方持有信托利益变化	（11, 403）	（11, 807）
分割利益合约到期负债变化	30, 786	46, 753
捐赠证券礼品	（92, 158）	（179, 131）
为长期目的限制的捐赠证券销售收益	14, 198	14, 422
限制性目的的捐赠礼品	（518, 827）	（528, 138）
处置资产损失	41, 239	8, 281
财产销售损失		1, 644

续表

项目	2019年6月30日	2018年6月30日
应计退休责任变化	136,992	(108,723)
运营资产和负债的变化：		
应收账款净额	4,937	(39,417)
预付和递延费用	(135,794)	(224)
应收抵押净额	(928,035)	110,234
应付账款	77,182	(30,544)
递延收入和其他负债	189,568	397,015
(用于) 运营活动的净现金	(1,123,138)	(946,739)
投资活动现金流：		
对学生、教师和员工贷款	(41,938)	(48,451)
收到学生、教师和员工贷款的付款	49,720	47,521
其他应收票据变化	390	2,198
投资销售和到期收益	15,001,898	15,309,908
购买投资	(13,750,298)	(14,671,506)
与重购合约相关的变化	374,719	700,881
固定资产增加额	(994,830)	(937,744)
财产销售收益		1,293
投资活动提供的净现金	639,661	404,100
财务活动现金流：		
应付账款账户中透支变化	(7,618)	6,356
来自新缴款、收益和支付年金的分割利益负债变化	(33,455)	(25,076)
债券发行收益	480,900	453,767
债务清偿	(541,200)	(556,671)
限制证券捐赠礼品销售收益	77,960	164,709
长期投资限制的缴款	518,827	528,138
附属实体缴款和分配净额	397	(16,343)
预付政府贷款净额	1,324	(7,155)
财务活动提供的净现金	497,135	547,725
现金变化净额	13,658	5,086
年初现金	144,982	139,896
年末现金	$158,640	$144,982

续表

项目	2019 年 6 月 30 日	2018 年 6 月 30 日
现金流量信息补充披露：		
与固定资产增加相关的应付账款	$77, 904	$109, 181
现金支付利息	$209, 923	$215, 166

财务报表附注

1. 大学组织

哈佛大学（以下称“大学”）是一个私立的、非营利的高等教育机构，大约有 6, 700 名本科生和 13, 400 名研究生。哈佛大学建立于 1636 年，包括文理学院、约翰·鲍尔森工程和应用科学学院、继续教育部、10 个研究生和职业学院、拉德克利芙高等研究院、一个多元化研究博物馆和研究院，以及一个规模庞大的图书馆系统，为哈佛社区的教学和研究活动提供支持。校长和哈佛学院议员（以下称“法人团”），是哈佛大学的治理董事会，对所有大学的财务事项负有监管责任。法人团委派实质性权力给学院和部门以管理他们的资源和运营。

哈佛管理公司（HMC），一个完全由大学拥有的附属机构，建立于 1974 年，负责管理哈佛大学的投资资产。HMC 由法人团任命的董事会治理。

2. 重要会计政策概述

编报基础

随附的合并财务报表根据权责发生制会计编报，包括大学和由大学控制的附属组织账户，消除了重要成员间的账户和交易。

代表特定受益人转移给大学的资金（机构资金）在资产负债表中被记录为资产和负债，并不包括在拥有总运营账户明细的净资产变化表中。

财务报表包括之前年度汇总的比较信息，并不按净资产分类。这些信息没有提供符合公认会计准则（GAAP）的足够的细节。因此，应结合截至

2018年6月30日大学的财务报表，这些财务报表里发布了总括的信息，并重新分类了一些金额以符合本年度的编报。

净资产分类

就财务报告目的而言，大学根据捐赠人限制和适用法律，将资源分为两类净资产。因此，在随附的财务报告中大学的净资产被分类如下：

无捐赠人限定——不受捐赠人限制的净资产。投资于固定资产的基金和非限定性捐赠基金，截至2019年6月30日，占捐赠人非限定净资产的94%。此外，这一类别还包括礼品馈赠和捐赠收入余额、大学指定的贷款资金，以及其他流动资金。

有捐赠人限定——受法律或捐赠人限定的净资产，这些限制将通过大学的行动、时间的流逝，或同时通过这两种手段得到满足。这些净资产包括受捐赠人施加限定、投资于为大学提供一项永久性收入来源的净资产。一般而言，这些资产的捐赠人要求大学永久保留并投资最初的捐赠额，但允许使用投资回报的一部分或全部，用于一般或特定的目的。根据马萨诸塞州法律规定，这些永久性捐款的拨款用于支出之前，必须将其增值报告为受捐助人限定净资产。还属于此类别的有捐赠于特定目的的礼品，以及受制于时间限定的金额，比如用于未来付款的抵押基金。

源自资源而非捐赠的收入，通常被报告为无捐赠人限制的净资产增加，支出被报告为无捐赠人限制的净资产减少。除非由捐赠人约定或由法律所限制，投资收益和损失被报告为无捐赠人限制的净资产增加或减少。由限定的捐赠人基金赚取的投资回报，最初被分类为有捐赠人限制的净资产，其后用于支出拨付，或用于预先目的，在发生时被重分类为无捐赠人限制的净资产。捐赠人限制的净资产期满时，被重新分类并报告为无捐赠人限制净资产，在净资产变化表中显示为“从限制中释放的净资产”和“从限制中释放的非运营净资产”。

流动性和可用性

作为大学流动性管理的一部分，有一个政策可用来安排其财务资产，以期在大学的一般支出、负债和其他债务到期时可用。大学年度支出的重要部分，由当年运营收入提供资金，当年运营收入包括学生收入、赞助支持、可用于支出的捐赠回报、当期使用的礼品馈赠和其他收入。

在资产负债表日后一年内，大学财务资产中，可用于运营支出、债务定期资本付款、非债务资金的资本建设成本等一般支出如表7所示。

表7　用于一般支出的资产　单位：千美元

	2019年6月30日
金融资产	
现金	$158,640
应收账款净额	296,321
一年内到期的应收抵押	221,587
分别由现金和短期投资持有的一般运营账户①②	1,013,861
可用于未来年度运营的投资回报③	2,175,806
一年内可用的金融资产总计	$3,866,215
流动性资源	
信用便利（信用贷款）未提取余额	1,500,000
应税商业票据未提取余额	2,000,000
一年内可用的金融资产和资源总计	$7,366,215

注：①大学有一项在8亿美元一般投资账户之外保留现金储备下限的政策。

②包含22,166千美元美国政府债券担保品净额。

③截至2019年6月30日，在投资池中，大学持有21亿美元现金和现金等价物，以及22亿美元未使用美国政府债券，能够在1天内清偿，用于为该金额提供资金。

从投资中清算在整个财政年度内可用于运营的捐赠和GOA收益，将分配给大学部门和计划预算以进行支出，但要受捐助者的限制（如适用）。

尽管大学无意这样做，但如果意外中断，导致不可预见的因素发生，大学还有一些额外的投资和捐赠基金可用于清算。尽管捐赠基金的一部分受制于捐赠人限制，但仍有71亿美元无捐赠人限制的捐赠基金，经过法人团的批准后，还可以获得37亿美元的一般运营账户投资，且受到附注3中描述的赎回条款的限制。

收入确认

当承诺的商品和服务的控制权转移给客户时，确认收入，以大学有权享有交易这些商品和服务的期望报酬来计量金额。

学生收入源自学位项目以及行政管理和继续教育项目，包括学费、收费以及膳食和住宿费。学生收入在课程或项目提供的学期内根据所经历的时间按比例确认，授予学生的奖学金需从确认的收入额中减去。大学每个学院有不同的收费和学术周期，我们在财年内完成了大多数项目。预先开展服务要求偿付而收到的学生收入，被记为递延收入，在2019年和2018年年度，总计分别为2.137亿美元和2.095亿美元，将在随后的财年内予以确认。

2019年和2018年年度确认的学生收入，总计分别为12亿美元和11亿美元。2019年和2018年年度，公开的学生学费、收费、膳食和住宿费价格如表8所示。

表8　　学费、收费、膳食和住宿费明细　　单位：千美元

项目	2019年度	2018年度
本科生项目	$339,475	$327,171
研究生和职业学位项目	605,833	585,797
继续教育和行政管理项目	516,077	458,047
膳食和住宿费	196,822	190,495

2019年和2018年年度，上述用于学生费用的奖学金分别为457,369千美元和439,445千美元。

包括抵押在内的无条件捐赠立即确认，归为有捐赠人限制的净资产，或无捐赠人限制的净资产。有条件捐赠中收到的现金，在递延收入中作为负债进行计量。

资助人支持的9.37亿美元，包括政府和私人来源的支持。一些资助人的协议被认为是交易协议，在这些协议下的收入基于大学对合同的完成度予以确认，特别应基于发生的成本或完成的重要节点。其他资助人支持被认为是捐赠收入，当捐赠人施加的任何条件（如果有）得到满足时予以确认。收到的有条件的资助捐赠，仍未实现的部分被确认为递延收入，截至2019年和2018年年度，分别为0.512亿美元和0.522亿美元。大学还有与资助人项目相关的13亿美元奖励捐赠仍未支出，尚未满足支出条件，因此仍受联邦拨款的约束。确认前收到的基金，记为递延收入。

其他收入为7.72亿美元，包括与客户兑换合约的几项收入流，2019财年总计达6.487亿美元。这些收入在提供商品或服务的时间点予以确认。截至2019年和2018年6月30日，与其他收入相关的递延收入，分别为1.09

亿美元和1.116亿美元，在随后的财年中确认。

运营计量

取得的收入、发生的支出，以及大学为了教学、开展研究、其他项目与服务等目的而用于运营的回报，都是净资产变化表（Statement of Changes in Net Assets）中一般运营账户细目（General Operating Account Detail）“净运营盈余”（Net operating surplus）的组成部分。在净资产变化表一般运营账户中的大学非运营活动，包括用于大学建筑物建设和翻新的基金捐赠、投资回报（扣除可用于运营的金额）、抵押余额的变化、长期福利计划责任基金的变化，以及其他非经常事项。

藏品

大学的博物馆和图书馆的馆藏品种类繁多，其中包含无价的艺术品、历史珍品、文学作品和文物。这些藏品为公共展览、教育、研究和促进公共服务而被保护和收藏。它们既不能因财务收益而被处置，也不能以任何方式作抵押，因此，这些藏品不因财务目的而被记录。

保险项目

哈佛大学与大学附属教学医院组建了一个自营保险公司，即受控风险保险公司（Controlled Risk Insurance Company，CRICO），为股东提供有限的职业责任、一般责任和医疗渎职保险。大学为自己的职业责任和一般责任计划提供部分保险，并为已发生的索赔储备准备金，包括与附属教学医院未发生的学院活动有关的索赔。CRICO提供无自付额的医疗事故保险，适用于哈佛大学卫生服务部（University Health Services department）、牙科医学院（School of Dental Medicine）和T. H. 陈公共卫生学院（T. H. Chan School of Public Health）执业的医疗专业人员。大学还保留与汽车责任、财产损失和工人赔偿有关索赔的自保部分的储备。这些计划辅之以高于大学自保限额的商业超额保险。此外，大学还为失业和在职人员的基本退休健康计划、健康、牙医计划提供担保。大学的索赔责任在发生时予以确认，包括已经发生但没有被报告的索赔，这些索赔记录在运营支出中。

税收

根据《国内税收法案》（the Internal Revenue Code）第501部分（C）

（3）规定，大学为免税组织（tax - exempt organization）。

2017 年 12 月 22 日，《减税和就业法案》（the Tax Cuts and Jobs Act）实施，该法案影响了大学数个方面，包括行政补偿和净投资收益消费税（excise taxes）的增加，以及计算不相关商业应税收入的新规则。大学根据该法案现行规则指引，基于合理的估计，记录相关的税收支出，预计 4,980 万美元。总税收支出中，反映与投资相关的预计净投资收入税 3,770 万美元，与运营收入相关的预计净投资收入税 1,210 万美元，以及不相关的商业应税收入和行政补偿消费税变化。大学将继续评估该法案对当前和未来税收状况的影响。

估计采用

根据美国 GAAP 编制财务报表，要求管理层做出影响报告金额和披露的估计和假定。实际结果可能与这些估计存在差异。

新会计声明

2019 年，大学采用会计准则变更（Accounting Standards Update，ASU）2016 - 14 号"非营利组织财务报表编报"（Presentation of Financial Statements for Not - for - Profit Entities）。该指引旨在改善净资产分类要求，以及财务报表和附注中的信息呈现。准则要求大学重分类其净资产（如非限定性、临时限定性和永久限定性）为两大类：无捐赠人限制净资产和有捐赠人限制净资产。此外，捐赠基金缩水将被确认为有捐赠人限制净资产的减少，并要求加强披露董事会指定的金额（附注 8）、金融资产的流动性和可用性（附注 2），以及按属性和功能分类的支出（附注 17）。

截至 2018 年 6 月 30 日，遵循编报要求而重分类的一些金额如表 9 所示。

表 9　　项目变化　　单位：美元

项目	无捐赠人限制	有捐赠人限制	净资产总计
净资产分类			
呈报前：			
非限制	$11,349,637		$11,349,637
临时限制		$26,660,015	26,660,015
永久限制		8,954,532	8,954,532

续表

项目	无捐赠人限制	有捐赠人限制	净资产总计
净资产	$11, 349, 637	$35, 614, 547	$46, 964, 184
执行 ASU 2016 - 14 重分类：			
水下捐赠基金	2, 648	(2, 648)	0
重述净资产	$11, 352, 285	$35, 611, 899	$46, 964, 184

2014 年 5 月，财务会计准则理事会（Financial Accounting Standards Board，FASB）发布了 ASU 2014 - 09 号“与客户合约收入”（Revenue from Contracts with Customers，ASC 606），略述了企业单一的综合收入模式，用于客户履行时合约发生的会计收入。该指引代替收入确认指引，及特定行业指引，并确保机构适当反映他们期望有资格换取货物和服务的想法，通过将交易价格分配给相关的履约义务，当履约义务得到满足时确认收入。大学采用 ASC 606 截至 2018 年 7 月 1 日使用修正的追溯过渡方法——例如通过确认最初应用 ASC 606 的累计影响，作为调整截至 2018 年 7 月 1 日净资产的运营余额。大学仅将该标准应用于截至该日期时尚未完成的合同，因此，比较信息尚未进行调整，并继续根据之前的准则进行报告。该指引并未对大学合并财务报表有重大影响。

在 2018 年 6 月，FASB 发布了 ASU 2018 - 08 号“澄清收到的捐赠和捐出款的范围和会计指引”。新指引澄清了交易事项的定义，以及评估捐赠是否为无条件或有条件的标准，在 2018 年 7 月 1 日生效。大学采用新收入准则的同时采用 ASU 2018 - 08 号，使用修正的预期过渡方法。该指引并未对大学合并财务报表形成重大影响。

在 2018 年 8 月，FASB 发布 ASU 2018 - 13 号，ASC 820“公允价值计量”（Fair Value Measurement），新指引通过去除并修改了大量与投资相关的披露要求，从而简化了公允价值计量披露。一些披露不再要求包括第一层级和第二层级间转移的金额和原因，以及第三层级投资的评估程序和转移时限。ASU 2018 - 13 号在大学 2021 财年生效。之前大学于 2019 年采用该标准。

2016 年 1 月，FASB 发布了 ASU 2016 - 01 号“金融资产和金融负债的确认和计量”（Recognition and Measurement of Financial Assets and Financial

Liabilities)，主要是关于金融工具的确认、计量、呈报和披露等一些方面。对于那些既没有可获得的确认公允价值，也没有采用净现值进行公允价值评估的符合实际的权宜之计的投资，该指引允许实体选择以成本减去减值（如果有），加上或减去与该事项同一或类似投资的有序交易中可观察的价值变化所导致的改变进行报告。这些投资的减值在每一个报告期必须定量评估。无论在财务状况报表还是在随附的附注中，实体必须按资产的类别和形式披露其金融资产和负债。ASU 2016-01 号在大学 2022 财年生效。对于取消以成本计量（如负债公允价值）的金融工具披露要求的条款，大学早在 2016 年已经采用。大学当前正在评估现行新指引对于合并财务报表的影响。

2016 年 2 月，FASB 发布 ASU 2016-02 号“租赁”，该指引要求租赁人确认使用权资产和租赁债务，在资产负债表中最初以租赁支付款的现值计量。该指引也扩大了围绕租赁的定量和定性的披露要求。该 ASU 指引在大学 2020 财年生效，大学正在评估该新指引对于合并财务报表的影响。

2016 年 11 月，FASB 发布 2016-18 号指引的解释指引“限定性现金（230 议题）：现金流量表”。更新的修订要求现金流量表解释报告期现金、现金等价物的总变化，以及作为限定性现金和限定性现金等价物的一般描述的金额。因此，一般限定性现金和限定性现金等价物的金额，在协调现金流量表显示的期初和期末的金额总计时，应被包括于现金和现金等价物中。该更新的修订并未提供限定性现金或限定性现金等价物的定义。该 ASU 指引在大学 2020 财年生效，大学正在评估该新指引对于合并财务报表的影响。

2017 年 3 月，FASB 发布了关于 ASU 2017-07 号指引的最终指引“补偿——退休福利（715 议题）：定期退休金成本净额和定期退休后福利成本净额的改进报告”。目前，净福利成本在运营收入中被报告为雇员成本（或在适当的时候资本化入资产）。该修订要求分割福利成本。服务成本部分在运营收入中将与其他雇员成本一起呈报（或资本化入资产）。其他部分将在运营之外单独报告，不予资本化。该 ASU 指引在大学 2020 财年生效，大学正在评估该新指引对于合并财务报表的影响。

3. 投资

根据GAAP和HMC董事会以年度基础评估和批准的HMC投资政策规定指引，投资以公允价值呈报。

大多数大学的投资由HMC在一般投资账户（GIA）中管理，GIA是一个投资池账户，主要由捐赠资产组成。一些其他的投资如现金、短期投资、分割利益合约以及其他资产等，在GAI中单独管理。

在资产负债表中报告的大学持有的投资，被概述于表10中。

表10　　大学持有的投资　　单位：千美元

项目	2019财年	2018财年
投资组合资产：		
积累的一般投资账户资产	$44,875,461	$44,113,615
其他投资	1,848,509	1,533,984
投资组合公允价值	46,723,970	45,647,599
抵押给交易对方证券公允价值	49,971	162,790
投资资产总值	46,773,941	45,810,389
累积的一般投资账户负债	847,732	869,020
利益交换合约	27,409	15,481
与投资组合相关的其他负债总计	875,141	884,501
投资净额总计	$45,898,800	$44,925,888

截至2019年6月30日和2018年6月30日，大学投资净额由以下部分组成，如表11所示。

表11　　大学投资净额　　单位：千美元

项目	2019年	2018年
累积的一般投资账户：		
捐赠基金①	$38,843,726	$37,731,389
一般运营账户	3,716,277	4,154,494
分割利益合约	780,737	820,725
其他内部指定基金	736,960	700,777
累积的一般投资账户净资产总计	$44,077,700	$43,407,385

续表

项目	2019 年	2018 年
一般投资账户外部的其他投资：		
一般运营和其他投资①	1,168,724	917,664
分割利益合约	652,376	600,839
一般投资账户外部的其他投资总计	$1,821,100	$1,518,503
投资净额总计	$45,898,800	$44,925,888

注：①仅包括投资于 GIA 的捐赠基金部分，不包括抵押、第三方持有的信托投资、其他非 GIA 投资，以及 GIA 利息和股息扣除内部和外部管理费用与支出。

②主要由重购合约、美国政府债券和货币市场组成，2019 年 6 月 30 日和 2018 年 6 月 30 日分别为 1,036,080 美元和 754,940 美元。

投资回报

2019 财年和 2018 财年大学总投资回报概述报告如表 12 所示。

表 12 大学总投资回报 单位：千美元

项目	2019 年	2018 年
累积一般投资账户回报：		
实现的和未实现的增值变化净额	$2,612,986	$3,833,460
利息、股息、费用和支出净额	42,631	55,199
累积的一般投资账户总回报①	2,655,617	3,888,659
其他投资回报：		
实现的和未实现的（减值）变化净额	(1,430)	(4,014)
利息、股息、费用和支出净额	52,619	38,585
其他投资回报总额	$51,189	$34,571
利率交换合约实现和未实现增值（减值）净额	(13,880)	(4,010)
投资回报总额②	$2,692,926	$3,927,240

注：①扣减所有内部和外部管理费用和支出。

②投资回报总额由捐赠基金、GOA、分割利益合约和其他等回报组成。

公允价值等级

根据 ASC 820 号，大学基于公允价值等级分类其投资类别，ASC 820 将投入作为评估技术的优先考虑，用于测评投资资产和负债的公允价值，并分为三个等级：

第一级：在计量日可获得相同的、不受限制的资产或负债在活跃市场中的未调整报价；

第二级：在不活跃的市场中，可直接或间接观察到的所有重大投入的金融工具的报价；

第三级：要求的投入对公允价值计量具有重大意义且不可观测，及要求大学制定自己的假定的价格或估值。

对于外部管理的基金投资，大学采用由外部管理者报告其净资产价值（Net Asset Value，NAV）作为公允价值计量的实际权宜之计，不包括在公允价值等级中。

在公允价值等级中，一项资产或负债的等级是基于对公允价值计量具有重大意义的任何投入的最低等级。大学在计量公允价值时，努力利用所有相关的和可用的信息。

表 13 是截至 2019 年 6 月 30 日和 2018 年 6 月 30 日受公允价值计量影响的这些投资资产和负债公允价值等级的概要。

表 14 是截至 2019 年 6 月 30 日滚动的三级投资，以及精简的截至 2018 年 6 月 30 日滚动的三级投资。

在 2018 财年，大学开放其不动产直接投资平台，并聘请一位外部投资管理人采用一种投资工具管理这些资产，结果是从第三等级投资中转出 32 亿美元投资资产。

投资战略和风险

大学利用许多全资附属机构支持其投资活动。合并财务报表包括与这些实体相关的所有资产、负债、收入和支出，公司间账户和交易在合并时抵消。

大学的投资战略采用多样化的资产配置方法，并在明确的限制内，保持对全球公共和私募股权、固定收入、不动产和商品市场活动的风险敞口。这些市场的风险敞口的实现，是通过直接投资于个人证券、投资于特定目的的工具，以及投资于外部管理人建议的工具。

全球市场的投资包括多重风险，比如价格、利率、市场、主权、货币、流动性和信贷风险，以及其他多种风险。此外，大学对自然资源的直接投资暴露于独特的一组风险，也就是这些直接投资所处的一些司法管辖权的环境、社会和地缘政治风险。大学通过建立与当前投资努力和动作相关的政策和程序，来管理这些风险敞口。大学还正在考虑管理资金集中风险。截

表 13　受公允价值计量影响的投资资产和负债公允价值等级概要

单位：千美元

项目	2019 年 6 月 30 日					2018 年 6 月 30 日
	第一级	第二级	第三级	实际权宜 NAV	总计	总计
资产：①						
现金和短期投资	$1, 335, 905				$1, 335, 905	$1, 407, 841
重购合约		$774, 644			774, 644	1, 149, 363
国内股权	526, 046			$3, 067, 435	3, 593, 481	4, 990, 487
外国股权	939, 428			1, 353, 879	2, 293, 307	2, 401, 770
全球股权				1, 660, 465	1, 660, 465	2, 008, 253
国内固定收益	1, 505, 039				1, 505, 039	1, 505, 967
外国固定收益	25, 597				25, 597	25, 141
新兴市场股权和债务	634, 107			2, 593, 954	3, 228, 061	2, 562, 035
高收益	2, 898		$234, 110		237, 008	145, 132
对冲基金				14, 592, 876	14, 592, 876	12, 814, 216
私募股权			227, 244	10, 028, 510	10, 255, 754	8, 527, 921
自然资源	12, 878		1, 878, 205	22, 972	1, 914, 055	2, 254, 809
不动产			48, 644	3, 561, 775	3, 610, 419	4, 005, 056
通胀指数债券	871, 832				871, 832	847, 163
经纪人到期	91	44, 350	4, 638		49, 079	5, 824
其他投资	6, 558	3, 626	7, 609		17, 793	12, 022

续表

项目	2019 年 6 月 30 日					2018 年 6 月 30 日
	第一级	第二级	第三级	实际权宜 NAV	总计	总计
受公允价值等级影响的投资资产	$5, 860, 379	$822, 620	$2, 400, 450	$36, 881, 866	$45, 965, 315	$44, 663, 000
不受公允价值等级影响的其他投资资产②					808, 626	1, 147, 389
投资资产总计⑥					$46, 773, 941	$45, 810, 389
第三方持有信托利益			420, 371		420, 371	408, 968
受公允价值等级影响的非投资资产			$420, 371		$420, 371	$408, 968
总投资资产					$47, 194, 312	$46, 219, 357
负债：①④						
对经纪人负债		$33, 912			$33, 912	$115, 386
受公允价值影响的其他负债			$288, 372		288, 372	223, 601
受公允价值等级影响的投资负债		$33, 912	$288, 372		$322, 284	$338, 987
不受公允价值等级影响的其他投资负债⑤					552, 857	545, 514
投资负债总计⑥					$875, 141	$884, 501
分割利益合约到期负债③		$859, 744			859, 744	862, 413
受公允价值等级影响的非投资负债		$859, 744			$859, 744	$862, 413
总负债					$1, 734, 885	$1, 746, 914

注：①一些之前年度的金额被重分类以符合当前年度呈报。

②截至 2019 年 6 月 30 日，不受公允价值影响的其他资产主要由到资产负债表日后结算的交易应收账款 599, 651 美元，以及在去除内部余额之前的合并资产 159, 745 美元组成。截至 2018 年 6 月 30 日，不受公允价值影响的其他资产主要由到资产负债表日后结算的交易应收账款 922, 438 美元，以及在去除内部余额之前的合并资产 162, 922 美元组成。

③不包括在投资中的金额，单独列示在大学资产负债表中。

④大学债务投资组合中包括的利率兑换合约公允价值，截至 2019 年 6 月 30 日和 2018 年 6 月 30 日，分别为 27, 409 美元和 15, 481 美元。

⑤截至 2019 年 6 月 30 日和 2018 年 6 月 30 日，包括在合并负债中的不受公允价值影响的其他负债，分别为 199, 693 美元和 200, 631 美元。

⑥截至 2019 年 6 月 30 日和 2018 年 6 月 30 日，总投资资产净值分别为 45, 898, 800 美元和 44, 925, 888 美元。

表 14　　滚动的三级投资　　单位：千美元

	2018 年 7 月 1 日期初余额	实现收益/（损失）净额	未实现增值（减值）净变化①	购置/缴款	销售/分配	从第三等级转出	2019 年 6 月 30 日期末余额
投资资产：							
高收益	$133, 027	$1, 368	$(642)	$165, 240	$(64, 883)		$234, 110
私募股权	158, 070	2, 562	(3, 187)	69, 799			227, 244
自然资源	2, 183, 270	(78, 604)	(141, 475)	83, 190	(168, 176)		1, 878, 205
不动产	230, 214	2, 848	(989)	86	(11, 481)	$(172, 034)	48, 644
经纪人到期	4, 640		(2)				4, 638
其他投资	1, 662		(53)	7, 125	(1, 125)		7, 609
受公允价值等级影响的投资资产	$2, 710, 883	$(71, 826)	$(146, 348)	$325, 440	$(245, 665)	$(172, 034)	$2, 400, 450
第三方持有信托利益	408, 968		11, 403				420, 371
受公允价值等级影响的非投资资产	$408, 968		$11, 403				$420, 371
受公允价值等级影响的总资产	$3, 119, 851	$(71, 826)	$(134, 945)	$325, 440	$(245, 665)	$(172, 034)	$2, 820, 821
投资负债：							
受公允价值影响的其他负债	$223, 601		$(11, 190)	$82, 854	$(6, 893)		$288, 372
受公允价值等级影响的总负债	$223, 601	$0	$(11, 190)	$82, 854	$(6, 893)	$0	$288, 372
受公允价值等级影响的净资产	$2, 896, 250	$(71, 826)	$(123, 755)	$242, 586	$(238, 772)	$(172, 034)	$2, 532, 449

	2017 年 7 月 1 日期初余额	未实现的收益（损失）	未实现增（减）值变化净额②	购置和捐赠	销售和分配	从第三级转入	从第三级转出	2018 年 6 月 30 日期末余额
受公允价值影响的以前年度净资产	$8, 267, 471	$(945, 127)	$789, 301	$513, 420	$(2, 519, 985)	$0	$3, 208, 830	$2, 896, 250

注：①在 2019 年 6 月 30 日，大学仍然持有的与第三级投资资产和投资负债相关的未实现增值（减值）变化总计为（221, 663）美元，被反映在“净资产变化表”的“实现和未实现增值（减值）变化净额”栏目中。

②在 2018 年 6 月 30 日，大学仍然持有的与第三级投资资产和投资负债相关的未实现增值（减值）变化总计为（183, 672）美元，被反映在“净资产变化表”的“实现和未实现增值（减值）变化净额”栏目中。

至2019年6月30日，大学一般投资账户净资产价值的22%，投资于5个多样化的基金管理者。大学预计其投资组合和价值，可能会因本报告面临的个别或所有风险，不时有大幅波动。

流动性

现金和短期投资以成本记录，约相当于公允价值，包括银行账户中的现金、机构的货币市场基金，以及最初于3个月或以内到期用于工作资金目的而持有的其他临时投资。现金和短期投资不包括大学持有的作为担保的现金余额。以投资目的持有的现金和短期投资，包括在资产负债表的“以公允价值计量的投资组合”栏目中。

大学在其投资池内存放有各种流动性资金，截至2019年6月30日包括大约21亿美元的现金和现金等价物（包括货币市场的13亿美元和8亿美元的重购合约）。此外，估计在资产负债表日，大学能在一个交易日清偿额外不受限制的美国政府债券22亿元（假定有特定的清偿期），以满足大学个别紧迫的短期需求。

重购合约

由重购交易产生的资产在大学资产负债表中列报。大学根据主营业务合约（master netting arrangements）进行交易。大学要求担保的公允价值，根据合约来兑换相等或超过合约的总金额，包括可用的投资。大学持有被完全担保的资产重购合约总额，截至2019年6月30日和2018年6月30日，分别为8亿美元和11亿美元。大学无须补偿在资产负债表中受主营业务或类似合约影响的重购。

股息和利息收入

股息收入于除息日（ex－dividend date）扣除适用的代扣所得税（withholding taxes）后予以确认。非现金股利以收到的股票公允价值确认。利息收入和支出以权责发生制为基础，扣除适用的代扣所得税后记录。大学使用有效收益法并且当预期现金收取时，摊销债券溢价（amortize bond premiums）和累积债券折扣（accrete bond discounts）。

交易证券

在证券交易所上市或交易的票据，按交易证券的主要交易所的最后报价估值。在估值日无现成可获得的收盘价时，多头头寸按投标价格（bid price）估值，空头头寸按要价（ask price）估值。归属于证券的限制条款，作为证券估值的考虑因素，反映出这些限制的预计影响。非交易贸易负债和权益工具的投资，主要采用由这些证券活跃市场上的独立价格服务者或由经纪人、交易人提供的输入信息估计。

衍生品

大学采用各种具有资产负债表外风险（off - balance sheet）的金融工具，涉及通过交易所交易或场外交易（over the counter，OTC）的未来结算合同或可选承诺。这些工具应用于：①管理一些资产类别的敞口及各种市场风险；②相关联证券的套利错误定价；③管理与未清偿及未来债务相联系的利率、成本和风险。这些工具被分为“应对经纪人”（to broker）和“来自经纪人”（from broker）两类，可能涉及期权、互换、信用违约、利率以及远期合同。这些类别工具的估值，主要采用独立市场输入的行业标准模式，或由经纪人报价。输入信息，比如价格、价差、曲线及经纪人报价等，用于对资源的可靠性和一致性行业标准估值。获得和利用交易市场以确定日常担保的要求，也被用于确证输入信息的合理性。大学考虑的当前市场条件，包括输入信息、报价方法、决定公允价值的模型等估值中的利率和信贷风险。

与衍生品活动相联系，大学一般与交易对手保持主营业务合约和担保合约。这些合约在交易对手违约（比如破产或未能付款或履行）时为大学提供权利，以根据合约扣减交易对手的权利和义务，或用于清偿或抵消对交易对手持有的净额的担保。担保，通常以美国财政部发行的债务责任的形式，根据市场波动进行每日交易。

基于单独的信贷率，对交易对手建立特定的信贷限制。信贷限制由大学每日监管，并在必要时根据政策进行调整。由大学签订的一些金融工具，包括与信贷风险相关的应急特征，允许协议各方可以要求立即支付未完成的合同及担保。

表 15 报告了关于大学截至 2019 年 6 月 30 日和 2018 年 6 月 30 日主要风险敞口的衍生品信息。

表 15 **主要风险敞口的衍生品信息** 单位：千美元

项目	截至 2019 年 6 月 30 日			2019 年度	截至 2018 年 6 月 30 日			2018 年度
主要风险敞口	平均季度名义	总衍生资产	总衍生负债	净利润/（损失）	平均季度名义	总衍生资产	总衍生负债	净利润/（损失）④
股权工具	$1,686,686	$63,618	$25,824	$10,413	$3,623,341	$37,826	$123,157	$351,485
固定收益工具①	117,000		27,409	(13,880)	117,000		15,481	4,010
货币工具	1,151,191	527	468	(1,408)	2,450,565	87,538	101,058	(91,194)
信用工具	4,726	4,723		12	4,792	4,770		(9)
小计		$68,868	$53,701	$(4,863)		$130,134	$239,696	$264,292
合约方净赚总计②		(19,789)	(19,789)			(124,310)	(124,310)	
资产负债表中净额③		49,079	33,912			5,824	115,386	
担保								
收到或接受现金担保						871		
收到或接受的证券担保⑤		52,579	26,690			4,032	135,934	
担保总计		52,579	26,690			4,903	135,934	
净额		(3,500)	7,222			921	(20,548)	
根据 ASC 210 号净额⑥		$0	$7,222			$921	$0	

注：①截至 2019 年 6 月 30 日，余额包括与大学债务投资组合利率交换合约相关的总衍生品负债 27,409 美元，以及实现和未实现损失变化净额（13,880）美元。截至 2018 年 6 月 30 日，余额包括与大学债务投资组合利率交换合约相关的总衍生品负债 15,481 美元，以及实现和未实现收益变化净额 4,010 美元。该部分在附注 10 中有进一步讨论。

②当大学与交易对手间有法律强制的主营业务合约存在时，GAAP 允许营业的衍生品资产和负债以及相关的现金担保收入和支付。

③包括在资产负债表“投资组合公允价值”和“与投资组合相联系的其他负债”栏目中。

④包括在净资产变化表“实现的和未实现的增值（减值）变化净额”栏目中。

⑤包括为满足交易所期货交易要求的最初保证金（initial margin）而发行的证券。

⑥不包括根据 ASU 201 号的任何超额担保金额。

外部建议人

由外部建议人管理的投资包括私募股权、不动产、自然资源、对冲基金和其他外部管理基金等。这些投资的大部分不能直接从市场中获得，采用由外部建议人提供的最新信息以净现值报告，并受到那些代表公允价值并考虑与公允价值计量相关的任何额外因素等信息的评估的影响。大学通过持续的尽职调查（due diligence）和运营监督来评估这些外部建议人，其中包括对建议人使用的分析以及对公允价值原则的遵循。

大学一般采用其资本账户余额作为实际的权宜之计对由外部建议人管理的基金进行公允价值计量。为评估这些公允价值计量的妥善性，大学考虑的因素，包括但不限于外部建议人在计算担保账户余额时对公允价值原则的遵循，以及计量日存在的资产净值交易和计量日是否（existence or absence）有某些限制。

大学作为投资者，承诺在未来期间对外部建议人管理的投资做出定期缴款。截至2019年6月30日和2018年6月30日，这些预计的支出金额披露如表16所示。

表16　外部建议人管理的投资　单位：千美元

项目	截至2019年6月30日			截至2018年6月30日		
	公允价值①	剩余未融资投资承诺	估计剩余年限②	公允价值①	剩余未融资投资承诺	估计剩余年限②
私募股权基金	$8,351,163	$6,885,617	4～10年	$6,848,285	$6,475,884	4～10年
不动产基金	3,556,511	1,702,201	4～10年	3,900,327	1,542,336	4～10年
其他外部管理基金③	3,253,362	2,112,165	2～8年	2,421,899	2,868,214	2～8年
总计	$15,161,036	$10,699,983		$13,170,511	$10,886,434	

注：①表示在剩余未融资承诺投资中，已投资部分的公允价值。

②这些资金的预计剩余年限是基于大学估计的前瞻性预测，可能会根据外部管理人的投资决定、大学投资组合的变化以及其他情况而有很大变化。

③外部管理的基金投资主要包括对冲基金和自然资源敞口。

外部管理的基金投资，通常对投资者有限定性的赎回选择，最终收盘后，可能会也可能不会允许由新的或现有投资人认购（subscriptions）。这些机构也可能会设置门槛、锁定或设置其他限制，使投资人不能轻松地从基金中赎回投资利息。

直接投资

自然资源和私募股权直接投资，其估值主要采用独立估值及一个或多个行业标准估值技术相结合的方法（例如收益法、市价法或成本法）进行计量。收益法主要基于投资者的预期未来收益（anticipated future income），采用折现现金流方法（discounted cash flow method）或资本化方法（capitalization method）确定估值。开发和利用这些技术的输入信息和估计，可能是主观的、不可观察的，并需要就未来现金流的估计金额和时间、远期价格假设以及大致反映市场和信贷风险的折扣和资本化率的选择等重大事项进行判断。市价法，比较最近和相关市场交易中有类似投资特征的投资价值以确定资产估值。当投资成本被确认为最能代表公允价值时，则采用成本法，这种方法通常用于新购买或重置资产。在适用的情况下，大学审查市场数据，并与独立评估师通力合作，确定每项资产的公允价值的最佳估计。HMC 董事会与管理层讨论评估过程和结果，并对不时出现的可能影响估值的重大事项做出决策。

表 17 列示了大学用于评估第三层级资产的重大的不可观察输入信息范围。尽管如下描述的输入信息代表着在评估日输入信息的使用范围，但这些输入信息可能随着时间而变化，可能在未来对这类投资的估值产生重大影响。

表 17　　评估第三层级资产的重大的不可观察输入信息范围

根据资产类别的重大不可观测输入①③④	截至 2019 年 6 月 30 日			截至 2018 年 6 月 30 日	
	公允价值影响的三级投资（千美元）	估值模型输入范围②	估值模型加权平均输入	公允价值影响的三级投资（千美元）	估值模型输入范围
自然资源：	$1,878,205			$2,183,270	
收益法折现率		6.0% ~16.0%	10.2%		5.0% ~16.0%
每种植公顷价格		$1,073 ~ $164,937	$43,431		$1,386 ~ $158,900
每公顷价格		$168 ~ $57,422	$15,231		$118 ~ $51,559
缺乏市场而折扣		2.0% ~20.0%	9.0%		
高收益：	233.681			106,481	
权益法折现率					8.6%
阴影等级折现率		6.8% ~8.9%	8.0%		8.4% ~9.9%
担保市场风险因素		100%	100%		100%
EBITDA 倍数		11.3x ~13.5x	11.9x		
加权平均资本成本					7.1% ~10.9%

续表

根据资产类别的重大不可观测输入①③④	截至2019年6月30日			截至2018年6月30日	
	公允价值影响的三级投资（千美元）	估值模型输入范围②	估值模型加权平均输入	公允价值影响的三级投资（千美元）	估值模型输入范围
不动产：	32,661			40,669	
权益法折现率		11.5%～13.5%	12.5%		13.0%～13.5%
权益法增长率		3.0%	3.0%		3.0%
因缺乏市场而折扣		15.0%	15.0%		15.0%
私募股权：	69,430			87,236	
权益法折现率		6.0%～8.0%	7.0%		6.0%～8.0%
账面价值乘数		0.6x	0.6x		0.8x
净收益倍数					5.0x
公允价值影响的其他负债	(288,372)			(158,008)	
贷款估值		8.7%～43.5%	22.4%		8.5 $～44.0%
市场利率		2.5%～10.5%	5.1%		2.5%～15.0%
净额	$1,925,605			$2,259,648	

注：①投资的公允价值可采用多样化的价值技术确定。

②截至2019年和2018年6月30日，包括在第三等级投资中分别为606,844美元和636,602美元，这些估值采用其他输入信息，包括但不限于单一来源经纪人报价、第三方出价和交易。

③输入信息范围包括每个投资类别的各种投资类型。

④某些前一年度的金额被重新分类，以符合本年度的呈报。

4. 应收账款

截至2019年5月30日和2018年5月30日，大学应收账款扣除坏账准备（reserves for doubtful accounts）的主要组成部分如表18所示。

表18 **应收账款** 单位：千美元

项目	2019年	2018年
联邦资助的支持	$71,425	$72,148
出版	62,872	60,424
行政管理教育	62,842	66,837
学费和收费	19,146	20,479
非联邦资助支持	10,821	14,030
收到礼品捐赠	4,430	22,510
其他	64,785	44,830
应收账款净额总计	$296,321	$301,258

5. 应收票据

应收票据最初以公允价值加应计利息（accrued interest）记录，近似于公允价值。大学应收票据和相关坏账准备（allowance for doubtful accounts）如表 19 所示。

表 19　　应收票据和相关坏账准备　　单位：千美元

项目	2019 年			2018 年		
	应收账款	备抵	净额	应收账款	备抵	净额
学生贷款：						
政府循环	$49, 213	$1, 266	$47, 947	$59, 941	$1, 433	$58, 508
机构	86, 467	2, 481	83, 986	87, 206	2, 372	84, 834
联邦保险	344	159	185	371		371
学生贷款总计	136, 024	3, 906	132, 118	147, 518	3, 805	143, 713
教师和员工贷款	234, 148	179	233, 969	230, 335	179	230, 156
其他贷款	29, 475	21, 939	7, 536	30, 989	23, 063	7, 926
总计	$399, 647	$26, 024	$373, 623	$408, 842	$27, 047	$381, 795

政府循环贷款主要由联邦政府根据帕金斯贷款计划（Perkins Loan Program）和一些其他项目对大学预付资金提供资助。截至 2019 年 6 月 30 日和 2018 年 6 月 30 日，这些预付款总计分别为 0. 667 亿美元和 0. 654 亿美元，在资产负债表中分类为负债。在 2018 财年，帕金斯贷款计划结束，大学履行了政府要求的第一次年度还款。在 2019 财年，没有到期的年度还款，同时教育部计算了自 2010 年以来，由于政府取消公众服务而欠大学的赔偿款。循环贷款和机构贷款项目获得的利息，被重新投资以支持额外贷款。这些机构贷款，其还款和利率条件差别很大。

教师和员工应收票据主要由抵押和教育贷款组成。抵押贷款包括共享增值贷款、按适用联邦利率计息贷款和无息贷款。此外，一些根据当前市场利率或适用的联邦利率计算利息的抵押贷款，可以在初期得到补贴。教育贷款主要是零息贷款。

大学通过评估贷款组合评估坏账准备的充足性，包括与每一个贷款类别相关的不同经济风险、特定借款的财务状况、借款人运营的经济环境，以及在适当的时候存在的保障或补偿（guarantees or indemnifications）等因素。除这些因素之外，大学通过与以前年度比较，检查应收贷款的老龄化和违约率，基于这些评估调整准备金。大学认为截至 2019 年 6 月 30 日和 2018 年 6 月 30 日时，准备金是合理的，足以抵消贷款组合中固定的潜在信用损失。

6. 应收认捐

未来对大学的无条件承诺捐赠，最初以公允价值（抵押减去折扣）记录，随后减去无法收回认捐（uncollectible pledges）的准备金后在预计的支付期间内摊销。大学指标性的1～5年应税无担保借款利率，在大学收到应收认捐的财年末折现使用。2019年度和2018年度各自的1.496亿美元和0.918亿美元，采用1.3%～3.1%的折现率范围计算。

截至2019年6月30日和2018年6月30日，在财务报表中的应收认捐预计实现如表20所示。

表20　　应收认捐　　单位：千美元

项目	2019年	2018年
1年内	$408,858	$276,074
1～5年	1,635,428	1,104,294
超过5年	992,743	632,340
减：折扣和备抵不可收回认捐	(271,202)	(174,916)
应收抵押净额总计	$2,765,827	$1,837,792

截至2019年6月30日和2018年6月30日的应收认捐被指定用于以下目的，如表21所示。

表21　　应收认捐指定使用项目　　单位：千美元

项目	2019年	2018年
一般运营账户余额：		
当期使用礼品捐赠	$744,871	$552,268
非联邦资助奖励	215,972	127,140
建设和生活收益	294,180	222,735
一般运营账户余额总计	1,255,023	902,143
捐赠基金	1,510,804	935,649
应收认捐净额总计	$2,765,827	$1,837,792

由于相关现实性和价值等不确定性，仅在或当特定的条件被满足时有条件承诺才予以确认。截至2019年6月30日和2018年6月30日，有条件承诺认捐分别为4,980万美元和5,950万美元。

7. 固定资产

固定资产以成本报告，如果为捐赠礼品，则以礼品捐赠日的公允价值减去累计折旧报告。折旧采用直线法，在资产的预计使用寿命期间计算。

截至 2019 年 6 月 30 日和 2018 年 6 月 30 日，固定资产的主要类别概述如表 22 所示。

表 22　固定资产　单位：千美元

项目	2019 年	2018 年	预计使用寿命（年）
研究设备	$2, 432, 190	$2, 376, 412	*
教室和办公室设备	2, 291, 410	2, 046, 484	35
房屋设施	2, 241, 939	2, 010, 649	35
其他设施	448, 844	427, 397	35
服务设施	778, 149	751, 236	35
图书	479, 741	487, 598	35
博物馆和集会设施	959, 455	788, 587	35
体育设施	235, 910	223, 072	35
土地	1, 023, 726	968, 922	N/A
在建工程	1, 297, 194	1, 337, 279	N/A
设备	1, 281, 259	1, 289, 975	**
成本小计	13, 469, 817	12, 707, 611	
减：累计折旧	(5, 198, 106)	(4, 975, 439)	
固定资产净额	$8, 271, 711	$7, 732, 172	

注：* 该组成部分预计使用寿命为 10 ~ 45 年。
** 设备使用寿命为 3 ~ 8 年。

大学的一些设施，在使用、建筑改造和所有权转移时，受到限制条件的影响。截至 2019 年 6 月 30 日和 2018 年 6 月 30 日，包括在固定资产余额表中的受限制设施账面价值，分别为 3. 03 亿美元和 2. 928 亿美元。

研究设施的成本，分为外墙、屋顶、饰面、固定设备和服务等。这些组成部分分别计提折旧。

设备包括一般和科学设备、计算机、软件、家具和车辆。

截至 2019 年 6 月 30 日和 2018 年 6 月 30 日，在资产负债表的“递延收入和其他负债”（Deferred revenue and other liabilities）栏目中，大学分别有 1. 768 亿美元和 1. 744 亿美元的资产退休义务。

8. 捐赠和一般运营账户净资产

截至 2019 年 6 月 30 日和 2018 年 6 月 30 日，大学的净资产组成如表 23 所示。

表 23　净资产组成　　单位：千美元

项目	2019 年			2018 年		
	无捐赠人限定	有捐赠人限定	总计	无捐赠人限定	有捐赠人限定	总计
特定净资产属性：						
永久捐赠基金		$7, 848, 495	$7, 848, 495		$7, 378, 054	$7, 378, 054
捐赠基金和增值，受制于分配政策和拨款		24, 092, 097	24, 092, 097		23, 783, 159	23, 783, 159
非限定捐赠基金，由董事会指定并受制分配政策	$7, 091, 584		7, 091, 584	$6, 759, 901		6, 759, 901
抵押余额		1, 510, 804	1, 510, 804		935, 649	935, 649
第三方信托利益		386, 720	386, 720		376, 973	376, 973
总捐赠基金	7, 091, 584	33, 838, 116	40, 929, 700	6, 759, 901	32, 473, 835	39, 233, 736
运营	4, 890, 118		4, 890, 118	4, 592, 384		4, 592, 384
未动用捐赠和捐赠分配		2, 784, 170	2, 784, 170		2, 480, 144	2, 480, 144
学生贷款基金		99, 129	99, 129		98, 769	98, 769
一般运营账户总计	4, 890, 118	2, 883, 299	7, 773, 417	4, 592, 384	2, 578, 913	7, 171, 297
分割利益合约（附注 9）		573, 369	573, 369		559, 151	559, 151
净资产总计	$11, 981, 702	$37, 294, 784	$49, 276, 486	$11, 352, 285	$35, 611, 899	$46, 964, 184

捐赠

为了多样化目的，多年来大学的捐赠由13,891份独立的基金组成。捐赠基金的余额根据特定捐赠人和州法律进行分类和报告。当捐赠基金不受捐赠人施加的限制性条件制约时，捐赠基金包括捐赠人限制性基金和基金功能，而决定花费这些本金时，需要经法人团的批准，因此当董事会指定捐赠基金时，其将被重新分类。捐赠基金主要投资于一般投资账户（GIA）（附注3）。

大学也受益于由第三方管理和持有的不可撤销信托。这些信托资产预计的公允价值，包括预期的外部信托未来现金流的现值，以及永久信托基本资产的公允价值，当提交要求的信托资料给大学时，大学确认为资产及净资产的增加。

这些信托的公允价值由外部信托人提供，每年由大学调整。这些被包括在附注3公允价值等级表的第三等级投资中。

大学的捐赠分配政策，旨在保持现实条件下（通货膨胀后）的捐赠基金价值，并产生可预测的永久性收益流。每年秋季，董事会批准下一财年度的捐赠基金分配。根据大学的捐赠基金分配政策，水下捐赠基金（指低于历史价值的基金）在有限和确定的条件下能够继续分配。关于捐赠人限定捐赠基金比其历史价值下降的程度，报告为捐赠人限定净资产的减少。

截至2019年6月30日和2018年6月30日，捐赠人限定性净资产被报告为基金赤字，其组成如表24所示。

表24　捐赠人限定性净资产　单位：千美元

项目	2019年	2018年
水下捐赠基金公允价值	$27,240	$30,703
历史价值	32,672	33,351
水下捐赠基金赤字总计	$(5,432)	$(2,648)

捐赠基金分配部分基于假定指引公式，该公式旨在通过平滑影响年度投资损益而提供预算上的稳定性，公式的输入信息（自变量）反映长期回

报预期和通胀率。对于2019财年而言，由董事会批准的捐赠基金分配（去资本化之前），等于年初一般投资账户中捐赠基金投资公允价值的5.1%。可用于2019财年和2018财年运营的总捐赠基金分配，分别为19亿美元和18亿美元。

法人团每年还从捐赠基金中批准一些去资本化基金，以支持一次性的或受时间限制的战略、关键使命的活动或目标，因此排除于净运营盈余之外。2019财年和2018财年，这些去资本化基金总计分别为3,220万美元和4,600万美元。这些去资本化基金加上捐赠基金分配额，导致2019财年和2018财年总支出率（aggregate payout rate）分别为5.1%和5.3%。总支出率并不包括与捐赠基金相关的净税费的影响，如果包括这些影响，那么2019财年总支出率将为5.2%。

一般运营账户（GOA）

一般运营账户组成包括大学一般和当期基金，也包括与学生和教师贷款以及设备相关的资产和负债。一般运营账户接受、管理和支付由大学各部门产生的利息、投资盈余周围金、贷款，以及为重大资本项目安排的外部融资等。它用于管理、控制和执行大学所有的财务交易，但由HMC实施的投资活动相关的交易除外。

9. 分割利益合约

根据分割利益合约（Split interest agreements，SIA），捐赠人与大学签订的信托和其他约定中大学收到的福利，应与其他受益人和机构共享。分割利益合约投资资产主要投资于一般投资账户和公开交易股票，少部分由外部建议人管理，所有均被记录于大学资产负债表的“投资组合公允价值”（investment portfolio，at fair value）栏目中。额外的披露包括在附注3。相关的负债以未来预计支付给受益人和其他机构的现值记录。这些负债采用大学当期应税非担保借款利率计算，2019年6月30日和2018年6月30日的利率分别为2.1%和3.1%。所有的分割利益合约净资产和各自的活动被报告在捐赠人限制净资产中。根据分割利益合约条款，净资产转移至相应的一般运营账户或捐赠基金。

2019财年和2018财年分割利益合约净资产的变化如表25所示。

表 25　分割利益合约净资产变化　单位：千美元

项目	2019 年	2018 年
投资回报：		
投资收益	$13,807	$11,365
实现和未实现增值变化净额	45,694	72,780
投资回报总计	59,501	84,145
礼品捐赠（附注 14）①	8,437	12,166
对领取年金人付款	(65,770)	(65,728)
转移至捐赠基金	(15,213)	(25,707)
分割利益合约与一般运营账户间转移	(13,886)	(12,661)
负债变化和其他调整	41,149	33,054
年度变化净额	14,218	25,269
年初分割利益合约净资产	559,151	533,882
年末分割利益合约净资产	$573,369	$559,151

注：①以现值表示。其未折现价值在 2019 年 6 月 30 日和 2018 年 6 月 30 日分别为 18,508 美元和 29,287 美元。

截至 2019 年 6 月 30 日和 2018 年 6 月 30 日，分割利益合约净资产组成如表 26 所示。

表 26　分割利益合约净资产组成　单位：千美元

项目	2019 年	2018 年
分割利益合约投资（附注 3）		
慈善剩余信托基金	$930,742	$924,576
慈善引导信托基金	125,040	125,341
慈善礼品捐赠年金	249,917	250,473
累积收益基金	127,414	121,174
分割利益合约投资总计①	1,433,113	1,421,564
根据分割利益合约到期负债：		
归于受益人金额	(792,558)	(801,355)
归于其他机构金额	(67,186)	(61,058)
根据分割利益合约到期负债总计：	(859,744)	(862,413)
分割利益合约净资产年末总计	$573,369	$559,151

注：①截至 2019 年 6 月 30 日，一般投资账户池中持有的分割利益合约投资为 780,737 千美元；一般运营账户外的其他投资持有的分割利益合约为 652,376 千美元。截至 2018 年 6 月 30 日，一般投资账户池中持有的分割利益合约投资为 820,725 千美元；一般运营账户外的其他投资持有的分割利益合约为 600,839 千美元。参见附注 3。

10. 应付债券和票据

截至2019年6月30日和2018年6月30日，大学应付债券和票据如表27所示。

表27 应付债券和票据

项目	发行财年（年）	最后到期年限（年）①	一年收益率②	未清偿资本（千美元）	
				2019年③	2018年③
免税应付债券和票据：					
可变利率要求债券和商业票据：					
R系列——每天	2000—2006	13	1.3%	$131,200	$131,200
Y系列——每周	2000	16	1.5%	117,905	117,905
商业票据	2019	<1	1.8%	350,000	0
可变利率应付债券和票据总计			1.6%	599,105	249,105
固定利率债券：					
N系列（面值$80,000）	1992	1	6.3%	79,916	79,815
2009A系列（面值$0）	2009	0	4.8%	0	22,692
2010A系列（面值$49,590）	2010	2	4.7%	51,407	52,134
2010B系列（面值$110,235）	2011	5	4.8%	113,844	115,891
2016A系列（面值$1,539,720）	2017	21	3.9%	1,860,731	1,886,801
固定利率债券总计			4.1%	2,105,898	2,157,333
免税应付债券和票据总计			3.6%	2,705,003	2,406,438
应税应付债券和票据：					
可变利率应付债券和票据：					
商业票据	2012	0	2.4%	0	262,798
可变利率应付债券和票据总计			2.4%	0	262,798
固定利率债券：					
2008A系列（面值$243,000）	2008	19	5.6%	242,881	242,875
2008C系列（面值$0）	2008	0	5.3%	0	125,205
2008D系列（面值$500,000）	2009	20	6.5%	498,812	498,751
2010C系列（面值$300,000）	2011	21	4.9%	298,573	298,506
2013A系列（面值$402,000）	2013	18	3.4%	402,000	402,000
2016B系列（面值$1,000,000）	2017	37	3.3%	995,765	995,643

续表

项目	发行财年（年）	最后到期年限（年）①	一年收益率②	未清偿资本（千美元）	
				2019 年③	2018 年③
固定利率债券总计			4.4%	2,438,031	2,562,980
应税应付债券和票据总计			4.3%	2,438,031	2,825,778
其他应付票据	various	various	various	87,405	87,057
未摊销债券发行成本				(17,090)	(18,352)
应付债券和票据总计			4%	$5,213,349	$5,300,921

注：①2019 年 6 月 30 日投资组合的加权平均成熟期为 17.5 年。
②不包括利率交换合约。包括此合约的话，全部投资组合利率高 0.05%（4.06%对 4.01%）。
③余额包括原始发行费用/折扣。

2019 财年和 2018 财年，应付债券和票据的利息支出分别为 1.837 亿美元和 1.875 亿美元。净资产变化表中一般运营账户明细的利息支出，包括与资本租赁相关的额外组成部分。除了到期商业票据和未摊销的折扣和费用、未摊销的保险公司折扣和发行摊销成本，预定的资本金付款如表 28 所示。

表 28　　预定的资本金付款　　单位：千美元

财年	资金支付
2020 年	$467,999
2021 年	88,186
2022 年	109,619
2023 年	54,891
2024 年	101,853
以后	4,088,507
资金支付总计	$4,911,055

大学被穆迪投资服务（Moody's Investors Service）评为 AAA 信用等级，被标准普尔全球评级（Standard & Poor's Global Rating）评为 AAA 信用等级。在 2018 年 12 月，标准普尔评级被再次确认。在 2019 年 1 月，穆迪投资服务再次确认该评级。

大学有一项未担保的、循环信用设施总计 15 亿美元，将于 2022 年 3 月到期。在2019年6月30日，无未清偿信用设施的提款余额。

大学有可用的应税商业票据限额总计20亿美元。在2019年6月30日，关于应税商业票据限额，并无未清偿的提款余额。

截至2019年6月30日，大学有2.491亿美元的未清偿可变利率要求债券（不包括商业票据），按日或每周设定利率，标注于应付债券和应付票据表中。如果大学收到可变利率要求债券的任何可选清偿通知，或如果债券受到强制清偿的影响，那么债券的购买价格将从这些债券的再销售中支付。然而，如果再销售的收益不充足时，大学将有义务购买现金清偿债券。

投资利率兑换合约

2019财年，大学订立了利率交换合约，用于管理与其未清偿债务相关的利息成本和风险。

截至2019年6月30日和2018年6月30日，利率兑换合约的公允价值分别为（2,740万）美元和（1,550万）美元，记录于大学资产负债表的“与投资组合相关的其他负债”中。

11. 雇员福利

大学为在职雇员提供健康计划、医科计划、短期和长期残疾计划、生命保险、助学金（tuition assistance）以及多样化的其他福利选择，如公共交通和哈佛大学体育设施补贴等。此外，大学还有几乎覆盖所有雇员的退休计划。

大学对雇员退休金和退休后健康计划采用6月30日为计量日。

457（b）递延补偿计划

根据《国内税收法》（Internal Revenue Code）457（b），大学在选择雇员时提供一项不完全的递延补偿计划。大学并无与此计划相关的缴款。截至2019年6月30日，大学有与此计划相关的资产和负债1.512亿美元；该资产被包括于资产负债表的“预付和递延费用”中，负债被包括在“递延收入和其他负债”中。

退休金福利

所有有资格的教师和员工都可以享受退休计划，包括一项固定福利单元、一项固定缴款单元，或两者的组合。根据雇员退休收入保障法案（Employee Retirement Income Security Act，ERISA）要求，大学建立一项信托以持有其固定福利退休金计划的资产。截至 2019 年 6 月 30 日和 2018 年 6 月 30 日，其信托资产的公允价值分别为 8.635 亿美元和 8.281 亿美元。在 2019 财年和 2018 财年中，大学对固定福利退休金计划的缴款分别为 1,490 万美元和 1,550 万美元。大学在 2019 财年和 2018 财年记录固定缴款计划支出分别为 1.485 亿美元和 1.415 亿美元。

退休后健康福利

大学对其几乎所有的雇员提供退休后健康覆盖和生命保险。截至 2019 年 6 月 30 日，大学在一般投资账户（GIA）中有内部分派和投资 7.279 亿美元，以资助退休后健康福利应计债务 8.546 亿美元。截至 2018 年 6 月 30 日，大学内部指定和投资 6.922 亿美元，用于资助退休后健康福利应计债务 8.067 亿美元。

表 29 列示了截至 2019 年 6 月 30 日和 2018 年 6 月 30 日报告于资产负债表中的退休金和退休后计划的资助状况。

表 29　　退休金和退休后计划的资助状况　　单位：千美元

项目	退休金福利		退休后卫生福利	
	2019 年	2018 年	2019 年	2018 年
预计福利债务变化：				
年初预计福利债务	$1,004,962	$1,075,728	$806,714	$853,003
服务成本	9,675	11,233	30,474	34,645
利息成本	42,455	42,418	34,719	35,522
参加者缴款计划			3,761	3,377
计划变化			71	(193)
总福利支出	(51,817)	(44,157)	(28,509)	(23,555)
应计（收益）/损失	124,122	(80,260)	7,409	(96,085)
年末预计福利债务①	1,129,397	1,004,962	854,639	806,714
计划资产变化：				
年初计划资产公允价值	828,124	836,456		
计划资产应计回报	72,320	20,302		
雇员缴款	14,865	15,523		
总福利支付	(51,817)	(44,157)		

续表

项目	退休金福利		退休后卫生福利	
	2019 年	2018 年	2019 年	2018 年
年末计划资产公允价值	863,492	828,124	0	0
应计退休责任/未资助状况[②]	$(265,905)	$(176,838)	$(854,639)	$(806,714)

注：①计量大学的退休金福利债务包括假定薪资增长（GAAP 要求）。

②截至 2019 年 6 月 30 日的总计金额 1,120,544 千美元和截至 2018 年 6 月 30 日的总计金额 983,552 千美元，被包括在资产负债表的“应计退休负债”栏目中。

累计退休福利债务（accumulated pension benefit obligation，ABO）是基于过去和现在补偿水平计量的大学退休福利债务，并不包括假定的薪资增加。ABO 在 2019 年 6 月 30 日和 2018 年 6 月 30 日分别为 9.689 亿美元和 8.608 亿美元。以上披露的基金根据退休金计算规则编报。当以美国国税局（Internal Revenue Service，IRS）资助基础计量时，该计量方法会明确大学需要的现金缴款额，在 2019 年 1 月 1 日，该计划被超额资助。

定期福利成本净额

在 2019 年度和 2018 年度，运营活动中确认的定期福利成本净额，以及非运营活动中确认的其他金额，在一般运营账户净资产变化报表的无捐赠人限制的净资产中，概述如表 30 所示。

表 30　运营活动中定期福利成本净额与非运营活动中确认的其他金额

单位：千美元

项目	退休金福利		退休后卫生福利	
	2019 年	2018 年	2019 年	2018 年
定期福利成本净额组成：				
服务成本	$9,675	$11,233	$30,474	$34,645
利息成本	42,455	42,418	34,719	35,522
计划资产预计回报	(50,469)	(50,426)		
摊销：				
精算损失/（收益）	3,320	10,088	(13,469)	(6,564)
之前服务成本/（费用）	288	288	(7,132)	(7,116)
运营活动中定期福利成本确认净额总计	5,269	13,601	44,592	56,487

续表

项目	退休金福利		退休后卫生福利	
	2019 年	2018 年	2019 年	2018 年
非运营活动中捐赠人限制净资产确认额				
当年精算损失/（收益）净额	102,271	(50,136)	7,409	(96,085)
当年之前服务成本净额			71	(193)
摊销：				
之前服务（成本）/费用	(288)	(288)	7,132	(7,116)
应计（损失）/收益	(3,320)	(10,088)	13,469	6,564
非运营活动其他账户确认总计①	98,663	(60,512)	28,081	(82,598)
净资产变化表一般运营账户确认总计	$103,932	$(46,911)	$72,673	$(26,111)

注：①在 2019 财年的金额总计 126,744 千美元和 2018 财年金额总计（143,110）千美元，包括由当期引起但并未反映在定期福利成本/（收益）的精算确定福利债务中的收益、损失和其他变化，被包括在一般运营账户净资产变化报表中的“退休债务变化”（Change in Retirement Obligations）栏中。

截至 2019 年和 2018 年年度，无捐赠人限制的非运营净资产变化的累计金额概述如表 31 所示。

表 31　　无捐赠人限制的非运营净资产变化累计　　单位：千美元

项目	退休金福利		退休后卫生福利	
	2019 年	2018 年	2019 年	2018 年
应计损失/（收益）净额	$196,647	$97,697	$(245,254)	$(266,133)
之前年度服务成本/（费用）	1,181	1,469	(46,386)	(53,589)
确认的无捐赠人限制净资产累计	$197,828	$99,166	$(291,640)	$(319,722)

固定福利计划的估计精算净损失和从无捐赠人限制净资产中摊销计入定期福利（收益）/损失净额的前期服务成本，在 2020 财年分别为 1,570 万美元和 30 万美元。退休后卫生福利的估计净精算收益和估计前期服务信用，将从无捐赠人限制的净资产中，摊销入定期福利（收益）/损失净额，2020 财年分别为（1,120）万美元和（710）万美元。

2019 财年和 2018 财年，用于确定年末债务的其他假定卫生护理成本趋势率，以及退休金和退休后福利计划的定期福利（收益）/成本净额，概述如表 32 所示。

表 32 其他假定卫生护理成本趋势率以及退休金和退休后福利计划的定期福利（收益）/成本净额

项目	退休福利		退休后卫生福利	
	2019 年	2018 年	2019 年	2018 年
用于确定截至 6 月 30 日福利债务的加权平均假定：				
折扣率	3.65%	4.30%	3.60%	4.20%
补偿金增长趋势：				
初始利率	3.50%	3.00%	3.50%	3.00%
最终利率	—	4.00%	4.00%	4.00%
到期年度	—	2021	2021	2021
卫生护理成本趋势率：				
初始利率	—	—	5.00%	5.00%
最终利率	—	—	4.75%	4.75%
到期年度	—	—	2023	2023
用于确认定期福利（收入）/成本的加权平均假定：				
折扣率	4.30%	4.00%	4.20%	4.05%
计划资产预计长期回报率	6.50%	6.50%	—	—
补偿金增长趋势：				
初始利率	3.00%	3.00%	3.00%	3.00%
最终利率	4.00%	4.00%	4.00%	4.00%
到期年度	2021	2021	2021	2021
卫生护理成本趋势率：				
初始利率	—	—	5.00%	5.50%
最终利率	—	—	4.75%	4.75%
到期限度	—	—	2023	2023

作为一个敏感度指标，假定卫生护理成本趋势率变化一个百分点，在 2019 年将带来的影响如表 33 所示。

表 33 假定卫生护理成本趋势率变化一个百分点的影响 单位：千美元

	增加 1% 点	减少 1% 点
对 2019 年退休后卫生福利服务和利息成本的影响	$17,277	$(11,152)
对截至 2019 年 6 月 30 日退休后卫生福利债务的影响	189,576	(133,497)

退休金计划的预计回报，根据独立建议人的资本市场模型确定，它考虑在通货膨胀前，每一种退休金投资组合资产类别的预计真实回报，以及每一个资产类别与其他每种资产类别之间的关系。这一模型计算真实回报和相关关系，并得出整个投资组合的预计真实回报，并考虑配置每一种资

产类别的比例权重。计算预计真实回报后，做出评估以适应未来期间的预计通货膨胀率。最终的资产预计回报是预计真实回报加上预计通胀率之合。

计划资产

在 2019 年 6 月 30 日和 2018 年 6 月 30 日的退休金计划投资组合的实际资产配置，以及 2020 年 6 月 30 日的目标配置如表 34 所示。

表 34　　退休金计划投资组合的实际资产配置

项目	2020 年目标	2019 年 6 月 30 日	2018 年 6 月 30 日
按退休金计划分类的资产配置：			
股票	30% ~55%	38.8%	38.8%
固定收益证券	30% ~50%	47.1%	48.9%
对冲基金	10% ~30%	12.5%	10.9%
现金	0 ~5%	1.7%	1.4%
资产配置类别总计		100%	100%

大学退休金投资组合的投资战略，是管理广泛而多样化的投资类别资产，包括国内的和国际的。其目标是实现与大学作为退休金计划受益人的长期责任相一致的风险回报。在 2018 财年中，大学维持固定收益证券的配置，以管理与退休金责任相关的利率波动。大学预期在未来几年内持续这一战略。这一投资计划管理遵循所有的 ERISA 条款。

表 35 概述了截至 2019 年 6 月 30 日和 2018 年 6 月 30 日，受公允价值计划影响的退休金计划资产的公允价值等级水平。

表 35　　受公允价值计划影响的退休金计划资产的公允价值等级水平

单位：千美元

项目	2019 年					2018 年
	公允价值等级			实际权宜净资产价值	总计	总计
	第一级	第二级	第三级			
计划资产：						
现金和短期投资	$26,135				$26,135	$21,951
国内股票				$163,500	163,500	145,989
国外股票	73,246			34,311	107,557	107,101

续表

项目	2019年					2018年
	公允价值等级			实际权宜净资产价值	总计	总计
	第一级	第二级	第三级			
国内固定收益	88,869	$279,469			368,338	358,626
国外固定收益		22,555			22,555	21,110
新兴市场股票和债务	32,388	2,561		26,836	61,785	70,190
对冲基金				108,398	108,398	89,505
应收经纪人	4				4	330
回购		33,343			33,343	25,962
私募股权				4,234	4,234	8,994
不动产				27	27	34
受公允价值等级影响的计划资产	$220,642	$337,928	$0	$337,306	$895,876	$849,792
不受公允价值影响的其他资产					1,086	3,007
计划资产总计					$896,962	$852,799
计划负债：						
应付经纪人	$49				$49	$22
远期销售承诺		$19,806			19,806	20,022
受公允价值等级影响的计划负债	$49	$19,803			$19,855	$20,044
不受公允价值影响的其他负债					13,614	4,631
计划负债总计					$33,469	$24,675

表36是2018年度滚动的第三等级投资。

表36　2018年度滚动的第三等级投资　单位：千美元

受公允价值等级影响的之前年度净资产	截至2017年7月1日初年余额	实现收益/（损失）净额	未实现增值/减值净变化	购置/缴款	销售/分配	转入第三级	第三级转出	截至2018年6月30日年末余额
	$23,709	$(27,161)	$21,137	$7	$(17,692)	$0	$0	$0

预计未来福利付款

2020财年，预计有5,200万美元雇员缴款支出，为退休福利计划提供资金。

表 37 概述了大学的预计福利付款、退休金补贴和其他退休后福利。

表 37　　预计福利支付　　单位：千美元

财年	退休金	退休后卫生福利
2020	$57, 123	$21, 622
2021	58, 351	23, 601
2022	60, 714	25, 334
2023	63, 019	27, 253
2024	65, 111	29, 264
之后	350, 724	178, 749

12. 学生财务资助

在 2019 财年和 2018 财年，奖励给学生的财务援助概述如表 38 所示。

表 38　　奖励给学生的财务援助　　单位：千美元

项目	2019 财年	2018 财年
奖学金和其他学生奖励：		
用于学生收益的奖学金①	$457, 369	$439, 445
直接支付给学生的奖学金和其他奖励	155, 874	152, 421
奖学金和其他学生奖励总计	613, 243	591, 866
学生雇用	81, 287	76, 133
学生借贷	14, 639	15, 943
代理财务资助②	20, 326	19, 564
学生财务资助总计	$729, 495	$703, 506

注：①包括用于学生收入的本科生奖学金 192, 712 千美元。
②代表来自资助人的援助，大学作为接收代理人。

13. 资助人支持

由美国政府资助人或由分包给大学的联邦资助项目的机构资助的支出，在 2019 财年和 2018 财年分别为 6. 308 亿美元和 6. 253 亿美元。大学联邦资助基金的主要来源是卫生和公共服务部（Department of Health and Human Services）。大学也还有许多非联邦来源的资助奖励和补助，包括企业、基金会、州和当地政府、外国政府和研究机构等。

资助奖励和合同通常用于收回直接和间接成本。相关间接成本的收回，通常以与联邦政府和其他资助人协商确定的固定和预先确定的利率记录。为大学和医学院（包括牙科医学院）设定的预定联邦间接成本率直到 2019 财年，对陈冯富珍公共卫生学院设立的预定联邦间接成本率直到 2023 年。联邦资助活动收到的基金应接受审计。

14. 礼品捐赠

根据捐赠人的要求，礼品捐赠被分类为有限制性和无限制性净资产，如表 39 所示。

表 39　　2019 年礼品捐赠　　单位：千美元

项目	收到礼品捐赠	捐赠人放弃/其他变化	总计
当前使用	$472, 432	$(319)	$472, 113
非联邦资助的补助	197, 236	(778)	196, 458
捐赠基金①	614, 561	(1, 274)	613, 287
分割利益合约②	8, 437		8, 437
贷款基金和设施①	85, 744	628	86, 372
礼品捐赠总计	$1, 378, 410	$(1, 743)	$1, 376, 667

注：①截至 2019 年度，捐赠礼品收入包括非现金捐赠 25 亿美元。
②以净现值列示。截至 2019 年 6 月 30 日，这些捐赠礼品的非折现价值为 18, 508 千美元。

截至 2018 年度收到的礼品捐赠概括如表 40 所示。

表 40　　2018 年礼品捐赠　　单位：千美元

项目	收到礼品捐赠	捐赠人放弃/其他变化	总计
当前使用	$466, 991	$(445)	$466, 546
非联邦资助的补助	183, 331	(2, 258)	181, 073
捐赠基金①	646, 340	(41)	646, 299
分割利益合约②	12, 166		12, 166
贷款基金和设施①	109, 410	(183)	109, 227
礼品捐赠总计	$1, 418, 238	$(2, 927)	$1, 415, 311

注：①截至 2018 年 6 月 30 日，捐赠礼品收入包括非现金捐赠 100 亿美元。
②以净现值列示。截至 2018 年 6 月 30 日，这些捐赠礼品的折现价值为 29, 287 千美元。

15. 其他收入

截至 2019 年 6 月 30 日和 2018 年 6 月 30 日，其他收入的主要部分如表 41 所示。

表 41 其他收入 单位：千美元

项目	2019 年 6 月 30 日	2018 年 6 月 30 日
出版和版权税	$238, 385	$226, 757
租赁和停车①	141, 375	135, 529
服务收入	136, 288	120, 309
知识产权商业化版税	97, 568	54, 573
卫生和诊所收费	64, 780	61, 211
销售收入	29, 888	29, 665
利息收入	10, 961	10, 699
其他学生收入	5, 112	5, 421
其他	47, 681	44, 560
其他收入总计	$772, 038	$688, 724

注：①大学是经营租赁中空间和设施的出租人，其收益包括在租赁和停车费中，不包括分配给外部第三方。

16. 其他支出

截至 2019 年 6 月 30 日和 2018 年 6 月 30 日，其他支出的主要部分如表 42 所示。

表 42 其他支出 单位：千美元

项目	2019 年 6 月 30 日	2018 年 6 月 30 日
资助项目分包支出	$158, 543	$165, 445
旅游	103, 697	99, 555
出版	46, 951	46, 223
税费	43, 199	35, 278
广告	38, 568	36, 113
保险	18, 617	17, 182
邮费	17, 398	18, 073
电话费	14, 663	14, 398
其他	116, 165	79, 511
其他支出总计	$557, 801	$511, 778

17. 运营支出按功能和属性分类

运营费用按功能采用直接法分配。经营和维修支出基于建筑面积分配。

截至 2019 年 6 月 30 日和 2018 年 6 月 30 日，按功能和属性分类的运营费用如表 43 所示。

表 43　　2019 年、2018 年运营费用对比　　单位：千美元

项目	教学与学术支持	研究①	学生服务与奖学金	机构支持和附属服务	总计
2019 年运营费用					
工资与薪金	$1, 043, 852	$294, 285	$141, 588	$558, 753	$2, 038, 478
雇员福利	273, 353	74, 868	50, 451	166, 833	565, 505
购买服务	363, 109	85, 599	60, 311	171, 672	680, 691
空间与占用	113, 374	59, 349	30, 083	176, 484	379, 290
折旧	43, 817	119, 333	19, 985	199, 640	382, 775
供应与装备	84, 587	57, 428	43, 222	85, 386	270, 623
利息	15, 201	33, 081	11, 890	121, 461	181, 633
奖学金及其他学生奖励			155, 874		155, 874
其他支出	36, 229	414, 717	35, 030	71, 825	557, 801
支出总计	$1, 973, 522	$1, 138, 660	$548, 434	$1, 552, 054	$5, 212, 670
2018 年运营费用					
项目	教学与学术支持	研究①	学生服务与奖学金	机构支持和附属服务	总计
工资与薪金	$994, 293	$279, 236	$136, 716	$533, 591	$1, 943, 836
雇员福利	273, 849	74, 813	49, 759	170, 802	569, 223
购买服务	331, 480	82, 977	56, 394	146, 359	617, 210
空间与占用	117, 482	67, 185	30, 587	195, 187	410, 441
折旧	36, 376	115, 941	22, 169	183, 479	357, 965
供应与装备	91, 447	55, 027	42, 160	79, 566	268, 200
利息	15, 417	36, 838	11, 634	123, 994	187, 883
奖学金及其他学生奖励			152, 421		152, 421
其他支出	34, 045	397, 744	33, 980	46, 009	511, 778
支出总计	$1, 894, 389	$1, 109, 761	$535, 820	$1, 478, 987	$5, 018, 957

注：①用于配置财务报表目的的费用的方法，与用于政府调查等其他目的的方法不同。

18. 承诺与或有事项

租赁承诺

大学是经营租赁和资本租赁的设备和空间的承租人。在 2019 财年和 2018 财年，与租赁相关的租金支出分别为 1. 054 亿美元和 8, 600 万美元。

这些经营租赁和资本租赁的未来最小租赁支出如表 44 所示。

表 44　经营租赁和资本租赁的未来最小租赁支出　单位：千美元

年度	经营	资本
2020	$79, 551	$11, 664
2021	73, 511	10, 943
2022	68, 031	11, 215
2023	63, 325	11, 276
2024	52, 038	11, 406
之后	289, 570	151, 240
未来最小支出总计	$626, 026	$207, 744

固定资产相关的承诺

大学对资本化项目有多方面的承诺，包括一些设施的建设和修复、不动产取得以及设备购置。截至 2019 年 6 月 30 日，这些未清偿的承诺总计约 3. 673 亿美元。

环境修复

受相关环境修复法律和法规的影响，大学已经建立起潜在义务的储备。管理层认为这是适当的，并做出了合理的估计。根据关于污染的性质和程度、恰当的修复技术、管控的批准等新的信息，这些估计可能会不断发生变化。未来环境修复的成本被折现为它们的净现值。管理层并不认为任何现有情况可能会对大学的财务状况、净资产变化或现金流产生重大负面影响。

公用事业购置承诺

大学与一系列公用事业提供者签订了能源购买协议（Power Purchase Agreements，PPAs），为各方面工程量和期间购买了天然气和电力。截至 2019 年 6 月 30 日，能源购买协议下的大学未来义务如表 45 所示。

表 45　能源购买协议下的大学未来义务　单位：千美元

年度	金额
2020	$18, 836
2021	12, 439
2022	10, 433
2023	9, 552
2024	8, 569
之后	12, 105
公用事业未来购买责任总计	$71, 934

总述

大学会因其正常运营过程所引起的法律诉讼而成为被告。尽管不可能准确预见或确定这些法律诉讼的最终结果，但管理层相信，这些诉讼的结果不会对大学的财务状况、净资产变化和现金流产生负面的影响。

大学已经预估了自 2019 年 10 月 24 日——财务报表发布日以来的事件。大学坚信无重大事件发生，无须计入随附的财务报表，或在随附的附注中披露。

校长和哈佛学院议员

劳伦斯·巴科（Lawrence S. Bacow）

校长

保罗 J. 芬尼根（Paul J. Finnegan）

财务主管

蒂莫西 R. 巴拉克特（Timothy R. Barakett）

肯尼思 I. 切诺（Kenneth I. Chenault）

玛丽安 – 佛罗伦萨（蒂诺）·奎拉尔（Marianl – Florentino（Tino）Cuellar）

威廉姆 F. 李（William F. Lee）

比迪·马丁（Biddy Martin）

凯伦·戈登·米尔（Karen Gordon Mills）

彭妮·普利兹克（Penny Pritzker）

大卫 M. 鲁宾斯坦（David M. Rubenstein）

雪莉 M. 蒂格曼（Shirley M. Tilghman）

希欧多尔·韦尔斯（Theodore V. Wells，JR）

监察委员会

杰拉尔丁·阿库尼亚（Geraldine Acuna – Sunshine）

迈克尔·布朗（Michael Brown）

琳赛·切斯·兰代尔（P. Lindsay Chase – Lansdale）

马丁·查韦斯（R. Martin Chavez）

爱丽丝·陈（Alice HM Chen）

保罗·崔（Paul L. Choi）

菲利普·哈特·库仑（Philip Hart Cullom）

弗尔南德·达菲（Fernande R. V. Duffly）

珍妮特·克曼（Janet Echelman）

海伦娜·布南诺·福尔克斯（Helena Buonanno Foulkes）

布莱恩·格林（Brian Greene）

卡拉·哈里斯（Carla A. Harris）

梅雷迪斯·霍奇斯（Meredith（Max）Hodges）

玛里琳·霍里费尔德（Marilyn Hodges）

达里安·哈德森（Darienne Driver Hudson）

维维安·亨特（Vivian Hunt）

泰勒·杰克斯（Tyler Jacks）

科坦吉·布朗·杰克逊（Ketanji Brown Jackson）

贝丝·卡兰（Beth Y. Karlan）

约翰·金（John B. King JR）

迈克尔·林顿（Michael Lynton）

亚历山大·拉米雷斯·马加纳（Alejandro Ramirez Magana）

迭戈·罗德里格斯（Diego A. Rodriguez）

莱斯利·弗里德曼·罗森塔尔（Lesley Friedman Rosenthal）

伊薇特·鲁宾迪乌斯（Yvette Roubideaux）

雷斯玛·索亚尼（Reshma Saujani）

莱斯利·托博特（Leslie P. Tolbert）

肯特·沃克尔（Kent Walker）

约翰·西尔瓦诺斯·威尔逊（John Silvanus Wilson，JR.）——休假

莱恩·维思（Ryan Wise）

办公人员

劳伦斯·巴科（Lawrence S. Bacow）

校长

保罗 J. 芬尼根（Paul J. Finnegan）

财务主管

艾伦·加伯尔（Alan M. Garber）

教务长

凯瑟琳·拉普（Katherine N. Lapp）

执行副校长

保罗·安德鲁（Paul Andrew）

公共事务和交流副校长

玛里莲·豪斯曼（Marilyn Hausammann）

人力资源副校长

托马斯·霍里斯特（Thomas J. Hollister）

财务副校长和首席财务官

布莱恩·李（Brian K. Lee）

校友事务和发展副校长

黛安·洛佩斯（Diane Lopez）

副校长和总法律顾问

安妮·玛格里斯（Anne H. Margulies）

副校长和首席信息官

梅雷迪斯·威尼克（Meredith Weenick）

校园服务副校长

玛莎·怀特海德（Martha Whitehead）

哈佛图书馆副校长

附录2：

加州大学伯克利分校年度财务报告（2018/2019年度）

目录：

净资产状况表（未审计）
收入、支出和净资产变化表（未审计）
现金流量表（未审计）
财务报表附注（未审计）（2018/2019年度）

净资产状况表（未审计）

表 1 净资产状况表（未审计） 单位：千美元

截至 2019 年 6 月 30 日和 2018 年 6 月 30 日	校区[①]		基金	
	2019 年	2018 年	2019 年	2018 年
资产				
现金和现金等价物	$312, 810	$237, 088	$8, 388	$6, 279
短期投资			100, 131	56, 975
应收账款净额	193, 432	180, 881		
应收保证金净额	5, 633	2, 985	29, 167	41, 772
应收票据和抵押净额	5, 608	7, 057		
存货	5, 410	4, 871		
其他流动资产	4, 293	5, 216	2, 517	2, 896
流动资产小计	527, 186	438, 098	140, 203	107, 922
投资	3, 908, 633	3, 750, 499	2, 227, 911	2, 113, 645
信托人持有的投资	520	511		
UC 持有的限制性债券收益	2, 720	4, 216		
应收保证金净额	15, 204	2, 451	69, 108	75, 244
应收票据和抵押净额	17, 484	17, 794		
资本化资产净额	3, 946, 867	3, 957, 809		
其他非流动资产	779	1, 030	4, 085	4, 069
非流动资产小计	7, 892, 207	7, 734, 310	2, 301, 104	2, 192, 958
资产总计	8, 419, 393	8, 172, 408	2, 441, 307	2, 300, 880
递延资产流出	827, 761	381, 027		
负债				
应付账款	73, 498	70, 658	3, 944	851

续表

截至 2019 年 6 月 30 日和 2018 年 6 月 30 日	校区		基金	
	2019 年	2018 年	2019 年	2018 年
应计薪资	9, 935	51, 781		
雇员福利	1, 123	9, 761		
预收收入	217, 516	192, 351		
商业票据	247, 251	204, 537		
长期债务中流动部分	113, 064	105, 746		
第三方持有基金	3, 235	2, 403	7, 777	7, 459
其他流动负债	95, 710	112, 042	7, 985	8, 230
流动负债小计	761, 332	749, 279	19, 706	16, 540
联邦可归还贷款	21, 570	21, 040		
长期债务	2, 103, 042	2, 148, 065		
退休金债务净额	1, 682, 034	1, 045, 619		
退休人员健康福利负债净额	1, 496, 425	1, 443, 567		
其他非流动负债	61, 244	41, 755	78, 739	79, 454
非流动负债小计	5, 364, 315	4, 700, 046	78, 739	79, 454
负债总计	6, 125, 647	5, 449, 325	98, 445	95, 994
递延资产流入	907, 964	858, 818	63, 275	69, 523
净资产				
资本化资产投资净额	1, 510, 552	1, 534, 095		
限制：				
不可支出：捐赠基金和捐赠礼品	392, 908	391, 451	1, 292, 926	1, 158, 752
可支出：捐赠基金和捐赠礼品	2, 620, 776	2, 541, 913	975, 576	973, 507
其他可支出：包括债务服务、贷款、资本化项目和拨出款项	63, 388	57, 468		
非限制	(2, 374, 081)	(2, 279, 635)	11, 085	3, 104
净资产总计	$2, 213, 543	$2, 245, 292	$2, 279, 587	$2, 135, 363

注：①见随附的财务报表附注。

收入、支出和净资产变化表（未审计）

表 2 收入、支出和净资产变化表（未审计） 单位：千美元

截至 2019 年 6 月 30 日和 2018 年 6 月 30 日	校区[①]		基金会	
	2019 年	2018 年	2019 年	2018 年
运营收入				
学生学费和费用净额	$968,549	$933,909		
补助金和合同净额：				
联邦政府	381,590	367,780		
州政府	74,391	93,563		
私人	208,332	212,358		
当地政府	15,070	13,368		
教育活动净额	91,000	88,108		
附属企业净额	197,727	186,434		
校区基金会私人礼品捐赠			$146,998	$181,285
其他运营收入净额	114,499	121,507	10	238
总运营收入	2,051,158	2,017,027	147,008	181,523
运营支出				
薪资和工资	1,294,488	1,255,313		
退休金福利	280,069	99,394		
退休人员健康福利	62,718	77,158		
其他雇员福利	343,409	253,877		
供应和物资	173,936	157,992		
折旧和摊销	235,967	224,036		
奖学金和学术奖金	160,293	167,418		
公用事业支出	39,277	31,944		
校区基金会补助金			215,392	227,507
其他运营支出	464,948	437,871	12,762	9,670

续表

截至2019年6月30日和2018年6月30日	校区		基金会	
	2019年	2018年	2019年	2018年
运营支出总计	3,055,105	2,705,003	228,154	237,177
运营损失	(1,003,947)	(687,976)	(81,146)	(55,654)
非运营收益（支出）				
州教育拨款	402,698	352,912		
州财务拨款	39,172	38,019		
建立美国债券联邦利息补贴	9,203	9,489		
联邦贝尔补助金	43,882	43,364		
私人礼品捐赠净额	318,866	315,857		
投资收益：				
短期投资池和其他净额	42,503	32,175		
捐赠基金净额	17,845	22,685		
校区基金会			11,025	9,083
公允价值投资净增值	162,537	167,007	95,465	147,913
利息支出	(100,473)	(99,093)		
其他非运营收益（支出）净额	6,412	(7,566)		
非运营收益净额	942,645	874,849	106,490	156,996
净资产其他变化前的（损失）收益	(61,302)	186,873	25,344	101,342
净资产其他变化				
资本化礼品捐赠和资助净额	29,354	100,925		
永久性捐赠			118,880	79,970
从UC转移——资本化资产相关	199	14,870		
净资产（减少）增加	(31,749)	302,668	144,224	181,312
净资产				
之前报告年初	2,253,249	1,954,693	2,135,363	1,954,051
会计变化累计影响	(7,957)	(12,069)		
年初重述	2,245,292	1,942,624	2,135,363	1,954,051
年末	$2,213,543	$2,245,292	$2,279,587	$2,135,363

注：①见随附的财务报表附注。

现金流量表（未审计）

表3 **现金流量表（未审计）** 单位：千美元

截至2019年6月30日和2018年6月30日	校区[①]		基金会	
	2019年	2018年	2019年	2018年
运营活动产生的现金流				
学生学费和费用	$962,773	$932,454		
补助金和合同	686,975	700,915		
教育活动	90,926	87,473		
附属实体	209,156	171,259		
从学生和雇员收回贷款	5,970	10,072		
校区基金会私人捐赠礼品			$154,980	$162,678
对雇员付款	(1,336,378)	(1,251,653)		
退休金福利付款	(104,552)	(143,374)		
退休健康福利付款	(17,694)	(26,623)		
其他雇员福利付款	(352,884)	(288,832)		
对供应商和公共事业付款	(667,844)	(626,115)	(12,778)	(12,184)
奖学金和学术奖金付款	(160,305)	(167,477)		
对学生和雇员发行贷款	(4,413)	(5,290)		
对校区和受益人付款			(222,706)	(234,988)
其他收入	121,511	126,789	5,433	2,452
用于运营活动净现金	(556,759)	(480,402)	(75,071)	(82,042)
非资本化融资活动现金流				
州政府教育拨款	402,698	352,912		

续表

截至 2019 年 6 月 30 日和 2018 年 6 月 30 日	校区		基金会	
	2019 年	2018 年	2019 年	2018 年
联邦贝尔补助金	43,981	43,052		
非资本化目的收到的捐赠礼品：				
捐赠基金目的的私人捐赠礼品			91,333	61,846
其他私人捐赠礼品	303,464	316,095		
学生直接借款收入	147,046	146,459		
学生直接借款支出	(147,046)	(146,459)		
其他收入	16,601	2,218		
非资本化融资活动提供现金净额	766,744	714,277	91,333	61,846
资本和相关融资活动产生现金流				
州政府财务拨款	39,173	38,019		
建设美国债券联邦利息补贴	6,456	9,583		
资本化礼品捐赠和补助金	23,567	24,282		
债务发行收益	50,131	98,424		
资本化资产销售收益	139	129		
资本化资产购置	(145,051)	(200,261)		
再融资或预付未清偿债务	(48)	(49)		
债务和资本租赁定期本金支付	(34,787)	(33,686)		
债务和资本租赁利息支付	(106,346)	(107,948)		
资本和相关财务活动使用现金净额	(166,766)	(171,507)		
投资活动产生的现金流				
销售和到期投资收益，减投资重购			(25,178)	12,805
投资收益，减去投资支出	42,503	32,175	11,025	9,083
投资活动提供（使用）现金净额	42,503	32,175	(14,153)	21,888
现金和现金等价物净增加	75,722	94,543	2,109	1,692

续表

截至2019年6月30日和2018年6月30日	校区		基金会	
	2019年	2018年	2019年	2018年
现金和现金等价物，年初	237,088	142,545	6,279	4,587
现金和现金等价物，年末	$312,810	$237,088	$8,388	$6,279
运营损失调整至运营活动净现金相一致				
运营损失	$(1,003,947)	$(687,976)	$(81,146)	$(55,654)
调整运营损失与运营活动现金净额一致				
折旧和摊销支出	235,967	224,036		
非现金捐赠礼品			(7,880)	(13,329)
坏账准备	1,466	5,111	(2,064)	(4,057)
资本化资产减值损失	890	4,863		
资产和负债变化：				
应收账款和担保	(7,843)	17,509	20,805	(587)
应收票据和抵押	(1,569)	60		
存货	(539)	164		
其他资产	722	1,685	(623)	(3,687)
应付账款	4,189	(10,635)	3,093	46
应计薪资	(41,846)	545		
雇员福利	(8,638)	(25,078)		
预收收入	25,165	(6,104)	419	2,002
退休金负债净额	180,940	(44,878)		
退休人员健康福利负债净额	37,306	42,845		
其他负债	10,978	(2,549)	(7,675)	(6,776)
运营活动使用的现金流	$(566,759)	$(480,402)	$(75,071)	$(82,042)
补充的非现金活动信息				
通过资本租赁获得的资本化资产	$631	$189		
年末负债获得的资本化的资产	6,372	2,765		
资本化资产捐赠礼品	5,591	77,614		
其他非现金捐赠礼品			$24,715	$27,126

注：①见随附的财务报表附注。

财务报表附注（未审计）（2018/2019 年度）

一、组织

加州大学伯克利分校（以下简称伯克利）始建于1868年，是加州大学（UC）州大学系统的一个校区。UC 由加州大学董事会（董事会）管理，根据加州大学的成立文件，与伯克利有关的行政权力归加州大学的校长。伯克利是一所公立教学和研究型大学。

二、财务报告实体

伯克利财务报表列示了归属于伯克利交易的 UC 部分的财务状况以及财务状况和现金流变化。

与伯克利一些关系不重要的，或伯克利并不承担财务责任的其他合法独立组织，其财务状况和运营结果，并不在伯克利的报告实体中，比如筹款会、校友会组织，以及劳伦斯国家实验室（Lawrence Berkeley National Laboratory，LBNL）。尽管根据伯克利与美国能源部（United States Department of Energy，DOE）的直接合同，LBNL 由伯克利运营和管理，但由实质上 DOE 承担着 LBNL 当前和未来发生的财务责任。

伯克利有一个合法独立的、免税的附属校园基金会——加州大学伯克利基金会（以下简称基金会）。基金会收到和持有的经济资源完全为了伯克利的利益，由于它与伯克利关系的性质和重要性，包括它提供的持续性的财务支持，在财务报表中，基金会被作为伯克利大学直接的报告单元而列报。然而，财务报表附注仅关于的伯克利校区。基金会的其他信息可在它独立发布的年度报告中找到，并通过联系基金会得到。

三、重要会计政策

财务报表根据美国公认会计准则编制，采用经济资源计量重点（economic resources measurement focus）和权责发生制会计（accrual basis of accounting），伯克利遵循公认会计准则委员会（Governmental Accounting Standards Board，GASB）发布的会计准则。

伯克利自 2018 年 7 月 1 日采用 GASB 第 83 号声明——资产报废义务（Asset Retirement Obligations，ARO），该声明对与资产报废义务相关的负债和相应的递延流出资源的确认时间和识别方式建立指引。声明要求资产报废义务的评估，应基于预计发生的最佳现值评估。与资产报废义务相关的递延资产流出，在初始计量时以相应负债的金额计量，并在资产提供服务的报告期内确认为费用。第 83 号声明对伯克利截至 2018 年 6 月 30 日的财务报表的影响如表 4 所示。

表 4 第 83 号声明对截至 2018 年 6 月 30 日财务报表的影响 单位：千美元

项目	原报告数	采用 No. 83 声明影响	调整后数
净资产			
递延资产流出	$373, 584	$7, 443	$381, 027
其他非流动负债	26, 355	15, 400	41, 755
非流动负债	4, 684, 646	15, 400	4, 700, 046
总负债	5, 433, 925	15, 400	5, 449, 325
非限定性	(2, 271, 678)	(7, 957)	(2, 279, 635)
净资产	2, 253, 249	(7, 957)	2, 245, 292
收支和净资产变化表			
其他非运营收（支）净额	(7, 309)	(257)	(7, 566)
非运营收入净额	875, 106	(257)	874, 849
净资产其他变化前收入	187, 130	(257)	186, 873

GASB 声明 88 号——关于负债，包括直接借款和直接配售的相关披露，伯克利自 2018 年 7 月 1 日起执行。这一声明定义在财务报表附注中披露的负债，是指作为以一次或多次付款方式支付现金（或可能替代现金的其他

资产）的合同责任而产生的，在合同义务建立之日确定的清偿固定金额的债务。本声明要求与债务有关的其他披露，包括提供与其他债务分开的直接借款和债务直接配售的其他信息。88 号声明的执行对财务报告没有影响。

伯克利重要的会计政策如下：

1. 现金和现金等价物

伯克利，和所有 UC 运营实体一样，通过投资于由大学董事会司库管理的短期投资池（Short Term Investment Pool，STIP）实现现金余额回报最大化。大学董事会负责管理 UC 的 STIP 并制定由大学董事会司库执行的投资政策。

实际上，伯克利的所有现金被存入 STIP，所有伯克利存入 STIP 的均被视为活期存款。STIP 的资产净值以 1 美元的不变价值持有，并且不因 STIP 中投资的公允价值波动实现损益而调整，也不被大学记录，但由 UC 作为资金池管理。这些金额都不由联邦存款保险公司（Federal Deposit Insurance Corporation）承保。迄今为止，伯克利尚未在这些账户上遭受任何损失。

利息收入在收支和净资产变化表中作为非运营收入报告。

关于现金和投资的其他信息包含于 UC 2018—2019 年度财务报告中。

2. 投资

投资以公允价值报告。伯克利的投资，由 UC 总投资回报池和一般捐赠投资池组成。组合基金或共有基金的公允价值为确定基础，是根据该集合中持有的单位数量乘以每个月最后一天计算的单位价格确定。有价证券通常以会计年度最后一个工作日的最后出售价进行估值，该价格在认可的交易所报价或通过使用行业标准的定价服务（如果有）进行报价。截至该会计年度最后一个工作日结束时未报告有任何出售的有价证券，以有价证券估价的定期交易所的交易商的买价进行估价。某些证券可以根据单一来源提供的价格进行估值。

投资交易在购买或出售证券的日期（交易日）记录。已实现的损益作为出售收益与出售投资的平均成本之间的差额记录。股息收入在除息日记录，利息收入计入当期收益。证券礼品在捐赠日按估计的公允价值入账。

3. 应收账款净额

应收账款，扣除坏账准备额后，包括外部基金研究和教育活动发起人的应收补贴，以及来自学生、雇员和教师的款项。

4. 应收认捐净额

向伯克利提供的私人礼品无条件认捐（扣除坏账准备）记为应收认捐，并以当年预期现金流现值保证当年的收入。有条件认捐确认为应收款项，符合指定条件时确认为收入。在满足所有资格要求后，伯克利确认捐款收入和相关的应收认捐。

5. 应收票据和抵押净额

给学生的贷款（扣除坏账准备额），由联邦学生贷款计划和其他来源提供。主要用于教职员工的住房抵押贷款，由 UC 的 STIP 和其他来源提供。STIP 提供的抵押贷款被归类为投资，其他来源提供的贷款被归类为净资产报表中的应收抵押。

6. 存货

存货，主要由用于零售的物资和货物组成，以成本计价。特别采用加权平均法确定，但不得超过可变现价值。

7. 固定资产净额

土地、公共设施、建筑物和修缮、无形资产、设备、图书、收藏品和特别馆藏，以取得之日的成本入账，捐赠品以捐赠日评估收购价值入账。评估收购价值涉及不确定的假设和估计方法，因此，这些估计可能与实际价值有所不同。无形资产包括地役权、土地权、商标、专利权和其他类似协议。资本化租赁按未来最低租赁付款的现值入账。公共设施和建筑物的重大的增加、替换、重大维修和翻新，如果成本超过 35,000 美元且使用期限超过一年，则通常予以资本化。小型翻新计入运营支出。成本超过 5,000 美元且使用期限超过 1 年的设备应予资本化。包括与资产取得直接相关的薪金和雇员福利等增量成本，以及主要软件项目的完善和安装等，记入固定资产。所有的土地、图书藏品和特殊收藏品均应资本化。

折旧使用直接法以资产的估计经济寿命期计提。资本租赁设备在设备的估计使用寿命内摊销。租赁权益改良采用直接法在短于资产租赁期寿命或资产的经济寿命内摊销。

预计经济寿命通常如表5所示。

表5　　　　预计经济寿命

项目	年限（年）
公共设施	25
建筑物和构筑物	15~33
设备	2~20
计算机软件	3~7
无形资产	2~无限期
图书和收藏品	15

在联邦政府保留复回权益的情况下，通过联邦资助和合同取得的固定资产将予以资本化和折旧。

诸如受保护的土地或特殊收藏品，为公共展览、教育或研究，包括艺术品、博物馆、科学和稀有书籍藏品等非消耗性固定资产，不计提折旧。

借贷给融资设施的利息，扣除与项目相关的临时投资期间赚取的任何与项目有关的免税借贷投资收入，在建设期应予以资本化。

8. 服务许可协议

伯克利与第三方缔结的为学生住宿以及为某些其他教师和学生服务的服务许可协议。根据这些协议，伯克利与第三方缔结的以最小或无成本的土地租赁，以及给予第三方权利建设、运营和持有的设施，旨在竞争性利率方面保障学生和教师的福利。设施的使用费率上涨受到某些限制，土地租赁到期后，设施的所有权归伯克利所有。伯克利在设施投入使用时报告为固定资产及相应的递延资产流入。根据这些协议，伯克利没有为第三方获得的融资提供担保。

9. 预收收入

预收收入主要包括根据合同条款从资助和合同发起人收到的未实现的收入总额，以及提前事项获得的其他收入。

10. 持有他人资金

对伯克利而言不重要或不承担财务责任的组织，伯克利作为代理人或受托人持有这些组织资金的结果。

11. 应退还联邦贷款

一些学生贷款由伯克利管理，资金主要由联邦政府支持。伯克利的净资产报表包括应收票据和相关的应退还联邦贷款负债，代表着项目终止后所欠的联邦资本投入。

12. 污染整治义务

关于义务事项，伯克利将估算任何预期的污染整治成本，以及从第三方的退款等组成部分。用预期现金流技术估计的成本作为应计负债。污染整治义务通常包括某些地点的地下水、土壤和沉积物污染，而州和其他监管机构指出伯克利是负责方之一。这些义务应每年评估，由于改善评估的其他信息或支持该项活动的收入来源的支出，而可能增加或减少成本或第三方退款（如果有）。污染整治义务记入净资产报表中的其他流动负债和其他非流动负债。2018 年 6 月 30 日至 2019 年 6 月 30 日，未发生预期退款，减少了污染整治义务。

13. 资产报废义务

关于此项义务，伯克利采用预计发生支出的最佳现值估计记录任何预期的有形固定资产报废义务成本。该义务应每年评估，由于改善评估的其他信息的结果而可能有所变化。应计资产报废义务成本，可能会由于诸如资产报废日期、取得条款、技术以及人工、材料和设备成本等假定的变化，而导致这些估计不同。

14. 递延资产流出和流入

递延资产流出和递延资产流入分别代表着未来一段期间净资产的一种消耗和获得。伯克利将再筹资债务分为两类：一类是从服务许可协议中收到或即将收到的付款收益；另一类是作为递延资产流入的不可撤销利益分割合同的变化。伯克利分类再筹资债务损失和作为递延资产流出的某些资产报废义务。再筹资债务的收益和损失根据旧债务或新债务的剩余期间孰短，作为利息支出摊销。资产报废义务在相关资产的剩余使用期限内确认。分割利益合同收入在资源可支出时确认。

未包括在支出中的养老金净额和退休人员健康债务净额的变化，作为递延资产流出或递延资产流入报告。养老金和退休人员健康债务净额评估日后的雇员捐赠，作为递延资产流出报告。

15. 净资产

根据会计和报告目的，净资产被分为下列类别：

（1）固定资产投资净额。该类别包括所有伯克利的固定资产，扣除累计折旧，减去用于取得、建设和修缮这些资产的未清偿债务。

（2）限定性净资产。伯克利将源自有限定目的的交易归类为限定性净资产，直到这一特定资源用于指定的目的，或只要该资源提供者要求其保持原有状态。

不可支出：受外部施加限定，伯克利永久保有的净资产，被归类为不可支出净资产。这包括伯克利的永久性捐赠基金。

可支出：受外部施加限定，但伯克利能够根据这些限定，满足其时效，或者随着时间过去而期满，可伯克利使用的净资产，被划分为可支出净资产。

（3）非限定性净资产。不受外部施加限定规制其使用的净资产，被归类为非限定性净资产。非限定性净资产可被指定于特定的目的并由大学董事会管理。实际上，所有的非限定性净资产配置于学术和研究创新和项目、用于资本化项目，或用于其他目的。

限定性和非限定性资源支出基于多样化考虑，包括筹资限定，不能优先对价或未来收入资源，以及发生费用的类别，伯克利大学根据各种收入资源，或者费用是否可循环，确定预算政策。非限定性净资产为负数，主要是由于养老金和退休人员健康福利的负债，超过可用于支付这些负债的资产。

16. 收入和支出

运营收入包括来自学生学杂费收入、用于特定运营活动的资助和合同，以及来自教育活动和附属企业的销售和服务。运营支出发生于伯克利实施项目和服务，作为运营活动列入收入、支出和净资产变化报表中。

依赖于和安排用于伯克利重要运营支持的核心教育使命的某些重大收入，强制执行 GASB 作为非运营收入记录，包括州教育拨款、某些用于学生财务援助的联邦资助，私人礼品和投资收入，因为 GASB 并不认为这些与伯克利的基本运营活动相关。

基金会资助伯克利大学的私人礼品，或资本化礼品收入，在基金会将礼品转给伯克利时，伯克利作为礼品记录。

非运营收入和支出包括州教育拨款、州财政拨款、建设美国债券联邦利息补贴、联邦佩尔奖学金，以及非资本性目的的私人礼品、投资收入、公允价值投资的净增值或减值，利息支出和其他非运营收入。

资本化礼品和资助，以及从 UC 或对 UC 的转移，归入其他变化净资产。

17. 学生学杂费

实际上，所有的学生学杂费供给伯克利的当前运营。作为资本化礼品和资助的少部分学生费用，要求用于与学生会和创新中心相关的债务。

国家规定的学杂费、宿食费、创新中心债务和其他费用，与学生和代表学生的第三方支付总额的差异，伯克利作为某些奖学金补贴确认。直接对学生的财务援助支出，被划分为奖学金和助学金支出。截至 6 月 30 日，在收支和净资产变化报表中，奖学金津贴与学生学杂费的净额对比如表 6 所示。

表 6　　奖学金津贴与学生学杂费的净额对比　　单位：千美元

项目	2019 年	2018 年
学生学杂费	$204, 746	$198, 518
附属企业	34, 581	32, 306
奖学金津贴	$239, 327	$230, 824

18. 州政府拨款

加州政府以年度对 UC 提供拨款。州教育拨款作为非运营收入确认；然而，教育或其他指定运营目的相关支出作为运营支出报告。指定用于艾滋病、烟草和乳腺癌研究的州拨款作为资助的运营收入报告。

19. 资助和合同收入

伯克利从政府和私人来源取得资助和合同收入。伯克利在赞助项目相关支出发生时，确认相关的直接成本为收入。联邦资助项目的设备和行政管理成本的回收成本，按加州大学的联邦监督机构、美国卫生与公共服务部协商的费用偿还率进行。截至 2019 年 6 月 30 日，设备和行政管理成本回收总计 12,170 万美元，其中，8,610 万美元来自联邦资助项目，3,560 万美元来自其他资助。截至 2018 年 6 月 30 日，设备和行政管理成本回收总计 12,380 万美元，其中 8,470 万来自联邦资助项目，3,910 万美元来自其他资助。

20. 养老金负债净额

伯克利记录的养老金负债净额，等于其固定福利计划的养老金负债净额。养老金负债净额的测度，用养老金负债总额减去养老金计划的受托人净资产总额。受托人净资产和固定福利计划净资产的变化的测度，与此计划采用的会计政策相一致。养老金负债总额基于贴现的预计福利支出确定，贴现预计福利支出，基于财年末的养老金计划福利条款和法律合同确定。预计福利支出用反映预期投资回报率的单一利率贴现，其额度为用于支付福利的计划资产。当计划资产不可用时，则采用免税且高质量的市政债券利率。

养老金支出根据当期获得的福利、未备基金（短期）负债利息和福利条款的变化而确认。预期和实际经历之间的差异，以及未来经济和统计因素相关假定的变化，作为递延流入和流出报告，根据具备养老金福利资格雇员的平均预期剩余服务期确认。预期和实际收益的差异作为递延流入和流出报告，并在五年期内确认。

21. 退休人员健康福利和负债

伯克利的退休人员健康福利负债净额，以退休人员健康福利负债总额，扣减加州大学退休人员健康福利信托（University of California Retiree Health Benefit Trust's，UCRHBT）的受托人净资产数额。受托人净资产和 UCRHBT 净资产的变化的测度，应与信托人采用的会计政策相一致。退休人员健康福利负债总额基于贴现的预计福利支出确定，预计福利支出基于健康福利信托财年末已有的福利条款和法律合同确定。预计福利支出采用反映预期投资回报率的单一利率确定，其程度为用于支付福利的计划资产，计划资产不可用时则用免税且高质量的市政债券率。

退休人员健康福利支出根据当期获得的福利、未备基金（短期）负债利息和福利条款的变化而确认。预期和实际发生之间的差异，以及未来经济和统计因素相关假定的变化，作为递延流入和流出报告，根据具备退休人员健康福利资格雇员的平均预期剩余服务期确认。预期和实际收益的差异作为递延流入和流出报告，并在五年期内确认。

22. 与 UC 和 UC 附属机构的交易

伯克利与 UC 和 UC 附属机构有各种交易。UC 作为主要的报告主体，可自行决定是否有能力从伯克利转移现金（取决于某些限制性契约或债券文书），并可以自行决定使用该现金。伯克利在收到直接或增量经济福利时，记录支出交易。

某些收入和支出从 UC 分配给伯克利。在收支和净资产变化表中报告的分配收入和支出，是管理人员对伯克利视情况而定的公平收支交易的最佳估计。

23. 带薪缺勤

伯克利基于服务年限和工作类别确定比率，为员工计提年假，包括与雇主有关的成本。

24. 捐赠支出

根据加州法律规定，《机构基金统一审慎管理法案》（Uniform Prudent Management of Institutional Funds Act，UPMIFA）允许投资收入，与实现和未实现收益的一部分一样，用于伯克利项目的运营需求支出。

25. 税收豁免

根据《国内税收法》（Internal Revenue Code，IRC）第 501 节（c）(3)，UC 被认定为税收豁免组织，除了根据 IRC 第 511 节对不相关的商业收入课税外。根据 IRC 第 115（a）节，作为州机构，UC 也豁免于联邦收入税。此外，根据《加州收入税法》（California Revenue and Taxation Code）规定，UC被豁免缴纳加州收入税。

26. 使用估计

财务报表的编制遵循美国一般公认会计准则（Generally Accepted Accounting Principle，GAAP），美国要求管理人员做出估计和假定，这些估计和假定影响报告的资产和负债数量、披露会计报表日的或有资产和负债，以及报告期的收入和支出数量。尽管管理层相信，估计和假定是合理的，他们基于估计和判定做出的可用信息，实际数量可能会不同于这些估计。

27. 新的会计公告

2017年1月，GASB发布84号声明——《受托人活动》，于伯克利2019年7月1日起财务年度生效。该声明为识别州和地方政府的受托人活动建立了标准。满足这一标准的政府活动应列报受托人净资产报表和受托人净资产变化报表。这些报表描述四类应报告的受托人基金事项（如果有）：①养老金（和其他雇员福利）信托基金；②投资信托基金；③私募信托基金；④保管基金。保管基金通常应报告不在信托范围或满足特定标准的同等安排的受托人活动。伯克利正评估84号声明对其财务报表的影响。

2017年6月，GASB发布87号公告——《租赁》，伯克利将于2020年7月1日开始财年度生效。此公告基于“租赁是使用相关资产的资金权利”这一准则，建立单一会计方法并报告租赁。根据这项公告，承租人应确认一项租赁义务及一项无形的租赁资产使用权，出租人应确认一项应收租赁和一项递延资产流入。对单一方式指引的有限免责条款以短期为条件，明确从开始持续期最长为12个月，包括任何扩展选择、融资购买、投资资产租赁，以及某些受管制的租赁。

2018年6月，GASB发布第89号公告——《建设期末之前发生的利息成本核算》，预计在伯克利的2020年7月1日开始财年生效。该公告要求建设期末之前发生的利息成本应确认为一项成本发生期间的费用支出。因此，利息成本不能被作为资产历史成本的一部分被资本化。对于建设过程，应用此公告后发生的利息成本将不被资本化。由于执行第89号公告，伯克利预计利息费用将增加。

2018 年 8 月，GASB 发布第 90 号公告——《多数股权利益——GASB 第 14 号和第 61 号公告的修订》，伯克利于 2019 年 7 月 1 日起财年生效。该公告定义在一个合法独立组织中的多数股权利益、核算分类和多数股权利益的财务报告，在财务报告表中分为投资或组织单元。伯克利正评估第 90 号公告将对财务报表产生的影响。

2019 年 5 月，GASB 发布了第 91 号公告——《管道债务义务》，自 2021 年 7 月 1 日开始对伯克利会计年度生效。该公告定义了管道债务义务，并阐明由发行人额外或自愿承诺的管道债务义务的会计和财务报告。伯克利正在评估第 91 号公告对其财务报表的影响。

四、附注 1：现金和现金等价物

UC 保持着对几乎所有现金和现金等价物的集中管理。伯克利的现金和现金等价物，由活期存款账户（demand deposit accounts）现金和 UC 的 STIP 现金组成。

伯克利活期存款账户的现金，通过每天将可用现金余额记入 UC 投资账户而最小化。在 2018 年 6 月 30 日至 2019 年 6 月 30 日，在国家认可的银行机构中，伯克利持有的活期存款账户账面余额，分别为 440 万美元和 340 万美元。伯克利的活期存款账户中的存款，无保险，无抵押。

五、附注 2：投资

大学董事会，即 UC 治理委员会，负责监管 UC 的投资并制订投资政策，并由 UC 的首席投资官（Chief Investment Officer）执行。这些投资与 STIP、TRIP、GEP，以及其他由 UC 首席投资官员管理的投资池相关，或者它们被单独投资。

伯克利的 STIP 份额在净资产报表中作为现金和现金等价物列报。

对于伯克利的中长期运营资本，TRIP 允许其利用在所有资产分类范围内大资金池中的投资规模经济（economies of scale of investing），以获得最大化回报的机会。TRIP 瞄准总投资回报目标，并旨在补充 STIP。由大学董事会授权的 TRIP 投资，包括多样化经营的普通股投资组合，有固定收入和可供选择的投资机会。伯克利 TRIP 投资的公允价值，在 2019 年 6 月 30 日和 2018 年 6 月 30 日，分别为 114,870 万美元和 110,720 万美元。

GEP 是一种投资资金池，其中最大数量为个人捐赠部分，旨在从多样化和规模经济中受益。对于捐赠礼品基金而言，GEP 是一个稳定的投资组合和主要的投资手段。当捐赠合同设定可允许投资的限制时，与捐赠相联系的资产则可根据合同条款进行投资。伯克利 GEP 投资的公允价值，在 2019 年 6 月 30 日和 2018 年 6 月 30 日，分别为 275,990 万美元和 264,330 万美元。

有许多因素可能影响投资的价值。除了市场风险、信用风险、保管信用风险外，信用风险集中和外币风险也可能影响普通股和固定收入证券。普通股证券受诸如经济情况、个人公司盈利表现和市场流动性等多种因素影响，而固定收入证券对信用风险和利率变化特别敏感。

关于加州大学投资的更多细节可见于 UC 的 2018/2019 年度财务报告。

六、附注 3：应收账款

2019 年 6 月 30 日和 2018 年 6 月 30 日的应收账款和坏账准备如表 7 所示。

表 7　2019 年 6 月 30 日和 2018 年 6 月 30 日的应收账款和坏账准备

单位：千美元

项目	州和联邦政府	地方政府和私人补助金和合同	其他	总计
2019 年 6 月 30 日				
应收账款	$120,804	$66,195	$39,150	$226,149
坏账准备		(17,676)	(15,041)	(32,717)
应收账款净额	$120,804	$48,519	$24,109	$193,432
2018 年 6 月 30 日				
应收账款	$118,225	$53,729	$40,345	$212,299
坏账准备		(17,539)	(13,879)	(31,418)
应收账款净额	$118,225	$36,190	$26,466	$180,881

伯克利的其他应收账款主要关于学杂费和附属企业。

坏账已冲减下列6月30日的年度收入，如表8所示。

表8 坏账冲减 单位：千美元

项目	2019年	2018年
学杂费	$1,232	$(174)
教育活动	48	(7)
附属企业	176	(409)
其他运营收入	115	1,109
坏账支出	$1,571	$519

七、附注4：应收认捐

2019年6月30日和2018年6月30日的应收认捐构成概要如表9所示。

表9 应收认捐构成 单位：千美元

项目	2019年	2018年
总未清偿的应收认捐	$28,070	$9,929
减：现值未摊销折扣	(742)	(181)
应收认捐准备金	(6,491)	(4,312)
总应收认捐净额	20,837	5,436
减：当期应收认捐	(5,633)	(2,985)
非当期应收认捐	$15,204	$2,451

根据认捐合同，2019年6月30日后5个财年后的每年及其后的未来收入如表10所示。

表10 5个财年后应收认捐缴纳 单位：千美元

年份	截至6月30日
2020	$11,459
2021	5,342
2022	5,122

续表

年份	截至6月30日
2023	5,006
2024	141
2025—2029	250
2029年以后	750
总应收认捐缴纳	$28,070

伯克利应收认捐坏账准备已增加（减少）2018年6月30日和2019年6月30日财年收入如表11所示。

表11　　认捐坏账准备已增加（减少）收入　　单位：千美元

	2019年	2018年
私人捐赠礼品	$2,634	$(3,867)

八、附注5：应收票据和抵押

截至2018年6月30日和2019年6月30日的应收票据和抵押与坏账准备额如表12所示。

表12　　应收票据和抵押与坏账准备额　　单位：千美元

项目	流动	非流动		
		票据	抵押	总计
2019年6月30日				
应收票据和抵押借款	$5,841	$19,682	$306	$19,988
坏账准备	(233)	(2,504)		(2,504)
应收票据和抵押借款净额	$5,608	$17,178	$306	$17,484
截至2018年6月30日				
应收票据和抵押借款	$7,336	$19,771	$315	$20,086
坏账准备	(279)	(2,292)		(2,292)
应收票据和抵押借款净额	$7,057	$17,479	$315	$17,794

九、附注6：受托人持有投资

一些用于伯克利资本化项目融资的加利福尼亚州租赁收入债券，出售所得的收入存入由加利福尼亚州财政厅作为受托人管理的混合美国债券基金中，作为建设项目分配给伯克利。这些存款在2019年6月30日和2018年6月30日的公允价值均为50万美元。

十、附注7：由UC持有的限定性债券收益

一些用于伯克利资本化项目融资的UC收入债券，出售所得收益存入由大学董事会司库管理的混合基金，并作为建设项目分配给伯克利。UC持有的限定性债券收益中伯克利的份额，在2019年6月30日和2018年6月30日分别为270万美元和420万美元。

十一、附注8：固定资产

各年度6月30日伯克利固定资产活动如表13所示。

截至2019年6月30日和2018年6月30日，报告为建筑物和修缮的服务许可合同历史成本分别为20,670万美元和13,010万美元，累计折旧分别为700万美元和310万美元。

十二、附注9：债务

UC直接对伯克利的建筑物建设、翻新，以及设施和设备提供资助，或出于其他目的由大学董事会授权伯克利发行债务责任。包括为商业票据和银行贷款提供临时融资，以及长期融资，包括收入债券、融资债务和其他借款。

6月30日UC的未清偿债务中伯克利的份额如表14所示。

表 13　固定资产活动

单位：千美元

项目	2017 年	增加	处置	2018 年	增加	处置	2019 年
原始成本							
土地	$119,998	$(30)		$119,968	$—		$119,968
基础设施	72,717	2,236	—	74,953	1,847	—	76,800
建筑物和改造	4,830,138	369,531	(1,213)	5,198,456	129,619	(14,855)	5,313,220
设备/软件/无形资产	590,570	37,832	(17,428)	610,974	55,657	(23,119)	643,512
图书和藏品	1,048,085	33,753	(2,368)	1,079,470	34,598	(2,985)	1,111,083
特别藏品	144,950	5,728		150,678	4,636		155,314
在建工程	169,632	(92,647)		76,985	1,896		78,881
资本化资产原始成本	$6,976,090	$356,403	$(21,009)	$7,311,484	$228,253	$(40,959)	$7,498,778
	2017 年	递延和摊销	处置	2018 年	递延摊销	处置	2019 年
累计折旧和摊销							
基础设施	$34,510	$2,617		$37,127	$2,638		$39,765
建筑物和改造	1,932,688	149,707	(15,601)	2,066,794	158,866	(12,601)	2,213,059
设备/软件/无形资产	401,299	40,673	(12,091)	429,881	43,276	(22,145)	451,012
图书和藏品	791,202	31,039	(2,368)	819,873	31,187	(2,985)	848,075
累计折旧和摊销	$3,159,699	$224,036	$(30,060)	$3,353,675	$235,967	$(37,731)	$3,551,911
资本化资产净额	$3,816,391			$3,957,809			$3,946,867

表 14　　未清偿债务中伯克利的份额　　单位：千美元

	利息率	到期年度	2019 年	2018 年
临时融资：				
商业票据	0.13% ~0.22%		$247,251	$204,537
长期融资：				
UC 收益债券：				
一般收益债券	3.82% ~5.78%	2019—2112	$1,559,080	$1,579,164
有限项目收益债券	3.3% ~6.03%	2019—2050	652,050	665,185
UC 收益债券			2,211,130	2,244,349
融资义务	1.65% ~3.48%	2019—2026	1,901	3,036
其他借款	0 ~2.45%	2019—2025	3,075	6,426
未清偿债务总额			2,463,357	2,458,348
减：商业票据			(247,251)	(204,537)
当期未清偿债务			(113,064)	(105,746)
非当期应偿还债务			$2,103,042	$2,148,065

与建设期融资项目相联系的利息费用，减去建设期免税债券收益赚得的任何投资收益，予以资本化。2019 年 6 月 30 日和 2018 年 6 月 30 日两年末的总利息费用均为 10,430 万美元。利息费用，减去投资收益，截至 2019 年 6 月 30 日和 2018 年 6 月 30 日总计分别为 380 万美元和 520 万美元予以资本化。剩余的 2019 年和 2018 年分别为 10,050 万美元和 9,910 万美元，在收支和净资产变化报表中报告为利息费用。

1. 未清偿债务活动

关于伯克利在 UC 当期和非当期债务中的份额，截至 6 月 30 日各年度数据如表 15 所示。

表 15　　未清偿债务活动　　单位：千美元

项目	UC 债券收益	金融责任	其他借款	总计
2019 年 6 月 30 日年末				
截至 2018 年 6 月 30 日长期债务和融资责任	$2,244,350	$3,035	$6,426	$2,253,811
新债务	71,006	338		71,344
再融资和预付未清偿债务			(3,303)	(3,303)
定期资本支出	(104,226)	(1,472)	(48)	(105,746)
截至 2019 年 6 月 30 日长期债务和资本化租赁	2,211,130	1,901	3,075	2,216,106

续表

项目	UC 债券收益	金融责任	其他借款	总计
减：流动部分	(112, 193)	(823)	(48)	(113, 064)
截至 2019 年 6 月 30 日非流动部分	$2, 098, 937	$1, 078	$3, 027	$2, 103, 042
2018 年 6 月 30 日年末				
截至 2017 年 6 月 30 日长期债务和金融责任	$2, 263, 826	$5, 114	$6, 736	$2, 275, 676
新债务	83, 110	188	6, 173	89, 471
再融资和预付未清偿债务				
定期资本支出	(102, 586)	(2, 267)	(6, 483)	(111, 336)
截至 2018 年 6 月 30 日长期债务和资本化租赁	2, 244, 350	3, 035	6, 426	2, 253, 811
减：流动部分	(104, 226)	(1, 472)	(48)	(105, 746)
截至 2018 年 6 月 30 日非流动部分	$2, 140, 124	$1, 563	$6, 378	$2, 148, 065

2. 商业票据

商业票据是为了临时融资资本化项目、临时融资设备、备用或临时融资捐赠礼品资金项目和伯克利运营资本而发生的。

该项目的流动性，由 STIP 和 TRIP 中的可用投资支持。商业票据来自 UC 业主或其运营的项目融资和有限责任的收入抵押担保。无产权负担（留置权）、抵押或其他担保商业票据的所有权抵押，商业票据不构成 UC 的一般责任。

3. UC 收益债券

收益债券资助伯克利的多方面的附属、行政、学术和研究设施。该债券通常有年度本金和半年或月利息支付、分期偿还和到期日，包括沉没资金需求，以及可选择的赎回条款。除抵押收益外，收益债券并无任何产权负担、抵押或其他所有权抵押，不构成大学董事会的一般债务。收益债券契约要求 UC 使用设施，包括伯克利。但使用的方式，不得使免税债券的收益计入以联邦税为目的的债券持有人总收入中。所有的契约，只要在满足特定条件下，允许 UC 可发行额外债券。

普通收益债券仅以普通收益债券契约中定义的普通收益为抵押。普通收益是指 UC 一些运营和非运营的收入，其构成包括：总的学生学杂费，州拨款的一部分，合同和资助回收的设施和行政管理成本，教育、附属和其他活动的收益，以及其他收入，包括非限定性的投资收入。普通收益债券契约要求 UC 设定利率，每年的手续费和成本，足够用普通收益支付债券和其他契约的年度资本和利息。利率互换合同的普通收益抵押，与 UC 的普通收益债券的基准利率相同。

发行有限项目收益债券，用于附属企业融资，并以特定项目的总收入额为抵押。有限项目收益债券，要求 UC 实现相当于 1.1 倍的债券服务和持有其他契约项目总收入额。有限项目收益债券的抵押，从属于普通收益债券抵押，但高于商业票据抵押。

4. 资本租赁

伯克利与其他出租人的资本租赁，特别是设备，在 2019 年 6 月 30 日和 2018 年 6 月 30 日年末分别总计为 190 万美元和 300 万美元。

5. 其他 UC 借款

从 UC 的银行信用限额，以及到 2025 年的不同期满日贷款，截至 2019 年 6 月 30 日和 2018 年 6 月 30 日，分别计 310 万美元和 640 万美元，旨在用于为建筑物和设备提供临时融资。

6. 未来债务服务

自 2019 年 6 月 30 日后 5 年的每个财年及之后，伯克利的未来债务服务费用份额如表 16 所示。

表 16　未来债务服务费用份额　单位：千美元

年份	商业票据	收益债券	融资责任	其他借款	总支出	资本	利息
2020	$247, 663	148, 906	871	55	397, 495	296, 091	101, 404
2021		136, 643	638	49	137, 330	37, 949	99, 381
2022		135, 314	272	49	135, 635	37, 842	97, 793
2023		134, 634	133	49	134, 816	38, 614	96, 202
2024		143, 002	37	26	143, 065	48, 513	94, 552
2025—2112		3, 698, 424	56	2, 888	3, 701, 368	2, 004, 348	1, 697, 020
未来债务服务总计	247, 663	4, 396, 923	2, 007	3, 116	4, 649, 709	$2, 463, 357	$2, 186, 352
减：临时未来支出部分	(412)	(2, 185, 793)	(106)	(41)	(2, 186, 352)		
未来支出本金	$247, 251	$2, 211, 130	$1, 901	$3, 075	$2, 463, 357		

UC 债务的其他信息可于 2018/2019 年度财务报告中获得。

十三、附注 10：递延流出和流入资源

递延流出和流入资源的构成在 2019 年 6 月 30 日和 2018 年 6 月 30 日的概括如表 17 所示。

表 17　　递延流出和流入资源的构成　　单位：千美元

项目	服务许可合同	养老债务净额	退休健康福利净额	债务再融资	不可分割利益合同	资产报废债务	总计
2019 年 6 月 30 日							
递延流出资源		$483, 398	$296, 349	$40, 827		$7, 187	$827, 761
递延流入资源	$199, 745	85, 857	622, 362				907, 964
2018 年 6 月 30 日							
递延流出资源		$58, 229	$270, 414	$44, 941		$7, 443	$381, 027
递延流入资源	$126, 952	116, 162	611, 979		$3, 725		858, 818

十四、附注 11：加州大学退职系统

伯克利的大多数职员都参加了由加州大学管理的加州大学退职系统（University of California Retirement System，UCRS）。UCRS 由加州大学退职计划（University of California Retirement Plan，UCRP）、伯克利和雇员捐款资助的政府固定福利计划，以及加州大学退职储蓄项目（University of California Retirement Savings Program，UCRSP）组成，其中，可选择 UCRSP 项目，通常包括雇员可选择和不可选择的由捐赠资助的内部或外部管理资金池。大学董事会有权制订和修订福利计划。关于退休计划的其他信息，可见加州大学退休系统 2018/2019 年度报告。

UCRP 提供终生退休收入、残疾保护、死亡福利，为符合条件的 UC 及其附属机构雇员提供退休前后福利。在 UCRP 会员中，要求所有聘任雇员应在一年内至少工作 50% 时间或更多，或者无限期，或一年及以上。如果在 12 个月期间完成 1,000 小时工作，那么雇员就可以具有该资格。通常，计划福利资格要求有五年的服务。养老福利额根据补偿金乘以年龄乘以服务

信用年限的基本公式确定。最大月福利额不能超过雇员 36 个月期的最高平均计划补偿金的 100%，受制于国内税收法和计划条款规定的一些限制。年生活标准调整（cost – of – living adjustments，COLAs）基于消费价格指数（Consumer Price Index，CPI）根据固定公式制定，用于月福利。特定的 COLAs 可由可用资金担保。

1. 缴款

对 UCRP 的缴款基于大学董事会确定的利率。大学董事会基金政策为缴款规定利率以维持 UCRP 有一个保险精算的合理基础。如果 UC 自主精算师每年确定总的基金政策缴款，UC 就不需要缴款达到相当于总基金缴款的数额。UC 及其雇员的实际缴款和缴款率基于诸多因素，包括 UC 的可用基金、雇员缴款对 UC 总的一揽子酬金竞争力的影响，以及集体议价合同。

大学董事会决定由雇主和雇员总缴款的份额，代表雇员的雇员缴款率受制于集体议价。自 2014 年 7 月 1 日起生效的雇员成员缴款率，从 7.0% 上升至 9.0%。伯克利代表 UCRP 会员利益，支付所有工资 14.0% 的统一捐赠率。捐赠率自 2020 年 7 月 1 日起每年将调增 0.5%，6 年后的 7 月 1 日达到 17.0%。

雇员对 UCRP 的缴款分别计算，当前应计年利率为 6.0%。到期时，会员可选择回购他们的缴款加累计利息。符合条件的既定期满会员，可选择每月退休收入，或可能选择一个相当于他们应计福利现值的总和。截至 2019 年和 2018 年 6 月 30 日，对 UCRP 的递延缴款如表 18 所示。

表 18　　对 UCRP 的递延缴款　　单位：千美元

项目	2019 年	2018 年
雇主缴款	$99,901	$140,595
雇员缴款	46,604	68,382
总计	$146,505	$208,977

截至 2019 年 6 月 30 日和 2018 年 6 月 30 日会计年度，伯克利拥有对 UCRP 的其他存款。基于所有补偿金的比例份额，伯克利将净资产的其他变化和对 UC 应付养老金的增加，作为其他存款的一部分列报，截至 2019 年 6 月 30 日和 2018 年 6 月 30 日，分别为 3,870 万美元和 3,070 万美元。

2. 养老金债务净额

截至2019年6月30日和2018年6月30日，伯克利的养老金债务如表19所示。

表19　养老金债务　单位：千美元

项目	2019年	2018年
对UCRP的养老金债务总额	$1,332,610	$739,402
应付UC	349,424	306,217
养老金债务净额	$1,682,034	$1,045,619

3. 对UCRP的养老金债务净额

截至2019年6月30日和2018年6月30日，伯克利养老金债务净额的比例份额如表20所示。

表20　养老金债务净额的比例份额

项目	2019年	2018年
养老金债务净额比例	7.7%	7.8%
养老金债务净额比例份额（千美元）	$1,332,610	$739,402

伯克利的养老金负债净额于6月30日计量，并以截止计量日的计划净资产值计算，基于截止计量日之前一年的7月1日，精算评估滚动结果之前的总养老金负债，确定总的养老金负债。精算评估代表一个长期远景，包括报告福利的价值评估和关于未来发生的可能特定事项的假定。

伯克利的养老金债务净额用以下方法和假定计算，如表21所示。

表21　养老金债务净额　单位:%

项目	2019年	2018年
通货膨胀	2.5	3.0
投资回报率	6.8	7.3
预计薪资增加	3.7~6.0	3.8~6.2
生活成本调整	2.0	2.0

当实际结果与过去预期对比，以及做出关于未来的新评估时，精算假定须定期修正。

基于2014年7月1日至2018年6月30日期间的实验研究结果，精算假定于2019年发生改变。在2019年，对于退休前死亡率，采用Pub－2010教师雇员人数，加权超中位数死亡率表。对于退休后，健康死亡率基于Pub－2010健康教师人员，加权超中位数死亡率表，乘以男性教师数量的90%，女性教师数量的95%，其他男性成员数量的100%，其他女性成员数量的110%。对于退休成员的受益者，比率基于Pub－2010的或有幸存者数量，加权超中位数死亡率表，乘以男性的100%和女性的90%。对于残疾人员，比率基于Pub－2010的未保险残疾退休人员数量，加权死亡率表。以上所有死亡表，均采用两维死亡MP－2018修正值进行代际预计。

2018年采用的精算假定基于2010年7月1日至2014年6月30日期间开展的实验研究结果，在2018年，对于退休前死亡率，采用以二维MP－2014预测范围至2029的RP－2014白领雇员死亡率表（分为男性表和女性表）；对于退休后，健康死亡率基于以二维MP－2014预测范围至2029的RP－2014白领年均死亡率表，根据年龄然后提前一年；对于残疾成员，比率基于以二维MP－2014预测范围至2029的RP－2014残疾退休人员死亡率表，对于男性根据年龄然后推后一年，对于女性则提前5年。

UCRP的长期预计投资回报率假定，采用2019年构件法确定，该方法预计未来真实回报率（预期回报，扣除通胀）为每类主要资产而开发。这些回报被组合到一起，以减少长期预期回报率，并以标的资产配置比例的预期未来真实回报率加权。每一类主要资产的标的配置和预计算数真实回报率，在扣除膨胀后，扣除投资费用之前，采用截至2019年6月30日的原始长期预计投资回报率假定，概要如表22所示。

表22　主要资产的标的配置和预计真实回报率　　单位：%

资产类别	标的配置	长期预计真实回报率
美国普通股权	27.6	5.6
发达国家普通股	16.8	6.5
新兴市场普通股	5.6	8.6
核心债券	13.0	1.5
高收益债券	2.5	3.7

续表

资产类别	标的配置	长期预计真实回报率
财政通胀保值债券	2.0	1.2
新兴市场债券	2.5	3.9
私募股权	10.0	9.2
不动产	7.0	6.6
绝对回报	10.0	3.3
实物资产	3.0	5.6
总计	100.0	5.4

3. 折现率

用于评估养老金负债净额的折现率，在 2019 年 6 月 30 日和 2018 年 6 月 30 日，分别为 6.75% 和 7.25%。为了计算折现率，预计 UCRP 的现金流入和流出，用以确定在未来期间 UCRP 是否有充足的现金流，支付当前成员的预计福利。为此，伯克利和成员缴款用于资助当前计划成员的福利，包括他们的受益人。预计用于资助未来计划成员和他们的受益人的服务成本的伯克利和成员缴款，与预计的未来计划人员缴款一样不包括在内。截至 2018 年 6 月 30 日和 2019 年 6 月 30 日，预计 UCRP 有充足的资金支付当前成员的所有未来年度预期福利。

4. 养老金债务对折现率假定的敏感度

伯克利采用 2019 年 6 月 30 日假定 6.75% 折现率，计算的养老金债务净额，以及如果采用与当前假定不同的折现率计算的养老金债务净额的数量，如表 23 所示。

表 23　　不同折现率下养老金负债净额

项目	减 1% (5.75%)	当前折现率 (6.75%)	增 1% (7.75%)
养老金负债净额——伯克利	$2,178,559	$1,332,610	$636,393

5. 递延流出资源和递延流入资源

截至 6 月 30 日各年度与下列资源相关的递延流出资源和递延流入资源，如表 24 所示。

表 24 **递延流出资源和递延流入资源** 单位：千美元

	2019 年	2018 年
递延流出资源：		
份额变化以及伯克利缴款和缴款比例份额之间的差异	$—	$3,267
假定变化和其他输入	448,446	35,858
预期和实际经历的差异	34,952	19,104
递延流出资源总额	$483,398	$58,229
递延流入资源：		
份额变化以及伯克利缴款和缴款比例份额之间的差异	$76,653	$94,905
养老金计划投资的预计和实际盈利净差异	8,615	16,921
预计和实际经历的差异	589	4,336
递延流入资源总额	$85,857	$116,162

截至 2019 年 6 月 30 日与养老金相关的递延资产流出和递延资产流入净额，将在下一个 5 年期的养老金费用中被确认如表 25 所示。

表 25 **在下一个 5 年期确认的递延资产净额** 单位：千美元

年份	截至 6 月 30 日各年金额
2020	$127,663
2021	53,322
2022	111,278
2023	105,278
总计	$397,541

6. 固定缴款（DC）计划

2016 年 7 月 1 日生效，新雇员（合格雇员）可选择一个固定缴款（DC）特权替代参加 UCRP。对于选择此特权的雇员而言，伯克利和参与人都可做出税前基础的强制缴款，不超过 IRS 适当限制的补偿金支出，参与人缴款 7.0%，伯克利缴款 8.0%。一年服务期后，可授受由伯克利完全缴款，对于选择参加 UCRP 的雇员而言，它将受到加州公共雇员养老改革法（Public Employees' Pension Reform Act，PEPRA）最大值限制。

伯克利和参与人做出基于免税基础的强制 DC 计划退休缴款。对于指定教师，伯克利以所有符合条件的费用上缴 5.0% 给 DC 计划，上限不超过 IRC 补偿限额。对于员工，伯克利以所有符合条件的费用上缴 3.0% 给 DC 计划，超过 PEPRA 最大限额但不超过 IRC 补偿限额。对于指定的教师和员工，以所有符合条件的费用上缴 7.0%，超过 PERRA 最大限额但不超过 IRC 补偿限额。伯克利也可为符合条件的高层管理人员缴款。

DC 计划税前账户还包括伯克利的兼职、季节性和临时雇员的强制缴款，这些人员未参加当期的 UCRP 和其他的伯克利缴款（安全港参与人）的固定福利计划。安全港参与人包括一些伯克利的学生雇员，和持有 F－1 和 J－1 签证的常驻外国人。安全港参与人上缴他们总薪水的 7.5%（不超过社会保障工资基数）给 DC 计划，以代替扣减社会保障税。

除了通常每周工作少于 20 小时的学生外，所有伯克利的雇员均有资格以税后和递延收入税后账户，给 DC 计划自愿缴款，直到全额取回。参与人每年可缴款到税后账户的最大额度，由 IRC 第 415（c）限额决定。伯克利也可为合格高层管理者进行 DC 计划缴款。

追加固定缴款计划（Supplemental Defined Contribution Plan，SDC Plan）接受雇主代表一些特定的雇员缴款。雇主缴款被完全授权，没有对雇员缴款的规定。2018/2019 年度，无 SDC 计划的资产和雇主缴款。

7. 递延税 403（b）计划

UC 的递延税 403（b）计划［403（b）计划］接受税前雇员缴款。伯克利也实施符合学术雇员夏季或相当期限薪水的 403（b）计划退休缴款，这些雇员包括在夏季学期或相当期限期间进行教学、开展研究或提供行政管理服务的雇员。就资格而言，雇员必须持有学年任命和 UCRP 或其他伯克利固定福利计划的活动会员。缴款率是符合条件薪水的 7.0%，其中 3.5% 由雇主支付，3.5% 由雇员支付。两者均为税前基础。伯克利也可代表一些管理层人员进行缴款。

8. 457（b）递延补偿金计划

UC 的 457（b）递延补偿金计划［457（b）计划］接受税前雇员缴款。2018/2019 年度，无雇主捐赠的 457（b）计划。DC 计划、SDC 计划、403

(b) 计划和457 (b) 计划的参与者，他们选定的和非选定的捐赠，可指定给由首席投资官 (CIO) 管理的投资基金，也可以投资一些共有基金的账户。

关于退休计划的其他信息，详见加州大学退休系统 2018/2019 年度报告。

十五、附注12：退休人员健康福利成本和义务

UC 管理的单一雇主健康和福利计划，通过加州大学退休人员健康福利信托 (University of California Retiree Health Benefit Trust，UCRHBT)，提供健康和福利收益给 UC 和包括伯克利的其附属机构符合条件的退休人员（和符合条件的家庭成员)，这些健康和福利收益主要为医疗、牙科和视力等。大学董事会有权制定和修订计划。当退休人员健康福利不再是 UC 的法定义务，则可在任何时候被取消或修改，会计准则要求 UC 基于提供退休人员健康福利的当期实践，确认退休人员健康债务净额。

对退休人员健康福利的缴款，以 UC 确定的利率投入 UCRHBT。UC 从退休人员那里收到的退休人员健康缴款，从 UCRP 的福利金中直接扣减，或通过直接支付从退休人员那里直接取得。UC 代表 UCRHBT 行使第三方管理者权利，并根据 UC 对退休人员的退休健康福利计划，支付健康护理保险和当期应付的行政人员保险。

退休人员有资格享受医疗和牙科福利。医疗和牙科福利成本在伯克利和退休人员之间分配。伯克利并不捐助退休人员使用的其他福利成本。伯克利 1990 年前雇用的，以及在这一时间后未二次雇用的退休人员，如果他们在 55 岁前退休并且至少仍有 10 年的服务，或者他们在 55 岁或以后退休并且仍有至少 5 年服务，将有资格享受 UC 的最大限度缴款。伯克利 1989 年后和 2013 年 7 月之前雇用的退休人员，享有 UC 缴款一定百分比的资格，该比率从拥有 10 年服务的 UC 缴款最大额度的 50% 开始，增加至 20 年服务后的 100% 。伯克利自 2013 年 7 月 1 日之后雇用的退休人员，在 56 岁或年龄更大时退休，将享有基于年度和服务年限的 UC 缴款一定

比例的资格。退休人员在65岁时有20或更长年限服务时，享有最大额度UC缴款的资格。如果退休人员需要，则可支付超过UC缴款可用部分的超额保险费。

伯克利大学并不对退休健康福利预付资金，而是基于预计的现收现付（pay - as - you - go，PAYG）融资提供福利。根据购买计划合同，伯克利为退休人员缴纳的保费，根据各计划参与人数量，采用的健康计划合同率决定。自保计划缴款的保费率由UC根据历史成本、利用情况、人口特征和行政管理费用等趋势分析设定，以提供已发生的索赔，以及精算确定已发生但并未报告为负债的水平。UCRP支付的薪水每100美元的评估费率为2.7美元和2.8美元，自2017年7月1日和2018年7月1日起生效。

除了确定的伯克利缴款将提供给退休人员外，还有一个“隐性补贴”。目前，不符合医疗福利资格的成员，基于他们健康成本的综合，其总保费与现役雇员和退休人员相同。平均退休人员预期比现役雇员有较高的健康护理成本，主要是由于退休人员的平均年龄较大。由于两个群体采用相同的总保费，伯克利现役雇员的保费支付是补贴退休人员的保费。这种效应称为隐性补贴。这种与过去几年退休人员健康成本支付相关的隐性补贴，也被认为是伯克利的缴款。

伯克利的缴款截至2019年6月30日和2018年6月30日分别为1,770万美元和2,660万美元。

退休人员健康福利债务净额如表26所示。

表26　　退休人员健康福利债务净额　　单位：千美元

项目	2019年	2018年
退休人员健康福利债务比例	7.8%	7.9%
退休人员健康福利债务比例份额	\$1,496,425	\$1,443,567

截至6月30日，伯克利的退休健康福利债务净额的测度基于滚动向前的测度日前一年7月1日的精算估值结果。精算估值代表一个长期前景，包括报告的福利评估，以及无期未来事件发生可能性的假定。

用于计算伯克利退休人员健康福利债务的重要精算方法和假定，如表27所示。

表 27 用于计算退休人员健康福利债务的精算方法和假定

项目	2019 年	2018 年
折现率	3.5%	3.9%
通胀率	2.5%	3.0%
投资回报率	2.5%	3.0%
健康关爱成本趋势率	最初范围 4.4% ~9.4%，减少至 2077 年及以后的最终比率 4.0%	最初范围 5.0% ~9.3%，减少至 2933 年及以后的最终比率 5.0%

精算假定受制于定期检查，作为真实结果与过去预期的比较，以及做出关于未来的新评估。精算假定基于一项针对 2014 年 7 月 1 日至 2018 年 6 月 30 日期间的实证研究，并于 2019 年发生变化。对于之前的退休死亡率，采用 Pub－2010 教师雇员总人数加权中位数死亡表。对于退休后，健康死亡率则基于 Pub－2010 健康教师退休人员总人数加权死亡表中位数，乘以教职员工数量的 90%，或者分别乘以其他男性和女性员工数量的 115% 和 110%。对于退休的成员的受益人，比率基于 Pub－2010 或有幸存人数加权死亡表中位数。对于残疾人，比率基于 Pub－2010 非安全残疾退休人员总人数加权死亡表。所有的死亡率通常以二维死亡率预期改进 MP－2018 值范围。

用于 2018 年的精算假定，是基于自 2010 年 7 月 1 日至 2014 年 6 月 30 日开展的一项实验研究结果。对于退休前死亡率，基于以二维 MP－2014 至 2029 年的预测值预计 RP－2014 白领雇员死亡表（分为男性表和女性表）。对于退休，健康死亡率基于以二维 MP－2014 年至 2029 年预计的 RP－2014 白领健康年均死亡表，根据年龄提前一年。对于残疾人员，比率是基于以二维 MP－2014 至 2029 的预测表预测的 RP－2014 残疾退休人员死亡表，根据年龄男性推迟一年和女性提前 5 年。

1. 退休健康福利债务净额对健康护理成本趋势率的敏感度

表 28 列示了用 2019 年 6 月 30 日健康护理成本趋势率计算的 2019 年 6 月 30 日伯克利退休健康福利债务，该趋势比率 4.4% 至 9.4% 的初始趋势范围，通过 58 年递减至最终的 4.0% 趋势，以及如果采用与当前假定不同的健康护理成本趋势率计算的退休健康福利债务净额。

表 28　退休健康福利债务净额对健康护理成本趋势率的敏感度　单位：千美元

项目	减 1% （3.4% ~8.4%）	当前趋势率 （4.4% ~9.4%）	增 1% （5.4% ~10.4%）
伯克利退休人员健康福利债务净额	$1,232,869	$1,496,425	$1,845,822

2. 折现率

折现率用于估计退休人员健康福利债务净额，截至 2019 年 6 月 30 日和 2018 年 6 月 30 日，折现率分别为 3.5% 和 3.87%。由于 UCHRBT 计划资产并不足以支付福利金，折现率基于债券购买人 20 年免税一般义务市政债券指数。

3. 退休人员健康福利债务净额对折现率假定的敏感度

表 29 列示了伯克利 2019 年 6 月 30 日的退休人员健康福利债务净额，采用 2019 年 6 月 30 日假定的 3.5% 折现率计算，如果计算采用与当前假定不同的折现率，则退休人员健康福利债务净额将有所不同。

表 29　退休人员健康福利债务净额对折现率假定的敏感度　单位：千美元

项目	减 1% （2.5%）	当前折现率 （3.5%）	增 1% （4.5%）
退休人员健康福利债务净额——伯克利	$1,791,809	$1,496,425	$1,264,218

4. 递延流出资源和递延流入资源

退休人员健康福利的递延流出资源和递延流入资源与截至 6 月 30 日的下列资源相关，如表 30 所示。

表 30　递延流出资源和递延流入资源　单位：千美元

项目	2019 年	2018 年
递延流出资源：		
假定或其他输入的变化	$291,080	$264,199
计划投资的预计和实际盈利净差异	251	302
预计和实际经历的差异	5,018	5,913
总计递延流出资源	$296,349	$270,414

续表

项目	2019年	2018年
递延流入资源：		
伯克利缴款与缴款比例份额的差异和比例变化	$175,366	$177,039
假定变化或其他投入	216,104	254,711
预期和真实经历的差异	230,892	180,229
递延流入资源总计	$622,362	$611,979

截至2019年6月30日，与退休人员健康福利相关的递延流出资源和递延注入资源的总额，将被确认为下一个5年的退休人员健康福利支出，如表31所示。

表31　　下一个5年的退休人员健康福利支出　　单位：千美元

年份	截至6月30日金额
2020	$(45,998)
2021	(46,025)
2022	(46,057)
2023	(46,087)
2024	(55,292)
此后	(86,554)
总计	$(326,013)

关于退休人员健康计划的其他信息可见于UC的2018/2019年度财务报告。

十六、附注13：捐助和礼品

由UC持有和管理，但反映在伯克利的净资产报表中的捐助和礼品的价值，截至2019年6月30日和2018年6月30日，如表32所示。

表32　　捐助和礼品　　单位：千美元

项目	限定性的不可支出	限定性可支出	非限定性	总计
2019年6月30日				
捐助	$392,908	$968,586	$1,216	$1,362,710
捐助功能的基金		1,212,266		1,212,266

续表

项目	限定性的不可支出	限定性可支出	非限定性	总计
礼品		439, 924	9, 197	449, 121
捐助和礼品总额	$392, 908	$2, 620, 776	$10, 413	$3, 024, 097
2018 年 6 月 30 日				
捐助	$391, 451	$988, 821	$1, 156	$1, 381, 428
捐助功能的基金		1, 158, 591		1, 158, 591
礼品		394, 501	19, 433	413, 934
捐助和礼品总额	$391, 451	$2, 541, 913	$20, 589	$2, 953, 953

UC 捐助收入分配政策旨在保持捐助在实际期间（通胀后）的价值，并产生一个可预测的可支配收入流。管理捐助投资的目的是为实现最大的长期总回报。作为强调总回报的结果，由股息和利息收入，以及资本化收益提供的年度收入分配的比例，在各年间可能非常不同。UC 的政策是在年度收入分配后保持实现的和未实现的捐助增值。可用于满足未来支出需要的新增值，受制于大学董事会的批准，于 2019 年 6 月 30 日和 2018 年 6 月 30 日，其总计分别达到 115, 470 万美元和 108, 950 万美元。

捐助赚得的和年末分配的用于支持下一年度运营的投资回报部分，基于由大学董事会批准的一个比率。在 2019 年 6 月 30 日和 2018 年 6 月 30 日会计年末，每年从由 UC 持有的捐助中，转给伯克利的年度收益分配，分别是 9, 230 万美元和 8, 740 万美元。从累计资本收益中分配的年度收益部分，除了股息和利息获得的收入外，在 2019 年 6 月 30 日和 2018 年 6 月 30 日会计年末，分别为 7, 440 万美元和 6, 470 万美元。

十七、附注 14：承诺与或有事项

1. 合同承诺

在 2019 年 6 月 30 日，已承诺但未支出的建设项目金额总计 17, 800 万美元。

根据记录为运营租赁合同，伯克利租赁土地、建筑物和设备。2019 年 6

月 30 日财年末，运营租赁开支为 3,520 万美元。运营租赁期延续至 2027 年。

初始期限或剩余期限超过一年的不可取消运营租赁，未来最小开支如表 33 所示。

表 33　　未来最少的年租赁费用　　单位：千美元

6 月 30 日末	最少的年租赁费用
2020	$15,335
2021	13,653
2022	6,791
2023	5,400
2024	5,237
2025 - 2029	5,135
总计	$51,551

2. 或有事项

根据联邦和州计划，伯克利大学收到并支出了大量款项，并由政府监督机构进行审计。这些资金用于研究、学生援助和其他项目。伯克利的管理人员认为，这些审计产生的任何债务，不会对伯克利的财务状况产生实质性影响。

伯克利对于一些其他索赔和合同具有或有义务，包括在正常课程及其活动中产生的这些当期诉讼。尽管在任何诉讼中都存在固有的不确定性，管理层和总法律顾问认为，这些事件的结果不会对伯克利的财务状况产生实质性影响。①

① Berkeley Controller's Office. UC Berkeley Financial Reports [EB/OL]. https://controller.berkeley.edu/sites/default/files/2018 - 19_financial.pdf.

第四章

英国高校财务报告信息公开研究

我们的学习应该是全面的、系统的、富有探索精神的，既要抓住学习重点，也要注意拓展学习领域；既要向书本学习，也要向实践学习；既要向人民群众学习，向专家学者学习，也要向国外有益经验学习。学习有理论知识的学习，也有实践知识的学习。[①]

——《习近平谈治国理政》（第一卷）

① 习近平．习近平谈治国理政［M］．第一卷．北京：外文出版社，2018：406.

本章导读

英国是一个有悠久教育传统的国家，作为世界现代大学的发源地，其高等教育发展已有900年的历史，在世界上享有极高的声誉。从国家层面看，英国拥有世界优质大学的区域密度位列全球第一，是世界公认的高等教育强国。英国大学的办学性质主要是公立大学，私立大学数量极少，英国大学保持公立的性质，体现着教育作为社会福利事业的文化传统。

英国政府于2000年颁布《信息自由法》，是世界上第36个颁布信息自由立法的国家。英国的《信息自由法》自2005年开始在全国正式实施，从颁布至正式实施中间有5年的过渡期。本章首先回顾了英国联邦政府和地方政府信息公开立法的法制进程，并聚焦英国高等教育领域，重点介绍英国高校信息公开立法和定义文档等法规。

本章以进入美国新闻和世界报道2021年度世界最好大学排行榜前1,500名的英国87所高校为样本高校，通过逐一访问学校官方网站，查找并统计87所英国高校财务报告信息公开情况，对其财务报告信息公开进行进程、现状和框架研究。英国87所样本高校中，从学校官方网站获得了86所高校的财务报告，财务报告公开率为98.9%。

本章还择取牛津大学为个体案例，翻译了牛津大学2018/2019财年度的财务报告，完整呈现了牛津大学财务报告信息公开的原貌。此外，课题组还翻译了剑桥大学等高校的财务报告，总结了英国大学财务报告信息公开的框架和英国高校财务报告信息公开的特征。

一、英国高校财务信息公开法制遵循

（一）英国联邦政府信息公开立法历史演进

西方发达国家中，英国是一个深受根深蒂固的保密文化传统影响的国家，英国信息公开的立法进程，是一部反映公众知情权利与国家保密文化传统之间，漫长的、艰难斗争的历史，这是导致英国信息公开立法相对其他西方发达国家较晚的主要原因。即便如此，英国也于2000年通过了《信息自由法》(Freedom of Information Act)，成为世界上第36个通过信息公开立法的国家。①

1.《官方保密法》

英国信息公开立法的主要障碍，除了英国根深蒂固的保密文化传统外，还有颁布于1911年的《官方保密法》(Official Secrets Act)。该法规定所有公职人员未经授权而传播和外泄任何官方信息都是犯罪，该罪的构成不以故意为必要，并且犯罪的主体还包括所有以违反该法的方式获得未经授权信息的个体。《官方保密法》在继承英国保密文化传统的同时将其法治化，严重限制了英国政府信息公开的法治化进程。②

2.《行政公开条例》

20世纪70年代，受国际组织和国外政府信息公开立法趋势等多种因素的影响，英国政府开始为信息公开立法而努力。从80年代起，先后出台一系列专门法律，保障在特定情况下对特定人群公开特定信息。1991年，《公民宪章》将行政公开列为政府工作的六项原则之一，从而迈出了英国信息公开关键性一步。1993年出版的《行政公开》白皮书和次年颁布的《行政公开条例》，迫使政府公开许多不情愿公开的信息。③ 可见，英国政府信息公开的破冰是先从颁布条例开始试行的。

3.《信息自由法》

1997年工党执政，托尼·布莱尔 (Tony Blair) 政府开始制定《信息自由法案》草案并进行论证。

2000年11月30日，议会艰难通过了《信息自由法》，于2002年得到

---

① freedominfo. org. Chronological and Alphabetical lists of countries with FOI regimes [EB/OL]. http: // www. freedominfo. org/? p = 18223.

② 李云驰．美国、英国政府信息公开立法的比较与借鉴 [J]．国家行政学院学报，2012 (3)：103－106.

③ 王万华．知情权与政府信息公开制度研究 [M]．北京：中国政法大学出版社，2013：52.

女王伊丽莎白二世批准，自2005年1月1日起全面实施，标志着英国政府信息公开进入了全新发展时期。英国《信息自由法》明确规定：任何人，不管是否拥有英国国籍，也不管是否居住在英国，也毋须说明理由，都有权利了解包括中央和地方各级政府机构、警察、国家医疗保健系统和教育机构在内的约10万个英国公共机构的信息，被咨询机构必须在20个工作日之内予以答复。①

英国《信息自由法》从通过到批准再到实施历经5年，为英国信息公开的贯彻落实做了充分的准备，提升了实施效果。2001年11月13日，大法官公布《信息自由法》实施时间表，要求2005年1月底前全面落实，分成若干个阶段：①2002年11月，中央政府机构（皇家诉讼局、重大欺诈局除外）、议会、威尔斯、非政府公共机构（已经执行“使用政府信息行为规范”的部门）开始实施；②2003年2月，地方政府机构（警察除外）开始实施；③2003年6月，警察局、皇家诉讼局、严重欺诈局、武装力量等开始实施；④2003年10月，医疗卫生机构开始实施；⑤2004年2月，学校、大学、其他非政府公共机构开始实施；⑥2004年6月，其他剩余公共机构开始实施；⑦2005年1月，所有公共机构全面实施信息公开立法。②

尽管英国政府信息公开立法相对欧盟其他国家比较晚，而且立法经历了一个比较漫长的发展过程，但英国在《信息自由法》立法过程中，不仅吸收了欧盟各成员国信息公开立法的成功经验，而且立法实施伴随着英国国民信息公开意识的提升，实施进程充分考虑到英国的实际和形势发展需要，因此英国《信息自由法》的内容更加具体，更加适应英国社会的需要。此外，以下工作也为英国信息公开法的有效实施打下了良好基础：①通过培训储备开展政府信息公开所需人才；②通过法律宣传，迫使政府机构尽可能多地发布信息，减少处理大量申请的负担；③详细解释法律条文含义和实施细则，更便于实践操作；④建立起政府信息公开的执行机制

① 王芳，王小丽．基于电子政务的信息公开服务［J］．图书情报工作，2006（8）：76－81.

② Lord Chancellor. Annual report on proposals for bringing fully into force those provisions of the Freedom of Information Act 2000 which are not yet fully inforced［EB/OL］. http：//www. lcd. gov. uk/foi/imprep/annrep01. htm，2005－06－06.

和执行立法。①

英国《信息自由法》有以下显著特点：①覆盖机构和信息公开范围广泛。美国《信息自由法》只对联邦政府机构有效，但英国《信息自由法》几乎对所有公共机构（public authorities）有效。在信息公开范围方面，以公开为前提，以不公开为例外。②赋予公民两个基本权利：依法知道某种政府信息是否存在，并获得该信息。公共机构有责任主动公开信息，并处理公民的信息请求。公民没有责任回答“为什么要使用”，但公共机构有责任解释“为什么不公开”。③建立保密与公开的“通关检验”均衡：通过回答6个“是否”判断保密信息能否通过“通关检验”。④强制公开：在信息服务过程中发生争执可以通过行政或法律程序处理。⑤分步实施：信息自由法区分不同的政府和公共部门，分6个阶段全面实施。⑥重视公共机构信息开放对知识经济的促进作用。②

4. “数据权”

早期的信息公开中缺乏数据，而没有数据的信息是不充分、不全面的信息。从信息公开到数据公开，突出体现了数据在信息中的独特地位和作用。

2009年3月，“万维网之父”蒂姆·伯纳斯·李（Tim Berners - Lee）利用一次科学年会上演讲的机会，呼吁政府公开数据，并带领台下的听众一起喊口号“原始数据！现在就要！”后来，伯纳斯·李借一次颁奖典礼之机，与时任首相戈登·布朗（James Gordon Brown）进行了一次卓有成效的谈话，并取得布朗首相的支持，之后被任命为内阁的高级顾问。然而几乎每一个部门对公布数据都疑虑重重，拒绝公开的理由可谓五花八门、举不胜举，但最重要的还是担心公众对数据会有和政府不一样的解读、分析和结论。伯纳斯·李的数据权之争很快遭遇了政府的铜墙铁壁，四处碰钉，他甚至无奈地说：“这项改革涉及官僚文化的改变，难！”

2009年夏天，伯纳斯·李决定在英国白金汉宫为全体内阁部长举行一

① 石国亮．国外政府信息公开探索与借鉴［M］．北京：中国言实出版社，2011：26－27.

② 王正兴，刘闯．英国的信息自由法与政府信息共享［J］．科学学研究，2006（5）：688－695.

次公共数据的开发应用大赛，以彰显全民数据共享的效果，这个竞赛成了转折点。伯纳斯·李带着普通人开发的若干小程序做了一次展示，最终赢得了内阁部长们的背书。2010 年 1 月，英国的政府数据开放网站（Data. gov. uk）开始运行，除去地理信息之外，该网站公布了 2,500 多项民生数据，包罗万象。截至 2016 年 8 月，该网站已拥有 37,427 项数据集资源，可涵盖政府、社会、财政支出、教育、经济等多个领域。①

2010 年 5 月 11 日英国首相卡梅伦（Donald Cameron）上任，面对经济危机和政治丑闻，正式提出“数据权”（Right to Data）的概念，指出“数据权”是信息社会公民基本权利。5 月 25 日，英国女王在议会发表演讲，强调要全面保障公众的“数据权”。数据民主已然成为英国新政府的前进方向。②

2013 年 11 月 1 日，英国公司注册处（Companies House）发布了免费账户数据产品，此举旨在开放公司财务数据，提升透明度，同时提高数据的分析效率，使社会公众第一次有机会访问数据格式的法定账目。英国商务部部长迈克尔·法伦（Michael Fallon）指出：“英国处于数据革命的最前沿，我们在提高数据的可得性和透明度方面做了大量的工作，英国公司注册处今日发布的免费公司账户数据就是一个很好的例证。”同时认为通过开放公司数据，可以惠及包括企业家、纳税人、企业或公共部门在内的每一个人。开放质量更好、更有效的数据能够推动创新，提供更好的公共服务，开辟新的收入来源并刺激经济增长。③

（二）英国联邦政府信息公开机构设置

1. 英国联邦政府信息专员公署

英国政府为推进信息公开立法的有效实施，专门成立英国联邦政府

---

① 赵蓉英，梁志森，段培培．英国政府数据开放共享的元数据标准——对 Data. gov. uk 的调研与启示［J］．图书情报工作，2016（19）：31－39.

② 中国电子商务研究中心．涂子沛：数据民主也要争［EB/OL］．http：//www. 100ec. cn/detail5265166. html.

③ 张翔．英国将免费公开 XBRL 数据［EB/OL］．http：//www. xbrl－cn. org/2013/1116/96804. shtml.

信息专员公署（Information Commissioner's Office，ICO），该组织是由英国联邦政府的数字、文化媒体和体育部（Department for Digital，Culture Media and Sport，DCMS）发起，专门负责维护信息权利的独立政府组织。①ICO 总部设在英格兰西北部柴郡（Cheshire）的威姆斯洛（Wilmslow），同时在苏格兰首府爱丁堡（Edinburgh）设立苏格兰事务部、威尔士首府卡迪夫（Cardiff）设立威尔士事务部、北爱尔兰首府贝尔法斯特（Belfast）设立北爱尔兰事务部，分别负责英伦四岛的联邦政府信息公开事务。②

ICO 实行首席长官负责制，现任首席长官为伊丽莎白·丹哈姆（Elizabeth Denham），自 2016 年 7 月被任命为 ICO 首席长官，之前为加拿大英属哥伦比亚省信息和隐私权长官兼加拿大隐私权专员助理。丹哈姆于 2011 年曾因在档案管理中的开创性工作，以及在信息获取和隐私权领域的领导力而获得英属哥伦比亚大学（UBC）的杰出校友荣誉，2013 年又因其作为加拿大英属哥伦比亚省的立法官员，而获得英国女王伊丽莎白二世加冕千禧年奖章（Diamond Jubilee Medal），③ 2018 年获得基于英国富时 100 指数和大中市场组织中最有影响力商业驱动行业领导人和专业人员 DataIQ 100 第一名。④

2. 英国联邦政府信息专员公署决策机构

ICO 的最高决策机构是管理委员会（Management Borad），由包括首席长官在内的 9 人共同组成，下设审计委员会（Audit Committee）和行政机构（Executive Team），行政机构下分设高级管理团队、健康和安全委员会、公平和多样性委员会，高级管理团队包括机构战略和计划指导组、运营指导组、政策指导组三个工作组。下设机构均有职责范围（Terms of

---

① Information Commissioner's Office. Relationship with the Department for Digital，Culture Media and Sport [EB/OL]. https：//ico. org. uk/about - the - ico/who - we - are/relationship - with - the - dcms/.

② Information Commissioner's Office. who we are [EB/OL]. https：//ico. org. uk/about - the - ico/who - we - are/.

③ Information Commissioner's Office. Elizabeth Denham was appointed UK Information Commissioner [EB/OL]. https：//ico. org. uk/about - the - ico/who - we - are/information - commissioner/.

④ DataIQ. Elizabeth Denham [EB/OL]. https：//www. dataiq. co. uk/dataiq100/2018/elizabeth - denham.

Reference）界定，形成结构清晰而职责分明的决策结构（Decision making structure）[①]（见图4－1）。

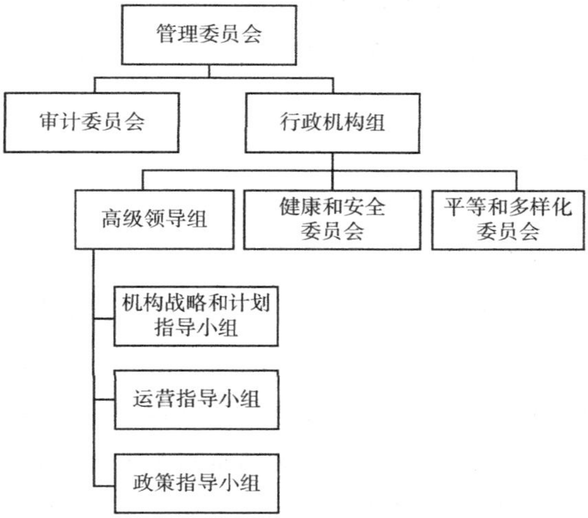

图4－1 ICO组织决策结构图

（三）英国高校信息公开相关法规

英国政府作为资源供给者，在撒切尔政府之前，充分相信各大学的自我管理能力，将教学和科研等核心事务均交由大学自主管理。政府通过高等教育拨款委员会（Higher Education Funding Council for England，HEFCE）作为缓冲器，为各大学自主发展提供相对充足的资源，大学与政府之间保持着适当的距离，双方相对独立、相互尊重和信任。1979年撒切尔政府掌权后推行新公共管理改革，将私营机构的经营理念及成功的管理工具和技术运用到高等教育领域，使得政府与大学的关系，从信任走向问责，政府通过质量保障、审计、绩效评价和拨款等方式遥控大学，以达成高等教育经济、效率和效能的目标。[②]

① Information Commissioner's Office［EB/OL］. https：//ico. org. uk/about－the－ico/who－we－are/decision－making－structure/.

② 王思懿. 迈向"混合法"规制结构：新公共治理范式下高等教育系统的变革趋势——基于美国、英国、新加坡三国的分析［J］. 中国人民大学教育学刊，2017（2）：38－49.

20世纪90年代初，英国颁布《高等教育：一个新框架》和《1992年继续教育和高等教育法》（Further and Higher Education Act1992），将多科技术学院纳入统一的大学体系中，逐步在高等教育领域建立起公平竞争的市场规则，将大学进一步推向市场，[①] 公平竞争市场的公开特性，成为英国大学信息公开的助推器。

英国政府对大学的外部监管，主要通过由高等教育拨款委员会（HEFCE）、政府部门及其设立的研究委员会（Research Councils）向大学拨付公共资金时提出要求来实现。这些要求主要围绕高等教育机构治理、质量评估、信息提供和财政可持续性发展，其提出的法律依据是《1992年继续教育和高等教育法》、英格兰高等教育机构《保障问责备忘录》（Memorandum of Assurance and Accountability）和英格兰高等教育拨款委员会（HEFCE）颁布的条例。英国《信息自由法》（Freedom of Information Act 2000）要求，公立高等教育机构需将其治理结构和程序清楚地告知学生和社会。尽管对于私立高等教育机构的治理没有上述类似的外部监管，也没有关于信息公开的明确要求，但对私立高等教育机构的治理监督还是能通过多种手段来实现，如学生贷款体系、大学名称的授予等。在机构内部治理体系不完善的情况下，外部监管能促进机构的健康持续发展。[②]

继2000年英国《信息自由法》颁布后和实践前，英国继续和高等教育机构下设的会计报表推荐实务委员会（Statement of Recommended Practice Board，HE/FE SORP Board）遵循最新的会计法律准则和会计实践要求，包括会计实务报告准则（Statements of Standard Accounting Practice，SSAPs）、财务报告准则（Financial Reporting Standards，FRSs）、英国会计准则紧急工作组（Urgent Issue Task Force，UITF）的报告、英国基金机构的要求、《公司法》的会计条款等，于2003年发布《会计报表推荐实务：继续和高等教育会计》（SORP：Accounting for Further and Higher Education，AFHE SORP）。SORP后经多次修订，成为大学和多科技术学院编制财务报告的管

---

① 张红霞．英国世界一流大学发展漫谈［J］．华东师范大学学报（教育科学版），2016（3）：9－12.

② 刘绪，匡建江，沈阳．英国高等教育监管新趋势［J］．世界教育信息，2016（9）：26－38.

理指引和最佳典范，并要求大学和多科技术学院财务报告应向社会公众和利益相关团体进行公开。这些社会公众和利益相关团体包括：大学治理机构、基金机构、政府部门、议会、大学职员和学生（包括过去的、现在的和将来的）、债权债务关系人、其他组织、学校和行业、拨款机构、捐赠者和捐助者，以及一般社会公众。[①] SORP 成为英国大学财务报告信息公开重要的实践依据。

牛津大学首次公开的 2007/2008 学年财务报告中指出：大学遵循全国高等教育组织等慈善组织（英国把“慈善组织”定义成为：为了广泛的公共利益而设立，非营利、非政府、从事各种慈善性公益活动的组织）应广泛接受推荐实务公告（SORP）的要求，向社会公开出版会计报告。[②]

剑桥大学在其财务信息公开时声明：根据 2000 年信息自由法（FOI Act）规定，信息自由法适用于“公共机构”，赋予了人们对剑桥大学所有信息的获取权利，制定了豁免权利，明确定义了大学许多的责任义务，其中主要有两个：一是编制公众可用的信息指引；二是处理个人的书面信息请求，并提供未出版或豁免的信息。同时，法律要求大学根据政府信息专员办公室（Information Commissioner's Office，ICO）对大学和高等教育组织的要求，采用信息公开出版方案（Publication Scheme，PS）。[③]

二、英国高校财务报告信息公开现状

（一）英国高校样本选择及分布概况

英国高等教育机构在 1992 年之前实行大学与非大学两种不同身份的

---

① HE/FE SORP Board. Statement of recommended practice: accounting for further and higher education [EB/OL]. http://www.cass.city.ac.uk/_data/assets/pdf_file/0004/142186/Statement_of_Recommended_Practice-2007.pdf.

② Oxford Colleges. Financial Statements of the Oxford Colleges (2007-08) [EB/OL]. https://www.ox.ac.uk/about/organisation/finance-and-funding/financial-statements-of-the-Oxford-Colleges-2007-08?wssl=1.

③ University of Cambridge. Information Compliance [EB/OL]. https://www.information-compliance.admin.cam.ac.uk/foi.

“二元制”结构，其中的一元是指“自治”的45所大学，另一元是指“公共控制”的非大学机构，主要有四种类型：30多所多科技术学院，14所苏格兰中央学院，64所高等教育学院，300多所继续教育学院。1992年，英国政府颁布《继续和高等教育法》之后，多科技术学院被赋予与大学同等的地位，这标志着传统意义上的英国大学逐渐失去了分享公众拨款的特权，不得不在同样条件下为有限的资源同其他高等教育机构进行竞争，因而也更容易受到政治因素的牵制。这一变革是英国高等教育从二元制变为一元制的一个里程碑。①

据不确切统计，英国现有公立高等院校共170余所，美国新闻和世界报道2021年度世界大学排行榜前1,500名高校中，英国高校占87所，② 足见英国高等教育在世界高等教育中的位置。英国还是美、英、加、澳四国中除美国之外进入2020年美国新闻和世界报道大学排行榜高校数量最多的国家。这87所高校在英国本土分布如表4－1所示。

表4－1 英国进入美国新闻和世界报道2021年度世界大学排行榜前1,500名大学情况统计

序号	地区	简称	数量	公立	私立	医
1	英格兰	England	72	72		4
2	苏格兰	Scotland	9	9		
3	威尔士	Wales	4	4		
4	北爱尔兰	Northern Ireland	2	2		
合计			87	87	0	4

英国高等教育则由中央政府负责。从数量分布看，英国英格兰、苏格兰、威尔士、北爱尔兰四个地区均至少有1所大学进入榜单前1,500名，其中英格兰共72所，苏格兰共9所；从大学分类看，87所大学中，全部为公立大学；其中，医学类研究机构4所，均在英格兰地区。

① 张建新、陈学飞．从二元制到一元制——英国高等教育体制变迁的动因研究［J］．北京大学教育评论，2005（3）：80－88.

② U. S. News & World Report L. P.. Best Global Universities in the United Kingdom［EB/OL］. https://www.usnews.com/education/best-global-universities/united-kingdom.

（二）英国高校财务报告信息公开进程与现状

1. 英国高校财务报告信息公开进程

英国高校财务报告信息公开进程与美国相比，既有一定的共性，又有明显的自身特征。英国高校财务报告信息公开进程与英国联邦政府信息公开立法进程相比，具有相对一致性。主要是因为英国联邦政府在颁布和实施信息公开立法之间，设置了5年的过渡期。在5年过渡期内，政府性质机构的信息公开可以选择执行（见表4－2）。

表4－2 英国87所样本大学财务报告信息公开进程（起始年度）统计

序号	大学名称	起始年度	序号	大学名称	起始年度
1	牛津大学	2008	23	杜伦大学	1997
2	剑桥大学	2007	24	兰卡斯特大学	2007
3	帝国理工学院	2011	25	阿伯丁大学	2007
4	伦敦大学学院	2000	26	莱斯特大学	2004
5	爱丁堡大学	2000	27	伦敦政治经济学院	2005
6	伦敦国王学院	2003	28	约克大学	1998
7	曼彻斯特大学	2011	29	圣安德鲁斯大学	2000
8	布里斯托大学	2002	30	东英吉利大学	1997
9	格拉斯哥大学	2000	31	邓迪大学	1999
10	南安普敦大学	2004	32	雷丁大学	2000
11	伯明翰大学	2001	33	贝尔法斯特女王大学	2005
12	伦敦卫生与热带学院*	2006	34	伦敦大学皇家霍洛威学院	2009
13	伦敦玛丽女王大学	2005	35	巴斯大学	2002
14	华威大学	1965	36	伦敦大学圣乔治学院*	2008
15	谢菲尔德大学	2000	37	思克莱德大学	2008
16	利物浦大学	2004	38	萨里大学	2011
17	诺丁汉大学	2000	39	布鲁内尔大学	2001
18	利兹大学	2000	40	伦敦商学院	2011
19	埃克塞特大学	2001	41	斯旺西大学	2002
20	萨塞克斯大学	2005	42	利物浦约翰摩尔斯大学	2011
21	卡迪夫大学	2003	43	普利茅斯大学	2004
22	纽卡斯尔大学	2002	44	拉夫堡大学	2010

续表

序号	大学名称	起始年度	序号	大学名称	起始年度
45	朴次茅斯大学	2006	67	伯恩茅斯大学	2014
46	赫瑞瓦特大学	2004	68	赫特福德大学	2008
47	肯特大学	1999	69	牛津布鲁克斯大学	2002
48	埃塞克斯大学	2000	70	中央兰开夏大学	2015
49	开放大学	2006	71	考文垂大学	2010
50	伦敦城市大学	2004	72	索尔福德大学	2015
51	诺森比亚大学	2012	73	诺丁汉特伦特大学	2001
52	布莱顿大学	2015	74	布拉德福德大学	2013
53	阿斯顿大学	2011	75	格拉斯哥卡里多尼亚大学	2002
54	克兰菲尔德大学	2008	76	林肯大学	2008
55	班戈大学	2001	77	德蒙福特大学	2015
56	利物浦热带医学院*	2006	78	格林威治大学	2001
57	亚伯大学	2011	79	西英格兰大学	2013
58	伦敦大学伯贝克学院	2006	80	伦敦大学亚非学院	
59	赫尔大学	2005	81	威斯敏斯特大学	1997
60	斯特灵大学	2005	82	谢菲尔德哈勒姆大学	1996
61	阿尔斯特大学	2000	83	金斯顿大学	2003
62	基尔大学	2005	84	哈德斯菲尔德大学	1999
63	伦敦大学皇家兽医学院*	2005	85	胡弗汉顿大学	2009
64	安格利亚鲁斯金大学	2004	86	利兹贝克特大学	2010
65	曼彻斯特城市大学	2012	87	伦敦大学金史密斯学院	2001
66	米德塞斯大学	2014			

* 医学类高校 4 所。

2. 英国高校财务报告信息公开现状

截至 2021 年 6 月，经过对英国 87 所研究样本高校官方网站的实践调查，除未能在伦敦大学亚非学院（School of Oriental and African Studies，University of London，SOAS）的官方网站找到其公开的财务报告信息外，其余 86 所高校均可在其官方网站便宜获得其财务报告信息，其中包括 3 所医学类高校。

英国 87 所研究样本高校财务报告信息公开率达 99%，样本中医学类高校占全部87所研究样本高校的3%，医学类高校财务报告信息公开率为100%（见图4－2）。

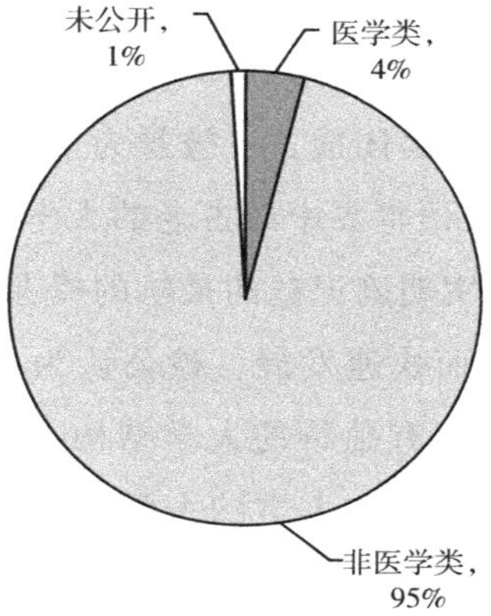

图4－2　英国高校财务报告信息公开率

在2005年（含）之前公开大学财务报告的大学共50所，占全部87所研究样本高校数量的57%，其中，早于英国联邦政府2000年（不含）颁布信息自由法之前公开财务报告的大学共9所，占全部87所研究样本高校数量的10%；在英国联邦政府信息自由法五年过渡期内（2000—2005年），公开大学财务报告的大学共41所，占全部87所研究样本高校数量的47%；其余36所高校在2005年（不含）之后公开财务报告，占全部87所研究样本高校数量的42%（见图4－3）。

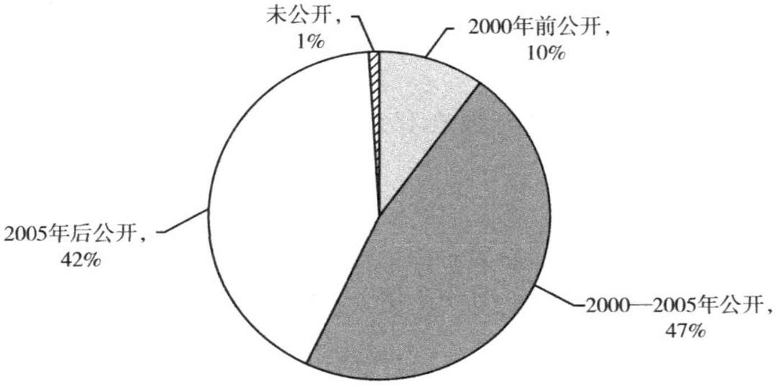

图4－3　英国高校财务报告信息公开现状

（三）文本案例：牛津大学财务报告信息公开

1. 牛津大学概况

牛津大学（University of Oxford），简称“牛津”（Oxford），位于英国牛津郡的牛津市，是罗素大学集团成员，被誉为“金三角名校”和“G5超级精英大学”。牛津大学是英语世界中最古老的大学，也是世界上现存第二古老的高等教育机构，有档案明确记载的最早的授课时间为1096年，在1167年因英国皇室的大力支持而快速发展，被公认为是当今世界最顶尖的高等教育机构之一。牛津大学拥有独特的大学结构，采用书院联邦制。学生和学者受益于既属于大型国际知名大学的大学，又属于小型跨学科学术团体的学院或礼堂。①

从1902年起，牛津大学设立有“全球本科生诺贝尔奖”之称的“罗德奖学金”。截至2019年3月，牛津大学的校友、教授及研究人员中，共有72位诺贝尔奖得主（世界第9）、3位菲尔兹奖得主（世界第20）、6位图灵奖得主（世界第9）。② 2020/2021年度，牛津大学位列“2021THE世界大学排名”第1，“2021QS世界大学排名”第5，2021年美国新闻和世界报道世界大学排名第5，2020世界大学学术排名第9。

牛津大学现有24,000名学生，包括11,955名本科生和12,010名研究生。学生来自160多个国家和地区，国际学生约10,900名，约占全部学生总数的45%。③ 牛津大学是牛津郡最大的雇主机构，截至2019年7月31日，牛津大学雇用员工数量总计14,478名，这一数字并不包括牛津出版社和各学院单独雇用的人员。④

牛津大学下属各学院享有独立和自治权，但都是构成大学联盟的核心

---

① University of Oxford. organisation [EB/OL]. https://www.ox.ac.uk/about/organisation.

② University of Oxford. Award winners [EB/OL]. https://www.ox.ac.uk/about/oxford-people/award-winners.

③ University of Oxford. Facts and figures [EB/OL]. https://www.ox.ac.uk/about/facts-and-figures.

④ University of Oxford. Staff numbers [EB/OL]. https://www.ox.ac.uk/about/facts-and-figures/staff-numbers.

单元。每所学院均获得枢密院批准的宪章，由众议院议长和一个由若干研究员组成的管理机构管理，其中大多数人还担任大学职位。大学的学术部门、学院和研究中心归属于四个学部：人文科学；数学、物理和生命科学；医学科学；社会科学。财务和计划等事务上的日常决策权下放给各个学部。继续教育部由一个单独的委员会负责。

2. 牛津大学法人治理结构

牛津大学的会众（Congregation）是大学的主权机构（sovereign body），相当于大学的议会，由超过5,000名成员组成，包括学术职员、各学院治理机构的院长和其他成员，以及研究员、计算机、图书馆和行政职员等。会众的职责包括：批准大学的章程和规章变化；考虑由会众成员和理事会提交的主要政策事项；选举大学机构和理事会成员，批准校长的任命。

理事会（Council）是大学主要的执行和决策机构，由26名成员组成，其中包括4名大学外部成员。理事会负责大学的学术政策和战略目标，负责大学行政管理、财务和资产管理，包括5个主要委员会：教育委员会、一般事务委员会、个人委员会、计划和资源配置委员会、研究委员会。牛津大学的校监，通常由社会上杰出的公众人物担任，主持大学所有重要的纪念活动。副校监即校长，是大学的最高级职位，每任任期7年。6位常务副校长（Pro - Vice - Chancellors）的职责有明确分工，分别负责发展和外部事务、教育、创新、人和校园、图书和博物馆、计划和资源、研究。还有一位平等和多元化副校长。另外还有10位非常务副校长，代表校长行使一定的职责，包括出席学位典礼和选举委员会。①

3. 牛津大学财务报告信息公开状况

牛津大学的财务年度会计期间，自每年的8月1日至次年7月31日。牛津大学的主要财务目标是提供长期资源，以巩固和提高其在国内和国际上作为学习、教学和研究场所的杰出地位，并能够为学生、学术职位和建筑物，以及三个核心的优先事项提供额外的资金支持。

① University of Oxford. Governance [EB/OL]. https://www.ox.ac.uk/about/organisation/governance.

牛津大学在门户网站公开了自2007/2008学年以来的财务报告。① 在牛津大学组织结构栏目下的财务和资金板块，公开了牛津大学2018/2019财年财务报表。截至2019年7月31日，牛津大学36所学院的财务报表以pdf格式提供，以及财务活动汇总表（SOFA）和汇总合并资产负债表。

各学院是独立的、自治的和财务自主的，并且他们的账目是根据慈善事务委员会（Charity Commissions）制定的供英国慈善机构使用的会计惯例（accounting convention）公布。凯洛格学院和圣十字学院无皇家特许，为了会计的目的，作为大学的一部分，因此，它们的财务成果被合并进大学财务报表中。② 本章附录为牛津大学2018/2019财年财务报表。③

三、英国高校财务报告信息公开的主要特征

（一）法制遵循

英国高等学校财务报告信息公开在法制遵循方面，除了对联邦和地方政府的信息公开立法、高等教育立法和会计法规三重制度遵循外，还有一个显明的特征，就是英国高等学校在财务报告信息公开时，公开路径清晰，便于信息需求者便利地获取大学财务报告。各大学统一遵循信息公开立法（Freedom of Information Act 2000）和信息专员办公室（Information Commissioner's Office，ICO）中要求的信息公开机构统一发布“出版计划”。该出版计划将机构需要公开的信息分为6个部分，第2部分“支出及如何支出”（What we spend and how we spend it）中包括基金/收入、预算和会计信息、财务审计报告、资本项目、财务规章和程序、物资清单、采购招标程

① University of Oxford. archive of University and Colleges Financial Statements [EB/OL]. https://www.ox.ac.uk/about/organisation/finance-and-funding/archive-of-financial-statements.

② Financial Statements of the Oxford Colleges 2018-19 [EB/OL]. https://www.ox.ac.uk/about/organisation/finance-and-funding/financial-statements-oxford-colleges-2018-19.

③ University of Oxford. University of Oxford. financial statements 2018/2019 [EB/OL]. https://www.ox.ac.uk/sites/files/oxford/field/field_document/Oxford%20University%2C%20Financial%20Statement%202018-19_0.pdf.

序和报告、合约、研究资金等10方面的内容，其中即包括财务报告公开。

英国大学的网站一般有 Freedom of Information 或 Publication Scheme 或 Publication 栏目，用于公开 FOIA 要求公开的信息。以林肯大学、阿斯顿大学、考文垂大学为例说明如下：

林肯大学坐落于英国历史名城林肯市中心，林肯市位于英格兰东部，是英国最美丽、最古老的城市之一，环绕布拉德福德湖，与拥有2000多年历史的林肯大教堂交相辉映。林肯大学在《泰晤士报》和《星期日泰晤士报优秀大学指南2021》(*The Sunday Times Good University Guide* 2021) 中被评为年度现代大学。在泰晤士报高等教育 (THE) 2020年度年轻大学排名 [Times Higher Education's (THE) Young University Rankings 2020] 中名列世界前150名，在 QS Stars 全球大学评级系统中总体得分为最高五星级，并在2021年 QS 世界大学排名世界前1,000所大学中占有一席之地。①

林肯大学财务报告信息公开代表着英国大学的法则遵循和普遍实践。在林肯大学官方网站的醒目位置开辟有“信息自由”专栏，可以链接到“出版方案”，详细说明了联邦信息自由法和出版方案的要求，并列出了出版方案的详细条款。其中，可以很方便地获取林肯大学公开的年度财务报告（见表4-3）。②

表4-3 林肯大学出版方案及财务报告信息公开

信息分类	二级信息	三级信息
我们是谁和我们做什么	法律框架	治理委员会、治理条款、治理结构
	如何组织	校长办公室和高级领导团队、学术委员会、学院、支持部门
	位置和联系清单	员工目录、校园导引
	大学负责组织机构	学术合作、研究合作、雇员参与和业务服务、全资子公司
	学术组织和俱乐部	学生会、大学会议和事项、运动和娱乐

① University of Lincoln. Reputation and League Table Rankings [EB/OL]. https://www.lincoln.ac.uk/home/abouttheuniversity/reputationandrankings/.

② University of Lincoln. Freedom of Information Act 2000 - Publication Scheme [EB/OL]. https://secretariat.blogs.lincoln.ac.uk/information-compliance/freedom-of-information/freedom-of-information-act-2000-publication-scheme/.

续表

信息分类	二级信息	三级信息
我们支出多少及如何支出	资金和收入	财务备忘录、财务报告、学费和基金
	预算和会计信息	年度评述、战略计划、法定账目、HEFCE 资助明细、HEFCE 高等教育创新基金分配、运营单元财务绩效和各类收支
	财务审计报告	见财务报表
	资本项目	财务审计报告（见财务报表）、资本支出计划与合约、固定资产战略
	财务规章和程序	
	员工工资和等级结构	与财务部门邮件联系、与人力资源部门邮件联系
	采购清单	
	采购招投标及报告	采购程序、与公共招投标人和成功投标人的合约
	合约	正式合约
	研究基金	研究基金（见财务报表）、邮件联系研究和事业发展部门
我们的优先战略及如何做	年度报告等	年度报告、法人和业务计划、教学战略、学术质量和标准
	外部审查信息	高等教育质量保障局（QAA）
	法人关系	知识转移合作伙伴、英国和国际合作
	治理和管理报告	大学主要事项、认证课程、HEFCE、QAA、NSS
我们如何决策	机构备忘录	治理机构、理事会/参议院、学术委员会、指导机构
	委员会备忘录	教学委员会、员工/学生顾问会议、提名委员会和程序
我们的政策和程序	开展大学业务政策和程序	实习准则（大学规章、学术政策、1994 教育法）、程序规则、现有规则、信息自由法要求的信息、数据保护法要求的个人信息
	学术服务政策和程序	毕业典礼、荣誉研究生和荣誉学位
	学生服务政策和程序	学生支持服务、学生录取、注册、住宿服务、预科学生认证手册、学生投诉、学术申请、学术不端、学生行为和纪律
	招聘政策和程序	招聘和选择政策、当前空缺职位
	治理机构成员行为准则	
	公平和多元化	治理机构成员的 CUC 指引、公平和多元化以及公平机会
	健康和安全	与健康和安全部门邮件联系

续表

信息分类	二级信息	三级信息
我们的政策和程序	房产管理	垃圾管理程序、不动产战略、环境和可持续政策、设施管理（软/硬件服务）、建筑物和场地维护
	投诉政策	学生投诉程序、员工不满政策、根据信息自由法要求有关的投诉
	记录管理和个人数据政策	ICT 接受使用政策、其他 IT 出版、数据保护政策和程序、记录保留和档案政策
	研究政策和战略	质量保障程序、知识产权政策、伦理和研究委员会会议条款、申请和批准、知识转移和企业
	收费制度和政策	信息收费、图书馆收费、费用和资金目录（本科/研究生/国际生）
目录和清单		任何我们持有公众应获得信息登记簿、资产登记、披露记录、提供给高级人员的礼品和医疗登记、任何持有权益的登记
我们提供的服务		章程、外部机构服务、课程目录、福利和建议、医疗服务、职业、教堂服务、收费服务、运动和娱乐设施、博物馆和图书馆、会议设施、建议和指引、新闻发布

以坐落于英国第二大城市伯明翰市中心的英国著名大学阿斯顿大学（Aston University）为例，其财报即通过：Publication Scheme——Governance and Compliance——Annual statements of accounts 进行公开。① 考文垂大学（Coventry University）在其官方网站页面最下端开辟有信息自由专栏（Freedom of Information），链接有出版计划栏目（Publication Scheme），可以方便地获取大学的财务信息（Financial information），该栏目下列示了考文垂大学自 2010/2011 年度以来的大学年度报告，包括大学的财务报表和预算报告。②

高等教育法制遵循方面：遵循英国高等教育监管机构——学生事务办室（OfS）的条款和规定，并接受监督，由理事会负责编制大学财务报表，

① Aston University. Annual statements of accounts [EB/OL]. https://www.aston.ac.uk/about/statutes - ordinances - regulations/publication - scheme/governance - compliance/annual - statements.

② Coventry University. Publication Scheme [EB/OL]. https://www.coventry.ac.uk/the - university/financial - information/finance/.

并对选择适当的会计政策并持续使用、做出合理和审慎的判断和估计、表明是否遵循了适当的会计准则、根据可持续经营基础编制财务报表等做出承诺。[①]

（二）公开框架

通过对英国87所样本大学公开的财务报告比较发现，英国高校的公开财务报告框架体系，在各高校之间并不存在明显差异。

牛津大学财务报告按学年编制，会计期间自每年的8月1日至次年的7月31日。上述以牛津大学公开的2018/2019财年度财务报告文本为案例，代表了英国高校财务报告信息公开框架的普遍范式。

从项目数量和名称看，牛津大学财务报告有明显变化：项目数量从2007/2008学年的13项，增加至目前的16项；项目名称亦呈现出表述与分合的变化。主要有：一是增加“五年概要（Five years summary）”项目。牛津大学从2008/2009财年度财务报告中开始增加了此项目，在2011/2012年财务报告中，将“五年概要（Five years summary）”改为“关键统计数据五年概要（Five years summary of Key Statistics）”。二是合并“理事会责任（Responsibilities of Council）”项目。牛津大学在2011/2012年财务报告中，将“理事会责任”并入“治理声明（Government Statement）”。三是增加内部控制三个项目。牛津大学分别在2012/2013财年和2013/2014财年财务报告中增加“内部控制和风险管理声明”（Statement of Internal Control and Risk Management）、“战略风险（Strategic Risks）”和“审计和审查委员会的保证（Independent Auditor's Report to Council）”，财务报告总项目数增加到16项。[②] 以上说明，牛津大学越来越重视内部控制、审计风险等对财务报告的影响；同时说明英国高校的年度财务报告公开框架仍在发生着变化。我们

① University of Oxford. Archive of University and Colleges Financial Statements [EB/OL]. https://www.ox.ac.uk/sites/files/oxford/field/field_document/Oxford%20University%2C%20Financial%20Statement%202019-20_0.pdf.

② 赵红卫. 中英两国高等学校财务报告比较研究与启示——以牛津大学和北京大学为例［J］. 教育财会研究，2015，26（5）：69-74.

还参考了阿斯顿大学2019/2020财年公开的财务报告,[①] 整理出英国高校财务报告信息公开框架体系（见表4－4）。

表4－4 英国高校财务报告信息公开框架目录

序号	内容
1	校长致辞
2	主要亮点
3	运营和财务评述
4	法人治理报告
5	独立审计报告
6	主要会计政策声明
7	综合收益和支出账户报表
8	准备金变化报表
9	资产负债表
10	合并现金流量报表
11	财务报表附注

（三）高校性质

本课题研究的87所英国样本高校，全部为公立高校。87所中，仅有一所高校——伦敦大学亚非学院，未能在其官方网站找到公开的财务报告。其实在英国，尽管公立高校占绝大多数，但仍有一所私立大学——白金汉大学，该大学在其官方网站公开了自2005/2006学年以来的财务报告信息。[②]

由此可以看出，英国无论公立高校还是私立高校，都应按英国联邦政府信息自由法和信息专员办公室的要求，公开高校财务报告信息，公立高校和私立高校在遵循信息自由立法方面并未有任何差异。

① Aston University. Financial Statements 2019/20 [EB/OL]. https: //www. aston. ac. uk/sites/default/files/Aston%20University%20 - %20signed%20financial%20statements%202019 - 20_1. pdf.

② University of Buckingham. Annual Report and Financial Statements [EB/OL]. https: //www. buckingham. ac. uk/about/financial.

附录：

牛津大学财务报表（2018/2019 财年）

目录

一、介绍
一览
校监致辞
愿景与战略优先
未来趋势
二、运营评述
教育
研究
教育出版
人
参与与合作
资源
三、2018/2019 财年财务评述
前言
综合收益
净资产变化
现金和现金等价物

四、治理

五、利益相关者参与

六、识别我们的风险

七、内部控制报表

八、独立审计报告

九、财务报表

合并及大学综合收益表

合并及大学储备金变动表

合并及大学财务状况表

合并现金流量表

会计政策声明

会计判断和估计

财务报表附注

一、介绍

一览

1. 战略与运营测评（见表1）

表1　　战略与运营测评

项目		2017/2018 至 2018/2019 年度变化		2017/2018 至 2018/2019 年度变化
教育 	11,813 名 研究生	1.1%	91% 牛津毕业生入职或毕业后再学习 6 个月	0
	11,930 名 本科生	1.6%	21,515 收到的本科生申请	7.9%
研究 	624.8 英镑 研究收益	7.9%	1st THE 世界大学排名	—
	2,305 个 研究资助 合同授予	-6.0%	4,572 名 研究人员	1.3%
教育出版（出版社） 	8.662 亿英镑 教育出版收益	1.9%	1.02 亿英镑 运营现金流	N/A
	5,958 名 教育出版员工 （全职）	-0.2%	1.033 亿英镑 综合收益	-36.1%
参与与合作 	1,350 个 暑期学校项目	58.8%	1,041 名 由 Crankstart 奖学金 支持的低收入家庭学生	30.1%
	2,522 项 拓展活动	-22.5%	139 个 与 OUI 公司合作项目	6.1%

2. 财务数据（见表2）

表2　　财务数据

<table>
<tr><td>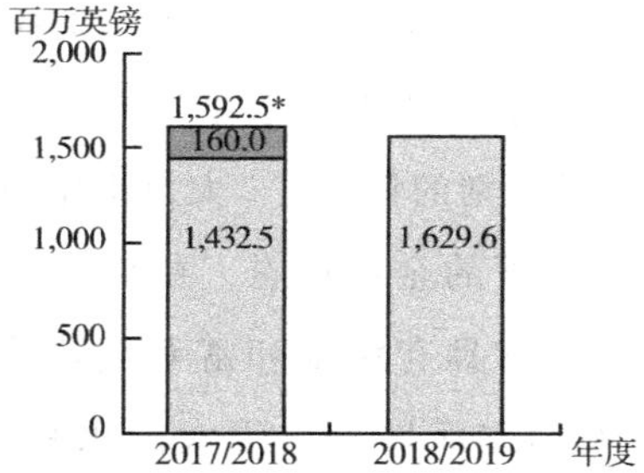
</td><td>收入

16.296 亿英镑
合并（不包括教育出版）

＊包括16,000万英镑三年一次教育出版的现金转移</td></tr>
<tr><td>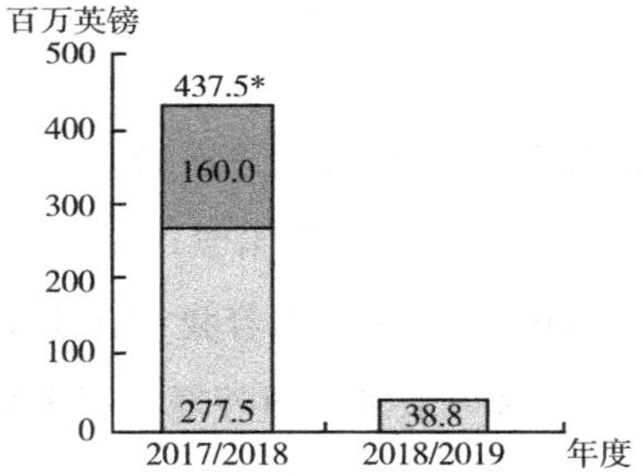
</td><td>净利润（综合收益）

3,880 万英镑
合并（不包括教育出版）</td></tr>
<tr><td>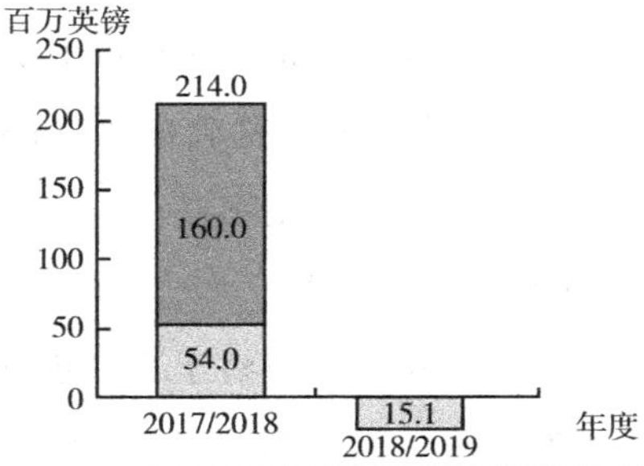
</td><td>运营现金流

–1,510 万英镑
合并（不包括教育出版）</td></tr>
<tr><td>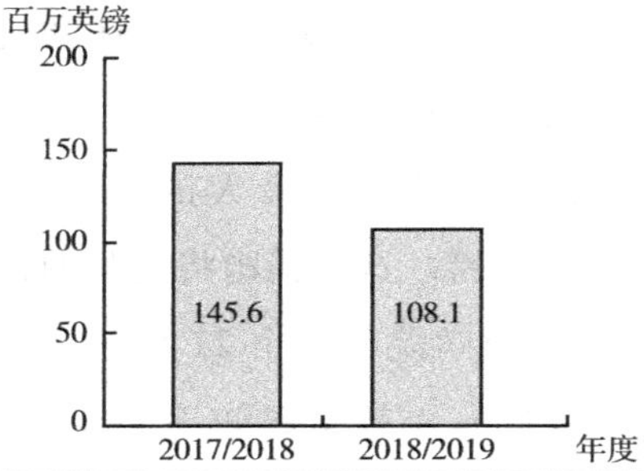
</td><td>资本化支出

10,810 万英镑
合并（不包括教育出版）</td></tr>
</table>

校监致辞

今年对牛津大学而言是非常好的一年。四年连续在泰晤士（THE）高等教育全球大学排名中位列第一，对于工作于此的人的水平，是一个非常显著的证明。THE 对我们研究的成功给予了特别的评价："大范围学科和学科间表现强势，在同行间有强大的影响和显著的全球声誉。牛津也比与它接近的北美大学的竞争者更具国际化，在全球具有深度和富有成效的研究合作，在吸引世界级优秀人才加入牛津大学方面展示出强大的水平。"然而，面对全世界资金雄厚的竞争对手的竞争，我们要想保持我们的地位，将越来越难。

今年大学实施四项主要举措旨在实现战略计划中做出的承诺。

上个学期我们做出公开承诺，在四年内我们录取的英国学生，将有 25% 来自少数族裔背景（underrepresented backgrounds），这标志着我们在不折中高标准前提下录取政策的一个大的变化。为实现这一承诺，额外增加了 UNIQ 夏季学校的规模至 1,350 人，我们将在学院层面建立两大成功的倡议项目。对于满足和超过我们录取要求的学生而言，机会牛津（Opportunity Oxford）是一个桥梁。对于一小部分其教育被严重干扰的天才学生而言，基础牛津（Foundation Oxford）是一个一年期的基础课程。我们比以往录取更多其他国家学校的学生、更多女性学生，以及更多来自少数族裔背景的学生。

为了满足不断增长的对新研究空间的需求，我们宣布将于 5 月创立一所新学院，即我们的第 39 个学院，暂时命名为帕克斯学院（Parks College）。帕克斯学院特别聚焦于处理 21 世纪的巨大挑战——气候变化、AI 和机器学院和细胞生命，我们期待着在 2021 年 10 月欢迎第一批学生。

上学期，我们宣布收到了自文艺复兴以来我们最大的一笔慈善捐赠——来自 Stephen A. Schwarzman 的 1.5 亿英镑。这一捐赠将使我们创立一个无与伦比的人文科学中心。这一中心将 7 个学院与一个 21 世纪人文科学图书馆整合至一个新的建筑内，同时也是展览、教学和知识交流的空间。它也包括一个表演艺术中心以及一个 500 座位的会议室、一个影院和一个

TV 演播室。这对于城市和大学而言将是一个巨大的资产。位于 Schwarzman 中心的研究活动场所之一，是一个新的 AI 伦理中心。预计这一新的人文科学中心将于 2024 年投入使用。

上学期，我们宣布与法通公司（Legal & General，L&G）建立合资企业。L&G 已经同意未来十年交付 40 亿英镑为我们的员工建立 1,000 套补贴住宅和为研究生建立 1,000 套新的宿舍单元。这样，我们希望解决这个城市中住房的高成本和长期短缺问题。L&G 也将建立两个新的科学园区，可以使大学衍生企业增长，并通过提供技能性工作和留住该地区公司以支持地区经济。

我们还宣布了牛津思想运动的成功收尾，全部学院完成超过 30 亿英镑的筹资目标，筹集了 33 亿英镑。

我们今年取得了许多成功，包括诺贝尔医学和物理学奖。我们已经持续改进然而从不偏离我们追求卓越的持久承诺。而且，国家脆弱的政治状况将是一个警醒，我们不能认为任何事情都是理所当然的。我们承诺消除脱欧事件对欧洲学生、教师和研究基金的影响。更重要的是，我们致力于确保牛津大学在结构、前景和参与度方面保持全球领先地位。

路易斯·理查德森（Louise Richardson）

校长（Vice – Chancellor）

愿景与战略优先

牛津大学的使命是通过教学和研究促进学习，并通过各种手段传播其使命。

1. 愿景

我们将团结如一，提供世界级的研究和教育，建基于大学的长期传统同时繁荣文化创新。

我们将致力于机会均等并创造包容性。

大学独特的民主结构将持续提供力量源泉，与我们各学院一道，创造有助于各个学者和推进多样性的环境。

2. 战略优先（见表3）

表3 战略优先

教育	吸引和招收来自所有背景的拥有杰出学术潜能，并有能力受益于牛津教育的学生
	为所有学生提供卓越的学术体验，确保研究生做好充分准备，在他们选择的任何领域实现卓越
	保持和创新大学丰富的学术环境
研究	增进和推动雄心勃勃的高质量的研究
	投资于人，支持他们以及他们的研究环境，从而使研究努力实现可持续增长
	改变世界使其更好
出版	展示牛津大学出版社的资料和服务对教育和研究产生积极影响的证据
	维持高水平的科技投资，在一个快速进化的数字环境中参与竞争
	关注新兴市场成长，特别是牛津大学出版社已经定位良好的新兴市场
	专注于效率为了保持竞争性
人	吸引、招募和留住最高水平的教师
	朝着一个不断多样化的教师状况而工作
	支持教师个人和专业发展
合作	与各方一起，创立世界级的区域创新生态系统
	与当地和地区社区建立一个更巩固和更建设性的关系
	与公众和政策制订者一起，塑造我们的研究和教育，鼓励最大可能使用我们的研究成果和技能
	源于我们的研究和学识，最大化全球的社会、文化和经济利益
资源	管理我们的财务资源，确保大学的长期可持续
	保证我们的财产能够提供一个推动世界级研究和教育的环境，同时最小化我们的环境影响，保存我们的历史建筑环境，提升我们的空间利用率
	继续投资于我们的信息科技，能够增强研究和教育的质量，简化行政程序
	筹资以支持最好的学生，投资于我们的教师和他们的工作，提供新资源和基础设施

未来趋势

优先开发大学战略，以应对地区、国家和世界变化的时代背景。

大学战略优先考虑以下未来趋势和问题，并确保大学很好地执行其战略计划。

1. 招生和多样性

大学致力于确保我们的本科生招生程序能够识别那些具有杰出学术潜

力，并有能力受益于牛津课程的学生，而无论他们的背景如何。我们知道，我们的主要挑战在于鼓励来自少数族裔群体的学生适应牛津，并帮助他们做出有竞争性的申请。

大学努力致力于在工作中推动公平和多样性，并为我们社区的所有成员提供一个受欢迎和包容的环境。

2. 世界中的牛津

牛津当前的国际形象可以与世界上任何大学相媲美。它以研究合作的广度和深度，以及真正的全球化学生团体和学术师资为显著特征。牛津大学瞄准开展包容性教育，实施世界级研究，对社会——当地、国家和国际做出重大贡献。该目标的完成要求大学持续扩展全球联系，甚至处理脱欧的不确定性，以及其研究和教学在英国的应用。大学的全球联系包括通过牛津大学出版社开展教学和研究资源的传播。牛津大学出版社是世界上最大的大学出版社，拥有最广泛的全球化网络，出版语言超过 100 种。

3. 影响与创新

与使命相联系，大学必须在研究和教学中持续繁荣创造和创新环境，与合作方一起产生重大的社会和经济影响。

4. 大小和范围

过去十年，特别是在研究方面，大学的增长反映出大学的学术成功。为了实现可持续增长，大学检视其结构的大小和范围。

5. 教师和学生宿舍

在牛津，住宅不能满足需求表现尤为严重，是大学持续学术成功的一个巨大挑战。为持续吸引最优秀的教师和学生来到牛津，我们将确保可用的、高质量的宿舍。为实现这一目标，大学正与各个学院和外部合作者一起努力，为教师、学生和重要工作者开发可负担的住宿项目。

6. 可持续、效率和效益

大学将寻求巩固其财务可持续，以最大化其可用的资源用于研究和教学投资。实现的关键是大学提供更高效率和效益的能力，以及多样收益流的持续增长。大学将继续设定建筑物最高的能效标准并维护其资产，对环境的影响最小化。

二、运营评述

教育

通过致力于每一个学生的个性化教育，我们提供高质量的教育和体验，这将为我们的学生提供价值观、技能和知识训练，促进学生能够为社会做出积极贡献。

1. 我们的战略优先

吸引和招收具有杰出学术潜力，并有能力从牛津大学教育中受益的来自所有背景的学生。

为我们所有的学生提供卓越的学术体验，确保牛津全方位装备我们的研究生，使他们在选择的任何领域实现卓越。

保持和焕新大学丰富的学术环境。

2. 学生数量（见图1）

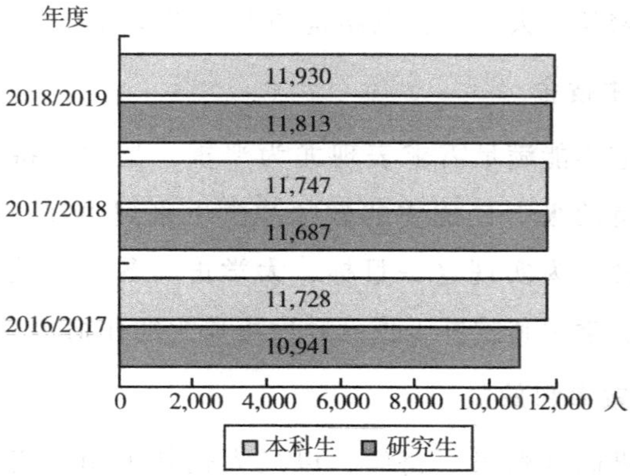

图1　学生数量

3. 本科生招生和拓展

2018/2019 年度，本科学生申请比 2017/2018 年增长 7.9%，其中，从英国公立学校招收的本科生数量持续增长至 60.5%。

4. 英国从公立（state）和私立（independent）学校招生（见图 2）

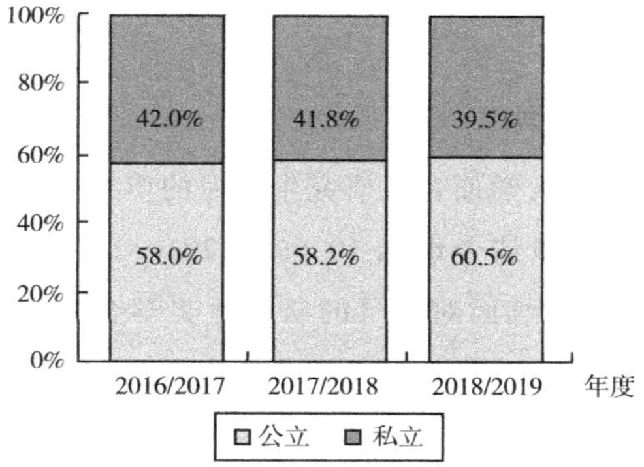

图 2 英国从公立和私立学校招生情况

大学致力于拓宽牛津的招生通道，在大学范围内开展重要的拓展活动，鼓励来自不同背景的、具有学术能力的学生申请。

去年，大学专注于识别和投资于这些最重大影响的拓展活动。以增加透明度的视角，大学继续出版了年度招生统计报告，提供过去五年来关于本科生来源申请、收到邀请和被招录的学生信息。这一报告的最新版本发布于 2019 年 5 月，它包括诸多积极的观点，同时也提供证据说明我们仍有大量的工作要做。

作为 2019/2020 年招生的一部分，大学首次实施重要的招录措施——机会牛津。该项目通过大学为优先者提供拓展参与，旨在增加来自不同背景的大量卓越的学生申请牛津。根据这一计划，在第一年（2010 年 10 月）预计将招收大约 80 个学生。这是一项大学招录和参与计划的关键要素，最近由学生办公室批准。很可能这一规则制定者、与政治家、新闻媒体和学校一起，将从其成功中受益。

大学旗舰的拓展宿舍项目——UNIQ 夏季学校，2019 年增加了 50% 的参与者，总人数达到 1,350 人。在后续几年，参与者还将持续增加，每个学生将用一周时间在牛津学习他们选择的课程，亲身体验本科生活，学习如何做出最优可能的大学申请。这给更多来自不同背景的学生进入牛津，提供了更大机会。

Oxplore 是我们创新的数字拓展学习门户，它拓展我们的外延活动至全球范围。该门户过去一年有来自 218 个国家的 21.6 万站点访问者，共访问了 45.4 万次网页。

5. 研究生招生和资助

对于 2018/2019 年入学而言，研究生学习的申请人比 2017/2018 年增加了 8.1%，非欧盟国家申请者增加 10.6%；2019/2020 年增长达 5.8%，大约共 3.03 万人。大学持续面对大量的研究生奖学金资金缺口，特别是对于硕士课程，保持了对研究生资助的战略优先。

关于牛津大学研究生奖学金可见于：www. ox. ac. uk/admissions/graduate/fees - and - funding/graduate - scholarships。

6. 支持学生成功

牛津的学生福利服务正继续经历一个持续的需求增加，该项工作将继续确保学生及时享受到可利用的高质量服务。福利服务作为一个目标，包含于 2018—2023 年的战略计划中，在《学生精神健康和福利战略》中阐明该战略如何嵌入到学生游学的所有方面。2018 年 10 月，大学发布了一项新的服务，以支持那些受性侵和暴力影响的学生。

7. 培养学生为了未来的学习和就业

大学探索用技能和知识培养所有的学生在未来的学习和就业中获得成功。在课程之外，提供给学生的支持包括如下：

（1）在超过 40 个国家有超过 650 个资助的研究和职业的国际实习机会。

（2）超过 200 名学生参与教育、医学、学术、医药和商业的“洞见”课程。

2018/2019 年度亮点

24,299 名牛津学生，包括：

11,930 本科生；

11,813 名研究生。

21,515 名申请者申请

3,309 个本科名额

（3）由学生顾问团、研究人员战略顾问团和通讯社团组织的体验课程，为528名学生和研究人员提供了在93个商业、慈善和当地政府机构的志愿顾问项目中工作的机会。

研究

牛津大学因其研究卓越而举世闻名，是来自全球最天才的科学家和学者的家园。

1. 战略优先

促进并实现高质量的雄心勃勃的研究。

投资于人，并支持他们和他们的研究内容，从而使研究事业实现可持续增长。

让世界变得更好。

2. 研究活动

大学的研究活动范围相当宽泛，包括超过1,800名学者、接近5,000名研究教师和6,356名博士研究生。大学与国家和国际的其他大学和研究机构、健康保健机构、商业机构、社区组织、慈善和政府机构合作。根据最新的研究卓越框架（英国所有大学研究的官方评估），大学在全英国有最大量的世界级研究。这些研究的公众利益包括更好的公共政策、改善健康状况、经济繁荣、社会凝聚力、国际发展、社区认同、艺术、文化和生活质量。

3. 获得的研究资助合约

许多大学的研究活动由第三方授予竞争性营利的研究资金资助（包括英国研究委员会、英国慈善机构和欧盟委员会），也有一些资助来自商业和其他组织。大学当前有4,475个进行的研究资助，价值超过34亿英镑。在2018/2019年，被授予超过2,300项新的研究资助，累计价值6.63亿英镑。此外，“研究英格兰”项目通过与质量相关的周期资助提供重要的资金支持，总计大约1.44亿英镑。

为了保持在科学、社会科学、人文科学研究中世界领先的地位，大学需要持续从国家、欧洲和国际资源获得资金，与世界范围的机构和组织拓展合作网络，维持资金流向大学支持高质量的、来自全世界的教师和学生。具体数据见图3、图4。

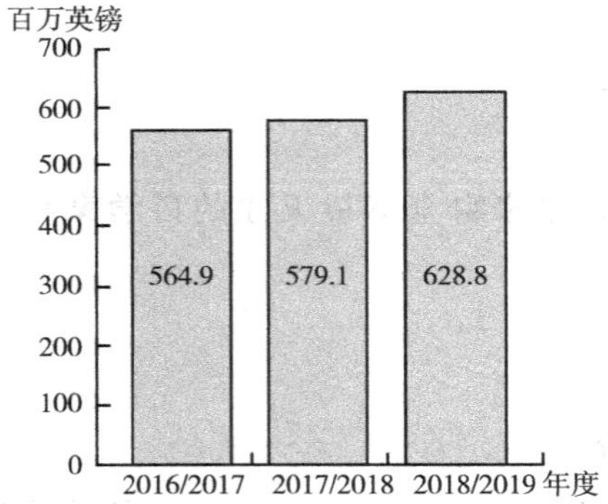

图3　研究收益

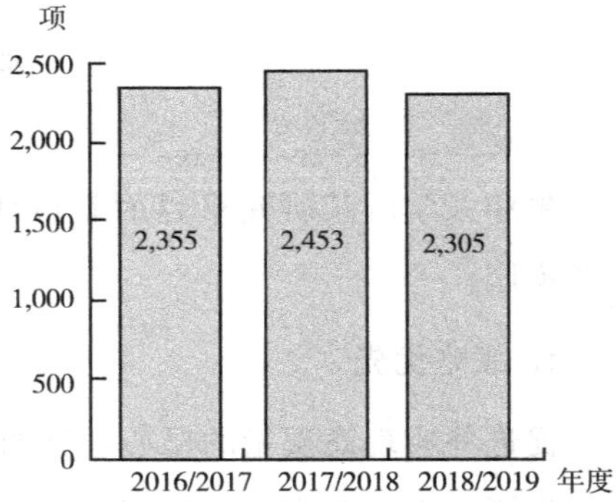

图4　获得的研究资助合约

4. 挑战性的研究资助状况

当前的研究资助状况面临着许多挑战，但对大学而言同时也有众多的机会。伴随着国家研究资助的增加，英国从欧盟获得未来资助的持续不确定性，特别是挑战导向和聚焦地区性的资助计划。大学正在采取多项措施，以确保在这种瞬息万变的环境中继续处于成功的地位。

5. 去年取得的关键里程碑包括：

（1）创立一个新的人口统计科学中心，从莱弗休姆（Leverhulme）信托公司获得1,000万英镑，整合了来自社会学、犯罪学、经济学、统计学、分子遗传学、生物学、历史学、市场营销与商业的研究者，引领科学走向人口统计学。

（2）牛津—苏州高级研究中心，被称为OSCAR，作为大学的第一个海外自然科学和工程学研究中心，在中国东部苏州工业园区正式开业。

（3）通过政府工业战略挑战基金，以及工业对牛津引领国家计划的投资，获得投资超过1,750万英镑，开发人工智能（AI）健康应用以使患者受益。

（4）成功争取建立开放－牛津－剑桥艺术和人文研究委员会博士培训合作关系（Open － Oxford － Cambridge Arts and Humanities Research Council

Doctoral Training Partnership)，在未来五年，将资助超过 400 名在牛津大学、剑桥大学和开放大学的艺术和人文学科研究生。

（5）牛津大学的研究，基于大学知识产权、3 个孵化器初创企业和 1 个社会企业，最终 2018/2019 年度形成了 19 个新的衍生公司，共同筹资 1,680 万英镑孵化投资，牛津大学现已创立了 139 家衍生公司。

2018/2019 年度亮点

最高排名——于泰晤士世界大学排行榜

最高比例——任何英国大学获得的与质量相关的研究资助资金

最高研究收益——所有英国大学从外部发起人获得

大学感激研究发起者和合作伙伴提供资源用于开展这些以及其他许多项目。关于大学研究影响世界政策、健康、商业和文化范围的更多信息，见于一系列案例研究和影片：www. ox. ac. uk/research/research－impact。

教育出版

作为大学的一部分，牛津大学出版社（以下简称“出版社”）通过全球发行，助力大学在研究、知识和教育领域的卓越目标。

1. 战略优先

通过使用出版社的资源和服务，证明积极的教育和研究影响。

为了在快速发展的数字环境中竞争，持续进行高水平的技术投资。

聚焦于新兴市场的增长，特别是出版业良好发展的市场。

聚焦于效益以保持竞争力。

2. 使命

通过大量的印刷和数字出版、培训项目、在线课程，以及资源供给，出版社拓展了大学的全球联络和影响。

出版社持续服务三大全球化的出版市场：研究、英语学习和教育（学校和高等教育）。这些市场吸引出版社有几个方面的原因：它们能使大学实现其使命；它们有长期增长前景；它们易受全球化方式的影响；出版社内部有着强大的和防御性竞争地位。出版社在所有市场（增进数字化、数据和技术能力；实现新兴市场增长；证明出版社产品和服务的影响；对市场的效率和速度；增强出版社的文化更具包容性和协同性）中，寻求共同战略。来自教育出版的价值如图5、图6所示。

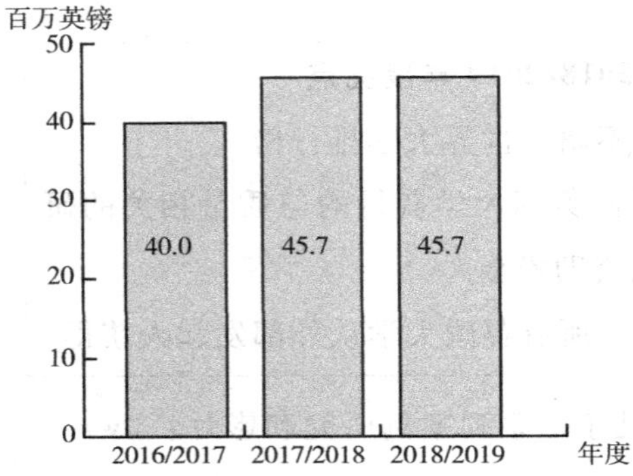

图5　来自教育出版的年度转让价值

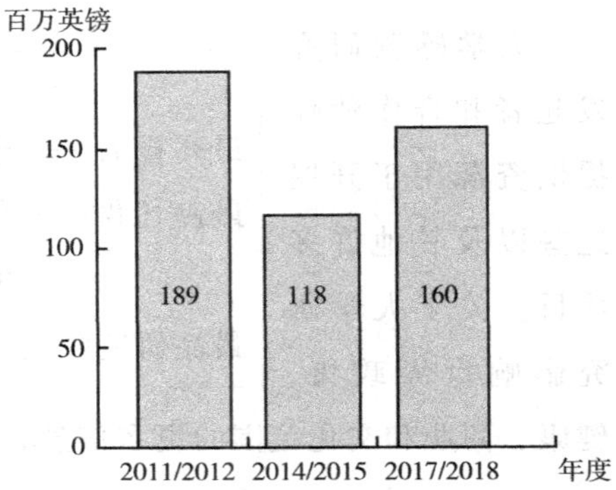

图6　来自教育出版的专利转让价值

3. 市场与部门战略

除了这些一般战略外，出版社还有部门特定的战略，反映不同的运营特征、竞争对手类型和各个部门的机会水平。

在2018/2019年度，出版社在期刊和文献资源方面的研究出版展示出强劲的绩效，并获得诸多重大的奖励，包括：

（1）普利策生物学奖和美国国家图书奖——杰弗里·C. 斯图尔特（Jeffrey C Stewart）的《新黑人：艾伦·洛克的生活》（New Negro：the Life of Alan Locke）。

（2）阿莫多科学奖——纳丁·阿克曼（Nadine Akkerman）的《隐形代理》。

（3）欧洲国际法学会图书奖——盖伊·菲蒂·辛克莱尔（Guy Fiti Sinclair）的《改革世界》。

在线和电子图书销售的增长，有助于抵消整个行业印刷收入的下降，同时出版社持续投资于学术和研究市场的数字化转变。

出版社继续从事推进可持续的公共获取（Open Access，OA）出版，8

种新的完全 OA 期刊出版了第一期，两种新的 OA 期刊申请开放。

在线文献资源也有持续增长，牛津研究百科全书（Oxford Research Encyclopedias）网站访问量与去年相比增长了两倍，订阅收入翻了一番。我们的学术文献网站访问量增长了 6%，我们的 13 种学术平台有超过 3,000 万的访问者。

尽管在教育市场中面临着多种挑战，诸如货币贬值、课程改革延期等，以及政府在市场中干预（比如印度）的影响，出版社持续拓展活动以支持教育产出，教育产品和服务销售达 175 个国家。

去年出版社为小学孩子启动了新的数字化阅读服务——牛津阅读伙伴（Oxford Reading Buddy），它采用在线的阅读指导以支持和激发每一个孩子的个人阅读体验，同时为教师的成功和发展提供有价值的洞见。它最初在 7 个市场启动：澳大利亚、中国、印度、马来西亚、马基斯坦、南非和英国。

2018/2019 年度亮点

98 项奖项——学术和教育资源

23% 增长——利用学术和研究平台

52.8%——出版社的杂志获得一个影响因子，是用于计算期刊研究联络到多少人，排在前四分位

评估继续成为出版社的一个增长领域。在印度，开展了牛津之星——迎合个性化的学生需求，通过提供精细化的辅导加快学生的课程。在英语语言教学中，出版社推出其大学认证的英语水平测试项目——牛津英语测试（Oxford Test of English）。

出版社的财务成功使得法人团对大学提供经常性财务转移，2018/2019 财年度的转移总计达 4,570 万英镑。

人

人是大学成功的基础，我们学术、研究、职业和支持人员的素质对我们的未来非常重要。

战略优先

吸引、招募和留住高水准的教师。

努力实现日益多样化的人员配置。

支持员工个性化和职业发展。

通过提供有竞争力的薪酬方案、受欢迎和包容的文化、慷慨的柔性工作和家庭休假政策、支持签证申请和新招募员工到牛津的过渡，我们旨在吸引、招募和留住世界各地最好的研究者和教师。

大学意识到多样化员工的重要性，并正积极地努力增加这种多样性。以供参考：

（1）46.2%的学术和研究教职源于英国以外。

（2）女性占当前大学教职的51.5%。

我们支持部门获得雅典娜SWAN性别平等奖，实施行动计划以支持宪章，比如《石墙平等指数》《种族平等宪章》（我们获得一项组织铜奖），以及支持教职工的正念心理健康（见图7、图8）。

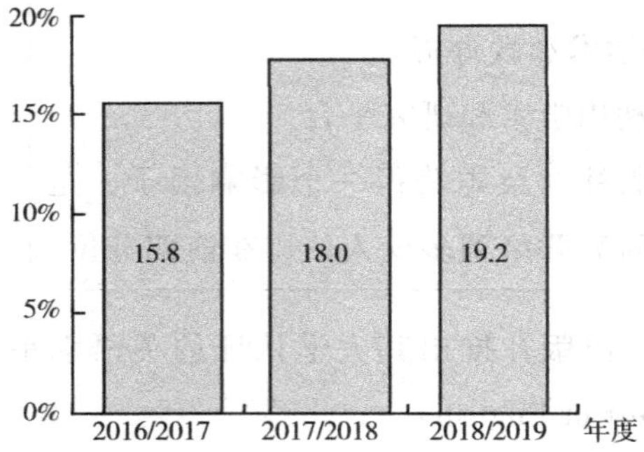

图7　法定教授中女教授占比

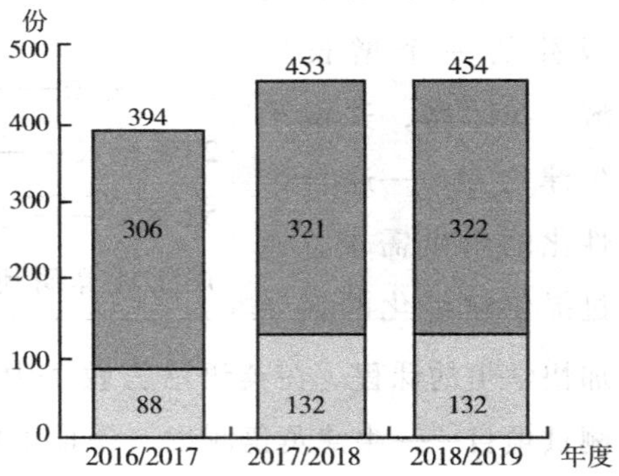

图8　年度建立的新的柔性工作协议数量

我们鼓励教师通过个体发展评价规划自己的发展，为所有的教师提供我们的发展项目，聚焦于管理和领导发展，为早期职业研究者提供支持。

大学是一个公认的生活工资雇佣者，特别有利于初级员工。然而，招募所有的教工，特别是早期职业研究者，常受到住宿短缺和支出、孩子照看和城市交通的阻碍。为开始应对这些挑战，大学已经与Legal & General在2019年建立伙伴关系，以完成大学的战略计划承诺，为大学和学院的教职工提供至少1,000个资助房屋。

2018/2019 年度亮点

- 包括慈善石墙组织（charity Stonewall）的 100 个最优秀的 LGBT 包容性雇主
- 认可性别平等先进性的 32 个雅典娜 SWAN 奖
- 为对受扶养亲属有关爱责任的教职实施额外的年度休假计划（Additional Annual Leave scheme①，AAL）

参与与合作

我们的研究和教育，旨在使牛津地区、全英国和全球的广大民众受益。为此，我们努力与公众、私人、志愿者和商业组织和我们的校友进行合作，以增强公共参与和知识交流。

我们的战略优先

与合作方一起创造世界级的地区创新生态系统。

与我们当地和地区的社团建立起更巩固和更建设性的关系。

与公众和政策制定者洽谈，以塑造我们的研究和教育，鼓励最大可能地使用我们的研究成果和技术。

通过我们的国际参与，使我们的研究和学术成果在全球范围内实现最大的社会、文化和经济效益（见图 9、图 10、图 11）。

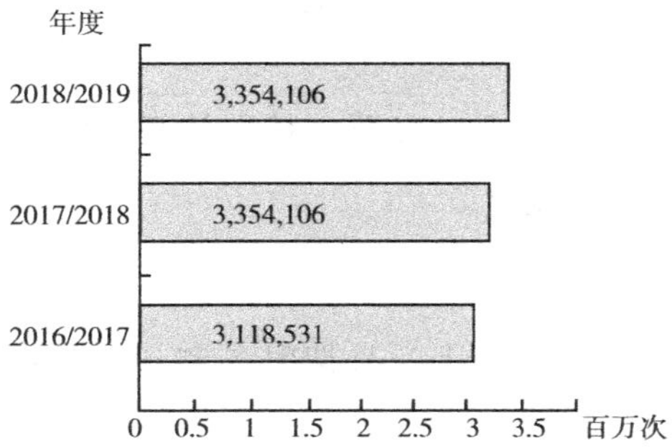

图 9 大学校园、图书馆和博物馆访问量

① 额外年度休假计划允许教职工通过薪资供奉计划，获得不超过 10 天的额外假期。

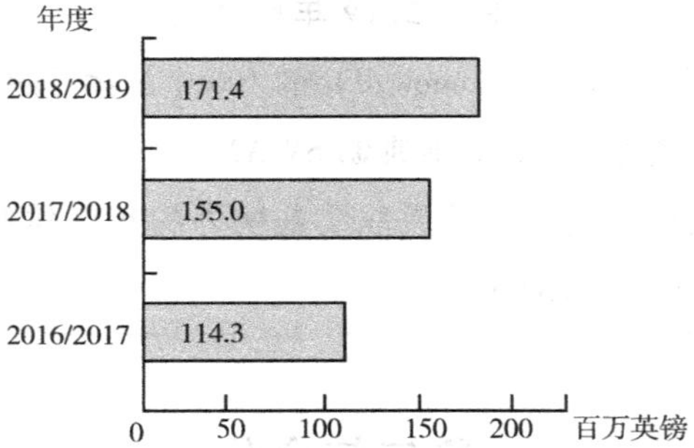

图 10　大学在衍生企业份额价值

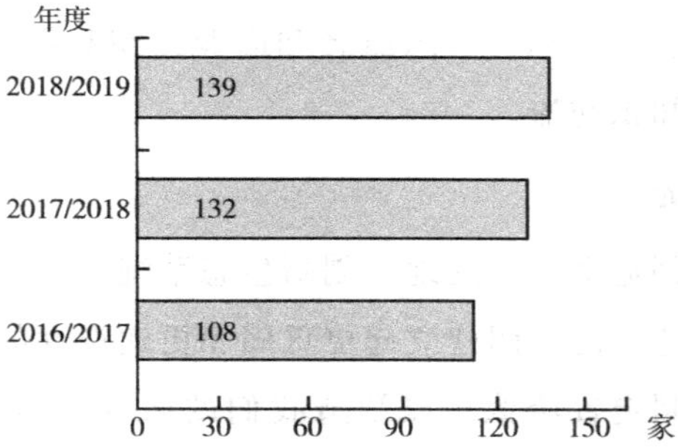

图 11　大学衍生企业数量

资源

牛津大学得益于前几代人对资源的精心管理，确保财务和环境的可持续是大学战略的一个重要支柱。

1. 战略优先

管理我们的资源，以确保大学长期财务和环境的可持续性（见图 12、图 13）。

提供一个推动世界级研究和教育的环境，同时最小化我们对环境的影响，保护我们的历史建筑，并改善我们的空间利用。

继续投资于我们的信息技术能力，以提高我们的教育质量和安全，并简化我们的管理流程。

筹集资金支持每一个最优秀的学生，投资于我们的员工和他们的工作，并提供新的资源和基础设施。

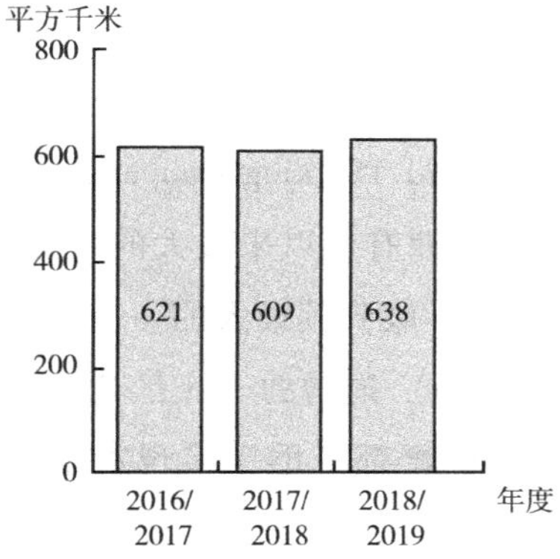

图 12 内部总面积

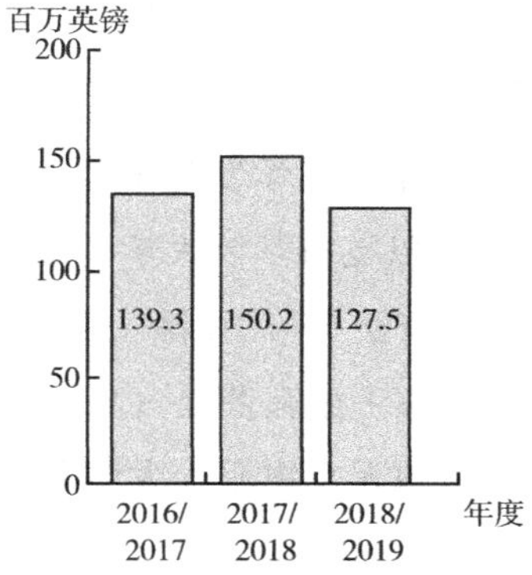

图 13 资本增长

2. 财务资源

今年 7 月，大学与英国法通保险公司（Legal & General Group）签订一项长期合作协议，后者将在 10 年内为大学提供高达 40 亿英镑资金，以资助大学的研究生宿舍、员工住房、研究和创新区的建设。2017 年发行的 100 年期 7.5 亿英镑长期债券，将用于资助一些学术建筑，包括廷伯尔根大楼（Tinbergen Building）翻新，并支持重要的新研究项目的启动。

3. 不动产

大学优先考虑资本化项目，确保更新不动产或以新的建筑物替代，以满足大学研究和教育的需要。在过去的一年里，我们在比克罗夫特大楼（Beecroft building）新的世界级物理实验室获得了多个奖项，包括三个 RIBA 奖，一个 S－Lab 奖和一个建筑奖。大数据研究所（Big Data Institute）获得了一项 RIBA 地区奖，以表彰其卓越的工作场所设计。去年，大学建成了生物学自动扶梯大楼（BioEscalator building），为商业合作伙伴与初创公司一起工作和研究提供了空间。位于约翰．沃德克利芙医院（John Radcliffe Hospital）所在地的沃尔森大楼（Wolfson Building）也已经完工，为神经科学研究提供了新的设施。

4. 信息技术

在2018/2019财年，大学实施了一项新的IT战略计划，旨在显著提升服务效率和数据安全性。称为画布（“Canvas”）的电子学习平台的交付使用将是该计划的一个重要成果。

5. 发展

2018年，大学发起了牛津思想运动（Oxford Thinking campaign），筹资20亿英镑以支持学院大学的战略目标。这是欧洲有史以来最大的筹资活动，已经筹集资金33亿英镑。在2019年6月，大学收到其最大的一笔捐赠，来自史蒂芬·施瓦茨曼（Stephen A. Schwarzman）捐赠的1.5亿英镑，以资助一个新的人文中心。大学收到的所有礼品捐赠都有助于实现本报告中提出的大学优先事项。

三、2018/2019财年财务评述

前言

1. 财务成果

正如校长的致辞中指出的那样，在2018/2019财年，大学取得了重大进展，为其战略优先奠定了基础，特别是扩大招生、建立新研究生院、为人文学部保障转移性捐赠、与法通保险公司（Legal & General Group）建立了创新性合作伙伴关系等，不仅为牛津的研究生和员工解决了昂贵的住房不足问题，还解决了研究翻译用的科学园区。财务成果显示出近年来经济趋势的延续：研究收入和投资的持续增长，主要被薪资和购买支出的增长所抵消。然而，这些趋势被2017年的大学退休金计划（Universities Superannuation Scheme，USS）估值所掩盖。由此产生的养老金赤字准备（pension deficit provision）增加2.86亿英镑，使报告的综合收益从3.90亿英镑下降至

0.96 亿英镑的主要推动因素。排除养老金赤字准备的增长，合并的综合收益同比（year - on - year）基本持平，达到 3.82 亿英镑（2017/2018 财年为 3.90 亿英镑）。

2019 年 9 月，大学董事会（Trustee）和退休金监管机构（Pensions Regulator）批准了大学 2018 年退休金计划估值，为相当低的计划赤字。同时，2018 年估值意味着资产负债表日后的非调整事项（non - adjusting post - balance sheet event），预计将导致 2019/2020 财年的综合收益大幅增加（a material credit）。

大学报告的综合收益（不包括出版社）从 2017/2018 财年的 4.375 亿英镑跌至 0.388 亿英镑。这一结果包括了三年一次从出版社转移的 1.6 亿英镑。排除三年一次转移和退休金赤字准备的影响，基础综合收益从 2017/2018 财年的 2.775 亿英镑增长至 3.248 亿英镑。

研究和学费收入持续增长，反映了大学在争取新的研究资助奖励和吸引世界级的最优秀的本科生与研究生方面的持续成功，正如本报告“教育”和“研究”部分陈述的一样。收入的增长主要用于教师和非教师支出的增长，分别增长了 5.0% 和 3.9%。

大学的投资活动（牛津基金）对综合收益的增长做出重大贡献。尽管全球证券市场波动性增加，大学仍然实现了强大的绩效。2018/2019 财年，牛津基金对大学的已付股利占前 20 个季度平均净资产价值的 4.25%，达到 7,900 万英镑（2017/2018 财年为 5,500 万英镑）。2018/2019 财年投资收入和投资收益总计达到 1.99 亿英镑（2017/2018 财年为 1.74 亿英镑）。认识到退休金变动和投资收益对大学财务成果的重大影响，大学越来越关注合并大学（consolidated university）和学术大学（academic university）之间的盈余调整，作为财务绩效更稳健的衡量指标。这一测度指标显示合并数和学术数同比略微下降，分别为 1.273 亿英镑和 3,900 万英镑（2017/2018 年度分别为 1.328 亿英镑和 4,100 万英镑），主要反映了 2019 年 4 月雇主对 USS 缴款增加的影响。

2. 资本化支出

除出版社活动外，年度大学资本化投资为 1.081 亿英镑，包括 8,910 万英镑建筑物支出。年度内主要增加包括校园老路（Old Road Campus）的生物学扶梯大楼（Bioescalator building）和位于约翰·拉德克利夫医院（John Radcliffe Hospital）的沃尔森大楼（Wolfson building），前者为商业合作伙伴和初创公司共同工作和研究提供了急需的空间，后者为神经科学研究提供了新的设施。大学最大的学术大楼——廷伯尔根大楼（Tinbergen building）的拆除工作仍在继续，建设工作将于2024年完成。

2019年7月，大学启动与法通保险公司的合作，为员工和学生开发新的房屋。根据协议约定，未来十年法通保险公司将投入近40亿英镑资金，并预期交付新的科学和创新公园。

3. 投资于牛津基金及衍生产品

牛津基金继续表现良好。大学主要的投资基金由牛津捐赠基金持有，截至2019年7月31日回报率为9.7%，五年来的年化回报率为10.9%。

近年来，大学基于研究和知识产权，支持成立了139家公司。大学在这些衍生公司的股权价值去年增长达1.714亿英镑（2017/2018财年为1.550亿英镑）；生物基金公共有限公司（Biogen plc）收购了一家缓解失明的基因治疗公司开发的夜星疗法（Nightstar Therapeutics），为大学带来1,990万英镑的收益。这些收益的一部分使战略研究基金能够资助新的交叉学科研究活动。

4. 退休金计划

大学加入了三个多雇主退休金计划（multi - employer pension schemes）和一个单一雇主退休金计划（single - employer pension scheme）。这些多雇主退休金计划的其中之一，是大学退休金计划（Universities' Superannuation Scheme，USS），其资产和负债并不抵押给某一个机构。根据《继续和高等教育会计建议实践公告》（Statement of Recommended Practice on Accounting for Further and Higher Education，FEHE SORP）的要求，大学有义务对USS精算估值引起的任何赤字缴款，并确认准备金。

在2017年3月31日的USS精算估值，考虑了2015年7月1日由联合谈判委员会（Joint Negotiating Committee）和董事会共同批准的自2016年4月1日起生效的修正福利结构。遵循这些变化后，精算师制订了下面的雇主缴款率表。

（1）从 2016 年 4 月 1 日至 2019 年 3 月 31 日期间，年（per annum，P. A.）工资的 18%；

（2）从 2019 年 4 月 1 日至 9 月 30 日，19.5%；

（3）从 2019 年 10 月 1 日至 2020 年 3 月 31 日，22.5%；

（4）2020 年 4 月 1 日之后，24.2%。

大学准备金的细节，2019 年 7 月 1 日折算率为 1.6%，在财务报表附注 27 中。

5. 财务前景

净资产超过 40 亿英镑，与英国和欧盟的同行相比，大学得益于其强劲的资产负债表。尽管存在英国脱欧、针对大学退休金计划的奥加尔审查（Augar review）、英国政治环境等不确定性因素，大学将继续寻求有效管理现有收入来源和成本，同时寻求建立新的收入来源和可替代融资来源，以产生必要的长期现金流，保持其在世界顶极大学（world's leading universities）中的领先地位（pre - eminent position）。

6. 会计基础

根据财务报告准则 102 号（Financial Reporting Standard 102）进行会计核算。

7. 持续经营

大学理事会已审查提交给学生办公室的五年财务预测，并确定大学有足够的资源可以在可预见的未来持续运营。根据这一确定，这些报表基于"持续经营"基础编制（见表 4）。

表 4　　综合收益　　单位：百万英镑

报告盈余（调整后盈余）	合并		大学学术	
	2018/2019	2017/2018	2018/2019	2017/2018
综合收益总计	96.4	389.9	38.7	437.5
退休准备活动	269.2	(47.8)	289.6	(15.8)
投资收益	(237.1)	(308.3)	(236.4))	(285.3)

续表

报告盈余（调整后盈余）	合并		大学学术	
	2018/2019	2017/2018	2018/2019	2017/2018
资本化资助	(55.0)	(59.6)	(55.0)	(59.6)
折旧	145.2	145.5	95.3	111.1
贷款偿还	(2.7)	(2.5)	(2.7)	(2.5)
新捐赠和捐赠继承资产	(66.0)	(55.5)	(65.9)	(55.5)
建筑物销售和收到捐赠	(19.0)	—	(19.0)	—
重建成本	1.9	—	—	—
廷伯尔根准备金活动	(3.1)	1.5	(3.1)	1.5
OUP 三年一次转移	—	—	—	(160.0)
其他收入、冲销和调整	(2.5)	69.6	(2.5)	69.6
调整为管理会计盈余	127.3	132.8	39.0	41.0

综合收益

综合收益活动概述（不包括出版社）如表 5 所示。

表 5　　综合收益报表

项目	2018/2019 财年合并（不含出版社）	出版社 & 调整	冲销出版社转移	合并（含出版社）	2017/2018 财年合并（不含出版社）	引起变化①（不含出版社）
收入	1,629.6	866.2	(45.7)	2,450.1	1,592.5	37.1
支出	(1,822.6)	(759.6)	—	(2,582.2)	(1,443.0)	(379.6)
盈余/(损失)	(193.0)	106.6	(45.7)	(132.1)	149.5	(344.0)
投资收益	236.4	0.7		237.1	286.2	(49.8)
合资经营盈余/(损失)	(1.1)	(1.3)		(2.4)	2.5	(3.6)
税	(0.5)	(4.9)		(5.4)	(0.7)	0.2
其他综合收益	(3.0)	2.2		(0.8)		(3.0)
综合收益	38.8	103.3	(45.7)	96.4	437.5	(398.7)

注：①进一步信息可见于附注 12，“分段信息”。

2018/2019 财年综合收益总计从 3.899 亿英镑降至 9,640 万英镑（见图 14）；其中，出版社产生的综合收益从 1.58 亿英镑降至 1.033 亿英镑。同比

2017/2018 财年，出版社收益从 1.05 亿英镑降至 1.033 亿英镑，反映了 1,850 万英镑的一次性财产处置收益，以及 2,760 万英镑退休金准备信贷的减少。出版社的基础综合收益从 1.395 亿英镑降至 1.309 亿英镑。

如不含出版社（excl Press），大学的综合收益为 3,880 万元，比 2017/2018 财年减少了 3.987 亿英镑（2017/2018 财年为 4.375 亿英镑），反映为 2.859 亿英镑退休赤字准备金的增加，并包含了 2017/2018 财年从出版社三年一次转移的 1.6 亿英镑。大学基础综合收益增长 4,730 万英镑。

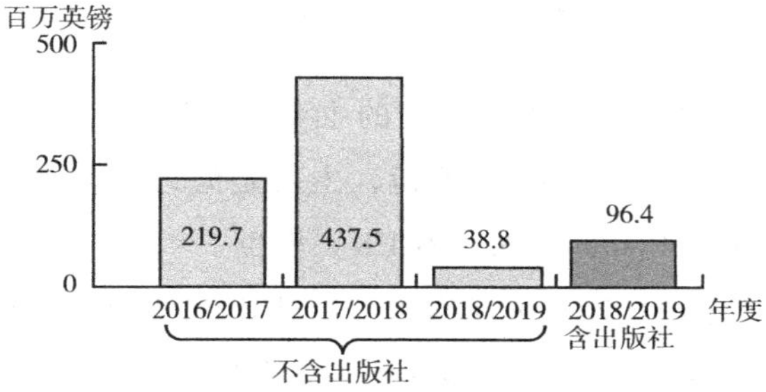

图 14 综合收益

综合收益（不含出版社）的主要变化如下：

（1）收入和投资收益从 18.787 亿英镑降至 18.645 亿英镑，减少了 0.8%，同时研究和学费收入增加 1.458 亿英镑，从出版社转移 1.6 亿英镑补偿了投资收入和投资收益。

（2）支出从 14.43 亿英镑增至 18.226 亿英镑，增加了 26.3%，主要是由于退休金赤字准备增加 2.859 亿英镑。如果不考虑这一准备金的增加，支出从 14.43 亿英镑增至 15.364 亿英镑，增长 6.5%，主要是因为较高的员工成本。

1. 收入和投资收益

2018/2019 财年的收入和投资收益总计为 26.857 亿英镑（见图 15），其中出版社占了 8.669 亿英镑。

尽管受持续竞争、数字化、开放获取杂志和教育资源等因素的影响，出版社收入增加了 1.4%，达到 8.092 亿英镑。如不含出版社，收入和投资收益为 18.645 亿英镑，减少了 1,420 万英镑（2017/2018 财年为 18.787 亿英镑）。

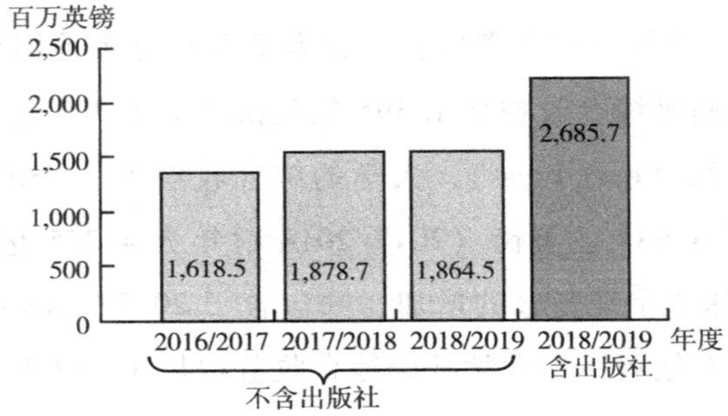

图 15　收入和投资收益总计

收入和投资收益（不含出版社）的主要变化包括如下：

（1）研究收入增加 4,580 万英镑，主要是海外行业研究资助和英国研究理事会（Research Council UK，RCUK）资助。

（2）学费收入增加 2,150 万英镑，反映为海外学生、职业和非录取课程等收入的增加。来自国内和欧盟学生的学费同比持平。

（3）牛津基金投资收入和投资收益增加 2,020 万英镑，反映为超绩效目标的捐赠基金实际 5% 和资本账户名义 3% 的投资回报，详细的信息可见于附注 6 中。

（4）反映三年一次从出版社的转移（1.599 亿英镑），2018/2019 财年度并未重复。

（5）出售女王伊丽莎白房屋、捐赠遗产和其他资产的利润，增加资本化资助和较高的版税收入，导致其他收入增加 5,820 万英镑。

2. 支出

2018/2019 财年总支出为 25.822 亿英镑（见图 16），其中出版社支出占 7.596 亿英镑。

出版社员工成本同比持平。其他支出增加了 3.0%，主要是增加的销售成本以及较高的折旧。如不考虑出版社，支出为 18.226 亿英镑，增加了 3.796 亿英镑（2017/2018 财年为 14.43 亿英镑）。

支出（不含出版社）的主要变化包括如下：

（1）基于 2017 年 USS 估值，主要对未来赤字缴款的退休金赤字准备为

2.859 亿英镑。包括大幅降低的赤字估值的 2018 年估值，于 2019 年 9 月结束，预计将导致 2019/2020 财年退休金赤字准备金的显著减少。

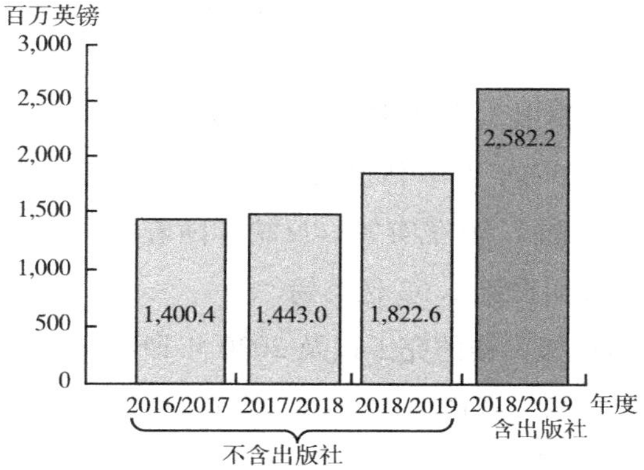

图 16 支出

（2）员工成本增加 5,020 万英镑，反映为员工数量的增加，以支持研究上面提到的研究收入，以及增加的雇主退休金缴款和 2018 年 10 月执行的 2% 的生活成本增加。

净资产变化

净资产活动概述（不包括出版社）如表 6 所示。

表 6　　余额表　　单位：百万英镑

项目	2018/2019 财年合并（不含出版社）	出版社 & 调整	合并（包含出版社）	2017/2018 财年合并（不含出版社）	引起变化[①]（不含出版社）
非流动资产	5,081.2	243.8	5,325.0	4,940.6	140.6
流动资产	699.0	651.4	1,350.4	543.0	156.0
一年内到期信贷债务	(588.9)	(265.5)	(854.4)	(603.3)	14.4
总资产减流动负债	5,191.3	629.7	5,821.0	4,880.3	311.0
超过一年或规定到期信贷	(1,482.8)	(157.2)	(1,640.0)	(1,210.6)	(272.2)
净资产总计	3,708.5	472.5	4,181.0	3,669.7	38.8

注：①这些引起的变化在下述评论中说明。详见附注 12 “分段信息” 中。

2018/2019 财年净资产总计从 40.846 亿英镑增至 41.81 亿英镑（见图 17），这些净资产中，属于出版社的净资产增至 4.725 亿英镑。不考虑出版社，大学净资产增加至 37.085 亿英镑，增加了 3,880 万英镑（2017/2018 财年为 36.697 亿英镑）。

净资产（不含出版社）的主要变化包括如下：

（1）主要反映 2017 年 USS 估值的退休赤字准备金增加 2.859 亿英镑。

（2）流动资产增加 1.56 亿英镑，反映了随着牛津资本基金和欧元远期合同的到期，短期赎回投资 1.62 亿英镑。

（3）随着生物扶梯大楼的完工以及 2020 年即将开业的生物扶梯大楼第二阶段工作的拓展，固定资产增加 1.081 亿英镑。

截至 2019 年 7 月 31 日，大学有银行贷款和未清偿债券总计 10.032 亿英镑（2017/2018 财年为 10.076 亿英镑），主要是于 2017 年可赎回资本账户中固定利率为 2.54% 的未担保债券 7.5 亿英镑，以及于 2045 年可赎回账户中固定利率 2.55% 的贷款 2 亿英镑。

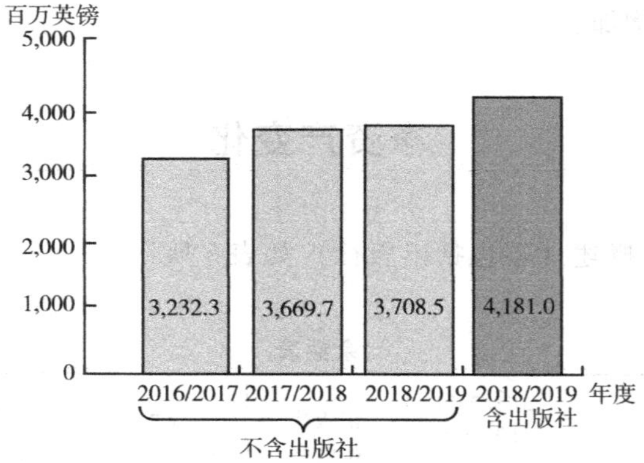

图 17　净资产

现金和现金等价物

现金和现金等价物活动概述（不含出版社）如表 7 所示。

表 7 现金和现金等价物活动概述（不含出版社） 单位：百万英镑

项目	2018/2019 财年合并（不含出版社）	出版社 & 调整	冲销出版社转移	合并（含出版社）	2017/2018 财年合并（不含出版社）	引起变化①（不含出版社）
年度盈余	38.9	103.2	(45.7)	96.4	437.5	(398.6)
投资收益和损失	(333.5)	(8.2)		(341.7)	(304.5)	(29.0)
准备金活动	278.4	(21.1)		257.3	(15.1)	293.5
折价和摊销	108.6	36.6		145.2	112.1	(3.5)
其他非营运现金流	(89.9)	(0.2)		(90.1)	(75.1)	(14.8)
营运资本和其他活动	(17.6)	(8.3)		(25.9)	59.1	(76.7)
运营活动净现金流	(15.1)	102.0	(45.7)	41.2	214.0	(229.1)
投资和融资收入（支出）	264.4	15.5		279.9	(28.6)	293.0
资本化支出	(90.7)	(33.6)		(124.3)	(179.1)	88.4
外汇再兑换	2.5	0.5		3.0	—	2.5
转给大学		(45.7)	45.7	—	—	—
	161.1	38.7	—	199.8	6.3	154.8
年初现金和现金等价物	293.7	165.1	—	458.8	287.5	6.2
年末现金和现金等价物	454.8	203.8	—	658.6	293.8	161.0

注：①这些引起的变化在下面的评述中说明。

现金和现金等价物增至 6.586 亿英镑（见图 18），增加了 1.998 亿英镑。

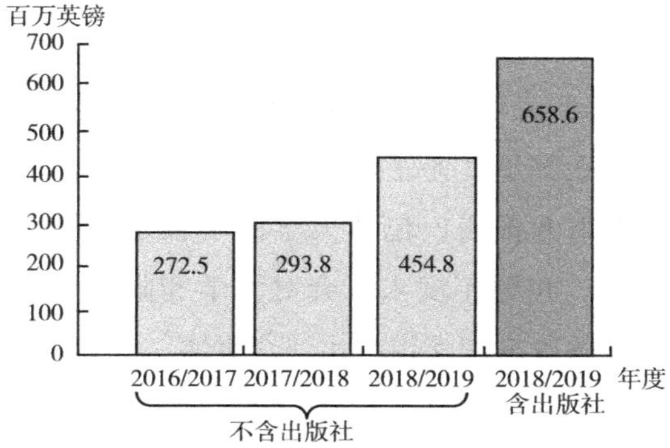

图 18 现金和现金等价物

其中，出版社的现金和现金等价物增至 2.038 亿英镑，增加了 3,870 万英镑。不含出版社的话，大学的现金和现金等价物增至 4.548 亿英镑，增加了1.611亿英镑。该增加反映出，随着牛津资本基金和欧元远期合约到期，赎回了短期投资，以及在2019/2020财年包括廷伯尔根大楼等建设项目的资本化活动，预期现金持有增加。

四、治理

牛津大学是第一个根据公法建立的非公司机构，后来根据章程正式设立，是一个独立和自治的机构。

1. 治理机构（见图19）

2. 理事会

理事会须采取其认为必要的有效和审慎的步骤进行大学财务事项，包括采取步骤以：

（1）确保有适当的控制，保护公共的和负有公共责任的资金和其他来源资金，保护大学资产，发现和防止欺诈和其他违规行为。

（2）确保收入按照大学章程、学生办公室（OfS）的高等教育机构资助条款和规定，以及研究资助和其他基金机构的条款和规定计算。

（3）保证大学资源和支出管理的经济性、效率性和效益性。

（4）确保大学满足由学生管理办公室预期的财务可持续、风险管理、控制和治理标准，并在其年度责任报告中进行评估。

理事会必须编制财务报表，包括大学关于教学、研究和出版活动以及大学附属事业的账户。在财年度末，会对大学和附属事业的这些资产和负债，以及被审查年度的收入和支出给出一个真实、公允的评述。

在编制财务报表时，理事会必须：

（1）选择适当的会计政策并持续应用；

（2）做出合理和审慎的判断和估计；

（3）声明是否遵循了适当的会计准则，在财务报表中是否披露和解释任何重大偏离（any material departures）；

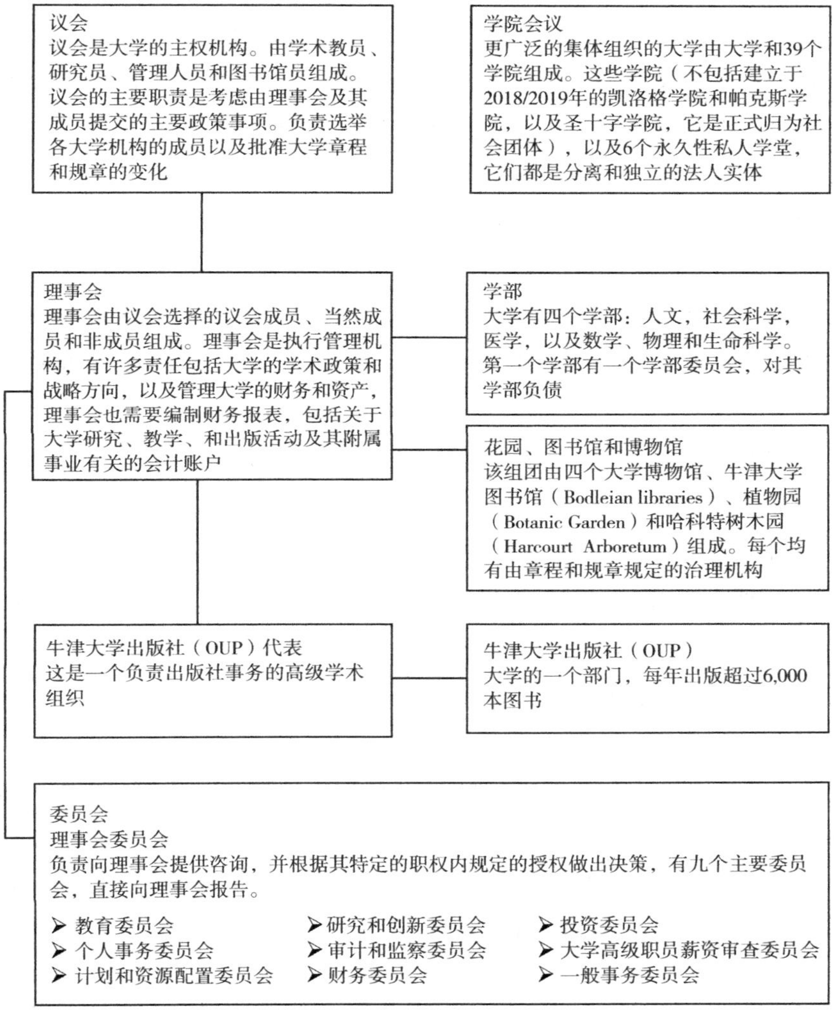

图 19 牛津大学的治理机构

（4）以持续经营基础编制财务报表，除非假定大学持续运营是不适当的。

理事会还必须：

（1）确保大学坚持适合于自己的公共利益治理原则；

（2）确保大学已有充分和有效的管理和治理安排；

（3）负责并确保大学遵循国家学生事务办公室（OfS）的注册条件；

（4）告知关于大学注册需要的任何变化；

（5）遵循 OfS 颁布的关于促进学生选举登记的指引。

理事会时常审查管理的有效性。理事会最近一次的自评是 2018/2019 学年。理事会批准其结果并实施或正在实施大部分建议，其中一些正在做进一步的审议。

理事会对法人的维护和完整性，以及在大学网站上的财务信息负责。英国关于编制和发布财务报表的立法可能与其他司法权领域的立法有所差异。

根据《2015 年现代奴隶制法案》（Modern Slavery Act 2015），理事会应批准大学每个财年度的奴隶制和人口交易声明。本年度的该声明可见于：www. admin. ox. ac. uk/councilsec/compliance/modernslavery。

在 2018/2019 财年，关于其他日常事务，理事会考虑如下：

（1）批准了许多决定，如建立帕克斯公园、一个研究生协会、2020/2021 学年接受申请和 2021/2022 学年录取等。

（2）批准了学生幸福战略（Student Wellbeing Strategy），以推动所有学生在大学生活的各个阶段和所有方面的幸福和良好的精神健康。这一战略与大学战略计划中的承诺紧密联系。

（3）计划为员工建设至少 1,000 套补贴住房，建设超过 1,000 套可负担的研究生宿舍，推进大学对持续吸引世界最优秀的研究人员和学生的战略承诺。

理事会成员是大学的慈善受托人。大学从 2018 年 8 月 1 日至 2019 年 11 月 30 日的理事会成员如表 8 所示。

表 8　　理事会成员

职务	姓名	任期
当然成员		
副校监（校长）	路易斯·理查德森（Louise Richardson）教授	自始至终
学院会议主席	埃克塞特学院院长里克·特瑞尔（Rick Trainor）爵士 新学院院长马尔斯·扬（Miles Young）先生	至 2019 年 9 月 30 日 从 2019 年 10 月 1 日
医学部主任	加文·克雷顿（Gavin Screaton）教授	自始至终
数学、物理和生命科学部主任	多纳尔·布拉德利（Donal Bradley）教授 山姆·豪威森（Sam Howison）教授	至 2019 年 3 月 31 日 从 2019 年 4 月 1 日

续表

职务	姓名	任期
人文学部主任	凯伦·奥布莱恩（Karen O'Brien）教授	自始至终
社会科学学部主任	莎拉·沃特莫尔（Sarah Whatmore）教授	自始至终
高级学监	马克·爱德华兹（Mark Edwards）教授 马丁·梅登（Martin Maiden）教授	至 2019 年 3 月 12 日 从 2019 年 3 月 13 日
初级学监	塞西尔·法布尔（Cecile Fabre）教授 索菲·玛莲（Sophie Marnette）教授	至 2019 年 3 月 12 日 从 2019 年 3 月 13 日
顾问	威廉·艾伦（William Allan）博士 牧师威廉·怀特（William Whyte）教授	至 2019 年 3 月 12 日 从 2019 年 3 月 13 日
由学院会议选举		
	圣休学院院长艾莉许·安吉奥利尼（Elish Angiolini）阁下 萨默威尔学院院长罗伊尔男爵夫人（Royall of Blaisdon）	至 2018 年 9 月 30 日 从 2018 年 10 月 1 日
由众议院选举		
四分之一的议员由议员从数学、物理和生命科学部与医学部教师中选举	蒂姆·库尔森（Tim Coulson）教授 马修·弗里曼（Matthew Freeman）教授 海伦·麦克肖恩（Helen McShane）教授 费比安·埃塞勒（Fabian Essler）教授 理查德·霍布斯（Richard Hobbs）教授 基亚·诺布尔（Kia Nobre）教授	自始至终 至 2019 年 9 月 30 日 至 2018 年 9 月 30 日 从 2018 年 10 月 1 日 自始至终 从 2019 年 10 月 1 日
四分之一的议会会员由会员从人文学部和社会科学部的教师中选举	杰拉尔丁·约翰逊（Geraldine Johnson）教授 海伦娜·哈默罗（Helena Hamerow）教授 凯特·布莱克蒙（Kate Blackmon）博士 伊恩·华生（Ian Watson）博士 阿迪提·拉哈里（Aditi Lahiri）教授 约翰·艾迪诺（John Eidinow）教父	自始至终 自始至终 至 2019 年 9 月 30 日 至 2018 年 9 月 30 日 从 2018 年 10 月 1 日 从 2019 年 10 月 1 日
三分之一的议员，不必是任何学部的成员，在任何情况下都不以学部身份提名，由议会选出	安妮·特雷弗森（Anne Trefethen）教授 特尼亚·博伊特（Tania Boyt）女士 理查德·奥文登（Richard Ovenden）先生 爵士罗里·柯林斯（Rory Collins）教授	至 2018 年 9 月 30 日 从 2018 年 10 月 1 日 自始至终 自始至终
外部成员		
	凯特·巴科尔女爵士（Kate Barker） 大卫·诺格罗夫爵士（David Norgrove） 查尔斯·哈曼（Charles Harman）先生 尼古拉斯·克罗尔（Nicholas Kroll）先生	自始至终 至 2018 年 9 月 30 日 自始至终 从 2019 年 1 月 1 日
指派成员		
	伊恩·沃尔姆斯利（Ian Walmsley）教授 安妮·特雷弗森（Anne Trefethen）教授	至 2018 年 8 月 31 日 从 2018 年 10 月 1 日

理事会由一系列委员会提供建议，包括九个委员会，直接向理事会报告其核心事务。

九个委员会的主要职责如下：

教育委员会：对大学的教育理念、政策和标准负责。负责监督大学相关的教学、学习和评价活动，以及学生相关的平等事项。

个人事务委员会：负责制定和评估雇佣政策，对员工关系以及与所有个人和员工相关的平等事项负责。

计划和资源配置委员会：对设定、监管绩效、大学的年度收入和支出预算负责，对1,500万英镑以下资本项目的三年滚动资本预算和主要运行的IT项目负责。

研究和创新委员会：对大学相关研究、知识交易、创新、商业和社会职能以及公共参与研究负责，促进编制大学研究的外部评价。

审计和审查委员会：评价大学风险管理、内部控制、资金价值、数据质量和治理等方面的充足性和有效性。审议年度财务报表，审议出版社审计程序的适当性并接受出版社审计委员会的审计报告；根据理事会要求，监管大学的协议以发现和防止欺诈和违规行为。委员会的职权范围还包括对委任大学的外部审计负责（需要理事会批准），对大学的内部审计安排负责。

财务委员会：负责考虑对大学可用的财务资源，为理事会推荐大学五年的财务战略，包括全面的收入和支出预算、资本化支出预算和资本投资战略支出。该委员会还负责评估大学的年度财务报表和委派给出版社的年度账户。

投资委员会：根据理事会要求负责管理大学的投资组合。

高级大学职员薪资评价委员会：负责对理事任命的关于校长、注册主任和财务主管的薪资提供建议；负责决定常务副校长和学部主任的薪资；负责审查这些职位相应的薪资。

一般事务委员会：对理事会建议关于大学层面的事务和活动的政策，以及不完全属于其他委员会职责的政策。其职责包括根据审查程序，对保持识别和管理大学活动的风险负责。

3. 慈善地位

大学的战略优先包括承诺与广阔的世界共享知识，从而促进了公共利益并实现了大学的慈善目标。

根据《2011 年慈善机构法案》（Charities Act 2011）附表 3（Schedule 3）中列示的豁免慈善团体之一，大学拥有慈善地位。因此豁免了该法案的一些要求，包括需要在慈善委员会（Charity Commission）注册等。自 2018 年 4 月 1 日起，OfS 代替英格兰高等教育基金管理委员会（Higher Education Funding Council for England，HEFCE），成为英国大学为了慈善法律目的而豁免慈善法的主要监管机构。

理事会的成员，作为大学的行政机构，是慈善受托人，他们以这一身份考虑慈善委员会关于公共利益的指引和关于教育发展的补充指引，其中的关键是，那些可识别的利益必须是对公众的，或者是对公众部门的。无论是本科生还是研究生，都是大学慈善目标的直接受益者，公众作为一个整体，也从大学教学和研究对社会和经济的贡献中大大受益。

关于去年大学活动的进一步信息，可见于年度评述，于大学的网站中获取：www. ox. ac. uk/about/organisation/annual - review。

大学出版社代表团的年度报告，展示了牛津大学出版社如何推进大学公共利益的慈善目标，该报告可获取于：www. oup. com/about/annualreport。

任何从商业化资助研究和知识转化活动中产生的私人利益，均属于大学基本目标的附带事项。大学的受托人深知他们对于这些公共利益原则的责任，并确保大学有适当的程序和政策囊括这些知识产权的创造和利益冲突的管理。

五、利益相关者参与

大学与学生、教员和利益相关者一道，共同促进大学实现其战略目标。

1. 学生

大学旨在确保学生的福利和发展影响其战略和运作。理事会作为大学的行政治理机构，由三个学生代表参加；计划和资源配置委员会由一个学生代表参加。有学生成员的联合子委员会作为大学和学生联合会的正式联结。

2. 教员

永久学术职务的占有者和高级非学术教员，通过作为议会成员参与大学治理。议会是大学的最高权力机构。此外，教师成员还有机会被选任为理事会成员。定期召开多样化的像英国脱欧、商业化研究以及牛津住房等公开的峰会 Q&A 会议。

3. 研究资助者

研究资助是大学重要的收入来源，同时也是研究利益重要的分享渠道。大学与研究资助者和合作者的关系，由高级学术和研究教员建立并管理，由大学的研究服务部门、大学发展办公室以及负责研究和创新的常务副校长办公室予以支持。

4. 学生办公室

学生办公室（Office for Students，OfS）是大学的监管者和重要资助人。大学承诺确保满足作为两个角色的 OfS 的要求。

5. 城市和当地社区

由牛津城市理事会召集的牛津战略合作，包括大学、郡、志愿部门、商业和公共服务等的代表。该战略合作目前正制订一项改善牛津经济、环境和社会状况的方案。大学特别重视其对当地社区的责任，并确定大学在建筑和计划等方面得到告知、咨询并参与。

6. 国家卫生服务

多年来，大学一直与泰晤士河谷地区的国家卫生服务机构（National Health Service，NHS）进行有效的合作，包括与牛津卫生服务基金会（Oxford Health NHS Foundation Trust）建立有长期联系。在 2013 年，大学与其最大的 NHS 合作者签署了一项联合工作合约——牛津大学医院国家卫生服务信托基金（Oxford University Hospitals（OUH）NHS Foundation Trust）。

7. 校友

大学正积极增加并增强参与全球校友网络组织。大学帮助全球校友之间通过牛津大学校友社区（Oxford Alumni Community）网络平台彼此联系，校友采取许多方式支持大学，从时间捐赠（比如作为当前学生的导师或作为演讲者）到提供财务支持等。

六、识别我们的风险

大学监控高风险领域，并有一个行动计划将这些风险的影响降至最低（见表9）。

表9 风险领域

风险领域	关键特征	管理风险的行动
教育	与能够吸引并录取具有杰出学术潜力的来自所有背景相关的风险；以及能够从牛津教育中受益相关的风险。 关于为我们所有的学生提供卓越的学术体验和教育体验的能力的风险；确保牛津大学为研究生提供超出他们任何选择的装备的风险	启动旨在针对继续教育第一年学习的学生和研究生的新桥梁和基金会项目。 包括入学和发展的雄心勃勃目标的入学和参与计划，已由学生办公室接受。 启动大学层面的学生幸福、精神健康战略和运动。 大学正积极采取和嵌入包容性教学参与以收窄成绩差距。 教育委员会优先提供超过3,000个实习机会
研究	在保持大学作为全球研究领域领导者地位，以及促进和实现雄心勃勃的卓越研究质量方面所面临的挑战。 未能最大化并证明研究的影响。 继续增加我们的能力以提供优质和匹配的基金的风险	大学正建立一项战略研究基金。 关于行业合约的成本回收审查，提出了建议并正在实施。 正在开发一项新的激励研究营销计划。 牛津大学正编制2021研究卓越框架（2021 Research Excellence Framework，REF 2021），已完成提交程序的演练
人	最关键是能够吸引、招聘和留住国际和国内最高水准的学术、学术相关、专业服务和行政人员。 未能在多样化的人员配置方面取得持续进展的风险，并嵌入支持、包容的文化并促进言论自由，同时尊重员工和学生的不同文化、价值观和信仰的风险。 未能支持员工个人和职业发展的风险，确保公平就业，为有效管理、领导和成功而开发必要的技能和资源的风险	将建立员工健康和幸福委员会。 对职责变更计划审查，以满足学术员工拥有获得任命需要，并执行其建议。 审查和商定将为新工作人员分配住宿的基本标准的原则。 正在进行关于个人和职业发展的几方面的工作，包括一项职业服务发展计划。 大学正以适当的支持和指引回应脱欧相关的签证和移民问题。 大学持续参与教会和USS的退休金事务

续表

风险领域	关键特征	管理风险的行动
参与与合作	与合作伙伴合作创建世界级区域创新生态系统的挑战。 未能与我们当地和地区性社区建立一种更强大和更建设性的关系。 未能参与公众、政策制订者、校友和其他人，塑造我们的研究和教育，并鼓励最大可能使用我们的研究成果和技能。 无能力应对由于英国脱欧而获得欧盟研究伙伴和欧盟框架计划的影响，对我们主办的 ERC 资助、协调项目、托管基础设施，以及未来研究议程的影响	与法通股份公司的长期合作关系，将为开发研究和创新区提供资金支持。 诸如中国苏州的 OSCAR 的国际合作，以及柏林的合作得以推进。 公共参与研究项目、拓展活动和行业伙伴关系，正在开展并正在被开发，以证明大学工作对当地和国家经济的价值。 大学网站定期更新对员工的指引。包括移民和签证、付款和购买，以及其他事项的大范围事务相关的信息。大学积极与政府合作，以影响谈判进行，将有助于制定战略使英国尽可能有效地适应变化
资源	不能管理我们的财务资源以确保大学的长期可持续发展。 不能确保我们的资产为推进世界级研究和教育提供条件，并尽可能最小化对我们环境的影响，维护我们的历史建筑物环境，改善我们的空间利用。 不能持续投资于我们的信息技术能力，以增强我们研究和教育的质量，提高我们的行政程序效率。 不能筹集资金支持我们的学生，投资于我们的员工和他们的工作，并提供新的资源和基础设施	“大学战略计划 2018—2023”（University Strategic Plan 2018 – 23）的一个关键特征，是旨在管理财务资源，以确保大学的长期可持续发展。 预测、预算和计划被很好地用于建立程序和控制，包括监控循环和修正行动。大学已采取许多详细措施以强化成本控制。通过这些措施的支持，从而满足预算目标。 生机勃勃的资本项目和合作关系，确保大学的资产能够支持世界级的教学和学习。 将在 2019 年底制定一项新的 IT 战略和实施计划。 学生数量计划工作组建议增长 2020/2021 学年和 2021/2022 学年的 UG 学生数量 建立帕克斯学院，满足研究生人数的增长。 确保财务可持续的机制，特别是通过充足的可分配盈余，投资于战略优先。 与牛津大学出版社合作，确保很好地管理从出版社转移的年度财务风险，并被完全检测

七、内部控制报表

理事会负责制定大学运营的内部控制系统，并监测其充分性和有效性。

大学的内部控制目标包括：

（1）管理实现大学目标的主要效率和效益风险；

（2）保护由理事会负责的资产，包括公共资金和其他资产；

（3）确保发生的债务被记录并被有效地管理。

大学的内部控制实施也旨在防止并发现腐败、欺诈、贿赂和其他违规行为。

内部控制报表与财务报表所涵盖的期间相关，并包括经审计的财务报表批准之日的期间。

1. 控制环境

理事会承认，建立一个没有风险的控制环境既不可能，也不可取。大学下放运营模式的公认优势与这种下放式结构的固有风险之间，存在着一种张力。权力和责任的下放可能对实现内部控制构成挑战。因此，大学的内部控制系统能对大学治理、运营、遵循、管理质量、声誉和财务风险提供合理的但不是绝对的保证。

大学的财务制度设置的流程，旨在确保资产的安全和负债管理的有效性。大学已经建立的政策和支持程序，旨在防止并发现腐败、欺诈、贿赂和其他违规行为。

根据理事会要求，出版社财务委员会对出版社的风险管理制度和内部控制以及对审查其有效性负责。出版社的内部控制系统旨在管理并满足运营目标，而不是消除失败的风险，因此也只能对重大误报或损失提供合理的，但不是绝对的保证。

2. 风险管理

风险管理是大学内部控制系统重要的、持续的组成部分。大学的风险管理目标为：

（1）使大学的风险管理与大学的目标相匹配；

（2）根据最佳实践，以系统性、结构化并及时性的方式评估和管理风险和机会；

（3）增强决策、优先和计划；

（4）在稳定和创新之间实现适当的平衡；

（5）在大学内分散风险的问责和责任。

理事会认为，风险管理不能够消除所有风险，特别是大学控制外的风险。风险管理程序涵盖治理、管理、质量、声誉和财务风险；聚焦于关键风险，并制定一个平衡的风险敞口组合。

大学实施战略风险注册官制度，记录实现大学战略计划目标的关键风险，考虑风险缓解和内部控制的有效性。风险注册官还由理事会主要的委员会、具有特定风险的其他委员会、各学部、部门和学院、包括IT和资产服务在内的专业服务，以及附属公司来共同维护。因此，战略风险注册官将自上而下的战略风险识别，与来自整个大学的自下而上的本级风险考虑相结合。风险管理被纳入委员会业务和年度的计划周期内。

出版社实施一个全球化的基于风险的方法，来设计、应用和评估其风险管理系统和内部控制。出版社的风险评估实践被纳入其广泛的业务计划、预算和财务报告程序中。风险注册官制度适用于所有出版社的运营，包括主要的海外分支机构和附属机构；风险注册官识别、评估和管理出版社面临的所有重大风险。

3. 审查内部控制程序

建立以下程序以审查大学内部控制系统的充分性和有效性：

（1）理事会每年至少召开8次会议，考虑大学的战略方向和有效管理。

（2）理事会定期接受审计和审查委员会关于内部控制和委员会业务的报告。

（3）理事会审查大学的战略风险注册官，讨论风险识别、评估，讨论内部控制的有效性和缓解战略管理风险。

（4）理事会一般事务委员会负责审查确定和管理大学的治理、管理、质量、声誉和财务风险和程序。

（5）个人和部门风险管理报告以及风险管理嵌入大学的五年计划程序中。

（6）理事会确认其负责确保维持一个健全的内部控制系统。理事会审查这些安排的有效性，并确认在2019年7月31日的年度内和截至经审计的财务报表批准之日，大学的内部控制系统是适当的。内部控制系统总体上按预期运行。大学正采取措施改善以下非关联领域的重要内部控制：石棉管理、研究资助的奖励后监管、IT灾难恢复。

（7）出版社财务委员会定期审查出版社风险管理和内部控制系统的有效性。财务委员会的监管覆盖所有的控制，包括财务、运营和遵循控制。基于管理层审查报告考虑重大风险是否被确认、评估、管理和控制，是否任何重大的薄弱环节被及时修补或需要更大程度的监控。

（8）审计和审查委员会每年召开 4 次会议，代表理事会进行定期和详细的内部控制监控。委员会同意制定内部审计职能的工作方案，接收内部审计和管理层关于内部控制充分和有效的定期报告，接收外部审计，商定必要的行动以实施被建议的改进，以及其他事务。

出版社的审计委员会接收从出版社内部审计职能部门关于内部控制的报告，并定期向出版社财务委员会报告，每年向大学的审计和审查委员会报告。

审计和审查委员会认为，纳入财务报告的内部控制声明准确地表述了大学风险管理和内部控制系统的主要特征。

（9）普华永道会计师事务所（PricewaterhouseCoopers LLP，PwC）对大学提供内部审计服务；服务范围不包括由出版社开展的教育性的出版活动：出版社有自己的内部审计职能。PwC 就整个大学内部控制和风险管理充分性和有效性，提供年度意见。

（10）毕马威会计师事务所（KPMG LLP，KPMG）为大学提供外部审计服务，包括由出版社开展的教育性的出版活动。KPMG 提供关于基金（包括公共基金）是否用于预期目的的年度意见。外部审计员还针对年度报告提出来自审计的任何控制缺陷。

八、独立审计报告

致牛津大学理事会 KPMG 独立审计报告

关于审计财务报表的报告

1. 意见

我们审计了牛津大学截至 2019 年 7 月 31 日合并的和大学的综合收益

表、合并的和大学的储备变化表、合并的和大学的财务状况表、合并的和大学的现金流量表及其附注，以及包括会计政策声明在内的财务报表。

对于财务报表，我们的意见是：

（1）真实、公允地表述了集团和大学截至 2019 年 7 月 31 日的大学事务，以及集团和大学的该年度的收入和支出、损益以及现金流量；

（2）根据英国会计准则，包括 FRS102 “英国和爱尔兰共和国适用财务报告准则”（Financial Reporting Standard applicable in the UK and Republic of Ireland）以及 2015 年推荐实践公告（2015 Statement of Recommended Practice）——继续和高等教育会计（Accounting for Further and Higher Education）；

（3）满足了学生办公室（OfS）2018 年 6 月 19 日发布的会计指引（Accounts Direction）要求。大学已申请津贴提前采用学生办公室于 2019 年 10 月 25 日发布的会计指引第 12（d）款除外。

意见概述如表 10 所示。

表 10　　概述

重要性：	2,260 万英镑（2018 年为 22.5 百万英镑）	
集团财务报表作为整体	集团总收入 1%（2018：1%）	
包括	集团总收入 89%	
主要审计事项		比较 2018 年
周期性风险	研究资助和合同收入	◀▶
	退休金债务	◀▶
事件驱动	新：由于英国脱欧对我们审计的不确定性影响	

2. 意见根据

我们根据英国国际审计准则（International Standards on Auditing（UK），“ISAs（UK）”）和适用法律实施审计。我们的责任描述如下。我们相信我们获得的审计证据，对我们的审计意见是充分的和适当的。我们的审计意见是我们对审计和审查委员会报告的组成部分。

我们于 2013 年 5 月 9 日由大学理事会指定为审计人，截至 2019 年 7 月 31 日已连续进行了 7 个财年。根据适用于公共利益实体的 FRC 伦理准则

(FRC Ethical Standard) 等英国伦理要求，我们履行了我们的伦理责任，并保持了我们的独立性。未提供准则所禁止的非审计服务。

3. 主要审计事项：我们对重大误报的风险评估

根据我们的职业判断，主要审计事项包括：最重要的财务报表审计，包括我们确定的重大错误陈述（无论是否由于欺诈）的最重要的评估风险（见表11），以及受其影响的重大事项，如整体审计策略，审计过程中的资源配置，参与团队的直接努力等。我们根据主要审计事项得出上述审计意见，确定处理这些事项的关键审计程序，以及按照对公共利益实体的要求，根据这些程序出具审计结果。我们提供这些事项，以及我们的审计结果，是基于实施的审计程序。在一定程度上，且仅出于财务报表作为整体而审计的目的，从而形成我们的审计意见。这些主要审计事项对我们审计意见而言，是附属部分，因此我们并不针对这些主要审计事项，提供单独的意见。

我们对出版收入、研究生、职业和非录取课程收入等继续实施审计程序。然而，根据我们今年的风险评估程序，我们在今年的审计中未将这两个领域作为评估的最重要风险，因此，今年的报告中并未单独确认。

此外，截至2018年7月31日的财务报表，是将牛津大学出版社活动纳入集团的第一年，因此，不再评估为当年审计的主要审计事项。

表 11　　风险评估

	风险	我们的回应
集团和大学母体：由于英国脱欧的不确定性对我们审计的影响 参见“主要风险”和“可行性声明”	史无前例的不确定性水平： 所有的审计都将评估并对评估结果提出质疑，特别是对于以下描述的退休金责任及相关披露，以及编制财务报表的持续经营基础的适当性（见下）。所有这些依赖于对未来经济环境和集团未来前景和绩效的评估。 脱欧对于英国而言是最重要的经济事件，在报告日受前所未有的不确定性结果的影响，所有可能的影响尚不清楚	我们开发了一项标准化的全面方法，以考虑英国脱欧引起的计划和实施审计中的不确定性。我们的程序包括： （1）我们对脱欧的理解：在处理退休金责任和其他依赖于预测的领域时，我们将理事会的分析与我们对英国脱欧不确定性所导致的所有合理可能的情况进行了比较，在预计现金流需要贴现时，考虑了调整至现有不确定性水平的折现率。 （2）透明度评估：我们通过比较总体情况与我们所理解的风险，考虑了所有与脱欧相关的披露，包括运营审查、财务审查和治理声明。 然而，不能预期所有的审计都能预测到一个组织未知的因素，或未来暗含的一切可能性，特别是关于脱欧的情况

续表

	风险	我们的回应
集团和大学母体：研究资助和合约收入（6.248 亿英镑（2018 年为 5.791 亿英镑）参见“会计政策”和“财务披露”	2018/2019 年度与 2019/2020 年度收入比较： 研究资助和合约收入按照绩效模型核算。在多数情况下，资助目的的支出被假定为绩效的条件，因此，收入通常根据相应支出进行确认，包括经费成本的分摊。经费成本随时间进行分摊，是一个重要的风险，能导致在不恰当的会计期间进行收入确认。大学收到有多项并无绩效条件的非准则性的资助，因此收入与相关的支出可能被不适当地确认，而不是在收到收入或应收收入时，这是一个重大的风险。 会计应用： 不遵循资助条款和条件存在重大风险，例如索取不合规的支出，导致收入确认与大学的会计政策不一致，或与会计准则不相关。不遵循资助条款和条件还可能导致研究资金提供者回收资金	我们的程序包括： （1）控制设计：为了监管研究项目账户以及研究资助和合同收入，我们评估控制框架的设计。包括批准开展新项目、审查研究支出、根据合约期确认分摊的经费率。 （2）细节测试： 分析研究项目数据以确认年度内满足特定条件（比如价格、项目期、开始和结束期等）的项目收入、支出、借方或贷方余额，考虑对这些项目的会计处理是否与资助合约和其他支持文书涉及的会计准则相一致。 评估资金提供者需要的研究活动结果与我们理解的当年大学研究活动是否一致。 以一个研究项目为例，测试其支出是否与相关合约的期间和条件保持一致，经费率设置在资助合约特定的水平，评估相关的收入是否包括在相应的期间，并按照相关会计准则的要求核算。 评估研究资金提供者检查视察的产出，以研究项目为例，识别年度确认的资金潜在回报。 我们的结论： （1）我们认为研究资助和合约的收入确认期是可接受的（2018 年结论：可接受）。 （2）我们认为研究资助和合约的会计应用是可接受的（2018 年结论：可接受）
集团和大学母体：退休金责任	主观评价： 集团大学是许多固定福利计划的一员，包括大学养老退休金计划（Universities Superannuation Scheme，USS）、牛津大学员工退休养老抚恤金计划（Oxford Staff Pension Scheme，OSPS）、牛津大学出版社集团退休金计划（Oxford University Press Group Pension Scheme）	我们的程序包括： （1）控制设计：监控用于计算退休金债务控制框架假定的评估。 （2）基准假定：在我们自己的精算专家支持下，质疑牛津大学出版社集团退休金计划债务的关键假定，包括折现率、通胀率和死亡率/预计寿命，以及面对外部数据来源，质疑 USS 和 OSPS 赤字恢复计划准备估值的贴现率。 （3）历史比较：评估 USS 和 OSPS 赤字恢复计划准备估值关键假设的跟踪记录，即未来薪资通胀和员工人数，比较计算历史预测的准确性。 （4）透明度评估：考虑退休金债务对这些假定的敏感性披露的充分性。 我们的意见： 我们认为退休金债务的估值是可接受的（2018 年意见为可接受）

4. 关于重要性的应用以及审计范围的概述

集团财务报表作为一个整体，其重要性水平设定在2,260万英镑（2018年为2,250万英镑），该决定参考集团总收入基准24.501亿英镑（2018年为22.370亿英镑），代表其中的0.9%（2018年为1%），如图20所示。

大学母体财务报表的重要性水平，设定在2,000万英镑（2018年为2,000万英镑），该决定参考大学总收入基准22.196亿英镑（2018年为20.076亿英镑），代表其中的0.9%（2018年为1%）。

由于大学是非营利性组织，因此我们认为以总收入而不是以盈余作为合适的基准。

我们同意向审计和审查委员会报告任何超过67.5万英镑（2018年为67.5万英镑）的修正或未修正的相关错误陈述，以及以定性基础进行报告的相关错误陈述。

在集团的63个（2018年为63个）报告单元中，我们对其中的8个（2018年为9个）集团报告单元进行了全面的审计。

在我们的工作范围内，针对集团报告的目标，接受全面审计的报告单元，占集团运营成果的以下比例：占集团总收入的89%（2018年占88%，见图21），占集团总资产的95%（2018年为98%）。

集团团队向负责各项目审计的审计员说明涵盖的重要领域，包括以上相关详细说明的风险和对应需要报告的信息。根据集团各项目的组合、规模和风险状况，集团团队批准项目重要性范围，从600万英镑到1,350万英镑。项目审计员实施了8个项目中的7个项目的审计（2018年审计了9个项目中的8个项目），集团团队实施了学术大学的审计。其他单独的项目都不超过集团总收入或集团总资产的3%。

对于剩余的项目，我们开展了聚合组层面的分析，以重新检视我们的评估，这些项目中不存在重大错误陈述的重大风险。

5. 无任何关于可持续经营的问题

由于理事会无意于清算大学集团或停止其运营，因此以可持续经营基础编制财务报表，集团的财务状况也表明这是现实需要。理事会还认为，

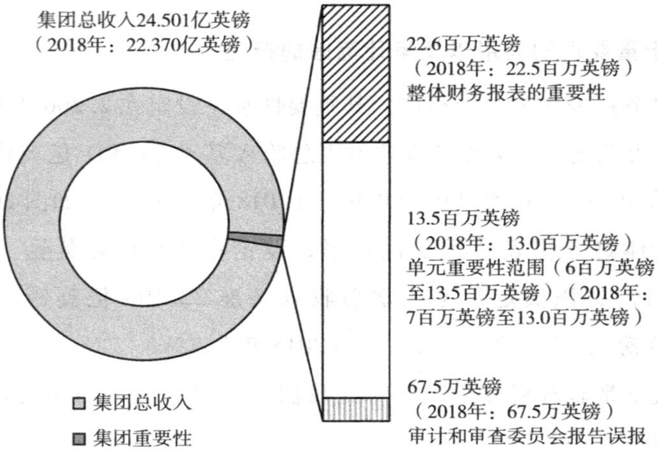

图 20　大学集团总收入

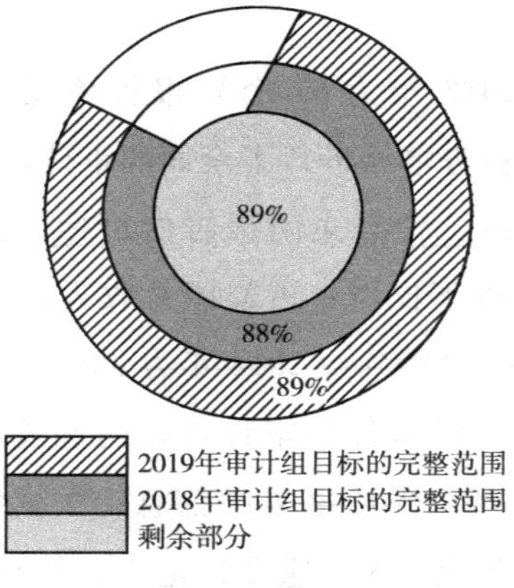

图 21　大学集团审计重要性和审计范围

不存在重大的不确定性，能对大学自财务报表批准之日起至少持续一年（持续期间）的能力，产生重大影响。

我们的责任是对理事会结论的适当性得出结论，如果有关于持续经营的重大不确定性，我们需要在审计报告中做出说明。然而，由于我们不能预见所有未来事项或情况，以及其结果的随后事项，与我们做出结论时的合理判断是否一致。因此，审计报告中没有提及的重大不确定性并不能保证大学集团持续运营。

在评估理事会的结论时，我们考虑到大学集团业务模式的固有风险，包括脱欧的影响，并分析这些风险可能影响集团财务资源或在持续经营期间持续运营的能力。我们评估了这些风险，认为其重要程度并不足以需要我们实施额外的审计程序。

基于这些工作，如果我们有任何需要增加重大事项，或注意到关于持续经营基础的会计政策声明的不确定性，可能会导致对大学集团自财务报表批准之日起至少 12 个月期间的持续经营产生重大影响，我们就会向您报告。

在这些方面我们无须任何报告，我们也未将持续经营确认为一个关键的审计事项。

6. 报告 2019 年 7 月 31 日财务报表的其他信息

理事会对财务报表的其他信息负责，包括运营评述、财务概况、治理声明以及内部控制声明。我们关于财务报表的意见并不覆盖到其他信息，因此，我们不表达审计意见以及任何形式的保证结论。

我们的责任是阅读其他信息，从而基于我们的审计工作，考虑这些信息是否有重大的错误陈述，或与财务报表或我们的审计理解不相一致。

仅仅基于这项工作，我们并没有在其他信息中发现重大的错误陈述。

7. 各自的责任

（1）理事会的责任。

正如在本报告的陈述中更全面描述的那样，理事会的责任包括：编制提供真实和公允观点的财务报表；确定必要的内部控制以确保财务报表的编制免于重大错误陈述，评估大学集团和大学持续经营的能力，适当披露关于持续经营的事项；采用持续经营会计基础，除非打算清算大学集团或大学，或终止运营，或没有其他实际选择而只能这样做。

（2）审计师的责任。

我们的目标是对财务报表作为一个整体免于重大错误陈述而获得合理的保证，无论是否由于欺诈或其他违规行为或错误，并在审计报告中发表我们的意见。合理的保证是一种高水平的保证，但并不保证根据 ISAs（UK）实施一项审计总能发现存在的任何重大错误陈述。错误陈述能引起欺诈、其他违规行为或者错误，无论是单个的或整体的，如果预期它们能影响使用者基于财务报表做出经济决策，那么就认为是重大错误陈述。不能发觉重大错误陈述的风险，源自欺诈或其他违规行为要高于它们其中一个所导致的错误，因为它们可能涉及串通、伪造、故意遗漏、虚假陈述，或者凌驾于内部控制之上，还可能涉及任何领域的法律和法规，而不仅仅是那些直接影响财务报表的领域。

关于我们责任的更完整表述见于 FRC 网站：www. frc. org. uk/auditorsresponsibilities。

（3）违规行为——发现能力。

通过与理事会和高级管理层（根据审计的要求）进行讨论，根据对大学的管理和法律函件的检查，基于我们的行业经验，我们确定可以合理预期对财务报表产生重大影响的法律和制度范围。

我们考虑直接影响财务报表的法律和制度范围，包括高等教育财务报表制度和立法。我们认为对这些法规和制度的遵循程度是我们对财务报表项目进行审计程序的一部分。

此外，我们考虑了高等教育和慈善法律特定领域法律和制度的影响。根据审计准则的要求，我们在这方面的工作限定于询问理事会和高级管理层，检查管理和法律函件。

我们在整个团队中沟通了已经确定的法律法规，并在整个审计过程中对任何不合规的迹象保持警惕。包括从集团到审计单元沟通在集团层面确定的法律和法规，并要求报告任何这些领域或由审计单元团队直接确定的其他领域中可能存在的不遵守法律法规（违规行为）的任何迹象。

由于审计固有的局限性，即使我们已经按照审计准则正确实施了我们的审计，也会存在不可避免的风险，即我们无法在财务报表中发现一些重大错误陈述。例如，对于消除不遵循法律法规（违规行为）而言，距离从财务报表反映的交易或事项的时间越早，按审计准则要求固有的限定性程序，发现它的可能性就越小。此外，对于任何一项审计，发现不了违规行为的风险仍然很高，因为这些违规行为通常包括串通、伪造、故意遗漏、错误陈述或凌驾于内部控制之上等。我们不负责防止不合规行为，也不能预期发现所有不遵循法律法规的行为。

(4) 关于其他法律和法规要求的报告。

根据《继续和高等教育法案1992》(Further and Higher Education Act 1992)发布的《学生办公室和英格兰研究审计实践准则》(Office for Students and Research England Audit Codes of Practice),还要求我们报告如下事项:

在所有重大方面,我们的意见是:

第一,无论来源于大学集团还是大学为特定目的管理的资金,都正确地用于这些目的,并按照相关的立法予以管理;

第二,收入按大学章程而使用;

第三,学生办公室和英格兰研究提供的资金,已按他们要求的条款和条件使用。

(5) 我们审计工作的目的以及我们的责任对象。

根据大学章程,本报告仅向大学理事会提交。我们开展审计工作,以便我们可以向理事会说明我们按要求应该在审计报告中向他们陈述的事项,而没有其他任何目的。在法律允许的最大范围内,关于我们的审计事项、审计报告以及我们形成的意见,我们不接受或不对大学和大学理事会之外的任何人负责。

迈克尔·罗利(Michael Rowley)

毕马威会计师事务所 法定审计师

特许会计师

雪山路1号

雪山皇后大道 伯明翰

B4, 6GH

2019年12月6日

九、财务报表

合并及大学综合收益表（见表12）

表12　　合并及大学综合收益表

（截至2019年7月31日）　　单位：百万英镑

项目	合并			大学	
	附注编号	2018/2019年度	2017/2018年度	2018/2019年度	2017/2018年度
收入					
学费和教育合约	1	354.0	332.5	340.8	319.3
基金单位奖励	2	193.1	186.9	193.1	186.9
研究奖励和合约	3	624.8	579.1	612.8	575.7
出版服务	4	809.2	798.0	665.0	646.2
其他收入	5	251.8	227.8	195.6	166.3
投资收益	6	104.6	18.3	100.3	18.8
捐赠前收入总计		2,337.5	2,142.6	2,107.6	1,913.2
捐款和资助	7	97.7	93.2	97.1	93.2
资产捐赠	7,15	14.9	1.2	14.9	1.2
总收入		2,450.1	2,237.0	2,219.6	2,007.6
支出					
员工成本	8	1,051.2	1,001.0	979.3	932.1
员工成本——退休准备金活动	27,8	285.9	(18.7)	284.0	(18.2)
运营支出	10	1,066.8	1,024.0	939.6	908.9
折旧和摊销	10,13,14	145.2	145.5	139.7	142.4
利息和其他财务费用	9	33.1	28.6	33.1	28.0
支出总计		2,582.2	2,180.4	2,375.7	1,993.2
其他收益前盈余/（赤字）		(132.1)	56.6	(156.1)	14.4
投资收益	6	237.1	308.3	233.4	303.8
合资企业股利（赤字）/盈余	17	(2.4)	1.3	(2.9)	2.5

续表

项目		合并		大学	
	附注编号	2018/2019年度	2017/2018年度	2018/2019年度	2017/2018年度
税前盈余		102.6	366.2	74.4	320.7
税	11	(5.4)	(11.3)	0.5	(1.9)
少数股权		(3.0)	(0.2)	—	—
税后盈余		94.2	354.7	74.9	318.8
固定福利退休金计划负债变化	27	4.8	32.3	4.8	32.3
外币净投资货币折算差异		2.7	(0.9)	1.2	2.0
现金流对冲基金公允价值变化有效部分	26	(5.3)	3.8	(5.3)	3.8
综合收益总计		96.4	389.9	75.6	356.9
各占：					
年度非限定性综合收益		28.8	214.7	11.8	138.3
年度捐赠基金综合收益		56.4	171.2	52.9	169.6
年度限定性综合收益		10.9	4.0	10.9	4.0
年度非控制权益		0.3	—	—	—
		96.4	389.9	75.6	356.9

合并及大学储备金变动表（见表13）

表13　　合并及大学准备金变动表

（截至2019年7月31日）　　单位：百万英镑

项目	捐赠基金准备金		收入和支出准备金		不包括非控制利益总计	非控制利益	总计
	永久性	可支出	限制性	非限制性			
2017年8月1日余额——重述	828.7	160.7	88.0	2,615.8	3,693.2	1.5	3,694.7
收入	5.0	36.1	24.4	2,171.5	2,237.0	—	2,237.0
支出	(16.7)	(6.4)	(20.4)	(2,136.9)	(2,180.4)	—	(2,180.4)
盈余/（赤字）	(11.7)	29.7	4.0	34.6	56.6	—	56.6
其他综合收益	121.1	37.0	—	175.2	333.3	—	333.3
准备金转移	(15.4)	10.5	—	4.9	—	—	—
2018年8月1日余额	922.7	237.9	92.0	2,830.5	4,083.1	1.5	4,084.6
收入	61.6	18.9	33.7	2,335.9	2,450.1	—	2,450.1

续表

项目	捐赠基金准备金		收入和支出准备金		不包括非控制利益总计	非控制利益	总计
	永久性	可支出	限制性	非限制性			
支出	(27.6)	(5.2)	(22.8)	(2,526.6)	(2,582.2)	—	(2,582.2)
盈余/(赤字)	34.0	13.7	10.9	(190.7)	(132.1)	—	(132.1)
其他综合收益	72.9	14.7	—	140.6	228.2	0.3	228.5
准备金转移	(34.3)	(44.6)	—	78.9	—	—	—
2019 年 7 月 31 日余额	995.3	221.7	102.9	2,859.3	4,179.2	1.8	4,181.0
大学							
2017 年 8 月 1 日余额——重述	759.8	160.7	88.0	2,613.4	3,621.9	—	3,621.9
收入	5.2	36.1	24.4	1,941.9	2,007.6	—	2,007.6
支出	(16.8)	(6.4)	(20.4)	(1,949.6)	(1,993.2)	—	(1,993.2)
盈余/(赤字)	(11.6)	29.7	4.0	(7.7)	14.4	—	14.4
其他综合收益	116.7	37.0	—	188.8	342.5	—	342.5
准备金转移	(12.7)	10.5	—	2.2	—	—	—
2018 年 8 月 1 日余额	852.2	237.9	92.0	2,796.7	3,978.8	—	3,978.8
收入	61.6	18.9	33.7	2,105.4	2,219.6	—	2,219.6
支出	(24.8)	(5.2)	(22.8)	(2,322.9)	(2,375.7)	—	(2,375.7)
盈余/(赤字)	36.8	13.7	10.9	(217.5)	(156.1)	—	(156.1)
其他综合收益	66.3	14.7	—	150.6	231.6	—	231.6
准备金转移	(34.0)	(44.6)	—	78.6	—	—	—
2019 年 7 月 31 日余额	921.3	221.7	102.9	2,808.4	4,054.3	—	4,054.3

合并及大学财务状况表（见表 14）

表 14　　合并及大学财务状况表

（截至 2019 年 7 月 31 日）　　单位：百万英镑

项目	附注编号	合并		大学	
		2019 年	2018 年	2019 年	2018 年
非流动资产					
无形资产和声誉	13	73.9	75.4	73.2	72.4
财产、厂房和装备	14	1,447.0	1,454.6	1,429.7	1,445.1
继承资产	15	93.1	86.8	93.1	86.8

续表

项目	附注编号	合并		大学	
		2019 年	2018 年	2019 年	2018 年
投资	16	3,711.0	3,589.6	3,729.6	3,601.4
小计		5,325.0	5,206.4	5,325.6	5,205.7
流动资产					
无形资产——正式出版前	18	20.9	19.2	19.8	18.4
存货和在产品	18	77.6	76.8	57.9	58.6
贸易和其他应收账款					
——一年内到期	19	562.8	510.1	483.9	460.8
——一年后到期	20	5.3	6.1	32.2	27.2
投资	21	176.1	160.5	141.5	108.8
现金和现金等价物	22	507.7	335.0	471.8	291.5
小计		1,350.4	1,107.7	1,207.1	965.3
贷款人：一年内到期的账户	24	(854.4)	(842.5)	(826.4)	(788.5)
净流动资产		496.0	265.2	380.7	176.8
资产减流动负债总计		5,821.0	5,471.6	5,706.3	5,382.5
贷款人：超过一年后到期账户	25	(1,003.2)	(1,007.6)	(1,025.6)	(1,029.3)
负债准备金					
退休准备金——赤字补充计划	27	(467.9)	(178.3)	(462.5)	(174.8)
退休准备金——固定福利计划	27	(147.9)	(168.4)	(147.9)	(168.4)
其他准备金	28	(21.0)	(32.7)	(16.0)	(31.2)
净资产总计		4,181.0	4,084.6	4,054.3	3,978.8
准备金					
捐赠基金准备金					
——永久性	29	995.3	922.7	921.3	852.2
——可支出	29	221.7	237.9	221.7	237.9
小计		1,217.0	1,160.6	1,143.0	1,090.1
限制性准备					
——收入和支出准备	30	102.9	92.0	102.9	92.0
非限制性准备					
——收入和支出准备	31	2,859.3	2,830.5	2,808.4	2,796.7
小计		2,962.2	2,922.5	2,911.3	2,888.7
少数股权利益		1.8	1.5	—	—
准备金总计		4,181.0	4,084.6	4,054.3	3,978.8

注：大学财务报表由理事会于 2019 年 12 月 2 日批准，并由下列人员签署：校长：L. 理查德森教授，常务副校长：A. 特雷弗森教授，财务主管：L. 皮尔逊。

合并现金流量表（见表15）

表15 **合并现金流量表**

（截至2019年7月31日） 单位：百万英镑

合并运营活动现金流	附注编号	2018/2019年度	2017/2018年度
年度盈余		96.4	389.9
调整：			
折旧	10，14	110.0	118.4
无形资产摊销	13	35.2	27.1
投资（收益）		(237.1)	(308.3)
出版前成本（增加）/减少	18	(1.6)	0.4
存货（增加）/减少	18	(0.9)	3.9
应收账款（增加）	19.20	(51.9)	(12.0)
应付账款增加	24.25	36.9	75.5
其他准备金（减少）/增加	28	(11.9)	4.1
退休准备金增加/（减少）	27	269.2	(47.8)
捐赠资产	15	(14.9)	(1.2)
应交税金		5.4	11.3
非控制权益增加		3.0	0.2
未实现的汇兑率（收益）/损失		(1.9)	2.6
投资或融资活动调整：			
投资收益	6	(104.60	(18.3)
应付利息	9	33.1	28.6
新捐赠基金	7	(55.4)	(47.9)
资本金资助收入	2.3.5	(55.0)	(59.6)
处置固定资产（利得）	14	(12.8)	(0.3)
运营活动净现金流		41.2	166.6
投资活动产生的现金流：			
销售固定资产收益		20.3	2.4
收到资本金资助		42.8	47.8
销售无形固定资产收益	13	0.2	0.2
弥补（支付）税金	11	(11.2)	20.8
获得遗产资产支出	15	(0.1)	(0.3)

续表

合并运营活动现金流	附注编号	2018/2019 年度	2017/2018 年度
获得固定资产支出	14	(91.0)	(156.2)
获得无形资产支出	13	(33.3)	(22.9)
当期投资净减少	21	16.3	73.4
非当期投资净减少/（投资）	16	114.6	(1,012.4)
投资收益	6	102.2	14.8
投资活动净现金流		161.0	(1,032.4)
融资活动产生的现金流：			
借贷和融资租赁利息支出	9	(33.1)	(7.9)
收到的现金捐赠基金		30.4	47.9
偿还借款	25	(2.7)	(2.5)
新借款	25	—	744.7
融资活动净现金流		(5.4)	782.2
现金和现金等价物净增加/（减少）		196.8	(83.6)
年初现金和现金等价物		458.8	542.9
外汇汇率变化的影响		3.0	(0.5)
年末现金和现金等价物		658.6	458.8
现金和现金等价物调整			
银行和手中现金	22	507.7	335.0
定期存款		150.9	123.8
现金和现金等价物	22	658.6	458.8

会计政策声明

1. 会计基础

会计报表根据历史成本惯例编制，根据适用的会计准则财务报告准则“102 2015”（Financial Reporting Standard，FRS 102 2015）以及继续和高等教育会计推荐实践声明2015（Statement of Recommended Practice on Accounting for Further and Higher Education 2015，FEHE SORP）按公允价值调整某些项目。

大学是一个公共利益实体，适用FRS102相关的公共利益要求。大学的基本货币是英镑，即英国货币，也是大学运营的主要经济环境。合并财务报表也以英镑呈报，四舍五入至10万英镑。根据政策3中的规定，包括一些外币业务。

管理层运用这些会计政策所做出的对财务报表有重大影响的判断，以及明年有重大调整风险的估计，在本部分的结束部分讨论。大学编制财务报表时，还遵循FRS102、FEHE SORP和OfS会计指引的要求。

包括牛津大学出版社。当牛津大学出版社的活动被并入这些报表后，出版社作为大学重要部分的事项，大学的会计政策也得到了更大的澄清。

大学编制财务报表时，遵循FRS102、FEHE SORP和OfS会计指引的要求。

2. 财务报表的范围

（1）合并基础。

财务报表（不包括大学自己的财务状况表、综合收益表和相关附注）合并了大学及其附属单位截至2019年7月31日的会计账目。

财务报表包括牛津大学出版社及其附属单位的活动。对于这些财务报表中的表格而言，“大学”包括学术部分、图书馆、博物馆、管理支持和出版社。“合并”包括大学和出版社的附属单位和合伙人。附属单位和合伙人的全部名单列示于附注17中。

在今年或之前年度取得或出售的附属单位成果，从该期间或控制权通过之日起开始合并。收购按购买方式进行核算。

财务报表并未合并牛津大学学生联合会及其附属公司的账户，因为他们是分开并独立的法律实体，大学于其中并无经济利益，也不对其政策决策有直接控制和主导影响。

大学也并未合并那些作为单独并独立的法律实体的学院。凯洛格学院（Kellogg College）、圣十字学院（St Cross College）和帕克斯学院（Parks College）作为大学的一个部门，其账目被并入大学中。

符合《2011年慈善法案》（Charities Act 2011）第287条中对“特殊信托”（Special Trust）定义的非公司慈善附属单位，包括信托公司，被合并到大学账户中。不符合“特殊信托”定义，但其控制权能被大学主导的信托公司，也被合并。

根据 FRS102 第 9 部分条款，大学作为主要投资者，但大学并没有任何管理控制的投资基金，不包括在合并范围内，而作为投资资产进行核算。

合资企业采用权益法（Equity Method）核算。他们最初采用交易成本确认，每年再调整以反映大学在合资企业综合收益中的份额，通过其他综合收益予以确认。如果必要，将对合资企业进行审查，以确保投资的账面价值以及不利于价值创造的准备金。

联营企业（Associated undertakings）采用权益法核算。他们最初以交易成本确认，每年再调整以反映大学在联营企业综合收益中的份额，通过其他综合收益予以确认。

（2）持续经营。

理事会有理由预期大学有充足的资源在可预见的未来能够持续运营。

大学编制年度预算和预测，并根据 OfS 指引实施滚动五年期的预测可持续性审核。大学的持续经营属性考虑了自财务报表批准之日起超过 12 个月的时间。

大学编制超过 12 个月期间的详细现金流量预测，大学满意于通过现金和等价物投资能够满足日常运营资本需求。理事会并未发现任何重大的不确定性能够阻止大学持续经营。出于这些原因，大学持续采用持续经营基础编制账户。

3. 外币

外币交易采用交易日汇率以实体的当地货币记录。以外币计价的货币性资产和负债，按财务状况表当日的现行汇率报告。以历史成本计量的外币非货币性资产和负债，采用交易日汇率转换。由转换引起的外币差异在综合收益报表中确认。

海外运营成果按所属期间的平均汇率折算，其财务状况报表按财务状况报表之日的现行汇率折算。由外币运营交易引起的兑换差异，作为其他综合收益项目报告。

大学，特别是出版和投资职能部门，开展外汇对冲活动。

大学指定某些衍生品作为预测现金流外汇风险的对冲工具。

对冲关系开始时，大学记录对冲工具和对冲现金流之间的关系，以及对冲工具将对对冲项目带来明确识别的风险。此外，在对冲开始时，大学会在持续基础上，评估对冲工具能否有效地抵消特定的对冲风险。

特定的对冲工具公允价值变化的有效部分，在其他综合收益中确认。与无效部分相关的收益和损失，应立即在综合收益报表中确认。之前在其他综合收益中确认以及包括在准备金的金额，在对冲项目影响综合收益报表的期间或当对冲关系终止时，被重新分类进入综合收益表。

当大学撤销对冲关系，对冲工具到期或出售、终止或使用结束，或不再具有对冲会计资格时，对冲会计即停止。此时，当对冲项目在综合收益报表中予以确认时，包括在准备金中的任何收益和损失，被重新分类至综合收益报表中。当预计的现金流预期不再发生时，在其他综合收益中确认的任何收益或损失，被立即重分类至综合收益报表中。

4. 收入

大学收入主要分为八类：

- 学费和教育合约；
- 提供其他商品和服务；
- 出版服务；
- 专利收入；
- 投资收入；
- 研究资助和合约；
- 基金机构资助；
- 捐赠和捐赠基金收入。

根据交易性质、收入来源，以及交易是否具有商业实质来确认收入。

- **有商业实质的交易：**

当交易有商业实质时，作为收入交易核算。收入确认参考合同的条款，与相关商品或服务的提供相一致。

（1）学费和教育合约。

学费收入是指学生学习期间的任何收入总额，记入综合收益报表的贷方。当学费收入减少时，应收收入扣减折扣后呈报。助学金和奖学金核算为支出，不从收入中扣减。

学费和其他来源费用与提供特定学术和非学术课程直接相关。收入确认在整个课程期间按比例基础（pro – rata basis）确认，与提供给学生的课程相一致。

职业课程费用和其他教育合约根据如下服务合约核算：

（2）提供其他商品和服务。

销售商品和服务的收入，当商品和服务提供给外部消费者时，记入综合收益报表贷方。

对于正在提供的服务，在服务期结束时仍未完成的，根据每项合同确定的适当比例基础，按服务完成阶段或提供程度确认收入。

（3）出版服务。

收入是指扣除贸易折扣和增值税（value – added tax，VAT），在认为主要的风险和回报被转移给购买方时确认收入。销售商品的收入在商品实际交付给客户时确认收入。提供服务的收入代表根据合同提供服务的价值，根据回报的程度并以收到或应收回报的公允价值记录。

对财务状况表报告日后的预期销售回报提取了准备金的，当管理层认为必要时，可根据销售回报的历史水平基础，按 FRS102 的附加条款予以增加，回报准备金的变化确认为收入和其他运营支出。

（4）专利收入。

专利收入根据相关合同的实质内容，按权责发生制（on an accruals basis）予以确认。

（5）投资收入。

对于投资收入的确认政策，参见政策 13。

（6）代理收入。

当大学面临极小风险时，大学作为基金机构支付代理方，其收到和支付的基金，不包括在大学的收入支出中。

（7）无商业实质的交易。

当大学收到无商业实质为基础的收入时，以非交换交易基础核算。非交换交易定义为：一个实体单位从另一实体单位收到价值，而没有在交换中直接付出大约相等的价值。

（8）绩效模式。

当资助为应收（法律或合约承诺）以及合约中指定的与绩效相关的条款满足时，在综合收益表中确认收入。在无绩效条款时，一旦成为应收收入即全额确认为收入。

绩效条款被定义如下：

一项条款，它对服务所要求的一定水平的绩效，或交付服务的一定产出单元，是关于资源支付或权利的绩效。

在绩效条款完成之前收到的资源，在财务状况报表中确认为递延收入。当满足条款时，剥离到综合收益报表中。当收到资助余款时，应计收入或应收资产按收入确认。

（9）政府资助。

收益和资本化的政府资助均按绩效模式核算。

对于 OfS 和英格兰研究基金，与同一学年相关的基金资助一样，在资助对应期间全额确认为收入。超过一年的相关资助，根据资助学期，按比例确认为收入。

（10）非政府资助、捐赠和捐赠基金。

从非政府来源获得的拨款和捐赠收入，根据绩效模型计算。

除开展研究目的的基金被确认为“研究资助和合约”收入外，非政府资助、捐赠和捐赠基金收入被确认为捐赠和捐赠基金收入。

非政府资助和捐赠收入被分为四类：

第一，有绩效条款的非政府资助和捐赠收入。当应收（法律/合约承诺）和绩效条款满足时，收入在综合收益表中确认。

第二，限制性捐赠。①当捐赠合同包含“要求一项资源的使用被限制或用于指定目的，不满足绩效相关的条款”。②受到限制，但并不是绩效条款的收入，当资助为应收（法律/合约承诺）时在综合收益表中确认，并记录为限制性储备金。③当资金按限制性条款支出时，通过储备转移的方式，将限制性资金转移至非受限制性储备。

第三，非限制性捐赠。①既无限制性也无绩效条款的收入，当资助为应收（法律/合约承诺）时，在综合收益报表中确认，记录在非限制性储备中。②大学有时会收到捐赠和捐赠基金，这些捐赠或者以遗产的形式在捐赠人死亡时支付，或者分为一系列分期支付。大学的政策是，一旦有合法性或建设性权利收到这些捐赠和捐赠基金，大学即确认这些收入，从捐赠者收到的金额在财务状况报表中确认为应收捐赠或捐赠基金。

第四，捐赠基金。捐赠基金的收入确认政策详见政策5。

（1）资本化资助。

为购买或建设特定资产的政府和非政府性资助，在资产开始使用时或与大的建设项目完成阶段相一致时进行收入确认。大学对购买/建造的资产有自由支配权的资助，在资助成为应收款时全额确认收入。政府资助成为应收款时，即确认为收入。

（2）研究收入。

研究基金收入的确认取决于基金的来源和交易的属性。关于来源，当满足弗拉斯凯蒂（Frascati）关于研究的定义时，收入被分类作为“研究资助和合约”。

采用以下特定的研究收入确认标准：

第一，来源于英国研究理事会、欧盟委员会的研究基金，其收入基于清偿大学为研究绩效所发生的成本。收入确认与相应的支出产生了从这些机构收到基金的权利相一致。

第二，来源于慈善机构和行业的基金基于个人资助合约中的规定确认。在大多数情况下，收入以报销支出为基础确认，根据大学合规报销支出的发生额，收入确认为费用。

下列特定的研究收入确认标准适用于：

第一，当基金来源于政府机构，资助支出的目的假定为符合绩效条款，除非根据基金合约明确被禁止。

第二，来源于慈善机构和行业的基金作为非政府资助收入计量，除非可以证明收入交易发生了等价交换。

5. 捐赠基金

捐赠基金是捐赠的一类，这时捐赠人要求原始捐赠用于投资，回报用于捐赠人慈善目的的支出。捐赠人可以明确指定资本金可以用于支出（一次性捐赠）（Expendable endowment）或永久保留（永久性捐赠）（permanent endowment）。

捐赠基金被分类作为“非交换交易”，并根据绩效模型核算。初始的捐赠基金在应收时作为“捐赠和捐赠基金”收入（“Donation and Endowment” income）确认。

（1）永久性捐赠基金。

永久限制。捐赠人指定原始捐赠被永久保留，其投资收入用于捐赠人指定的限制性目的支出。

永久非限制。捐赠人指定原始捐赠被永久保留，其投资收入用于大学的一般运营目的支出。关于初始收入确认，永久性捐赠基金被记录为永久性捐赠储备中的捐赠基金资本金。捐资收入和捐赠基金支出根据总回报模型（Total Return model）核算。

（2）总回报。

大学对永久性捐赠基金实施总回报捐赠基金投资管理政策，以及与之相关联的总回报会计（Total Return Accounting）政策。总回报会计允许永久性捐赠基金投资收益可用于支出，而无论是否是已实现的/未实现的资本金收益，还是股息/利息收入。

永久性捐赠基金资产的投资收益，按权责发生制在综合收益报表中确认。这些收益作为未使用回报记录在大学的永久性捐赠基金储备中。

对于永久限制性捐赠基金，当支出按每笔捐赠基金的慈善目的发生时，未使用回报转移至非限制性储备。

对于永久非限制性捐赠基金，根据基于估计的长期投资真实回报率确定的支出规则，未使用回报转移至非限制性储备，按远期捐赠基金价值的百分比（当前为4.0%）计算。

（3）永久性捐赠基金资本指数化。

英国慈善法要求大学保留所有永久性捐赠基金的慈善利益的永久性。大学已经采用一项远期永久捐赠基金资本金指数政策，以保持按实质计算的原始资本价值（即扣除物价因素）。基于年度基础，确定从未使用回报中转移的指数化储备（永久性捐赠基金资本的组成部分）。

（4）一次性捐赠基金（Expendable endowment）。

限制性支出。捐赠人指定原始捐赠可用于支出，但未支出的基金用于投资。原始捐赠和捐赠收益根据捐赠人指定的限制性目的支出。

对于限制性可支出捐赠基金的初始收入确认，在可支出捐赠基金储备中确认。

投资收入根据权责发生制在综合收益报表中确认，作为累计收入记录在可支出捐赠基金储备中。

累计收入作为储备转移释放到非限制性储备中，与每笔捐赠基金的限制性目的支出相一致。

6. 雇员福利

（1）短期雇员福利。

短期雇佣福利例如工资和失业补偿，在雇员为大学提供服务的年度内确认为支出。在每一个财务状况表日，已经发生但尚未领取雇员假期津贴确认为一项负债，支出时在综合收益表中确认为员工费用。

（2）离职后福利（退休金）。

大学员工的三个基本退休金计划分别是：大学退休金计划（Universities Superannuation Scheme，USS）、牛津大学出版社集团退休金计划（OUP Group Pension Scheme，OUP Group）、牛津大学员工退休金计划（University of Oxford Staff Pension Scheme，OSPS）。大学也为了雇员的利益对许多其他退休金计划缴款，包括：伦敦大学退休金协定（Superannuation Arrangements of the University of London，SAUL）、医学研究理事会退休金计划（Medical Research Council Pension Scheme，MRCPS）、海外计划和英国国民健康保险服务退休金计划（National Health Service Pension Scheme）。

基本退休金计划都是固定福利计划，由外部资金资助，直到2016年脱离了国家第二退休金（State Second Pension，S2P）。每一个基金由具有职业资格的独立保险精算师每三年估值一次。然而，牛津大学员工退休金计划（OSPS）固定福利部分不再对新员工适用。

USS、OSPS、SAUL和MRCPS是多雇主计划，由于计划性质的共同性，因此，不可能确认归属于单个机构成员的资产和负债，所以这些计划作为固定缴款退休福利计划核算。

牛津大学出版社集团退休金计划（OUP Group Scheme）不是一项多雇主计划，因此根据 FRS102 第 28 章作为一项固定福利计划核算。

大学根据计划精算师设定的利率对 USS、OUP Group、OSPS、SAUL 和 MRCPS 的缴款，并由计划管理人员对大学提出建议。大学对 NHS 退休金计划的缴款则根据政府的计划精算报告利率。

综合收益表中记录的金额代表会计期间每笔计划的缴款，不包括任何与已经准备为清偿计划赤字而发生的额外费用。

对于不作为多雇主计划核算的固定福利计划，计入运营利润的金额是当前的服务成本以及由于清偿和减少而发生的捐益，这包括员工费用的部分。如果福利已经授予，那么过去的服务成本立即在综合收益表中确认；如果福利没有被立即授予，那么，成本直到福利发生时随所在期间而确认。净固定福利债务的净利息费用，作为其他财务费用在综合收益表中报告。精算收益和损失，与计划资产回报一起，作为其他综合收益立即予以确认。

大多数固定福利计划由资金资助，资产计划由独立信托管理基金的各集团独立持有。退休金计划资产以公允价值计量，负债在精算的基础上采用项目单元法计量，在预计的债务期间，以相当于高质量企业等价货币债券当前回报率的利率进行折算。精算估值至少每三年获得一次，并在每个财务状况报表日进行更新，由此产生的固定福利资产和负债，扣除任何相关的递延所得税后，将在财务状况报表上其他净资产之后单独显示。

在多雇主计划中，债务被记录在对过去赤字资金提供任何合约承诺的准备金中，由计划管理人决定，相关的支出在综合收益表中确认。

7. 租赁和服务特许权协议

（1）融资租赁。

大学承担租赁资产所有权实质上的所有风险和回报的租赁，被归类为融资租赁。

融资租赁获得的租赁资产以及相关的租赁债务，以租赁开始时的最低租金（minimum lease payments）减去累计折旧（accumulated depreciation）

和减值损失（impairment losses）后的公允价值和现值孰低法（at the lower of fair value and the present value）表述。

租金在财务费用和未清偿债务减值之间进行分摊。财务费用被分配至租赁期的每一个期间，以对债务余额产生一个不变的定期利息率。

大学仅对10万英镑以上的协议确认为融资租赁，并以固定资产的最低值予以资本化。

（2）经营租赁。

关于经营租赁的成本，在租赁期内以直线法基础（straight - line basis）负担。经营租赁的未来承诺披露于附注35。

租赁的任何保费或激励措施确认为支出的减少，在最低租赁期内平均分布。确认的支出与收到的现金流福利之间的差异，作为一项负债随租赁期记入综合收益表中。

（3）服务特许权协议。

服务特许权协议是融资租赁协议，据此出租人也随着租赁资产一起提供租赁服务（例如维护和运营等）。服务特许权协议扣除付款分摊后，与融资租赁以相同的基础核算。

服务特许权协议付款在服务成本、融资费用和融资债务偿还之间进行分配，在该协议的使用期间内，减少融资债务直至完成全部付款。

8. 无形资产和商誉

（1）商誉。

商誉缘于合并，以所收购企业对价的公允价值与收购日可分离净资产的公允价值之间的差额为基础。

商誉采用直线法在其估计的五至十年使用寿命期内进行摊销，在收购之年进行全年摊销。

在每个财务状况报表之日，对商誉的减值指标进行评估。如果有客观的减值证据，那么在综合收益表中确认减值损失。商誉的可收回金额，作为商誉的一部分，是那些现金产出单元的未来现金流的现值。

与非货币资产相关的负商誉，当这些资产通过折旧或销售被收回时，计入综合收益报表中。超过非货币资产公允价值的负商誉，在非货币资产收回期间恢复到综合收益报表中。

（2）获得许可。

无形资产中的获得出版清单以直接法为基础，在认定的3~10年的预计经济寿命期间进行摊销。根据FRS102规定，该期间由获得清单的性质决定。

资产在每个财务状况报表日接受减值指数评估（FRS102第27款）。如果有客观的减值证据，那么在综合收益表中确认减值损失。如果资产的回收价值小于账面价值，那么资产被认为减值。固定资产的可回收价值高于其公允价值减去销售费用以及在用价值。

如果存在资产减值损失减少的指标，之前的减值损失可予以修正，而且修正后的账面价值（revised carrying amount）额度不能高于确认的非减值部分。

（3）软件许可。

成本超过2.5万英镑和使用寿命超过12个月的软件许可，作为无形资产予以资本化。该许可在不超过5年的使用寿命期间或更短的许可剩余期间内进行摊销。

（4）出版前流动无形资产（FRS102第18部分）。

归属于某一印刷品出版物的出版前外部成本，予以资本化，并自出版之日起超过12个月进行摊销。编辑部工资和相关经费不包括在内。

（5）其他内部产生的无形资产。

内部产生的无形资产不能资本化，原因是未来的经济利益流入不可能明确表明。

研究和开发成本在发生时计入综合收益报表。

9. 固定资产

固定资产（财产、厂房和设备）（Property，Plant and Equipment，PPE），由成本超过2.5万英镑的设备、软件和车辆，超过10万英镑的资本化建设项目，以及经济使用寿命超过1年且不打算出售的土地和完工建筑物等组成。

固定资产（不是投资目的持有的财产）以历史成本反映，采用直线法在以下期间内计提折旧：

所有权建筑物：30~50年。

建筑厂房和设备：20年。

国家健康服务位置的建筑物：50年。

租赁财产：50年或短于此的租赁期。

租赁财产整修：20年或短于此的租赁期。

设备：3~10年，除非研究项目期或预计资产寿命更短。

所有权土地和资产在建设过程中不计提折旧。

在每个财务状况表日，对资产进行减值指数评估。如果有客观减值证据，则在综合收益报表中确认减值损失。如果资产的可收回价值低于账面价值，则被认为应该减值。固定资产的回收金额高于其公允价值减去销售费用及其使用价值。

当有指标表明资产的减值损失减少时，可修正之前的减值损失，其修正限额为不能导致修正后的账面价值高于确认的非减值部分。

贷款费用：与购置或建设固定资产相关的贷款费用，于发生期间在综合收益报表中确认为费用。

10. 遗产

当成本和估值可以合理获得时，自1999年8月1日获得的且估值超过2.5万英镑的艺术品和其他有价值的文物（遗产），予以资本化并在财务状况报表中以成本或获取价值进行确认。鉴于许多遗产的规模及其独特性，大学于1999年之前获得的遗产无法进行估值。

由于遗产的长期经济寿命和高残余价值，意味着任何折旧都不具有实质性，因此遗产不计提折旧。

11. 捐赠资产

大学会收到实物利益，例如设备、艺术品和财产等赠品。捐赠给大学的有重大价值的项目，如果是购买的，大学将视为固定资产，以现值予以资本化，并根据上述政策计提折旧。捐赠的价值于收到当年包括在综合收益报表中。

12. 修理及维护

确保固定资产保持其先前确定的绩效标准的支出，于发生期间在综合收益报表中确认。大学每年审查其有计划的维修程序。

13. 投资估值基础

所有的投资最初在成本确认，随后在每个报告日以公允价值计量。当公允价值不能够可靠计量或投资不能够公开交易时，以成本减跌价计量。

投资于上市公司股票和风险资本工具（股票可公开交易或公允价值能够可靠计量），以市场价值计量。

所有权财产投资根据独立特许测量师的估价，以公允价值计量，每年更新其市场变化。每年审查一部分房产并重新估价，每项财产每三年重新估价，其他财产则根据独立测量师的审查进行问询估值。

对子公司和关联企业的投资根据成本模型核算，在交易成本减累计减值损失确认。

2018 年 6 月，根据一个慈善性非官方机构信托（Charitable Unauthorized Unit Trust，CUUT）持有牛津基金的信息，从牛津基金收到的股息计入投资收入。会计政策基于作为投资组合的一部分而持有的新 CUUT，并符合 FRS102 第 9.9（b）节中以公允价值持有的标准。其对于投资者而言，如果一项权益价值是通过直接或间接持有的投资篮子的公允价值，而不是投资者开展业务的媒介，则该权益作为投资组合的一部分而持有。由于大学投资 CUUT 主要是为了获得公允价值收益，而 CUUT 并不是大学开展业务的途径，因此，其作为投资组合的一部分而持有。对于附注 16 而言，财务状况报表表明大学 CUUT 部分的公允价值。大学的现金流报表将表明任何关于 CUUT 投资的现金流变化，例如在“投资活动现金流”中的赎回或购买。从基本投资到 CUUT 的任何现金流均不可见，不能直接从大学账户中的 CUUT 投资中获得股息或利息收入。

（1）重估值。

投资资产的所有收益和损失，包括实现的和未实现的，当其发生时在综合收益报表中确认。

（2）外部实体。

2018 年 7 月 1 日牛津大学孵化基金成立之前，学院和其他与大学密切相关的外部机构可以投资牛津捐赠基金和牛津资本基金。

由于无法显示这些机构在各种基金中的具体投资，由大学代表这些机构持有的额度作为大学投资资产的减少而显示。自 2018 年 7 月 1 日起，外部机构可以直接投资于牛津大学孵化基金，不需要扣除。

14. 存货和在产品

存货和在产品以成本和销售价格减去销售成本孰低法估值。成本包括所有的直接支出，对于已完成书籍和在产品，不包括编辑工资和相关的间接费用。与完成主要新文献作品相关的开发成本，其长期递延的收入，在发生时注销。与电子出版物相关的开发成本也在其发生时注销。

销售价格减去销售成本是指在考虑现实成本之后，存货在正常业务过程中实现的金额，在适当的时候，是指从现有状态到完成状态的转移成本。

在必要时，为淘汰、滞销和有缺陷存货（obsolete，slow - moving and defective stocks）计提准备金。

耗材在购置或从商店发出时计入综合收益表。

15. 纳税身份

大学是 2011 慈善法案（Charities Act 2011）附表 3 中的豁免慈善机构，同样也是 2010 年财务法案（Finance Act 2010）附表 6 中第 1 段所指的慈善机构。因此，大学在《2010 年公司法》第 472 - 488 条和《1992 年可征税收益法案》第 256 条所涵盖的类别内获得的收入或资本收益可能免税，而且这些收入和收益仅用于慈善的目的。

大多数大学的主要活动豁免增值税（Value Added Tax，VAT），但出版销售、一些活动和其他附属供应和服务有义务按不同税率缴纳增值税。支出包括由供应商向大学收取的不可收回的增值税，同样包括在固定资产成本中。

出版活动有本期税捐，完全由非英国税组成，按财务状况报表之日已颁布实施或实质上颁布实施的税率和法律规定的预期支付额（或回收额）征税。

如果交易或事项导致在财务状况表日后有未来增加纳税的责任，或未来有减少纳税的权利时，对于在财务状况表日已经产生，但尚未撤销的时间差异，确认为递延税。时间差异，是指集团的应税利润与财务报表中所述的财务成果之间的差异，是由纳税评估期间的综合收益或损失与财务报表中确认额之间的差异引起。

在所有可用证据的基础上，仅当更有可能无适当的应税利润来抵扣未来撤销的潜在时间差异时，递延所得税资产才予以确认。

大学的商业交易活动通过其附属子公司开展。收入将适用增值税，利润应缴纳公司所得税。然而，这些公司的应税利润主要归属于大学，并按捐赠援助付款，限额以公司分配的准备金为限，并抵消这种应税责任。

然而，在英国以外开展的商业活动，可能需要在这些司法管辖权内纳税。

16. 现金和现金等价物

现金包括库存现金（cash in hand）、银行存款（cash at bank）、按需偿还存款（deposits repayable on demand）和透支额度（overdrafts）。如果于24小时内实际可用而无惩罚的存款，就属于按需偿还存款。

现金等价物是指短期、高流动性的投资，能够随时改变为确定数量的现金而几乎无价值变化风险。包括定期存款（term deposits）和作为大学财务管理活动而持有的其他工具。

现金和现金等价物包括与捐赠基金储备相关的金额，只是大学的支付方式受到限制。附注29中概述了这些使用受到限制的资产。

17. 金融工具

根据FRS102的许可，大学已采用了适用于FRS102中第11和第12节中的确认、计量和披露的选择。

在每一个财务状况表日，对金融资产进行减值指数评估。如果有客观的减值证据，那么即在综合收益表中确认减值损失。

大学通过2017年12月发行并在伦敦证券交易所上市的长期无担保证券拥有债务工具（debt instruments）。债券最初以发行收入（proceeds of issue）减去为了发行而直接发生的所有交易成本予以确认。最初确认后，债券采用有效利率方法以摊销成本计量。根据这种方法，交易成本将作为债券期限内的额外费用计算（见附注25）。

以摊销成本结转的金融资产，减值金额为资产的账面金额（carrying

amount）与以金融资产原始有效利率折算的预计未来现金流量现值之间的差额。

对于以成本减去减值进行结转的金融资产而言，减值损失，是资产账面价值减去该资产在报告日出售收到的最新估计金额之间的差额。

18. 内部交易

任何内部交易的收益或损失应完全抵消。合并中包含的与债务与债权有关的金额也应抵消。大学与其关联方和联合企业间的余额不能抵消；未结算的正常交易额视为流动资产或负债。一个实体资产的账面金额中包括了任何收益或损失。与大学权益相关的份额被抵消。

19. 公益特许权贷款

当贷款低于主要市场利息率，不需要按需偿还并旨在推进大学的目标时，大学将这些贷款分类为优惠性贷款。

优惠性贷款最初以付款金额计量，在期间结束时调整为反映应计的应收收入。如果一项贷款被认为不可收回时，应在其变为不可收回期间在综合收益表中冲销。

20. 分部信息

大学经营许多不同类型业务，出于分部报告的目的，业务类型根据活动和管理组织的性质进行分类（见附注 12）。

21. 联合控制实体、资产和运营核算

（1）联合控制实体。

大学采用权益法核算联合控制实体的权益。

联合控制实体中的投资最初以交易价格确认（包括交易费用），随后调整以反映大学集团的利润和损失权益以及联合运营的其他综合收益。

如果必要，合资企业接受审查以确保投资的账面价值，以及针对价值创建的准备金。

（2）联合控制资产和运营。

基于发生成本的份额，大学核算其联合控制资产和运营情况，并按发生债务的份额比例予以确认。收入和支出基于大学的份额确认。

22. 准备金、或有负债、或有资产

在以下情况下，确认财务报表中的准备金：

（1）大学有对过去事项的现时义务（法律或推定）；

（2）很可能要求一项经济利益流出以清偿其债务；

（3）债务的金额能够可靠估计。

由过去的事项引起的，会给大学带来可能义务的或有义务，仅在其发生时予以确认，除非不确定的带来事项不完全由大学所控制。或有负债也会出现在另有规定的情况下，但也可能不需要资源的流出，或者债务金额无法可靠地计量。

当一个事项的发生能给大学带来可能的资产时，会引起一项或有资产，仅在其发生时予以确认，否则该不确定性事项并不完全由大学所控制。或有资产和负债并不在财务状况表中确认，但需要在附注中披露。

23. 法定形式

大学是根据公共法建立的公民组织，根据 1571 年《两所大学成立法案》（Act for Incorporation of Both Universities 1571），以“牛津大学校监硕士和学者”名义正式成立。

校长办公室
牛津大学
大学办公室
惠灵顿广场
牛津
OX1, 2JD

会计判断和估计

大学根据财务报告理事会（Financial Reporting Council）发布的 FRS102 编制其合并财务报表，在确切表述合并财务状况和成果时，其应用经常需要由管理层判断。根据 FRS102，为公允呈现大学集团的财务状况、财务绩效和现金流，管理层需要采用最适合于环境的会计政策。在决定和应用会计政策时，由于会计政策选择、会计估计或假定遵循能够重大影响报告结果或大学的净资产状况，因此关于这些项目经常需要做出判断（见表16）；也可能后来才知道，另一种选择更为合适。

表16　　需要做出判断的项目

判断	附注	不确定性和假定估计	附注
无形固定资产摊销	13	预测短期雇员应计福利	8
固定资产（PPE）折旧	14	预测退休金赤字基金准备金	27
投资价值	16	预测基于固定福利计划的退休金基金准备金	27
投资财产估值	16	预计廷伯尔根大楼准备金	28
废旧或缺陷存货准备	18		

管理层认为，关于收入、债务人、固定资产和准备金等的一些会计估计和假定，是关键的会计估计。这些关键会计估计的讨论提供如下，并应能与披露的大学集团重要会计政策一起读到。管理层还讨论其关键会计估计和与外部审计师、财务委员会、审计和审查委员会相关的披露。就出版社而言，任何估计和披露已与相关的出版社和大学委员会一起讨论。

为清除石棉预计费用、为拆除当前的廷伯尔根大楼等额外的相关费用计提了准备，能在不同的建筑物内为师生提供替代服务。

投资估值以第三方提供的最新基金估值显示。

衍生估值以最新基金估值显示，但接受潜在减值的审查。

存货接受废旧、滞销或缺陷审查，必要时计提准备金。

在出版社，当管理层认为必要时，可在资产负债表日后为预期销售回报计提准备金，计提以这些回报的历史水平加上根据FRS102做出的额外准备为基础。回报准备金的变化在营业额和销售成本中确认。

退休金准备包括关键的折扣率、薪资通胀和员工数量等假定。退休金说明中提供了关于假定变化的敏感性分析。USS的成本和OSPS赤字恢复计划的估计，基于USS和英国大学财务总监小组（British Universities Finance Directors Group）设计的模型。该模型采用包括在赤字恢复计划中的额外成本，相应调整管理层预估的员工水平和付款增加的估计变化，并基于与恢复计划相似成熟期的企业债券水平进行折现。该计划的保险精算师每年审查 USS 的基金，并于每三年实施一项正式的精算估值，每次修正赤字恢复计划。

2017 年 USS 的精算估值包括在财务报表中。在 2018 年 3 月有一个新的估值，导致增加了 USS 退休金资助赤字义务，合并准备金为 1.908 亿英镑，大学准备金为 1.892 亿英镑。其还将被合并准备金 2.311 亿英镑和大学准备金 2.273 亿英镑所替代。该调整反映在 2020 年 7 月 31 日的大学财务报表中。

对于 OUP 集团退休金计划，提供了关键假定（附注 37），其成本估计采用精算信息。

在滚动基础上，每三年对投资财产进行重估值。

折旧在相关资产的预计使用经济寿命期以直线法基础累计。针对许多获取资产的特定属性，资产的经济寿命基于资产使用经济寿命评估。

坏账和可疑债务的准备金，采用基于逾期债务年限公式计算。该公式每年连续使用，必要时需要一定程度的估计。对于被认为收回具有不确定性的个别债务，应做出特定准备金，同时要求一个因素判断。

财务报表附注

1. 学费和教育合约（见表 17）

表 17　　学费和教育合约　　单位：百万英镑

项目	合并		大学	
	2018/2019 年度	2017/2018 年度	2018/2019 年度	2017/2018 年度
全日制学生				
国内	97.9	97.8	97.9	97.8
欧洲	20.0	20.4	20.0	20.4
海外和其他费用	109.3	99.7	109.3	99.7

续表

项目	合并		大学	
	2018/2019 年度	2017/2018 年度	2018/2019 年度	2017/2018 年度
非全日制学生				
国内	7.5	8.3	7.5	8.3
欧洲	3.1	1.7	3.1	1.7
海外和其他费用	21.2	21.4	21.2	21.4
其他费用和教育合约				
职业和非录取课程	42.3	36.8	29.1	23.6
考试和其他费用	1.4	1.4	1.4	1.4
研究培训支持资助	51.3	45.0	51.3	45.0
合计	354.0	332.5	340.8	319.3

2. 基金机构资助（见表18）

表18 **基金机构资助** 单位：百万英镑

项目	合并		大学	
	2018/2019 年度	2017/2018 年度（重述）	2018/2019 年度	2017/2018 年度（重述）
经常性资助				
学生办公室（OfS）	13.6	13.8	13.6	13.8
英格兰研究会	145.9	142.2	145.9	142.2
特别资助				
博物馆、画廊和藏品基金	3.6	3.6	3.6	3.6
高等教育创新基金	3.7	5.2	3.7	5.2
OfS 资本化资助	1.3	1.5	1.3	1.5
英格兰研究资本化资助	20.2	18.8	20.2	18.8
其他	4.8	1.8	4.8	1.8
合计	193.1	186.9	193.1	186.9

2018年3月31日之前，英格兰高等教育理事会（Higher Education Council for England，HEFCE）对这些资助负责。2018年3月31日之后将此责任转移给学生办公室（Office for Students，OfS）和研究英格兰（Research

England)。截至2018年3月31日之前期间收到的配给，已经分配至上述相关接替机构。

学生办公室和研究英格兰的周期资助，是旨在开展教学、研究和知识交流的年度基金。每一项资助都与特定的学年相关，每一项资助在与它相关的年度内全额确认。

博物馆、画廊和藏品由研究英格兰基金提供，以支持高等教育部门的博物馆、画廊超越其母体机构的重大研究。在大学内部，资助基金用于支持阿什莫林博物馆（Ashmolean Museum）、皮特里斯博物馆（Pitt Rivers Museum）、自然史博物馆（Museum of Natural History）和科学史博物馆（Museum of the History of Science）。资助金按学年拨付，以资助每一个博物馆的具体运营。在运营完成的学年内，全额确认收入。

高等教育创新基金（Higher Education Innovation Fund，HEIF）由研究英格兰提供，以支持高等教育部门各成员与广大社区间的知识交流。高等教育创新基金的资金以年度基础拨付，当大学提供了经批准的该项基金的知识交流战略后，即成为应收款项。一旦战略被批准，收入即以年度为基础予以确认。

资本化资助是指为了购置或建造资本化资产，从学生办公室或研究英格兰批准的资助。它们通常不指定特定的资产，一旦大学有权利收到该资助，则其收入即被全额确认。

3. 研究资助与合约（见表19）

表19　　研究资助与合约　　单位：百万英镑

项目	合并		大学	
	2018/2019年度	2017/2018年度	2018/2019年度	2017/2018年度
英国基金提供者				
研究理事会	162.0	153.2	162.0	153.2
英国政府和卫生机构	77.7	77.2	77.7	77.2
英国慈善团体	154.5	153.2	154.5	153.2
英国工商业	27.3	25.3	27.3	25.3

续表

项目	合并		大学	
	2018/2019年度	2017/2018年度	2018/2019年度	2017/2018年度
欧盟基金提供者				
欧盟委员会和其他欧盟政府实体	65.1	62.6	64.7	62.5
欧盟慈善团体	2.3	2.3	2.3	2.3
欧盟工商业	27.9	16.7	27.9	16.7
非欧盟基金提供者				
其他政府	37.5	22.4	26.0	20.6
其他慈善团体	30.8	26.9	30.8	26.9
其他工商业	39.7	38.2	39.6	36.7
研究发展支出信贷	—	1.1	—	1.1
合计	624.8	579.1	612.8	575.7

研究资助和合约收入包括与资本基金相关的1,590万英镑（2018年为2,040万英镑）。研究资助和合约不包括基金机构质量研究收入。

4. 出版服务（见表20）

表20　出版服务　单位：百万英镑

项目	合并		大学	
	2018/2019年度	2017/2018年度	2018/2019年度	2017/2018年度
出版服务——英国	110.3	117.2	110.3	172.7
出版服务——亚太	244.4	226.7	228.4	156.8
出版服务——北美	182.1	177.4	182.6	173.4
出版服务——欧洲	157.5	153.5	101.6	97.0
出版服务——拉丁美洲	43.2	47.9	14.6	13.5
出版服务——中亚、中东、北非	28.4	36.5	23.8	28.9
出版服务——撒哈拉以南非洲	43.3	38.8	3.7	3.9
合计	809.2	798.0	665.0	646.2

这代表出版社和关联子公司的收入，并显示出版社经营领域每个地理区域的销售额。

5. 其他收入（见表21）

表21　　其他收入　　单位：百万英镑

项目	合并		大学	
	2018/2019 年度	2017/2018 年度	2018/2019 年度	2017/2018 年度
住宿、食堂和会议	5.9	5.1	5.5	4.6
其他服务提供	59.9	54.2	10.3	8.4
固定资产出售利润	12.5	0.5	12.5	0.5
国家卫生服务	15.1	15.0	15.1	15.0
外汇收益	5.1	5.3	4.5	5.7
版税收入	56.0	50.7	45.1	37.0
教育活动收入	14.0	13.9	14.0	13.9
运营租赁的租赁收入	17.9	16.3	17.8	16.1
其他收入	47.7	47.5	53.1	45.6
资本化资助	17.7	19.3	17.7	19.3
其他收入小计	251.8	227.8	195.6	166.1
从出版社转移	—	—	—	0.2
合计	251.8	227.8	195.6	166.3

资本化资助收入是外部基金，而不是从研究资助或从学生办公室/研究英格兰获得的年度资本化资产，包括从创新大楼资助1,120万英镑，物理比克罗夫特楼（Physics Beecroft Building）1,330万英镑，生物扶梯楼（Bioescalator）1,100万英镑，伊夫利路体育中心（Iffley Road Sports Centre）550万英镑。

经营租赁应收租金总计如表22所示。

表22　　土地和建筑物经营租赁应收租金　　单位：百万英镑

项目	合并		大学	
	2018/2019 年度	2017/2018 年度	2018/2019 年度	2017/2018 年度
年度应收	18.0	15.1	17.8	14.9
未来到期最小应收租赁款：				
不超过1年	16.6	12.6	16.5	12.6
1年至5年	13.9	12.7	13.9	12.7
5年后	9.0	21.1	9.0	21.1
未来到期租赁应收款总计	39.5	46.4	39.4	46.4

6. 投资收入（见表23）

表23 投资收入 单位：百万英镑

项目	合并		大学	
	2018/2019 年度	2017/2018 年度	2018/2019 年度	2017/2018 年度
处置衍生公司投资利润	10.0	4.0	8.1	4.0
牛津基金股息	79.1	4.8	76.0	4.7
其他收入和投资利息	15.5	9.5	16.2	10.1
合计	104.6	18.3	100.3	18.8

衍生品处置收益包括：

（1）大学处置夜星疗法（Nightstar Therapeutics）的全部股份，2019 年 6 月被美国百健生物科技公司（Biogen）获得，实现盈利 660 万英镑。从 2,100 万英镑原始股权成本中，大学得到 1,990 万英镑的收益。其中，通过之前年度投资收益确认未实现收益 1,330 万英镑，反映每个报告日股权的公允价值；2018/2019 年确认 660 万英镑。

（2）从技术有限责任合伙公司（Technikos LLP）获得递延收入 80 万英镑（2018 年为 80 万英镑），以有权购买由生物医药工程研究院（Institute of Biomedical Engineering）设立的衍生公司的一定比例股权资本股权（见附注 25）。

（3）从牛津科学创新公共有限公司（Oxford Sciences Innovation plc）获得 200 万英镑递延收入（2018 年为 270 万英镑），有权购买由大学设立的衍生公司的一定比例的股权资本股权（见附注 36）。

随着在 2018 年 6 月成立慈善性的非授权单元信托（Charitable Unauthorised Unit Trust，CUUT）并持有牛津基金，从牛津基金中收到的股息在投资收入中确认（2018/2019 年为 7,910 万英镑，2017/2018 年为 480 万英镑代表着月收入）。在之前年度，源自牛津基金的收入，基于之前的法律基础被确认为投资收益的一部分。新 CUUT 被作为投资组合的一部分持有，满足 FRS102 第 9.9（b）规定的以公允价值持有的标准。如果其对于投资者的权益价值是通过作为直接或间接的投资持有篮子的一部分，而不是通过投资者开展业务的媒介，那么其持有权益作为投资组合的一部分。由于大学投资于 CUUT 主要是为了获得公允价值收益，而且 CUUT 并不是通过大学开展其业务（教学和研究），因此其持有即作为投资组合的一部分。在附注 16 中，大学的财务状况表显示了 CUUT 中大学部分的公允价值。大学现金流量表的“投资活动现金流”中将显示任何与 CUUT 中投资的现金变化，如赎回或购买。基础投资于 CUUT 的任何现金流不可见，也不直接获得大学账户中包含的 CUUT 投资的股息或利息收入。

投资收益如表 24 所示。

表 24　　投资收益　　单位：百万英镑

项目	合并		大学	
	2018/2019 年度	2017/2018 年度	2018/2019 年度	2017/2018 年度
投资收益分析	119.9	174.0	116.9	169.3
牛津基金持有投资	57.0	32.3	57.0	32.3
战略性资本账户	24.6	36.9	24.6	36.9
衍生公司	9.7	44.6	9.6	44.6
其他投资直接持有投资财产	25.9	20.5	25.3	20.7
合计	237.1	308.3	233.4	303.8

所有投资收益是持有资产利润或损失的公允价值。

战略资本账户被推定允许大学定期运用全球股权、全球公司债券和英国重点短期主权债券。

7. 捐赠和捐赠基金（见表 25）

表 25　　捐赠和捐赠基金　　单位：百万英镑

项目	合并		大学	
	2018/2019 年度	2017/2018 年度	2018/2019 年度	2017/2018 年度
捐赠				
限制性捐赠	27.4	24.4	27.4	24.4
非限制性捐赠	14.9	20.9	14.3	20.9
捐赠基金				
新捐赠基金和转移	55.4	47.9	55.4	47.9

续表

项目	合并		大学	
	2018/2019 年度	2017/2018 年度	2018/2019 年度	2017/2018 年度
捐赠和捐赠基金总计	97.7	93.2	97.1	93.2
资产捐赠	14.9	1.2	14.9	1.2
合计	112.6	94.4	112.0	94.4

注：年度捐赠的重要遗产资产的细节可见于附注 15。

由于尚未履行捐赠合约中包含的条款，年内捐赠总计 160 万英镑已经收到但尚未确认。这些捐赠包括支持学术职位、奖学金、扩大服务范围和其他学术活动的礼品捐赠。

8. 员工成本（见表 26、表 27、表 28）

表 26　　员工成本　　单位：百万英镑

项目	附注编号	合并		大学	
		2018/2019 年度	2017/2018 年度	2018/2019 年度	2017/2018 年度
员工成本					
工资和薪金		852.7	810.7	790.4	750.3
社会安全成本		77.3	73.3	72.8	68.7
已支付退休金成本		121.2	117.0	116.1	113.1
		1,051.2	1,001.0	979.3	932.1
退休准备金	37	285.9	(18.7)	284.0	(18.2)
员工成本总计		1,337.1	982.3	1,263.3	913.9

表 27　　全时当量员工数量　　单位：全时当量 FTE

项目	2018/2019 年度	2017/2018 年度
根据主要分类的平均员工数量		
学术	1,804	1,769
研究	4,545	4,577
教学和研究支持	778	602
部门支持服务	2,526	2,365
图书馆和博物馆服务	497	501
出版	5,958	5,971

续表

项目	2018/2019 年度	2017/2018 年度
中央支持服务	1,740	1,678
技术和工艺	574	582
助手	511	502
小计	18,933	18,547
附属单位——学术	223	281
全时当量员工平均数量	19,156	18,828

表 28　　校长酬金　　单位：千英镑

项目	2018/2019 年度	2017/2018 年度
校长任职期间酬金：		
基本薪水	367	360
福利——应税		
私人健康计划会员资格	5	5
探亲旅游	—	5
校长应税酬金总计	372	370
退休金缴款和代替退休金缴款的付款	52	59
非税福利	28	18
合计	452	447

大学高级官员薪酬审查委员会（Committee to Review the Salaries of Senior University Officers）是负责设定和审查校长薪酬的委员会。委员会成员的全部细节、提名政策和其他相关政策可见于大学网站：http：//hr. admin. ox. ac. uk/crssuo。

➢ 校长角色的基本薪资由提名委员会于 2007/2008 年设定。从那时起，大学的相对地位有所改善；自 2016 年起大学位居《泰晤士报》高等教育全球排行榜（Times Higher Education global rankings）第一位。大学的规模和复杂程度也有所增长，今年其收入增长了 97%，达到 24 亿英镑。

除了与地位、规模和复杂性等方面相当的增长外，校长角色的薪资，仅对适用于所有非临床职员的全国协商薪酬奖，进行了调整。

➢ 委员会每两年审查高级职员的薪资。校长的薪资在 2018/2019 年并未接受审查，但调整了2%的所有非临床职员的全国协商薪酬奖。

➢ 非应税福利包括为领薪人提供的住宿和差旅（注：之前，领薪人的差旅被视为应税福利）。校长的职位要求其在任职期间居住在指定的房产内，以保证该职位有人能够履行若干职责（代理职务人）。该房产的住宅要素价值为21,533英镑（2017/2018年为18,310英镑），被反映在上述非税福利中。

没有向校长或学术大学的主要管理人员支付与绩效相关的薪水。现任校长并无收取来自任何外部职务的收入。

以基本工资中位数的倍数表示的校长基本薪资和总薪酬（总薪酬包括应税和非应税福利）如下：

（1）工资率（Pay Ratios）。

学术职员：基本薪资中位数5.8倍（总薪酬中位数的5.9倍——对于除校长的所有人，不包括学院津贴或福利，如住房和私人医疗保险）。

学术大学和附属单位职员（14,559位雇员）：基本薪资中位数的9.8倍（总薪酬的9.9倍）。

所有职员（22,313位职员）：10.7倍基本薪资（总薪酬的10.6倍）。所有职员包括以上所列的“学术大学和附属单位职员”加上教育出版活动雇用的5,999位职员（其中3,744位雇用于海外），加上大学通过临时职员服务的临时合约（Temporary Staffing Services，TSS）或无固定时间的合约雇用的1,755位职员。

（2）大学理事（Trustees）。

本年度大学理事未从大学收到作为理事相关服务的任何薪酬或放弃款项（2018年：零）。理事的总支出为323英镑（2018年为1,122英镑），这些是发生在参加理事会或相关会议的旅行或其他支出。

2018/2019年度数字的编制，是基于之前采用的学生办公室（OfS）2019年10月25日发布的会计指引。2017/2018年度的比较数并未调整。

（3）工资组别（Salary banding）。

表29是整个大学职员中薪酬超过100,000英镑的职员数量。根据学生办公室（OfS）的指引，由国家卫生服务部门报销的金额、奖金、雇主退休

金缴款、失业补偿、提前退休计划付款等不包括在这些数字中。校长不包括于此表并披露如上。

薪酬超过100,000英镑的雇员数量，在2018/2019年度增长了69人，达到400人。增长的69人中，22人为临床职员受到生活津贴费用的影响，他们在2017/2018年度的薪酬不超过100,000英镑，还有31人是出版社职员，剩余的主要是教授和高级研究职员岗位。

表29　　工资组别

薪资级别	2018/2019年度雇员数量			2017/2018年度雇员数量		
	非医院	医院	总计	非医院	医院	总计
100,000~104,999英镑	42	1	43	43	60	103
105,000~109,999英镑	42	81	123	27	—	27
110,000~114,999英镑	42	—	42	27	—	27
115,000~119,999英镑	16	—	16	17	—	17
120,000~124,999英镑	22	—	22	18	—	18
125,000~129,999英镑	15	—	15	19	—	19
130,000~134,999英镑	8	—	8	15	—	15
135,000~139,999英镑	16	—	16	8	—	8
140,000~144,999英镑	12	—	12	9	—	9
145,000~149,999英镑	10	—	10	11	—	11
150,000~154,999英镑	13	—	13	11	—	11
155,000~159,999英镑	10	1	11	6	1	7
160,000~164,999英镑	8	—	8	9	—	9
165,000~169,999英镑	3	—	3	2	—	2
170,000~174,999英镑	5	—	5	6	—	6
175,000~179,999英镑	7	—	7	5	—	5
180,000~184,999英镑	3	—	3	3	—	3
185,000~189,999英镑	5	—	5	2	—	2
190,000~194,999英镑	1	—	1	1	—	1
195,000~199,999英镑	2	—	2	3	—	3
200,000~204,999英镑	3	—	3	5	—	5

续表

薪资级别	2018/2019 年度雇员数量			2017/2018 年度雇员数量		
	非医院	医院	总计	非医院	医院	总计
205,000~209,999 英镑	2	—	2	4	—	4
210,000~214,999 英镑	3	—	3	1	—	1
220,000~224,999 英镑	2	—	2	2	—	2
225,000~229,999 英镑	2	—	2	3	—	3
230,000~234,999 英镑	3	—	3	—	—	—
235,000~239,999 英镑	1	—	1	1	—	1
240,000~244,999 英镑	1	—	1	—	—	—
245,000~249,999 英镑	3	—	3	1	—	1
250,000~254,999 英镑	1	—	1	1	—	1
255,000~259,999 英镑	1	—	1	1	—	1
260,000~264,999 英镑	1	—	1	—	—	—
270,000~274,999 英镑	2	—	2	—	—	—
275,000~279,999 英镑	1	—	1	—	—	—
295,000~299,999 英镑	—	—	—	1	—	1
310,000~314,999 英镑	1	—	1	1	—	1
325,000~329,999 英镑	1	—	1	—	—	—
340,000~344,999 英镑	1	—	1	—	—	—
345,000~349,999 英镑	1	—	1	—	—	—
355,000~359,999 英镑	1	—	1	2	—	2
360,000~364,999 英镑	—	—	—	2	—	2
370,000~374,999 英镑	1	—	1	—	—	—
375,000~379,999 英镑	—	—	—	1	—	1
385,000~389,999 英镑	1	—	1	—	—	—
390,000~394,999 英镑	1	—	1	1	—	1
645,000~649,999 英镑	—	—	—	1	—	1
660,000~664,999 英镑	1	—	1	—	—	—
合计	317	83	400	270	61	331

（4）失业补偿费（见表30）。

表30 失业补偿费 单位：千英镑

项目	2018/2019年度	2017/2018年度
失业补偿金：		
自愿离职计划：接受款项员工数量	—	746
根据自愿离职计划2018/2019年度：0 （2017/2018年度：46）		
其他补偿金付款：接受款项员工数量	3,780	4,851
2018/2019年度：480 （2017/2018年度：370）		
应付补偿金	3,780	5,597

补偿金付款从一般收入和支出储备资金中以现金支付，根据由大学个人委员会批准的大学政策，用于大学个人离职费合约谈判小组（Individual Severance Arrangement Panel）批准的超过标准服务期的个人离职费（individual severance）付款。

（5）主要管理人员。

主要管理人员是指那些有权利并对大学的计划、指导和控制活动负责的人。表31包括支付给主要管理人员的补偿金：司法常务官员（Registrar）、常务副校长职务、学部主任（Heads of Division）、出版社首席执行官、财务主管。校长补偿金不包含在这一数字中，已披露如上。

表31 主要管理人员酬劳

项目	2018/2019年度	2017/2018年度
关键管理人员——酬劳总计（千英镑）	3,114	3,283
员工数量（人）	12.2	12.0
关键管理人员——平均酬劳（千英镑）	255	274

（6）工会（设施时间发布要求）条例2017。

工会（设施时间发布要求）条例2017［Trade Union（Facility Time Publication Requirements）Regulations 2017］要求我们发布详细的12个月期间的工会设施时间相关的信息。

设施时间是从雇员履行工会职责和活动的正常角色中抽减的带薪或不带薪时间（paid or unpaid time off），是指为了承担工会职责，法定享有的合理的带薪休假时间。

在2018年4月1日至2019年3月31日期间，工会官方认可的大学雇员数量是31人（全时当量为26.12人）。他们设施时间占用的百分比在1%与50%之间，活动成本总计9,508英镑，占对应期间总薪酬的0.001%。

在总的带薪设施时间中，带薪工会活动（如除了有资格享有合理的带薪法定假期职责之外的活动）占用时间比例为67.41%。

9. 利息和其他财务成本（见表32）

表32 利息和其他财务成本 单位：百万英镑

项目	合并		大学	
	2018/2019年度	2017/2018年度	2018/2019年度	2017/2018年度
贷款利息	6.4	8.1	6.4	7.5
退休金计划净变化	3.7	3.4	3.7	3.4
债券利息	19.1	12.3	19.1	12.3
出版社退休金计划净变化	3.9	4.8	3.9	4.8
利息和其他财务费用总计	33.1	28.6	33.1	28.0

10. 运营支出（见表33）

表33 运营支出 单位：百万英镑

项目	2018/2019年度		2018/2019年度	2017/2018年度
	员工	非员工	总计	总计
学术部门	319.4	147.4	466.8	429.3
研究资助和合约	305.9	219.2	525.1	492.6
学术服务	38.8	22.5	61.3	56.9
出版	206.9	405.3	612.2	603.7
住宿、食堂和会议	0.7	0.7	1.4	0.9
助学金和奖学金	—	73.7	73.7	68.5
房屋	21.2	70.3	91.5	93.3
行政管理	80.5	73.9	154.4	131.3
对学院付款	—	56.9	56.9	55.6
其他支出	7.0	12.5	19.5	30.2
廷伯尔根准备金调整	—	(3.1)	(3.1)	3.9
捐赠资产	—	—	—	17.2

续表

项目	2018/2019 年度		2018/2019 年度	2017/2018 年度
	员工	非员工	总计	总计
大学总计	980.4	1,079.3	2,059.7	1,983.4
附属公司——HE	21.5	39.1	60.6	60.2
附属公司——出版社	49.3	93.6	142.9	126.9
退休准备金变化	285.9	—	285.9	(18.7)
利息和其他财务费用	—	33.1	33.1	28.6
合并总计	1,337.1	1,245.1	2,582.2	2,180.4

折旧和摊销 1.452 亿英镑，运营支出 10.668 亿英镑，利息和其他财务费用 3,310 万英镑，并入非员工 12.451 亿英镑中。

2018 年，大学同意第三方接管之前年度账户中由政府资助的研究资产的运营，这导致抵消 2017/2018 年度土地所有权和设施 1,720 万英镑。

其他运营支出如表 34 所示。

表 34　　其他运营支出　　单位：千英镑

项目	合并	
	2018/2019 年度	2017/2018 年度
年度支付给审计人员酬劳与以下服务相关：		
审计服务（学术方面的大学审计）	270	242
审计学术方面大学附属公司的年度财务报表	106	126
审计服务（包括 OUP）	271	375
审计服务（OUP3 月 31 日年度）	776	799
牛津基金审计和相关服务	64	54
审计服务（12 月 31 日年度牛津捐赠基金管理限制和相关的实体）	18	14
审计费用总计	1,505	1,610
纳税相关的服务	—	95
EU（FP7 和 2020 视野）和 DfE 教师培训资助审计	108	225
其他非审计服务	25	86
非审计费用总计	133	406
审计师费用总计	1,638	2,016

11. 税费（见表35）

表35 税费 单位：百万英镑

	合并		大学	
	2018/2019年度	2017/2018年度	2018/2019年度	2017/2018年度
当期税				
英国公司税	0.4	0.7	—	—
非英国公司税	5.0	10.6	(0.5)	1.9
年度税费总计	5.4	11.3	(0.5)	1.9

税费中，金额包括相关的下列事项：

牛津大学出版社巴基斯坦（Oxford University Press Pakistan），是大学的一个分支机构，获得最高法院裁定，确认豁免其1979—2013年的利润税，相关的税收规定已公布。

1993年，印度税务机关（Indian Tax Authority）评估印度分支为“居民”。因此从管理的视角，它应被作为英国非居民评估。

没有与之前年度项目平均适应率相关的重要对账项目。

影响税费的因素概括如表36所示。

表36 影响税费的因素 单位：百万英镑

影响税费的因素	合并		大学	
	2018/2019年度	2017/2018年度	2018/2019年度	2017/2018年度
综合收益总计	96.4	389.9	75.6	356.9
日常活动盈余乘企业税标准率19%（2018年：19%）	18.3	74.1	14.4	67.8
减：由于慈善豁免盈余的税	(14.9)	(65.7)	(13.6)	(66.5)
海外税率影响	2.8	4.1	0.8	1.2
永久差异	(0.8)	(1.2)	(2.1)	(0.6)
年度税费	5.4	11.3	(0.5)	1.9

12. 分部信息（见表37、表38）

合并组中可报告的分部信息为：

大学——学术：教学和研究部分相关的服务和管理、投资和附属机构。

大学——出版社：由牛津大学出版社开展的出版与相关服务。

表 37　　分部信息（2018 年 7 月 31 日）　　单位：百万英镑

2018 年 7 月 31 日	大学—学术	大学—出版社	消除和调整	总计
收入				
外部	1, 386. 9	850. 1	—	2, 237. 0
各类间转移	205. 6	—	(205. 6)	—
收入总计	1, 592. 5	850. 1	(205. 6)	2, 237. 0
年度综合收益总计	437. 5	158. 0	(205. 6)	389. 9
包括在年度盈余中：				
投资收入	13. 1	5. 2	—	18. 3
折旧和摊销	112. 1	33. 4	—	145. 5
应付利息	22. 4	6. 2	—	28. 6
投资收益	285. 3	22. 1	0. 9	308. 3
退休准备金（增加）/减少	18. 7	32. 3	—	51. 0
非流动资产增加	1, 203. 8	122. 3	21. 1	1, 347. 2
资产	5, 483. 6	830. 5	—	6, 314. 1
负债	(1, 813. 9)	(415. 6)	—	(2, 229. 5)
净资产	3, 669. 7	414. 9	—	4, 084. 6

表 38　　分部信息（2019 年 7 月 31 日）　　单位：百万英镑

2019 年 7 月 31 日	大学—学术	大学—出版社	消除和调整	总计
收入				
外部	1, 583. 9	866. 2	—	2, 450. 1
各类间转移	45. 7	—	(45. 7)	—
收入总计	1, 629. 6	866. 2	(45. 7)	2, 450. 1
年度综合收益总计	38. 8	103. 3	(45. 7)	96. 4
包括在年度盈余中：				
投资收入	97. 1	7. 5	—	104. 6
折旧和摊销	108. 5	36. 7	—	145. 2
应付利息	29. 1	4. 0	—	33. 1
投资收益	236. 4	0. 7		237. 1
退休准备金（增加）/减少	(289. 6)	20. 5	—	(269. 1)
非流动资产增加	140. 6	(22. 0)		118. 6
资产	5, 780. 2	895. 2	—	6, 675. 4
负债	(2, 071. 7)	(422. 7)	—	(2, 494. 4)
净资产	3, 708. 5	472. 5	—	4, 181. 0

消除和调整：

通过以下消除和调整，使分部总金额与财务报表的合并金额相一致。

出版社 2019 年向大学转移 4,570 万英镑（2018 年为 2.056 亿英镑，包括每三年一次的转移）。

13. 无形资产和商誉（见表 39、表 40）

表 39　合并的无形资产和商誉　单位：百万英镑

合并	副商誉	商誉	软件许可	收购清单	总计
成本					
2018 年 8 月 1 日	(5.8)	111.5	103.1	133.3	342.1
增加	—	—	25.9	7.8	33.7
处置	—	—	(2.2)	(1.0)	(3.2)
2019 年 7 月 31 日	(5.8)	111.5	126.8	140.1	372.6
摊销					
2018 年 8 月 1 日	(5.6)	93.6	68.8	109.9	266.7
年度变化	—	12.6	12.1	10.5	35.2
处置	—	(0.2)	(2.2)	(0.8)	(3.2)
2019 年 7 月 31 日	(5.6)	106.0	78.7	119.6	298.7
账面价值					
2019 年 7 月 31 日	(0.2)	5.5	48.1	20.5	73.9
2018 年 8 月 1 日	(0.2)	17.9	34.3	23.4	75.4

表 40　大学的无形资产和商誉　单位：百万英镑

大学	商誉	软件许可	收购清单	总计
成本				
2018 年 8 月 1 日	99.0	93.9	131.4	324.3
增加	—	25.5	7.7	33.2
处置	—	(2.1)	(1.0)	(3.1)
2019 年 7 月 31 日	99.0	117.3	138.1	354.4
摊销				
2018 年 8 月 1 日	83.2	60.7	108.0	251.9
年度变化	10.5	11.3	10.4	32.2
处置	—	(2.1)	(0.8)	(2.9)

续表

大学	商誉	软件许可	收购清单	总计
2019 年 7 月 31 日	93.7	69.9	117.6	281.2
账面价值				
2019 年 7 月 31 日	5.3	47.1	20.5	73.2
2018 年 8 月 1 日	15.8	33.2	23.4	72.4

负商誉由 2005 年 11 月 1 日收购的爱德华·詹纳疫苗研究院，以及 2006 年 6 月 20 日收购的格雷肺癌研究院所引起。

14. 固定资产（见表 41）

表 41　　合并的固定资产　　单位：百万英镑

项目	土地和建筑物		设备和机械	在建资产	总计
	自有	租赁拥有			
成本					
2018 年 8 月 1 日	1,824.1	27.3	235.7	103.2	2,190.3
增加	33.4	0.4	29.5	64.2	127.5
转移（至）/从投资资产	(20.7)	0.1	—	—	(20.6)
完成	89.1	7.6	10.8	(107.5)	—
处置	(6.8)	(1.6)	(80.9)	—	(89.3)
2019 年 7 月 31 日	1,919.1	33.8	195.1	59.9	2,207.9
折旧					
2018 年 8 月 1 日	580.6	9.3	145.8	—	735.7
年度变化	57.3	7.1	45.6	—	110.0
转移（至）/从投资资产	(0.8)	—	—	—	(0.8)
处置	(2.9)	(0.5)	(80.6)	—	(84.0)
2019 年 7 月 31 日	634.2	15.9	110.8	—	760.9
账面净值					
2019 年 7 月 31 日	1,248.9	17.9	84.3	59.9	1,447.0
2018 年 8 月 1 日	1,243.5	18.0	89.9	103.2	1,454.6
以上租赁资产包括：					
账面净值					
2019 年 7 月 31 日	—	17.9	—	—	17.9
2018 年 8 月 1 日	—	18.0	—	—	18.0

所有固定资产（PPE）以历史成本陈述。

土地和建筑物（合并和大学）包括不计提折旧的1.040亿英镑土地所有权（2018年为8,440万英镑）。年度内，购买1,860万英镑位于邱吉尔医院（Churchill Hospital）的土地。

在拉德克利夫天文台（Radcliffe Observatory Quarter，ROQ）站点与国家卫生服务（NHS）的合约中有回收（claw back）条款，大学在未来的一定时点可决定改变该站点的指定用途，并可为了发展的需要处置。

土地和建筑物（合并和大学）包括融资和由大学占用的位于NHS的资产，净账面价值为2,040万英镑（2018年为1,650万英镑）。

设备增加包括与内部IT资源相关的劳动力资本370万英镑（2018年为140万英镑），其主要应用于IT项目。单项最大支出是研究生技能培训和进展报告（Graduate Skills Training and Progress Reporting）。

大学在2017/2018年度同意第三方接管研究资产的运营，该资产是指以前年度账户中收到并记录的政府拨款资助。这导致在2017/2018年度抵消了1,720万英镑的土地所有权和设备，但法律文件尚未签署，目前预计的合约交换日期为2019年11月。

在2000年11月，大学与赛义德基金会（Saïd Foundation）签订一份关于塞义德商学院的租赁合约，根据FRS102规定，在2019年7月31日大学的固定资产包括相关建筑物的成本6,270万英镑（2018年为6,270万英镑），如表42所示。

表42 大学的固定资产 单位：百万英镑

大学	土地和建筑物		设备和机器	在建资产	总计
	自由持有	租赁持有			
成本					
2018年8月1日	1,813.5	27.3	220.0	103.2	2,164.0
增加	33.1	0.4	27.3	55.8	116.6
转移（至）/从投资资产	(20.7)	0.1	—	—	(20.6)
完成	89.1	0.1	10.8	(100.0)	—
处置	(6.2)	(1.6)	(79.9)	—	(87.7)
2019年7月31日	1,908.8	26.3	178.2	59.0	2,172.3

续表

大学	土地和建筑物		设备和机器	在建资产	总计
	自由持有	租赁持有			
折旧					
2018 年 8 月 1 日	576.0	9.3	133.6	—	718.9
本年计提	56.8	6.7	44.0	—	107.5
转移（至）/从投资资产	(0.8)	—	—	—	(0.8)
处置	(2.7)	(0.5)	(79.8)	—	(83.0)
2019 年 7 月 31 日	629.3	15.5	97.8	—	742.6
账面净值					
2019 年 7 月 31 日	1,279.5	10.8	80.4	59.0	1,429.7
2018 年 8 月 1 日	1,237.5	18.0	86.4	103.2	1,445.1
以上包括的租赁资产：					
账面净值					
2019 年 7 月 31 日	—	10.8	—	—	10.8
2018 年 8 月 1 日	—	18.0	—	—	18.0

15. 遗产

牛津大学藏品关系到博物馆、图书馆和其他收藏品。大学旨在确保藏品用于研究、教学和基于收藏的校内奖学金。藏品对于广大学术人员而言作为研究资源使用，作为一项设施用于大学和公众之间交流，作为一项活动促进地区的文化发展。

在 2018/2019 年度获得的遗产资产的成本为 10 万英镑（2018 年为 30 万英镑），如表 43 所示。获得约翰·拉德克利夫博士的雕像总计 10 万英镑，用私人捐赠支付。由于大多数捐赠都设有阻止处置条件，因此处置是不可能的。在 2018/2019 年度没发生处置。捐赠资产的成本是基于相关领域专家的评估。

表 43　　遗产资产　　单位：百万英镑

遗产资产	2014/2015 年度	2015/2016 年度	2016/2017 年度	2017/2018 年度	2018/2019 年度
承前页（Brough forward）	66.6	77.0	80.5	85.3	86.8
特定捐赠购置获得	0.3	—	1.5	0.3	0.1
大学基金购置获得	0.1	1.3	0.1	—	—

续表

遗产资产	2014/2015年度	2015/2016年度	2016/2017年度	2017/2018年度	2018/2019年度
购置获得总成本	0.4	1.3	1.6	0.3	0.1
捐赠获得价值	10.0	2.2	3.2	1.2	6.2
转下页（Carried forward）	77.0	80.5	85.3	86.8	93.1

今年遗产资产捐赠620万英镑（2018年为120万英镑）。最大的一笔捐赠是罗兰特·萨弗里（Roelandt Savery）的“玫瑰、雪莲、三木堇和鸢尾静物画”，价值250万英镑。这些捐赠作为单独的项目显示于综合收益表中。保护遗产资产支出在发生时，在综合收益表中确认。

16. 非流动性投资（见表44）

表44　　非流动性投资　　单位：百万英镑

项目	附注编号	合并		大学	
		2019年	2018年	2019年	2018年
投资以市场价值表述：					
衍生公司		171.4	155.0	167.4	155.0
投资资产		222.2	209.2	221.8	209.2
牛津基金		2,356.1	2,115.0	2,284.6	2,056.3
全球和私募股权		276.3	336.4	275.9	332.5
抵押		13.7	18.5	13.7	18.5
由第三方管理		137.2	109.7	137.1	109.3
债券		520.1	640.5	520.1	640.5
投资以成本表述：					
附属公司和关联企业		14.0	7.6	109.0	104.4
		3,711.0	3,591.9	3,729.6	3,625.7
减：归属于外部机构的金额		—	(2.3)	—	(24.3)
年末总计		3,711.0	3,589.6	3,729.6	3,601.4
持有投资资产各储备分割如下：					
收入和支出储备		2,549.7	2,533.6	2,639.8	2,604.6
捐赠基金储备	29	1,161.3	1,056.0	1,089.8	996.8
		3,711.0	3,589.6	3,729.6	3,601.4
外部机构持有		—	2.3	—	24.3
		3,711.0	3,591.9	3,729.6	3,625.7

大学还指定一个法人机构作为由 OUEM 管理的投资的受托人，因此，仅大学在牛津基金中的权益显示在以市场价值陈述的投资中。

投资资产以公允价值计量，基于独立特许的调查员开展的评估计量，每年根据市场变化更新（见表 45、表 46）。资产的选择每年接受审查和重估，每一项资产每三年重新评估，其他资产根据账面价值由独立特许的调查师估值。

表 45　　投资资产　　单位：百万英镑

投资资产	总计	
	合并	大学
2018 年 8 月 1 日公允价值	209.2	209.2
资本化支出	3.6	3.4
交换调整	0.2	0.1
转入	19.8	19.8
转出	（0.4）	（0.4）
处置	（18.3）	—
公允价值调整收益/（损失）	8.1	（10.4）
2019 年 7 月 31 日公允价值	222.2	221.7

表 46　　投资占比

牛津基金投资被分割为以下投资类型：	2019 年	2018 年
投资以市场价值表述：		
投资资产	7%	5%
全球和私募股权	24%	23%
信贷	9%	10%
上市（公共）股权	54%	52%
直接持有有价证券	6%	10%

17. 对子公司和关联方投资

（1）附属机构。

截至 2019 年 7 月 31 日，大学对下列附属机构实施控制，不包括已终止经营的企业（dormant undertakings），如表 47、表 48 所示。

表 47 附属机构

公司	国家	活动性质	权益（%）
捐赠不动产有限公司	英国	投资管理服务	100
指导学术服务有限公司	英国	科学共享基础设施活动	100
詹姆斯马丁21世纪（UK）信托④	英国	捐赠基金管理	100
金士顿市不动产交易有限公司（清偿中）⑤	英国	投资资产活动	100
OUC投资有限公司	英国	总部活动	100
牛津有限公司	英国	零售和其他贸易活动	100
牛津发展研究中心有限公司	英国	总部活动	100
牛津柏林有限公司（gGmbH）	德国	总部活动	100
牛津互惠有限公司①	英国	提供无条件保障	100
牛津研究南非有限公司③	英国	社会政策研究	100
牛津塞义德（Saïd）商学院有限公司	英国	高管教育	100
牛津大学（北京）科技有限公司（清偿中）	中国	中国研究	100
牛津大学发展（北美）股份有限公司	美国	行政事务	100
牛津大学捐赠基金管理有限公司	英国	投资管理服务	100
牛津大学固定资产有限公司	英国	建筑物管理和公用工程	100
牛津大学创新有限公司	英国	知识产权的商业开发	100
牛津大学创新（香港）有限公司②	中国（香港）	知识产权的商业开发	100
牛津大学（苏州）科技股份有限公司⑤	中国	数学、物理和生物科学研究	100
牛津大学贸易有限公司	英国	一般贸易活动	100
格雷实验室肺癌研究信托	英国	放射生物学研究	100
TOF法人信托有限公司⑤	英国	基金管理活动	100
牛津大学中国办事处有限公司	中国（香港）	基金筹集和校友关系	100
伏尔泰基金会有限公司	英国	出版	100
Waxlow有限公司（清偿中）⑤	英国	投资资产活动	100
出版社附属机构			
Bab. la股份有限公司（GmbH）⑤⑥	德国	对非相关方提供销售	100
Dentingan有限公司	马来西亚	财产管理	100
埃皮格姆有限公司⑥	英国	对非相关方提供销售	100
我的数学有限公司⑥	澳大利亚	出版	100

续表

公司	国家	活动性质	权益（%）
纳尔逊索恩斯有限公司⑥	英国	出版	100
OUP 财产有限公司⑥	澳大利亚	出版	100
OUP 有限公司①	澳大利亚	出版	100
OUP 埃及有限公司	埃及	销售、市场和配销	100
OUP 印度私人有限公司⑤⑥	印度	销售、市场和配销	100
OUP 财产南非私人人限公司③	南非	财产管理	100
牛津大学出版社阿根廷 S. A. ⑤⑥	阿根廷	销售、市场和配销	100
牛津大学出版社博茨瓦纳有限公司⑤⑥	博茨瓦纳	出版	100
牛津大学出版社巴西出版有限公司⑤⑥	巴西	销售、市场和配销	100
牛津大学出版社（上海）有限公司⑤⑥	中国	销售、市场和配销	100
牛津大学出版社（中国）有限公司⑥	中国（香港）	制造和生产	100
牛津大学出版社（塞浦路斯）有限公司⑥	塞浦路斯	销售、市场和配销	100
牛津大学出版社股份有限公司⑤⑥	德国	销售、市场和配销	100
牛津大学出版社印度私人有限公司⑤⑥	印度	行政、管理和支持服务	100
牛津大学出版社意大利（Srl）	意大利	销售、市场和配销	100
牛津大学出版社株式会社股份有限公司⑤⑥	日本	销售、市场和配销	100
牛津大学出版社东非有限公司⑤⑥	肯尼亚	销售、市场和配销	100
牛津大学出版社韩国有限公司⑤⑥	韩国	销售、市场和配销	100
牛津大学出版社莱索托有限公司⑤⑥	莱索托	销售、市场和配销	100
牛津大学出版社（澳门）有限公司⑤⑥	中国（澳门）	行政、管理和支持服务	100
牛津出版社（马来西亚）私人有限公司⑤⑥	马来西亚	销售、市场和配销	100
牛津大学出版社墨西哥有限公司⑤⑥	墨西哥	销售、市场和配销	100
牛津大学出版社纳米比亚私人有限公司⑤⑥	纳米比亚	销售、市场和配销	100
牛津大学出版社波兰有限公司⑤⑥	波兰	销售、市场和配销	100
牛津大学出版社新加坡有限公司⑤⑥	新加坡	销售、市场和配销	100
牛津大学出版社奥比斯私人有限公司⑤⑥	南非	销售、市场和配销	100
牛津大学出版社西班牙有限公司⑤⑥	西班牙	出版	100
牛津大学出版社坦桑尼亚有限公司⑤⑥	坦桑尼亚	行政、管理和支持服务	100
牛津 Yayincilik 有限公司⑤⑥	土耳其	销售、市场和配销	100
牛津大学出版社南非私人有限公司⑥	南非	销售、市场和配销	75

续表

公司	国家	活动性质	权益（%）
牛津教育图书坦桑尼亚有限公司①	坦桑尼亚	出版	70
牛津 Fajar 私人有限公司⑤⑥	马亚西亚	销售、市场和配销	70
OELT 有限公司⑥	英国	销售、市场和配销	100
OUP 集团退休金信托有限公司	英国	行政、管理或支持服务	100
OUP 南非（私人）有限公司	南非	财产管理	100
OUP（开发）（前牛津读写）有限公司①	英国	出版	100
牛津信息有限公司⑥	英国	销售、市场和配销	100
牛津出版有限公司⑥	英国	持有或管理知识产权	100
牛津引文有限公司⑥	英国	销售、市场和配销	100
Oxuniprint 有限公司⑥	英国	制造和生产	100
牛津大学出版社有限责任公司	美国	出版	100

注：①牛津互惠有限公司是一家有限担保有限公司。牛津互惠有限公司的成员包括大学、指导学术服务有限公司、珍纳疫苗基金会、OUC 投资有限公司、牛津高级研究中心有限公司、牛津有限公司、牛津研究南非有限公司、牛津塞义德商学院有限公司、牛津大学捐赠基金管理有限公司、牛津大学固定资产有限公司、牛津大学创新有限公司、牛津大学创新中心有限公司、牛津大学贸易有限公司、放射实验室肺癌研究信托，以及伏尔泰基金会有限公司。

②牛津大学创新（香港）有限公司是由牛津大学创新有限公司全资拥有的子公司。

③注册于南非的一个国外公司。

④詹姆斯马丁信托是一个美国慈善信托公司，大学有权利任命该公司的大多数理事。

⑤由一个子公司企业拥有。

⑥3 月 31 日年末——管理账目用于提供 7 月 31 日财务成果。

表 48　　附属机构中大学财产　　单位：百万英镑

成本	金额
2018 年 8 月 1 日	104.4
资本减少	—
增加	4.6
2019 年 7 月 31 日	109.0

作为 CrankStart［原 Moritz－Heyman（见附注 29）］基金的一部分，大学通过 SCHF OU 有限公司投资于红杉遗产基金（Sequoia Heritage fund）。大学拥有 SCHF OU 有限公司资本和储备的多数份额，但没有明显的控制，因此不作为附属子公司，但确认为一项投资资产。

所有的子公司企业包括在合并财务报表中。

子公司企业每年编制7月31日的账目，不包括：如上所述编制3月31日账户的出版子公司、牛津大学（北京）科技有限公司、牛津（苏州）科技有限公司、牛津大学诊所有限公司、牛津大学财产开发有限公司、牛津大学捐赠基金管理有限公司，以及每年12月31日编制账户的牛津大学开发有限公司。

（2）合资企业（见表49）。

表49　　　　　　　　　大学合资企业

项目	持有普通股份名义价值比例（%）	国家（百万英镑）	2018年8月1日价值（百万英镑）	资本增加（百万英镑）	年度份额盈余/赤字（百万英镑）	2019年7月31日价值（百万英镑）
ITEXT有限公司	50	英国	0.5	—	—	0.5
牛津国际AQA考试有限公司	50	英国	—	—	(1.3)	(1.3)
非洲健康研究实验室有限公司	50	肯尼亚	4.4	—	0.5	4.9
詹纳疫苗基金会	50	英国	0.6	—	—	0.6
牛津大学诊所有限责任公司	50	英国	—	7.3	(1.6)	5.7
牛津大学财产开发有限公司	50	英国	—		—	—
总计			5.5	7.3	(2.4)	10.4

（3）关联方。

截至2019年7月31日，大学对以下关联企业施以重要影响但不控制或联合控制（不包括任何隐匿企业），如表50所示。

表50　　　　　　　　　关联方

企业	国家	活动属性	权益比例（%）
SugarOx有限公司	英国	知识产权商业开发	50
碳材料设计有限公司	英国	知识产权商业开发	47
Lime生物科学有限公司	英国	生物科技研究和实验开发	40
牛津大学创新科技转让（常州）有限公司①	中国	技术转让	40
PalaeoPi有限公司	英国	信息技术咨询活动	33
史密斯研究院（有限担保）	英国	知识转让	33
疫苗生产和创新中心英国有限公司（有限担保）	英国	医药产品制造	33
牛津先驱有限公司	英国	知识产权商业开发	32

续表

企业	国家	活动属性	权益比例（%）
牛津大学创新科技转让（苏州）有限公司②	中国	技术转让	30
ReOx 有限公司	英国	知识产权商业开发	28
牛津电磁溶液有限公司	英国	知识产权商业开发	26
深圳中津国际科技转让中心有限公司③	中国	技术转让	25
TDeltaS 有限公司	英国	知识产权商业开发	25
Kepler 能源有限公司	英国	知识产权商业开发	22
Minervation 有限司	英国	知识产权商业开发	21
NightaRx 有限公司	英国	知识产权商业开发	21
Aurox 有限公司	英国	知识产权商业开发	20
Rogue Interrogang 有限公司	英国	培训与咨询	20

注：①牛津大学创新（香港）有限公司与中国常州市政府签订合资企业合约。

②牛津大学创新（香港）有限公司与苏州市政府和 Oxlink 投资咨询有限公司（Oxlink）建立一个新一外合资企业，Oxlink 是注册于中华人民共和国的一家公司。

③牛津大学创新（香港）有限公司与深圳市金玉成科技有限公司（Jinyucheng Science & Technology Co. Ltd，Jinyucheng）、深圳国创连贺科技投资有限公司（Guochuang Lianhe Science & Technology Investment Co. Ltd，Guochuang）建立新一外合资企业，“金玉成”和“国创”是注册于中国的两家公司。

（3）关联方企业对各年度末编制账户（见表 51）。

表 51　　关联方价值

	合并（百万英镑）
截至 2018 年 8 月 1 日关联方企业净资产权益	0.4
年度关联方企业盈余/（赤字）权益	0.2
截至 2019 年 7 月 31 日关联方企业净资产权益	0.6

18. 存货和在产品（见表 52）

表 52　　存货和在产品　　单位：百万英镑

项目	合并		大学	
	2019 年	2018 年	2019 年	2018 年
出版用原材料	0.9	1.3	0.2	0.5
在产品和印刷页	6.3	5.9	5.4	4.8
精装书	67.0	67.0	50.2	51.8

续表

项目	合并		大学	
	2019 年	2018 年	2019 年	2018 年
其他供出售商品	3.4	2.6	2.1	1.5
	77.6	76.8	57.9	58.6
出版费用无形资产	20.9	19.2	19.8	18.4

财务状况表的存货价值与其重置成本间无重大差异。

19. 一年内到期的交易和其他应收款项（见表53）

表 53　　一年内到期的交易和其他应收款项　　单位：百万英镑

项目	合并		大学	
	2019 年	2018 年	2019 年	2018 年
研究资助应收款项	110.1	104.0	110.1	104.5
预付和应计收入	52.3	23.3	45.6	19.7
衍生金融资产	1.1	2.0	2.0	2.0
其他交易应收款项	312.5	278.1	208.3	200.0
其他应收款项	86.8	102.7	58.4	117.1
从子公司到期金额	—	—	59.5	17.5
合计	562.8	510.1	483.9	460.8

20. 超过一年后到期的应收款项（见表54）

表 54　　超过一年后到期的应收款项　　单位：百万英镑

项目	合并		大学	
	2019 年	2018 年	2019 年	2018 年
衍生金融资产	0.1	0.3	0.1	0.3
子公司到期款项	—	—	26.9	21.1
其他应收款项	5.2	5.8	5.2	5.8
合计	5.3	6.1	32.2	27.2

其他应收款项包括向职员的住房贷款，以及超过一年的征聘和应收捐赠基金支付计划。

21. 流动性投资（见表55）

表55　流动性投资　单位：百万英镑

	合并		大学	
	2019年	2018年	2019年	2018年
8月1日	160.5	300.0	108.8	252.9
（处置）/增加	15.6	（139.5）	32.7	（144.1）
7月31日	176.1	160.5	141.5	108.8

22. 现金和现金等价物（见表56、表57）

表56　合并的现金和现金等价物　单位：百万英镑

项目	截至2018年8月1日	现金流	截至2019年7月31日
现金和现金等价物	326.9	179.7	506.6
投资资产现金	8.1	（7.0）	1.1
合计	335.0	172.7	507.7

表57　大学的现金和现金等价物　单位：百万英镑

项目	截至2018年8月1日	现金流	截至2019年7月31日
现金和现金等价物	283.4	187.3	470.7
投资资产现金	8.1	（7.0）	1.1
合计	291.5	180.3	471.8

23. 净债务合并调整（见表58、表59）

表58　净债务　单位：百万英镑

截至2018年8月1日净债务	（644.5）
现金和现金等价物变化	172.7
获得净债务	（6.6）
其他非现金变化	（2.5）
截至2019年7月31日净债务	（480.9）

表 59　　净债务分析　　单位：百万英镑

项目	2019 年	2018 年
现金和现金等价物	507.7	335.0
一年内到期的借入款项		
无担保贷款	5.4	4.7
银行透支	6.5	2.2
衍生品	6.4	2.0
超过一年后到期的借入款项		
衍生品	3.4	0.9
无担保贷款	222.2	225.0
债券	744.7	744.7
净债务	(480.9)	(644.5)

24. 债权人：一年内到期负债金额（见表 60）

表 60　　一年内到期负债金额　　单位：百万英镑

项目	附注编号	合并		大学	
		2019 年	2018 年	2019 年	2018 年
研究资助债权人		336.1	297.5	332.8	297.5
应计和递延收入		252.0	246.2	260.1	216.2
带绩效条件的资本资助		11.2	15.2	11.2	15.2
未担保银行贷款	25	5.4	4.7	5.4	3.6
银行透支		6.5	2.2	—	—
衍生金融负债		6.4	2.0	6.4	2.0
社会证券和其他应付税款		21.6	52.2	22.0	46.5
交易应付款项		215.2	222.5	188.4	207.5
子公司款项		—	—	0.1	—
		854.4	842.5	826.4	788.5

25. 债权人：超过一年后到期负债金额（见表 61、表 62）

表 61　　超过一年后到期负债金额　　单位：百万英镑

项目	合并		大学	
	2019 年	2018 年	2019 年	2018 年
牛津科学创新股份有限公司	22.9	24.5	22.9	24.5
Technikos	1.7	2.5	1.7	2.5
对图灵研究院资助	—	1.3	—	1.3

续表

项目	合并		大学	
	2019 年	2018 年	2019 年	2018 年
银行贷款	222.2	225.0	222.2	225.0
发生的 100 年债券	744.7	744.7	744.7	744.7
其他债权人	5.3	5.7	4.0	3.6
衍生金融债务	3.4	0.9	3.4	0.9
子公司款项	—	—	23.7	23.8
布拉瓦尼克政府学院贷款	3.0	3.0	3.0	3.0
	1,003.2	1,007.6	1,025.6	1,029.3
未担保银行贷款分析：				
一至两年间到期	5.7	2.8	5.7	2.8
两至五年间到期	24.4	17.6	24.4	17.6
五年或五年以上到期	192.1	204.6	192.1	204.6
	222.2	225.0	222.2	225.0

表 62 **贷款** 单位：百万英镑

项目	出版社贷款	贷款 1	贷款 2	贷款 3	总计
银行贷款					
借入款项	2.6	25.0	25.0	200.0	252.6
2019 年 7 月 31 日未清偿款项	2.6	—	25.0	200.0	227.6
利率	1.925%	5.13%	5.07%	2.55%	—
最后清偿日期	2019 年 9 月	2019 年 4 月	2047 年 6 月	2045 年 6 月	—
一年内到期款项	2.6	—	—	2.8	5.4
一至两年间到期款项	—	—	—	5.7	5.7
两至五年间到期款项	—	—	—	24.4	24.4
五年后到期款项	—	—	25.0	167.1	192.1
	2.6	—	25.0	200.0	227.6

在 2007 年，大学与 Techlink 有限公司签订一项合约，为生物医学工程提供为期 15 年的资助，以完成一栋新大楼。该大楼于 2007 年 10 月 1 日完工，于 2010 年 7 月从 Techlink 收到 1,200 万英镑的现金，截至 2019 年 7 月 31 日，超过一年期债权人余额为 170 万英镑，一年内债权人余额为 80 万英镑。

大学于2015/2016年度与牛津科学创新有限公司（Oxford Sciences Innovation plc，OSI）签订一项合约。大学收到OSI 5%不可扩张股份，回报是医学科学以及数学、物理和生命科学学院每个企业15年期的50%股份。该股份的初始估值为1,750万英镑，但自从送给大学价值1,500万英镑股份后，引起了基金的增加。投资被认为是递延收入，显示为综合收益表中15年期的合约。2019/2020年度到期的金额包含于一年到期的债权人贷方，剩下的金额包括在超过一年到期的债权人贷方。

债券：

2017年12月9日，大学发行了7.5亿英镑利率为2.544%的未担保债券，于2117年到期。该债券以资本金额的99.3%发行，发行收益减去直接交易费用总计7.447亿英镑。债券在伦敦证券交易所上市，每年12月可支付利率为2.54%。除非提前赎回，债券将于2117年12月7日以7.50亿英镑赎回。最初确认的债券收益减去所有直接归属于发生的交易费用后，债券采用有效利率方法以摊销成本计量。按照此方法，债券发行时的折扣和交易成本将作为债券期限内的额外利率费用计算。

26. 金融工具

集团和大学财务资产和负债的公允价值按类别概述如表63所示。

表63　　金融工具概述　　单位：百万英镑

金融工具	附注编号	合并	
		2019年	2018年
以公允价值计量损益			
12个月到期的衍生金融资产		1.1	2.0
超过12个月到期的衍生金融资产		0.1	0.3
全球和私募股权、股票、子公司	16	447.7	491.4
第三方管理	16	137.2	109.7
牛津基金	16	2,356.1	2.115.0
债券	16	520.1	640.5
以应收折现金额计量			
交易和其他应收款项	19	562.8	510.1
以成本减去减值计量的股权工具			

续表

金融工具	附注编号	合并	
		2019 年	2018 年
非上市投资的流动资产	21	176.1	160.5
		4,201.2	4,029.5
以公允价值计量损益			
12 个月到期的衍生金融负债		6.4	2.4
超过 12 个月到期的衍生金融负债		3.4	0.9
以摊销成本计量			
债券		744.7	744.7
应付贷款	24, 25	227.6	229.7
以应付账款折现计量			
超过一年到期有债务		36.3	37.9
交易和其他应付款项	24	215.2	222.5
		1,233.6	1,238.1

（1）衍生金融工具，指定和用作对冲的衍生工具，以公允价值计量。

（2）金融工具的属性及所产生的风险程度。在其活动的一般过程中，大学管理包括信用风险、流动性风险、市场和利率风险、外汇风险等在内的许多金融风险。

（3）信用风险。信用风险是指如果交易对手不能偿还其对大学的债务，大学将发生财务损失。大学面临着不同交易对手持有的金融资产的信用风险。大学旨在通过监控信用风险的规模、交易对手的信誉等方法，减少其交易对手的信用风险敞口，包括设置适当的风险期限和成熟度。

交易对手持有的金融资产，仅指特定交易的债务人，表 64 详细列示到期日或年度内减值。

表 64　　　　到期日或年度内减值　　　　单位：百万英镑

	2019 年	2018 年
交易债务人：未清偿货物	330.0	294.2
减：应收账款减值准备	(17.5)	(16.1)
2019 年 7 月 31 日	312.5	278.1

到期日后不超过90天的交易债务人，不被考虑减值，除非他们包含在特定的准备金中。截至2019年7月31日，交易债务人账面价值为1.118亿英镑（2018年为8,720万英镑）超过其到期日，但没有受损失（见表65）。

表65　　按到期日分类债务　　单位：百万英镑

	2019年	2018年
已计提准备金后的余额	19.9	20.7
未超过到期日的余额	297.7	281.6
到期但未超过90天	57.7	48.4
到期后满90天但未到180天	30.4	24.7
到期后满181天但未到360天	17.6	8.4
到期后已超过360天	6.1	5.7
2019年7月31日	429.4	389.5

大学持有的定期存款和现金余额应符合授权限额（authorized limits）和评级标准（rating criteria），并接受季度审查（见表66）。

表66　　7月31日定期存款评级和现金余额　　单位：百万英镑

	2019年	2018年
惠誉（Fitch credit）质量评级（短/长期）		
-/AAA	365.4	251.4
F1 +/AA	10.7	10.6
F1 +/AA -	37.6	36.8
F1/A +	183.6	20.8
F1/A	18.2	89.0
F2/BBB +	—	5.5
海外	23.7	21.0
已结清余额总计	639.2	435.1

（4）流动性风险。

流动性风险，是指大学遇到现金导致的到期债务清偿的困难。债务通常与金融负债和资本承诺相关联。大学通过定期监控其债务和承诺以及持有的流动性资产的适当水平来监控其流动性风险（见表67）。学术大学订立了最小现金余额5,000万英镑的目标，这一目标满足相同的日流动性需求，同时持有其他流动性资源，以满足短时期内获取流动性。学术大学还有按固定期限清偿的债务负担，不必受偿还要求的制约。短期现金和流动性预测每天更新，长期预测每月更新，这些预测每天接受司库主管的审查，并定期呈报给大学财务委员会（Finance Committee of the University）。

表67　　流动性

截至2019年7月31日	1年以下	1~5年	超过5年	总计
债券债务	—	—	744.7	744.7
银行贷款	5.4	30.1	192.1	227.6
银行透支额度	6.5	—	—	6.5
不含递延收入的其他债权人	569.5	8.6	—	578.1
总计	581.4	38.7	936.8	1,556.9
截至2018年7月31日				
债券债务	—	—	744.7	744.7
银行贷款	4.7	20.4	204.6	229.7
银行透支额度	2.2	—	—	2.2
不含递延收入的其他债权人	572.7	5.2	—	577.9
总计	579.6	25.6	949.3	1,554.5

（5）市场和价格风险。

市场风险是指由于市场价值的变化而引起金融工具的价值变化。大学努力确保其陈述的财务管理政策和目标不受其投资资本总额价值的不利市场波动的影响，并由此努力保护大学免受这些波动的影响。大学的主要投资工具是由OUEM管理的牛津基金。由于牛津基金中的投资以公允价值持有，其价格的变化会直接影响大学的净资产。

由于捐赠基金和投资基金的重要性，以及计划对于真实条件下捐赠基金价值的依赖性，对大学而言，这是一个关键的风险。

OUEM“时常评估一系列指标和风险，以确保我们的基本观点形成一个最佳的投资组合配置”。OUEM在进行投资决策时，会考虑绩效、流动性管理、货币风险、行业风险，以及环境、社会和政府风险。更进一步的细节可见于牛津大学捐赠基金年报：www. ouem. co. uk。

大学投资委员会，其由最近的和相关的投资管理专家组成，每季度开会以审查投资管理者的工作并监控风险。

（6）外汇风险。

外汇风险是指由于兑换率的变动导致金融工具的货币价值随之变化。

大学管理与预计外汇销售、购置和研究合约有关的外汇交易风险。为了管理外汇风险，大学与核准的交易对手签订外汇远期合约及外汇跨期，对冲因兑换率波动而导致的现金流波动。在套期保值项目中，基于经济性基础评估对冲工具的预期有效性。如果存在数量或时间方面的过度对冲，就会产生对冲工具与对冲项目预测风险间的差异，则需要计算出无效的部分（见表68）。

表68　　外汇　　单位：百万英镑

合并与大学	流动性		非流动性	
	2019年	2018年	2019年	2018年
出版资产远期外汇合约	1.1	2.0	0.1	0.3
出版债务远期外汇合约	(6.4)	(2.4)	(3.4)	(0.9)
研究目的远期外汇合约	31.2	58.0	—	—
	25.9	57.6	(3.3)	(0.6)

有以下货币种类，如表69所示。

表69　　外汇种类　　单位：百万英镑

币种	2019年	2018年
美元	(3.7)	(0.8)
欧元	29.0	57.4
港元	0.7	0.5
其他	(3.4)	(0.1)
总计	22.6	57.0

如果资本金兑换率增加10%的变化，那么对2018/2019年度确认的收益影响如表70所示。

表 70　资本金兑换率增加 10%的变化　单位：百万英镑

币种	2019 年	2018 年
10%美元增值	(0.4)	(0.1)
10%欧元增值	2.9	5.7
10%港元增值	0.1	0.1

这些合约最初以合约签订之日的公允价值确认，随后再计量其公允价值。当公允价值为正时，远期货币合约作为金融资产；当公允价值为负时，作为金融负债。任何公允价值变动引起的收益和损失，在综合收益表中确认。远期货币合约的公允价值，参考相似合约到期日的当前远期兑换率计算。

2019 年 7 月 31 日，当期对冲合约的名义价值为 3,120 万英镑。合约按市场价值显示有未实现收益 70 万英镑。2018 年的价值为 5,360 万英镑，按市场价值显示未实现收益 130 万英镑。

被认为是有效对冲（例如对极有可能的预测现金流的对冲）的对冲工具，其收益和损失部分，在现金流套期的公允价值有效变动部分中确认。对冲工具的任何剩余收益或损失，在综合收益表中作为套期无效部分确认。

（7）利率风险。

大学面临着其贷款和投资的利率变动风险。大学在做出投资决策时，考虑公允价值利率变化的可能影响，以及计息金融资产和负债现金流。大学的主要融资与 100 年期债券有关，这些债券的利率是期间固定利率。

集团的现金流利率风险包括：固定利率金融工具的利率减少，所引起的损失利益为：基准点利率减少 1%，损失利益 520 万英镑。

（8）公允价值。

债务人和当期负债以账面价值陈述，与公允价值不存在重大差异。固定利率债券负债以摊销成本计量 7.447 亿英镑（2018 年为 7.447 亿英镑）。

（9）公允价值计量。

表 71 基于估值输入信息，列示了大学投资资产和负债的公允价值分类。在等级中，分类由最低输入水平为基础决定。

表 71　　相关资产公允价值计量的重要性　　单位：百万英镑

2019 年 7 月 31 日估值	一级②	二级③	三级④	总计
衍生公司	18.4	—	153.0	171.4
投资资产	—	—	222.2	222.2
牛津基金①	—	2,356.1	—	2,356.1
全球和私募股权	238.7	—	37.6	276.3
抵押	13.7	—	—	13.7
第三方管理	—	—	137.2	137.2
债券	520.1	—	—	520.1
关联方企业	—	—	14.0	14.0
总计	790.9	2,356.1	564.0	3,711.0
2018 年 7 月 31 日估值				
衍生公司	38.1	—	116.9	155.0
投资资产	—	—	209.2	209.2
牛津基金	—	2,115.0	—	2,115.0
全球和私募股权	292.6	—	43.8	336.4
抵押	18.5	—	—	18.5
第三方管理	—	—	109.7	109.7
债券	640.5	—	—	640.5
关联方企业	—	—	7.6	7.6
总计	989.7	2,115.0	487.2	3,591.9

注：①由于大学能够从牛津基金中以公开报价购买和销售这些投资，因此牛津基金作为第二等级投资。

②一级：估值采用同一资产的活动市场报价。

③二级：参考估值技术，采用可观察的输入信息而不是第一级中的报价。

④三级：参考估值技术，采用非基于可观察市场数据的输入信息。

以公允价值计量的第三级资产的期初和期末余额对账如表 72 所示。

表 72　　公允价值计量的第三级资产的期初和期末余额　　单位：百万英镑

	2019 年	2018 年
8 月 1 日公允价值	487.2	399.1
购置减销售收益	14.6	17.1
总收益	62.2	71.0
7 月 31 日公允价值	564.0	487.2

注：一级：估值采用同一资产的活动市场报价。

二级：采用可观察的输入信息而不是第一级中的报价。

三级：参考估值技术估值，采用非基于观察市场数据的输入信息。

27. 退休金计划供款

(1) 赤字恢复计划——准备金重定义福利退休金计划为固定缴款计划(见表73)。

表73 赤字恢复计划 单位：百万英镑

合并	USS	OSPS	其他	总计
2018年8月1日	131.6	45.8	0.9	178.3
年内使用	—	—	—	—
年内（释放）/增加	287.5	(1.6)	—	285.9
利率释放	2.8	0.9	—	3.7
2019年7月31日	421.9	45.1	0.9	467.9
大学	USS	OSPS	其他	总计
2018年8月1日	128.4	45.6	0.8	174.8
年内使用	—	—	—	—
年内（释放）/增加	285.3	(1.3)	—	284.0
利率释放	2.8	0.9	—	3.7
2019年7月31日	416.5	45.2	0.8	462.5

大学是大学退休金计划（USS）和牛津退休金计划（OSPS）的成员。两项多雇主退休金计划均为赤字。大学根据每一项计划制定的赤字减少方案，承诺为其确认一项准备金。在计算这些准备金时，大学预计未来几年内参加OSPS和USS的员工数量，年增加分别为1.6%，针对所有员工工资和等级的通胀率年增加4%，债务以适当的企业债券率折现，USS为1.6%(2018年为2.2%)，OSPS为1.25%。两项计划对薪资变化和折现率变化的敏感度分析，见附注37。

自年末以来，随着USS2018精算估值的完成，制定了新的赤字恢复计划（见附注37)。在2019年7月31日，采用新计划期1.30%折现率，采用用于计算准备金的无变化的其他假定，这将导致修正的合并准备金为2.311亿英镑，比今年末准备金减少了1.908亿英镑；修正的大学准备金为2.273亿英镑，减少1.892亿英镑。

对于大学和雇员退休金计划而言，大学（包括出版社）还为联邦退休金系统中的退休职员退休金准备确认了一项准备，这些人可以收到退休金补贴和其他非资助的承诺（见附注37）。

（2）出版社固定福利退休金计划准备金（见表74）。

表74　出版社固定福利退休金计划准备金　单位：百万英镑

	合并	大学
2018年8月1日	168.4	168.4
雇主缴款超过服务费用	(19.6)	(19.6)
净固定福利债务净利息	3.9	3.9
综合收益中确认的债务重计量	(4.8)	(4.8)
2019年7月31日	147.9	147.9

（3）出版社退休金。

出版社运营全球诸多职员退休福利计划。

今年精算损失的减少，是由于国债收益和通胀率的变化。进一步的细节见附注37。

28. 其他准备金（见表75）

表75　其他准备金　单位：百万英镑

合并	廷伯尔根大楼毁损	米尔城堡楼毁损	其他	总计
2018年8月1日	22.0	5.3	5.4	32.7
转移（至）/从收支账户	(3.1)	—	9.6	6.5
当年使用	(8.3)	(3.4)	(6.5)	(18.2)
2019年7月31日	10.6	1.9	8.5	21.0
大学	廷伯尔根大楼毁损	米尔城堡楼毁损	其他	总计
2018年8月1日	22.0	5.3	3.9	31.2
转移（至）/从收支账户	(3.1)	—	2.6	(0.5)
当年使用	(8.3)	(3.4)	(3.0)	(14.7)
2019年7月31日	10.6	1.9	3.5	16.0

建筑物的毁损准备金相关的费用，与廷伯尔根楼的关闭和拆除，以及米尔城堡研究生宿舍（Castle Mill Graduate Accommodation）的补救工作相联系。其他准备金是指税收准备金、对赞助人的付款、出版社提供的永久健康保险，以及附属子公司的员工费用。

29. 捐赠基金储备

出版社无捐赠基金。

（1）永久捐赠基金（见表76）。

表76 **永久捐赠基金** 单位：百万英镑

合并	非限制性			限制性			总计
	资本	未使用回报	总计	资本	未使用回报	总计	
资本——原始捐赠	80.5	—	80.5	278.2	—	278.2	358.7
资本——指数化储备	27.1	—	27.1	62.7	—	62.7	89.8
未使用回报	—	169.9	169.9	—	304.3	304.3	474.2
2018年7月31日	107.6	169.9	277.5	340.9	304.3	645.2	922.7
投资收入减支出	—	—	—	—	18.8	18.8	18.8
新捐赠基金	0.9	—	0.9	41.9	—	41.9	42.8
储备转移	—	(3.0)	(3.0)	—	(20.4)	(20.4)	(23.4)
重分类	—	12.2	12.2	—	(23.1)	(23.1)	(10.9)
指数化储备	2.2	(2.2)	—	6.7	(6.7)	—	—
市场估值收益	—	24.3	24.3	—	48.6	48.6	72.9
释放至非限制性储备	—	(11.4)	(11.4)	—	(16.2)	(16.2)	(27.6)
2019年7月31日余额	110.7	189.8	300.5	389.5	305.3	694.8	995.3
表示为：							
资本——原始捐赠	81.4	—	81.4	320.1	—	320.1	401.5
资本——指数化储备	29.3	—	29.3	69.4	—	69.4	98.7
未使用回报	—	189.8	189.8	—	305.3	305.3	495.1
	110.7	189.8	300.5	389.5	305.3	694.8	995.3
大学	非限制性			限制性			总计
	资本	未使用回报	总计	资本	未使用回报	总计	
资本——原始捐赠	29.9	—	29.9	275.5	—	275.5	305.4
资本——指数化储备	15.0	—	15.0	62.7	—	62.7	77.7
未使用回报	—	162.0	162.0	—	307.1	307.1	469.1
2018年7月31日	44.9	162.0	206.9	338.2	307.1	645.3	852.2
投资收入减支出	—	—	—	—	18.8	18.8	18.8
新捐赠基金	0.9	—	0.9	41.9	—	41.9	42.8
储备转移	—	(3.0)	(3.0)	—	(20.4)	(20.4)	(23.4)

续表

大学	非限制性			限制性			总计
	资本	未使用回报	总计	资本	未使用回报	总计	
重分类	—	12.2	12.2	—	(22.9)	(22.9)	(10.7)
指数化储备	0.9	(0.9)	—	6.7	(6.7)	—	—
市场估值收益	—	17.8	17.8	—	48.6	48.6	66.4
释放至非限制性储备	—	(8.6)	(8.6)	—	(16.2)	(16.2)	(24.8)
2019年7月31日余额	46.7	179.5	226.2	386.8	308.3	695.1	921.3
表示为：							
资本——原始捐赠	30.8	—	30.8	317.4	—	317.4	348.2
资本——指数化储备	15.9	—	15.9	69.4	—	69.4	85.3
未使用回报	—	179.5	179.5	—	308.3	308.3	487.8
	46.7	179.5	226.2	386.8	308.3	695.1	921.3

根据慈善法要求，为了应用永久捐赠基金的总收益会计，大学针对未申报收益的支出率做出了重要调整。这确保了现在和永久都能获得收益。

这是通过牛津基金中的捐赠基金投资而实现的：大学弗德尔基金每年收到持有价值4%的现金股利。大学认为4%代表着对超出通胀而能实现的长期投资回报的合理估计。

限制性永久捐赠基金支出转移至非限制性储备的，在支出年度内确认（见表77）。对于非限制性永久捐赠基金转移至非限制性储备的，以长期真实回报率为基础，估计的回报率为4%。

在现实情况中，为确保原始捐赠基金资本金，大学采用每年由消费价格指数（Consumer Price Index，CPI）提出的远期永久捐赠基金资本金指数政策。

表77　　限制性可支出捐赠基金　　单位：百万英镑

限制性可支出捐赠基金	合并			大学		
	资本金	累计收益	总计	资本金	累计收益	总计
2018年7月31日	187.7	50.2	237.9	187.7	50.2	237.9
新捐赠基金	12.6	—	12.6	12.6	—	12.6
释放至非限制性储备	—	(6.4)	(6.4)	—	(6.4)	(6.4)
投资净收益	—	6.3	6.3	—	6.3	6.3
市场估值收益	—	14.7	14.7	—	14.7	14.7

续表

限制性可支出捐赠基金	合并			大学		
	资本金	累计收益	总计	资本金	累计收益	总计
储备转移	—	(41.7)	(41.7)	—	(41.7)	(41.7)
重分类	—	3.5	3.5	—	3.5	3.5
支出	—	(5.2)	(5.2)	—	(5.2)	(5.2)
2019年7月31日余额	200.3	21.4	221.7	200.3	21.4	221.7

在永久和可支出捐赠基金储备表之间的储备转移，反映出与某些捐赠基金捐赠者相关的重分类金额，与教学职位和研究生奖学金相匹配。早几年，由于管理会计和财务会计之间的分歧，这些结果被作为捐赠基金。当对特定的教学职位和研究生奖学金有法律限制时，出于财务报告目的，作为非限制性储备，因此余额被转移至非限制性收入和储备支出中（见附注31）。

（2）捐赠资产。

为确保捐赠礼品提供最大可能的利益，并在适当的时候确保慈善利益永久保持，大学投资于投资工具组合中的非支出性捐赠基金储备和资本。这些余额确认为财务状况表中的捐赠持有期余额中，现金和现金等价物如表78所示。

表78　捐赠资产　单位：百万英镑

投资	附注编号	合并		大学	
		2019年	2018年	2019年	2018年
牛津基金		974.7	951.9	903.2	893.1
全球股权		—	6.2	—	6.2
投资资产		39.5	39.7	39.5	39.7
抵押		13.4	18.5	13.4	18.5
第三方管理		132.9	81.6	132.9	81.2
其他资产		0.8	0.7	0.8	0.7
	16	1,161.3	1,098.6	1,089.8	1,039.4
流动资产投资		15.9	17.0	15.9	15.1
现金和现金等价物		39.8	45.0	37.3	35.6
7月31日余额		1,217.0	1,160.6	1,143.0	1,090.1

（3）捐赠基金目的。

捐赠基金，包括永久性和可支出的基金，2019 年 7 月 31 日分类如表 79 所示。

表 79 捐赠基金 单位：百万英镑

	2018 年 8 月 1 日余额重述	投资收益	投资收入减支出	新捐赠基金	支出和转移	2019 年 7 月 31 日余额
一般学术	302.8	17.4	4.8	5.6	(21.2)	309.4
学术职位	491.2	28.9	12.8	17.5	(41.1)	509.3
奖学金基金	275.4	34.9	5.3	30.4	(46.9)	299.1
图书馆和博物馆支持	68.0	4.6	1.7	1.9	(1.6)	74.6
社团	8.8	0.8	—	—	(0.6)	9.0
奖金	14.4	0.8	0.5	—	(0.1)	15.6
总计	1,160.6	87.4	25.1	55.4	(111.5)	1,217.0

期初余额反映信托基金的分析目的。总计未发生变化。

（4）重要捐赠基金。

表 80 所列捐赠基金对大学而言被认为是单项重大的。

表 80 重要捐赠基金 单位：百万英镑

	纳菲尔德慈善	詹姆斯·马丁 21 世纪基金会	CrankStart 奖学金基金
2018 年 7 月 31 日			
资本金——原始捐赠	2.8	50.6	49.6
资本金——指数化储备	0.8	12.1	3.3
未使用回报	97.4	7.5	31.4
	101.0	70.2	84.3
新捐赠基金	—	—	25.0
投资收益和收入	9.2	6.5	23.5
支出	(3.2)	(2.8)	—
2019 年 7 月 31 日余额	107.0	73.9	132.8
表示为：			
资本金——原始捐赠	2.8	50.6	49.6
资本金——指数化储备	0.8	13.4	4.4
非使用回报	103.4	9.9	78.8
	107.0	73.9	132.8

纳菲尔德捐赠基金的捐赠者，是纳菲尔德勋爵（威廉·莫里斯）[Lord Nuffield（William Morris）]，根据1936年11月24日订立的信托书（trust deed）条款，该基金用于拓宽大学医学院的视野并为研究提供特定的设施。

建立于2004年的詹姆斯·马丁21世纪基金会（James Martin 21st Century Foundation）和建立于2012年的詹姆斯·马丁21世纪（英国）依托（James Martin 21st Century（UK）Trust）的目的是支持牛津大学马丁学院（前身是詹姆斯·马丁21世纪学院），建设和支持其他大学内的任何机构，以推进21世纪特定教育的严峻问题。

莫里茨—海曼奖学金基金建立于2012/2013年，通过来自CrankStart基金会的捐赠基金为英国本土弱势群体本科生提供课程支持。根据捐赠书条款，大学要求承诺匹配年度收入用于相同的目的或其他项目，以支持弱势群体学生或申请人。根据捐赠人的要求，2019年7月26日该基金重新命名为CrankStart奖学金基金。

由于总回报率是长期回报率，因此，总回报会计可能会导致未使用的总回报为负，尤其是在短期时间内。大学通过确保单一信托基金的累计支出不超过累计收入，以减少信托基金风险侵蚀其资本金。今年未使用的信托基金总回报超过50万英镑（2018年：无）。

30. 限制性储备

大学收到慈善捐赠和限制性目的的礼品捐赠，划入如下分类（见表81）。出版社产生的所有储备均是为了非限制性目的。

表81　　限制性储备　　单位：百万英镑

合并	2018年7月31日	新捐赠/资助	限制性支出	2019年7月31日
一般学术	19.5	14.3	(11.2)	22.6
学术职位	3.3	2.4	(1.6)	4.1
奖学金资金	7.2	8.6	(7.0)	8.8
支持图书馆	1.9	1.3	(1.8)	1.4
支持博物馆	2.1	0.9	(1.2)	1.8
捐赠遗产资产	55.5	6.2	—	61.7
混合使用建筑物	2.5	—	—	2.5
	92.0	33.7	(22.8)	102.9

续表

大学	2018 年 7 月 31 日	新捐赠/资助	限制性支出	2019 年 7 月 31 日
一般学术	19.5	14.3	(11.2)	22.6
学术职位	3.3	2.4	(1.6)	4.1
奖学金资金	7.2	8.6	(7.0)	8.8
支持图书馆	1.9	1.3	(1.8)	1.4
支持博物馆	2.1	0.9	(1.2)	1.8
捐赠遗产资产	55.5	6.2	—	61.7
混合使用建筑物	2.5	—	—	2.5
	92.0	33.7	(22.8)	102.9

31. 非限制性收入和支出储备（见表 82）

表 82　　非限制性收入和支出储备　　单位：百万英镑

	合并	大学
2018 年 7 月 31 日余额	2,830.5	2,796.7
储备转移	78.9	78.6
年度非限制性综合收益	(50.1)	(66.9)
2019 年 7 月 31 日余额	2,859.3	2,808.4

非限制性收入和支出储备，包括大学持有的牛津大学发展信托基金和特定目的的大学信托基金，共计 14.093 亿英镑（2018 年为 12.179 亿英镑）。尽管这些基金作为收入核算，出于核算的目的视为非限制性，但出于法律的目的，这些被持有的基金作为可支出捐赠基金，其中 3.537 亿英镑为法定限制，用于特定教学职位和研究生奖学金（2018 年为 3.245 亿英镑）。

32. 关联慈善机构

大学直接或间接地管理着一些慈善机构。根据 2011 年慈善法第 3 节第 28（1）段，这些机构参考“第 28 段”或“关联慈善机构”。他们在大学慈善地位的保护下，豁免于注册慈善机构的使命。大学保留着详细的关联慈善机构登记册，对于这些机构的超过 10 万英镑出版收入的信息，可通过门户网站获得：www. ox. ac. uk/about/organisation/university - as - a - charity。

这些关联机构的财务成果披露如表 83 所示。

根据 2011 年慈善法，根据慈善机构自己的权利颁布的法律，大学学院被特定地排除在与之相联系的慈善机构之外。

表 83 **关联慈善机构** 单位：百万英镑

	2018 年 7 月 31 日	注入资源包括投资收益	流出资源和支出	2019 年 7 月 31 日
詹姆斯·马丁 21 世纪（UK）信托	70.2	6.5	(2.8)	73.9
格雷实验室肺癌研究信托	(0.1)	1.3	(1.0)	0.2
大学财务报表总计：				
牛津大学发展信托基金	1,325.1	231.8	(20.0)	1,536.9
牛津大学法律基金会	0.7	0.2	—	0.9
不受大学控制而从大学和集团账户中排除：				
牛津大学划船俱乐部	3.9	0.2	(0.3)	3.8
牛津大学橄榄球俱乐部	0.1	0.3	(0.4)	—
牛津大学女子划船俱乐部	0.1	0.2	(0.2)	0.1
Out of the Blue	—	—	—	—
更小的运动慈善机构	0.4	1.5	(1.5)	0.4
更小的非运动慈善机构	0.6	0.7	(0.7)	0.6
不能直接从其活动中获得直接利益而从大学和集团账户中排队：				
纳菲尔德领地信托	37.1	(0.3)	(0.3)	36.5
大学缴款基金	72.1	6.1	(2.8)	75.4

33. 资本化和其他承诺

2019 年 7 月 31 日尚未为下列资本承诺计提准备（见表 84）。

表 84 **其他承诺** 单位：百万英镑

	合并		大学	
	2019 年	2018 年	2019 年	2018 年
年末大学对建筑物项目的资本承诺如下：				
合约额	111.4	40.6	111.4	40.6

34. 或有负债

大学与牛津大学员工退休金计划受托人（Trustees of the Oxford Staff Pension Scheme，OSPS）签订一项合约，以消除该计划的年度赤字。考虑约定的对计划缴款支付的安全性，大学同意对 OSPS 受托人位于英国但价值不低于 100 英镑的特定资产的浮动费用。

2007 年 6 月 29 日，大学与牛津大学出版集团退休金计划签订一项合约，以消除该计划的年度赤字。大学考虑约定的对计划缴款支付的安全性，大学同意持有不高于出版社 5,000 万英镑特定资产的浮动费用。该费用从 5,000 万英镑增加至 2019 年 4 月 15 日的 7,500 万英镑，随 2018 年 3 月 31 日预计的技术准备金价值一起，作为恢复计划的一部分。

大学作为一个整体受到一些法律索赔和其他事项的影响，其结果是不确定的，并且可能导致当前无法量化的债务，或其他不利后果的增加。

35. 租赁责任

经营租赁应付租金总计如表 85 所示。

表 85　　经营租赁——土地和建筑物　　单位：百万英镑

	土地和建筑物			
	合并		大学	
	2018/2019 年度	2017/2018 年度	2018/2019 年度	2017/2018 年度
年度应付	14.8	14.5	9.4	9.2
未来到期最小租赁付款：				
不超过 1 年	12.1	11.9	7.5	6.7
超过 1 年不超过 5 年	30.9	27.6	21.8	21.2
超过 5 年	32.8	37.5	31.0	36.4
到期租赁付款总计	75.8	77.0	60.3	64.3

2017/2018 年，年度应付金额被重述为包括因错误而遗漏的出版社资产（见表 86）。

表 86　　经营租赁——其他设备　　单位：百万英镑

	其他设备			
	合并		大学	
	2018/2019 年度	2017/2018 年度	2018/2019 年度	2017/2018 年度
年度应付	4.7	4.3	3.6	3.3
未来到期最小租赁付款：				
不超过 1 年	1.6	1.8	1.0	1.1

续表

	其他设备			
	合并		大学	
	2018/2019 年度	2017/2018 年度	2018/2019 年度	2017/2018 年度
超过 1 年不超过 5 年	1.1	1.8	0.7	1.0
超过 5 年	—	—	—	—
到期租赁付款总计	2.7	3.6	1.7	2.1

36. 关联方情况

截至 2019 年 7 月 31 日，大学与符合 FRS102 第 33 款关联方定义的机构和个人发生有交易事项。这些交易事项披露了主要的管理人员，包括理事会的所有成员和其他高级员工，披露大学实施的交易被认为对大学的财务报表及其他团体有重大影响的机构中的利益。由于大学运营的性质和理事会构成（来自于学院和其他私立和公立部门组织），不可避免与理事会成员利益所在的组织发生一些正常的商业交易。涉及理事会成员利益所在组织的所有交易，根据大学财务规则和正常采购程序实施。

财务报表中包括下列大学与关联方机构的交易，这些机构中大学理事会成员或高级官员同时也是关联方机构的董事或受托人，这里不包括作为独立法律实体的学院（见表 87）。

表 87　　关联方情况　　单位：千英镑

相关联方	关系性质	收入	支出/转移	归属/从大学的余额
医学科学院	理事会成员是学院理事会成员	616	8	34
社会科学院	理事会成员是会员	—	6	—
法定存款图书馆机构	理事会成员是主管	—	135	—
英国学院	部门主管是会员	4,958	128	131
英国心脏基金会	常务副校长是受托人	12,511	6	2,871
Constellium	常务副校长是顾问和科学理事会会员	10	—	—
图书馆和信息资源委员会	理事会成员是董事成员	5	27	—
上议院	理事会成员是上议会成员	—	4	(1)

续表

相关联方	关系性质	收入	支出/转移	归属/从大学的余额
JISC	常务副校长是受托人	18	1,607	(41)
约翰威立父子有限公司	理事会成员是高级期刊编辑	273	1,139	(40)
Modality Partnership	理事会成员是 GP 业务合作方	—	1	—
牛津考古学	理事会成员是受托人	14	83	4
牛津储备信托	理事会成员是主席	8	15	—
牛津大学诊所有限公司	理事会成员是非行政主管	15	—	—
牛津大学开发北美有限公司	常务副校长和理事会成员是主管	—	396	—
人民历史博物馆	理事会成员是主管和受托人主席	—	4	—
放射性废弃物管理有限公司	常务副校长是非行政主管	10	—	—
劳斯莱斯有限公司	常务副校长是顾问和资源、制造与建设顾问理事会成员	2,978	—	327
皇家音乐学院	理事会成员是主管人员	—	6	—
生物学家有限公司	理事会成员是主席	—	18	—
拉塞尔大学集团	校长是董事会成员	—	80	—
英国生物银行	理事会成员是 CEO	1,439	3,060	214
英国大学团体	校长董事会成员	15	17	—
大学和学院联盟（UCU）	理事会成员是 UCU 成员	41	—	10
与合资企业和关联方交易：				
詹纳疫苗基金会		70	—	3

表 87 中，收入或支出的最低限额设定为 1 万英镑。

年度内除了薪酬外，在大学与主要管理者个人之间未发生交易事项。

（1）研究理事会。

与许多大学一样，大学的高级成员任职研究理事会、其他 NHS 依托董事会以及其他资助拨款机构，这些机构通常有它们自己的内部程序以避免潜在的利益冲突。理事会成员也任职研究理事会（Research Councils）及它们的子委员会，包括工程和物理科学研究理事会（Engineering and Physical Sciences Research Council）、科学和技术设施理事会（Science and Technology Facilities Council）、医疗研究理事会（Medical Research Council），以及艺术和人文研究理事会（Arts and Humanities Research Council）。从这些理事会的收入详细如表 88 所示。

表 88 理事会收入 单位：百万英镑

	2019 年	2018 年
医学研究理事会	56.3	58.3
科学和技术设备理事会	11.3	11.6
工程和物理科学研究理事会	50.6	42.7
艺术和人文研究理事会	2.7	3.5
生物科技和生物科学研究理事会	14.3	12.6
自然环境研究理事会	6.7	7.7
经济和社会研究理事会	6.0	5.9
	147.9	142.3

（2）学院。

牛津大学的 36 个外部学院是独立的法律组织，因此不包括在大学的财务成果中。同时大学对这些学院并无财务责任，牛津大学的学院性质导致大学与学院之间的财务交易事项。年度内，大学通过 OfS/研究英格兰基金收入费用外的联合资源配置渠道（Joint Resource Allocation Method，JRAM）（见附注 10）对大学支付 5,690 万英镑（2018 年为 5,560 万英镑）。

大学在 2018 年对学院缴款基金（College Contributions Fund）最终付款 100 万英镑。该基金为资产相对较低的学院提供资金支持。大学同意这些付款支持建立永久捐赠基金以提供收入资助。在 2019 年，大学对一项旨在支持研究生奖学金的学院缴款基金计划提供 300 万英镑的资助。大学将对该基金提供核算和其他支持。

（3）其他关联方。

牛津大学以“牛津大学校长研究生和学者”之形式，成为合并财务报告集团中最大的控制机构。它有许多完全自主的附属机构，列于附注 17 中。根据 FRS102 第 33 条款，每一个附属机构都不能认为是关联方。

年度内，大学对牛津大学 SU（前身为 OUSU）和它的全资子公司提供资助和其他款项，总计 74.8 万英镑（2018 年为 73.3 英镑）。

艾伦·图灵研究院：该机构作为政府机构而创立，资助国家中心进行数据平台分析，是一个由对机构提供资助的五个大学间的合资机构。大学作为创始合伙人，同意对新研究院资助500万英镑。未兑现的承诺在2019年7月31日被记录在贷方。

牛津科学创新有限公司（Oxford Sciences Innovation plc，OSI）：大学与OSI签署了15年的合约，基于数学、物理和生命科学、医学科学部的研究，提供资助并开发衍生公司。大学在OSI中有5%的不可稀释股权（non - dilutable stake），未来通过牛津基金——学院孵化基金间接持有4%股权。

牛津大学医院NHS信托基金会：在2011年11月1日，大学与该信托间的一项工作合约生效，在两个组织间建立起一个现存的工作关系。该密切工作关系的结果是，大学与信托基金之间有收费，大学的高级工作人员也可以在其中担任高级职位。

大学通过投资牛津大学创新有限公司对衍生公司提供支持。

与各学院内部交易的其他领域如下：

一般交易发生于大学（包括出版社）和学院之间，包括提供研究、住宿和教学设施。这些合约安排以商业基础进行。

其他外部基金/信托：一些外部信托对大学和一些学院提供研究和其他资金支持。这些信托（附注29）允许参加牛津基金——学院孵化基金。

37. 退休金计划

大学为其职员参加了三个主要的退休金计划——大学退休金计划（Universities Superannuation Scheme，USS）、牛津大学职员退休金计划（University of Oxford Staff Pension Scheme，OSPS）、牛津大学出版社（Oxford University Press，OUP）集团计划（为英国雇员）。这些计划是需要受益人缴款的混合福利计划（例如这些计划基于服务期长提供固定福利基础的福利，以及基于对计划的缴款提供固定缴款基础的退休金薪资）。这些计划的资产分别被基金的管理受托人持有。USS和OSPS为多雇主计划，大学基于一贯的和合理的基础，仍不能澄清其在每个计划中的资产和负债。因此，根据FRS102第28段11条会计准则，当这些计划确认为缴款计划时，大学才核算这些计划。因此，计入收入和支出账户的金额代表着该会计期间应付给这些计划的缴款。根据 FRS102，OUP 集团计划是一个单一的雇主计划，因此其作为固定福利计划核算。

任何参加 USS 的雇主退出时，雇主的任何退休金短缺金额（不能由其他方面恢复），将由剩余的参加雇主分摊，在计划的下一个精算估值期中反映。

然而，退出 OSPS 计划的雇主退休金的短缺金额，将由剩下的其他雇主收取。

仅 OUP 集团计划中的雇主，任何资金短缺由大学承担。

大学也有一小部分员工参加其他退休金计划，包括国家健康服务退休金计划（National Health Service Pension Scheme，NHSPS）、伦敦大学退休金合约（Superannuation Arrangements of the University of London，SAUL）和医学研究理事会退休金计划（Medical Research Council Pension Scheme，MRCPS）。参加 NHSPS 的大学雇员都满足特定的资格标准，包括加入大学前已经是该计划的有效成员。参加 SAUL 计划的成员是格雷实验室肺癌研究信托的成员，大学于 2006 年 6 月 30 日收购该信托。参加 MRCPS 计划的成员是从其他 MRC 资助机构转入的成员。根据法律和其他国家的条款，退休金计划也为其他国家的合约雇员提供。

符合自动登记退休金福利规则的非雇员，大学也提供了非雇员的国家雇佣储蓄信托（National Employment Savings Trust，NEST）。

根据 FRS102 第 28 节第 11 款核算的计划作为固定缴款计：

（1）精算估值。

2016 年 3 月 31 日进行了 NHSPS 最后一次完全精算估值。2016 年估值报告的计划负债为 2975 亿英镑。由于没有潜在资产，因此除了纯粹的名义基础外，没有盈余或赤字。

由计划精算师每年对计划负债进行会计估值，这些报告形成 NHS 年度退休金计划资源账户的一部分，每年向社会公开。这些账户在 NHS 退休金网站上接受审查。精算师认为雇主缴款率将从 2015 年 4 月 1 日的 14.3% 增加至 2019 年 4 月 1 日的 20.6%。增加的费用分为两类，一类是可预见的雇主缴款增加 2.5%，剩下的是构成不可预见费用增加的 3.8%。自 2019 年 4

月1日以来，大学等雇主不断支付了14.3%，其余的由卫生和社会保障部（Department of Health and Social Care，DHSC）支付，然而，2.5%可预见费用将通过减少大学获得资金的相应减少来补偿。

对于不能直接从DHSC收到资金的补偿费用，DHSC目前正在考虑其优化措施。大学将收到2019/2020年度不可预见费用的资金支持。在参与雇主撤回事件中，NHSPS相对USS而言仅是较少一部分，剩下的参与雇主将对任何缴款的增加承担责任。

最后一次的SAUL完全精算估值发生在2017年3月31日。2017年估值报告的基本科技准备金盈余为5600万英镑，占基金的102%。根据赤字恢复计划，从2016年4月1日起，雇主的缴款率增加3%，到2020年3月31日期间的16%。在2016年4月1日，对福利提供做出诸多变化，包括关停了最后薪资计划，现在所有成员正在以1/75的累计比率建立职业平均收入估值基础的福利。对于SAUL，任何参与雇主的撤出所导致的资金短缺将向该雇主收取。

注册精算师定期对USS、OSPS、MRCPS、OUP集团以及SAUL计划采用“预计单位方法”（projected unit method）进行估值，包括市场估值方法，由此产生的缴款水平考虑每个计划的精算盈余或赤字，财务假定取决于估值日的主要市场条件。

最新的精算估值结果，以及假定对结果的最主要影响如表89所示。

表89　　精算估值

项目	USS	OSPS
估值日：	2017年3月31日	2016年3月31日
公布日估值结果：	2019年1月28日	2017年4月28日
负债估值：	675亿英镑	6.61亿英镑
资产估值：	600亿英镑	5.28亿英镑
基金盈余/（赤字）	（75亿英镑）①	（1.33亿英镑）⑥
基本假定：		
·投资回报	CPI－0.53%至CPI－1.32% pa②	—
·利息率（至退休期）	—	金边债券’＋1.2%

续表

项目	USS	OSPS
·利息率（退休后期间）	—	金边债券’ +1.2%
·薪资增长率	CPI +2% pa③	RPI +1% pa
·退休金增长率	CPI pa④	平均 RPI/CPI pa
死亡率假定：		
·假定寿命预期65（男子）	24.5 年	22.4 年
·假定寿命预期65（女子）	26.0 年	24.7 年
基金比率		
·技术准备基础	89%	80%
·法定退休金保护基金基础	72%	67%
·收购基础	48%	42%
·预计 FRS102 总计基金水平	77%⑤	82%⑦
建议雇主缴款率（退休工资%）	2020 年 1 月 4 日 18% 增加至 24.2%	2017 年 1 月 8 日 23% 减少至 19%
下一个估值生效日	2018 年 3 月 31 日	2019 年 3 月 31 日

注：①在 2017 年 3 月 31 日的 USS 精算估值，考虑了 2016 年 4 月 1 日生效的修正福利结构，该雇主顾问结构根据 2015 年 6 月进行的雇主顾问结论，由联合协商委员会和董事会于 2015 年 7 月共同同意。同意的主要变化包括：对于最后薪资部分的成员，累积至 2016 年 3 月 31 日的福利，采用截至该日期的可用退休金薪资和紧接该日期之前的可用退休金服务计算，之后的估算将与官方退休金增长相一致（即当期的 CPI）；所有会员均可领取 1/75 的退休金和每年服务薪资 3/75 的现金总额，该薪资总额采用 2016 年 10 月 1 日生效的工资阈值，最高为初始每年 55,000 英镑；会员缴款为薪资的 8%，但从 2019 年 4 月 1 日起增加到 2020 年 4 月 1 日的 11.7% 的水平；一项固定的超过上述薪资阈值的缴款，受益于超过薪资阈值 20% 的总薪资水平。关于该变化的进一步细节参见 USS 网站：www.uss.co.uk。随着这些变化，精算师建立起从 2016 年 4 月 1 日至 2019 年 3 月 31 日每年 18% 的雇主缴款率；从 2019 年 4 月 1 日至 9 月 30 日为 19.5%；从 2019 年 10 月 1 日至 2020 年 3 月 31 日为 22.5%；以及长期缴款率为 24.2%。根据此假定以及薪资阈值和实施的固定缴款部分，自 2020 年 4 月 1 日起将为赤字缴款带来薪资总额至少 5% 的增长。2019 年 3 月 31 日，USS 报告了预计的基金赤字为 57 亿英镑（占基金的 92%）。

②USS 的精算师认为，第一年的投资回报为 CPI -0.53%，10 年内直线减少至 CPI -1.32%；从第 11 年的 CPI +2.56% 直线减少至第 21 年的 CPI +1.7%，以后将保持 CPI +1.7%。

③USS 的精算师认为，第 1 年一般工资增长为 CPI +2%；第 2 年以及后为 CPI +2%。该假定的 CPI 是基于 RPI 假定（市场驱动的每年价值通胀 3.6% 减通胀风险溢价）减 RPI/CPI 每年间隔 1.0%。

④正如上述附注①中所述，总的 USS 雇主缴款率为薪资的 18%，包括未来精算的固定福利（defined benefits，DB）准备金、赤字缴款、薪资 0.4% 的行政管理支出，以及从实施工资门槛（阈值）开始，雇主对固定缴款福利的缴款，该固定缴款福利包括雇主匹配的缴款和与固定福利部分相关的一些投资管理成本。2017 年的精算估值，是根据《2004 年退休金法案》发布的特定计划融资制度，对该计划的第四次估值，该制度要求这些计划采用法定融资目标，保障有足够的和适当的资产以覆盖其技术条款。在估值日，该计划的资产价值为 600 亿英镑，该计划的技术条款资产价值为

675 亿英镑，标志着 75 亿英镑的短缺，以及 89% 的融资率。

⑤2018 年的精算估值在年底后完成，表明资金短缺 36 亿英镑，融资率为 95%。从年末开始，随着 2018 年精算估值的完成，同意了一项新的赤字恢复计划，这弥补了 2017 年估值缴款计划开始的现有赤字恢复计划。该新计划要求从 2019 年 10 月 1 日至 2021 年 9 月 30 日的赤字付款额为薪资的 2%，从 2021 年 10 月 1 日至 2028 年 3 月 31 日的付款额为薪资的 6%。截至 2019 年 7 月 31 日，假设所有的用于计算准备金的假定没有变化，那么将导致修正的总准备金为 2.311 亿英镑，比当前年末准备金减少 1.908 亿英镑，合并综合收益表中账面变化降低 9,560 万英镑。

⑥截至 2016 年 3 月 31 日，OSPS 的精算估值确认了要求的长期雇主缴款率为可领取退休金薪资总额的 17.3%，资金赤字为 1.33 亿英镑。该估值结果反映符合 2017 年早期雇主顾问认可的福利的一些变化，包括从 2017 年 4 月 1 日基于平均 RPI 和 CPI 的指数变化；从 2017 年 10 月 1 日起，是一个针对新成员的固定缴款部分，从 2018 年 4 月 1 日起，它打破了与特定成员的最终工资关系，并增加了雇员缴款。精算师已经确认，该恢复计划将于 2027 年 6 月消除。下一个三年一次的估值于 2019 年 3 月 31 日生效。

⑦如上述注释⑥所述，从 2018 年 4 月 1 日起，仅固定福利中未来服务福利的 OSPS 雇主缴款率，为总的可支用退休金薪资的 17.3%。从 2016 年 8 月 1 日至 2017 年 7 月 31 日，雇主缴款率为 23%。双方同意，在 2017 年 10 月 1 日或以后加入固定福利计划的成员和固定缴款成员，其雇主缴款率将为 19%。固定缴款成员的缴款，将支付给固定福利，以弥补赤字恢复计划、疾病健康准备、服务期内死亡福利，以及固定缴款部分的行政管理支出。

USS 计划的退休金收入建立者的最新可用的完整估值日为 2017 年 3 月 31 日（估值日），它采用的是预计单元法。2018 年 3 月 31 日的估值正在进行，但尚未完成。

（2）精算估值假定的敏感度。

未来估值引起的盈余或赤字，可能影响大学的未来缴款承诺。与用于计量计划债务相关的主要假定敏感度如表 90 所示。

表 90　　精算估值假定的敏感度

USS		
假定	假定变化	对 USS 债务的影响
初始折现率	增加/减少 0.25%	减少/增加 8 亿英镑
20 年期折现率	增加/减少 0.25%	减少/增加 11 亿英镑
RPI 通胀	增加/减少 0.1%	增加/减少 8 亿英镑
死亡率	更谨慎假定（死亡率用于过去估值，未来年度比率降低）	增加 5 亿英镑
OSPS		
假定	假定变化	对 OSPS 债务影响
RPI 通胀	减少 1.0%	减少/增加 7,300 万英镑
薪资增长率	增加 0.5%	增加/减少 1,300 万英镑
死亡率	更谨慎假定（死亡率用于过去估值，未来年度比率降低）	增加 1,800 万英镑

续表

	2019 年		2018 年	
	OSPS	USS	OSPS	USS
赤字恢复计划完成日期	30/06/2026	31/03/2031	30/06/2026	31/03/2031
员工数量增长平均	1.60%	1.60%	3.00%	3.00%
员工薪资增长平均	4.00%	4.00%	2.00%	2.00%
跨期折现率平均	1.25%	1.60%	1.95%	2.20%
折现率变化 0.5% 的影响（百万英镑）	1.1	18.4	2.5	8.3
工资水平增长 1% 的影响（百万英镑）	2.9	36.8	—	—
员工增长变化 1% 的变化（百万英镑）	2.2	35.9	3.3	8.3

注：2019 年 7 月 31 日，根据合约采用披露的假定，为应付缴款的预计未来赤字基金计提了 4.679 亿英镑的准备金（2018 年为 -1.783 亿英镑），当根据退休金弥补计划赤字清偿时，该准备金减少。

（3）年度退休金费用。

大学在会计期间记录的退休金费用（不包括退休金融资成本），相当于对赤字弥补计划补贴后的应付缴款，披露如表 91 所示。

表 91　　年度退休金费用　　单位：百万英镑

计划	2018/2019 年度	2017/2018 年度
大学退休金计划	366.8	59.3
出版社集团计划——英国	14.1	14.1
出版社集团——海外计划	7.7	7.7
牛津大学员工退休金计划	16.2	6.6
NHS 退休金计划	4.1	3.9
MRC	0.5	0.5
其他计划——缴款	0.1	0.2
总计	409.5	92.3

这些款项，包括根据这些计划规定的特定比率计算的，对固定缴款计划的应付缴款 1,420 万英镑（2018 年为 1,080 万英镑）。其他债权人中，还包括应付的退休金缴款 1,270 万英镑（2018 年为 1,110 万英镑）。

（4）固定福利计划（包括出版社退休金）。

出版社运营着一系列遍布世界的员工退休金计划。运营利润中，收取的集团总退休金成本为2,180万英镑，其中海外计划770万英镑。

根据这些计划规则，按特定比例计算的对固定缴款计划的应付缴款额，在运营利润中收到的金额中为990万英镑。在资产负债表中确认的金额如表92所示。

表92　　固定福利计划　　单位：百万英镑

计划	2018/2019年度	2017/2018年度
集团退休金计划		
受资助债务的现值	(842.8)	(758.9)
计划资产的公允价值	702.7	597.0
	(140.1)	(161.9)
海外计划		
受资助债务的现值	(10.3)	(8.3)
计划资产的公允价值	8.3	7.2
	(2.0)	(1.1)
不受资助债务的现值	(5.8)	(5.4)
	(147.9)	(168.4)
资产负债表金额		
负债	(858.9)	(772.6)
资产	771.0	604.2
	(147.9)	(168.4)
在综合收益表中确认的金额如下：		
当期服务成本	(22.6)	(21.8)
净固定福利债务的净权益	(3.9)	(4.8)
总计	(26.5)	(26.6)

与薪资放弃计划相关的年度雇员缴款为280万英镑（2018年为300万英镑）。

2019年7月31日的精算净债务为1.479亿英镑（2018年为1.684亿英镑），包括与集团退休金计划相关的净债务1.401亿英镑（2018年为1.619亿英镑），以及其他计划的净债务780万英镑（2018年为660万英镑）。

主要计划（集团退休金计划）是一个提供资金的固定福利退休金计划，基于最终可用退休金薪资和服务期限，为英国雇员提供退休金福利。该计划的资产由管理基金的独立受托人分别持有。截至2018年3月31日进行了最近三年一次的筹资目的估值，显示出4,700万英镑的短缺（技术准备金减去资产价值）。2018年11月28日集团退休金计划受托人编制了一项弥补计划，并通过牛津大学出版社代表团与牛津大学达成一致。

为消除资金短缺，根据弥补计划，出版社同意在2019年1月支付额外缴款2,000万英镑，并且从2018年4月1日起直到2026年3月31日，每年缴款400万英镑；出版社还同意从2019年4月1日起，增加雇主缴款从可用退休金薪资的19%提高至19.5%。

2018年8月1日至2019年7月31日期间所有的定期缴款已全部收取。在估值日，基于估值日的市场状况，短缺资金预计最晚于2026年3月31日消除。2019年8月1日期初，基于该日预计的可用退休金薪资，预计出版社将向该计划缴款约1,130万英镑。受托人收到指定的出版社代表的财产和储备基金资产，以防止任何未清偿的过去服务赤字。在2019年4月15日，该收费从5,000万英镑增加至7,500万英镑，作为2018年3月31日计划的技术准备金估值的弥补计划的一部分。集团退休金计划中固定福利债务的现值变化如表93所示。

表93　　集团退休金计划中固定福利债务的现值变化　　单位：百万英镑

	2018/2019年度	2017/2018年度
集团退休金计划的固定福利债务现值变化如下：		
8月1日计划债务	758.9	769.1
雇主服务成本	10.1	11.7
利息费用	19.3	19.2
计划参与人缴款	2.9	3.2
固定福利债务重计量	65.0	(30.1)
计划介绍、变化、缩减和清偿	1.7	—
计划资产福利付款	(15.1)	(14.2)
7月31日计划债务	842.8	758.9
集团退休金计划资产公允价值变化如下：		

续表

	2018/2019 年度	2017/2018 年度
4 月 1 日市场价值	597.0	579.7
利息收入	15.5	14.5
计划资产高于/（少于折现率）回报	70.7	1.7
计划资产福利付款	(15.1)	(14.2)
雇主缴款	31.7	12.1
雇员缴款	2.9	3.2
3 月 31 日市场价值	702.7	597.0

2019/2020 年度，集团预计对集团退休金计划缴款 1,130 万英镑（见表 94）。

表 94　　集团对退休金计划资产占比及基本精算假定

集团退休金计划资产主要分类占总计划资产百分比如下：	2019 年	2018 年
股权	22.4%	23.5%
企业债券	7.9%	5.8%
金边债券	0.5%	0.5%
财产	3.5%	4.5%
多元资产基金	18.5%	20.1%
对冲基金	6.8%	8.0%
指数关联债券	33.3%	34.4%
现金及其他	7.1%	3.2%
	100.0%	100.0%
与集团退休金计划相关的资产负债表日基本精算假定（表述为加权平均）为：	**2019 年**	**2018 年**
折现率	2.1%	2.6%
价格通胀（RPI）	3.4%	3.4%
价格通胀（CPI）	2.4%	2.4%
工资增长率*	3.9%	3.9%
订金福利退休金增长	2.4%	2.4%
递延福利退休金增长	2.4%	2.4%
计划参与人统计日期	31/03/2018	31/03/2015

注：* 加上奖励工资规模。

（5）预期寿命。

60 岁参与人的预期寿命，以及 15 年内年龄将达到 60 岁的参与人的预期寿命如表 95 所示。2018 年 FRS102 披露使用的死亡率表，是 SAPS2 正常表格。基于男性乘以 90% 和女性乘以 95% 的金额，对补贴进行了未来改进，与自 2015 年开始的 CMI 核心预测（CMI2014）——自 2007 年开始的长期趋势每年 1.25%——长期趋势相一致。

表 95　　FRS102 假定

年龄	男性		女性	
	2019 年	2018 年	2019 年	2018 年
60 岁	27.0	27.7	29.4	29.3
15 年内达到 60 岁	28.1	28.8	30.5	30.5

用于计量计划债务主要假定相关的敏感度预计如下：

假定	假定变化	对计划债务的影响
折现率	增加/减少 0.1%	减少/增加 2.2%
CPI 通胀	增加/减少 0.1%	增加/减少 2.2%
工资	增加/减少 0.1%	增加/减少 0.3%
基本表乘数	增加/减少 0.1%	增加/减少 1.4%
未来死亡增加	长期趋势每年 1.25% 至 1.5%	增加 1.1%
折算	采用修正计划因素	增加 0.5%—1.0%

在合并的综合收益表中确认的精算收益和损失，由与折现率、价值通胀、退休金折合现金等相关的假定变化所导致。

该计划的全部精算估值报告的副本和其他进一步的细节，可见于相关的网站：www.uss.co.uk，www.nhsbsa.nhs.uk/Pensions，www1.admin.ox.ac.uk/finance/epp/pensions/schemes/osps/，www.saul.org.uk/，www.ouppensions.com/。

38. 资产负债表日后事项

正如附注 37 中关于 USS 退休金计划所述，已经达成一项基于 2018 精算估值的新的缴款计划。这导致合并准备金减少 1.908 亿英镑，以及大学债务准备金减少 1.892 亿英镑，为 USS 退休金赤字提供资金。修正的合并准备金总计 2.311 亿英镑，大学准备金 2.273 亿英镑。这一调整，将反映在截至 2020 年 7 月 31 日的大学年度财务报表中。

39. 包括牛津大学出版社

大学 2017/2018 年度的财务报表，首次包括了牛津大学出版社的余额和交易，确认出版社的净资产为 2018 年 7 月 31 日年度储备变化报表中的变化，并未对 2016/2017 年的财务信息进行重述。包括在 2018 年 7 月 31 日年度财务报表的储备变化表比较中的 2017 年 8 月 1 日的期初余额，现在已经被重述，包括在牛津大学出版社于 2017 年 8 月 1 日的储备中，概述如表 96 所示。该重述并未影响 2018 年 7 月 31 日的净资产以及年度的收入报表。

表 96　　包括牛津大学出版社的储备　　单位：百万英镑

合并		捐赠基金储备		收支储备		除非控制权益外总计	非控制权益	集团总计
		限制	非限制	限制	非限制			
2017 年 8 月 1 日	储备——最初报告	828.7	160.7	88.0	2,154.9	3,232.3	—	3,232.3
2017 年 8 月 1 日	牛津大学出版社	—	—	—	460.9	460.9	1.5	462.4
2017 年 8 月 1 日	重述	828.7	160.7	88.0	2,615.8	3,693.2	1.5	3,694.7
大学								
2017 年 8 月 1 日	储备——最初报告	759.8	160.7	88.0	2,156.7	3,165.2	—	3,165.2
2017 年 8 月 1 日	牛津大学出版社	—	—	—	456.7	456.7	—	456.7
2017 年 8 月 1 日	重述	759.8	160.7	88.0	2,613.4	3,621.9	—	3,621.9

第五章

加拿大高校财务报告信息公开研究

毛泽东同志说："'实事'就是客观存在着的一切事物，'是'就是客观事物的内部联系，即规律性，'求'就是我们去研究。"毛泽东同志还把实事求是形象地比喻为"有的放矢"。我们要坚持用马克思主义的"矢"去射中国革命、建设、改革的"的"。

坚持实事求是，就是深入实际了解事物的本来面貌。要透过现象看本质，从零乱的现象中发现事物内部存在的必然联系，从客观事物存在和发展的规律出发，在实践中按照客观规律办事。[①]

——《习近平谈治国理政》（第一卷）

① 习近平．习近平谈治国理政［M］．第一卷．北京：外文出版社，2018：25.

本章导读

加拿大是西方发达资本主义国家，是世界高等教育强国，也是世界上较早颁布联邦《信息自由法》的国家。本章通过梳理加拿大联邦政府信息公开立法、地方政府信息公开立法、联邦政府财务信息公开立法等内容，研究加拿大高校财务报告信息公开的法制遵循、公开进程、报告框架。

本章以美国新闻和世界报道发布的2021年度世界最好大学排行榜为依据，以进入该排行榜前1,500名的加拿大37所高校为研究样本，通过逐一访问高校的官方网站，搜寻、获取并统计加拿大样本高校财务报告信息公开的进程、现状和框架，了解加拿大高校财务报告信息公开的法制遵循、大学治理、审计保障等情况。加拿大37所样本高校财务报告公开率为100%，萨斯彻温大学（University of Saskatchewan）和纽芬兰纪念大学（Memorial University of Newfoundland，MUN）最早于1996年开始公开1995/1996年度财务报告；从报告框架看，框架体系完整，除了核心的财务报表及附注外，还附有管理层责任声明、独立审计报告等内容。加拿大高校财务报告信息公开体现了高层级（政府层面）、多维度（部门层面）、公共性（行业领域）为鲜明特征的法制遵循。

本章还以多伦多大学为个体案例，对多伦多大学2018/2019财年度的财务报告进行了翻译，完整展现了多伦多大学财务报告信息公开的全貌，从而管窥加拿大高校财务报告信息公开的框架与内容。最后从法制遵循、公开框架、高校性质三个方面总结加拿大高校财务报告信息公开的特征。

一、加拿大高校财务信息公开法制遵循

（一）加拿大联邦政府信息公开立法

1. 双重文化传统

加拿大是英联邦国家，成立于1867年。在1763年成为英国殖民地之前曾长期为英法殖民地。1926年英国承认加拿大获得与英国“平等地位”和内政、外交独立权，并于1931年由英国《威斯敏斯特法案》得以确认，而直到1982年4月才事实上从英国独立。因此，加拿大历史上长期受英国保密文化的影响。

然而在近现代历史上，加拿大的政治、经济、文化等方面又深受美国的影响。因此在发达国家中，加拿大文化兼具保守和开放的双重属性，导致加拿大在信息公开立法方面显得比较特殊。20世纪初，英国制定《官方保密法》（Official Secrets Act 1911），当时作为英国殖民地，加拿大也随即采用此法。虽然之后英国对该法做了修订，但加拿大却仍然沿用旧法，保密程度有过之而无不及，保守主义文化仍占据上风。

加拿大信息公开制度的松动，始于20世纪60年代国内民主意识的日益高涨和政坛上一批倡导知情权的民主人士的崛起。主要原因是自20世纪60年代开始，美国与加拿大在经济、贸易、外交、军事等方面的关系日益紧密，受美国的影响，更加自由开放的文化日渐强盛，其表现之一就是一部分议员和民众强烈要求将不涉及隐私、机密的政府信息逐步公之于众。①

2. 漫长艰难博弈

首次提案：1965年4月，加拿大进步民主党议员巴里·马瑟（Barry Mather）首先在议会上提出信息公开立法的议案。由于当时加拿大议会中保守势力占绝对优势，马瑟的提案最终被否决，但这一提案在加拿大信息公开立法进程中留下了弥足珍贵的历史印迹。当时仍是联邦政府情报专门小

① 黄欣．加拿大情报公开法及其启示［J］．法治论丛，2003（5）：93－97.

组成员、后来成为加拿大总理的皮埃尔．特鲁多（Pierre Trudeau），亦曾积极在议会宣传信息公开的主张，支持信息公开立法。

立法审查：1969年，加拿大信息公开运动的先驱、加拿大“知情权之父”、进步保守党议员杰拉德·拜德温（Gerald Baldwin）向国会下院提出一份草拟的信息公开法案，得到刚刚执政的皮埃尔·特鲁多总理的支持，并在1970年正式设立信息公开的政府协调机构——“Information Canada”。同年，联邦议会通过了《联邦法院法》（Federal Court Act），扩大了法院对行政文书强制公开的权限。1971年，加拿大颁布《法定文书法》（Statutory Instruments Act），规定除因涉及国家安全理由的信息不得公开以外，其余信息原则上均应予以公开。1973年至1976年，信息公开立法提案先后得到上、下议院反复审议并最终得到承认，政府启动制定《信息公开法》终于完成了法定的审查程序。

《C-15法案》：1976年10月，特鲁多执掌的自由党政府启动《信息公开法》的起草工作，很快于1977年6月发表了《政府文书公开立法》（Legislation on Public Access to Government Documents）的绿皮书（Green paper），供议会和公众广泛讨论，成为加拿大《信息公开法》（Access to Information Act）的前导性立法，信息公开立法的进程进一步加快。但并非一帆风顺，1979年6月，由乔·克拉克（Joe Clark）领导的保守党接替自由党组成了新政府，继续推进信息公开立法进程，并在下院的第一次议员会议上就提出美国立法模式的信息公开议案——《C-15法案》。该法案明确，对于享有情报公开的主体上，除加拿大籍的公民以外，其他具有合法居留权的外国人及社团法人等，亦享有提出要求行政记录公开的权利。但遗憾的是，《C-15法案》终因克拉克保守党政府突然倒台而最终成为废案。[①]

3. 联邦政府《信息公开法》

1980年初，皮埃尔·特鲁多重新组建新政府，声明重新起草《信息公开法》草案，但新政府当时面临更重要的挑战是加拿大修宪问题。1980年7月，自由党抢先向国会提出了由该党草拟的信息公开议案——

① 杨春荣．加拿大政府信息公开制度研究［D］．重庆：西南政法大学，2012：4.

《C－43 法案》。

该法案于 1981 年 1 月 29 日得到国会审查委员会的承认，并交由下院的司法和法律委员会审议。司法和法律委员会于 1981 年 3 月 3 日—4 月 15 日举行了由 20 多个团体参加的听证会进行审议和修订。1982 年 5 月 18 日，《C－43 法案》经联邦政府调整和修订后，再交由加拿大司法和法律委员会审议，终于在 1982 年 6 月 28 日，以信息公开为主要宗旨的《C－43 法案》在下院接受并通过第三次审议。

1982 年 7 月 7 日，历经数届政府、历时十余年的加拿大联邦信息公开法案终于获得一致通过，加拿大联邦政府《信息公开法》（Access to Information Act）终于在这一天正式诞生。[①] 该法于 1983 年开始实施公民可以依据该法获取联邦机构的记录，允许加拿大公众从政府档案里检索信息，明确了政府信息公开的范围以及政府机构应该予以回复的时间期限，与此同时，该法具体明确地规定了任何例外条款，这意味着政府部门不能简单地拒绝披露信息。

不仅如此，与《信息公开法》同时出台的，还有《隐私权法》（Privacy Act），该法的目的在于，在技术发展不断促进信息传播交流的时代，确立对个人信息的收集、使用和披露进行规范的规则，该规则承认个人对其个人信息享有隐私权，也承认组织对个人信息在通常情况下具有合理的收集、使用和披露的需要。[②]

（二）加拿大地方政府信息公开立法

在加拿大联邦政府《信息公开法》于 1982 年颁布生效之前，加拿大的一些地方政府以条例的形式先行探索实践地方信息公开立法，如新斯科舍（Nova Scotia，1977）、新布伦瑞克（NewBrunswick，1978）、纽芬兰（Newfoundland，1981）和魁北克（Quebec，1982）等。先由地方政府先行立法，在地方政府取得经验后，再逐渐推广并进而形成国家立法的做法，源于英

① 黄欣．加拿大情报公开法的制定过程及特点——兼论对我国相关立法的启示［J］．华东师范大学学报（哲学社会科学版），2004（2）：21－27＋120.

② 杨春荣．加拿大政府信息公开制度研究［D］．重庆：西南政法大学，2012：5.

国的影响并与该国继承英国保守文化传统不无关系。[①] 这一模式，在传统的保守文化国家成为借鉴经验。

安大略省信息公开立法相对较晚，而且地方政府将信息公开与隐私保护共同立法。1990 年，安大略省颁布了经修订的成文法（Revised Statutes of Ontario，R. S. O.）——《信息自由和隐私保护法》（Freedom of Information and Protection of Privacy Act，FIPPA），编号为 R. S. O. 1990，CHAPTER F. 31，经由安大略省 182 个公共机构负责人共同签署，以 460 号条例形式执行（Revised Regulations of Ontario，R. R. O. 1990，Regulation 460：General），共同签署这一法案的公共机构负责人，其中就包括多伦多大学、渥太华大学、滑铁卢大学等在内的安大略省 17 所大学。[②]

除了 FIPPA 外，安大略省还颁布了另一项信息自由和隐私保护立法——《市政信息自由与隐私保护法》（Municipal Freedom of Information and Protection of Privacy Act），该法的目的在于：①根据以下原则在机构的控制下提供获取信息的权利：第一，公众应该获得信息；第二，获取权利的必要豁免应该被限制并明确；第三，有关信息披露的决定应独立于控制信息的机构进行审查。②就机构持有的有关个人信息予以个人隐私保护，并赋予个人访问该信息的权利[③]。

1992 年 6 月英属哥伦比亚省立法委员会全体一致通过该省的《信息自由和隐私保护法》（Freedom of Information and Protection of Privacy Act，FIPPA），该法在加拿大是最有效的信息权利同时也是强力保护个人隐私的立法。立法明确指出，该法旨在通过公开政府文件改变政府和公众的关系。当时的大法官科林·加贝尔曼（Colin Gabelman）曾指出：以前，公民必须证明他有理由要求政府提供所掌握的信息，而该法案则要求政府有理由拒绝提供此类信息。我们希望在政府内部建立一种“开放文化”（culture of

---

① 黄欣．加拿大情报公开法的制定过程及特点——兼论对我国相关立法的启示［J］．华东师范大学学报（哲学社会科学版），2004（2）：21－27＋120.

② Government of Ontario. Freedom of Information and Protection of Privacy Act［EB/OL］. https：//www. ontario. ca/laws/regulation/900460.

③ Government of Ontario. Municipal Freedom of Information and Protection of Privacy Act［EB/OL］. https：//www. ontario. ca/laws/statute/90m56#BK0.

opennes)，以便定期发布公共信息。如果成功的话，公众甚至不需要使用立法①。

加拿大阿尔伯塔省（Alberta）于1994年颁布了省《信息自由和隐私保护法》。其中在第一章“定义”（Definition）中明确适用范围包括教育机构（Educational Body）。这里的教育机构是指大学、理工学院、综合社区学院、特许学校，以及《教育法》（Education Act）中定义的法语区机构②。

（三）加拿大信息公开立法内容分析

1. 联邦政府《信息自由法》

加拿大联邦政府《信息自由法》，又称《信息获取法》（Access to Information Act），联邦政府司法部法律网站公开了加拿大联邦政府《信息自由法》的法律文本，该法律文本是在2020年6月21日最新修订的联邦《信息自由法》，为英法双语对照文本③。

该网站还列示了自2002年12月30日修订以来的至2020年6月21日经98次修订的历次修订版④。

以2020年6月21日最新版本的加拿大联邦政府《信息自由法》为例，其目录如下：

目　录

1 – 简明目录

2 – 立法目的

---

① Rob Botterell. A New Openess: Freedom of Information in British Columbia, 1995 CanLIIDocs 87 [EB/OL]. https://www.canlii.org/en/commentary/doc/1995CanLIIDocs87? zoupio – debug #! fragment/zoupio – _Toc3Page4/ (hash: (chunk: (anchorText: zoupio – _Toc3Page4), notesQuery: “, scrollChunk: ! n, searchQuery: ‘Freedom% 20of% 20Information’, searchSortBy: RELEVANCE, tab: search)).

② Alberta.ca. Freedom of Information and Protection of Privacy Act [EB/OL]. https://www.qp.alberta.ca/1266.cfm? page = F25.cfm&leg_type = Acts&isbncln = 9780779822010.

③ Justice Laws Website. Access to Information Act [EB/OL]. https://laws – lois.justice.gc.ca/PDF/A – 1.pdf.

④ Justice Laws Website. Access to Information Act (R.S.C., 1985, c. A – 1) [EB/OL]. https://laws – lois.justice.gc.ca/eng/acts/A – 1/PITIndex.html.

3 – 说明

3.2 – 定义

4 – 第一部分 – 获取政府记录

　4 – 获取

　4 – 获取权利

　5 – 政府机构信息

　6 – 获取要求

　12 – 获取提供

13 – 豁免

　　13 – 政府责任

　　19 – 个人信息

　　20 – 第三方信息

　　21 – 政府运营

　　24 – 法定禁令

　　26 – 禁止获取

27 – 第三方干预

30 – 投诉

32 – 调查

36.1 – 规则和报告

38 – 向国会报告

41 – 联邦法院检查

54 – 信息专员办公室

　　54 – 信息专员

　　56 – 信息专员助理

　　58 – 员工

　　59 – 代表团

　　60 – 总长

67 – 过错

68 – 排除

70 – 法定的部长职务和职责

71 – 条例

71.01 – 第二部分 – 主动出息信息

71.01 – 参议院、众议院和国会

71.01 – 说明

71.02 – 参议员

71.02 – 众议院成员

71.08 – 国会

71.12 – 国会特权以及人员、基础设施和物品安全

72 – 部长

81 – 政府机构

90. 01 – 加拿大最高法院登记办公室，法院行政服务和联邦司法事务专员办公室

90. 01 – 说明

90. 02 – 加拿大最高法院登记办公室

90. 1 – 法院行政服务

90. 14 – 联邦司法事务专员办公室

90. 22 – 司法独立，受保护信息，个人、基础设施、物品和加拿大司法委员会安全

91 – 总则

92 – 第三部分 – 总则

附件 1 – 政府机构

附件 2

（四）加拿大联邦政府财务信息公开法制遵循

加拿大联邦政府发布《信息自由法》的同年，发布了联邦政府《财务管理法》[Financial Administration Act（R. S. C.，1985，c. F – 11）]。联邦司法部法律网站存档了自 2003 年 1 月 1 日至今共 134 次修订的《财务管理

法》文本，最新版本为2021年2月1日的修订版全文①。

以2021年2月1日最新版本的加拿大联邦政府《财务管理法》为例，其目录如下②：

目　录

1－简明目录
2－说明
3－附件变更
5－第一部分－组织
　5－财政委员会
　5－建立
　6－公务员
　7－责任与权利
　11－人力资源管理
14－财政部
16.1－第一部分.1－内部审计和会计员
17－第二部分－公共资金
26－第三部分－公共支出
40－第三部分.1－合同
42.2－第三部分.2－关于资产管理的资金交易
43－第四部分－公共债务
60.2－第四部分.1－资金系统的稳定和效率
61－第五部分－公共财产
63－第六部分－公共账户
66－第七部分－国家债务的分派
72－第八部分－国家付款债券债务分派

① Justice Laws Website. Full Documents available for previous versions [EB/OL]. https://laws.justice.gc.ca/eng/acts/F-11/PITIndex.html.

② Justice Laws Website. Financial Administration Act (R. S. C., 1985, c. F-11) [EB/OL]. https://laws.justice.gc.ca/eng/acts/F-11/.

76 – 第九部分 – 公民责任和犯罪

83 – 第十部分 – 国有法人

83 – 说明

84 – 适用

88 – 第一条 – 法人事务

88 – 对议会的责任

89 – 指令

89.2 – 执行世贸组织协定

89.3 – 执行加拿大自由贸易协定

89.4 – 执行加拿大 – 智利自由贸易协定

89.41 – 执行加拿大 – 哥伦比亚自由贸易协定

89.5 – 执行加拿大 – 哥斯达黎加自由贸易协定

89.6 – 执行加拿大 – 秘鲁自由贸易默写

89.7 – 执行其他自由贸易协定

89.8 – 定货 – 就业期限和条款

90 – 限定性交易

96 – 国有机构地位

102 – 第三方

103 – 适用

104.1 – 第二条 – 部门和官员

104.1 – 说明

105 – 任命

107 – 辞职

108 – 酬劳

109 – 管理

114 – 规章

115 – 职责

119 – 赔偿

120 – 第三条 – 财务管理和控制

120 – 定义

121 – 财年

122 – 企业计划和预算

127 – 借款

128 – 银行账户

130 – 盈余

130.1 – 股息

131 – 财务管理

132 – 审计报告

134 – 审计员

138 – 专项检查

143 – 与审计总长磋商

144 – 信息权利

145 – 政策

146 – 特许权

147 – 成本

148 – 审计委员会

149 – 报告

153 – 第四条 – 总则

153 – 商业有害信息

154 – 处罚

154.01 – 犯罪

155 – 第六部分 – 其他

附件 1

附件 1.1

附件 2

附件 3

附件 4 – 主要公共管理部门

附件 5 – 独立机构

附件 6

附件 7

在《财务管理法》附件 4 “主要公共管理部门” 中，明确了《财务管理法》适用于加拿大公共服务的学校（Canada School of Public Service）。[1]《财务管理法》第十部分第三条第 138 项 “专项检查” 中，要求董事会应在收到报告 60 天内向公众公开。[2]

加拿大英属哥伦比亚省《财务信息法》（BC Financial Information Act）规定，公共机构除向公众公开年度财务报告外，还应发布某些补充信息，包括对供应商超过 25,000 加元的付款，年薪超过 75,000 加元的员工年薪，董事会的薪酬，以及未清偿债务的详细信息。[3]

二、加拿大高校财务报告信息公开现状

（一）加拿大高校样本选择及分布概况

加拿大行政区划由十个省和三个领地地区组成，国内有公立大学 96 所[4]，理工学院 135 所[5]，高等教育资源十分丰富。美国新闻和世界报道 2021 年度世界大学排行榜前 1,500 名高校中，加拿大高校共 37 所。[6] 除三个领地地区无大学进入美国新闻和报道 2021 年度世界大学排行榜前 1,500 名外，37 所大学分别来自加拿大本土的其他 10 个州省（见表 5－1）。

---

① Justice Laws Website. Portions of the Core Public Administration [EB/OL]. https://laws.justice.gc.ca/eng/acts/F－11/page－34.html#h－230578.

② Justice Laws Website. Financial Management and Control (continued) [EB/OL]. https://laws.justice.gc.ca/eng/acts/F－11/page－26.html#h－230194.

③ University of British Columbia. Budgeting & Reporting [EB/OL]. https://finance.ubc.ca/sites/finserv.ubc.ca/files/FY20_Financial_Information_Act_Report.pdf.

④ Council of Ministers of Education, Canada. Member universities [EB/OL]. https://www.univcan.ca/universities/member－universities/.

⑤ Council of Ministers of Education, Canada. members colleges and institutes [EB/OL]. https://www.collegesinstitutes.ca/our－members/member－directory/.

⑥ U.S. News & World Report L.P.. Best Global Universities in Canada [EB/OL]. https://www.usnews.com/education/best－global－universities/canada.

从数量分布看，加拿大十个省州均至少有 1 所大学进入美国新闻和报道 2021 年度世界最好大学排行榜前 1,500 名，其中，安大略省入选 17 所大学，全国最多，其次是魁北克省共 7 所，英属哥伦亚省和阿尔伯塔省均入选 3 所，萨斯喀温省入选 2 所，其余 5 个州省均入选 1 所，无专业的医学类研究机构入选。

表 5－1　美国新闻和世界报道 2021 年度世界大学排行榜中加拿大大学情况统计

序号	州省	州省英文	数量	公立	私立	医
1	安大略省	Ontario	17	17		
2	英属哥伦比亚省	British Columbia	3	3		
3	魁北克省	Quebec	7	7		
4	萨斯喀温省	Saskatchewan	2	2		
5	阿尔伯塔省	Alberta	3	3		
6	新布伦瑞克	New Brunswick	1	1		
7	新斯科舍省	Nova Scotia	1	1		
8	曼尼托巴省	Manitoba	1	1		
9	爱德华王子岛	Prince Edward Island	1	1		
10	纽芬兰与拉布拉多省	Newfoundland & Labrador	1	1		
合计			37	37	0	0

（二）加拿大高校财务报告信息公开进程与现状

1. 加拿大高校财务报告信息公开进程

加拿大联邦政府早在 1982 年颁布了联邦政府信息公开立法，在随后的 90 年代地方政府也先后颁布了信息公开立法。但从公开进程看，加拿大高校公开财务报告的时间，通常在 2000 年前后，晚于地方政府信息公开立法的时间。

加拿大 37 所样本高校中，萨斯彻温大学（University of Saskatchewan）和纽芬兰纪念大学（Memorial University of Newfoundland，MUN）最早于 1996 年开始公开 1995/1996 年度财务报告。建校于 1841 年的女王大学

（Queen's University，QU）于 1997 年公开了首份 1996/1997 年度财务报告，1998 年约克大学（York University）、滑铁卢大学（University of Waterloo）紧随其后公开了首份 1997/1998 年度财务报告（见表 5－2）。

表 5－2　加拿大 39 所样本大学财务报告信息公开进程（开始年度）统计

序号	大学名称	起始年度	序号	大学名称	起始年度
1	多伦多大学	2000	20	萨斯喀彻温大学	1996
2	英属哥伦比亚大学	滚动三年	21	魁北克大学－蒙特利尔	1998
3	麦吉尔大学	2004	22	康考迪亚大学	2006
4	麦克马斯特大学	2000	23	纽芬兰纪念大学	1996
5	阿尔伯塔大学	2005	24	舍布鲁克大学	2002
6	蒙特利尔大学	2011	25	里贾纳大学	2013
7	卡尔加里大学	2010	26	新布伦瑞克大学	2011
8	渥太华大学	2004	27	瑞尔森大学	1999
9	滑铁卢大学	1998	28	温莎大学	2009
10	韦仕顿大学	2003	29	安大略理工大学	2003
11	维多利亚大学	2008	30	布鲁克大学	2010
12	西蒙弗雷泽大学	2006	31	湖首大学	2005
13	达尔豪斯大学	2010	32	劳里埃大学	2005
14	拉瓦尔大学	2007	33	魁北克大学高等技术学院	1998
15	曼尼托巴大学	2000	34	劳伦森大学	2007
16	女王大学	1997	35	特伦特（川特）大学	2007
17	约克大学	1998	36	莱斯布里奇大学	2000
18	卡尔顿大学	2006	37	爱德华王子岛大学	滚动三年
19	圭尔夫大学	2000			

加拿大 37 所样本高校中，2000 年之前公开财务报告的高校共 8 所，占全部样本高校数量的 22%；2000 年（含）到 2010 年（含）之间公开财务报告的高校共 24 所，占全部样本高校数量的 65%；2010 年之后和滚动三年公开财务报告的高校 5 所，占全部样本高校数量的 13%（见图 5－1）。

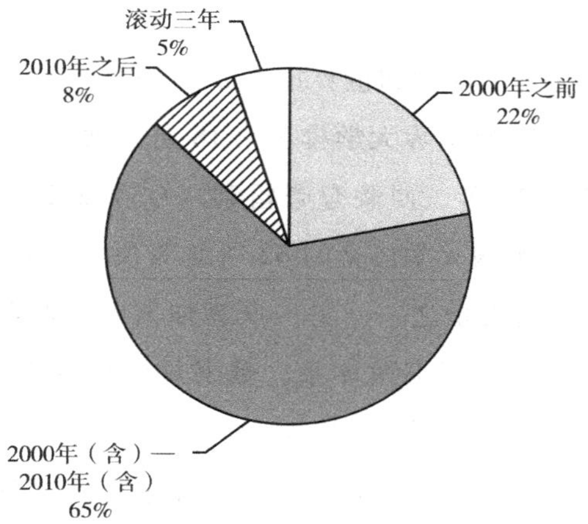

图 5-1 加拿大样本高校财务报告信息公开进程统计

2. 加拿大高校财务报告信息公开的现状

在加拿大 37 所样本高校的官方网站，均可以获取各高校的财务报告，样本高校财务报告公开率为 100%。但在各高校之间，财务报告的会计年度、公开形式仍存在一些差异。

从会计年度看，爱德华王子岛大学的会计年度选择是从每年的 5 月 1 日至次年的 4 月 30 日，而英属哥伦比亚大学的会计年度选择，是从每年的 4 月 1 日至次年的 3 月 31 日；从公开形式看，其中有两所大学在其官方网站仅公开滚动三年的财务报告，分别是英属哥伦比亚大学和爱德华王子岛大学。

（三）文本案例：多伦多大学财务报告信息公开

1. 多伦多大学概况

多伦多大学简称多大，英文名为 University of Toronto（简称“U of T”或“U Toronto”），坐落在加拿大第一大城市多伦多，前身是根据国王乔治四世（George IV）颁发的皇家宪章（royal charter）于 1827 年 3 月 15 日建立的国王学院（King's College）。多伦多大学经过近 200 年的蓬勃发展，已成为加拿大领先的学习、发现和知识创新机构，成为一所推动创造和创新的世界顶尖的公立研究密集型大学，同时也被公认为加拿大综合实力第一的高等教育机构。

多伦多大学位居美国新闻和世界报道2021年世界大学排名第17名，英国泰晤士（THE）2020年世界大学排名第18名，软科学（ARWU）2019年世界大学学术排名第24名，西蒙夸夸雷利（QS）2021年世界大学排名第25名。多伦多大学是美国大学协会的62所北美顶尖研究型大学中，仅有的两所位于美国本土外的大学之一（另一所为加拿大的麦吉尔大学）。多伦多大学拥有世界规模前三的图书馆体系，藏书规模仅次于哈佛和耶鲁，它的出版社系统也在全世界有着深远的影响力。

多伦多大学现有三个校区，分别是米西加索校区（Mississauga Campus，UTM）、圣乔治校区（St. George Campus）和士嘉堡校区（Scarborough Campus）。

圣乔治校区（St. George campus）历史建筑与诱人绿色空间交融，为这个真正杰出的社区提供了背景。圣乔治校区坐落于多伦多市中心——这座世界上最具活力和多元化城市，是一个学生、员工和教师参与充满生机的学术生命和无限活动的地方。圣乔治校区是多伦多大学人文社科学院所在地，由七个学院组成，包括河口岛学院、新学院、圣迈克尔学院、维多利亚学院、乌兹沃斯学院、三一学院，这七个学院在多伦多大学历史上有深厚的历史根基，学院制度追溯到大学的最早期并保留着它的鲜明特色。①

米西加索校区（UTM）建于1967年，是多伦多大学第二大的校区，拥有15个学术部门，1个通信、文化、信息和技术研究院，148个项目和89个研究领域，超过14,000名学生，米西加索校区以其作为一个充满生机的研究环境而自豪，许多教师和研究人员因其创新的工作，而被国际社会认可。②

UTSC校园毗邻多伦多绿地区域受欢迎的自然地标，并且处在蓬勃发展中。新的水上运动中心和运动场馆是加拿大在业余体育基础设施上的最大

---

① University of Toronto. St. George Campus [EB/OL]. https://www.utoronto.ca/university-life/campuses/st-george.

② University of Toronto. Mississauga Campus [EB/OL]. https://www.utoronto.ca/university-life/campuses/mississauga.

投资，于2015年泛美/帕拉潘美运会开业。体验教育是多伦多大学士嘉堡校区（UTSC）的鲜明特点，通过UT的唯一合作计划以及实习、实际动手研究、社区参与和充满活力的校园生活，学生可以抢先开始自己的未来。①

2. 多伦多大学治理结构

根据1971年的《多伦多大学法》（University of Toronto Act），大学设立治理委员会（Governing Council），负责监督大学的学术，商务和学生事务。大学理事会由50名成员组成，其中，内部大学社区25名成员，包括行政人员，教学人员和学生；大学外部的25名成员。多伦多大学的治理结构包括理事会及其董事会、校园理事会和委员会，这些治理机构得到大学秘书处的支持（见图5－2）②。大学现任校长为自2013年11月1日起任职的梅里克·格特勒（Meric Gertler），是多伦多大学的第16任校长。

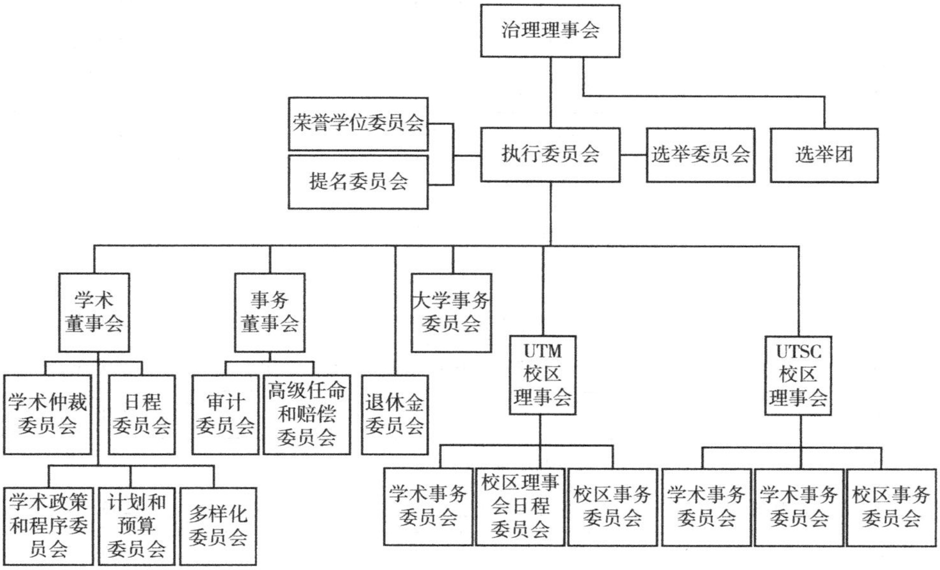

图5－2 多伦多大学治理结构

① University of Toronto. Scarborough Campus [EB/OL]. https://www.utoronto.ca/university－life/campuses/scarborough.

② University of Toronto Office of the Governing Council. Governance Bodies [EB/OL]. https://governingcouncil.utoronto.ca/governance－bodies.

3. 多伦多大学财务报告信息公开状况

多伦多大学是加拿大最早公开年度财务报告信息的大学之一。从多伦多大学官方网站列示了大学自1999/2000年度以来共21个财年的大学财务报告。①

在多伦多大学官方网站，很容易找到“报告与责任”（Reports and Accountability）专栏，该专栏声明：多伦多大学每年报告我们与各级政府、其他公共部门机构、私营部门和社区合作伙伴有关的战略活动进展。我们的报告涵盖了有关大学问责和绩效的关键数据。其中涵盖了五个板块：使命、问责报告、调查报告、财务与计划报告、其他信息（见表5-3）。②

表5-3　多伦多大学报告与问责公开内容

序号	板块	内容	开始年度
1	使命	战略授权协议	2014年
2	问责报告	绩效指标	2009年
3		事实与数据	2006年
4		战略授权协议报告回顾	2015年
5		多年度问责协议	2007年
6		安大略共享大学数据	2010年
7		综合教师数量	
8	调查报告	学生参与度国家调查（NSSE）	2004年
9		加拿大研究生和专业学生调查（CGPSS）	2005年
8	财务与计划报告	计划与预算	2005年
9		大学财务报告	2000年
10		递延维护年度报告	2007年
11		大学捐赠报告	2005年
12		大学养老金报告	2006年

① University of Toronto [EB/OL]. https://finance.utoronto.ca/reports/financial/.

② University of Toronto. Reports and Accountability [EB/OL]. https://www.utoronto.ca/about-u-of-t/reports-and-accountability.

续表

序号	板块	内容	开始年度
13	其他信息	研究生、雇员和 OSAP 贷款违约率	2003 年
14		学位资助：年度报告	2011 年
15		雇员权利年度报告	1997 年
16		监察员和行政回应报告	2000 年
17		副校长和首席晋升官员年度报告	
18		人力资源和公平副校长年度报告	2000 年
19		研究和创新副校长年度报告	2010 年
20		经济影响力报告	

4. 多伦多大学 2018/2019 财年年度财务报告（详见本章附录）

三、加拿大高校财务报告信息公开的主要特征

（一）法制遵循

从对加拿大 37 所样本高校财务报告信息公开研究看，加拿大高校财务报告信息的法制遵循体现出高层级、多维度、公共性特征。

高层级是指仅就信息公开立法而言，加拿大高校财务报告信息公开对国家信息公开立法的政府层面法制遵循，加拿大联邦政府和省级政府均有颁布适用不同层级政府机构的信息自由法，如联邦政府《信息自由法》（又称《信息获取法》），省级政府发布《信息自由与隐私保护法》（FIPPA）。

多维度是指加拿大高校财务报告信息公开在政府跨行业部门立法之间多维度的法制遵循，是信息公开、高等教育、财务信息三个立法维度的协同规制。既有政府信息公开立法的要求，又有财务信息公开方面的要求，更有高等教育信息公开方面的要求，体现了高校财务报告信息公开的三维法制遵循（见图 5－3）。

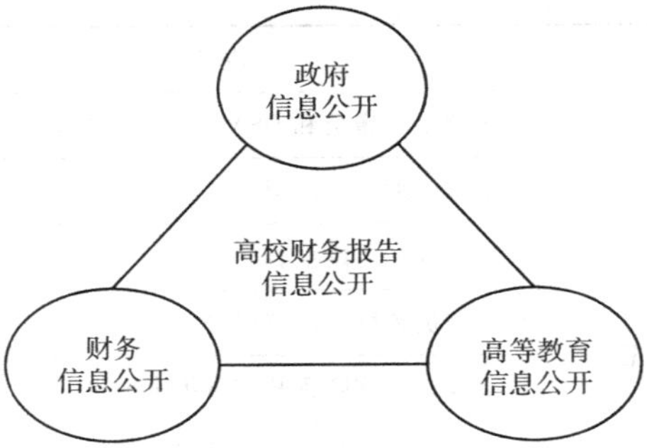

图 5－3　加拿大高校财务报告信息公开的法制遵循

公共性是指加拿大高校财务信息公开体现出各高校承担公共责任的行业规范。高等学校作为提供国民高等教育的独特行业，无论是由政府出资举办的公立高等院校，还是私人出资创办的私立高等院校，只是出资方式的不同，从提供产品的责任看，同样都具有国民教育公共责任的独特属性。加拿大高等教育的公共产品属性，是高校对自己公共责任的清醒认知，体现在加拿大高校财务报告信息公开中，高校做出的公共责任声明和管理层责任声明。

（二）公开框架

比较加拿大进入美国新闻和世界报道 2021 年世界大学排行榜的 37 所大学公开的大学财务报告可以发现，各大学公开的财务报告框架虽略有差异，但共同的特征是财务报告信息公开框架体系十分完备，具有明显的统一性。

加拿大英属哥伦比亚大学（University of British Columbia）在其财务服务网站的“预算与报告”栏目公开了年度预算报告、年度财务报告和捐赠报告，其中，“财务报告”栏目滚动公开近三年的财务报告，公开框架包括：管理层责任声明，独立审计报告（由英属哥伦比亚省审计总长办公室审计），合并财务报表（财务状况表、运营和累计盈余表、净债务变化表、现金流量表、重估收益和损失表），财务报表附注，未审计的财务信息表（债务表、赔偿和担保合同表、治理董事会成员补偿和支出表、商品和服务支付表、对其他机构资助表)[①]。公开的预算报告内容包括：校长致辞，概要，大学预算程序，年度运营预算，综合年度预算，董事会批准文件[②]。

与哈佛大学并称北美商科案例法教学两大发源地的加拿大顶尖医学博士类公立大学——韦仕敦大学（Western University），公开的财务报告框架包括：校长致辞（财务报告责任声明），财务副校长致辞，财务活动概述，独立审计报告（毕马威会计师事务所审计），合并财务报表（财务状况表、运营报表、净资产变化表、现金流量表），财务报表附注，共24页，其中财务报表附注从第5页至第24页，占整个财务报表文本总体量的80%[③]。

布鲁克大学（Brock University）尽管建校较晚，但除公开财务报告、预算报告外，还公开了单独的对每年财报的分析报告（Analytical Comments）[④]

麦吉尔大学（McGill University）公开的财务报告框架包括：独立审计报告（由德勤会计师事务所审计），财务报表（收入支出表、净资产变化表、资产负债表、现金流量表），以及财务报表附注，共22页[⑤]。

加拿大高校财务报告信息公开框架具有鲜明的共同特征，重视编制财务报告的管理层责任声明和财务报告的审计，并将此列入财务报告的重要组成部分；样本高校公开的财务报告中，财务报表附注部分的内容丰富，详尽细致，对财务报告主表中的重要数据做出了详细的解释说明，体量占到整个财务报告的一半左右；此外，从财务报告公信力看，样本高校公开的财务报告中都有校长致辞和财务副校长致辞，以及大学的治理架构图说明，加之其发布的管理层财务报告责任声明，以及由第三方独立审计机构出具的独立审计报告，增强了财务报告的公信力（见表5-4）。

---

① University of British Columbia. Budgeting & Reporting [EB/OL]. https://finance.ubc.ca/sites/finserv.ubc.ca/files/FY20_Financial_Information_Act_Report.pdf.

② University of British Columbia. Fiscal 2020/21 Budget [EB/OL]. https://finance.ubc.ca/sites/finserv.ubc.ca/files/Budget-2020-21.pdf.

③ Western University. Western University Financial Statements [EB/OL]. https://www.uwo.ca/finance/forms/docs/corporate_accounting/2020.pdf.

④ Brock University. Consolidated audited statements [EB/OL]. https://brocku.ca/finance/.

⑤ McGill University. Audited Financial Statements, Year ended April 2020 [EB/OL]. https://www.mcgill.ca/vpadmin/files/vpadmin/english_audited_financial_statements_april2020.pdf.

表 5-4　　加拿大大学财务报告信息公开框架体系

序号	框架	内容
1	评述	摘要、年度财务术语等
2	致辞	校长致辞、财务副校长致辞
3	公告或声明	管理层财务报告责任
4	独立审计报告	由四大审计师事务所或省审计长办公室审计
5	财务报表	资产负债表、运营收支表、净资产变化表、现金流量表
6	财务报表附注	
7	其他	预算报表、季度报表、基金情况表、捐赠情况表等

（三）高校性质

加拿大高校在财务报告的编报和信息公开过程中，非常强调大学的公共责任。财务报告中有专门的管理层责任声明，财务报告信息公开的网页上有明确的大学公开财务报告的目的表述。

从公开财务报告的路径看，公开的财务报告通常显示在大学官方网站的“公共责任”（Public Accountability）栏目下，极大方便了大学内外部财务报告信息使用者的获取效率。

从大学管理层的责任看，大学管理层十分重视承担财务报告和财务信息的责任，在财务报告框架中专门编制管理层的财务报告责任报告，体现了财务信息的决策有用观和受托责任观，同时也极大增强了财务报告的社会公信力。

从公开财务信息的完整性看，不仅仅局限于财务报告的公开，还有同属于财务信息、与财务报告密切相关的预算信息、绩效信息、退休金信息、基金信息等；从公开财务报告的详细程度看，财务报告中财务报表附注的体量巨大，对财务报告中会计政策变更、收支出变动、净资产变动、现金流量变动、重大财务事项做了极尽详细的补充说明。

劳里埃大学（Wilfrid Laurier University）建校于1911年，以加拿大任职时间最长的第七任总理沃尔夫·劳里埃公爵（Sir Wilfred Laurier）名字命名，在劳里埃大学官方网站的“公共责任”栏目中有这样的陈述：作为公共教育机构，大学有责任维护公共责任。无论您是本地社区的学生，还是毕业生、教职员工、支持者，还是邻居，我们都将公开我们的治理、预算和财务报表、我们的学术成就、我们的学生成就、研究活动和大学的长期计划。[①]

本课题研究的加拿大37所样本高校均为公立高校属性，各高校均在官方网站公开其年度财务报告信息，公开率为100%。

加拿大也有少数私立属性的高校，如西三一大学（Trinity Western University）、加西大学（University Canada West）、约克维尔大学（Yorkville University）等。西三一大学自2004/2005学年开始在其官方网站公开财务报告，截至2021年6月，共公开了16个学年度的财务报告[②]；但在约克维尔大学和加西大学的官方网站上，未能找到并获取两所大学的年度财务报告。

① Wilfrid Laurier University. Public Accountability [EB/OL]. https://www.wlu.ca/about/public-accountability/index.html.

② Trinity Western University. Audited Financial Statements [EB/OL]. https://www.twu.ca/finance/audited-financial-statements.

附录：

多伦多大学财务报告（2019 年 4 月 30 日）

目录

精要

经审计的合并财务报表（2019 年 4 月 30 日）

管理层责任声明

独立审计报告

报表 1：合并资产负债表

报表 2：合并运营报表

报表 3：合并净资产变化表

报表 4：合并现金流量表

合并财务报表附注（2019 年 4 月 30 日）

附：基金补充报告（2019 年 4 月 30 日）（未审计）

精要

补充报告的目的

运营基金

附属运营

资本基金

限定性基金

精要

多伦多大学（以下简称“大学”）建立于1827年，是加拿大最大的大学，被公认为全球研究和教学的领导者。

大学有超过91,000全日制和非全日制学生（相当于80,652名全日制学生），使之成为北美最大的大学。大学的规模和学术资源为它的学生提供了广泛的学术项目和课程，同时独特的大学体制，提供了在更小的社区中丰富个体文化的学习体验。大学分为三个校区：圣乔治校区（多伦多市区，UTSG）、士嘉堡校区（Scarborough，UTSC）和密西沙加校区（Mississauga，UTM）。

过去的十年里，大学获得了显著的增长，学生数量增加超过23.3%。在这期间，大学也受益于安大略省和联邦政府的高等教育投资和先进研究，有助于保障入学、增加研究生入学、资助重要的基础设施。然而同时，我们面临着来自全世界关键区域同行机构的、不断增加的激烈竞争，以及社会和科技变化正对作为知识和信息首选资源的综合大学地位的挑战。

如果想要保持和增强作为加拿大领先大学的角色，我们必须应对这些激烈的挑战。因此，我们将通过清晰明确的大学核心优先级愿景，继续实施我们的长期战略。我们将保持探求新的路径以利用我们在多伦多地区的优势，包括深化我们与地方合作者的关系，加强我们对GTA作为世界上最多样化、最具活动的大都市区成功的贡献。根据我们的战略和尖端计划，我们将保持增强与其他著名大学的国际合作。包括努力促进学生流动和教师交流，以及联合创新研究、会议、教学，甚至联合学位。此外，我们将开创纪录进行课程重建创新，以及其他这些方面的学生体验，以重塑，甚至或许重新改造本科教育，这包括我们继续响应为“工作准备”毕业的需求，以及数字时代的挑战和机遇。

为了所有前述的成功，我们将保持引导我们的教职员工的天分、创造性和效率，以及我们校友和捐赠者的忠诚和慷慨。同时，我们将需要来自政府部门合作者所有层面的强大支持。特别是，公共政策和资助决策是决定性的，它反映着在加拿大高等教育内部，大学区分度和真正独特性的强硬标准。

财务报告不包括下列学院的资产、负债和运营，这些学院包括维多利亚大学、三一学院大学、圣迈克尔学院大学、森尼布鲁克健康科学中心和根据与多伦多神学院签订的备忘合同的附属学院，他们每个都是独立的、非控制的法人实体。

具体数据如表 1 所示。

表 1　　精要

2019 年 4 月 30 日

（用 2018 年 4 月 30 日数字作比较）　　单位：百万加元

	2019 年	2018 年	变化率（%）
运营表：			
收入	3,593	3,379	6.3%
支出	3,088	2,914	6.0%
净收益	505	465	8.6%
资产负债表：			
资产	10,393	9,894	5.0%
负债	3,943	3,951	-0.2%
净资产	6,450	5,943	8.5%
净资产组成：			
捐赠基金	2,593	2,504	
土地和其他资本化资产投资	3,428	3,253	
其他	429	186	
	6,450	5,943	
债务政策限额总计	1,712	1,571	9.0%
政策债务负担率	5.0%	5.0%	
精算债务负担率	3.3%	3.4%	
全日制学生数（11 月 1 日）	80,652	79,262	1.8%
学生数量总计（11 月 1 日）	91,286	90,077	1.3%

本期财务结果和挑战

2019 财年，净资产增加 50,700 万加元达到 65 亿加元，主要原因是净收益为 50,500 万加元。这些净收益主要产生了许多战略基础设施资本化投资，并未在本年度支出，同时抵消了内资资本化资产折旧支出 9,800 万加元。

这些资本化投资包括：

● 翻新项目成本为 2,200 万加元，减少了大学温室效应气体的排放，并改善校园能源效能（另有 3,300 万美元由省政府温室气体排放翻新项目资助）。

● 投资若干个建筑物，包括 UTM 的北建筑（1,400 万加元），UTSC 的高地礼堂（1,400 万加元），UTM 会场（1,100 万加元），学生共享空间（800 万加元），以及其他建筑修缮，总计 3,700 万加元。

● 圣乔治校区获得的固定资产，总计 1,200 万加元。

● 研究实验室翻新，总计 700 万加元。

● 设备购置、图书获得和其他资本化资产取得总计 8,200 万加元。

● 增加资本化基础设施储备金 39,700 万加元，资金源自增加的收入和控制紧缩支出（大学未来几年，要求有 80,900 万加元资本化项目和基础设施储备金，已与外部建设单位签订了 57,600 万加元合同债务。未来将完成的递延和即将发生的维护费用，当期估计为 93,600 万加元）。

净资产增加 5.07 亿加元，归因于外部限定性捐赠增加 7,500 万加元。投资回报增加捐助价值 3,500 万加元以及其他捐赠的款项 4,000 万加元。大学学术计划与资金筹集有清晰的联系，以确保捐赠人知悉优先支持对完成改进教育和研究计划的至关重要性。这一联系在大学的无限筹资运动中是非常重要的要素。

最后，上述净资产的增加部分，抵消了净资产中 7,300 万雇员未来福利的减少。这主要是由于养老金债务价值假定的变化，以及养老金计划资产的实际投资回报略小于预期。

运营报表

如上所述，大学学生数量大大增加，过去 10 年增长了 23%。入学人数的增加，是合并运营报表的主要影响因素，它增加学生学费和政府合同收入的同时，由于教职员工薪资的增加，还增加了薪资和福利开支。反过来，更多数量的学生、教师和职员增加了建设和翻新的需求，这影响着运营支出以及利息和折旧费用。这些资本化基础设施所需要的审慎，是我们增加财务储备的重要因素。

大学也继续欢迎大量的国际学生。经验和数据不断表明，这是我们学术卓越和全球化竞争力的一个重要的因素，同时也是对地区和国家经济的主要贡献。然而，我们对避免过度依赖国际学生既定资源保持警觉，这促使我们近年来成功地创新，以多样化我们的全球招生战略。同时，地缘政治发展已经表明，为应对意外的对战略的外部影响，我们需要做好准备。这也成为我们当前财务储备积累的一个因素。

2019 年 4 月 30 日末的收入是 36 亿加元，支出（见注释）是 31 亿加元，净收入 50, 500 万加元（见图 1）。主要反映为与多年的部门学术计划一致的储备资金。这些计划要求审慎和精心储备资金，旨在运营或有事项、未来学术设施和其他设施的资本化投资，以及教师雇用。

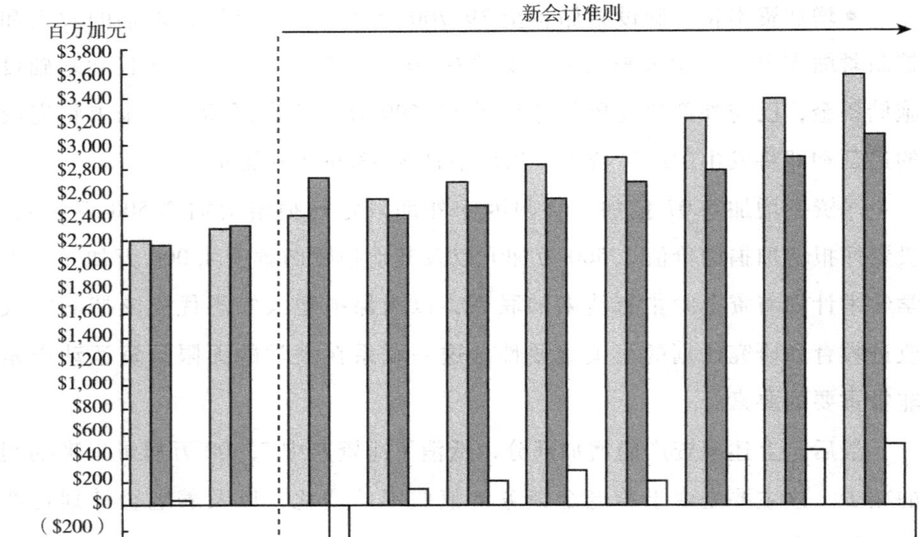

	2010	2011	2012	2013	2014	2015	2016	2017	2018	2019
□ 收入	2,211	2,321	2,406	2,563	2,710	2,840	2,909	3,216	3,379	3,593
■ 支出	2,166	2,314	2,732	2,425	2,506	2,552	2,698	2,799	2,914	3,088
□ 净收益	45	7	（326）	138	204	288	211	417	465	505

图 1　收入和支出

（截至 2019 年 4 月 30 日）

注：2011 年 5 月 1 日生效，采用新会计规则导致在合并资产负债表的雇员未来福利计划中记录全面赤字影响，以及在合并运营表中记录赤字的变化。自 2012 年 5 月 1 日生效，任何再评估直接在净资产中确认，不再被记录于合并运营表中。

在 2019 年，来自学费和支持学生入学的政府资助提供共计 25 亿加元，占收益的 68.3%；另外还有政府以及其他限定性目的的资助和合同 46,900 万美元。这三项资源共占年度收入的 81.4%（见图 2）。

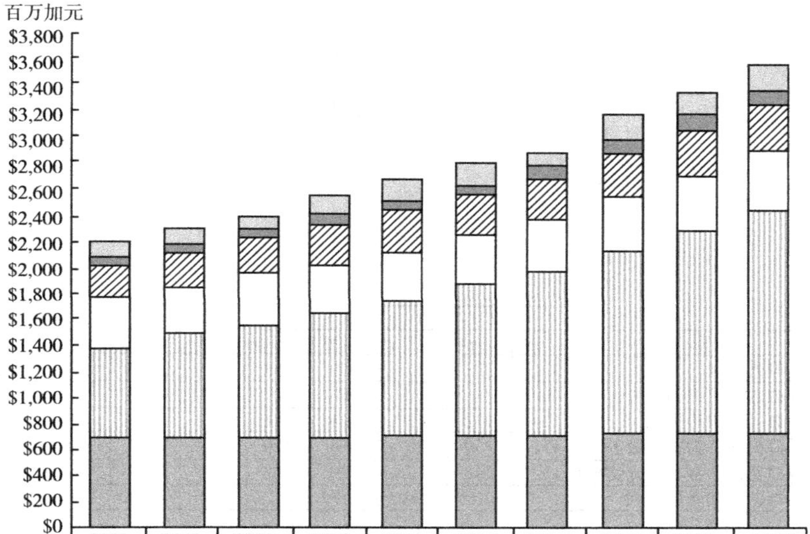

	2010	2011	2012	2013	2014	2015	2016	2017	2018	2019
总收入	2,211	2,321	2,406	2,563	2,710	2,840	2,909	3,216	3,379	3,593
□投资收益	125	136	103	151	179	192	109	220	180	205
■捐赠	58	64	60	84	90	86	114	101	128	102
▨销售、服务和杂项	253	260	274	288	310	292	301	333	352	362
□限定性资助	396	406	420	391	386	397	383	418	413	469
▥学费	701	764	847	945	1,039	1,159	1,292	1,431	1,583	1,728
■一般运营资助	678	691	702	704	706	714	710	713	723	727

图 2　各类收入

（截至 2019 年 4 月 30 日）

2019 年，年度支出总计达 31 亿加元，其中 18 亿加元或占 59.0% 是薪资和雇员福利（见图 3）。

需要注意的是，与教学、研究和行政活动有关的教职员工的工资和福利主要来自大学运营资金（最主要是学费和政府资助）。其他细节在这些精要的“薪资和福利”部分中提供。奖学金、研究奖金和助学金为 25,500 万加元，或占总支出的 8.3%。材料、物资和服务为 22,200 万加元，或占总支出的 7.2%，内部组织间出资为 15,500 万加元，或占总支出的 5.0%。

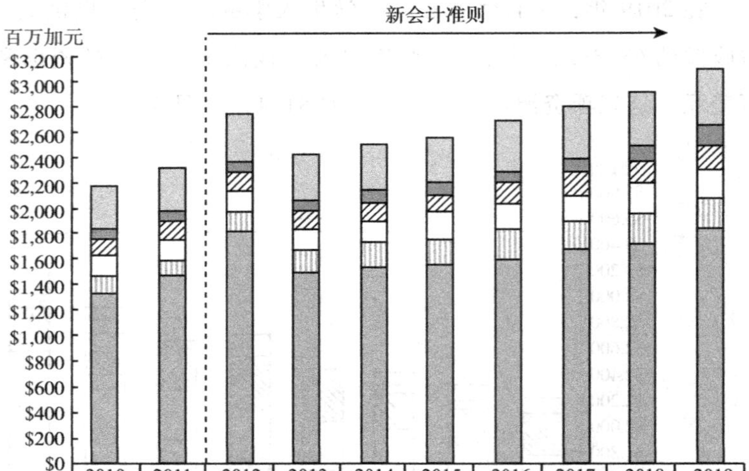

	2010	2011	2012	2013	2014	2015	2016	2017	2018	2019
总支出	2,166	2,314	2,732	2,425	2,506	2,552	2,698	2,799	2,914	3,088
□其他	341	332	361	359	383	348	403	427	432	446
■内部组织间出资	78	90	97	94	85	97	101	103	121	155
▨固定资产折旧	124	132	137	141	146	152	159	165	178	189
□材料、物资和服务	171	159	156	166	170	203	217	218	227	222
□奖助学金和研究奖金	132	141	176	186	199	206	218	217	239	255
■薪资和雇员福利	1,320	1,460	1,805	1,479	1,523	1,546	1,600	1,669	1,717	1,821

图 3　各类支出

（截至 2019 年 4 月 30 日）

资产负债表

在 2019 年 4 月 30 日，资产为 104 亿加元，负债为 39 亿加元，净资产为 65 亿加元（见图 4）。资产和负债自 2010 年实现增长，主要是由于近年来捐赠的良好投资回报，收到的捐赠款项，以及为新增学生提供住宿的其他空间建设。

此外，采用 2011 年 5 月 1 日出台的会计标准变化，导致在合并资产负债表上记录一些大学的土地的公允价值，全部记录为大学的养老金和其他雇员未来福利债务。其结果是增加 21 亿加元的资产（固定资产），增加 93,400 万加元的负债（未备基金的雇员未来福利），以及 2011 年 5 月 1 日的净资产净增 11 亿加元。

净资产反映大学的净价值，净资产随时间而变化仅通过以下方式：

- 年度净收益和净损失。

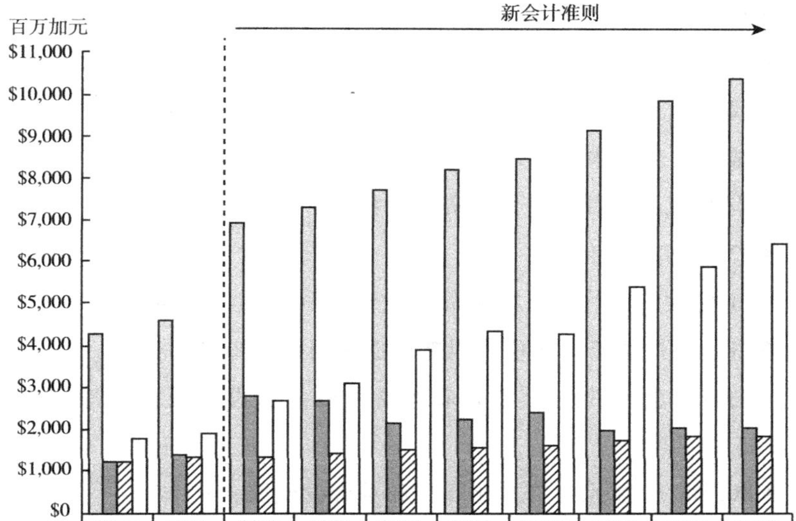

	2010	2011	2012	2013	2014	2015	2016	2017	2018	2019
□资产	4,293	4,640	6,956	7,325	7,681	8,218	8,433	9,205	9,894	10,393
■负债	1,253	1,387	2,873	2,669	2,246	2,248	2,434	2,001	2,081	2,099
▨递延缴款	1,240	1,357	1,390	1,449	1,535	1,594	1,650	1,747	1,870	1,844
□净资产	1,800	1,896	2,693	3,207	3,900	4,376	4,349	5,457	5,943	6,450

图 4 资产、负债和净资产

（截至 2019 年 4 月 30 日）

• 来自捐助的变化：①捐款；②外部限定性捐助的投资收益（代表赚得的收入超过支出可用的总额），这并不显示在合并运营报表中，但根据现行的非营利组织公认会计准则直接加到捐赠余额表。

• 2012 年 5 月 1 日生效的，再评估和其他项目直接在净资产中确认，而不是被记录在合并运营表中。再评估和其他项目包括：①养老计划资产的实际投资回报和养老金债务的投资回报估值之间的任何差异；②所有雇员未来福利的净精算收益和损失。

2019 年，由于 50,500 万加元的净收益、捐赠 4,000 万加元、外部限定性捐赠增加 3,500 万加元，抵消 7,300 万加元关于雇员未来福利的再估值和其他项目等因素（主要由于养老计划资产的死亡率假定变化和实际投资回报略少于预期回报），净收益净资产增加 50,700 万加元至 65 亿加元。

净资产由下列组成：

• 26 亿加元为捐赠，占净资产的 40.2%；

• 40 亿加元为内部限定性净资产；

• 16,200 万加元为赤字。

16,200 万加元为赤字主要是大学的债务战略（参见精要“债务”部分）形成的内部资本化建设融资。

40 亿加元为内部限定性净资产包括：

• 23 亿加元为土地；

• 11 亿加元为其他资本化资产投资（代表着大学为资本项目预先支出的内部资金，这些资本化项目因摊销随时间而减少）；

• 与养老金和其他的雇员未来福利相关的再融资债务净额 91,200 万加元；

• 80,900 万加元为资本化项目和基础设施服务；

• 36,000 万加元为运营或有准备金；

• 33,400 万加元为未来支出而持有的其他储备。

26 亿加元捐赠基金来自超过 6,400 项个人捐赠，实质上受捐赠人和治理委员会管理。

安大略省政府的角色

省政府提供运营资助，并规管公共资助项目的国内学生的学费。省政府也投资于学生财务支持、研究和基础设施。

运营资助

2013 年 11 月，省政府为高等教育部门发布新框架，名为《安大略省高等教育区别政策框架》(Ontario's Differentiation Policy Framework for Postsecondary Education)，新框架将差异化作为系统的主要政策驱动因素，该系统建立在并专注于每个机构的独特优势上。

2014 年 4 月，省政府签署影响 2014—2017 年每一所大学的第一份《战略授权协议》(Strategic Mandate Agreements, SMA1)。大学关键的区分领域的首要前提，是基于省政府承认的“大学是一个全球公认的、综合的、高深研究的机构，在安大略高等教育体系中扮演着独特的领导角色。大学广泛的课程供给和研究活动在当地和全球具有重要的经济和社会影响。”

2016 年安大略省预算证实政府意于推进实施大学资助公式改变，有以下关键目标：提高学生产出；通过对 SMAs 关联资金推动差异化；通过招生计划和预测提供额外的稳定性。

2017 年 10 月，大学签署 2017—2020 年的第二份战略授权协议（SMA2），战略授权协议重新确认了大学在安大略省研究和创新中的领导角色。它建立了一个未来三年的招生计划框架，包括到 2019 年秋季资助 631 名新硕士和 198 项新医学空间。回应安大略省正在变化的人口特征，大学和省同意到 2019 年秋季减少圣乔治校区 1,800 名国内本科生。在备忘录期间，UTSC 和 UTM 招生的国内本科生将保持在当前的水平。

第二份战略授权协议开始采用这一新的资助框架，包括在一个议定的入学通道内，对招生提供稳定的资助。目前关于注册入学相关的资助（基于运营资助加历史定向资助，满足之前本科生、研究生、教师教育、护士和医疗课程的增长）整合为一个单一的核心运营资助（Core Operating Grant）。进而，如果大学维持其五年平均招生率在议定目标的 ±3%，除了上面增加的研究生招生资助增长，那么国内的招生资助将保持稳定。在 2018—2019 年，核心运营资助资金为 57,800 万加元。

在新的资助框架下，大学也收到与优先领域绩效紧密相关的特别资助，例如学生体验，创新，经济发展和社区参与，研究卓越和影响，获得与公平，创新教学等。一个新的差异化封包，已通过大学现有的获取高等教育质量基金和关键绩效指标资助相结合的份额生成，大学现有的与招生相关的资助中，有 3,600 万加元重定向资助。2018—2019 年分配的差异基金为 6,500 万加元。尽管差异封包与 SMA2 的绩效标准相联系，但这些标准不会影响这一期间（直到 2020 财年）的基金水平。

2019 年安大略省预算宣布，政府计划重点增加与 SMA3（Strategic Mandate Agreement）期间（2020—2025 年）相联系的大学资助绩效标准的比例。从 2021 财年开始，差异封包中的基本运营资助金的比例，将从当前 10% 的水平，增加至 25%。其他资金将从核心运营资助转移至每年的差异封包，直到 2025 财年这一比例达到 60%。通过 SMA3，政府会将差异封包中的资金分配，与组织特定目标相关的一组 10 个绩效指标相联系。关于指标和资金机构的细节，将于明年开发，自 2021 财年开始实施。

学费和学生资助

国内大学学生的学费由省政府规定。截至 2012—2013 财年的过去 7 年间，学费框架规定，允许大学对录取为大多数课程的国内学生，最高增加 4.5% 的学费，对于在校生学费增加不超过 4%。对于法律、医学、工程和研究生课程等职业课程，学费能增加最多 8%。机构的总学费增加额，平均不得超过 5%。

在 2013 年，省政府宣布一个新的 4 年期学费框架，适用于 2013—2014 学年至 2016—2017 学年。在 2016 年 12 月，省政府延长这一框架两年至 2018—2019 学年。这一框架允许大学对于录取的大多数课程的国内学生和在校生，学费增加不超过 3%。对于职业课程，学费能增加最多 5%，框架减少了总的年度上限，从 5% 调减至 3%。

2019 年 1 月，省政府宣布自 2019—2020 学年，对国内学费削减 10%，并于 2020—2021 学年冻结在这一水平。减少学费适用于进入通过省运营资金资助的所有课程的国内学生，包括直接录取的本科生、第二次录取和专业研究生，以及博士类课程。由国际学生支付的学费并未规定，因而将不受影响。这一新框架并未影响 2019 财年，然而，它将导致 2020 财年国内学费收入的减少。

学费框架继续伴随着一项录取便利性保障（accessibility guarantee）。学费预留（Tuition Set Aside）公式要求大学为学生资助预留一定数额，以便无论学生经济状况如何，大学都可以确保其便利录取，这与大学长期建立的政策保持一致。大学继续承诺便利录取目标，并与省政府和联邦政府一道实现入学目标。在 2019 年，大学花费 25500 万加元于奖学金（scholarships）、学术奖金（fellowships）和助学金（bursaries），从 2010 年的 13,200 万加元有显著增加。

2016 年安大略省和联邦预算包括对学生资助项目——安大略省学生援助项目（Ontario Student Assistance Program，OSAP）和加拿大学生资助（Canada Student Grants，CSG）有重大变化，包括分两阶段完成的 OSAP 重建。在 2017—2018 年，包括安大略省学费资助在内的大多数安大略省学生资助，被包含入一项单一的安大略省学生资助中，该资助是一项预付的、基于收入的资助，用于提供学费支持和基于需求的支持。在 2018—2019 年，预计对学生提供高等教育的父母/夫妇财务捐赠将减少，这意味着更多的学生有资格得到 OSAP 帮助。

2019 年安大略省预算宣布对于 2019/2020 学年 OSAP 的一组新变化。OSAP 变化包括收入门槛的降低，在这一收入门槛下，学生有资格享受无须偿还的帮助（资助）、以贷款为条件的帮助比例的增加、要求父母和学生对教育成本捐赠的增加。政府声明他们将以 OSAP 对最需要财务资助学生的资助为目标，分配最大比例的资助资金给家庭收入不到 50,000 加元的学生。这些改变预计将减少可支付给学生资助的全部数额，包括大学承担任何由 OSAP 定义的学生入学保障（Student Access Guarantee）未满足财务需求的法定义务。然而，大学在我们的内部录取保证中坚持坚定的态度——财务状况不应妨碍合格的学生开始并完成其学位。

资本基金

在 2009—2010 年，安大略省预算聚焦于帮助省政府经受经济下行，并通过转向更多创新、高价值和绿色经济等为复苏做准备。因此，安大略省预算对安大略省大学进行一项大规模的资本投资，通过拨 78,000 万加元专款资助大学两年，通过基础设施项目，支持校园翻新和新的基础设施与联邦资金相匹配。大学支出 15,100 万加元在米西索加建设教学和实验综合楼，同时在圣乔治校区建立加拿大采矿行业创新中心。资金中另外有用于支持米西索加校区的戴维斯和北楼翻新的 5,300 万加元由省政府承诺出资，在第二年作为他们长期资本化战略的第二阶段的一部分。

由省政府做出的其他近期资本化投资包括：

- 2,500 万加元用于支持建设米西索加校区的健康科学中心。
- 2,300 万加元用于支持建设金环高性能运动中心。
- 来源于联邦和省政府的 5,000 万加元，用于支持建设斯卡伯勒校区（Scarborough campus）的泛美水上运动中心（Pan Am Aquatics Centre）。
- 用于工程创新和企业中心资金中的 1,500 万美元，继续增强超级通道创新，并帮助支持拓展工程专业学生的体验学习机会。
- 省政府的 1,400 万加元和联邦政府的 8,400 万加元（高等教育机构战略投资基金），投向大学的实验室翻新项目。

• 温室气体校园翻新项目中3,300万加元用于支持三个校区中旨在减少温室气体排放的众多项目。

安大略省其他优先项目预算

2012年安大略省预算集中于政府计划以减少赤字，同时保护用于健康关爱和教育的投资。总体而言，它为高等教育部门在2012—2013年度至2014—2015年度提供了1.9%的平均年度增长率。尽管政府承诺增加，而且安大略省学费资助将持续，但同时减少了一些支出。这些包括淘汰安大略省学生支持信托匹配项目，以及安大略省工作学习项目支持，导致省政府进一步减少每年600万加元的支持。

2013年，安大略省预算集中做出为了繁荣未来的战略投资，并保护公共服务，同时努力平衡账目。政府同意两年内投资29,500万加元以支持雇佣年轻人的机会。在2014—2015年，政府分阶段实施研究生护理学费减免（Graduate Nursing Tuition Waivers）项目，以对护理学研究生提供支持。

2014年，安大略省预算与高等教育部门几乎无关。2014年安大略省预算在2014年6月12日大选后于2017年7月通过。

2015年，安大略省预算再次聚焦于管理支出增长。高等教育部门被要求支出0%净增长，同时本科生和研究生招生增长基金被部门支出中其他领域的减少所抵消。最显著的是，2013年实施的政策杠杆储蓄目标和国际学生运营补助金，仍保持缩减不变。

2016年安大略省预算对省内学生资助计划发生重大变化。由于宣布无新的资助，OSAP被简化并通过创设一个单一的主要预付资助项目——安大略省学生资助（开始于2017—2018年度），对学生更加透明。

2017—2018年度，安大略省政府重回平衡预算。在本科生和研究生招生中，并无超越之前承诺的额外资金增长。然而，高等教育部门的课程费用，在2015—2016年度和2019—2020年度，预计平均年增长率2.5%，包括基础设施投资项目和高技能工作室倡议方面的投资。

2018年安大略省预算预计对于高等教育部门有0.9%增长，主要与通过OSAP支持学生相关。预算包括三年12亿元的增加，通过OSAP参与支持，抵消要求的自2018年至2019年父母和夫妇捐赠的减少。

学生招生

自2010年以来，安大略省增加的人口和入读率的增长，对学生空间的需求显著增加。大学增加招生以适应这一额外的学生需求，全日制学生招生增长从2010年的65,402人增加至2019年的80,652人，增长了23.3%（见图5）。直接登记的本科生超过50%来自大多伦多地区。

根据省政府设定的学费框架，国内学生的学费增加。由于学生学费增加和入学率增长，学生学费收入从去年由14,500万加元增长至17亿加元。

尽管大学已经收到额外学生的全额平均资助，但不间断的政府资助和调节的学费，都未能充分解决膨胀问题，需要通过生产率提高进行持续成本控制，以保持财务健康。

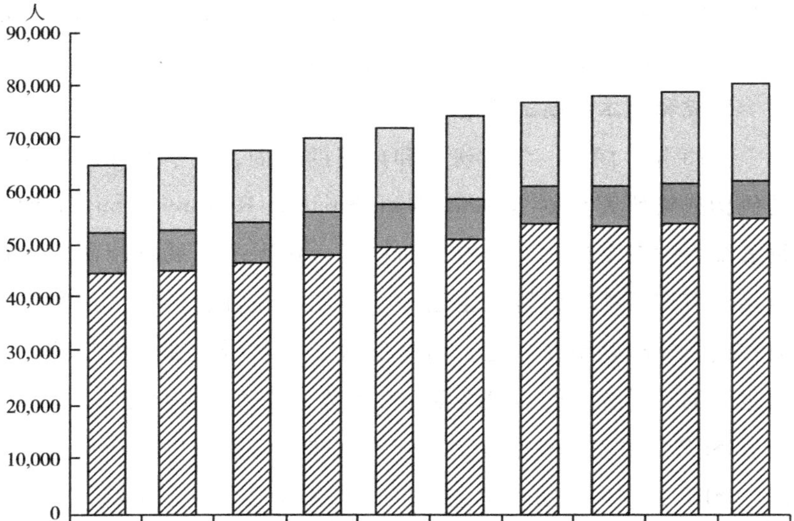

	2010	2011	2012	2013	2014	2015	2016	2017	2018	2019
□研究生	13,116	13,385	13,754	14,154	14,843	15,650	16,227	17,029	17,525	18,319
■二次入学本科生①	7,628	7,786	7,806	7,765	7,743	7,764	7,200	7,206	7,216	7,075
▨首次入学本科生	44,658	44,440	46,528	48,392	49,785	51,102	53,703	54,056	54,521	55,258

图5　11月1日全日制本科生和研究生数量

注：①二次入学本科生课程包括在医学、法学、护理、药学、牙科和QISE/UT的专业课程（2016年之前）。

自2010年开始，学生援助（奖学金、研究金和助学金）已经增长93.2%达到25,500万加元。这一数额不包括联邦大学提供的金额。根据学生资助政策，大学承诺确保不因符合条件的学生由于财务需要，而被阻止开始或完成学业，并提供超过这一限定数额的大量可用资金。

财务计划

未来几年，预期收入会适度增长，主要是由于研究生扩招和增加国际化招生。随着潜在的与新收入主要相关的招生增长，仍将持续需要包括生产率改善的持续支出控制措施。

2019—2020 年度至 2023—2024 年度的长期学术和预算计划，包含最新的省政府关于学费和运营资助的信息，包括自 2019—2020 年度开始的国内学费 10% 缩减的影响，以及 2020—2021 年度仍冻结在这一水平。国内学费减少将对每个部分产生不同的影响，具体取决于课程组合和部门的收入资源。部门预算调整将基于局部优先次序而不同，但将包括一些组合变化，如教师和职员雇用计划、资本化项目延期、服务减少，以及运营成本效率等。该计划假设各类最新的假定，并假设养老金赤字支付将继续，实际上是增长。

研究和资本化基础设施

2018 年，随着一年的研究和广泛的咨询，大学开展一项为期五年的新的机构战略研究计划（Institutional Strategic Research Plan，ISRP），ISRP 继续表征大学对支持在三个校区和社区合作者中开展卓越研究和创新的核心承诺。咨询反馈帮助塑造主题和子主题，并将它们与当前和潜在未来的研究和创新领域联结在一起，同时反映了大学研究在柔性框架内的宽度。反馈也有助于精练我们的战略目标和优势，并通过它测度我们的成就。

ISRP 提供支持和指导，但并不意味着限制教师成员个人或部门研究重点。ISRP 强调大学的奖学金范围，并区分七个主题领域，旨在为大学和合作组织间的卓越和协作提供便利，处理当地、国家和全球的重大问题。重要的是，ISRP 为施瓦茨—赖斯曼技术与社会学院（Schwartz Reisman Institute of Technology and Society）的制订建议书奠定了基础，表明出在确定研究重点方面广泛的机构参与价值。

ISRP 也确定了五个战略目标，以确保大学持续增强其研究的卓越地位：

- 证明我们在研究和创新中的领导地位。
- 培育协作、合作和参与。
- 促进公平、包容和多元。

• 在学生体验中支持研究和创新的整合。

• 加强组织支持，以培育研究和创新卓越。

ISRP 强调环境和方法的重要性，这些将允许我们的研究人员持续开展他们的杰出工作，并通过吸引和保留杰出人才，通过建设战略研究项目和研究、教育和培训的联系，通过利用战略合作和社会福利资源，来支持大学研究能力和效率。

来自省政府和联邦政府的强大的研究资金支持，是实现 ISRP 目标的关键，包括支持运营和研究基础设施的资助，帮助大学吸引并留住来自全加拿大和世界各国的顶尖的研究人才。

2017 年，联邦政府委托加拿大基础科学检查（Canada's Fundamental Science Review），由多伦多大学退休校长戴维·奈勒（David Naylor）博士领衔的享有极高声望的小组实施。该小组发现，在基础科学或由好奇心驱动的研究中的人均联邦投资，在最近几十年中有所下降，并给出一个综合的 35 项建议书，加拿大和多伦多大学研究社团的会员，包括学生，参与了提升他们工作意识和支持需求的努力。

作为对几个基础科学检查报告发现的回应，2018 年联邦预算包含了多年研究基金——投资的条款，认为这些投资是促进知识和打造加拿大繁荣国家战略的决定性要素。预算通过加拿大三个联邦研究委员会在未来五年向新的投资者主导的研究提供 92,500 万加元，包括对自然科学和工程研究委员会、加拿大健康研究组织分别提供 35,500 万加元，21,500 万加元提供给社会科学和人文研究委员会。2018 年预算还包括：

• 通过加拿大研究主席职位项目引入 250 个新主席职位，五年内投资 21,000 万加元更好地支持早期职业研究者，同时增加多样化，为女士创造更好的机会。

• 通过加拿大创新基金会（Canada Foundation for Innovation，CFI）在未来五年为科学研究基础设施提供 76,300 万加元。这包括通过基金会的重要科学创新基金 16,000 万加元用于增加支持加拿大国家重要研究设施。政府也计划通过 CFI 为研究工具和基础设施建立永久基金，至 2023—2024 年度每年 46,200 万加元的不间断水平。

• 拨出 2,100 万加元以增加科学多样性。

• 27,500 万加元指定用于新前沿研究基金，以支持国际化、跨学科、快速突破和较高风险的研究。

• 未来五年内 23,100 万加元设立研究支持基金——是帮助大学研究机构成本的重要项目，比如设施成本和技术转换支持——但并不持续增加这些成本的资金比例。此外，并不配置资金增加作为连续的追加投入用于研究支持基金。正如过去所做的一样，政府将其分隔开作为一项增量项目资助封包，并采取更严格的问责条件。2018—2019 年，大学收回了三大研究机构的组织成本作为研究支持基金，总计达 18% 的相关直接成本回收率，作为增量项目资助，增加回收率至 20%。对比大学发生的机构研究成本总计超过 55% 的比率。大学将继续与政府一起，确保支持全部研究成本。

• 未来 5 年用 57,300 万实施一项数据研究基础战略，实现全加拿大研究者更加公开和公平获取先进的计算和大数据资源。

未来数年，这些来自联邦预算的重大投资将持续流出至机构。

2019 年，政府联邦预算持续推进 2018 年宣布的研究领域投资。包括：

• 自 2019—2020 年开始，未来 5 年 11,400 万加元，每年不间断 2,700 万加元，投入到帮助资助委员会，通过加拿大研究生奖学金计划，每年创造 500 多名硕士水平奖学金奖项，每年 167 名 3 年期博士奖学金奖项。

• 设立战略科学基金——支持第三方研究机构从 2022—2023 年度开始开展第三方科研和研究的联邦投资。基金将采用基于原则的框架分配联邦基金，该框架包括竞争性、透明程序，这将有助于保护和促进卓越研究。下一步，将通过基金的竞争分配程序决定，根据专家组的建议，在科技部门总体战略指导下，选择接受机构和相应的支持水平。科技部长将在 2019 年提出基金的细节。

2019 年，省政府宣布成立专家组，任务是递送安大略省如何使高等教育部门和它的合作者商业化机会最大化的报告。专家组包括来自高等教育、工业、技术和创新、风险资本和投资部门的代表，以及知识产权法律专家，其工作成果旨在指导省知识产权框架的行动计划。

大学持续努力扩大创新和创业空间，在 2017 年开放了弯道（ONRamp）

空间，一个 15,000 平方米的足球中心用于学生的创业活动。这些活动的进一步扩展打算作为施瓦斯兹．赖斯曼创新中心发展的一部分。

大学在筹集研究资金方面持续成功，包括直接和基础设施资金。这些财务报表不包括所授予的资助，但包括下面收到的研究资金：

- 当相关支出发生时，研究资助被列作收入。
- 未支出的研究资助被列为递延捐赠。

在 2019 年获得的限定性目的政府和其他资助，总计 48,900 万加元，其中，41,900 万加元用于研究，7,000 万加元用于资本化基础设施和其他目的（见图 6）。这些被报告如下：46,900 万加元作为收入来自于限定性目的的资助，2,000 万加元作为递延捐赠和递延资本化捐赠。

重要的是，研究资金仅能被支出于研究活动，但收到总额并不足够承担研究活动的全部直接和间接成本。基础科学检查报告建议，联邦政府应增加对这些成本的支持，大学持续为这些资源呼吁。还应提到的是，诸如新的前沿研究基金资助的这些新项目，提供间接成本支持率为 25%，超过

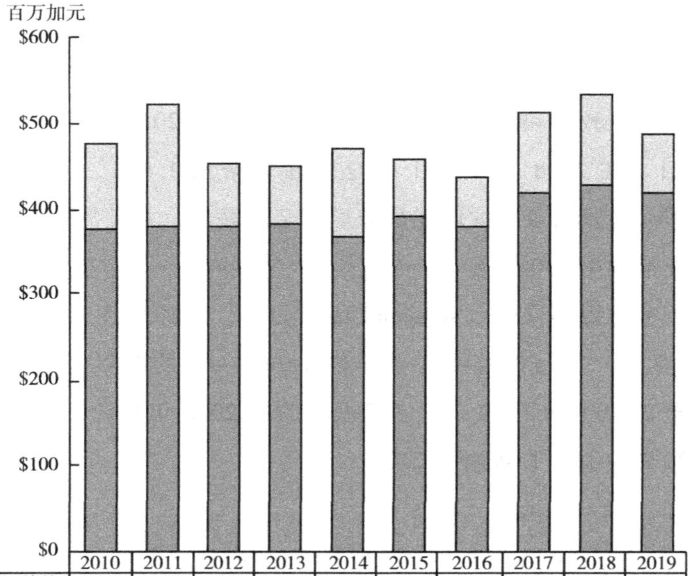

	2010	2011	2012	2013	2014	2015	2016	2017	2018	2019
▢ 资本化基础设施和其他	100	142	73	67	104	66	59	96	107	70
■ 研究	376	381	380	384	368	391	380	419	429	419

图 6　收到的限定性目的政府和其他资助和合同

（截至 2019 年 4 月 30 日）

大学从三大机构计划获得大约20%的支持率，而且该支持不受增量项目补助金所产生的苛刻的报告责任的约束。虽然在十年中第一阶段研究资金保持相对稳定，但近年来由于引入诸如加拿大第一研究卓越资金等项目而略有增长。大学研究人员社团内生力量与高度机构关注的成功结合的一个标志，是实现了加拿大研究席位配置达到275位的目标，表征着与2017年相比增加了20席位。

薪资和福利

2010—2019年，薪资和福利①从13亿加元增加到18亿加元。这是雇员群体协商的补偿金增加，以及在那一期间教师和职员总数量增加了27.3%的结果。在2019年，大学有3,160名教师，165名图书馆员，6,807名行政职员，以及5,548名教学和研究生助理。②

以下合同在2019财年生效：

• 与行政管理人员和技术人员的三个合同，代表着联合钢铁工人，始于2017年7月1日至2020年6月30日。2017年7月1日起全员薪资（across - the - board salary）增加1.8%（基于薪资在2017年6月30日仅一次调增0.7%），2018年7月1日和2019年7月1日生效全面增加2.0%。

• 与教师和图书馆员的两年期合同，自2018年7月1日至2020年6月30日，在2018年7月1日全员薪资增加1.9%，在2019年7月1日为2.0%，其中，1%的增加被分配给全部薪资，并且每个全职教师和图书馆员额外增加1,630加元。

• 与短期讲师（sessional lecturers）、教师助理（instructional assistants）（非学生）和写作教师（writing instructors）的四年合同，自2017年9月1日至2021年8月31日，其全员薪资在2018年9月1日、2019年9月1日、2020年9月1日各增加2.0%。

---

① 2011年5月1日生效，大学开始采用立即确认法计算雇员未来福利义务（养老金和其他雇员未来福利），这一方法影响合并资产平衡表中全面记录养老金计划和雇员未来福利的赤字而不是养老金，以及合并运营报表中的赤字变化。2012年5月1日起，重新计量（包括计划资产的实际收益与用于评估雇员未来福利义务回报之间的所有差异，以及所有精算收益和损失）在净资产中被直接确认，而不是被记录在合并运营报表中。

② 临时性的、诊所的和辅助研究的助理人员总计12,470人，他们也都承担着教学和研究任务。

• 与教师助理的三年期合同，自 2018 年 1 月 1 日至 2020 年 12 月 31 日，2018 年 2 月 8 日补偿金增加 1.8%（实际批准日期），在 2019 年 1 月 1 日和 2020 年 1 月 1 日增加 2.0%。

具体薪资和福利数据见图 7。

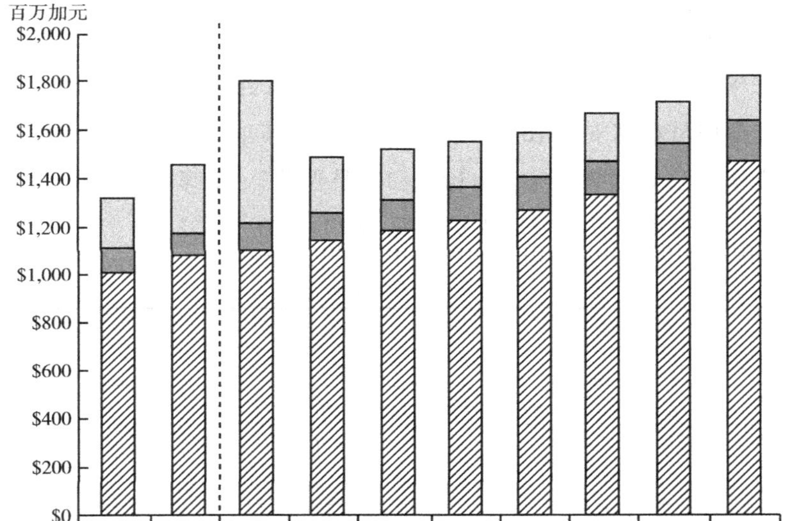

	2010	2011	2012	2013	2014	2015	2016	2017	2018	2019
□ 雇员未来福利	215	278	594	217	206	176	186	199	171	181
■ 其他雇员福利	97	100	111	120	126	135	141	144	148	168
▨ 薪资	1,008	1,082	1,100	1,142	1,191	1,235	1,273	1,326	1,398	1,472

图 7 薪资和福利

（截至 2019 年 4 月 30 日）

下列合同已于 2019 财年生效：

• 与行政管理和技术职员的三年期合同，代表着联合钢铁工人，自 2017 年 7 月 1 日至 2020 年 6 月 30 日，以 2017 年 7 月 1 日的全面薪资增加 1.8%（基于 2017 年 6 月 30 日调整薪资一次性增加 0.7%），2% 增长在 2018 年 7 月 1 日和 2019 年 7 月 1 日全面生效。

• 自 2018 年 7 月 1 日至 2020 年 6 月 30 日，与大学教师和图书馆员签订 2 年合同。以 2018 年 7 月 1 日为基础对全面薪资增加 1.9%，以 2019 年 7 月 1 日为基础增长 2.0%，其中，薪资增加 1%，每位全职教师和图书馆员的额外费用为 1,630 加元。

●2017 年 9 月 1 日至 2021 年 8 月 31 日，与临时讲师、教学助理和写作教师签订 4 年合约，2018 年 9 月 1 日、2019 年 9 月 1 日和 2020 年 9 月 1 日全面薪资增长 2.0%。

●2018 年 1 月 1 日至 2020 年 12 月 31 日，与教师助理签订三年期合约。2018 年 2 月 8 日补偿金增加 1.8%（实际批准率），2019 年 1 月 1 日和 2020 年 1 月 1 日增长 2.0%。

年度雇员福利支出 34,900 万加元，由雇员未来福利支出 18,100 万加元和其他雇员福利支出 16,800 万加元组成。其他雇员福利支出包括：立法福利成本（例如加拿大养老金计划和雇员保险）、在职员工医疗福利、教育支持、生命保险和几类离职人员（见表 2）。

表 2　　　　福利计划　　　　单位：亿加元

2019 年 4 月 30 日	养老金计划	其他福利计划
计划状态：		
资产	$53	$1.07*
债务	$56	$6.25
赤字	$3.08	$5.18
2018 年 4 月 30 日	养老金计划	其他福利计划
计划状态：		
资产	$51	$1.03*
负债	$54	$5.91
赤字	$3.19	$4.88

注：* 由大学预留资产。

雇员未来福利代表着基于当年服务为未来雇员提供的福利。他们包括养老金、长期残疾保险、幸存者收入生活成本调整、养老金人员医疗福利，采用会计权责发生制计算，因此反映提供这些福利的成本，而与提供支持这些福利的资金总额无关。

大学每年严格评估资金假定，扣减计划资产的公允价值的养老金债务，计入资产负债表。

养老金计划赤字从 2018 年的 31,900 万加元减少至 2019 年的 30,800 万加元，减少 1,100 万加元主要是由于需要向持续经营计划特别支出 7,300 万加元，被养老金债务进行估值的死亡率假定的变动，以及养老金计划资产的真实投资回报略低于预期回报所抵消。

在2010年，省政府采用一项养老金清偿资金救济方法，允许特定公共部门实体可以用十年代替原来的五年分期偿还它们的清偿赤字。大学于2011年被批准为省清偿赤字救济第一阶段，并根据2012年5月采用的一项养老金捐赠战略（基于2011年7月1日的保险精算估值），处理养老金赤字，增强计划的长期可持续性，同时减轻对核心运营预算影响的可能程度。这一战略包括：①在2012财年和2014财年，在注册计划中两次共支付15,000万加元；②年度特别支出增加；③采用非现金信用证处理清偿特别支出净额。这一战略引起年度养老金特别支付预算从2010—2011年的2,700万加元，增加至2015—2016年的9,700万加元。大学收到政府的内部借款达15,000万加元，被转移入所需要的养老金计划。如上所述，大学转移15,000万加元（11,300万加元是内部借款）总支出进入2012财年的养老金计划。在2014财年，大学有额外的15,000万加元总支出（12,200万加元从资金中预留为追回退休合约，2,800万加元为内部借款）。

在2014—2015年，大学被授权第二阶段的省清偿资金救济。在2016—2017年，安大略省政府授权额外的第二阶段清偿资金救济措施作为特定公共部门计划。这项变动要求大学的最小特别支出，应能在未来七年足够偿付清偿能力不足的25%，并支付利息用于未清偿的剩余的清偿赤字的75%。基于最近提交的2017年7月1日的精算估价，在相关要求的清偿支出一年期延期条款生效后，2018年7月1日开始的清偿赤字支出净额为2,100万加元。每年有额外最少所需持续经营养老金特别支出4,500万加元。然而，由于省政府实施新的养老金规则（如下），大学预计这项所需资金是临时性的。当期长期运营预算增加养老金特别支出和相关的成本，每年额外为500万加元，从2019—2020年的11,700万加元增加到2023—2024年的13,700万加元。

省政府提出的养老金改革生效于2018年5月1日，如下新规则：

• 如果清偿资金状态不高于85%，任何不足部分在5年内分期偿还，那么大学仅需要特别清偿支出；

• 持续经营赤字的摊销期间将被从15年减少至10年，并且应计负债和当前服务成本均应采用备用金［逆差拨备（Provision for Adverse Deviation）］；

• 省政府增加养老金福利保证金的月保证额度，这将导致较高的保险费。

这些变化对大学的全面影响将反映在下一次资金评估中，不会迟于2020年7月1日。

大学正与女王大学和圭尔夫大学，以及他们的雇员代表组织一起，共同为安大略省大学部门制定多雇主固定福利共同发起人养老金计划。三所大学和雇员组织（代表着三个组织中大多数养老金计划参与人）对新计划未来合约的设计，已取得重大进展。三所大学继续与雇员组织、调节人、顾问一起工作推进这一项目。一旦批准程序完成，并显现出积极的成果，就必须在联合发起人养老金计划JSPP（jointly sponsored pension plan）生效前，取得必要的监管批准。该倡议具有前瞻性，据过去的经验，并不能解决持续经营或清偿赤字问题。如果批准，根据JSPP要求，我们期望三所大学将资助他们最初一定时期（预期为15年）的养老金赤字。

在2019年4月30日，养老金之外的雇员未来福利责任为62,500万加元。该责任也被基于精算估值采用资金假定予以确认。每年的当前服务和财务成本被包括在合并运营报表中，任何精算收益和损失直接记录为净资产，而不是被报告在合并运营报表中。

空间

大学正进行一项雄心勃勃的资本化建设计划，重点扩大空间为增加的学生提供住宿，扩大和更新研究基础设施。重点扩大了米西索加和士嘉堡校区，显著扩大和翻新圣乔治校区。由于研究生扩招和本科医学生的扩招而引起的额外空间需求，未来空间将有进一步扩大。

此外，大学对于递延和即将发生的维护有进一步责任，当前估计93,600万加元，除了校园/公用的基础设施外，还包括石棉限制和拆除。大学已经通过汇集各种可用资金，优化维护和重建需求，整合了其资本计划。大学正参加安大略省所有其他大学进行的持续研究，最近转向合并职业服务关联成本和咨询费用，以决定省内各大学的递延和即将发生的维护责任。2019—2020年至2023—2024年的长期学术和预算计划，包括防止实体基础设施进一步恶化的资金。

基础设施资本化投资数据如图8所示。

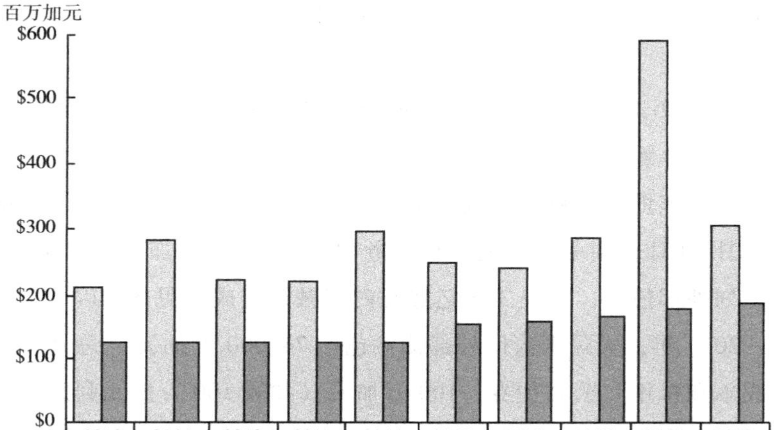

	2010	2011	2012	2013	2014	2015	2016	2017	2018	2019
□资本资产增量	210	283	222	222	294	250	243	289	595	308
■折旧	124	132	137	141	146	152	159	165	178	189

图 8 基础设施资本化投资

（截至 2019 年 4 月 30 日）

2014 年，资本资产增量主要是泛美水上运动中心和体育馆的建设。在 2017 年，大学花费 3,000 万加元用于迈哈尔工程创新创业中心（Myhal Centre for Engineering Innovation and Entrepreneurship）的建筑建设，1,700 万加元用于约翰 H. 丹尼尔建筑景观和设计学院（John H. Daniels Faculty of Architecture，Landscape，and Design）建筑，2,300 万加元用于 UTM 北建筑。

2018 年，大学翻新 546 个研究实验室，花费成本 19,500 万加元（8,400 万加元由联邦政府的高等教育战略投资资金资助，1,400 万加元来自省设施更新项目，9,700 万加元来自部门资金）用于支持实验室和机动空间分配，支持集成基础科学研究平台。其中，2017 年支出 3,000 万加元，2018 年支出 16,500 万加元。大学还在圣乔治校区取得一个关键地块，包括学院街前的一幢 15 层高楼，以及罗塞光头街上的两个建筑，总成本 12,500 万加元用于支持大学未来几年的学术使命。大学还花费 17,800 万加元用于建筑物建设包括 UTM 的北建筑（5,900 万加元）、迈哈尔工程创新创业中心（4,300 万加元）和 UTSC 的高地会堂（2,500 万加元）。

2019 年，大学通过温室气体校园改造项目获得资金，帮助其完成了减少温室气体排放和提高校园能源效率的改造（5,500 万加元），并完成了 UTM 的北 B 楼（1,400 万加元）和 UTSC 的高地大厅（1,400 万加元）项目。

债务

2012 年 11 月，大学修订其债务战略，导致基于 5.0% 债务负担率（利息加资本金除以调整的总支出）的债务政策限制的变化。

大学审慎和战略配置高优先资本项目和支持养老金计划债务。在 2019 年 4 月 30 日，债务战略提供总债务限额大约 17 亿加元，由 13 亿加元实际和计划外部债务，以及 3.5 亿加元内部融资组成（见图 9）。

2019 年，实际未清偿外部债务包括 71,000 万加元（总计 100 万加元发行成本和费用）公司债券，100 万加元（扣减 100 万加元利息率掉期合同的公允价值影响）其他长期债务。在 2019 年 4 月 30 日，实际债务负担率为 3.3%，恰好在 5.0% 政策限制率之下。

大学信用评级为积极 Aa2（穆迪指数）、稳定 AA +（标准普尔指数）和稳定 AA（DBRS 公司），信用评级将大学评为强大投资级信用，有两家机构将大学评为安大略省省级以上。

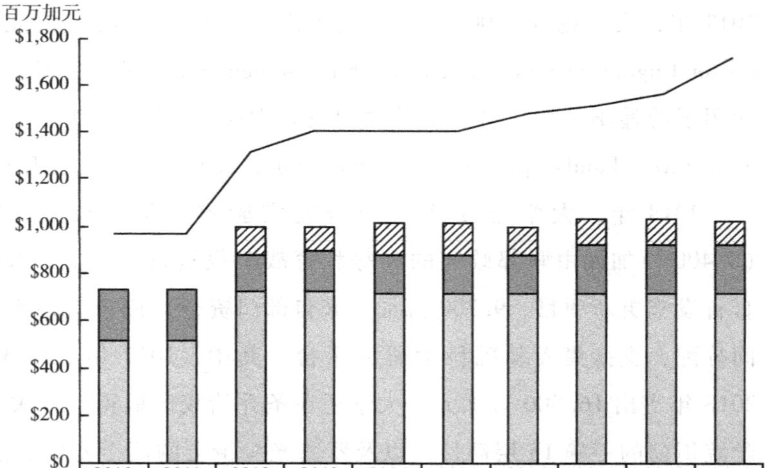

	2010	2011	2012	2013	2014	2015	2016	2017	2018	2019
内部债务——养老金			113	107	131	126	122	117	112	106
内部债务——其他	205	208	162	174	163	168	155	203	213	201
总外部债务	526	524	723	721	719	718	716	714	712	711
—— 政策——最大总债务限额	972	973	1,330	1,400	1,397	1,401	1,469	1,503	1,571	1,712

图 9　未清偿债务和债务政策限额

（截至 2019 年 4 月 30 日）

捐助

在2011年，多伦多大学公开启动在加拿大历史上最具雄心的筹资运动，目标是20亿加元建立资金双重支柱以应对全球挑战和培养全球领导者。在2016年，拥有热心捐赠者的支持，大学大胆扩大其筹集运动目标达24亿加元。

无边界：多伦多大学筹集运动于2018年12月31日关闭，筹集超过26亿加元的非凡预期目标，开创了加拿大的慈善新纪录。无边界筹资运动的卓越成功，是来自全世界104,059名捐赠者共同信仰的象征，使大学有能力通过卓越教育推动前沿研究、改变生活，应对今天人类社会面临的重大问题。例如在无边界筹资运动中我们捐赠者支持的教学和研究目标包括：筹集40,600万加元用于学生奖学金和课程，筹集85,600万加元用于创新课程和最先进的研究，筹集26,400万加元用于教师支持包括支持或建立82个席位和教授职位，筹集60,000万加元用于资本化项目以支持41项重大基础设施倡议。

2018年5月1日至2019年4月30日期间，大学筹集了总计37,800万加元（包括联合大学和其他附属机构，但不包括对合作医学院的捐赠）。总额包括32,300万加元认捐和礼品捐赠，以及5,500万加元非政府组织来源的慈善研究资助（见表3）。

表3　资金筹集总绩效（承诺、礼品捐赠和资助）

截至2019年4月30日　单位：百万加元

年度	筹集的认捐和礼品	慈善的研究资助	总计
2019	323	55	378
2018	219	30	249
2017	212	63	275
2016	197	36	233
2015	195	53	248
2014	169	33	202
2013	212	15	227
2012	130	16	146
2011	99	14	113
2010	120	28	148

大学财务报表中的捐赠收入，不包括对联合大学（维多利亚大学、圣迈克尔学院大学和三一学院大学）的捐赠，也不包括慈善研究资助（记录为限制性目的的政府和其他资助收入）。

记录在财务报表中的捐赠如下：

● 非限定性的可支出捐赠，当收到时被作为收入记录。

● 限定性的可支出捐赠，在相关支出发生时被作为收入记录。

● 结余的限定性可支出捐赠被记录为负债（递延捐赠或递延资本捐赠）。

● 捐赠款项不作为收入记录。它们被直接加到捐助中，作为净资产的增加。

2019 年，大学收到的捐赠（不包括联合大学、其他附属机构、对合作医学院的慈善研究资助和捐赠的收入）总计 14, 200 万加元，被报告如下：10, 200 万加元可支出捐赠被报告为收入，4, 000 万加元直接计入捐赠。值得提到的是，图 10 按财年收到的捐赠绘制。在认捐和相关承诺增长与实际资金现金收入之间通常会有延迟。

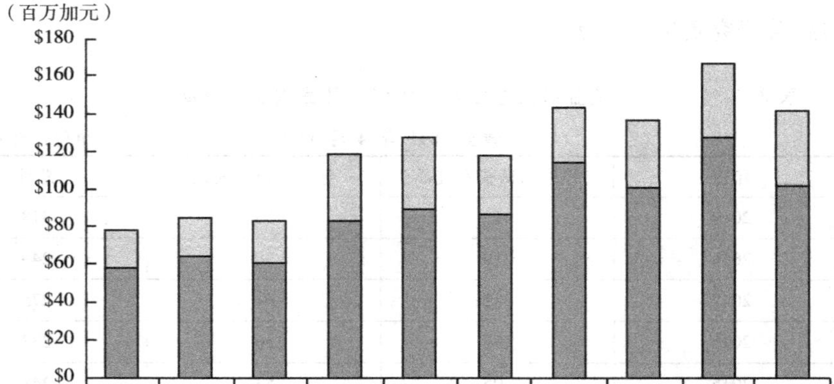

	2010	2011	2012	2013	2014	2015	2016	2017	2018	2019
总捐赠：	78	85	84	119	127	119	143	137	167	142
□ 捐款	20	21	24	35	37	33	29	36	39	40
■ 可支出捐赠	58	64	60	84	90	86	114	101	128	102

图 10　收到的现金和实物捐赠总计

（截至 2019 年 4 月 30 日）

捐赠

捐赠（endowments）是限定性资金，受制于关于资本和投资收入的限制。捐赠赚得的投资收入受限于大学的资本保全政策，必须根据大学和捐赠者同意的目的，或治理委员会确定的用途。捐赠不可用于支持一般的运营活动。

捐赠采用有年度费用率的组合资金池管理。大学的捐赠支出目标是为每年的费用（支出）随着通货膨胀的增长提供一个可预见数量。于是大学通过维持一个年度支出率和在投资回报好的时候留出资金，来储备资本。该战略抵抗通货膨胀并为投资回报的涨落产生一个供给。由此，当资本市场有一个适度的下降时，资金能被释放以维持开支。年度费用率预计在捐赠的开放市场价值3%至5%通道内。

2019年，大学捐赠价值为26亿加元，有全面的通货膨胀保护66,300万加元和超通胀（防备投资回报波动）储备22,500万加元应对可能的未来市场下降。大多数捐赠用于支持学生援助（11亿加元）以及席位和教授职位（78,400加元）（见图11）。

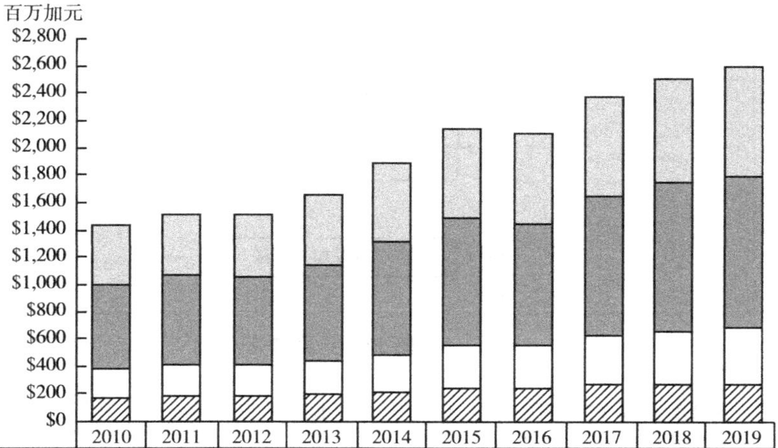

	2010	2011	2012	2013	2014	2015	2016	2017	2018	2019
总捐赠	1,437	1,539	1,518	1,664	1,881	2,142	2,098	2,380	2,504	2,593
▢ 席位和教授职位	437	464	461	514	580	658	637	720	759	784
■ 学生援助	614	662	655	713	811	922	902	1,025	1,077	1,116
□ 学术项目	203	221	217	239	271	312	319	367	392	413
▨ 研究	183	192	185	198	219	250	240	268	276	280

图11 捐赠公允价值

（截至2019年4月30日）

在 2019 年 4 月 30 日，超过 6,400 项个人捐赠资金，通过大学和捐赠人之间的合约支持，或者反映带一般限制条款的一项小额捐赠捐款。捐赠总公允价值增加 8,900 万加元如下：

• 外部限定性捐赠增加 3,500 万加元，由 11,000 万加元捐资收益和 7,500 万加元支出组成；

• 内部限制性捐赠增加 600 万加元，由 1,900 万加元投资收益和 1,300 万加元支出；

• 4,000 万加元外部捐赠捐款；

• 800 万加元赤字转移。

2018—2019 年捐赠变化数额如图 12 所示。

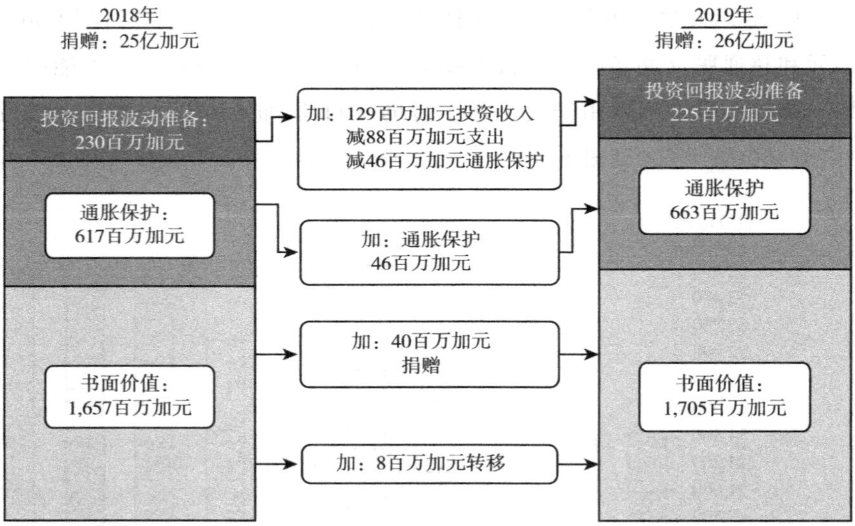

图 12　捐赠变化

图 13 显示自 2010 年以来十年期间的资本储备和支出：

捐资收益

年度投资收益总计为 24,000 万加元（费用和其他支出总计 3,200 万加元），包括 15,400 万加元捐赠投资收入和 8,600 万加元非捐赠投资收入。这些收益在财务报表中记录如下：

• 15,400 万加元捐赠投资收入（总计 2,500 万加元费用和其他支出）。其中，3,500 万加元被记录为合并变化报表净资产中的捐赠直接增加，

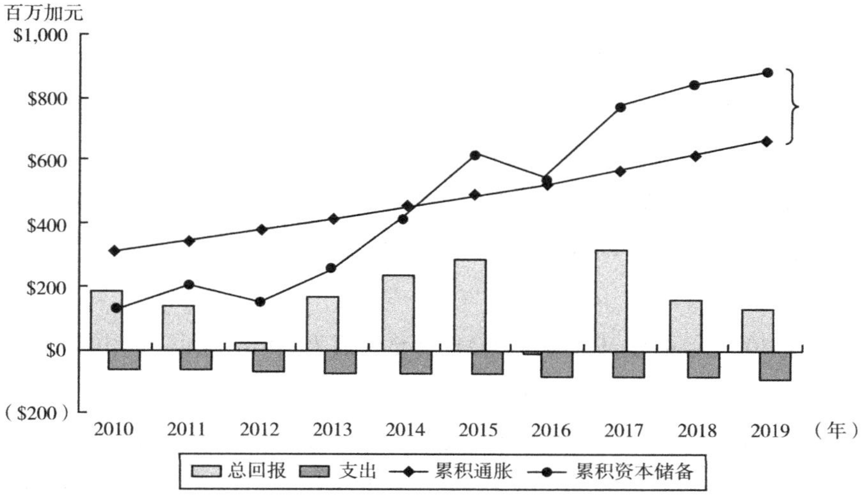

图 13 截至 2019 年 4 月 30 日捐赠累积资本储备相比总回报和支出累计通胀

11,900 万加元被记录为合并运营报表中的投资收益，其中 8,800 万加元被作为可用支出，2,500 万加元为费用和其他支出，600 万加元被增加至捐赠。

• 8,600 万加元非捐赠投资（总计 700 万加元费用和其他支出），被记录为合并运营报表中的投资收入。

几乎大学的所有投资，均投资于长期资本增值池（long - term capital appreciation pool，LTCAP）或可支出资金投资池（expendable funds investment pool，EFIP）。大学通过业务委员会批准的大学资金投资政策，为每个投资池建立投资风险和回报目标，旨在为大学产生稳定的、可预测的回报。值得注意的，尽管风险目标和回报目标是为大学产生稳定、可预见的投资回报，但每年投资回报变化无常。实际投资回报是大学记录年度净收益和净捐赠的关键决定因素。

大学校长根据投资委员会投入实施投资风险和回报目标。投资委员会向大学校长报告并向大学管理层提供专业建议，与大学管理层和多伦多大学资产管理公司（University of Toronto Asset Management Corporation，UTAM）[①] 管

① University of Toronto Asset Management Corporation（UTAM）是一个独立的非股份资本公司，其成员由大学任命。大学希望由 UTAM 投资于 LTACP、EFIP 及养老金信托的资金，是根据大学对 UTAM 授权的商业委员会代表大学的利益而投资。

理层就投资目标和投资活动开展广泛合作。与前述一致，大学校长和 UTAM 董事会同意，投资委员会批准由 UTAM 管理层提出的战略执行的各个部分，并对投资绩效提供监控和检查。对投资绩效的详细检查，由 UTAM 基于日历年度被管理和评估，可见于 UTAM 网站（www. utam. utoronto. ca）。

投资的治理监管由商务委员会、养老金委员会（对养老金计划资产）、UTAM 董事会提供，UTAM 董事会对 UTAM 运营提供检查。

LTCAP

截至 2019 年 4 月 30 日，LTCAP 公允价值为 30 亿加元，其中 26 亿加元是捐赠，占 LTCAP 投资余额的 84. 6%。

为满足计划分配给 LTCAP 投资人的开支，投资目标是扣除投资费用和支出，十年期实际投资回报率至少为 4%，同时承担适当数额的风险，但不得有不必要的损失风险以实现此目标。2017 年 6 月之前，十年期 LTCAP 的投资回报和风险目标为 4% 的投资回报加通胀扣减投资费用，以及 10% 回报波动风险目标（代表着一个标准差），2019 年实际回报率为 5. 2%（见图 14）。

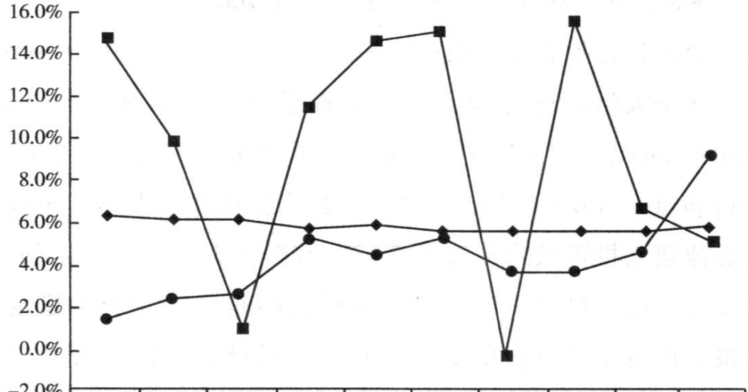

	2010	2011	2012	2013	2014	2015	2016	2017	2018	2019
—●— 十年滚动平均回报	1.5%	2.5%	2.7%	5.3%	4.5%	5.2%	3.7%	3.8%	4.7%	9.2%
—◆— 十年滚动目标回报*	6.4%	6.2%	6.2%	5.8%	5.9%	5.7%	5.6%	5.6%	5.6%	5.8%
—■— 年度投资回报率	14.7%	9.9%	1.0%	11.4%	14.6%	15.0%	–0.3%	15.4%	6.7%	5.2%

图 14　长期资本增值池（LTCAP）

十年滚动平均年回报率

注：* 十年期滚动回报率是几何平均回报率。

EFIP

EFIP 的投资政策反映由大学管理的每一项短期投资和由 UTAM 管理的资金。EFIP 资金（不包括内部借款资金）的各类回报目标和风险容忍度如表 4 所示。

表 4　EFIP 资金回报目标与风险容忍度

	风险容忍	回报目标
大学管理的投资	最小风险	30 天国库债券回报
UTAM 管理的资金	最小风险	1 年期国库债券回报 +50 基点

2019 财年和 2018 财年回报率如表 5 所示。

表 5　2019 财年和 2018 财年回报率

	2019 年 4 月 30 日公允价值	2019 年 4 月 30 日年总回报率
大学管理的投资	11,200 万加元	2.12%
UTAM 管理的资金	21 亿加元	2.54%
	2018 年 4 月 30 日公允价值	2018 年 4 月 30 日年总回报率
大学管理的投资	7,000 万加元	1.61%
UTAM 管理的资金	18 亿加元	1.44%

经审计的合并财务报表
（2019 年 4 月 30 日）

管理层责任声明

多伦多大学管理层对编报合并财务报表，以及包含在财务报告中的附注和其他财务信息负责。

管理层根据加拿大特许职业会计师（Chartered Professional Accountants of Canada）发布的加拿大非营利组织会计准则（Canadian accounting standards for not – for – profit organizations）编制合并财务报表。管理层相信，合并财

务报表公允展示大学在2019年4月30日的财务状况以及年度的运营结果和现金流量。为了完成在所有重要方面公允呈现的目标，采用合理的评估和判断。此外，管理层还确信，在财务报告中呈现的所有财务信息，在合并财务报表中按前后一致性编制。

为履行其责任和识别在所有制度中的限制，管理喜忧参半开发并维持内部控制制度，旨在为大学资产被安全保护免受永久损失，以及为编制合并财务报表的会计记录有一个可靠的基础，提供合理的保证。

为提供大学养老金债务和其他雇员未来福利的评估，大学雇用怡安·翰威特（Aon Hewitt）保险集团公司。管理层还为精算估值提供了编制大学精算报告所必要的信息，并对报告的养老金和其他雇员未来福利债务的决定和评估承担最终责任。

治理委员会通过商业委员会和它的审计委员会，履行其检查合并财务报告和主要的财务报告的责任。审计委员会的成员并不是大学的官员和雇员。审计委员会定期与管理层开会，包括内部审计师和外部审计师，以讨论审计检查的结果和财务报告事项，并使每次会议适当地履行其责任。审计师在有无管理层在场的情况下，均可完全访问审计委员会。

截至2019年4月30日合并财务报告已由安永会计师事务所报告，审计师由治理委员会任命。独立审计报告概述审计范围和他们关于合并财务报表中呈报信息的意见。

希拉·布朗	梅里奇·S. 格特勒
首席财务官司（CFO）	校长

独立审计报告

致多伦多大学治理委员会成员：

意见

我们审计了多伦多大学（以下简称“大学”）的合并财务报表，包括截至2019年4月30日的合并资产负债表，截止年度的合并运营报表、合并净资产变化表和合并现金流量表，以及合并财务报表附注，包括重要会计政策概述。

我们认为，随附的合并财务报表在所有重大方面呈报公允，截至2019年4月30日的大学合并财务状况，以及年度合并运营成果和合并现金流，符合加拿大非营利组织会计准则。

意见依据

我们依据加拿大公认审计准则（generally accepted auditing standards）实施审计。根据这些准则，我们的责任是，进一步表述在我们的报告中，对于审计合并财务报表部分的审计师的责任。根据关于我们在加拿大审计合并财务报表的伦理要求，我们独立于大学，根据这些要求我们已经履行了我们的伦理责任。我们相信，我们获得的审计证据，对我们提供审计意见的依据，是充分的和适当的。

其他信息

管理层对其他信息负责。其他信息包括在财务报告中的信息，但不包括合并财务报表和上述我们的审计报告。

我们关于合并财务报表的意见，并不包括其他信息，我们对此不表达任何形式的担保结论。

与我们审计合并财务报表相联系，我们的责任是阅读其他信息，并由此考虑其他信息是否与合并财务报表、我们在审计中获得的认识、或其他方面的重大虚假陈述相矛盾。

我们在审计报告日之前获得的财务报告。基于我们已经完成的工作，如果我们的结论认为其他信息存在重大错误陈述，我们需要在审计报告中报告这一事实。关于此，我们未做出任何报告。

管理层的责任和负债治理人员对合并财务报表责任

管理层对依据加拿大非营利组织会计准则编制和公允呈报合并财务报表负责，并对管理层决定必要的内部控制负责，以保证编制合并财务报表并免于重大错误陈述，而无论是否由于欺诈或错误。

在编制合并财务报表中，管理层负责评估大学继续持续经营的能力，在适当的情况下披露与持续经营相关的事项，并采用持续经营的会计基础。除非管理层要么打算进行大学清算，要么停止运营，或除此之外别无其他现实选择。

负责治理人员对监察大学财务报告的流程负责。

审计人员对审计合并财务报表的责任

我们的目标是：获得关于合并财务报表作为整体是否免于重大错误陈述的合理保证，而无论是否由于欺诈或错误，并发布包括我们意见的审计报告。合理保证是一个高水平的保证，但并不能保证根据加拿大公认审计准则实施的审计，总能检测到已经存在的重大错误陈述。错误陈述能引起欺诈或错误，无论单个或整体，如果能够合理预判它们能影响用户基于这些合并财务报表做出经济决策，则被认为重大错误陈述。

根据加拿大公认审计准则，作为一项审计的一部分，我们在审计全程实施职业判断和保持职业的怀疑。我们还：

• 识别和评估合并财务报表的重大错误陈述，无论是否由于欺诈或错误，设计和实施审计程序对这些风险以回应，获得为审计意见提供基础的充分和适当的审计证据。未检测到由于欺诈导致的重大错误陈述的风险，会高于由于错误导致的重大错误陈述的风险，因为欺诈可能涉及共谋、伪造、故意遗漏、不实陈述，或超越内部控制。

• 为了设计与环境相适应的审计程序，获取与审计相关的内部控制认知。但其目的并不是为了表达关于大学内部控制有效性的意见。

• 评估会计政策的适当性，以及管理层决定会计估计和相关披露的合理性。

• 基于获得的审计证据，推断管理层采用会计持续经营基础的适当性，是否存在与事件或条件相关的重大不确定性，会对大学的持续经营能力造成重大怀疑。如果我们认为存在重大不确定性，我们需要在对合并财务报表相关披露的审计报告中特别注意，或者，如果这些披露不够充分，就会更改我们的意见。我们的结论是基于我们审计报告截止日获得的审计证据。然而，未来事项或情况可能会导致大学终止持续经营。

• 评估合并财务报表的整体列报、结果和内容，包括披露，以及合并财务报表是否以公正列报的方式，呈现了基本的交易和事项。

其他事项中，我们与负责治理人员沟通关于审计计划的范围和时间以及重大的审计发现，包括在我们审计过程中识别的内部控制的任何重大不足。

安永会计师事务所

多伦多，加拿大　　特许职业会计师

2019 年 6 月 25 日　　注册公共会计师

报表 1：　合并资产负债表

表 6　合并资产负债表

（截至 2019 年 4 月 30 日）　　单位：百万加元

	2019 年	2018 年
资产		
流动		
现金和现金等价物	112	70
短期投资公允价值（注 3）	1,905	1,414
应收账款（注 3 和 17）	103	78
存货和预付款	22	22
	2,142	1,584
应收政府长期援助		83
投资公允价值（注 3 和 17）	3,242	3,337
资本资产净额（注 4）	5,009	4,890
	10,393	9,894
负债		
流动		
应付账款和应计负债（注 3，6 和 7）	455	458
递延捐款（注 8）	616	616
	1,071	1,074
应计养老金债务（注 5）	308	319
非养老金的雇员未来福利责任（注 5）	625	591
长期负债（注 7）	711	713
递延资本化捐款	1,228	1,254
	3,943	3,951

续表

	2019 年	2018 年
净资产		
赤字	(162)	(68)
内部限定性(注 10)	4,019	3,507
捐助(注 11,12 和 13)	2,593	2,504
	6,450	5,943
	10,393	9,894

或有事项和承诺(注 3,19,20 和 21)

(见随附的附注)

代表治理委员会:

克莱尔 M. C. 肯尼迪　　梅里克 S. 格特勒
主席　　校长

报表 2:　合并运营报表

表 7　合并运营报表

(截至 2019 年 4 月 30 日)　单位:百万加元

	2019 年	2018 年
收入		
学费	1,728	1,583
正常运营政府资助	727	723
限定性目的政府和其他资助(注 16)	469	413
销售、服务和杂项收入	362	352
投资收入(注 3 和 11)	205	180
捐款(注 15)	102	128
	3,593	3,379
支出		
薪资	1,472	1,398
雇员福利(注 5)	349	319
奖学金、研究金和助学金	255	239
材料、物资和服务	222	227

续表

	2019 年	2018 年
固定资产折旧	189	178
组织内部贡献	155	121
修理、维护和租赁	135	118
销售和服务成本	117	113
公用设施	49	56
差旅和会议	57	54
长期债务利息	38	38
其他	50	53
	3, 088	2, 914
净收益	505	465

注：见随附的附注。

报表 3：　　合并净资产变化表

表 8　　合并净资产变化表

（截至 2019 年 4 月 30 日）　　单位：百万加元

	赤字	内部限定性（注 10）	捐赠（注 11）	2019 年总计	2018 年总计
年初净资产	（68）	3, 507	2, 504	5, 943	5, 457
净收益	505			505	465
内部限定净变化（注 10）	（512）	512			
外部限定捐赠投资收益（注 11）	（73）			（73）	（79）
再评估和其他项目（注 5）			35	35	61
外部捐赠——捐款（注 15）			40	40	39
转至内部限定捐赠（注 11）					
——投资收益	（6）		6		
转至捐赠					
——捐赠	（4）		4		
——对等资金	（4）		4		
年末净资产	（162）	4, 019	2, 593	6, 450	5, 943

注：见随附附注。

报表4：合并现金流量表

表9　合并现金流量表

（截至2019年4月30日）　　单位：百万加元

	2019年	2018年
经营活动		
净收益	505	465
加（减）非现金项目：		
固定资产折旧	189	178
递延资本捐赠摊销	(70)	(74)
投资资本收益净额	(170)	(149)
雇员未来福利支出	181	171
雇员未来福利捐赠	(231)	(230)
其他非现金项目净变化（注14）	1	115
	405	476
投资活动		
购入短期投资净额	(491)	(93)
出售投资净额	300	7
购入固定资产	(331)	(576)
	(522)	(662)
财务活动		
用于固定资产购置捐赠	121	117
长期负债偿还	(2)	(2)
捐款捐赠——捐款	40	39
	159	154
年度现金净增加（减少）	42	(32)
年初现金和现金等价物	70	102
年末现金和现金等价物	112	70
补充现金流量信息		
应付账款和应计负债筹资获得固定资产增（减）	(23)	19
固定资产购置相关的应收捐赠增加（减少）	(31)	21

注：见随附附注。

合并财务报表附注
(2019年4月30日)

1. 描述

多伦多大学治理委员会，在多伦多大学（以下简称“大学”）名义下运营，是根据多伦多大学法案（University of Toronto Act）——是一条安大略省立法议会（Legislative Assembly of Ontario）的法规，成立的法人组织。大学是一个致力于提供高等教育和开展研究的机构。大学的愿景，是通过其教学和研究追求卓越和公平，在探索、保有和分享知识中成为世界上最好的公立大学的一个领导者。

这些合并财务报表包括所有运营和组织的资产、负债、收入、支出和其他交易，包括治理委员会司法管辖权下的合资附属机构。这些合并财务报表不包括维多利亚大学、三一学院大学、圣迈克尔学院大学、森尼布鲁克健康科学中心（以下简称“森尼布鲁克”）以及与多伦多科技学院议定书规定的附属学院的资产、负债和运营，这些机构每个都是独立、非控制的、有单独财务报表的法人实体。

大学持有森尼布鲁克的土地和初始建筑。土地和初始建筑的获得总计1加元，用于医院目的和相关的医疗研究和教育目的。根据森尼布鲁克董事会意见，该土地租赁为每21年可续签的永久性租赁，其产权租赁给森尼布鲁克董事会——一个独立的法人。

大学是一个注册的慈善组织，因此，根据加拿大所得税法（Income Tax Act）豁免征收所得税。

2. 重大会计政策概述

这些合并财务报表根据加拿大注册会计师手册第三部分——会计编制，该部分为加拿大非营利组织建立公认会计准则（generally accepted accounting principles，GAAP），包括如下概述的重大会计政策：

（1）投资和投资收益。

除大学为投资目的直接持有的房地产外，投资按公允价值入账。公允价值金额是基于了解和自愿的各方在不受强制（自愿）的行为前提下的对价估计。如果存在，最好由市场报价来证明。估计公允价值的计算基于一个指定时点（at a specific point in time）的市场情况，并不能反映未来公允价值。

记录在合并财务报表中投资价值的确定如下：

• 短期票据和国库券（treasury bills）基于成本加应计利息估值，接近于公允价值。货币市场基金基于收盘市场报价估值。

• 债券和公开交易股票（equities）基于市场报价估值，如果市场报价对于债券不可用，则估值基于当前市场收益和作为适当的可比证券，采用现金流量折现计算。

• 汇集资金的投资（非私募投资权益和对冲基金）以它们报告的单位净资产价值估值。

• 对冲基金基于最近可获得的报告的单位净资产价值，通过 4 月 30 日基金的预期回报率调整后估值，大学认为这些金融工具的账面价值（carrying amount）是公允价值的合理估计。

• 私募投资权益包括私募投资和不动产，由外部私人管理汇集资金组成，该资金主要投资于股票、债券、房地产、基础设施资产和商品。这些权益的投资管理者定期进行主要投资的计价并提供计价。每年的私募投资权益财务报表被审计并由投资管理者提供。这些权益的投资价值，基于最新提供的估值（通常为 12 月 31 日），根据后续的现金收入和基金分配，以及截至 4 月 30 日资金的现金支付而调整。因为私募投资并不准备交易，他们的计价受不确定性影响，因此与用于已有投资的现成市场采用的价值有许多区别。

• 大学为投资目的直接持有的房地产，最初以成本计价，当捐赠时以在捐赠日通过估值方法确定的价值计价。然后，房地产以成本减去任何减值准备（provision for impairment）计价。

交易以交易日为基础记录，交易成本在发生时列为支出。

除了外部限定性捐赠赚得的投资收入在其成为可用支出时才记录为收入外，投资收益由从资金池的利息、股息、收入分配以及实现和未实现的收益和损失组成，在合并运营报表中作为收入记录。在投资收益超过可用支出总额的年度，超出部分作为捐赠的直接增加记录。在投资收益低于可用支出总额的年度，不足部分作为捐赠的直接减少记录。

（2）衍生金融工具（Derivative financial instruments）。

主要为考虑大学投资风险管理目的，衍生金融工具用于管理特定的市场和货币风险，作为更多传统投资的替代。可能采用的衍生金融工具和合成产品，包括债券、股票、货币期货、期权、掉期、远期合约和购回协议。这些合约通常由流动资产支持，其公允价值相当于标的衍生合约金融工具的公允价值。衍生金融工具的公允价值反映这些工具每天的市场报价，从而考虑公开合约当期未实现的收益或损失。投资人报价或银行报价实质上对于所有大学的衍生金融工具可用。

衍生金融工具采用公允价值计量，年度公允价值变化记录于合并运营报表。

（3）重大影响实体投资和合营企业协议权益。

合营企业和受重大影响的营利实体投资采用权益法核算，因此，投资以成本扣除任何减值作初始记录，然后根据大学在实体内的净盈余和赤字以及任何未来减值进行调整。所有收到的分配均作为投资减少核算。

（4）高级无抵押债券和其他长期债务。

高级无抵押债券和其他长期债务以公允价值为最初记录，然后采用实际利息率方法计量其分期偿还成本。高级无抵押债券和其他长期债务扣除相关的保险费、折扣和交易发行成本报告。

（5）其他金融工具。

其他金融工具最初以公允价值记录，包括现金和现金等价物、应收账款、应收政府援助和应付账款和应计债务，它们不需要后续的估值并持续以此价值计价，即成本扣除任何减值准备。

（6）现金和现金等价物。

现金和现金等价物由银行存款余额和货币市场基金投资组成。为投资而非流动性目的而持有的，满足现金和现金等价物定义的现金和投资，被归类为投资。

(7) 存货价值。

零星存货以最低成本计价，成本采用先进先出法和净现值确定。

(8) 雇员福利计划。

大学持有固定福利计划，为大多数雇员提供养老金、其他退休和雇佣后福利，采用立即确认法计量。根据此方法，大学在合并资产负债表中确认应计债务扣减计划资产公允价值额。当期的服务和融资成本在年度内支出，然而代表着计划资产实际和预期回报差异总额的再计量和其他项目、精算收益和损失，以及过去服务成本，确认为净资产的直接增加或减少。资助雇员未来福利计划的应计负债，采用向前滚动方法确认，采用至少每三年编制的最新精算估值报告中的筹资假设对应计负债进行估值。未备基金计划的应计负债，以与基金计划一致的基础编报。雇员未来福利计划的资产，在资产负债表日以公允价值计量。

(9) 固定资产。

购置的固定资产以成本计价。捐赠的固定资产以捐赠日的公允价值计价。折旧以直接法基础为条件，采用以下年度比率：

建筑物：2.5%；

设备和家具：5%～20%；

图书：20%。

大学以项目管理费为基础，摊销直接从事管理资本项目工作人员相关的薪资和福利成本，管理费在7,500万加元以下的建筑、家具和设备和景观美化成本等项目，比例为3.25%；管理费超过7,500万加元的建筑、家具和设备和景观美化成本等项目，比例为2.5%。

名义价值为1加元的捐赠藏品，基于独立评估人评估的价值被记录为收入，并在收到年度列作支出，除此之外，捐赠图书、艺术品和其他特定藏品的价值，不包括在合并资产负债表中。购置的藏品在获得年度列作支出。

当藏品被交换或出售，出售的收益被包括在递延捐赠内，并当藏品的保险、清理、修复、保护等工作成本被支出时，确认作为收入。

(10) 收入确认。

大学对包括捐赠和政府资助在内的捐赠，采用会计递延法。

大学积极筹集资金，非限定性捐赠、捐赠的稀有图书和其他藏品，如果其金额能被合理估计和收藏品能被合理确认，那么在收到或应收时确认为收入。由于收集的认捐包括不确定性，它们在收到时再予确认。

除经常性捐助外，外部限定性目的的捐赠，在最初记录入账户时摊销，并在相关支出发生期间确认为收入。外部限定性资产仅能用于外部方指定的目的。购入可摊销资本化资产收到的外部限定性资产，在最初记录入账户时摊销，并以与相关资本化资产相同的基础，摊销至收入。

经常性捐赠和非摊销资本化资产捐赠，在它们收到或应收的年度内，被记录为净资产的直接增加。

当课程和研讨会召开时，学费被记录为收入。在销售货物的时点或当服务被提供时，销售、服务和杂项所得收益被记录。

(11) 外币折算。

以外币计价的货币资产和负债，在年末以有效的兑换率折算。运营收入和支出在折算日以有效的兑换率折算。这些折算引起的收入和损失计入收益，而它们与投资相关的部分，以相同的方式作为投资收益确认。

(12) 会计估计采用。

遵循GAAP编制合并财务报告，要求管理层做出估计和假定，这些估计和假定会影响报告的资产和负债总额、收入和支出的相关总额，以及或有资产和负债的披露。要求使用管理层估计的重要方面，与用于确定金融工具公允价值的假定相关联，这些金融工具的公允价值基于那些不可观察的信息资料，这些信息资料包括几乎没有或非活动市场、养老金和其他退休福利债务估值、以及或有事项记录的支持。实际结果可能与这些估计不同。

(13) 捐赠服务和材料。

每年，志愿者捐赠服务的小时数量并不确定。由于确定它们的公允价值困难，捐赠的服务和材料在合并财务报表中不予确认。

3. 投资

直接投资基于基本投资组合的投资战略目的进行分类。

短期投资由现金、货币市场基金、短期票据和国库券组成。国际证券包括欧洲、澳大利亚和远东发达证券市场，不包括美国和加拿大。全球证券包括所有发达证券市场，以及各类新兴证券市场。“其他”投资主要由绝对回报对冲基金组成。

各类投资的公允价值如表 10 所示。

表 10　　各类投资的公允价值　　单位：百万加元

	2019 年 4 月 30 日	2018 年 4 月 30 日
短期投资	1, 905	1, 414
政府和企业债券	1, 172	1, 373
加拿大证券	300	291
美国证券	610	585
国际证券	461	443
新兴市场证券	303	287
全球证券	158	146
其他	238	212
	5, 147	4, 751
减短期投资额	(1, 905)	(1, 414)
	3, 242	3, 337

包括在上述投资分类中的有对冲基金、私募投资和不动产，分类如表 11 所示。

表 11　　对冲基金私募投资不动产　　单位：百万加元

2019 年 4 月 30 日

政府和企业债券	加拿大证券	美国证券	国际证券	新兴市场证券	全球证券和其他	总计
45		214		24	271	554
211	36	181	6	53		487
29	28	8	20		14	99
285	64	403	26	77	285	1, 140

2018 年 4 月 30 日

政府和企业债券	加拿大证券	美国证券	国际证券	新兴市场证券	全球证券和其他	总计
44		217	12	64	243	580
163	37	115	12	51		378
25	24	13	19		13	94
232	61	345	43	115	256	1, 052

大学的投资用两个资金池管理：可支出资金投资池（expendable funds investment pool，EFIP）和长期资本增值池（long - term capital appreciation pool，LTCAP）。LTCAP 主要包括捐赠基金、用于偿还大学债券本金到期时的无偿偿债基金（注 7），以及预留基金用于清偿长期债务支出（注 5）。

每个资金池的投资组成如表 12 所示。

表 12　　投资组成　　单位：百万加元

	2019 年 4 月 30 日		2018 年 4 月 30 日	
	EFIP	LTCAP	EFIP	LTCAP
短期投资	1,873	32	1,390	24
政府和企业债券	233	939	439	934
加拿大证券		300		291
美国证券	1	609	1	584
国际证券		461		443
新兴市场证券		303		287
全球证券		158		146
其他		238		212
合计	2,107	3,040	1,830	2,921

2019 财年，大学在合并运营报表中记录的投资收益为 20,500 万加元（2018 财年为 18,000 万加元），其组成包括：由捐赠人持有的相关投资收益 11,900 万加元（2018 财年为 12,000 万加元）、费用和其他支出（注 11）总计 2,500 万加元（2018 财年为 2,500 万加元），非捐赠人持有的投资收益为 8,600 万加元（2018 财年为 6,000 万加元）、费用和其他支出总计 700 万加元（2018 财年为 600 万加元）。

年度内，大学确认投资利润 1,400 万加元（2018 财年为损失 2,000 万加元），是投资公允价值变动的结果，投资公允价值估计采用基于一些假定的估值技术，这些假定并不被可观察的某些投资的市场价格或比率支持。管理层认为，无其他合理的假定将在投资收益中产生任何重大变化。

（1）未兑现承诺。

截至 2019 年 4 月 30 日，约 11.4%（2018 年为 9.9%）的大学投资被投资于由第三方管理的私募基金。这些私募基金特别采取由普通合伙人管理的有限合作形式。这些私募投资基金的法律条款和规定覆盖私募证券和不动产投资（例如不动产、基础设施）的各个领域，要求投资者最初做出暂时借入资金的承诺，然后随时间推移汇拨资金（渐增至最大的总承诺数额），以回应由管理者向投资发出的一系列资本请求。截至 2019 年 4 月 30 日，大学的未兑现承诺约为 48,300 万加元（2018 年为 46,500 万加元）。被管理者收回的承诺资本有预定的投资期间，根据资金而异，但从私募资金关闭日期起通常为 3 年至 5 年。实际上，由于不同的原因，私募资金的承诺额很少被全部收回。

（2）衍生金融工具。

衍生金融工具的实际和公允价值如表 13 所示。

表 13　　衍生金融工具的实际和公允价值　　单位：百万加元

	2019 年 4 月 30 日		2018 年 4 月 30 日	
	名义价值	公允价值	名义价值	公允价值
衍生品相关的应收款项：				
外币远期合约				
——美元	24		37	
——其他	187	2	220	2
		2		2
股权和债券远期合约				
——美元	25	1		
——其他	18		51	
		1		
股权和债券掉期合约总收益	501	10	272	3
衍生品相关应收款项总计		13		5
衍生品相关的应付款项：				
外币远期合约				
——美元	709	(9)	569	(9)
——其他	120		16	
		(9)		(9)
股权和债券远期合约				
——美元	1		48	(2)

续表

	2019 年 4 月 30 日		2018 年 4 月 30 日	
	名义价值	公允价值	名义价值	公允价值
——其他	2			
				(2)
股权和债券掉期合约总收益			136	(3)
掉期合约利息率总计	11	(1)	14	(2)
衍生品相关应付款项总计		(10)		(16)
衍生品相关应付款项净额		3		(11)

衍生相关的应收和应付被分别包括在合并资产负债表中的应收账款和应计负债中。截至 2019 年 4 月 30 日，货币远期和期货合约的范围从 2019 年 5 月至 2019 年 9 月。截至 2019 年 4 月 30 日，总收益权益互换合约的到期日，范围从 2019 年 5 月至 2020 年 4 月。截至 2019 年 4 月 30 日，针对这些合约，以短期投资形式提供的抵押品，公允价值为 200 万加元（2018 年为 200 万加元）。

利率互换合约导致大学对一些负债义务确定一个加权平均长期利息率 7.1%（2018 年为 6.9%），而不是支付 2.2% 的加权平均短期浮动利率（2018 年为 1.5%）。这些长期合约是在利率高于当前汇率的这些年份签订的。这些互换合约要求应有一个周期的支付交换，无须交换支付依据的名义本金数量。现金清偿基于名义数量，在合约利息率和当前市场利率之间存在差异。利率互换合约的公允价值 100 万加元（2018 年为 200 万加元）被包括在长期负债中（注 7）。

大学可以签订重购（逆向重购）合约，包括向（从）金融机构销售（可购买）债券，同时签订协议以固定的价格重购（重售）相同的证券，反映一个特定日期的利息率。由于大学（或卖方）实质上保留了所有权的所有风险和回报，因此根据这些协议，这些出售（或购买）的受影响证券不会被撤销确认（或确认）为投资。销售和重购价格（或购买和重售价格）之间的差异，按利息支出（收入）对待，采用实际利息率方法在合约存续期内确认。这些交易包含一些风险，让渡（获得）证券价值与到期日支付（收到）的价格可能不同，或者合约的其他方不能或不愿按预定的价格完成交易，这可能会导致大学的损失。截至2019年4月30日，大学已签订许多在2019年5月期满的这样的合约。根据重购合约，大学承诺的重购证券总额，被确认为与净投资相关的应付款34,200万加元（2018年为34,000万加元）。

4. 固定资产（见表14）

表14　　固定资产　　单位：百万加元

	2019年4月30日		2018年4月30日	
	总成本	累计折旧	总成本	累计折旧
土地	2,287		2,277	
建筑物	3,566	1,298	3,442	1,207
设备和家具	1,835	1,447	1,697	1,380
图书	733	667	697	636
	8,421	3,412	8,113	3,223
减累计折旧	(3,412)		(3,223)	
账面净值	5,009		4,890	

大学为保险目的采用符合保险行业实践和标准的不同来源和估值方法，开发了建筑物和内容的重置财产价值（replacement property values）。这些已投保的建筑物的重置价值大约为55亿加元，内容大约27亿加元，其中包括图书大约93,700万加元。

大学拥有许多各种不同的图书、艺术和其他为公共展览、教育、研究和促进公共服务目的而被保护和保存的特别藏品。稀有图书和特定藏品包括手稿、档案、制图、图片、胶片、录音、录像资料。大学几乎没有处置过其中的一些藏品。

截至2019年4月30日，大学有12,500万加元（2018年为17,900万加元）在建工程（construction in progress）包括在建筑物中，直到建筑物投入使用时再计提累计折旧。

5. 雇员福利计划

大学有大量受资助和未受资助的固定福利计划，为其大多数雇员提供养老金、其他退休和退休后福利。固定福利养老金计划（包括追加的退休协议）是基于服务年限和在36个月内收到的最高平均薪资。养老金福利每年将增加一定数量相当于上一年度消费者价格指数（Consumer Price Index，以下简称 CPI）不超过 8% 时的增幅的 75%，加 CPI 超过 8% 时的增幅的 60%，或者上一年度 CPI 增加减去 4 个百分点。其他退休福利计划为缴费型健康保健计划，每年调整退休人员缴费，比如额外健康保健、半私人保健和牙科保健。另一个计划也提供就业后至退休前的长期伤残收入福利。

年度雇员福利支出包括养老金支出 13,300 万加元（2018 年为 11,900 万加元），其他退休福利支出 4,800 万加元（2018 年为 5,200 万加元），以及其他雇员福利 16,800 万加元（2018 年为 14,800 万加元）。被记录在合并净资产变化报表中，而不是在合并运营报表中。合并运营报表中的重新计量项目如表 15 所示。

表 15 合并运营报表中的重新计量项目 单位：百万加元

	2019 年 4 月 30 日		2018 年 4 月 30 日	
	退休福利计划	其他福利计划	退休福利计划	其他福利计划
计划资产实际和预期回报差异	(19)		36	
精算收益（损失）	(41)	(13)	(146)	31
	(60)	(13)	(110)	31

用于计量大学应计福利债务和福利成本的重大精算假定列示如表 16 所示。

表 16 用于计量大学应计福利债务和福利成本的重大精算

	2019 年 4 月 30 日		2018 年 4 月 30 日	
	退休福利计划	其他福利计划	退休福利计划	其他福利计划
应付福利义务：				
折扣率	5.55%	5.55%	5.55%	5.55%
赔偿金增长率	4.00%	4.00%	4.00%	4.00%
通货膨胀率	2.00%	2.00%	2.00%	2.00%
福利成本：				
折扣率	5.55%	5.55%	5.75%	5.75%
计划资产回报预计长期利率	5.75%		5.75%	
赔偿金增长率	4.00%	4.00%	4.00%	4.00%
通货膨胀率	2.00%	2.00%	2.00%	2.00%

每年进行养老金计划精算估值。最近的养老金计划精算估值实施截至2018年7月1日。下次要求的精算估值完成将截至2020年7月1日。退休福利计划而非养老金计划的精算估值每2年进行一次，最近一次实施截至2017年7月1日。大学在每年截至4月30日为了会计核算目的计量其应计福利债务（采用最新精算估值前滚技术）和计划资产的公允价值。

为退休福利计划（而非养老金计划）计量应计服务债务截至2019年4月30日，包括健康保健福利在内的人均成本增长率被假定在4.0%～4.5%的范围内，除了2019年额外的健康保健成本假定增长率为7.0%，到2030年增长率逐步递减至4.5%，此后将保持在这一水平。

大学福利计划，主要是固定福利计划的信息如表17所示。

表17　　固定福利计划　　单位：百万加元

	2019年4月30日		2018年4月30日	
	退休福利计划	其他福利计划	退休福利计划	其他福利计划
应计福利债务	5,650	625	5,387	591
计划资产公允价值	5,342		5,068	
计划赤字	(308)	(625)	(319)	(591)

除计划资产外，截至2019年4月30日，大学还为养老金义务预留2,000万加元（2018年为1,600万加元）投资（注10）和10,700万加元（2018年为10,300加元）其他福利计划。

大学对于管理层、教师协会、工会和非代表员工，与圭尔夫大学和女王大学已完成开发一项新的联合发起人养老金计划（jointly sponsored pension plan，JSPP），于2020年1月1日生效，将覆盖在现有计划内所有三个大学的雇员和退休雇员，缴款和应计福利将于未来日期生效（预计将是2021年7月1日）。在此之前，必须进行非常严格的审批流程，主要有现有计划成员、前计划成员、已退休人员和根据再有计划有资格享受福利的其他人员的准许程序，以及必要的管制批准。仅当这些完成后，计划的资产和负债将转移至新的JSPP。

6. 政府应付汇款（remittances）

截至2019年4月30日，包括政府应付汇款在内的应付账款和应计负债为 4,000 万加元（2018 年为 3,800 万加元）。

7. 长期负债

长期负债由抵押和定期贷款 200 万加元（2018 年为 400 万加元）和下列高级无抵押债券（senior unsecured debentures）组成如表 18 所示。

表 18 长期负债 单位：百万加元

	2019 年 4 月 30 日	2018 年 4 月 30 日
A 系列高级无抵押债券应付持有利率 6.78%		
每半年期 1 月 18 日和 7 月 18 日		
本金到期日为 2031 年 7 月 18 日	160	160
B 系列高级无抵押债券应付持有利率 5.841%		
每半年期 6 月 15 日和 12 月 15 日		
本金到期日为 2043 年 12 月 15 日	200	200
C 系列高级无抵押债券应付持有利率 4.937%		
每半年期为 5 月 16 日至 11 月 16 日		
本金到期日为 2045 年 11 月 16 日	75	75
D 系列高级无抵押债券应付持有利率 4.493%		
每半年期为 6 月 13 日和 12 月 13 日		
本金到期日为 2046 年 12 月 13 日	75	75
E 系列高级无抵押债券应付持有利率 4.251%		
每半年期为 6 月 7 日和 12 月 7 日		
本金到期日为 2051 年 12 月 7 日	200	200
未摊销交易成本净额	(1)	(1)
	709	709

未摊销交易成本净额包括保险费和交易发行成本。

建立自愿性偿债基金（voluntary sinking fund）出于积聚资金的目的，旨在偿还大学债券的到期日本金。基金的价值包括于截至 4 月 30 日的投资中，2019 年总计达 39,700 万加元（2018 年为 34,400 万加元）。

8. 递延捐赠

递延捐赠是指未用完的外部限制性资助和捐款。递延捐赠余额变化如表 19 所示。

表 19　　递延捐赠　　单位：百万加元

	2019 年 4 月 30 日	2018 年 4 月 30 日
年初余额	616	557
加：资助、捐款和投资收益	527	552
减：年度内确认为收入	（527）	（493）
年末余额	616	616

递延捐赠必须用于下列项目的支出，如表 20 所示。

表 20　　递延捐赠的支出项目　　单位：百万加元

	2019 年 4 月 30 日	2018 年 4 月 30 日
研究	273	292
学生援助（注 12 和 13）	93	88
其他限定性目的	250	236
	616	616

9. 递延资本化捐赠

递延资本化捐赠是指为购置固定资产而收到的捐款和资助的未摊销额。递延资本化捐赠的摊销在合并运营报表中作为政府和其他限定性目的资助被确认为收入。年度递延资本化捐赠余额变化如表 21 所示。

表 21　　年度递延资本化捐赠余额变化　　单位：百万加元

	2019 年 4 月 30 日	2018 年 4 月 30 日
年初余额	1, 254	1, 190
减：递延资本化捐赠摊销	（70）	（74）
减：长期应收政府援助注销	（46）	
加：为固定资产购置确认的捐赠	90	138
年末余额	1, 228	1, 254

余额如表 22 所示。

表 22　　递延资本化捐赠余额　　单位：百万加元

	2019 年 4 月 30 日	2018 年 4 月 30 日
用于购买固定资产的数额	1,211	1,227
固定资产支出数额	17	27
	1,228	1,254

10. 内部限定性净资产

内部限定性净资产是预留资金，反映治理委员会政策的使用，如表 23 所示。

表 23　　内部限定性净资产　　单位：百万加元

	2019 年 4 月 30 日	2018 年 4 月 30 日
土地和其他固定资产投资	3,428	3,253
雇员福利		
养老金	(414)	(431)
其他计划	(518)	(488)
养老金计划储备（注 5）	20	16
资本项目和基础设施储备	809	412
运营或有事项	360	455
研究支持	178	155
部门信托基金	85	74
学生援助	52	44
其他资金	19	17
	4,019	3,507

（1）土地和其他固定资产投资。

土地和其他固定资产投资，是不可用于其他目的的净资产，他们仅用于为固定资产提供资金的目的。它由非限定性资源购置的非摊销的固定资产（减去负债），加上非限定性资源购置的不需要摊销的固定资产账面价值（减去负债）构成。

(2) 雇员福利。

内部限定性净资产减去雇员未来福利义务后，为未来运营预算冲减养老金计划储备后提供资金。

(3) 资本化项目和基础设施储备。

这些指为固定资产的计划、设计、建设等不同阶段的储备资金，包括：

在建资本化项目——25,800 万加元（2018 年为 16,300 万加元）——在财年末未支出资金，涉及大学主要基础设施建筑物和翻新项目的资本化项目和在建的改建、翻新，减去已支出的无资金支持的数额。

未来主要资本化项目储备 23,400 万加元（2018 年无）。其中，为了项目计划战略中特殊的、主要的资本化项目预留的资金，预期项目成本超过 500 万加元。

其他部门的基础设施储备 31,700 万加元（2018 年为 24,900 万加元）——由多个部门持有的资金作为重建（alterations）和翻新（renovations）的一般储备，以及指定特殊用途用于项目计划战略中资本化项目资金，预计项目成本不高于 500 万加元。

(4) 运营或有事项。

这些运营资金是指由部门支出的部门运营可用储备，以保障可能的不利情况，如由于地缘政治事件、投资回报波动和薪资成本提高引起的招生变化。

(5) 研究支持。

这些资金是指为加拿大研究席位（Canada Research Chairs）和相关的研究津贴、启动研究资金，以及根据支出补偿计划提供给教师和图书馆员资金等储备的部门资金。

(6) 部门信托基金。

这些基金是指可用于部门支出且无外部限定性的部门信托基金。

(7) 学生援助。

这些资金是指可用于提供奖学金、助学金和其他学生援助的部门运营资金。

(8) 其他资金。

这些资金是指主要为支持各种创新活动而持有的，旨在增强项目和活动的质量、结构和组织，以及满足适用长期预算计划的重组和提高实体资产的生产效率。

11. 捐赠

捐赠由大学收到的外部限定性捐款，以及治理委员会经过斟酌决定转移的内部资源组成。对于后者，治理委员会有权后续决定撤销这一指定。捐赠产生的投资收益的使用必须与捐赠人或治理委员会设立的目的相一致。大学确信，作为受托责任（fiduciary responsibilities）的一部分，限定性目的收到的所有资金支出用于资金提供的目的。捐赠的限定性净资产的变化组成如表24所示。

表24　　限定性净资产的变化组成　　单位：百万加元

	2019年4月30日			2018年4月30日		
	外部限制	内部限制	总计	外部限制	内部限制	总计
年初余额	2, 129	375	2, 504	2, 021	359	2, 380
捐赠（附注15）	40		40	39		39
投资收益减费用和其他支出 $25（2018：25）（附注3）	110	19	129	134	22	156
可用于支出的投资收益	（75）	（13）	（88）	（73）	（12）	（85）
捐赠转移和从赤字中匹配的资金	6	2	8	8	6	14
年末余额	2, 210	383	2, 593	2, 129	375	2, 504

大学政策建立的目的是保护捐赠的实际价值，通过限制收益用于支出的数额和要求再投资不可用于支出。投资政策设定10年期实际目标回报率至少4%，扣减所有投资费用和其他支出，同时承担适当数额的风险以完成此目标，但不得有不合理的风险损失。可用于支出的数额，必须通常落在捐赠池单位公允价值的3%～5%的范围内。在特定的年度，净投资收益中可用于支出的资金总额，或如果投资收益为负数，那么可用于支出的资金总额则由累计的再投资收益提供资金。然而，对于捐赠基金，捐赠的公允价值低于捐赠资本金，并且没有充足的累计再投资收益，大学认为将捐赠资本金用于当年度项目是审慎的。总金额应由未来净投资收益补偿。截至2019年4月30日，无捐赠公允价值低于原始礼品价值。截至2018年4月

30 日，捐赠的原始礼品价值为 2,800 万加元，公允价值为 2,790 万加元，赤字为 10 万加元。在 2019 财年，单位 LTCAP 有 8.18 加元（2018 财年为 8.02 加元）可用于支出，占捐赠资金池单位公开公允价值的 3.52%（2018 年为 3.56%）。

12. 安大略省学生机会信托基金

外部限定性捐赠包括由安大略省政府提供的来源于安大略省学生机会信托基金匹配计划的资助金，作为筹集等量捐赠款项的结果，对学生施以援助。

附注中，捐赠账面价值，指收到的捐赠加上实现的投资收益部分。可用于奖励的可支用资金，计入合并资产负债表的递延捐赠（注 8）。附属机构（维多利亚大学、三一学院大学、圣迈克尔学院大学和多伦多科技学院）的捐赠和可支用资金余额，未计入合并资产负债表（见表 25）。

表 25　　安大略省学生机会信托基金　　单位：千加元

阶段 1：	2019 年 4 月 30 日	2018 年 4 月 30 日
年初捐赠基金账面价值	348,718	338,893
捐赠	1	152
从可动用基金中转出	12,351	9,673
年末捐赠基金账面价值	361,070	348,718
累计未实现收益	29,336	35,443
年末捐赠基金公允价值	390,406	384,161
年初可用于资助的可动用基金	30,423	29,982
实现的投资收益	25,895	22,998
转移至捐赠基金余额	(12,351)	(9,673)
资助的奖学金	(14,327)	(12,884)
年末可用于资助的可动用基金	29,640	30,423
获奖人数	3,559	3,268

阶段 2：	2019 年 4 月 30 日		2018 年 4 月 30 日	
	多伦多大学	附属企业	多伦多大学	附属企业
年初捐赠基金账面价值	46,211	5,177	45,053	5,156
捐赠		118	1	
从可动用基金中转移	1,455	58	1,157	21

续表

阶段 2：	2019 年 4 月 30 日		2018 年 4 月 30 日	
	多伦多大学	附属企业	多伦多大学	附属企业
年末捐赠基金账面价值	47, 666	5, 353	46, 211	5, 177
累计未实现的捐赠	(902)		(180)	
年末捐赠基金公允价值	46, 764		46, 031	
年初可用于资助的可动用基金	3, 658	592	3, 438	603
实现的捐赠收益	3, 090	350	2, 753	258
转移至捐赠基金余额	(1, 455)	(58)	(1, 157)	(21)
资助的奖学金	(1, 846)	(263)	(1, 376)	(248)
年末可用于资助的可动用基金	3, 447	621	3, 658	592
获奖者数量	634	130	536	117

13. 安大略省学生支持信托

外部限定性捐赠包括由安大略省政府从安大略省学生支持信托匹配计划提供的资助，作为筹集的捐赠物等额的结果，以授予学生援助（见表26）。大学也匹配一些捐赠物。

表 26　　安大略省学生支持信托　　单位：千加元

项目	2019 年 4 月 30 日*		2018 年 4 月 30 日*	
	多伦多大学	附属企业	多伦多大学	附属企业
年初捐赠基金账面价值	81, 835	15, 620	79, 988	14, 931
捐赠	356	12	134	8
大学匹配	25	3		5
转移从（至）可动用基金中	2, 622	(20)	1, 713	676
年末捐赠基金账面价值	84, 838	15, 615	81, 835	15, 620
累计未实现的捐赠	2, 333		4, 904	
年末捐赠基金公允价值	87, 171		86, 739	
年初可用于资助的可动用基金	4, 549	1, 836	4, 378	1, 697
实现的投资收益	5, 671	808	4, 686	1, 429
收到的捐赠	10			
大学匹配和缴款	83		90	
转移从（至）捐赠基金额	(2, 622)	20	(1, 713)	(676)

续表

项目	2019 年 4 月 30 日*		2018 年 4 月 30 日*	
	多伦多大学	附属企业	多伦多大学	附属企业
资助的奖学金	(3,130)	(806)	(2,892)	(614)
年末可用于资助的可动用基金	4,561	1,858	4,549	1,836
获得资助人数	1,031	333	937	261

注：*根据每年培训部、学院和大学的指导方针。

在这个附注中，捐赠账面价值是指收到的捐赠，加上实现的投资收益部分。可用于奖励的可支用资金被包括于合并资产负债表的递延捐赠（注 8）。附属机构（维多利亚大学、三一学院大学、圣迈克尔学院大学和多伦多科技学院）的捐赠和可支用资金余额未包括在这些合并资产报表中。

14. 其他非现金项目净变化

其他非现金项目净变化如表 27 所示。

表 27　　其他非现金项目净变化　　单位：百万加元

	2019 年 4 月 30 日	2018 年 4 月 30 日
应收账款	(19)	12
应付账款和应计负债	20	44
递延缴款		59
合计	1	115

15. 捐赠物

一年来，大学收到的捐赠物 14,200 万加元（2018 年为 16,700 万加元）。其中，4,000 万加元（2018 年为 3,900 万加元）被记录为捐赠的直接增加（注 11），并不作为捐赠收入记录。

16. 非限定性目的的政府和其他资助

一年来，大学收到 41,900 万加元（2018 年为 42,900 万加元）政府和其他研究资助，以及 7,000 万加元的（2018 年为 10,700 万加元）资本化基础设施和其他目的资助。其中 46,900 万加元（2018 年为 41,300 万加元）作为收入记录，递延 2,000 万加元（2018 年为 12,300 万加元）（见注 8 和注 9）。

17. 金融工具

由于使用金融工具交易，大学面临各种金融风险。

（1）外币风险。

由于外币对于加元相对价值的变化，公允价值和未来现金流将波动，因此大学面临与外币计价投资有关的外币风险。包括以外币计价的资金池资金基础投资。为了管理外币风险，截至2019年的对冲政策是对冲美国证券和EAFE证券基准资产类别50%（2018年为50%）的货币敞口，对冲所有其他基准资产类别0%（2018年为0%）的货币敞口。

（2）信用风险。

由于金融工具的一方可能因为另一方的未能履行义务而遭受财务损失，大学面临与它的应收账款、短期和固定收益投资、衍生合约相联系的信用风险。扣减应收账款600万加元（2018年为700万加元）计为坏账准备（allowance for doubtful accounts）。截至2019年4月30日，大学持有42,700万加元（2018年为49,100万加元）具有AAA或AA信用等级的固定收益有价证券。

（3）利率风险。

由于市场利率变化，公允价值会随之波动，大学面临关于固定收益证券投资的利率风险。

（4）流动性风险。

大学面临流动性风险，将会遇到与金融工具相关义务的履约困难。

（5）其他价格风险。

大学面临与其权益证券和权益资金池资金相联系的市场价格变化（而不是由于利率或外币风险引起的变化），从而会引起其他价格风险。

18. 合资企业

（1）多伦多泛美运动中心有限公司。

根据安大略省商业企业法［Business Corporations Act（Ontario）］和多伦多城市法［City of Toronto Act（2006）］，多伦多泛美运动中心有限公司（Toronto Pan Am Sports Centre Inc.，TPASC）是一个由大学和多伦多市为运营多伦多泛美运营中心设施而共同拥有和控制的公司。这些设施包括一个第一水上运营中心以及一个艺术培训和竞赛场馆。因此，大学在合并运营报表中确认合资企业收入超支额盈利（赤字）的50%，并在合并资产负债表中作为一项投资。

以下TPASC的财务信息根据公共部门会计准则编制，占大学份额的50%。在报告框架中的任何差异对大学合并财务报表并不重要，表28为TPASC编制独立审计财务报表（2018年12月30日）。

表28　TPASC编制独立审计财务报表

（2018年12月30日）

单位：百万加元

	2018年12月31日	2017年12月31日
金融和非金融资产总计	9	7
金融负债总计	1	1
累计盈余	8	6
收入	6	6
支出	6	6
运营盈余（赤字）		
用于运营活动的现金流	(1)	
用于投资活动的现金流	(1)	(2)
融资活动产生的现金流	2	2
现金变化净额		

截至2018年12月31日，大学累计盈余份额为800万加元（2017年为600万加元），是指旨在支持重要维修和资本化要求的未支出资金。由于大学的累计盈余份额不可估计（be contemplated），而且也不容易变现（realizable），因此在合并财务报表中未记录数额。

年度内，大学支付给TPASC 200万加元（2018年为200万加元）使用费，作为使用设施的成本份额。年度内，多伦多市和大学分别获得额外的5,086股（2018年为2,499股）TPASC普通股，兑换2014年12月18日的“遗产融资协议”资金总计400万加元（2018年为200万加元），被捐赠给TPASC，为了向资本储备和运营成本提供资金。发生在正常商业活动过程中的这些交易，以双方同意数额的交易额记录。

多伦多泛美运动中心的建设，由根据之前PTASC签订的协议管理。大学记录 9,000 万加元（2018 年为 9,000 万加元）固定资产，占大学设施建设成本的 50%。

（2）国家实验室（TRIUMF）。

与其他 13 所大学一样，大学是 TRIUMF 合资企业的一员。TRIUMF 是坐落于英属哥伦比亚大学（UBC）校园的加拿大粒子和核物理国家实验室，是一个非自治组织注册的慈善机构，在其资产、负债和义务内，每一个大学平均享有一份不可分割的 1/14 利益，它占用的土地和建筑物由 UBC 拥有，设施和运营由联邦政府津贴提供资金支持，截至目前，大学对 TRIUMF 并无财务贡献，不可预计 TRIUMF 的净资产，也不打算变现。在资产、负债和运营结果中，大学权益并未包括在这些合并资产财务报表中（注 21b）。

根据加拿大公共部门会计准则，包括适用于政府非营利组织会计准则，编制下列 TRIUMF 财务信息（见表 29）；不包括所有的固定资产和报废成本准备，如果有，在成本发生的年度作为支出。

表 29　　TRIUMF 财务信息　　单位：百万加元

	2019 年 3 月 31 日（未审计）	2018 年 3 月 31 日
总资产	55	50
总负债	9	9
总基金余额	46	41
收入	87	95
支出	83	82
收入超过支出差	4	13

19. 火星 2 号投资信托

2016 财年，大学获得火星 2 号投资信托（以下简称“信托”）中的 20% 权益，该信托是由安大略省法律控制的联合信托公司，根据信托契约成立于 2011 年 7 月 15 日，拥有火星发现区的一个慈善组织，财产授予 3,100 万加元。建立该信托旨在开发和管理一栋 20 层的最先进的世界级的集合中心，致力于改进加拿大科学、技术和社会创新的商业产出。该投资采用权益法计量。大学已经评估信托中的获得的投资价值，结果，大学在 2016 年

4月30日确认投资为0。在2018年4月30日和2019年4月30日，投资价值没有变化。

年度内，大学为信托租赁房屋和相关运营成本支出900万加元（2018年：1,100万加元）。

空间租金的未来基础租赁费用如表30所示。

表30　空间租金的未来基础租赁费用　单位：百万加元

2020年	5
2021年	5
2022年	5
2023年	5
2024年	4
此后	97
合计	121

这些交易是在正常业务过程中发生的，以交易额记录，金额经双方同意。

20. 其他承诺

（1）截至2019年4月30日，由运营、捐赠和政府资金提供资金的完成工程和在建翻新项目的估计成本，大约57,600万加元（2018年为41,000万加元）。

（2）空间租赁的未来基本租赁费用支出如表31所示。

表31　空间租赁的未来基本租赁费用支出　单位：百万加元

2020年	11
2021年	13
2022年	13
2023年	12
2024年	11
此后	131
合计	191

21. 或有事项

（1）大学有一个项目，该项目保证银行向教师和职员贷款，以帮助房屋购置或再融资。大学持有抵押贷款作为这些保证的抵押担保（collateral security）。截至 2019 年 4 月 30 日，担保的贷款数额为 900 万加元（2018 年为 800 万加元）。大学估计这些担保的风险并不重要。

（2）TRIUMF 合资企业成员与加拿大核安全委员会（Canadian Nuclear Safety Commission，CNSC）批准一项报废计划，要求所有成员严格对他们报废成本的份额负责，同时提供对 CNSC 提供这些成本额的融资契约。尽管当期没有报废设备的打算，TRIUMF 仍实施一项计划，为报废成本提供资金，不需要合资企业各方任何支出。

（3）大学确认关于大量设施使用石棉所潜在的资产退休义务。尽管不存在关于翻新和拆除这些设施的当前健康危害，大学可能需要采取适当的弥补措施移除。只要含有石板且不会带来公共健康风险，大学就没有法定义务移除这些设施中的石棉，由于不确定的时间和移除的范围，该项义务的公允价值不能被合理估计。当法定义务存在，或确定资本项目将进行，以及有充分的信息来评估该义务的公允价值时，这些资产的资产退休义务将被记录。

（4）大学活动的性质，在可以预料的任何时间，通常有索赔或潜在的索赔。截至 2019 年 4 月 30 日，大学认为，对于预期不会对大学财务状况产生重大影响的索赔，大学具有有效的防御和适当措施。同时也存在最终结果无法确定的其他索赔或潜在的索赔。在负责能够被估计或者记录的金额需要调整的年度，任何关于索赔的额外损失将被记录。

22. 比较合并财务报表

比较合并财务报表已被重新分类，区别于之前呈报的报表，以符合 2019 年度合并财务报表的方式列报。

附：基金补充报告（2019 年 4 月 30 日）（未审计）

精要

表 32　　2019 年 4 月 30 日精要（1）

（未审计）　　单位：百万加元

	运营基金	附属运营	资本金	限制基金	总计
运营表					
收入	2, 756. 2	205. 4	78. 4	552. 7	3, 592. 7
支出	2, 192. 7	192. 3	160. 7	542. 3	3, 088. 0
净收益（损失）	563. 5	13. 1	(82. 3)	10. 4	504. 7
资产负债表					
资产	1, 742. 1	311. 1	5, 025. 5	3, 314. 5	10, 393. 2
负债	1, 508. 4	189. 6	1, 608. 5	636. 3	3, 942. 8
净资产	233. 7	121. 5	3, 417. 0	2, 678. 2	6, 450. 4
净资产组成：					
捐赠基金				2, 593. 2	2, 593. 2
资本化资产投资		99. 9	3, 328. 1		3, 428. 0
内部限制性净资产	199. 7	48. 1	258. 3	85. 0	591. 1
盈余（赤字）	34. 0	(26. 5)	(169. 4)		(161. 9)
合计	233. 7	121. 5	3, 417. 0	2, 678. 2	6, 450. 4

表 33　　2018 年 4 月 30 日精要（2）

（未审计）　　单位：百万加元

	运营基金	附属运营	资本金	限制基金	总计
运营表					
收入	2, 576. 7	200. 0	77. 6	524. 1	3, 378. 4
支出	2, 073. 7	185. 5	149. 1	505. 2	2, 913. 5
净收益（损失）	503. 0	14. 5	（71. 5）	18. 9	464. 9
资产负债表					
资产	1, 540. 1	313. 1	4, 827. 3	3, 213. 0	9, 893. 5
负债	1, 503. 1	203. 7	1, 609. 0	634. 8	3, 950. 6
净资产	37. 0	109. 4	3, 218. 3	2, 578. 2	5, 942. 9
净资产组成：					
捐赠基金				2, 504. 3	2, 504. 4
资本化资产投资		101. 7	3, 151. 0		3, 252. 7
内部限制性净资产	（16. 6）	33. 9	162. 5	73. 9	253. 7
盈余（赤字）	53. 6	（26. 2）	（95. 2）		（67. 8）

补充报告的目的

多伦多大学财务报表以单一列报为基础，报告大学的资产、负债、净资产、收入和支出。补充报告的目的，是采用与大学管理它的资金相一致的格式，按基金展示大学的财务报表信息。明细表 1（见表 34）和明细表 2（见表 35）按基金展示资产负债表和运动状况表，以及盈余（赤字）的变化。

运营基金包括主要由政府运营资金、学生学费，以及物资和服务销售支持的教学和管理活动。

辅助运营包括住宅、食物和饮料服务、停车、哈特之家、住宅房屋和多伦多大学出版社。所有的附属资产、负债、净资产、收入和支出被记录于该基金。

限定性基金包括捐赠（包括资助）、研究资金和合同。每项捐赠，通常由一项大学与捐赠者之间的协议支持，或带有类似目的的微小捐赠收藏品，均记录于各自的基金中，根据约定同意的条目和条款管理。每项研究资金或合同被记录于各自的基金，并根据基金发起人要求的条目和条款管理。共有几千项单独的限定基金。

在财务精要中描述的财务绩效的主要驱动因素，对各个基金的影响如下：

- 招生增长主要反映在运营基金和附属运营中。
- 研究活动增长被反映在限定性基金中。
- 薪资和福利增长主要被反映在运营基金中。
- 空间增长被反映在附属运营（住宅和停车设施）和固定基金（所有其他设施，包括学术教学和研究设施）中。
- 捐赠物主要反映在限定性基金中。
- 捐助被反映在限定基金中。
- 投资收入被反映在所有基金中，但主要反映在运营基金和限定性基金中。

表 34　　明细表 1：资产负债表

（未审计）

2019 年 4 月 30 日

（比较 2018 年 4 月 30 日数据）

单位：百万加元

	运营资金	附属运营	资本资金	限制资金	2019 年总计	2018 年总计
资产						
流动资产：						
现金和短期投资	1,675.1	68.8	248.5	42.9	2,017.3	1,483.5
应收账款	70.0	13.6	6.3	13.6	103.6	78.4
存货和预付费用	15.0	6.6			21.6	21.9
长期应收政府援助						83.2
投资公允价值				3,241.5	3,241.5	3,336.6
资本化资产净额		222.1	4,770.7	16.5	5,009.3	4,889.9
资产合计	1,742.1	311.1	5,025.5	3,314.5	10,393.2	9,893.5

续表

	运营资金	附属运营	资本资金	限制资金	2019 年总计	2018 年总计
负债						
流动负债：						
应付账款和应计负债	355.8	30.2	48.2	20.4	454.6	457.4
递延缴款				615.9	615.9	616.0
应计退休金债务	307.7				307.7	319.3
非退休金雇员未来福利债务	625.1				625.1	590.9
内部贷款	218.4	153.8	(372.2)			
长期债务	1.4	0.3	709.3		711.0	712.7
递延资本化缴款		5.3	1,223.2		1,228.5	1,254.3
负债合计	1,508.4	189.6	1,608.5	636.3	3,942.8	3,950.6
净资产：						
盈余（赤字）	34.0	(26.5)	(169.4)		(161.9)	(67.8)
内部限制净资产	199.7	48.1	258.3	85.0	591.1	253.7
资本化资产投资		99.9	3,328.1		3,428.0	3,252.7
捐赠基金				2,593.2	2,593.2	2,504.3
净资产合计	233.7	121.5	3,417.0	2,678.2	6,450.4	5,942.9
负债和净资产合计	1,742.1	311.1	5,025.5	3,314.5	10,393.2	9,893.5

表 35　　明细表 2：运营和盈余（赤字）变化报表

（未审计）

2019 年 4 月 30 日年度　　单位：百万加元

	运营资金	附属运营	资本资金	限制资金	2019 年总计	2018 年总计
收入：						
学费	1,716.0	10.3	1.2		1,727.5	1,582.3
一般运营政府资助	726.5				726.5	723.3
限制目的的政府和其他资助		0.5	59.2	409.7	469.4	413.3
销售、服务和杂项收入	168.7	193.1	0.6		362.4	351.7
投资收益	144.7	1.4	4.2	54.3	204.6	180.2
捐赠		0.1	13.2	88.7	102.0	127.6
收入合计	2,755.9	205.4	78.4	552.7	3,592.4	3,378.4

续表

	运营资金	附属运营	资本资金	限制资金	2019 年总计	2018 年总计
支出：						
薪资	1, 250. 0	8. 6		213. 3	1, 472. 2	1, 398. 3
雇员福利	323. 3	2. 4		23. 2	348. 9	318. 6
奖学金、学术奖金、助学金	220. 8			34. 0	254. 8	239. 1
材料、物资和服务	116. 2	2. 2		102. 9	221. 3	226. 6
资本化资产摊销	14. 6	19. 2	153. 0	2. 3	189. 1	178. 2
机构内部贡献	34. 8			120. 1	154. 9	121. 2
修理、维护和租赁	103. 1	21. 4	3. 3	7. 3	135. 1	118. 3
销售和服务成本		117. 4			117. 4	112. 7
公共设施	38. 0	10. 3		1. 0	49. 3	55. 3
差旅和会议	34. 6			22. 0	56. 6	53. 6
长期借款利息	21. 0	10. 8	4. 4	2. 2	38. 4	38. 4
其他	36. 0			13. 7	49. 7	53. 2
支出合计	2, 192. 4	192. 3	160. 7	542. 3	3, 087. 7	2, 913. 5
净收益（损失）	563. 5	13. 1	(82. 3)	10. 4	504. 7	464. 9
基金间净转移	(184. 0)	(1. 1)	170. 9	14. 2		
资本化资产基金转移	(110. 1)		110. 1			
内部限制性变化	(289. 0)	(14. 2)	(95. 8)	(11. 0)	(410. 0)	(63. 6)
资本化资产投资变化		1. 9	(177. 1)		(175. 2)	(385. 9)
转移捐赠至捐赠基金				(7. 8)	(7. 8)	(13. 9)
转移至内部限制性捐赠基金				(5. 8)	(5. 8)	(10. 2)
年度盈余（赤字）变化净额	(19. 6)	(0. 3)	(74. 2)		(94. 1)	(8. 7)
年初盈余（赤字）	53. 6	(26. 2)	(95. 2)		(67. 8)	(59. 1)
年末盈余（赤字）	34. 0	(26. 5)	(169. 4)		(161. 9)	(67. 8)

运营基金

运营基金包括主要由政府运营资金、学生学费和物资和服务销售支持的教学和行政活动。

年度运营基金收入为28亿加元；费用为22亿加元，导致净收益56,400万加元。运营基金收入和支出的增长，主要反映计划和预期的学生数量增加（见图15）。

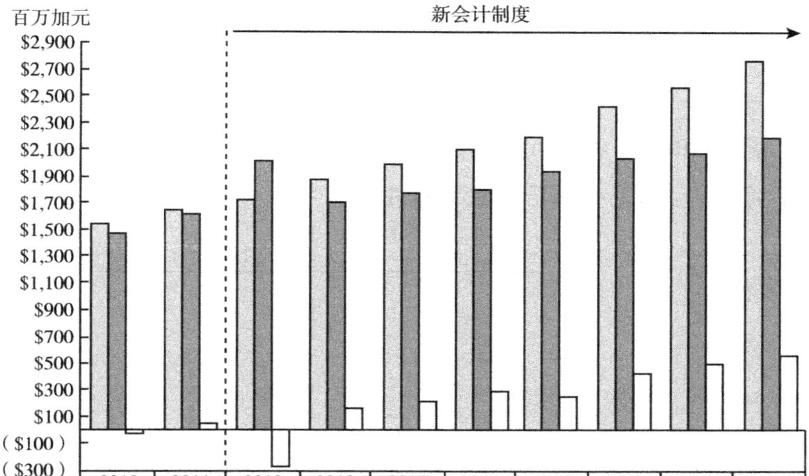

	2010	2011	2012	2013	2014	2015	2016	2017	2018	2019
□收入	1,549.1	1,658.9	1,741.4	1,879.2	2,004.1	2,121.3	2,213.2	2,431.8	2,576.7	2,755.9
■支出	1,482.0	1,622.1	2,018.3	1,713.5	1,783.9	1,823.9	1,947.5	2,006.7	2,073.7	2,192.4
□净收益（损失）	67.1	36.8	（276.9）	165.7	220.2	297.4	265.7	425.1	503.0	563.5

图15 运营基金收入和支出

（截至2019年4月30日）

2012财年生效，大学采用立即确认法核算其雇员福利计划（养老金和其他雇员未来福利），对资产负债表和运营状况表的从养老金计划和雇员未来福利而非养老金中全面记录赤字，产生有一定影响。2012年净损失源自于运营状况表中记录的计划资产和精算收益和损失的实际回报。2013财年开始，计划资产和精算收益（损失）（再确认）的实际和预期回报之间的差异，在净资产中被直接确认，并不流入运营状况表。

2019年4月30日累计运营盈余为3,400万加元，但是长期的运营预算要求实现收支平衡（break even position）。2019年运营基金净收益的变化原因如表36所示。

表 36　　2019 年运营基金净收益的变化　　单位：万加元

固定资产支出不列作支出，转移至固定基金，加至资产负债表	110
雇员未来福利义务净变化（不包括再评估）	64
转移至未计入运营基金的其他基金	184
分配给学术部门的去年度大学普通储蓄	(54)
用于大学优先事项的大学普通储蓄	34
增加储备的未使用基金	226
	564

截至 2019 年 4 月 30 日的运营基金资产为 17 亿加元，负债为 15 亿加元，净资产为 23,400 万加元（见图 16）。

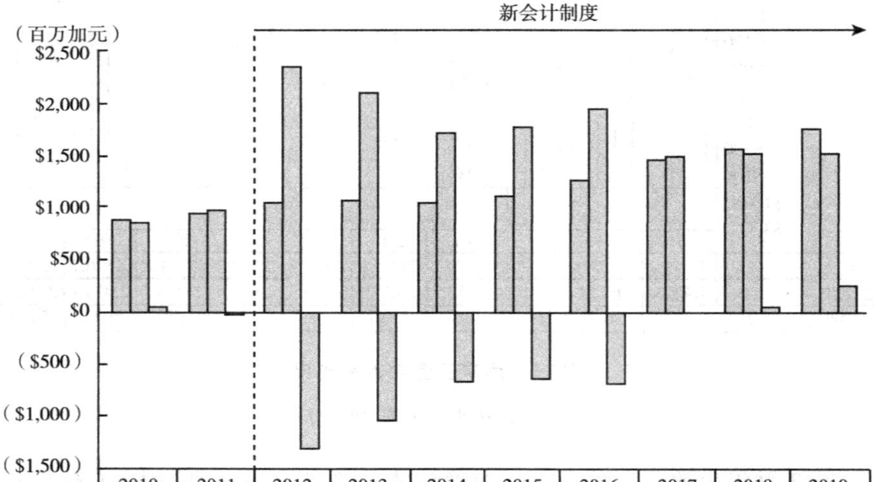

	2010	2011	2012	2013	2014	2015	2016	2017	2018	2019
□ 资产	875.6	958.5	1,036.8	1,077.7	1,045.3	1,136.8	1,251.0	1,455.5	1,540.1	1,742.1
■ 负债	847.7	979.9	2,346.5	2,123.6	1,724.9	1,766.9	1,953.0	1,475.4	1,503.1	1,508.4
□ 净资产	27.9	（21.4）	（1,309.7）	（1,045.9）	（679.6）	（630.1）	（702.0）	（19.9）	37.0	233.7

图 16　运营基金资产、负债和净资产

（截至 2019 年 4 月 30 日）

净资产从 2018 年的 3,700 万加元增加至 2019 年的 23,400 万加元，主要是由于：

- 年度 56,400 万加元净收益。
- （7,300 万加元）再评估计算的雇员未来福利义务增加，报告为净资产直接减少。

- （29, 400 万加元）净转移至其他基金。

转移至其他基金如下：

- 11, 000 万加元转至资本基金，以反映固定资产支出的运营基金，该支出在资本基金中报告为固定资产。
- 18, 400 万加元主要转移至各个项目资本基金。

运营基金的两类净资产如下：

- 盈余 3, 400 万加元。
- 内部限定性净资产 20, 000 万加元。

盈余 3, 400 万加元是大学运营预算报告中提及的运营基金的累积盈余。累积盈余从 2018 年在 4 月 30 日的 5, 400 万加元减少至 2019 年 4 月 30 日的 3, 400 万加元，主要原因如下：

- 净收益 56, 400 万加元。
- 上述提到的（29, 400 万加元）转移至其他基金。
- 内部限定性净资产变化（28, 900 万加元），主要是由于资本项目储备和雇员未来福利义务储备的增加（不包括再评估）。

内部限定性净资产 20, 000 万加元，主要包括部门储备 82, 000 万加元、为资本项目预留基金 28, 700 万加元，以及其他目的预留基金 400 万加元，抵消未备基金债务 91, 200 万加元，未备基金债务 91, 200 万加元由养老金计划相关的 39, 400 万加元和雇员福利计划相联系的 51, 800 万加元组成。养老金将必须从未来年度运营基金收入中支付。

明细表 3（见表 37 ~ 表 40）是由内部限定性净资产 20, 000 万加元组成的运营储备基金。该明细表中包括按分部门的计划，详细说明结转的储备金如何一次性支出，或是在一项赤字的情况下，采用以下分类如何消除的计划：

- 基础设施储备——该分类旨在获得已由部门储备的基金，用于新建建筑、翻新设施、基础设施升级如计算网络、设备更新等。
- 研究——为研究而储备的基金将被包括在此分类。包括分配给首席专家（Principal Investigators），用于支出教师和图书馆员报销项目（expense reimbursement program）、经费（overheads）、研究津贴（research allowance）

或启动基金（start - up funds），也包括用于加拿大研究席位（Canada Research Chairs）和任何相关研究津贴的储备基金。

• 学生援助——该类获得用于奖学金、助学金和其他学生援助的储备基金。

• 捐赠匹配——该类获得储备基金以匹配未来外部捐赠人捐赠。部门必须有书面计划明确它将匹配哪些类型的捐赠（如席位和教授职位、学生帮助、学术项目和研究等），并有一系列匹配限制。

• 运营或有事项——该类旨在获得部门运营或有事项储备。该类基金包括用于预期预算缩减、自愿内退支出、大学成本增加、由于招生下降和低投资回报引起的收入波动等储备的资金。运营储备或有事项总额，通常在部门总运营支出预算的5%至10%范围内。较大分布风险的部门（例如大规模国际招生、重大增长、高水平的外部收益等）可建立较大规模的运营或有事项储备。

表37　　明细表3：运营储备基金概述（1）

2019年4月30日

（与2018年4月30日比较）

（未审计）　　单位：千加元

	2019年总计	2018年总计
部门准备金		
学术	626,665	665,548
学术服务	8,975	12,876
学生服务	22,584	20,738
学生援助	12,896	11,290
设施和服务	37,795	21,895
行政管理	30,270	33,057
大学公共	81,156	70,022
各类准备金总计	820,341	835,426
中央准备金		
资本金		
未来主要资本化项目准备金	234,334	(72)
其他基础设施准备金	52,620	43,862
	286,954	43,790

续表

	2019 年总计	2018 年总计
其他		
研究经费	3, 769	3, 711
优先资金	2, 062	4, 653
利率掉期损失	(1, 441)	(1, 718)
	4, 390	6, 646
重要准备金总计	291, 344	50, 436
雇员福利准备金		
退休金	(413, 649)	(430, 844)
退休金计划准备	19, 844	16, 444
医疗福利	(559, 156)	(523, 384)
其他计划	40, 978	35, 267
雇员福利准备金总计	(911, 983)	(902, 517)
内部限制性净资产总计	199, 702	(16, 655)
年度内部限制性净资产变化净额	216, 357	
组成：		
运营报表中报告的内部限制性变化	289, 039	
净资产变化报表中报告的重述	(72, 682)	
	216, 357	

表 38　　　　明细表 3：运营储备基金概述（2）

2019 年 4 月 30 日

（与 2018 年 4 月 30 日比较）

（未审计）　　　　单位：千加元

	2019 年						2018 年
	基础设施储备	研究	学生援助	捐赠基金匹配	运营或有事项	总计	总计
学术：							
人文科学，TYP，SCS：							
人文科学学院	48, 010	51, 695	15, 396	3, 033	54, 900	173, 034	237, 015
过渡年度项目	75		15		778	868	761
UTSC 学术	28, 659	16, 836	593		25, 269	71, 357	103, 603
UTM 学术	3, 321	16, 346			6, 735	26, 402	24, 960

续表

	2019 年						2018 年
	基础设施储备	研究	学生援助	捐赠基金匹配	运营或有事项	总计	总计
继续研究学院	3, 768		894		5, 161	9, 823	6, 780
	83, 833	84, 877	16, 898	3, 033	92, 843	281, 484	373, 119
医疗科学：							
牙科学院	6, 433	2, 738	301		3, 895	13, 367	13, 347
医学院	11, 777	27, 506	6, 515	722	2, 777	49, 297	30, 409
Dalla Lana 公共卫生学院		3, 701	1, 262		6, 282	11, 245	9, 999
Lawrence Bloomberg 护理学院	680	1, 379	82		1, 842	3, 983	4, 112
Leslie Dan 药学院	1, 050	6, 013	1, 018	500	4, 112	12, 693	15, 411
运动机能与体育学院	3, 039	1, 526	303	1, 000	1, 717	7, 585	5, 704
	22, 979	42, 863	9, 481	2, 222	20, 625	98, 170	78, 982
其他专业学院：							
应用科学与工程学院	10, 593	38, 829	4, 876	1, 060	23, 520	78, 878	79, 430
Daniels 建筑、景观和设计学院	1, 795	799	15		747	3, 356	(2, 997)
Rotman 管理学院	10, 134	2, 237	2, 446	4, 000	4, 052	22, 869	9, 870
OISE/UT	5, 100	3, 400	1, 300		33, 616	43, 416	36, 236
林学院	50	348	1, 090	2, 500	606	4, 594	5, 403
法学院		1, 399	1, 031		5, 365	7, 795	4, 321
信息学院		430			6, 481	6, 911	3, 709
音乐学院	128	619	321		(12, 408)	(11, 340)	(6, 151)
Factor – Inwentash 社会工作学院		440			2, 044	2, 484	1, 892
	27, 800	48, 501	11, 079	7, 560	64, 023	158, 963	131, 713
其他学术成本：							
大学层面储备	30, 840	294	100	1, 741	88, 535	121, 510	112, 762
应计休假工资——学术					(33, 462)	(33, 462)	(31, 028)
学术总计	165, 452	176, 535	37, 558	14, 556	232, 564	626, 665	665, 548

表 39　　明细表 3：运营储备基金概述（3）

2019 年 4 月 30 日

（与 2018 年 4 月 30 日比较）

（未审计）

单位：千加元

	2019 年						2018 年
	基础设施储备	研究	学生援助	捐赠基金匹配	运营或有事项	总计	总计
学术服务：							
圣乔治图书馆		531			1, 313	1, 844	4, 906
UTSC 图书馆	2, 265	73			2, 821	5, 159	5, 573
UTM 图书馆	360	54			397	811	1, 236
购买电子图书					1, 161	1, 161	1, 161
学术服务总计	2, 625	658			5, 692	8, 975	12, 876
学生服务：							
圣乔治校区	962	—	569	—	1, 403	2, 934	2, 525
UTSC 校区	4, 475	—	43	—	7, 941	12, 459	10, 492
UTM 校区	—	—	—	—	4, 476	4, 476	3, 452
体育和娱乐	1, 218	50	913	—	534	2, 715	4, 269
学生服务总计	6, 655	50	1, 525		14, 354	22, 584	20, 738
学生援助：							
圣乔治校区			12, 847			12, 847	11, 210
UTSC 校区			38			38	31
UTM 校区			11			11	49
学生援助总计			12, 896			12, 896	11, 290
设施和服务：							
圣乔治校区	25, 408				746	26, 154	10, 759
UTSC 校区	5, 669				5, 439	11, 108	10, 340
UTM 校区	50				483	533	796
设施和服务总计	31, 127				6, 668	37, 795	21, 895

表 40　　明细表 3：运营储备基金概述（4）

2019 年 4 月 30 日

（与 2018 年 4 月 30 日比较）

（未审计）　　单位：千加元

	2019 年						2018 年
	基础设施储备	研究	学生援助	捐赠基金匹配	运营或有事项	总计	总计
行政管理：							
治理委员会					1,102	1,102	1,166
校长办公室					46	46	24
会议和机构事项					165	165	285
首席财务官司办公室					2,353	2,353	2,186
副校长和教务长	1,472	130			4,152	5,754	6,146
副校长——研究和创新					2,252	2,252	4,538
副校长——交流					3,790	3,790	2,801
副校长——晋升					1,627	1,627	2,107
副校长——国际					441	441	321
重要治理关系					139	139	221
副校长——大学运营					4,559	4,559	6,606
副校长——人力资源和公平	150	129			3,989	4,268	3,531
UTSC 校区	383				12,003	12,386	10,164
UTM 校区					785	785	1,585
假期工资应计——行政					(9,397)	(9,397)	(8,624)
行政总计：	2,005	259			28,006	30,270	33,057
大学一般运营：							
副校长——人力资源和公平					2,479	2,479	1,981
CFO——LTBP 可动用资金					60,426	60,426	56,353
副校长——大学运营	8,422	101			9,728	18,251	11,688
大学一般运营总计：	8,422	101			72,633	81,156	70,022
各类准备金总计：	216,286	177,603	51,979	14,556	359,917	820,341	835,426

运营基金财务成果与运营预算比较

年末结果与预算的比较，对于评价预算如何估计实际产出非常重要。然而，运营预算和运营基金财务成果之间的差异，必须在比较之间进行调整。这些差异概述如下：

• 财务报表根据精算基础的加拿大非营利组织公认会计准则（GAAP）编制，然而，运营预算预计了现金收入和支出。

• 财务报表包括固定资产折旧，然而，运营预算包括这些资产估计的现金花费。

• 财务报表包括与 GAAP 相一致的养老金成本和其他福利。然而，运营预算包括预计的现金保费和年度内基金支付。

这些差异需要调整财务报表收入 1,200 万加元和 5,500 万加元支出，以使与预算数量可比。完成这些调整之后，则可以比较运营预算年末成果，评估根据计划如何接近真实结果。总体而言，财务报表和运营预算之间的调整如表 41 所示。

表 41　　财务报表和运营预算之间的调整　　单位：万加元

	财务报表	调整	调整后 财务报表	运营预算	有利（不利） 差异	差异率 （%）
运营资金收入	2,755.9	（12.4）	2,743.5	2,638.4	105.1	4.0%
运营资金支出	2,192.4					
资本资产转移	110.1					
	2,302.5	55.2	2,357.7	2,638.4	280.7	10.6%
净收益	453.4	（67.6）	385.8		385.8	

调整后，总运营基金收入为 274,400 万加元，与预算的收入 263,800 万加元相比，结果为一个有利差异 10,500 万加元或 4.0%。这一有利差异主要是由于：

• 有利的学费差异 2,100 万加元，主要是由于国际招生超过目标。

• 有利的投资收益差异 500 万加元，由于比可支出投资池中的预算投资回报高。

• 800 万加元来自学术项目的学费有利差异，这些学术项目无省政府资金资助。

• 部门销售和服务中，有利差异 5,700 万加元。

调整后，总计运营基金支出为 235,700 万加元，与预算支出 263,800 万加元相比，导致有利差异 28,100 万加元，主要是由于学术部门的花费少。详细分析如明细表 4（见表 42）。

表 42　明细表 4：真实运营基金结果与最初预算比较

2019 年 4 月 30 日

（未审计）

单位：百万加元

	实际			预算	差异
	财务报表	调整	调整财务报表	最初预算	有利/（不利）
收入					
大学一般运营收入：					
省资助	645.3	0.4	645.7	645.6	0.1
弥补资助和合约间接成本	55.9	(0.9)	55.0	50.8	4.2
学生学费	1,481.5		1,481.5	1,460.7	20.8
投资收益：					
捐赠基金（教授职位和学生援助）	69.1		69.1	63.5	5.6
其他	75.6	(12.0)	63.6	58.4	5.2
杂项收入	22.9	0.1	23.0	19.6	3.4
市政税	4.9		4.9	4.9	
小计	2,355.2	(12.4)	2,342.8	2,303.5	39.3
部门收入：					
省资助	35.5		35.5	35.0	0.5
学生学费	219.1		219.1	210.8	8.3
销售和服务	146.1		146.1	89.1	57.0
小计	400.7		400.7	334.9	65.8
收入合计	2,755.9	(12.4)	2,743.5	2,638.4	105.1
支出					
学术	1,338.5	7.7	1,346.2	1,605.3	259.1
学术服务	105.4	2.0	107.4	96.6	(10.8)
学生服务	97.5	2.2	99.7	99.8	0.1

续表

	实际			预算	差异
	财务报表	调整	调整财务报表	最初预算	有利/（不利）
学生援助	226.4	0.2	226.6	245.0	18.4
设备维护和服务	96.5	2.4	98.9	126.2	27.3
设备设施	55.5		55.5	61.0	5.5
修缮和翻新	10.3	(10.3)			
行政管理	242.7	6.9	249.6	228.7	(20.9)
折旧	14.6	(14.6)			
利息支出	21.0	(21.0)			
大学一般支出	88.0	79.7	167.7	169.7	2.0
市政税	6.1		6.1	6.1	
支出合计	2,302.5	55.2	2,357.7	2,638.4	280.7
下列项目前运营成果	453.4	(67.6)	385.8		385.8
内部限制性资金变化	(289.0)	67.6	(221.4)		(221.4)
转移	(184.0)		(184.0)		(184.0)
年度盈余变化净额	(19.6)		(19.6)		(19.6)

附属运营

附属运营，包括服务辅助（住宿、饮食服务、停车和哈特之家）和商业辅助（住宅和多伦多大学出版社）。所有的附属资产、负债、净资产、收益和支出被记录于基金中。

附属收入从2010年的14,300万加元增长至2019年的20,500万加元。支出从14,400万加元增长至19,200万加元。净变化从2010年的净损失100万加元至2019年净收益1,300万加元（见图17）。过去几年住宿费（Residence fees）增加以紧跟支出的增加，包括大额固定资本利息和借款利息支出。

圣乔治饮食服务自2016年8月1日起从之前的圣乔治运营、栗子宿舍和背新学院改变其商业模式以支持新运营，合并了住宿、零售和餐饮运营。

在这种模式下，食品服务运营由机构内做好，替代了原来从第三方外购，结果是圣乔治饮食服务以总额基础记录为收入，替代了仅报告从第三方赚得的食品销售佣金。该商业模式的变化导致自 2017 年起的总收入和总支出的增加。

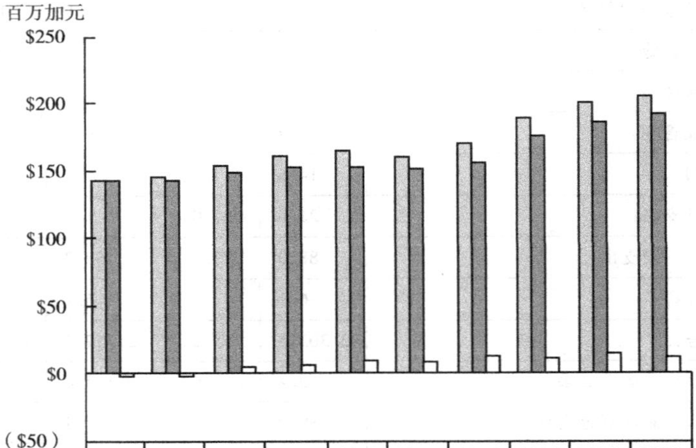

	2010	2011	2012	2013	2014	2015	2016	2017	2018	2019
收入	143.2	146.1	154.2	160.3	163.6	160.9	169.4	188.1	200.0	205.4
支出	144.4	143.1	148.0	153.2	153.2	151.0	155.3	175.9	185.5	192.3
净收益（损失）	（1.2）	3.0	6.2	7.1	10.4	9.9	14.1	12.2	14.5	13.1

图 17　附属运营收入和支出

（截至 2019 年 4 月 30 日）

2019 年度，附属组群产生净收益 1,300 万加元。净转移 100 万加元减去用于未来支出的 1,400 万加元后，在 2019 年 4 月 30 日，累计赤字为 2,700 万加元。

附属机构资产从 2010 年的 30,100 万加元增加至 2019 年的 31,100 万加元，由于附属机构还清他们的资本化融资，负债从 2010 年的 28,900 万加元减少至 2019 年的 19,000 万加元。同期净资产从 1,200 万加元增长至 12,100 万加元，基本上反映了服务运营满足住宿和停车空间的持续成功，同时减少他们的债务负担。

2019 年 4 月 30 日，净资产为 12,100 万加元，比 2018 年 4 月 30 日增加 1,200 万加元，原因如下：

● 年度 1,300 万加元净收益。

● 转移至其他基金 100 万加元。

● 附属运营净资产分为三类，总计 12,100 万加元，分别是：2,700 万加元赤字；4,800 万加元内部限定净资产；10,000 万加元固定资产投资（见图 18）。

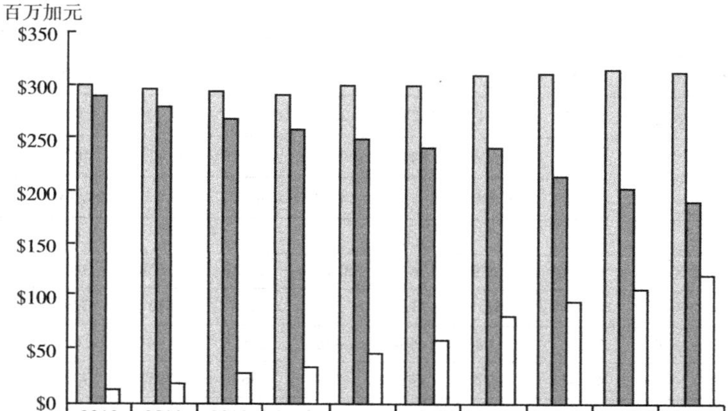

	2010	2011	2012	2013	2014	2015	2016	2017	2018	2019
□ 附属资产	301.3	295.6	294.2	292.7	298.2	299.6	309.3	311.1	313.1	311.1
■ 附属负债	289.1	277.9	267.6	258.4	250.6	241.0	226.4	216.2	203.7	189.6
□ 附属净资产	12.2	17.7	26.6	34.3	47.6	58.6	82.9	94.9	109.4	121.5

图 18　附属运营资产负债表

（截至 2019 年 4 月 30 日）

固定资产投资分类，反映出大学自有资金内部借款为资本化设施建设提供资金，导致相应的赤字增加。随着时间推移，因为固定资产的摊销，固定资产投资净减少，赤字也净减少。

明细表 5（见表 43）按附属运营显示其细节。

表 43　　明细表 5：附属运营净资产报表

截至 2019 年 4 月 30 日

（与 2018 年 4 月 30 日数据比较）　　单位：千加元

	收入	支出	承诺和转移	盈余（赤字）		资本化资产投资	内部限制	2019 总计净资产	2018 总计净资产
				期初	期末				
住宿									
研究生住房	5,023	4,061	(77)	(7,044)	(6,159)	11,558	2,208	7,607	6,117
士嘉堡	9,564	8,075	(1,734)	1,608	1,363	2,625	4,995	8,983	7,520

续表

	收入	支出	承诺和转移	盈余（赤字）		资本化资产投资	内部限制	2019 总计净资产	2018 总计净资产
				期初	期末				
密西沙加	14,862	13,817	(876)	(3,314)	(3,145)	9,338	1,254	7,447	7,015
大学学院	7,702	7,518	(690)	2,604	2,098	3,115	1,654	6,867	6,834
Innis 学院	3,840	3,151	(1,752)	1,774	711	297	3,376	4,384	3,945
新学院	10,116	9,933	1,795	(4,231)	(2,253)	2,195	600	542	(1,092)
家庭住宅	9,561	7,477	(2,744)	2,317	1,657	412	4,500	6,569	5,768
伍兹沃思学院	5,037	4,331	1,225	(12,808)	(10,877)	16,217	3,000	8,340	7,635
栗树 89 号	16,819	15,636	889	(9,719)	(7,647)	8,073	582	1,008	(670)
	82,524	73,999	(3,964)	(28,813)	(24,252)	53,830	22,169	51,747	43,072
餐饮服务									
圣乔治校区	32,133	33,239	(967)	(3,449)	(5,522)	2,658	347	(2,517)	(607)
士嘉堡校区	1,022	851	(213)	197	155	515	276	946	875
密西沙加校区	3,246	2,808	1,604	536	2,596	746	2,620	5,962	4,728
大学学院	4,442	4,277	(178)	399	386	225	712	1,323	1,307
	40,861	41,175	246	(2,317)	(2,385)	4,144	3,955	5,714	6,303
停车									
圣乔治校区	6,253	6,349	(1,733)	1,884	55	6,843	2,149	9,047	9,929
士嘉堡校区	3,944	2,178	(7,254)	1,196	(4,292)	5,013	7,578	8,299	6,898
密西沙加校区	4,356	3,489	(318)	(6,972)	(6,423)	16,470	10	10,057	10,490
	14,553	12,016	(9,305)	(3,892)	(10,660)	28,326	9,737	27,403	27,317
哈特宿舍	18,048	16,922	(1,130)	1,169	1,165	7,039	10,181	18,385	17,259
多伦多大学出版社	46,612	46,222	439	7,509	8,338	1,848	0	10,186	9,796
校园宿舍	2,803	2,018	403	143	1,331	4,635	2,065	8,031	5,724
	49,415	48,240	842	7,652	9,669	6,483	2,065	18,217	15,520
不考虑掉期总计	205,401	192,352	(13,311)	(26,201)	(26,463)	99,822	48,107	121,466	109,471
利率掉期公允价值	14		(14)				0	0	(14)
考虑掉期总计	205,415	192,352	(13,325)	(26,201)	(26,463)	99,822	48,107	121,466	109,457

服务附属机构（Service Ancillaries）

2019 年服务附属机构收入 15,600 万加元和支出 14,400 万加元，年度净收益 1,200 万加元（见图 19）。自 2010 年以来服务附属机构收入增长 67.6%，支出同期增长 51.8%。增加是由于住宿、饮食和停车服务的扩张，以应对招生的增加。过去 9 年的住宿费的增长与增加的支出保持一致，包括大的固定资本金率和借款利息支出。

自 2016 年 8 月 1 日起，圣乔治饮食服务改变其商业模式，以支持从之前的圣乔治业务、栗子住宿和新学院，到合并住宿、零售和食堂业务。在这一模式下，食品业务由内部制作，代替了原来的从第三方外购，导致总额基础的圣乔治饮食服务销售作为收入记录，替代了原来仅报告从第三方食品销售赚得的佣金（commission）。该模式的变化导致自 2016 年后，总收入和总支出两方面都有增加。

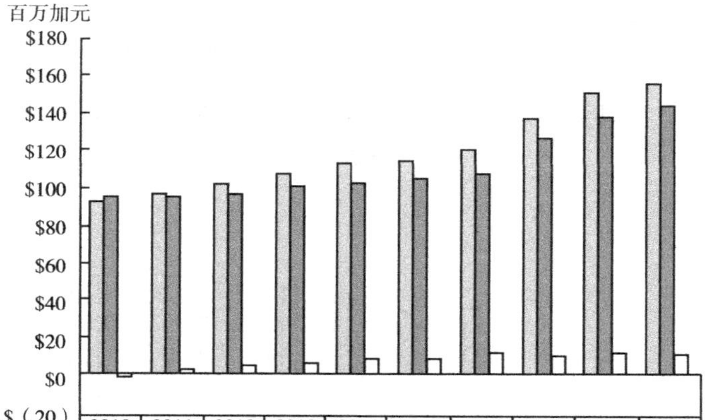

	2010	2011	2012	2013	2014	2015	2016	2017	2018	2019
□ 服务附属收入	93.1	97.0	102.2	107.7	112.9	114.6	120.9	137.5	151.3	156.0
■ 服务附属支出	94.9	94.6	96.9	101.1	103.5	105.0	108.0	126.2	138.3	144.1
□ 服务附属收入（损失）	（1.8）	2.4	5.3	6.6	9.4	9.6	12.9	11.3	13.0	11.9

图 19　附属业务——服务附属机构收入和支出

（截至 2019 年 4 月 30 日）

这些业务的长期财务健康依赖于住宿和停车空间的入住情况（fill）。增长主要由通过长期债务和通过已有附属业务补贴提供的资金支持，导致运营利润减少。

商业附属机构（Business Ancillaries）

商业附属机构由多伦多大学出版社和住宅业务组成，管理着休伦湖－苏塞克斯 80 多个居住地址超过 160 租赁单元。这些业务 2019 年合并收入 4,900 万加元和支出 4,800 万加元，净收益 100 万加元（见图 20、图 21）。

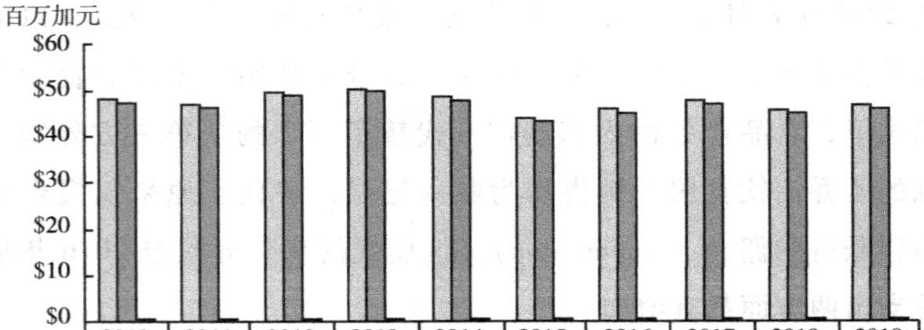

	2010	2011	2012	2013	2014	2015	2016	2017	2018	2019
收入	48.3	47.2	50.0	50.4	48.4	43.9	46.1	48.0	45.9	46.6
支出	47.6	46.7	49.0	49.8	48.0	43.5	45.2	47.2	45.0	46.2
净收益	0.7	0.5	1.0	0.6	0.4	0.4	0.9	0.8	0.9	0.4

图 20　附属业务——商业附属机构多伦多大学出版社收入和支出

（截至 2019 年 4 月 30 日）

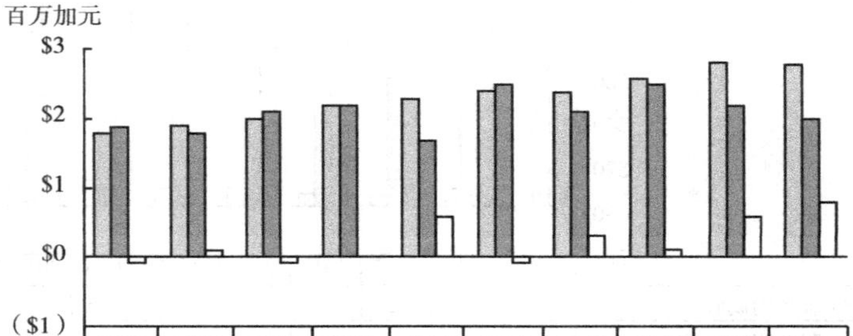

	2010	2011	2012	2013	2014	2015	2016	2017	2018	2019
收入	1.8	1.9	2.0	2.2	2.3	2.4	2.4	2.6	2.8	2.8
支出	1.9	1.8	2.1	2.2	1.7	2.5	2.1	2.5	2.2	2.0
净收益（损失）	（0.1）	0.1	（0.1）	0.0	0.6	（0.1）	0.3	0.1	0.6	0.8

图 21　附属业务——商业附属机构住宅业务收入和支出

（截至 2019 年 4 月 30 日）

资本基金

资本基金包括所有的固定资产——土地、建筑物、家具、电脑等，除了这些附属机构。对大学而不是附属机构的固定资产捐赠，记录在该基金中。该基金也持有绝大多数大学的债务，反过来，也为了资本建设和其他项目借给部门或业务，这些部门和业务在责任期偿还贷款。

2017 年度资本基金收入为 7,800 万加元，支出为 16,100 万加元，净损失 8,200 万加元（见图 22）。收入包括相等于资助和捐赠的固定资产的摊销总额，支出包括固定资产摊销额。

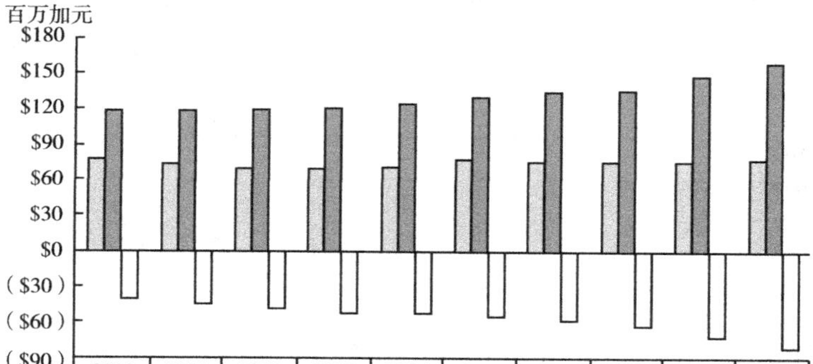

	2010	2011	2012	2013	2014	2015	2016	2017	2018	2019
□ 收入	78.4	74.2	71.0	69.3	72.9	76.4	77.8	76.1	77.6	78.4
■ 支出	118.2	117.7	119.9	121.2	125.2	130.9	137.2	136.2	149.1	160.7
□ 净损失	（39.8）	（43.5）	（48.9）	（51.9）	（52.3）	（54.5）	（59.4）	（60.1）	（71.5）	（82.3）

图 22 资本基金收入和支出

（截至 2019 年 4 月 30 日）

资本基金年度净损失的原因是，供固定资产摊销的资金和资本项目资金的收入的大部分份额，被记录为运营基金收入和作为内部资金转移至资本基金，因此未报告为资本基金的收入和支出。

在 2019 年，总计 28,100 万加元转移至资本基金，其组成包括：从运营基金必须转移至资本基金（资产被资本化）的 11,000 万加元固定资产基金，连同主要从运营基金转移的 17,100 万加元，用于支持各类资本项目。

2011 年 5 月 1 日生效，大学需要采用新的会计准则。这些准则被要求追溯计量。大学已选择以公允价值确认它的一些土地，这增加了 2012 财年的固定资产和内部限定净资产 21 亿加元。

在 2019 年，资本基金为 50 亿加元，负债为 16 亿加元，净资产为 34 亿加元（见图 23）。净资产组成包括 33 亿加元固定资产投资、25,800 万加元内部限定性基金抵消 16,900 万加元赤字。

资本基金的资产从 2010 年的 12 亿加元，增长至 2019 年的 50 亿加元，主要是大学本期大规模资本化建设项目，以及上述提及的以公允价值记录一些它的土地。负债从 2019 年的 97,900 万加元，增长至 2019 年的 16 亿加元。负债的增长反映长期债务增加至 70,900 万加元，递延资本捐赠增加至 12 亿加元。

部分增长被37,200万加元的其他基金贷款所抵消，因为外部长期借款负债被记录为资本基金，贷款被提供给那些有责任偿还贷款的部门或业务。这些贷款被记录为运营基金或附属运营负债，在适当的时候，被记录为应收资本基金。

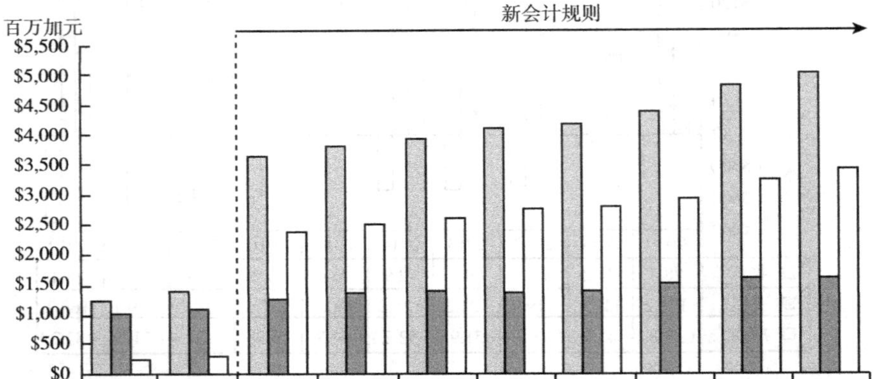

	2010	2011	2012	2013	2014	2015	2016	2017	2018	2019
▨ 收入	1,232.7	1,397.5	3,654.1	3,828.2	3,966.3	4,105.8	4,190.8	4,403.1	4,827.3	5,025.5
■ 支出	978.9	1,106.6	1,267.1	1,347.5	1,390.3	1,369.6	1,388.8	1,470.9	1,609.0	1,608.5
□ 净损失	253.8	290.9	2,387.0	2,480.7	2,576.0	2,736.2	2,802.0	2,932.2	3,218.3	3,417.0

图23　资本基金资产负债表

（截至2019年4月30日）

限定性基金

限定基金包括捐赠（包括捐助）、研究资助和合约。每一项捐赠，通常由大学和捐赠人之间的契约支持，或具有类似目的的小额捐赠的一项藏品，被记录于自己单独的基金中，按照商定的条款和条件管理。每一项研究资助和合同也被记录于自己单独的基金中，按照基金发起人要求的条款和条件管理。共有超过18,500个人的限定性基金。

限定性基金不包括固定资产研究资助和旨在用于固定资产的捐赠，两项被记录为资本基金中。当限定性基金被提供，或支出用于固定资产时，它们被记录于资本基金中。

限定性基金的财务报告遵循关于收入确认的特定规则，它不同于非限定收入的规则。这些规则是：

● 限定性资助和可支出捐赠，在支出时被记录为收入。然而，非限定性资助和可支出捐赠，在收到时确认为收入。

● 未用完的资助和捐赠，被记录作为负债，称为递延捐赠。

● 捐赠捐款不被记录为收入。他们被作为净资产直接加到资产负债表中。

● 可用于支出的外部限定性捐赠的投资收入，被记录为收入，资本保全额被作为净资产直接加至资产负债表中。在收入低于可用支出总额的年度，从之前再投资收入中取款，可用支出总额被记录为收入，资产负债表中的净资产按取款额被直接减少。内部限定性捐赠的投资收入或损失，被记录在收入报表中，资本保全额或取款额，被记录作为一项向（从）捐赠余额中转移。

2019 年，年度限定性基金收入为 55,300 万加元，支出为 54,200 万加元，导致净资产为 1,000 万加元（见图 24）。任何特定年度的净收益，主要反映没被支出抵消掉的、非限定性捐赠和投资收益作为收入记录的部分。任何年度的净损失，主要反映由捐赠资本转移提供基金的内部限定性捐赠的投资损失，及由内部限定性净资产提供基金的支出。

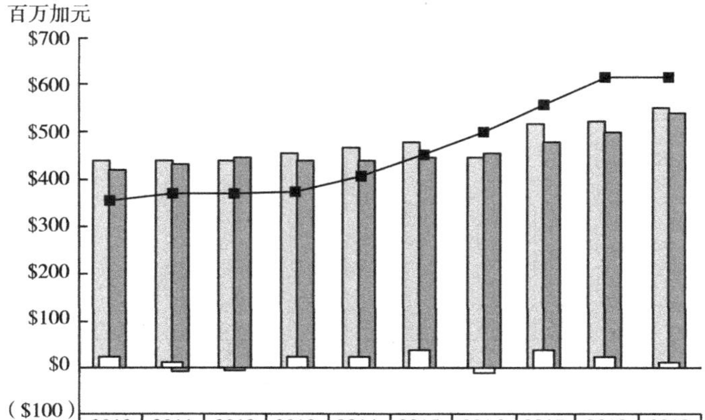

	2010	2011	2012	2013	2014	2015	2016	2017	2018	2019
收入	440.2	441.9	439.4	454.5	469.6	480.8	448.6	520.5	524.1	552.7
支出	420.9	431.0	445.8	437.7	443.6	445.8	458.4	480.8	505.2	542.3
净收益（损失）	19.3	10.9	(6.4)	16.8	26.0	35.0	(9.8)	39.7	18.9	10.4
递延捐赠	357.9	370.3	371.2	372.7	404.0	454.2	504.1	557.3	616.0	615.9

图 24 限定性基金收入、支出和递延捐赠

（截至 2019 年 4 月 30 日）

限定性基金资产为 33 亿加元，负债为 63,600 万加元，净资产为 27 亿加元。净资产包括 26 亿加元捐赠和 8,500 万加元内部限定性基金。

2018 年 4 月 30 日至 2019 年 4 月 30 日，限定性基金的净资产增加 1 亿万加元，是由于净收益 1,000 万加元和未来 9,000 万加元的结果，如下：

（1）主要从运营基金转移 1,400 万加元。

（2）捐赠捐款和外部限定性捐赠的投资收益，不作为收入记录，但直接增加净资产。

● 4,000 万加元捐赠捐款。

● 3,500 万加元外部限定性捐赠增加，包括 11,000 万加元投资收益减去 7,500 万加元提取支付。

如上所述，绝大多数未用完的可支出限定性基金不记录为净资产，但作为递延捐赠记入资产负债表中负债部分。总负债从 2010 年的 37,700 万加元，增长至 2019 年的 63,600 万加元，是研究活动和反映在递延捐赠中的限定性可支用捐赠的增加，直到该递延捐赠被支出为止（见图 25）。

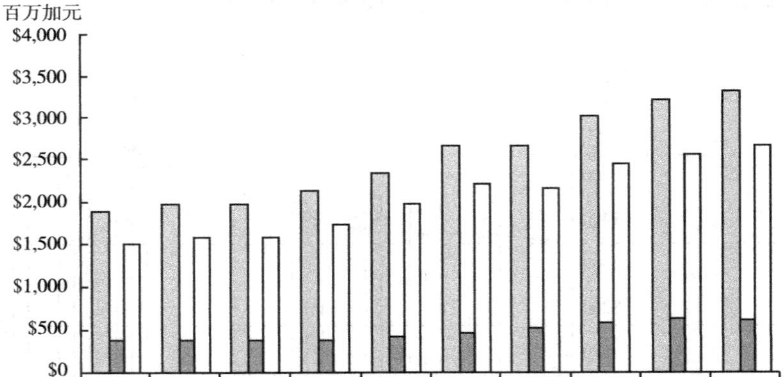

	2010	2011	2012	2013	2014	2015	2016	2017	2018	2019
■ 资产	1,883.3	1,988.9	1,970.7	2,126.6	2,371.2	2,675.6	2,681.5	3,036.0	3,213.0	3,314.5
■ 负债	377.2	379.7	381.1	388.8	415.0	464.4	515.5	586.1	634.8	636.3
□ 净资产	1,506.1	1,609.2	1,589.6	1,737.8	1,956.2	2,211.2	2,166.0	2,449.9	2,578.2	2,678.2

图 25　限定性基金资产平衡表

（截至 2019 年 4 月 30 日）

限定性基金中的净资产从 2010 年的 15 亿加元，增长至 2019 年的 27 亿加元。

明细表 6（见表 44）反映了从 2018 年 4 月 30 日至 2019 年 4 月 30 日与可支用基金相关的捐赠基金的变化。

表 44

明细表 6：限定性基金

2019 年 4 月 30 日捐赠和可支用基金公允价值

（未审计）

单位：千加元

	捐赠基金					可支用基金					
	2018 年 4 月 30 日	捐赠和其他	资本储备①	转移	2019 年 4 月 30 日	2018 年 4 月 30 日	捐赠、资助和其他	分配投资收益/损失①	转移	支出	2019 年 4 月 30 日
学生援助②	560, 293	18, 364	9, 466	2, 490	590, 613	52, 393	11, 473	(8, 887)	4, 126	50	59, 055
安省学生机会信托基金——一期②	384, 161	1	6, 114	130	390, 406	30, 423	7	(660)	(130)	—	29, 640
安省学生机会信托基金——二期②	46, 031	—	733	—	46, 764	3, 658	—	(211)	—	—	3, 477
安省学生支持信托②	86, 559	364	1, 382	26	88, 331	4, 845	10	(66)	78	—	4, 867
研究基金	156, 276	112	2, 477	—	158, 865	299, 166	429, 035	5, 865	4, 087	456, 589	281, 564
部门基金	357, 657	13, 329	6, 598	1, 152	378, 736	241, 051	71, 395	40, 777	3, 319	90, 522	266, 020
教师捐赠基金②	759, 518	9, 594	12, 540	2, 377	784, 029	18, 201	505	7, 057	421	5, 747	20, 437
康诺基金	116, 031	—	1, 846	—	117, 877	6, 853	—	4, 167	(3, 971)	178	6, 871
安森基金	3, 384	—	54	—	3, 438	756	—	131	—	—	887
杂项基金	34, 342	—	154	(379)	34, 117	32, 603	22, 913	343	470	28, 227	28, 102

续表

	捐赠基金					可支用基金					
	2018年4月30日	捐赠和其他	资本储备①	转移	2019年4月30日	2018年4月30日	捐赠、资助和其他	分配投资收益/损失①	转移	支出	2019年4月30日
	2, 504, 252	41, 764	41, 364	5, 796	2, 593, 176	689, 949	535, 338	48, 516	8, 400	581, 313	700, 890
包括：											
外部指定	2, 129, 372	39, 715	35, 544	5, 232	2, 209, 863						
内部指定	374, 880	2, 049	5, 820	564	383, 313						
	2, 504, 252	41, 764	41, 364	5, 796	2, 593, 176						
限定性						616, 030	525, 668	40, 463	8, 371	574, 598	615, 934
非限定性						73, 919	9, 670	8, 053	29	6, 715	84, 956
						689, 949	535, 338	48, 516	8, 400	581, 313	700, 890

注：①包括投资收益：捐赠基金　85, 681 千加元
可支用基金　4, 199 千加元
89, 880 千加元

②支出和相应分配的投资收益用于学生援助（$29, 166），安大略省学生机会信托基金（$16, 180），安大略省信托用于学生支持（$3, 127）和教师捐赠（$20, 608）被报告在运营基金中。

第六章

澳大利亚高校财务报告信息公开研究

通过实践而发展真理，又通过实践而证实真理和发展真理。从感性认识而能动地发展理性认识，又从理性认识而能动地指导革命实践，改造主观世界和客观世界。实践、认识、再实践、再认识，这种形式，循环往复以至无穷，而实践和认识之每一个循环的内容，都比较地进到了高一级的程度。这就是辩证唯物论的全部认识论，这就是辩证唯物论的知行统一观。①

——《毛泽东选集》（第一卷）

① 毛泽东．毛泽东选集［M］．第一卷．北就：人民出版社，1991：296－297.

本章导读

澳大利亚是世界发达资本主义国家，是世界高等教育强国，也是世界上较早颁布联邦《信息自由法》的国家。本章从澳大利亚联邦政府信息公开立法、地方政府信息公开立法、财务信息公开立法等维度，研究澳大利亚高校财务报告信息公开的法制遵循、公开进程、报告框架。

本章以美国新闻和世界报道2021年度世界最好大学排行榜为依据，以该排行榜前1,500名中澳大利亚39所高校为研究样本，通过逐一访问高校的官方网站，搜寻、获取并统计澳大利亚样本高校财务报告信息公开的进程、现状和框架，了解澳大利亚高校财务报告信息公开的法制遵循、大学治理、审计服务保障等内容。

澳大利亚39所样本高校中，有37所高校公开了其财务报告，财务报告公开率为94.9%，其中，卧伦贡大学最早于1975年开始公开其财务报告，早于其后公开财务报告的高校20余年；从报告框架看，框架体系完整，除了核心的财务报表及附注外，还附有大学治理架构、管理层责任声明、独立审计报告等内容。

本章还以悉尼大学为个体案例，对悉尼大学2018/2019财年度的财务报告进行了翻译，完整呈现了悉尼大学财务报告信息公开的全貌。课题组还翻译了墨尔本大学、卧伦贡大学等高校的财务报告。通过比较研究和个案研究，从而管窥澳大利亚高校财务报告信息公开的框架与内容。最后从法制遵循、公开框架、高校性质三个方面总结澳大利亚高校财务报告信息公开的特征。

一、澳大利亚高校财务信息公开法制遵循

（一）澳大利亚联邦政府信息公开立法

1. 保密文化传统

澳大利亚与加拿大一样，作为英国的前殖民地和现今的英联邦国家，于1931年获英国议会《威斯敏斯特法案》批准承认在内政、外交都获得完全独立的主权。在威斯敏斯特制度的影响下，澳大利亚政府的保密文化观念同样根深蒂固。直到二战后，受国际环境影响，澳大利亚政府部门的开放文化才逐步占据上风并得到迅速发展。

2. 联邦《信息自由法》

1972年，澳大利亚工党领袖爱德华·高夫·惠特拉姆（Edward Gough Whitlam）在大选之际做出了一系列竞选承诺，其中包括许诺公众建立美国式的信息自由法，为日后取得政权赢得了民意。惠特拉姆总理取得政权后不久，即开始为兑现竞选时的承诺进行一系列改革，设置跨部门的专门委员会着手信息自由立法事宜。

1975年澳大利亚发生“宪政危机”，随后约翰·马尔科姆·弗雷泽（John Malcolm Fraser）成为新任总理，继续推进信息自由立法，跨部门的信息自由立法委员会于1976年就信息自由法问题提出一项报告，该报告促使1978年国会信息自由权法案的出现。

1979年澳大利亚参议院提出信息自由立法的三个原则：第一，明确公众拥有获知政府信息的权利；第二，在提升公众监督水平的基础上，强化对政府的问责机制；第三，提升公众在政府决策中的参与度。这三个立法原则，明确了应从法律上承认社会公众知情政府信息权利的正当性，从法律准则、法律内容和法律意义上进行了充分的诠释，为澳大利亚联邦《信

息自由法》出台奠定了基础。①

1982 年 3 月 9 日，澳大利亚联邦政府颁布了《信息自由法》（Freedom of Information Act 1982）并于同年 12 月 1 日生效。截至 2017 年 7 月 24 日，澳大利亚联邦信息自由法共经过 89 次修订。② 在联邦信息公开立法之后，联邦政府（Commonwealth）于 1988 年颁布了《隐私法案》（Privacy Act 1988），对个人信息进行立法保护。明确受保护的个人信息范围包括姓名、地址、电话号码、出生日期、性别、种族、护照和信用卡号等 17 项信息。如澳大利亚西澳大学明确承诺，大学在大学事务处理过程中除遵循联邦和州政府的《信息自由法》外，还同时遵循《隐私法》确立的个人信息保护原则，并致力于保护个人信息。③

（二）澳大利亚地方政府信息公开立法

继澳大利亚联邦《信息自由法》之后，澳大利亚 6 个州和 2 个领地的地方政府陆续颁布本地区的《信息自由法》，建立起从联邦政府到各地方政府的较为完备的信息自由法律体系。

1. 维多利亚州

维多利亚州于 1982 年颁布了州《信息公开法》（Victorian Freedom of Information Act 1982），明确适用于大学（Universities）、职业技术学院（TAFE colleges and schools）和公立医院（Public hospitals）。④

2. 昆士兰州

昆士兰于 1992 年颁布《信息自由法》（Freedom of Information Act

---

① 孙旭培、王释云．澳大利亚《信息自由法》评析［J］．河北大学学报（哲学社会科学版），2016，41（2）：98－101.

② Federal Register of Legislation. Freedom of Information Act［EB/OL］. https：//www. legislation. gov. au/Series/C2004A02562.

③ The University of Western Australia. University Policy on：Privacy［EB/OL］. http：//www. governance. uwa. edu. au/procedures/policies/policies－and－procedures? method＝document&id＝UP14%2F10.

④ Victoria State Government. Freedom of Information［EB/OL］. http：//www. foi. vic. gov. au/home/foi/.

1992)，后修订为《信息权利法》(Right to Information Act 2009，RIT ACT)和《信息隐私法》(Information Privacy Act 2009，IP ACT 2009)，州政府(local governments)、公共机构（public authorities）和国有公司（certain government - owned corporations）于2009年7月1日起实施。①

3. 塔斯马尼亚省

塔斯马尼亚省于1991年颁布《信息自由法》(Freedom of Information Act 1991)，2009年修订为《信息权利法》(Right to Information Act 2009，RTI Act)，并于2010年7月1日起实施，由州监察专员负责监察本地区该法的实施。②

此外，南澳大利亚州于1991年颁布了《信息自由法》[Freedom of Information Act 1991 (SA)]；③ 新南威尔士州2009年颁布《政府信息公共获取法》[Government Information (Public Access) Act 2009 (GIPA Act)]。④

(三)澳大利亚财务信息公开法制遵循

财政预算信息公开是指负有管理国家财政义务的机关，将国家基本财政收支情况的相关信息及时、准确地公开发布。财政透明度是近年来世界各国财政体制改革的重要内容，财政预算信息公开是政府信息公开和财政透明度改革的重要组成部分。

澳大利亚于1998年3月25日由议会通过《预算诚信章程法》(Charter of Budget Honesty Act 1998)，规定财政部应定期制定和公布财政预算报告及预算执行报告，明确财政预算报告的内容、编制程序、编制原则、公布时间等。随着《预算诚信章程法》《总审计长法》《档案法》《公共服务法》

① Queensland Government. Right to Information Act [EB/OL]. http://www.rti.qld.gov.au/right - to - informa - tion - act.

② Office of the Ombudsman and Health Complaints Commissioner. Right to Information Process [EB/OL]. http://www.ombudsman.tas.gov.au/right_to_information/process.

③ Government of South Australia. Freedom of Information Act 1991 [EB/OL]. https://www.legislation.sa.gov.au/LZ/C/A/FREEDOM%20OF%20INFORMATION%20ACT%201991.aspx.

④ Information and Privacy Commission of New South Wales. Information Access Laws [EB/OL]. https://www.ipc.nsw.gov.au/information - access - laws.

《财政管理和责任法》等法律的颁布，澳大利亚建立起了较为完善的财政预算信息公开制度，包括财政预算报告制度、权责发生制、预算信息审计制度等。预算编制从每年 10 月开始到次年 5 月由议会批准，历时约 8 个月，整个过程都在议会及民众的参与监督下进行，预算草案在议会通过后便在互联网上公布，便于公众查阅和监督。

国库部、财政部和支出审查委员会是澳大利亚财政预算信息公开的主要行政机关。国库部主要负责宏观经济政策的制定和税收征管，编制政府收入预算，并将收入预算连同经支出审查委员会审核通过的部门和政府支出预算一并报内阁审查；财政部在初步审定各部门支出预算的基础上，汇编政府支出预算，有关事务由专设的预算司承担；支出审查委员会是政府财政收支预算的审批机关，由总理、财政部部长、国库部长、国库部长助理、基础工业和能源部长、卫生与老年关怀部长组成，负责审核部门预算及财政部门所编制的政府支出预算。

《预算诚信章程法》规定政府应在合理财政原则指导下，实现财政预算信息公开的制度化、规范化和标准化。政府应向公众公开的信息包括：

1. 政府年度报告（Annual Government Reporting）

其中包括：①经济和财政展望预算报告（Budget Economic and Fiscal Outlook Report）；②经济和财政展望年中报告（Mid - year Economic and Fiscal Outlook Report）；③预算支出决算报告（Final Budget Outcome Report）。

2. 中期报告（Intergenerational Report）

中期报告每五年发布一次，通过充分考虑财政影响和人口变化，对现行财政政策未来 40 年内的持续影响做出全面准确的评估。

3. 经济和财政展望选举前报告（Pre - election Economic and Fiscal Outlook Report）

要求在选举前发布经济和财政展望报告，应由国库部和财政部责任大臣于大选前 10 天内联合发布，报告大选前政府的经济和财政状况，并由国库部长、财政部部长和两部责任大臣共同签署，以示对报告中数据的真实性和有效性负责的声明。①

二、澳大利亚高校财务报告信息公开现状

（一）澳大利亚高校样本选择及分布概况

美国新闻和世界报道 2021 年度世界大学排行榜前 1,500 名高校中，澳大利亚高校占 39 所，广泛分布于澳大利亚本土 6 个州、首都领地和北领地。每个州和领地均有大学进入美国新闻和世界报告排行榜前 1,500 名。从大学分类看，39 所大学中，公立大学 37 所，约占 95%，私立大学 2 所，约占 5%。各州和领地大学入排行榜的数量和分类统计如表 6－1 所示。

表 6－1　澳大利亚入选 U. S. News 2021 年世界最好大学排行榜统计

序号	州省	简称	数量	公立	私立	医
1	昆士兰州	QLD	8	7	1	
2	维多利亚省	VIC	9	9		
3	新南威尔士	NSW	10	10		
4	西澳大利亚	WA	5	4	1	
5	南澳大利亚	SA	3	3		
6	塔斯马尼亚省	TAS	1	1		
7	首都领地	ACT	2	2		
8	北领地	NT	1	1		
总计			39	37	2	

从数量分布看，澳大利亚 6 个省州和 2 个领地均至少有 1 所大学进入美国新闻和报道 2021 年世界最好大学排行榜前 1,500 名。其中，新南威尔士州入选 10 所大学，入选大学数量居全国之冠；其次是维多利亚省入选 9 所，昆士兰州入选 8 所。

---

① Australian Government Federal Register of Legislation. Charter of Budget Honesty Act 1998 Act No. 22 of 1998 as amended [EB/OL]. https://www.legislation.gov.au/Details/C2012C00230/Html/Text.

从高校办学属性看，39 所高校中有 2 所私立属性的高校，分别位于昆士兰州和西澳大利亚省，并无专业的医学类研究机构入选。

（二）澳大利亚高校财务报告信息公开进程与现状

继澳大利亚联邦政府于 1982 年颁布《信息自由法》之后，各州地方政府相继出台了地方政府信息自由立法。由于各州地方政府颁布信息自由立法的时间前后差异达 10 年以上，因此澳大利亚高校间开始公开财务报告信息的时间，也存在较大差异。通过对澳大利亚 39 所样本高校官方网站逐一考察，统计高校财务报告信息公开进程如表 6－2 所示。

表 6－2　澳大利亚 39 所样本高校财务报告信息公开进程（起始年度）统计

排名		大学名称	性质	财务公开起始年度	所在州省
国内	世界				
1	25	墨尔本大学	公立	2000	维多利亚省
2	27	悉尼大学	公立	1999	新南威尔士
3	36	澳大利亚昆士兰大学	公立	1998	昆士兰
4	48	莫纳什大学	公立	2001	维多利亚省
5	51	新南威尔士大学	公立	2006	新南威尔士
6	64	澳大利亚国立大学	公立	1999	首都领地
7	73	阿德莱德大学	公立	2000	南澳大利亚
8	79	西澳大利亚大学	公立	1997	西澳大利亚
9	162	悉尼科技大学	公立	2002	新南威尔士
10	174	科廷大学	公立	1996	西澳大利亚
11	197	昆士兰理工大学	公立	2001	昆士兰
12	214	伍伦贡大学	公立	1975	新南威尔士
13	217	格里菲斯大学	公立	2012	昆士兰
14	217	麦考瑞大学	公立	2007	新南威尔士
15	238	迪肯大学	公立	2001	维多利亚省
16	252	纽卡斯尔大学	公立	2007	新南威尔士
17	274	西悉尼大学	公立	2003	新南威尔士

续表

排名		大学名称	性质	财务公开起始年度	所在州省
国内	世界				
18	281	皇家墨尔本理工大学	公立	1996	维多利亚省
19	287	詹姆斯库克大学	公立	滚动5年	昆士兰
20	297	斯威本科技大学	公立	1999	维多利亚省
21	316	塔斯马尼亚大学	公立	1997	塔斯马尼亚省
22	372	南澳大利亚大学	公立	2000	南澳大利亚
23	374	乐卓博大学	公立	2005	维多利亚省
24	435	弗林德斯大学	公立	2005	南澳大利亚
25	543	维多利亚大学	公立	滚动5年	维多利亚省
26	587	澳大利亚天主教大学	公立	2004	维多利亚省
27	591	埃迪斯科文大学	公立	2004	西澳大利亚
28	604	堪培拉大学	公立	2000	首都领地
29	679	莫道克大学	公立	2001	西澳大利亚
30	736	查尔斯特大学	公立		新南威尔士
31	736	南昆士兰大学	公立	2015	昆士兰
32	750	新英格兰大学	公立	2005	新南威尔士
33	936	查尔斯达尔文大学	公立	2002	北领地
34	936	南十字星大学	公立	2004	新南威尔士
35	965	阳光海岸大学	公立	2002	昆士兰
36	1101	中央昆士兰大学	公立	2001	昆士兰
37	1174	邦德大学	私立	2005	昆士兰
38	1238	澳大利亚联邦大学	公立	2010	维多利亚省
39	1315	澳大利亚圣母大学	私立		西澳大利亚

从澳大利亚39所样本高校财务报告信息公开的时间进程看，2000年（含）之前公开财务报告的高校13所，占全部39所样本高校数量的34%；2000—2010年（含）公开财务报告的样本高校共20所，占全部39所样本高校数量的51%；2010年之后开始公开财务报告的样本高校2所，滚动公开5个年度财务报告的样本高校2所，未能在官方网站找到财务报告的高校2所，这3类高校各占39所样本高校数量的5%（见图6－1）。

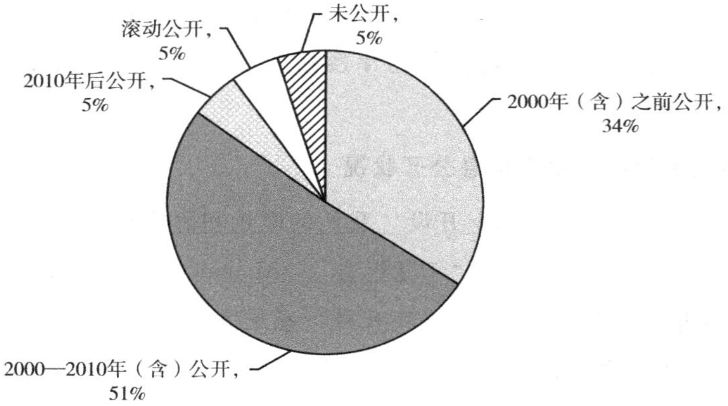

图 6-1 澳大利亚样本高校财务报告信息公开进程（起始年度）数量占比

从总体上看，39 所样本高校中，能够在其官方网站获取到财务报告的高校共 37 所，公开率为 95%。其中公立样本高校共 37 所，公立样本高校财务报告公开率为 97%；私立样本高校共 2 所，私立样本高校财务报告公开率为 50%。

（三）文本案例：悉尼大学财务报告信息公开

1. 悉尼大学概况

悉尼大学（University of Sydney），始建于 1850 年，坐落于南半球金融、贸易与旅游中心——澳大利亚新南威尔士州首府悉尼，是一所世界顶尖研究型大学。

在 2021 年 QS 世界大学排行榜中，悉尼大学位列澳大利亚第 2 位和世界第 40 位，其研究生受雇主欢迎度位列澳大利亚第 1 位和世界第 4 位；在泰晤士高等教育 2021 世界大学排行榜中，悉尼大学位列第 51 位，影响力排名中悉尼大学位列第 2 位；2021 年美国新闻和世界报道排行榜中位列第 27 位；2020 年度世界大学学术排名中，悉尼大学位列第 74 位。①

悉尼大学在 160 余年的改革与发展过程中，形成了相对稳定且严密的

① University of Sydney. Our world university rankings [EB/OL]. https://www.sydney.edu.au/about-us/our-world-rankings.html.

大学法人治理架构，为保障大学的教学、研究等日常运营奠定了完备的法人治理基础。悉尼大学在其公开的年度报告中，公开有大学法人治理结构图。

2. 悉尼大学财务报告信息公开状况

悉尼大学在其官方网站上开设“我们的愿景和价值观”（Vision and values）板块，在该板块中设置“年度报告”（Annual report）栏目，用于公开悉尼大学的年度报告。截至 2021 年 6 月，悉尼大学在年度报告栏目中，公开了自 1999 年至今共 22 个年度的财务报告。①

悉尼大学每年发布年度报告，包括财务报告。其会计年度采用每年 1 月 1 日至本年 12 月 31 日，于次年 3 月底前完成上年度财务报告的独立审计工作，然后于 4 月份发布经审计的上一会计年度的年度报告。悉尼大学年度报告的审计工作由政府审计机构完成，每年接受新南威尔士州审计总长（Auditor – General for NSW）对年度报告的审计，并签署年度独立审计报告（Independent Auditor's Report）。

悉尼大学发布 2019/2020 年年度报告时，悉尼大学强调：大学发布年度报告以履行我们的法定要求，并向社区通报我们的活动和实现战略目标的进展。大学在每年 4 月底之前向新南威尔士州政府提供大学的年度报告，然后由负责的部长向新南威尔士州议会两院（both houses of NSW Parliament）提交。最新年度报告提交后，大学会在官方网站上提供电子版本。您还可以在我们的档案中找到过去的报告（1999 年之前）。它们以 PDF 格式提供——可以通过屏幕阅读器等辅助技术阅读。悉尼大学 2019/2020 年度报告分为三大部分：法定报告、年度财务总览、年度财务报告。②

3. 悉尼大学财务报告信息公开文本案例（详见本章附录）

---

① University of Sydney. Browsing University of Sydney Annual Reports by title [EB/OL]. https://ses.library.usyd.edu.au/handle/2123/992/browse? rpp = 20&sort_by = 2&type = title&offset = 20&etal = 0&order = DESC.

② University of Sydney. 2020 Annual report [EB/OL]. https://www.sydney.edu.au/about – us/vision – and – values/annual – report.html.

三、澳大利亚高校财务报告信息公开的主要特征

（一）法制遵循

澳大利亚高校财务报告信息公开遵循联邦政府1982年颁布的《信息自由法》和联邦议会1998年通过《预算诚信章程法》。澳大利亚39所样本高校中，占三分之一的高校（13所）于2000年（含）之前公开了财务报告，说明澳大利亚高校财务报告信息公开，并未及时遵循联邦政府和联邦议会相关信息公开的要求，尽管时间相滞后较多，公开的进程前后相差十数年之多，但截至目前澳大利亚高校财务报告的信息公开率较高，而且公开的框架体系完备、财务信息内容极尽详细。

（二）公开框架

澳大利亚高校的财务报告通常作为大学年报（Annual Report）的一部分进行报告。以南昆士兰大学（University of Southern Queensland，USQ）为例，截至2021年6月，南昆士兰大学在其官方网站上公开了自2014/2015财年以来共6个年度的大学年报。[①]

表6－3列示了南昆士兰大学2018/2019年财报公开的主要框架。

表6－3 南昆士兰大学2019年年度报告公开框架目录

序号	一级标题
1	致部长的信
2	介绍
3	校监报告
4	校长报告
5	术语表

① University of Southern Queensland. Plans and reports [EB/OL]. https://usq.edu.au/about-usq/governance-leadership/plans-reports#accordion3.

续表

序号	一级标题
6	概览
6.1	背景
6.2	功能
6.3	位置和影响范围
6.4	组织价值
6.5	运营环境
6.6	战略目标
7	USQ组织和委员会构成
7.1	组织构成
7.2	委员会构成
8	USQ管理
8.1	行政管理
8.2	校长的行政领导
9	对专业和社区的行政服务
10	治理
10.1	治理团体——大学理事会
10.2	大学理事会2019年主要成就
10.3	第十届大学理事会成员
11	法律遵循
11.1	重注册条款
11.2	学术委员会
11.3	财务责任法2009（昆士兰）
11.3.1	USQ计划、报告和审查框架
11.3.2	财务管理实践
11.3.3	财务报告安排
11.2	服务保障
11.2.1	内部审计
11.2.2	遵循

续表

序号	一级标题
11.2.3	风险管理
11.2.4	组织审查
11.3	审计和风险委员会
11.3.1	投诉报告
11.4	外部监察
11.5	其他法律要求
11.5.1	记录和信息管理
11.5.2	信息隐私法案 2009（昆士兰州）
11.5.3	信息权利法案 2009（昆士兰州）
11.5.4	昆士兰公共部分伦理法案 1994（昆士兰州）
11.5.5	诚信和职业行为
12	支持昆士兰州政府的社区目标
13	大学战略
13.1	教育
13.1.1	目标 1：扩大高等教育的成就和社会影响
13.1.2	目标 2：在学生体验质量方面的领导力
13.1.3	目标 3：在工作中卓越和作为领导者的毕业生
13.2	研究
13.2.1	目标 1：差异化社区的高质量研究
13.2.2	目标 2：培养创新者和企业家的研究培训
13.3	事业
13.3.1	目标 1：雇主选择
13.3.2	目标 2：商业和社区合作方选择
13.3.3	目标 3：资源管理最佳实践
14	2019 年财务报表和附录
15	2019 年财务绩效总览
15.1	收入报表
15.2	财务状况表

续表

序号	一级标题
16	组织绩效
17	总统计
18	财务报表
18.1	独立审计报告
19	年度报告遵循清单
20	南昆士兰大学一览

注：本目录中的页码为南昆士兰大学 2018/19 年财报中的页码。

（三）高校性质

澳大利亚同英国和加拿大一样，是一个以公立高校为主的国家，强调高校的公立属性。仅有少数几个私立高校。

在高校财务报告公开方面，无论公立高校还是私立高校，均根据联邦和地方政府信息公开立法的要求，公开高校财务报告信息，公立高校和私立高校在财务报告信息公开方面不存在显著差异。但由于一些原因，如网站无法顺利打开，或者由于其他原因未能在高校官方网站上获取公开的财务报告（或许高校尚未公开其财务报告，亦可能某些高校网页设定有访问权限账号限制，或高校公开了其财务报告但在研究过程中未能找到）。

附录：

悉尼大学 2019 年度报告[①]

悉尼大学

新南威尔士 2006

2020 年 4 月

尊敬的莎拉·米切尔，MLC

教育和儿童学习部部长

马丁广场 52 号

悉尼　新南威尔士 2000

尊敬的部长：

根据立法机构 1984 年年度报告法第 87 条和 2015 年年度报告规则，悉尼大学参议院荣幸地向您报告。悉尼大学的会议记录和财务报表报告截至 2019 年 12 月 31 日。

贝琳达·哈钦森 AM

校监

迈克尔·斯潘塞 AC 博士

副校监和校长

① University of Sydney. 2019 Annual Report [EB/OL]. https: //www. sydney. edu. au/content/dam/corporate/documents/about - us/values - and - visions/annual - report/annual - report - 2019 _ 25may2020_web. pdf.

目录

年度述评

一、法定报告

（一）关于大学

（二）大学官员

（三）组织设计

（四）战略与运营

（五）其他问题

（六）法律变化

（七）人力资源

（八）员工的多样性

（九）客户回应

（十）信息安全

（十一）风险管理

（十二）工作健康和安全

（十三）隐私和个人信息

二、2019 年财务述评

（一）概述

（二）独立审计报告

（三）审计人员独立性宣言

（四）责任实体宣言

（五）任命官员声明

三、2019 年财务报表

（一）收入报表

（二）合并收入报表

（三）财务状况表

（四）权益变化表

（五）现金流量表

（六）财务报表附注（截至 2019 年 12 月 31 日）

年度述评

在2019年，大学实现一个重要的里程碑——我们的筹资运动——INSPIRED，成为澳大利亚第一所筹资达到10亿澳元的大学。超过64,000名捐赠者投资于我们的核心使命：创设一个使最好的研究者和最有前途的学生实现他们完全潜能的地方。

10亿澳元的每一分都被很好地用于最大化大学的世界影响，通过全体人员、全球领导者的教育，让生活更美好；通过利用大学品质和无可比拟的综合方法的研究，应对我们时代的一些重要的全球挑战。

2019年是非凡成就的一年，正如重要排名一样：世界第4名，我们成为QS研究生雇佣排名中澳大利亚最高排名的大学；我们首次在THE（Times Higher Education）大学影响力排名（University Impact Rankings）中排名第25位；我们在美国新闻和世界报道最好大学排名（US News Best Global Universities ranking）中上升了4位达到27位。

实施我们的外部参与战略伊始，即刻产生了影响，大学正逐步实现更多的行业和社区参与度，对外部目标客户更具可见性，对预期的合作者更开放。我们也加强了与许多已有合作方的协作，以应对世界上最困难的问题，从增进长途飞行的健康到增加农业生产率并最大化量子计算机的潜能。

随着我们持续聚焦于卓越，我们继续关注我们包容性和多样化的核心价值。我们开始着手重建我们的本土化战略，通过一个新的提前入学计划，为澳大利亚土著居民和托雷斯海峡岛居民学生提供44份入学机会；大学被澳大利亚工作平等指数（Australian Workplace Equality Index）确定为白银雇主；由于我们增加STEMM（Science，Technology，Engineering，Mathematics and Medicine）领域的女性代表并开发一项新的六年制的残疾人包容行动计划，被授予SAGE（Students for Advancement of Global Entrepreneurship）铜奖。我们还公开重申我们的学术自由承诺，引领该领域欢迎和贯彻由高等法院前首席法官罗伯特·弗兰茨（Robert French）编写的《澳大利亚高等教育提供者言论自由和学术自由保护标准守则》(Model Code for the Protection of Freedom of Speech and Academic Freedom in Australian Higher Education Providers)。

我们还持续努力提高效率并增强我们的结构和流程。联合健康于2019年末加入新的医疗和健康学院，聚集了我们在健康相关领域的非凡专业知识，包括牙科、药学、医疗科学、护理和助产术、公共健康和药剂学。我们大量投资于商业智能实力（business intelligence capabilities）和信息技术安全，以管理我们信息和系统的风险。

大学治理的质量和运营由高等教育质量和标准局确定，在四月无条件地将大学最长可能期限更新为7年。

这些成绩的取得只有靠我们员工、学生和校友的支持。随着我们进入2016—2020战略计划的最后一年，我们感激于他们的持续参与并致力于我们的使命。

贝琳达·哈钦森 AM
Belinda Hutchinson AM
校监

迈克尔·斯潘塞 AC 博士
Dr Michael Spence AC
副校监和校长

一、法定报告

作为澳大利亚的第一所大学——建立于1850年——悉尼大学在教育和研究领域拥有全球领先的光荣历史，激励着来自不同背景的人促进现实世界的积极变化。我们是世界知名的教学和研究组织——我们的研究集合了来自各个学科的专家和学者。

（一）关于大学

1. 一部先进理念史（A history of thinking forward）

我们通过培养社会领袖，并赋予人们领导素质，使他们能在每个层级上为我们的社区服务，以改善生活。通过学习、批判性分析和主动致力于公开辩论，我们帮助制定澳大利亚的国家和国际议程。在 sydney. edu. cn 可找到更多的信息。

（1）我们的章程。

悉尼大学由新南威尔士议会（Parliament of New South Wales）批准，成立于1850年10月1日，使之成为澳大利亚建立的第一所大学。根据1989年悉尼大学法案，关于大学基本功能的详细信息，请参阅第4页。

（2）目的和目标。

作为高等教育的领导者，160多年来，我们不断挑战传统。我们是世界上第一批仅凭学业水平（academic merit）招录学生的大学之一。我们的目标是创立和保持一个这样的大学：为了澳大利亚和全世界的利益，最聪慧的研究者和最有前途的学生，无论他们的社会和文化背景，在这里都能发展和释放他们的全部潜能。

创立澳大利亚第一所大学时，我们的奠基者认知到教育改变社会的力量，我们今天仍坚信这一理念。

2. 管理和结构

（1）参议院。

参议院是大学治理权力机构，由悉尼大学1989年法案规定其职能（经修订）。参议院监督关于大学管理的所有主要决策，包括员工任命和福利、学生福利和纪律、财务事务，以及大学实体和学术的发展。

参议院由15个成员组成，校监作为主席，授予所有的学历和学位，并对新南威尔士议会负责。副校监即校长，以及学术监委会主席是参议院的两个当然成员。

（2）学术委员会。

学术委员会，对参议院报告，负责保障大学学术活动的质量。它是一个选举机构，包括来自于大学学术团体的员工和学生代表。

学术委员会为参议院和副校监提供关于学术事务的建议，包括关于大学的战略优先和政策、任命条件和雇用学术人员、批准新的和改进的课程，以及学术标准的修订。

（3）行政管理（Executive management）。

校长是大学主要的行政官员，或行政首脑，线性管理一定数量的副校长和负责人（副校长和其他领导人），组成大学的领导团队。

副校监主持大学的行政——大学主要的领导团队——包括各学院院长。大学行政代表着大学的各个学术和行政团体，对参议院的大学学术和财务健康负责。关于治理结构的更多信息，参见：sydney. edu. au/about - us/governance - and - structure. html。

（4）主要活动。

根据《悉尼大学法案1989》（经修订的）第6部分，大学的目标是在大学的资源限度内促进学问、研究、自由探究（free enquiry）、研究与教学的互动，以及卓越的学术成就。

大学有以下基本功能以促进此目标：

——为大学标准的教学和研究提供设施。

——鼓励自由探究的前提下传播、促进、发展和应用知识。

——为各领域学习和研究提供课程，开展研究，满足社区需要。

——参与公共讨论。

——授予学位，包括学士、硕士和博士，颁发学历、证书和其他奖励。

——提供参与前沿知识和探求的教学。

——促进治理、规章、招生政策、资金配置和质量保障方法，巩固本部分设定的由价值和目标所指的功能。

大学还有如下其他功能：

——大学可以开展商业职能，包括为大学的利益进行商业开发或发展，使用大学的设施、资源或资产，或者大学有权利或利益（例如包括学习、研究、知识和智力资产，以及学习、研究、知识和智力资产的实践应用），无论单独或与其他人和团体一道。

——大学可以发展并为社区提供文化、体育、专业、技术和职业服务。

——大学有一般和附属的功能，作为必要或便利使大学能够或帮助促进大学的目标和利益，或者作为补充或附带促进大学目标和利益。

——大学还有其他的功能，即通过或根据这个或其他法案，被授予或被赋予的其他功能。

——大学的功能可用于州内外，包括澳大利亚之外。

（二）大学官员

截至 2019 年 12 月 31 日：

校监：

贝琳达·哈钦森（Belinda Hutchinson AM），悉尼大学经济学学士（Bachelor of Economics，BEc），特许会计师学会会员（Fellow of the Institute of Chartered Accountants，FCA）。

代理校监：

理查德·弗罗伊登斯特因（Richard Freudenstein），悉尼大学经济学学士（BEc）、荣誉（Honoris）法学学士（LLB）。

副校监（校长）：

迈克尔·思朋斯（Michael Spence AC）博士，悉尼大学法学学士（BA LLB），牛津大学博士（DPhil）神学研究生（PG Dip Theol）。

常务副校长：

（1）高级副校长：

史蒂芬·加顿（Stephen Garton）教授，悉尼大学学士（BA），新南威尔士博士（PhD），澳大利亚人文科学院院士（FAHA），澳大利亚社会科学院院士（FASSA），澳大利亚皇家历史学院会员（FRAHS）。

(2) 教务长兼副校长:

芭芭拉·梅塞勒 (Barbara Messerle), 荣誉 (Hons) 理学学士 (BSc), 悉尼大学博士, 澳大利亚公司董事协会会员 (FAICD)。

(3) 副教务长 (学业成绩):

理查德·迈尔斯 (Richard Miles) 教授, 利物浦大学学士, 剑桥大学博士, 澳大利亚生育学会会员 (FSA)。

(4) 副校长 (教育):

菲利帕·帕蒂森 (Philippa Pattison AO) 教授, 墨尔本大学博士, 澳大利亚社会科学院院士 (FASSA)。

(5) 副校长 (本土战略和服务):

丽莎·杰克逊·普弗 (Lisa Jackson Pulver) 教授, 公共卫生硕士 (MPH), 临床医学研究生 (GradDip ClinEp), 悉尼大学博士, 迪肯大学文科硕士。

(6) 副校长 (研究):

邓肯·艾弗森 (Duncan Ivison) 教授, 麦吉尔大学学士, 伦敦政治经济学院理学硕士 (MSc) 博士, 澳大利亚人文科学院院士 (FAHA)。

其他副校长:

(1) 副校长 (教育、企业、参与):

理查德·迈尔斯 (Richard Miles) 教授, 利物浦大学学士, 剑桥大学博士, 澳大利亚生育学会会员 (FSA)。

(2) 副校长 (全球参与):

卡西·贝弗 (Kathy Belov AO) 教授, 麦考瑞大学荣誉理学学士、博士。

(3) 副校长 (研究、企业、参与):

艾里克·奈特 (Eric Knight) 副教授, 悉尼大学学士、荣誉法学学士, 牛津大学博士, 澳大利亚公司董事协会研究生 (Graduate of the AICD, GAICD)。

(4) 副校长 (战略协作与合作):

劳伦·里沃里 (Laurent Rivory) 教授, 昆士兰大学兽医学士 (BVSc), 博士。

(5) 副校长 (教育创新):

亚当·布里奇曼 (Adam Bridgeman) 教授，牛津大学学士，伯明翰大学教育学证书课程 (PGCE)，剑桥大学博士。

(6) 副校长 (学生生活):

苏珊娜·斯卡帕罗 (Susanna Scarparo) 教授，奥克兰大学博士，高等教育研究院校长会员 (PFHEA)。

其他 (代理) 副校长 (VICE - PRINCIPALS):

(1) 副校长 (晋升):

罗莎琳德·奥吉维 (Rosalind Ogilvie)，墨尔本大学法学 (LLB) 学士。

(2) 副校长 (外部关系):

塔尼亚·罗兹·泰勒 (Tania Rhodes - Taylor)，俄克拉荷马大学 (OU) 学士，伦敦大学学院 (UCL) MBA，英国特许营销协会 (CIM) 研究生文凭 (PGDIP)。

(3) 副校长 (运营):

斯蒂芬·菲力普斯 (Stephen Phillips)，威特沃特斯兰德大学 (University of the Witwatersrand, Wits) 商业学士 (BCom)。

(4) 副校长 (战略):

里贝卡·默里 (Rebecca Murray)，纽卡斯尔大学 (University of Newcastle, UON) 社会科学硕士 (BA MSocSc)。

总顾问:

理查德·弗舍尔 (Richard Fisher AM)，新英格兰大学 (University Of New England) 经济学硕士 (MEc)，悉尼大学法学学士 (LLB)。

学术委员会主席:

安东尼 (托尼) ·马斯特 (Anthony (Tony) Masters) 副教授墨尔本大学 (Melbourne) 荣誉 (Hons) 理学士 (BSc)，澳大利亚国立大学 (ANU) 博士，澳大利亚皇家化学学会会士 (Fellow of the Royal Australian Chemical Institute, FRACI) GAIDC 特许化学家 (Chartered Chemist, Cchem)。

参议院秘书：

戴维·佩西，查尔斯特大学（Charles Sturt University）商学士，管理学研究生，商业研究生文凭。

学院领导：

截至 2019 年 12 月 31 日：

各学院院长：

（1）艺术和社科学院：

安娜玛丽·贾格斯（Annamarie Jagose）教授，惠灵顿大学博士，澳大利亚人文科学院院士（FAHA）。

（2）悉尼大学商学院：

格雷戈里·惠特威尔（Gregory Whitwell）教授，莫纳什大学荣誉经济学士，墨尔本大学博士。

（3）工程学院：

威利·兹瓦内珀尔（Willy Zwaenepoel）教授斯坦福大学博士，美国计算机学会会士（FACM），国际电气电子计算机学会会士（FIEEE）。

（4）卫生科学学院：

凯瑟琳·雷夫肖格（Kathryn Refshauge OAM）教授，新南威尔士大学生物医学硕士，理疗研究生文凭（Postgraduate Diploma in Physiotherapy，PG-Dip Phty），曼尼普理疗研究生文凭（Grad Dip Manip Ther）。

（5）医学与健康学院：

罗宾·沃德（Robyn Ward AM）教授，澳大利亚人文科学院院士（FA-HA），澳大利亚皇家内科医师学会会员（Fellow of the Royal Australian College of Physicians，FRACP）。

（6）理学院：

伊恩·杨（Iain Young）教授，阿伯丁大学荣誉理学士，博士。

（7）工程设计与规划学院：

罗宾·道林（Robyn Dowling）教授，悉尼大学荣誉经济学士，英属哥伦比亚大学（Brit Col）硕士，博士。

(8) 悉尼音乐学院:

安娜·里德(Anna Reid)教授,悉尼大学音乐学士,新英格兰大学(UNE)教育硕士(MEd),悉尼科技大学(UTS)博士。

(9) 悉尼大学法学院:

西蒙·布罗尼特(Simon Bronitt)教授,布里斯托大学法学士(LLB),加拿大法硕士(LLM)。

(三) 组织设计

2019年是大学简化组织设计长期项目的最后阶段,包括继续将学院从16个缩减至5个。现在的卫生科学学院将成为悉尼卫生健康学院,从2020年1月1日起包括医疗和卫生学院。

2019年全年,大学任命了若干个关键的高级行政领导,包括芭芭拉·梅塞勒(Barbara Messerle)为教务长兼副校长。梅塞勒教授对大学的学术目标的战略领导和运营交付负责,特别是大学学院的绩效。对外,教务长又代表大学在全球舞台上发挥关键作用。

梅塞勒教授的任命之后,前教务长史蒂芬·卡顿教授进入新角色成为高级副校长。这一角色,是校长的正式代表,负责积极支持外部参与并领导大学转型事项,包括合作执行赞助项目以开展新的悉尼大学运营模式。

理查德·迈尔斯(Richard Miles)教授被任命为学术绩效的副教务长,在激发大学卓越的教育和研究抱负中扮演关键角色。

大学也欢迎第一个女性学院领导,悉尼大学建筑设计规划学院院长,罗宾·道林教授,以及西蒙·布罗尼特教授作为新的学院领导,悉尼大学法学院的院长。

罗萨琳德(罗茜)·奥吉维女士被任命为副校长(晋升),负责带领晋升团队度过一个转型期,并为取得巨大成功的"INSPIRED"运动之后的下一场战斗做好准备。

1. 截至 2019 年 12 月 31 日悉尼大学的组织结构（见图 1）

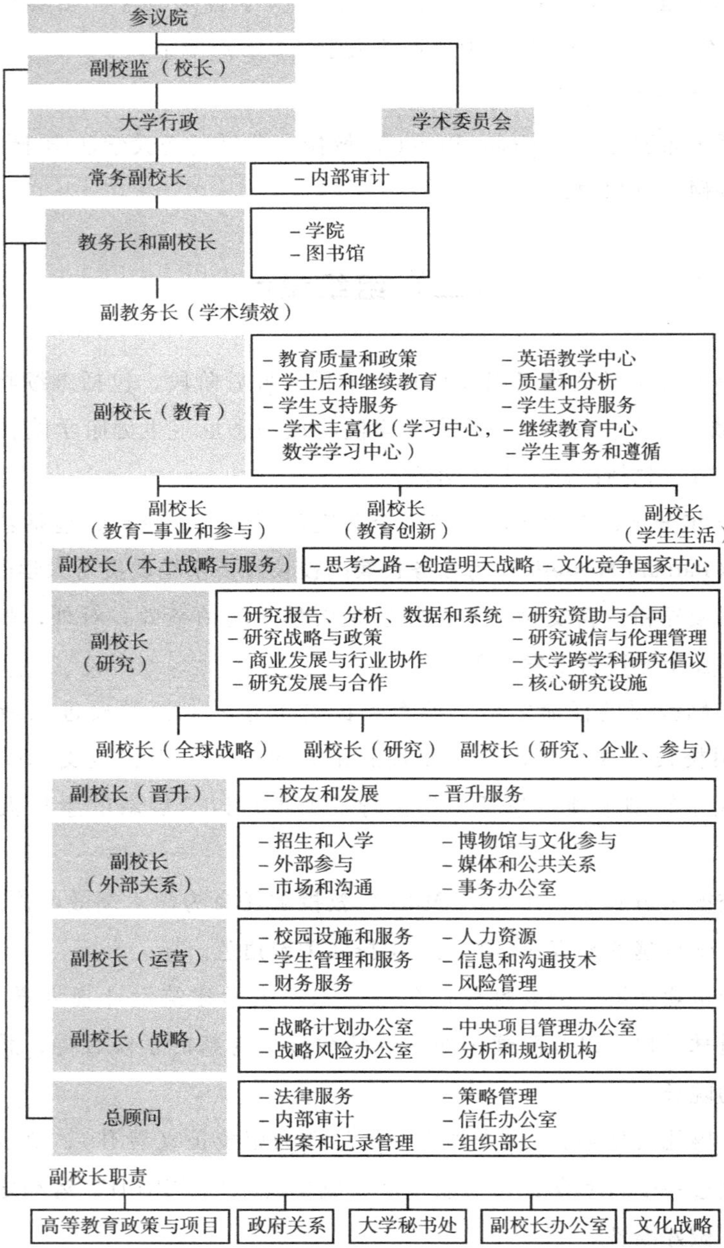

图 1　悉尼大学组织结构

2. 悉尼大学参议院（2019 年）

悉尼大学参议院议员提出关于统一实体的报告，包括悉尼大学和截止2019 年 12 月 31 日末以及期间由它控制的实体。

（1）参议院的作用。

参议院是大学的治理机构，拥有根据悉尼大学 1989（修正）法案授予的功能。参议院监管大学行使的所有主要的决策，包括员工任命和福利、学生福利和纪律、财务事项，以及大学本身和学术的发展。

参议院报告大学对澳大利亚大学治理最佳实践的自愿准则的遵循。

在 2019 年，参议院：

——评估执行 2016—2019 年大学战略计划的进展。

——考虑大学未来的大小和成长，审议学院战略的核心关键领域：价值和文化；研究能力和质量；学生价值定位；学生体验改善，以及学生群体的多样性和合作。

——继续支持以激发获得杰出体验的学生体验的转变——从加入大学社区到完成学位以及转到下一个阶段。

——指出研究生教育和微认证战略发展的进展，这是决定大学未来非学历（non - award）的基本步骤。

——观测与安全、卫生和福利相关的事务，监控大学活动和运营带来的相关风险。

——监控大学财务绩效和批准的年度预算。

——在西悉尼继续协商为新的多学科校区获取土地，并支持塑造这个校区的未来愿景。

——监管校区改善项目的当前进展，关注批准的三个主要基础设施项目商业案例；悉尼大学艺术学院搬迁至米尔韦瑟，参议院建筑和房产委员会通过的 J07 先进制造业；庆祝学生宿舍建筑组团的开放。

——通过悉尼大学运营模型，支持运营程序和制度的改进，为了员工、学生和外部利益相关者更方便地浏览大学。

——祝贺澳大利亚性别平等科学雅典娜天鹅铜奖，表彰大学改善性别公平和多样性的承诺。

——关注努力改善学术绩效的进展，包括规定期许的研究绩效，以及强化机制和程序以精确和持续地管理学术绩效。

（2）参议院议员（截至2019年12月31日）。

校监：

布琳达哈钦森（Belinda Hutchinson AM），悉尼大学经济学学士（Bachelor of Economics，BEc），特许会计师学会会员（Fellow of the Institute of Chartered Accountants，FCA），校监任期：2017年2月4日—2021年2月3日。

代理校监：

理查德·弗罗伊登斯特因（Richard Freudenstein），悉尼大学经济学学士（BEc）、荣誉（Honoris）法学学士（LLB），代理校监任期：2017年12月14日—2020年3月31日。

副校监（校长）：

迈克尔·思朋斯（Michael Spence AC）博士，悉尼大学法学学士（BA LLB），牛津大学博士（DPhil）神学研究生（PG Dip Theol），校长任期：2013年7月1日—2022年12月31日。

学术委员会主席：

安东尼（托尼）·马斯特（Anthony（Tony）Masters）副教授，墨尔本大学（Melbourne）荣誉（Hons）理学士（BSc），澳大利亚国立大学（ANU）博士，澳大利亚皇家化学学会会士（Fellow of the Royal Australian Chemical Institute，FRACI），GAIDC 特许化学家（Chartered Chemist，Cchem），学术委员会主席任期：2018年1月1日—2019年12月31日。

由部长任命的2位外部人员：

理查德·弗罗伊登斯特因（Richard Freudenstein）（代理校监），悉尼大学经济学学士（BEc）、荣誉（Honoris）法学学士（LLB），作为参议院议员任期：2017年12月1日—2021年11月30日。

丽莎·麦金太尔（Lisa McIntyre）博士，悉尼大学荣誉（Hons）理学士（BSc），剑桥大学博士，澳大利亚公司董事协会研究生（Graduate of the

AICD，GAICD)，作为参议院议员任期：2017 年 8 月 16 日—2023 年 11 月 30 日。

由参议院任命的 4 位外部人员：

贾森·李逸仙（Jason Yat - Sen Li），悉尼大学荣誉（Hons）法学士（LLB），纽约大学（NYU）法硕士（LLM），作为参议院议员任期：2017 年 12 月 1 日—2021 年 11 月 30 日。

凯特·麦克莱蒙（Kate McClymont），悉尼大学荣誉（Hons）学士（BA），作为参议院议员任期：2019 年 12 月 1 日—2021 年 11 月 30 日。

凯伦·摩西（Karen Moses），悉尼大学经济学学士（Bec），博士（PhD），澳大利亚公司董事协会会员（FAICD），作为参议院议员任期：2019 年 5 月 9 日—2023 年 11 月 30 日。

彼得·斯科特（Peter Scott），蒙纳什大学荣誉（Hons）工学士（BE），新南威尔士大学（UNSW）工程科学硕士（MEngSc），澳大利亚工程协会（IEAust）会员（荣誉），作为参议院议员任期：2019 年 12 月 1 日—2023 年 11 月 30 日。

由学术职员中产生并选举的 2 人：

玛丽安妮·拉吉（Maryanne Large）副教授，悉尼大学荣誉（Hons）理学士（BSc），三一学院（Trinity）博士（PhD），作为参议院议员任期：2019 年 6 月 1 日—2021 年 5 月 31 日。

史蒂芬·辛普森（Stephen Simpson AC）教授，昆士兰大学荣誉（Hons）理学士（BSc），伦敦国王学院（King's College London，KCL）博士（PhD），作为参议院议员任期：2019 年 6 月 1 日—2021 年 5 月 31 日。

由非学术职员中产生并选举的 1 人

戴维·布鲁斯（Dave Burrows），悉尼大学文学士（BA），作为参议院议员任期：2019 年 6 月 1 日—2021 年 5 月 31 日。

由本科生中产生并选举的 1 人：

弗朗西斯·塔默尔（Francis Tamer），作为参议院议员任期：2018 年 12 月 1 日—2020 年 11 月 30 日。

由研究生中产生并选举的1人：

伊丽莎白·米勒（Elizabeth（Lizzie）Miller），悉尼大学荣誉（Hons）文学士（BA），作为参议院议员任期：2018年12月1日—2020年11月30日。

（3）利益登记。

根据法案清单2A，参议院议员和参议院委员会成员有职责向参议院或参议院委员会披露任何重大利益。在参议院或参议院委员会会议上，当议员或成员与正在或将要审议的某一事项有重大利益，而且该利益与议员或成员在考虑此事项时应履行的职责可能引起冲突，那么议员或成员必须于知道相关事实后，尽可能快地在参议院或参议院委员会会议上披露利益的性质。参议院同时收集和报告大学和议员、委员会成员进行的任何相关关联方交易。

参议院应于以下在线网址提供一份这些申报的利益和交易登记册：sydney. edu. au/about - us/governance - and - structure/governance/ senate/register - of - interests. html。

（4）参议院委员会。

参议院建立以下委员会以协助其行使其职能，自2019年1月1日起生效。

——建筑和不动产委员会（Building and Estates Committee，BEC）；

——财务和审计委员会（Finance and Audit Committee，FAC）；

——财务和审计投资小组委员会（Finance and Audit Investment Subcommittee，FAC IS）；

——人民和文化委员会（People and Culture Committee，PCC）；

——人民和文化报酬小组委员会（People and Culture Remuneration Subcommittee，PCC RSC）；

——人民和文化小组委员会（People and Culture Subcommittee，PCC SC）；

——战略和风险委员会（Strategy and Risk Committee，SARC）。

表1记录了2019年召开的委员会出席记录。

表 1　　　　2019 年参议院议员和委员参加情况

职位	姓名	Sen - ate	BEC	FAC	FAC IS	PCC	PCC RSC	PCC SC	SARC
		ABC	ABC	ABC	ABC	ABC	ABC	ABC	ABC
校监	Belinda Hutchinson AM	666	666	666	444	666	222	444	777
代理校监	Richard Freudenstein	666	665	666	442	666	222	444	777
校长	Dr Michael Spence AC	666	666	666	442	666	222	443	777
副校长	Kate McClymont	666				665	221		
	Marian Baird AO （∧∧）	633							721
学术委员会主席	Tony Masters	666	666			666			
议员	Ilana Atlas （∧）	621				622	211	411	
	Dave Burrows （+）	644	633						
	Lisa Carrick （∧∧）	633	633						
	Maryanne Large （+）	644		642					
	Jason Yat - sen Li	666				665			776
	Dr Lisa McIntyre	666		665	443				776
	Lizzie Miller	666	662						
	Karen Moses	666		666	442			443	
	Alan Pettigrew （#）	643				643	211	432	
	Peter Scott	666	666	665					
	Stephen Simpson AC （+）	644							754
	Francis Tamer	665							775
	Christopher Murphy （-）	600		600					

更多信息请参阅：sydney. edu. au/about - us/governance - and - structure/governance/senate/ senate - committees. html。

表中注释部分：

A 会议召开次数；B 有资格出席会议次数；C 出席会议次数

BEC：建筑和不动产委员会　　FAC：财务和审计委员会

PCC：人民和文化委员会　　SARC：战略和风险委员会

（-）在 2019 年 1 月 19 日不再为参议院议员

（∧）在 2019 年 5 月 8 日不再为参议院议员

（∧∧）在 2019 年 5 月 30 日不再为参议院议员

（#）自 2019 年 5 月 9 日开始为参议院新议员

（+）自 2019 年 6 月 1 日开始为参议院新议员

（四）战略与运营

2019 年，大学优先考虑 2016—20 战略主题：卓越、参与和简明，以及新的重要焦点——“One Sydney Many People”——我们的特征是一个澳大利亚组织。大学在所有这些方面都取得了长足的进步。

1. 卓越

（1）课程和学生体验。

更高学位研究生的奖学金和丰富化战略

在 2019 年，大学通过针对其更高学位研究（Higher Degree by Research，HDR）学生的一项目标文件，将其总体规模保持在当前水平。我们同时也改变了我们的更高学位研究生国际化奖学金的方法，增加数量以基于质量和战略合适度而非学费状态来做出选择。这很可能导致该大学的博士生比例更高，并且在与大学和教职人员优先战略相吻合的领域拥有更多的学生。

博士课程的改革也在进行，课程要求将对从 2021 年 1 月开始入学的学生生效。

研究生课程和微证书（micro - credentialling）

整个 2019 年，我们提出的对研究生教育产品的未来方案已经初具规模，它包括：

——可能与在线课程管理公司合作，开发高质量的在线奖励和非奖励课程；

——模块化更长或可累加更短期的证书；

——采用一个统一的方法，呈现和网络展示所有相关的教育产品。

在一项职业教育产品的专业创新中，我们发起一组新的 21 个精选的研究医学、公共卫生和教育专业认证，命名为悉尼大学专业认证。

每一个微证书包括在一个特定专业内的两个研究学习单元。这些认证将从 2020 年第一学期开始，是扩展产品迎合职业寻求短期研究资格的开端。

行业和社区项目单元

在 2019 年，大学基于我们成功的 2018 年行业和社区项目单元（Industry and Community Project Units, ICPUs）试点，在977名注册者中有800名学生参加，相比较之前758名注册者中有700名学生。

ICPU学生通过跨学科项目学习，解决超过45家澳大利亚和国际上先进的政府、商业、行业和社区组织面临的实际问题。尤其是我们在印度与先进的科技公司——Tech Mahindra形成了第一个ICPU行业伙伴关系。

全球游学体验

大学仍继续实现我们的2020目标，即作为奖励课程的一部分，50%的学生可以有一次全球游学体验（global mobility experience）。大学当前游学百分比为33%，基于“AUIDF海外学习基准2018”（在2019年），这一比例在游学体验数量上有14%的增加（从2017年的4,990名到2018年的5,668名），2018年报告的总计32%（基于2017年的基准）。大学继续在澳大利亚拥有最大的海外学生游学项目，目标是在2019年达到AUIDF报告的41%比例，最终结果将于2020年晚些发布。

学生体验

学生体验项目建立于2019年前半年，以监督学生体验战略的实现，它的目标是改变我们多样化学生群体的经历。大学还广泛调查，在决策和共同设计项目过程中聚焦于参加学生的所有水平、候选人资格的阶段以及多样化的背景。在2020年期间将开始迭代交付，在2021年将实施更大范围的改变。

一个修订的治理框架将更长期地引导有效的学生体验职责。一个新的学生章程（Student Charter），开始替代已有的学生行为准则（Code of Conduct for Students），已由参议院批准。

学生生活

大学与悉尼大学工会（University of Sydney Union, USU）一道，削减USU的加入会费，导致了会员和参与者的显著增加。新的负责学生生活的副校长，于10月加入到大学来，开始推进并评估合作和课外项目（co - and extra - curricular programs）的框架开发。

引导和过渡

大学也开始开发一个详细的运营模式，以提供给学生个性化的职业和学术建议。新的嵌入式课程（curriculum - embedded）的过渡支持模式建立于本科生、研究生课程和更高学位研究水平，一些小范围试点的社会关注的本科水平的过渡支持活动，将从2020年第一学期开始。

必要的支持

我们开发了一个新的交付模式，将促进学生进入不同形式的核心的学生支持服务，包括：

——住宿和儿童看护信息服务；

——财务建议与帮助；

——卫生、咨询和心理服务。

（2）入学情况（见表2～表6）①

表2　按就读类型（attendance）和性别的本科生入学情况

国内/国际	就读类型	性别	本科（UG）入学人数（人）
国内	全日制	女性	11, 806
		其他	15
		男性	8, 926
	残疾人	女性	0
	非全日制	女性	2, 071
		其他	6
		男性	1, 797
国内合计			24, 621
国际	全日制	女性	6, 854
		其他	1
		男性	4, 585
	残疾人	女性	0
		男性	0
	非全日制	女性	755
		男性	330
国际合计			12, 525
总计			37, 146

① 表2～表6中数据截至2019年3月30日。大学项目人数包括交换和海外学习项目、其他非学历课程和技能课程人数。

表 3　　按课程水平的本科生入学情况

国内/国际	课程类型	本科（UG）入学人数（人）
国内	毕业直入学士（Graduate Entry）	578
	荣誉学士（Honors）	3,073
	学士学位（Pass）	20,621
	文凭 Cross – Institutional	183
	学历课程（Non – Award）	86
	跨机构课程（Cross – Institutional）	63
	技能课程（Enabling Course）	17
国内合计		24,621
国际	毕业直入学士（Graduate Entry）	85
	荣誉学士（Honors）	1,579
	学士学位（Pass）	9,164
	文凭（Diploma）	1
	学历课程（Non – Award）	1,691
	跨机构课程（Cross – Institutional）	5
国际合计		12,525
总计		37,146

表 4　　按就读类型和性别的研究生入学情况

国内/国际	就读类型	性别	研究生（PG）入学人数（人）
国内	全日制	女性	3,894
		其他	5
		男性	2,757
	残疾人		2
	非全日制	女性	3,877
		其他	6
		男性	2,899
国内合计			13,440

续表

国内/国际	就读类型	性别	研究生（PG）入学人数（人）
国际	全日制	女性	7,225
		其他	0
		男性	4,570
	残疾人	女性	11
		男性	7
	非全日制	女性	777
		男性	426
国际合计			13,016
总计			26,456

表 5　　按课程水平的研究生入学情况

国内/国际	课程类型	研究生（PG）入学人数（人）
国内	博士（研究）	2,881
	博士（课程）	27
	硕士（研究）	653
	硕士（课程）	8,706
	研究生文凭	515
	研究生证明	611
	非学历课程	35
	跨机构课程	12
国内合计		13,440
国际	博士（研究）	819
	博士（课程）	4
	硕士（研究）	163
	硕士（课程）	11,313
	研究生文凭	449
	研究生证明	89
	非学历课程	177
	跨机构课程	2
国际合计		13,016
总计		26,456

表 6　　按课程注册学院和课程水平的入学人数情况表

国内/国际	注册学院	入学人数（人）		入学人数（人）
		研究生	本科生	
国内	悉尼大学商学院	1,072	2,751	3,823
	艺术和社会科学院	2,271	6,967	9,238
	工程学院	806	3,156	3,962
	卫生科学院	1,088	2,011	3,099
	医疗和卫生学院	4,934	1,565	6,499
	理学院	1,439	5,870	7,309
	悉尼音乐艺术学院	177	816	993
	悉尼大学法学院	1,182	581	1,763
	悉尼大学建筑、设计和规划学院	468	870	1,338
	大学项目	3	34	37
国内合计		13,440	24,621	38,061
国际	悉尼大学商学院	6,570	2,030	8,600
	艺术和社会科学院	1,462	2,768	4,230
	工程学院	2,028	2,167	4,195
	卫生科学院	344	470	814
	医疗和卫生学院	926	727	1,653
	理学院	487	1,986	2,473
	悉尼音乐艺术学院	32	43	75
	悉尼大学法学院	462	85	547
	悉尼大学建筑、设计和规划学院	532	578	1,110
	大学项目	173	1,671	1,844
国际合计		13,016	12,525	25,541
总计		26,456	37,146	63,602

（3）按 2018 年和 2019 年不同群体统计学生入学人数情况（见表 7、表 8、表 9）。

表 7　　本土和非本土入学人数　　单位：人

本土指标	2018 年	2019 年
本土	392	360
非本土	60,917	63,242
总计	61,309	63,602

表 8　　非英语背景（NESB）学生人数　　单位：人

非英语	2018 年	2019 年
英语背景	39, 504	38, 833
非英语背景	21, 805	24, 769
总计	61, 309	63, 602

表 9　　残疾学生　　单位：人

<table>
<tr><th>国内/国际</th><th>残疾情况</th><th>残疾支持服务意愿</th><th>2018 年</th><th>2019 年</th></tr>
<tr><td rowspan="3">国内</td><td rowspan="2">有残疾学生</td><td>无须支持</td><td>1, 059</td><td>1, 038</td></tr>
<tr><td>需支持</td><td>1, 412</td><td>1, 529</td></tr>
<tr><td>无残疾学生</td><td>不残疾</td><td>36, 694</td><td>35, 494</td></tr>
<tr><td colspan="3">国内合计</td><td>39, 165</td><td>38, 061</td></tr>
<tr><td rowspan="4">国际</td><td rowspan="3">有残疾学生</td><td>不残疾</td><td></td><td>2</td></tr>
<tr><td>无须支持</td><td>125</td><td>151</td></tr>
<tr><td>支持</td><td>195</td><td>299</td></tr>
<tr><td>无残疾学生</td><td>无残疾</td><td>21, 824</td><td>25, 089</td></tr>
<tr><td colspan="3">国际合计</td><td>22, 144</td><td>25, 541</td></tr>
<tr><td colspan="3">总计</td><td>61, 309</td><td>63, 602</td></tr>
</table>

（4）学术绩效。

2019 年，我们努力持续从多个角度提升学术志向和绩效。我们努力聚集于与学院主任和院长一起，尽可能有效地识别并解决重要问题。包括支持一些员工转入重点教育或新确立的职业实践角色，以更好地反映他们对大学的贡献。

在 2019 年，我们还：

聚焦于建设学院领域的能力和素质。我们努力确定发展需求和学院领导所需要的组织支持，以驱动各学院的学术志向。

在修订的试用和确定程序方面取得重大进展。从 2019 年 10 月，一组标准的试用和确认条件应用于所有新的学术员工，保证了整个大学的一致性。经与员工的密切商议，对于考虑和批准确认的建议新流程（在确认期末）的细化工作，在 2019 年已经开始，将在 2020 年继续。

（5）研究业绩。

NHMRC 和 ARC 资助表现

国家卫生和医学研究委员会（National Health and Medical Research Council，NHMRC）和澳大利亚研究委员会（Australian Research Council，ARC）在数百个不同的资助者中，是两个对未来研究的资助机构。在 8 月，大学从 NHMRC 获得 25 个项目共 3,880 万澳元资助，这项资助包括通过激烈竞争的调查资助计划交付的第一批资助，它为研究者提供五年期固定的资助，并支持他们的研究团队。其他于 2019 年获得的 NHMRC 资金，包括在 12 月获得的价值 4,365 万澳元的工业设计优秀奖（Ideas）资助。

在 11 月，大学通过 ARC 探索早期职业研究奖（ARC Discovery Early Career Researcher Awards），被资助 780 万澳元用于 19 个项目，而 2018 年 15 个项目获得将近 5,720 万澳元。12 月，大学被资助超过 2,550 万澳元用于 58 个澳大利亚研究委员会探索项目（Australian Research Council Discovery Projects），而在 2018 年，63 个项目总计金额 2,680 万澳元。

医学研究未来基金表现

医学研究未来基金（Medical Research Future Fund，MRFF）在过去两年内快速增加计划和倡议，现在正开始收到基金付款。MRFF 报告显示，从 2016/17 年度到 2019 年 9 月，共资助悉尼大学研究者 23 个项目，总计 4,950 万澳元。人类癌症蛋白质组项目（Human Cancer Proteome Project，ProCan）是一项由儿童医学研究组织（Children's Medical Research Institute）和悉尼大学合作的特别大范围的项目，通过 MRFF 资助。在 2019 年，大学研究者和合作者组织同盟从 MRFF 的百万心理健康使命（Million Minds Mental Health Mission）获得一项资助，约 370 万澳元，在悉尼大学建立了一个饮食失调卫生系统研究和翻译中心（Centre for Health System Research and Translation in Eating Disorders）

（6）卓越的研究文化。

为澳大利亚而卓越研究（Excellence in Research for Australia，ERA），以及参与和影响力（Engagement and Impact，EI）结果。

由澳大利亚研究委员会（ARC）于 2018 年开展的两项大学研究，国家评估的结果于3月发布，大学执行良好。在评估研究卓越性的ERA报告中，我们所有22个宽广的研究领域被评估为超过或远超世界标准。

结果显示出在2015年评估基础上的进一步发展，特别是在工程、计量经济、化学科学和环境科学方面取得的成就。

参与影响力评估（Engagement and Impact，EI）与ERA同步进行，认为大学研究影响力超过学术界，ARC认为大学也高于行业平均水平，我们的影响力和参与等级的96%为“高”和“中”。由悉尼大学提交的25个案例研究中，48%被评估为“高”影响力等级，超过行业43%的平均值。研究参与也全部被评估为22 FoRs，悉尼大学获得42%的“高”等级，超过行业平均值34%。

研究组合投资模型

在2019年修改了我们已有的研究基金项目和计划，以及它们在多大程度上帮助我们完成研究目标。作为修订的结果，将重设我们对内部研究基金的投入方式。从2020年开始，内部将直接指向五个关键支柱——人才、核心研究基础设施、跨学科研究、战略能力，以及研究支持、数据和完善，以深度、持续聚焦于研究卓越。

招聘、留住和支持有才华的研究者

10月，大学宣布第二批研究者接受四年期的罗宾逊研究员职位，这一职位以悉尼大学第一个诺贝尔奖获得者命名。

研究员职位旨在支持和留住大学最好的早期职业学者，通过创设一个通道以继续教学和研究职位。研究员基于优势和潜力以及他们的能力加以区分，有助于大学在卓越文化的驱动下长期保持为一个研究社团。除了薪资和研究基金外，研究员还可以成立一个结构化的指导和开发项目，能帮助他们为转入持续的学术职位做准备。超过一半的研究员职位被授予给女性，这反映大学对性别平等的持续承诺。

同样在10月，大学宣布第三批悉尼研究促进奖［Sydney Research Accelerator（SOAR）Prize］的获得者。SOAR项目支持新兴的研究领袖，通过增加他们研究的范围和影响力以打造他们的职业生涯。该项目自2016年开始以来，已经有62位研究者获得2年的SOAR奖。

公平奖

在2019年，大学授予10项公平奖，以支持柔性的职业路径——3个布朗奖、3个汤普森奖和4个拉凡奖。

布朗奖帮助获奖者在承担基本的履职责任后，重建或巩固他们的学术职业生涯。汤普森奖支持在主要学术职位中女性代表的数量不足，为获奖者提供机会以加强他们的研究，并为晋升做准备。拉凡奖帮助那些有或者已经历一个重大残疾的研究者重建或巩固他们的学术。

生物医学工程学院

在9月，大学启动新的生物医学工程学院，代表着一项主要的先进生物医学技术开发投入，例如再生医学，以及可植入医学服务例如仿生眼。

这个学院旨在为生物医学工程提供协作研究和教学的便利，通过当前无法治愈的特定疾病改善健康效果。它将训练下一代的生物医学工程师建立目标设施和影响已有的核心力量，包括组织和神经工程、纳米材料和慢性疾病的处理。

启动悉尼智力中心

悉尼智力中心——一个为企业与悉尼大学合作的协作空间于10月份开始商业运营。该中心是会员制的空间，适合那些在其工作核心领域进行高影响力研究的组织，这些领域比如AI、生物科技、材料和物联网。它旨在成为一个由初创企业、企业和非营利组织组成的社区，与悉尼大学一起开展更多的合作，接触到外界遥不可及的大学专家团队、世界级的研究设施和有天赋的学生。

新南威尔士公共政策机构的创建

2019年12月，一个新的机构得以创建以开展新南威尔士面临的最紧迫的公共政策问题研究。新南威尔士公共政策机构由新南威尔士政府资助一千万澳元，悉尼大学、悉尼科技大学和西悉尼大学支持了其他资金和实物。

机构具有独立性和长期性，将与政府、高等教育部门和行业一起努力，对政策事务的三个广泛议题提供坦诚无畏的建议：

——卫生和互联；

——智能和工作；

——持续和繁荣。

悉尼量子学院创建

2019年6月，创建了4所新南威尔士大学间的一项创新协作，通过教育、产业和社区参与，与企业合作以支持量子经济系统的开发。参与方——悉尼大学、新南威尔士大学、悉尼科技大学和麦考瑞大学，提出一项倡议——悉尼量子学院（Sydney Quantum Academy，SQA），新南威尔士政府的量子计算机基金资助1,500万澳元，各参与方支持其他资金和实物。2019年，各参与方为悉尼量子学院设立教育基金，以及研究和社区参与项目。2019年，参与方开始招聘相关SQA的职位，比如执行董事和CEO独立席位，讨论关于核心部分的产业。

商业化研究

在2019年有一项重大的商业化活动，完成24项商业事务，商业流水线中仍有另外22家潜在客户。亮点包括约650万澳元孵化基金，是迄今为止最大的商业化高校风投基金公司，用于将阿格里斯私人有限公司萨拉赫.苏卡里耶（Salah Sukkarieh）教授发明的农业机器人商业化。

9月，一家2019年2月形成的衍生公司Kinoxis收到国家卫生研究院的HEAL倡议奖励高达460万美元，支持开发潜在的鸦片类药物的戒断治疗。

创新流程在生命周期的两端都非常强大，在2019年共提交了124项发明披露，并创建了8家大学分拆公司。

商业化合同的活动水平在2019年持续稳定增长，实施了2,561项合同，以及492项临床试验协议，在2018年的基础上增加了5%。

2. 参与

外部参与

外部参与战略自2019年被批准并执行，它使大学有了更加广泛的产业和社区参与，对目标外部观众更可见，对潜在合作者更公开。我们启动了一个唯一的个性化的促销运动，该运动最初认真选择47个在悉尼的机构，我们认为他们是高潜在的合作者。大学首次在法人网站上创设一个专门板块，收集不同的面向外部的功能。“参与我们”显著置于网站的最高点导航栏，描述我们作为一个参与机构并传递出我们准备着与他人一起努力。这也提供给潜在的合作者一种容易联系我们的方式。

大学建立三个治理组织以监督外部参与战略和运营模式的实施，以确保目前我们外部参与的方法是明智的和统一的。

在2019年，我们还加强我们与现有合作方的协作，以处理澳大利亚乃至全世界的产业、社会、商业和我们社区面临的最紧迫的问题。例如，我们与澳洲航空（Qantas）一起为改善超长途航班的舒适感，开发了一个飞行计划系统以减少二氧化碳排放和大量燃料费用；转塑料废品为燃料；在研究、政策和实践之间架起桥梁；与微软开启了量子计算机的潜能；使用3D打印替代天然骨骼；在农业领域开创性地将机器人用于改善食物安全和产量。

我们还重新配置了我们的公开谈话节目——悉尼理念，采用分层式事件计划和内容，提升大学的声誉，与社区分享我们的研究。我们在新市场特别是印度增加了悉尼品牌的足迹范围，传递给潜在的学生和影响他们决策的人。同样，我们成功开展一些运动以建立我们的品牌，并在包括中国香港以及马来西亚、新加坡和越南等其他关键国际市场上推动招生活动，也在中国维持我们的现状。这一工作将延长至2020年，以支持东南亚的招新战略和拓宽收入多样化的努力。

更多的关于外部战略的信息详见：sydney. edu. au/engage。

印度战略

我们的印度学生招生战略在5月确定下来，并成功投入实施。我们于9月2日迎接到我们第一批获得悉尼学者的印度学者，19名奖学金获得者作为项目的一部分加入了我们。第二学期来自印度学生的申请比目前增长了19%。我们网站的印度访问者比2018年增加了62%，印度目前成为我们社交媒体频道的最大的国际观众群体。我们为我们的驻印度办公室任命了1名地区主管和5名其他员工，于11月末加入到悉尼大学。

在2019年，我们派出了由校长带队的2个重要代表团到印度，一个在2月，另一个在11月，后者是大学迄今为止到访印度的最大代表团，与澳大利亚教育部参观印度同时。这一日程包括：

——目标学院的招生活动；

——与潜在行业和政府合作方的会议；

——参加澳大利亚政府和澳大利亚高级委员会的代表团；

——两个悉尼展演事件，旨在推进我们的研究，吸引新合作方和学生，改变现有的申请者，参与校友会，在印度为我们赢得更广泛的媒体关注度。

我们已经开始开发一个更综合的印度战略，联结现有的学生招生战略，增加研究和参与活动。

中国战略

年度内，大学开发了一项战略，通过促进我们现有中国战略的改变，以增强我们参与的广度和影响力。这些战略包括：

——大量和有价值的中国学生和校友群体；

——我们的中国研究中心；

——现代中国和中国语言领域的研究专家；

——与关键中国合作方联系的机构和个体，一个良好的看得见的品牌。

通过与数百名利益相关者的广泛协商，我们提出我们的思考教育项目——ICPUs——研究合作方和校友战略。三个主题将在研究和教育两个方面巩固我们的战略：拓宽我们的智力课程，聚焦于脑和智慧科学（已经在7月开启了与复旦大学签署专业合作协议）；食物革命；未来城市。

11月，我们派出一个重要的大学代表团到中国，包括：

——由校长召集，并由600余名我们的校友参加的事项；

——由工程、科学组织的一个跨学科学术团队与查尔斯帕金斯中心，以及潜在的合作大学之间，进行富有成效的讨论探索潜在的食物革命议题。

中国战略将于2020年3月提至参议院。

研究声誉

在2019年重要的营销和交流努力投入于提升大学的研究声誉。我们的“忘却”品牌运动2.0版本显现出16个研究项目的影响力，传递给澳大利亚和国际学术界的知情人士。

市场研究表明，这项活动有帮助改善悉尼大学作为一所积极进取和聚焦未来的研究机构的观念，确立我们作为澳大利亚领先大学之一的位置。在2019年，大学还提高了在几个最有声望的全球大学排名机构的研究声誉得分。尽管排名并不能测试大学所有的价值，但对于学生特别是国际学生而言，排名仍然是一个重要的质量和声誉的指标。这些也给我们一个暗示，外面的其他大学如何认知我们的研究和教学的质量。大学的杰出成果包括：

——在美国新闻和世界报道全球最好大学排名中提升了4位到第27名（从去年第31名）；

——在澳大利亚排名第1（连续第五年），在QS研究生雇佣力排行榜中排名世界第4；

——在新的Times高等教育影响力排名中世界排名第25。

在激烈竞争背景下，大学要么守其位，要么失其土，其他排名结果包括：

——在QS世界大学排名中，保持世界第42的位置；

——在Times高等教育世界大学排名中，比2018年退后1位（从59位到60位）；

——在世界大学学术排名（Academic Rankings of World Universities，ARWU）中从第68位掉至第80位。

帕拉玛塔/威斯特米德校区

在2019年，我们致力于四组活动：学术主题、学术运营模式、校区体验、场地收购和开发。每组由一个指导委员会负责指引，由校长、副校长或主任担任主席。学术主题组聚焦于在卫生和医学领域之外探索威斯特米德的教育潜能，优先于制造业和人工智能、数据和社会，以及权力和参与：解决未来社会的不平等。该项目通过飞行市场研究和行业访谈获得资料，已经开发了教育计划蓝本。

校区体验小组致力于探索在校学生的体验，反过来影响目标学生的新校区体验。这一工作也纳入学生体验项目，表明与主要战略倡议的一个紧密联系。在2019年，在与威斯特米德生命实验室的合作中，我们开始开发社区关系，包括迪鲁宾土著土地理事会（Deerubbin Aboriginal Land Council），以更好理解我们当地社区想要从大学得到什么。

在2019年，学术运营模式组开发出一种校区计划模式，由一系列包括对新校区需求的关键原则做指引来实施，而不是与现有的大学竞赛，从而成为一个更加外部化的参与校区。

与州政府关于场地购置的商讨正在继续。

西悉尼

在2019年，大学在西悉尼地区更广泛的愿景方面取得了重要的进展。在六月，出现了一个值得注意的里程碑，此时我们加入新南威尔士政府和合作方威斯特米德医院、威斯特米德儿童医院的顶层浇注（平项）仪式，以庆祝新的中央急症服务大楼建设达到最高建筑层。

这座17层的建筑形成悉尼大学一个非常宏大计划的一部分，以巩固西悉尼作为一个世界级的教育区域，开展协作医疗设施和突破性医学研究。大学将占用1.5层，享有独特的空间，让所有多学科的员工和更高学位的研究生用于正式和非正式教学和工作。

慈善

2019年标志着筹款活动的庆祝、确认和管理年。1月30日，我们结束我们成功和历史性的INSPIRED运动，达到了10亿澳元目标——是澳大利亚大学第一次达到这一慈善目标。全年内，大学感谢1万名捐赠者，并讲述对大学研究和教育有影响的数百个慈善故事。我们举办各类活动，庆祝从媒体运动到大学有史以来的最大一次黑领结活动，以及校园内的感谢日。

所有的善意帮助大学有一个成功的筹资年。我们收到20笔超过100万澳元的捐赠——这是自2008年启动INSPIRED运动以来的一年中最大数量的7位数捐赠。值得注意的捐赠包括来自亚当·斯科特基金会（Adam Scott Foundation）的160万澳元捐赠，资助8位四年制奖学金学生度过困难和不利境况。

校友参与慈善也成为亮点，校友彼得·凯德沃尔德（Peter Cadwallader）和他的妻子桑德拉（Sandra）设立了一个促进本土健康的研究生学位的新流程，五年来，该学位雇佣了3位本土教员并在他们的领域培养了精神健康方面的120名本土学生。

校友社团的广泛参与持续增长。在2019年，51位校友在研究生毕业典礼上面向超过 20,000 名听众发表了即兴演讲。在“伟大的澳大利亚”和“欢迎到悉尼”活动中，有 880 个国际学生受到了 47 名校友的欢迎；总计 1,210 人自愿参与，付出总计 24,862 小时；467 人通过他们在基金会和校友联盟的角色，担任大学的支持者。

晋升

校长和参议院领导团队在 2019 年到海外访问，包括：

校长：

1 月 8 日—12 日：中国香港

——大学资助委员会会议

2 月 3 日—9 日：印度

——兰瑟斯学校会议（Lancers School Conference）

——全球参与活动

——校友和学生招生活动

——代理和行业会议

3 月 28 日—4 月 5 日：中国和韩国

——Times Higher Education 中国大学峰会

——KAIST（国家研究大学）会议

——全球参与活动

——校友会活动

5 月 20 日—26 日：中国香港和中国大陆

——大学资助委员会会议

——全球参与活动

——上海峰会

6 月 11 日—17 日：瑞士

——格里昂会议（Glion Colloquium）

6 月 23 日—26 日：美国

——环太平洋大学联盟（Association of Pacific Rim Universities，APRU）校长年会

——校友和捐赠者活动

10月8日—11日，中国香港

——大学资助委员会会议

——全球参与活动

11月17日—28日：印度和中国

——招生

——毕业生和校友活动

——全球参与活动，包括行业会议

高级常务副校长：

10月22日—24日：中国

——澳大利亚—中国研究创新和商业化高级峰会

常务副校长（教育）

5月16日—17日：中国

——澳大利亚8校集团（GO8）——中国2019雇主圆桌会议

——中国—澳大利亚大学教学峰会

5月19日—24日：冰岛

——世界大学网络组织（Worldwide Universities Network，WUN）会议和AGM校长峰会

常务副校长（研究）

7月5日—8日：中国

——人工智能管理杰出思想者会议

10月28日—31日：泰国

——APRU研究会议，曼谷

11月22日：印度

——在孟买（Mumbai）和新德里（New Delhi）推动悉尼研究

——全球参与活动

副校长（全球参与）

3月25日—29日：马来西亚

——亚太国际教育联盟（Asia Pacific Association for International Education）

——合作方大学会议

5 月 25 日—27 日：中国

——上海峰会和复旦大学签约仪式

6 月 23 日—25 日：美国

——APRU 主席会议

9 月 18 日—20 日：加拿大

——APRU 高级国际领导者会议

10 月 16 日—18 日：中国

——澳大利亚大学和 GO8 代表团

11 月 22 日—27 日：中国

——食品研讨会，校友招待会和毕业生

副校长（研究、行业、参与）：

8 月 7 日—17 日：美国

——行业参与会议，麻省理工学院，哈佛大学和波士顿学院

10 月 13 日—17 日：美国

——澳大利亚—以色列商会（Chamber of Commerce）贸易代表团

——行业会计

副校长（研究）：

11 月 17 日—21 日：以色列

——大学澳大利亚代表团考察以色列大学在创新经济系统中的角色

副校长（教育、行业、参与）：

2 月 8 日—14 日：英国

——行业和社区项目单元（ICPU）开幕式，剑桥大学全球召集

——行业合作方会议

6 月 22 日—26 日：意大利

——帕多瓦/悉尼，全球 ICPU 项目开幕式

外部关系副校长：

9 月 8 日—10 日：英国

——世界 100 强年会

——全球大学参与高层会议

9月10日—12日：瑞士

——泰晤士高等教育世界学术高层会议

9月26日—29日：印度

——悉尼大学开放日，德里

3. 简约——悉尼运营模式

悉尼运营模式（Sydney Operating Model，SOM）项目是一个多年期项目，它将简化和改善我们整个大学的运营模式。2019年末，该项目已经完成或正接近完成15个计划项目中的8项。支持我们核心的教育和研究业务的三大关键项目的重要工作已经完成。

2019年SOM项目完成包括：

——推出MyLab（ERM）；

——推出我的研究基金门户（My Research Funding Portal）；

——新生信用模块交付；

——新课程表和课程管理程序设计；

——修订整个授权代表团；

——为所有专职员工建立一个职业和能力框架（Career and Capability Framework）；

——推出UniBuy（大学层面采购平台）；

——规划设计新人类资金管理平台；

——实施客户关系管理平台试点；

——建立新共享服务中心。

更重要的是，我们开始从个体项目交付中实现了财务和非财务收益，从资源支付、资产和租赁倡议、项目会计、客户服务倡议和外部参与项目中，2019年能够看得到的节约为4,100万澳元。

这些项目和其他相关的倡议已经实现了大学运营的非财务收益——改善了安全性和遵循、标准化和进程简化，减少了周转时间和增加了自动化和处理能力。

（1）校区改进项目。

新的学生宿舍组团（Regiment Student Accommodation Building）在2月份完成建设后开始商业运营。这幢8层的设施由学生宿舍和混用的教育、教学和社交空间组成。它提供了一个鼓励协作学生和社交活动的环境。

在2019年，研究和教学职员搬入新建成的生命、地球和环境科学（Life，Earth and Environmental Sciences，LEES）楼，它建基于大学所确立的提升现代化教学和研究设施的目标，并支持实现世界级的教育标准。

悉尼艺术学院从罗泽尔（Rozelle）搬迁到我们的坎普尔顿/达灵顿（Camperdown/Darlington）校园的老师范学院开始了工作。对老师范学院的整修将于2020年初完成并建成柔性展览空间，支持卓越设计并为学生和教职员工提供工作室和研讨会设施。学生和教员将于2020年初搬迁。

密集活动确保了新苏珊·瓦基尔（Susan Wakil）卫生楼建设工作按2021年如期开业。新建筑将首次整合所有的医疗和卫生学科于单一的空间——最先进的卫生区域。该建筑被灵活设计以用于所有卫生学科的跨学科教学并激发协作研究。

在12月，大学为新的周泽荣博物馆（Chau Chak Wing Museum）举办一场竣工仪式，标志着在2020年正式开放的一个重要里程碑。这座5层的博物馆将陈列一些由大学收集到的澳大利亚最重要的文化作品。它在2,000平方米的公共展出区域——是大学之前博物馆可用展出空间的3倍，还有无与伦比的学习和教学设施。

关于工程和科技领域的建设工作在整个2019年进展顺利。该领域将提供教学、学习和研究设施，重振工程学院的基础设施，反映出它卓越的研究和教育声誉。

（2）医疗和卫生学院。

医疗和卫生学院新组织结构的转换和实施，在吸纳教员广泛参与的改进项目后于11月份开始。新的运营模式包括创设三个领域，这些区域主要与当地的卫生区域保持一致，使我们从现有威斯特米德运营模式中促进学习和方式的改变，威斯特米德于2019年正式与学院融合。

合并最后阶段的准备——融合卫生科学学院——仍在继续，将于2020

年 1 月 1 日正式合并。从 8 月一直到 2019 年 10 月，我们还为大学开发了一个高水平的生物医学科学愿景，折射出我们在基础生物医学科学领域成为一个世界领先机构的抱负。

（3）本土化战略。

“大家的同一个悉尼”——我们作为一个澳大利亚大学的身份

作为一个实践社区，我们深深地专注于思考：作为一所澳大利亚的大学意味着什么？当作为澳大利亚第一的责任真正植入我们组织的特征时，大学看起来应该是什么？开发新的本土化战略——许多人的同一个悉尼——全校有超过 600 名学生、学术和专业教员明白，一个清晰的战略优先画面出现了。在这一工作基础上，发起了由全校各学院和部门共同创设的深度战略研究。

之前的本土化战略仍有未完成的事务——“思考之路—创造明天”（Wingara Mura – Bunga Barrabugu），在 2019 年，我们开发一个过渡行动计划实施 2020 年杰出优先事项。这使得我们明年聚焦于 2021—2025 年“大家的同一个悉尼”战略计划。

在 2019 年其他关键的变化和倡议包括：

——重建了与 AIME（Association of the Institute of Mechanical Engineers）、晨曦基金会（Aurora Foundation）以及包括我们服务学习本土化社区（Service Learning in Indigenous Communities，SLIC）项目在内的许多社团的关系；

——与大都市澳大利亚土著土地委员会达成协议，新建澳大利亚土著科学基金（Aboriginal Science Foundation）和澳大利亚原住民及托雷斯海峡岛民研究会（Australian Institution for Aboriginal and Torres Strait Islander Studies，AIATSIS），第一份大学范围内的原住民顾问团（Aboriginal Advisors Circle）职权范围草案（draft terms of reference）将于 2020 年初建立；

——对那些想要置身于晋升的学术教员，一项新的顾问计划的组合策略。

修订学生招生

在 2019 年，我们开发和启动了新的招生程序——加迪加尔（Gadigal）

计划和加迪加尔有条件早期邀请计划（Gadigal conditional early offer scheme）。通过加迪加尔计划我们接收到超过300个申请。对于早期邀请部分，45个试点申请人中的44个被邀请到悉尼大学学习。而且，评估所有的住宿奖学金项目，开发一套新的学院奖学金用于实施现有的住宿选择。每年资助50,000澳元用于匹配各个学院，每年每个学院吸收4名学生，特别是对于那些偏远区域和社区的学生，为他们提供一个“当地的家”。

文化竞争力国家中心

在2019年初实施了文化竞争力国家中心（National Centre for Cultural Competence，NCCC）的评估，年末基本完成了在新结构中补充角色。在2020年，我们将实施剩余的推荐评估，包括一系列新的邀请、更新的模式以及先进的文化竞争力领导项目。

本土化研究战略

在2019年，我们完成了新的本土化研究战略——纳曼干（Namangan），旨在增加本土研究者的数量，更好地支持他们并增加主质量本土研究的总量和多样性。

（4）建基于我们价值观之上的文化。

文化战略

在11月份，蒂姆·索波马萨内教授被宣布为文化战略的新主管。索波马萨内教授是澳大利亚种族歧视委员会委员（2013—2018年），在2016—2020年战略计划的最后一年及以后引领新的学校文化战略发展。

商业智能战略

实现整个大学的商业智能（business intelligence，BI）战略项目在2019年进展顺利。关于我们商业能力、数据治理和商业智能基金的外部报告，包括数据质量和真实性单一来源已经完成。关于考虑基金分配倡议的路径的改良工作仍在持续开展中。

尽管战略并未于年末完成，但我们实施一个关键建议——提议创设一个首席数据和分析官员角色。这一角色将在处理基本文化问题（如合作障碍）的方法确定及商业智能（BI）的关键方面起到一定作用，将是首席信息官员（Chief Information Officer）的关键合作者。

大学文化重建

在2019年，寄宿制学院工作勤勉，完成了伊丽莎白·布罗德里克（Elizabeth Broderick）报告中的关于在5个学院文化重建的所有建议。值得注意的是，积极的变化包括学生和教员领导力和其他倡议的方法重建，包括：

——废除了一些消极的学生组织架构；

——改变了学生领导团队的选举程序；

——将情况介绍周（Orientation Week）改为现在的欢迎周（Welcome Week）；

——新生的综合训练。

与布罗德里克建议，以及每个学院各自的性侵和性骚扰政策一起，相关的政策和程序被重新评估和巩固。体罚现在被普遍禁止，对酒精的供应和消费做出重大的改进。

（5）与其他战略优先事项相比的绩效。

可持续性

在这一年里，创纪录的气温、青年人的气候罢工、强烈的暴风以及丛林大火使得可持续性成为我们教员和学生的首要事项。与聚焦我们的研究和教育以及所有校区的本土行动一起，大学层面的可持续性战略开发共同推进。从超过1,000名大学社区成员的调查反馈看，浪费、循环、能源和排放等突出成为大学可持续性努力的首要事项。

悉尼大学运动和健身

我们与悉尼大学运动和健身（Sydney University Sports and Fitness, SUSF）一道密切工作，支持其由一个附属于大学的未承认为自治的实体，成为一家担保人有限公司，并在澳大利亚慈善和非营利组织委员会（Australian Charities and Not－for－profits Commission）注册，这带来SUSF治理结构和管理的重大变化。这些变化预期在强有力的治理、充分利用专业人员、增加合作与协作中得以解决，并使SUSF在大学的学生体验战略中承担一个前所未有的关键角色。

TEQSA续期注册

所有澳大利亚大学必须由高等教育质量标准机构（Tertiary Education

Quality and Standards Agency）注册，该机构是独立的国家高等教育规制部门。大学于 2019 年 4 月通过了一个重要的监管里程碑，从 TEQSA 获得无条件续期注册资格，到 2026 年前最长 7 年期。

（五）其他问题①

1. 对澳大利亚丛林大火危机的反馈

2019 年 11 月，大学开始一项对丛林大火恢复进程意义重大且持续的贡献。我们的行动包括：共享资源和研究专家；一项众筹的丛林大火紧急兽医呼吁，以帮助受影响的动物；建立一个数百名研究者网络，他们能对政策和社区在许多领域提供短期、中长期危机支持。

2. 言论自由和权力保护

在 2019 年，澳大利亚政策任命前高等法院主席法官霍恩·罗伯特·弗伦奇（Hon Robert French AC），对澳大利亚高等教育提供者实施一项独立的言论自由评估。弗伦奇先生报告的一个主要建议是所有注册的澳大利亚高等教育提供者应当自愿接受《澳大利亚高等教育提供者保护言论自由和学术自由示范守则》（Model Code for the Protection of Freedom of Speech and Academic Freedom in Australian Higher Education Providers），并作为报告的一部分。

大学成立专门部门予以回应，建立了大学弗伦奇评估示范守则实施小组。该小组的主要建议是，通过弥补大学现有学术自由章程，守则予以采纳，并重命名为《言论自由和学术自由章程》（Charter of Freedom of Speech and Academic Freedom），这些建议已得到大学行政、主要治理委员会和参议的批准。

（六）法律变化

2019 年大学有相关的重要立法和监管活动。

---

① 新冠肺炎疫情（COVID－19）危机于 2020 年初在悉尼大学呈现为一个重要的问题。大学将在 2020 年年报中报告它对这一危机的回应以及它的影响。

1. 国外影响和外国干扰

下段中的 2018 年国家安全立法修正案（间谍和外国干扰）[National Security Legislation Amendment Bill 2018 (Espionage and Foreign Interference)]，建立了关于外国人干扰澳大利亚政治的、政府的或民主进程的罪行。大学国外干扰工作组（由国家对抗国外干部协调员任主席）被召集与部门协商关于澳大利亚大学部门对抗国外干扰的非约束性指引（Guidelines to Counter Foreign Interference in the Australian University Sector）的开发（2019 年 11 月出版）。该指引旨在帮助大学更好地确保大学中的人和数据应对与澳大利亚主权、价值观和与国家利益相悖的国外人员胁迫、隐匿、欺诈或贪腐活动，这些被纳入自治、开放和协作的大学价值之中。

该指引与《外国影响力透明度计划法案（2018）》（Foreign Influence Transparency Scheme Act 2018）有所不同，它针对那些代表国外政府或政治组织利益开展的活动，如果这些活动寻求澳大利亚的政治影响或政府决策，就必须进行强制注册。

2. 大学的境外活动

澳大利亚慈善和非营利组织委员会修正案（2018 年第 2 号措施）2018 实施细则 [Australian Charities and Not - for - Profits Commission Amendment (2018 Measures No. 2) Regulations 2018]，于 2019 年 7 月 23 日生效，它规定了 4 条外国行为准则（external conduct standards, EC Standards），规定在澳大利亚国外运营或与在澳大利亚国外运营的第三方合作的委员会注册的实体（包括大学），必须满足规定的慈善性质。这些外国行为准则包括：活动和资源控制（包括资金）；海外活动和记录保有的年度评估（要求概述每财年基于国与国的慈善海外活动）；反欺诈和反贪腐；保护弱势群体。

对于澳大利亚海外活动的国外行业标准，这是一个创举，直接与澳大利亚慈善组织的目标相关，且对澳大利亚慈善组织的运营仅具有偶然性。然而，对于慈善组织向澳大利亚的海外第三方提供资源，该方为了促进慈善的目标而开展合作，该创举似乎并不适用。至少大学有一些海外活动，将很可能适用于后面的分类。

3. 知识产权许可（Intellectual Property Licences）中的专利使用

2019 年国库法修正案 2018 年第 8 号措施［Treasury Laws Amendment（2018 Measures No. 8）Act 2019］废除了 2010 年竞争和消费法案（Competition and Consumer Act 2010，CCA）中的第 51（3）部分。废除之前，51（3）部分包含着对一些特定的反不正当竞争行为所禁止的知识产权解决办法（包括许可和解决）的一个有限豁免。这一豁免被取消后，像不存在一样，因此大学过去和将来的知识产权协议遵循 CCA 的反不正当竞争行为条款的全部应用。这包括涉及专利许可（exclusive licence）支持大学相关知识产权自用的协议条款。

4. 电镀建筑材料

根据《新南威尔士建筑产品（安全）法案 2017》［Building Products（Safety）Act 2017（NSW）］，一些易燃的电镀材料自 2018 年 8 月开始被禁止使用。在 2019 年，大学收到各当局关于在大学建筑内可能出现的易燃电镀材料的通知。大学的一些建筑被确认为包含禁止的材料，大学正在继续调查。大学也正在考虑对安装禁止材料的建筑商和顾问问责的任何权利。

5. 圣保罗学院

《新南威尔士圣保罗学院法案 2018》［Saint Paul's College Act 2018（NSW）］废止根据圣保罗学院法案 1854 及其细则修订的圣保罗学院法案 1857。新法案“现代化”了学院的立法并为学院理事会规章的改变做好了准备，包括从 19 到 13 人的数量减少，应当考虑性别多样性的要求，以及学院治理必要的技能。

（七）人力资源

1. 人力资源相关的政策和实践

2019 年 11 月，参议院批准了大学的新酒精政策。新政策与当前的澳大利亚国家卫生和健康研究委员会（National Health and Medical Research Council，NHMRC）及其他最佳实践指引相匹配，聚焦于伤害最小化。它适用于大学所有校区的全部社区（教员、学生、会员和游客）。

6 月份修订了行政酬金政策，将围绕稳健治理的评估、基准、联盟和酬金公平拓展到大学所有高级专业教员。

更新欺凌、骚扰和歧视保护政策（Bullying，Harassment and Discrimination Prevention Policy）以适用于保护 LGBTIQ 群体骚扰和歧视最佳实践。更新国内暴力规约（Domestic Violence Procedures）为 LGBTIQ 群体成员和残疾员工提供额外定向的支持信息。

引入了一个新的在线表格，使工作人员能够申报其国外利益、礼品和外部收入。新表格实施国外利益申报要求政策、行为准则和学术教员外部收入政策。它也支持教员和管理人员识别和管理利益冲突，由此减少与个体相关的声誉风险。

2. 教员参与

大学启动了 2019 年参与度调查，63% 的教员完成了该项调查，比 2016 年高了 7%。调查结果表明，绝大多数教员（82%）觉得对大学恪守承诺，大多数人（77%）在工作中觉得有成就感。总体而言，结果表明大多数教员有适中到高水平的敬业度（76% 赞成），与 2016 年的结果相似，高于 2013 年。高得分项目包括尊重和性别平等、职责明确、主管支持、尊重同事、安全和奖励。

许多教员要求更明确、流程化的程序。对于大多数组织改进项目而言，这些结果可能并不惊奇。然而，他们对大学传递一个明确的信号，以继续致力于改进我们的程序，不仅作为悉尼运营模式的一部分，而且范围更广泛。

根据大学行政承诺，在 2019 年后半年实施当地区域结果和行动计划，以跟踪当地工作区域行动，并在 2020 年实施员工倾向调查以监管进程。

大学继续致力于学术计划和发展，聚焦于学术绩效、试用、批准、晋升程序和实践。

3. 招揽人才战略和战略聘用

2019 年强力专注于提升能力并在大学人才招揽方法和程序中嵌入最佳实践：向我们的客户传递较好的价值观；从一个服务视角满足不断增长的

大学需求；满足不断增长的招生数量。

服务的提升有助于改进“补充时间”（time to fill）（对于学术和专业的任命），以及从聘用管理人员和候选人方面增长客户满意度评级。

在2019年，我们明显改进报告能力。这意味着我们能精确报告整个大学的招生活动，能够做出关于各领域内的知情分析，帮助我们驱动实现多样性和性别平等目标。

大学在2019年任命了几位重要的高级领导，这将对于实现大学2020年及以后的战略优先至关重要。

2015—2019年学术职工和一般员工的人数及薪资如表10~表12所示。

表10 按任命学期和性别统计的2015—2019年学术和一般职员总数 单位：人

	2015年			2016年			2017年			2018年			2019年			
	女	男	总计	女	男	总计	女	男	总计	女	男	总计	女	男	未明	总计
连续	2,063	1,782	3,845	2,192	1,884	4,076	2,262	1,976	4,238	2,397	2,002	4,399	2,383	2,021		4,404
定期	1,853	1,256	3,109	1,814	1,204	3,018	1,945	1,287	3,232	2,165	1,381	3,546	2,409	1,451		3,860
总计	3,916	3,038	6,954	4,006	3,088	7,094	4,207	3,263	7,470	4,562	3,383	7,945	4,792	3,472	1	8,265

表11 按任命学期、水平和性别统计的2015—2019年学术教员岗位 单位：人

	2015年			2016年			2017年			2018年			2019年		
	女	男	总计	女	男	总计	女	男	总计	女	男	总计	女	男	总计
连续															
E级以上	88	247	335	107	266	373	125	283	408	133	305	438	125	317	442
D级	120	223	343	132	250	382	150	257	407	161	250	411	170	245	415
C级	217	247	464	225	239	464	230	253	483	219	260	479	232	249	481
B级	173	145	318	175	152	327	189	174	363	182	169	351	187	170	357
A级	25	19	44	31	21	52	36	33	69	36	28	64	44	26	70
小计	623	881	1,504	670	928	1,598	730	1,000	1,730	731	1,012	1,743	758	1,007	1,765
定期															
E级以上	71	169	240	78	166	244	80	175	255	84	177	261	95	173	268
D级	77	82	159	64	75	139	62	83	145	74	88	162	72	89	161
C级	133	123	256	131	107	238	132	95	227	131	96	227	143	98	241
B级	238	191	429	230	187	417	237	184	421	292	203	495	311	230	541

续表

	2015年			2016年			2017年			2018年			2019年		
	女	男	总计	女	男	总计	女	男	总计	女	男	总计	女	男	总计
A级	318	270	588	316	262	578	329	316	645	355	316	671	356	317	673
小计	837	835	1672	819	797	1616	840	853	1693	936	880	1816	977	907	1, 884
总计	1, 460	1, 716	3, 176	1, 489	1, 725	3, 214	1, 570	1, 853	3, 423	1, 667	1, 892	3, 559	1, 735	1, 914	3, 649

表12　按任命学期、水平和性别统计的2015—2019年一般教员岗位　单位：人

	2015年			2016年			2017年			2018年			2019年		
	女	男	总计	女	男	总计	女	男	总计	女	男	总计	女	男	总计
连续															
10级以上	128	96	224	138	110	248	145	117	262	156	128	284	169	142	311
9级	92	93	185	97	101	198	105	106	211	133	103	236	139	96	235
8级	208	161	369	234	171	405	212	167	379	231	156	387	215	157	372
7级	273	176	449	268	193	461	278	186	464	311	187	498	309	183	492
6级	359	156	515	415	180	595	433	189	622	432	201	633	404	197	601
5级	221	93	314	215	94	309	204	107	311	240	109	349	229	131	360
4级	89	46	135	89	49	138	88	49	137	100	49	149	95	57	152
3级	42	61	103	41	48	89	38	47	85	43	47	90	46	44	90
2级	22	19	41	18	10	28	22	8	30	14	9	23	17	7	24
1级以下	6	0	6	7	0	7	7	0	7	6	1	7	2	0	2
小计	1, 440	901	2, 341	1, 522	956	2, 478	1, 532	976	2, 508	1, 666	990	2, 656	1, 625	1, 014	2, 639
定期															
10级以上	55	71	126	57	67	124	68	59	127	94	70	164	117	74	191
9级	41	35	76	48	32	80	63	36	99	62	46	108	83	55	138
8级	121	53	174	109	46	155	120	49	169	137	71	208	161	68	229
7级	167	89	256	169	95	264	184	107	291	226	119	345	275	116	391
6级	256	66	322	261	67	328	264	78	342	286	79	365	324	89	413
5级	223	58	281	217	58	275	268	77	345	300	83	383	333	99	432
4级	80	18	98	66	19	85	62	5	67	70	16	86	96	28	124
3级	64	21	85	59	15	74	67	14	81	47	9	56	38	10	48
2级	6	5	11	7	6	13	6	6	12	4	4	8	3	1	4
1级以下	3	5	8	2	2	4	3	3	6	3	4	7	2	4	6
小计	1, 016	421	1, 437	995	407	1, 402	1, 105	434	1, 539	1, 229	501	1, 730	1, 432	544	1, 976
总计	2, 456	1, 322	3, 778	2, 517	1, 363	3, 880	2, 637	1, 410	4, 047	2, 895	1, 491	4, 386	3, 057	1, 558	4, 615

表 13 截至 2019 年 3 月 31 日员工水平和薪资范围 单位：澳元

学术职工		一般员工（周 35 小时）	
E 级及以上	$197,886	10 级及以上	$127,727 +
D 级	$153,662～169,240	9 级	$119,489～126,079
C 级	$127,585～147,115	8 级	$103,034～116,199
B 级	$104,155～123.682	7 级	$92,053～100,287
A 级	$73,420～98,940	6 级	$84,334～90,915
		5 级	$73,358～82,136
		4 级	$67,868～71,710
		3 级	$59,637～66,222
		2 级	$56,890～58,540
		1 级及以下	≤ $55,245

（八）员工的多样性

1. 公平和多样性战略

2019 年，大学继续致力于创造一个多样性和包容性的大学社区，在这里所有教员都能感觉到受欢迎、被接受和安全以发展并发挥他们的潜力。大学引领战略聚焦于创设一个包容性的文化氛围，对多样性员工提供直接支持，创设积极的社区使员工能够彼此参与和支持。我们通过评估和监管员工多样性而监控领导层的责任，通过对超过 600 名员工实施相关的发展项目提升他们包容性的引领和实施能力。

性别平等

在 2019 年，员工参与度调查结果，彰显了大学在性别平等方面的显著进展。81% 的员工赞成报告认为，大学致力于实现性别多样性的员工队伍（整个大学高级领导职务中女性占 53.3%）。在领导层战略中，通过女性职业提升，大学持续保持强有力地聚焦于性别平等。

在 2019 年，与本战略相关的成就包括：

——作为 SAGE 试点项目获得阿森纳 SWAN 组织铜奖；

——颁发 5 项汤普森奖，帮助女性寻求学术晋升；

——持续跟踪、监控和传达我们的进展应对我们的性别目标；

——启动女性悉尼网络；

——支持4位高级领导者参与首席行政女性领导人计划；

——给予20名女性学术员工定向的晋升计划；

——给予38位学术和专业员工以及38位高级执行导师悉尼女性导师计划；

——副校长继续积极参与男性变革倡导者（Male Champions of Change, MCC）成立小组。

雇用土著民和托雷斯海岛居民

大学继续实施土著和托雷斯海岛居民雇用框架2019—2021年，增加本土代表，使大学拥有雇员选择权。土著民和托雷斯海岛居民员工数量总计达130人（截至2019年9月），占全部15个学院和职业服务组织中连续和定期员工总数量的1.02%。这与截至2018年3月31日总计84名员工占1%相比，增加了55%。

主要成就包括：

——通过优势任命计划雇用43名员工；

——继续实施“思考之路——创造明天”领导力计划；

——对12名员工实施“晋升为一名本土学者而准备”计划；

——与AFL运动准备建立合作关系，提供本土训练；

——举办关键的文化重大活动，包括年度的土著人欢迎焰火和舞蹈仪式、调停周、澳洲国家原住民暨岛民纪念周（National Aboriginal and Islander Day Observance Committee, NAIDOC）和艾迪·马博纪念日（Mabo Day）。

LGBTIQ群体包容倡议

大学继续致力于支持和雇用LGBTIQ群体员工。大学的骄傲网络（Pride Network）的成员持续稳定增长，在2019年看到有多个重要成就，包括：

——获得澳大利亚员工平等指数（Australian Workplace Equality Index）“雇员选择”（Employer of Choice）银奖；

——对超过460名员工和学生实施性与性别多样性及盟友培训（Sexual and Gender Diversity and Ally Training），与2018年相比增加200%；

——评估大学在用的900+数字系统，遵循首选姓名，支持跨性别和性别多样性的员工和学生；

——发展和促进支持跨性别学生指引，对 LGBTIQ 群体学生支持联络人员（Student Support Liaison Officers）提供培训；

——通过“骄傲网络”实施几个 LGBTIQ 群体的活动，包括悉尼同性恋狂欢节大游行（Sydney Gay and Lesbian Mardi Gras Parade）、公平日（Fair Day），以及穿紫色日（Wear It Purple Day）；

——举办午餐学习会，有助于教育员工关于 LGBTIQ 领域的跨性别人员的历史和生活体验。

2. 残疾人包容性

悉尼大学致力于被认可为一个可选择的雇主以及可供残疾人选择的高等教育提供者。在 2019 年开展了一系列项目和活动以促进这些抱负，并有助于对包容和多样性的文化做出贡献。

2019 年的主要成就包括：

——颁发 4 名拉凡研究员职位给大学的残疾人或过去有重大残疾经历的研究员；

——持续为残疾员工的职业发展提供特别资助；

——参与进步计划，雇用 4 位实习残疾人员；

——超过 600 名员工完成残疾人自信力训练；

——对当地工作领域提供财务援助，为 16 名员工完成工作调整；

——残疾人工作网络（Disability at Work Staff Network，DAWN）成员扩大到 181 个成员。

3. 行动计划 2019－24

2019 年在残疾人包容周（Disability Inclusion Week）期间，于 9 月 24 日启动了大学的第四个残疾人包容行动计划 2019－24（Disability Inclusion Action Plan 2019－24）。该计划由校长迈克儿·斯彭斯（Michael Spence AC）博士正式开启，邀请出席的嘉宾包括残疾歧视委员会委员本·冈特利特（Ben Gauntlett）博士和作家、演讲家卡利·芬德利（Carly Findlay），以及出席的社会活动家。

新的 6 年行动计划——大学的第四个——巩固了大学保护残疾员工、学生和到访者免受歧视，并支持我们社区在所有成员在大学内获得成功。残疾人包容行动计划顾问小组（Disability Inclusion Action Plan Consultative Group）负责监管残疾人行动计划 2019 - 24 目标的实施。更多的信息详见：sydney. edu. au/about - us/vision - and - values/diversity/disability - action - plan. html。

4. 大学职业分类和平等小组员工岗位（见表 14）

表 14　　大学职业分类和平等小组员工岗位　　单位：人

多样性工作小组	2018 年	2019 年
女性	4, 562	4, 792
土著和特雷斯海岛居民	84	90
民族/种族/宗教少数民族	640	712
母语非英语人群	804	1073
残疾人	125	126
要求工作调整的残疾人	17	18
职业分类	2018 年	2019 年
学术员工		
女性	1, 667	1, 735
土著和特雷斯海岛居民	40	38
民族/种族/宗教少数民族	264	273
母语非英语人群	382	557
残疾人	52	52
要求工作调整的残疾人	11	13
一般员工		
女性	2, 895	3, 057
土著和特雷斯海岛居民	44	52
民族/种族/宗教少数民族	376	439
母语非英语人群	422	516
残疾人	73	74
要求工作调整的残疾人	6	5

注：表格中所有的统计数据截至 2019 年 3 月 31 日。

（九）客户回应

在 2019 年，悉尼大学持续提升投诉处理程序。大学的学生事务部

（Student Affairs Unit，SAU）处理来自学生和学生不当行为的投诉。2019 年，完成了学生的纪律守则和申诉守则（Student Discipline Rule and Appeals Rule）评估，建议于 2020 年提交至参议院。建议的修订将更好阐明定义和程序并将有助于更有效地处理不当行为和申诉事项。

在回应中央行政管理职能关于学生事务所采取的投诉时间方面，有了重大的服务改进。

大学员工关系部负责处理关于员工的所谓欺凌、骚扰和歧视方面的投诉。这些投诉可能由员工、附属单位学生或公共人员提出。在 2019 年中，由于大大增强了记录管理系统并引进了新软件，部门记录大量数据的能力以及由此产生更综合的报告有了显著改进。

1. 学生投诉

在 2019 年，学生事务部（SAU）收到总计 635 项案件。其中，406 项投诉，比 2018 年增加 55%；229 项学生不当行为，比 2018 年减少 33%。总体而言，年度 SAU 案件量增加 5%。

在 2019 年，与校园设施相关的投诉有显著增加，由 2018 年的 58 项增加到 158 项。最显著的相关问题年年相同，比如清洁和建筑物维护，以及关于清洁和维护标准的改进。

也有大量关于教员课程实施行为方面的投诉。这些投诉比 2018 年的 59 件增加了 100%。这一增加可能是因为类似于集体诉讼的投诉方式，大量的类似投诉仅与少数教员相关。

所有的投诉均尽可能得到考虑，用于为教学实践、评估变化和与学生交流的改进提供信息。

值得注意的是，在投诉总体增加的同时，最大类的学生不当行为（如欺诈或袭击），与 2018 年相比减少了三分之一或更多。这可能是由于加大力度劝阻常见的欺诈活动，比如提交虚假医疗文件或参与学术造假行为。

正式性侵犯投诉减少，从 11 例减至 6 例；性骚扰案件增加 1 例，达到 14 例。

2. 员工投诉

2019 年员工投诉总计 162 例，与 2018 年相比增加了 17%，包括纪律事务如不当行为或严重的不当行为以及不满意的行为等。

最大一类投诉仍然是欺凌指控。关于员工行为的投诉仍是第二大类常见的投诉形式。每一件投诉均根据适当的政策和程序予以评估，并由回应的代表团采取适当的行为。这些关于行为的投诉如果被证实，可能导致下面任何一种决定：

——不当行为/严重不当行为诉讼开始；

——进行便利讨论，以改进工作场所行为和关系；

——辅导或被指定加入可能与其他决定结合的特定训练课程。

除了一些非常复杂、严重或长期的调查外，根据有关大学的政策和程序，由工作场所关系员工处理投诉的时间大约与去年相同，其中一些涉及其他雇员。

3. 基础设施问题

校园基础设施和服务执行批准的2019年投诉管理指引。该指引基于由新南威尔士监察专员（NSW Ombudsman）2017年2月第三版的有效投诉处理（Effective Complaint Handling），以及澳大利亚/新西兰机构（ISO 10002：2014，MOD）投诉管理准则指引（Australian/New Zealand Standards - Guidelines for complaints management）建议的客户满意度准则。

程序旨在提供高质量的客户服务，并与我们的股东、学生和邻近的社区进行有效交流。

大学在2019年共收到105件与基础设施相关问题的相关投诉，2018年为103件。这些投诉大多数关于物理噪声（占27%）和客户服务（16%）。大多数投诉来自大学员工（占43%）。

（十）信息安全

大学的信息和系统安全是我们能够实现研究和教育卓越的基础。网络安全是我们最优先事项之一，在2019年我们继续促进和做出重要的改进以确保数据的安全。我们的信息和传输技术（information and communications technology，ICT）安全可靠。我们修订了政策和程序，改进了技术，增强了治理。

我们采取一项严格的标准化的方法，为我们的员工、学生、校友、附属单位、合作者、供应商，以及支持我们致力卓越的所有其他组织和个人管理网络安全风险。

我们的纵深防御（defence - in - depth）方法和网络安全政策框架（cyber security policy framework）涵盖了美国国家标准技术研究院（National Institute of Standards and Technology，NIST）网络安全框架所有控制域（Cyber Security Framework Control Domains）的技术、程序和人员控制。在我们的控制模式设计中，我们应用了许多澳大利亚信号理事会（Australian Signals Directorate，ASD）建议的为防止恶意软件发送和执行，以及为网络安全事件侦查、响应、抑制和恢复的缓解战略。

2019 年一个显著的成就是嵌入一项新的覆盖整个大学的政策框架，它包括网络安全政策 2019（Cyber Security Policy 2019），以及可接受使用 ICT 资源政策 2019（Acceptable Use of ICT Resources Policy 2019）。

网络安全政策明确了大学要求保护机密、诚信和 ICT 资源和数据信息可用的责任和原则。可接受使用 ICT 资源政策应用于所有大学 ICT 资源的使用者，概括使用者的权利和义务、使用大学 ICT 服务的条件，以及滥用的惩罚。这些政策公开在 www. sydney. edu. au/policies。

悉尼大学认为尽管技术控制方法和防护至关重要，但这些方法并不能提供绝对防护，使其免受高技术、资源丰富和主动实施者的威胁。因此，我们与管理安全服务提供者进行合作，提供一项可持续的监管、事件侦查和响应能力。此外，我们还对大学中的由于工作和旅游性质而存在较高目标风险的特殊个体提供支持。

我们建立了校区网络意识文化，准备并保护大学（包括员工和学生）免受任何未来网络安全的威胁。在 2019 年一个重要的里程碑事件是为所有员工首次推出一项新的强制性在线网络安全意识单元（Cyber Security Awareness Module）。

（十一）风险管理

2019 年全年，风险管理团队持续聚焦完善大学整体的风险管理文化，其中最主要的是，为中心化投资组织和专业服务单元（professional services units，PSUs）、各学院、大学学校和选定的跨学科机构，提供了超过 35 项风险资料；针对所有的学院和优先专业服务单元及其职能（如工资单），提供了 10 个商业持续计划。

通过 140 多个研讨会以及作为这些活动一部分实施的访谈所确认的风险信息，给了风险管理团队和大学行政对整个机构的风险暴露有了独特的洞察。这些信息将被用于驱动每一个单元 2020 年以及后的目标，旨在巩固大学的风险和保障活动，并确保一个基于风险的战略计划和实施路径。

此外，风险管理团队与大学领导共同努力，开发一个综合的风险指标和阈值体系，以支持实施大学的风险偏好和忍耐力评估。该指标体系下，大学行政和参议院提供了一个新的综合视角，即投资和决策如何影响机构的绩效和风险暴露。风险管理团队将在 2020 年持续改善这些指标。

2019 年其他的重大成就，还包括全面评估并更新风险管理政策和框架（Risk Management Policy and Framework），开发一个新的组织适应力框架（Organizational Resilience Framework），为大学的商务适应力活动提供统一的方法，首次开展了就职实况转播的危机方案测试。风险管理团队持续提供所需要的风险管理建议，积极持续参与整个大学的关键战略项目。

（十二）工作健康和安全

1. 战略

大学通过我们的安全卫生和幸福（Safety Health and Wellbeing，SHW）战略（2017—2020 年），持续驱动安全文化的改进。这包括通过制度全面提升工作健康和安全（Work health and safety，WHS）能力，并通过大学全部行政人员正在实施的定期领导层引领的安全对话，聚焦于可视化的领导。

大学幸福感战略认为，对于适应能力强的员工而言，参与有意义的工作，并在工作中有机会了解和实践健康的生活方式选择非常有必要。该战略也努力聚焦于考虑可能影响幸福感的工作场所因素。

2. 工作健康与安全治理

由阿兰·皮特格鲁（Alan Pettigrew）教授任主席的参议院人员和文化委员会，2019年全年应对WHS风险的监管治理。

3. 工作健康与安全管理

大学行政（University Executive，UE）工作健康和安全委员会，由教务长和常务副校长史蒂芬·卡顿（Stephen Garton）教授任主席，他的继任者是芭芭拉·梅瑟勒（Barbara Messerle）教授，在2019年全年五次处理大学层面的WHS绩效，开展咨询，并为大学层面的WHS问题进行决策程序的优化。

4. 安全管理系统审计

在2019年继续三年滚动的安全管理系统（Safety Management System，SMS）审计项目，包括拓展现有的审计工作以涵盖肯定式探询方法（appreciative inquiry approach）。于2019年重启的高风险审计（High - risk audits），聚焦于化学、生物学和田野工作安全案例。

5. 工作健康与安全培训

截至2019年末，占99%或10,647名员工完成了线上的大学WHS入职培训。这包括8354名正在进行的员工和2291名其他员工（附属单位、承包人和其他人，不包括临时员工）。较高学位研究生（Higher Degree by Research（HDR）students）的线上WHS入职培训获得71%的完成率（4701HDR学生）。在2019年，所有定期和继续监管者1,568名（占90%）完成了WHS管理和监管培训。

6. 运营风险

大学与安全工作新南威尔士（Safework NSW）合作，共同为新南威尔士监管机构和检察员在危险化学管理过程中提供培训机会。大学开展名为“我的实验室服务”（mylab service），通过它的实施在危险物的端到端管理（end - to - end management）中促进改进安全和遵循。

基因技术监管办公室（Office of the Gene Technology Regulator，OGTR）开展一项基因技术监管的评估，大学已考虑到对研究进程进行修订的影响，以保持其遵从性。大学开展放射物管理许可的审查，并建立了一个管制物品和仪器的目录。

7. 工作健康与安全事件（见表15）

在2019年，在风险软件中总计2,100项事故和危险报告。这表示在综合报告中比去年有9%的增长，增长部分被报告为危险或几乎错失，总报告的63%为危险或几乎失察。危险和几乎失察报告的增加，被认为是改进安全文化的指标。这些报告中，74%涉及雇员，19%涉及学生，7%涉及承包人、附属单位和其他人员。

割破、刺伤或者擦伤（占24%）是在2019年报告的最常见事故途径，其次是滑倒、绊倒或跌倒（16%），急性疾病（11%），人体构造学因素导致的身体压迫（6%），以及搬运物体导致的身体压迫（4%）。

已报告的经常性受伤，在员工和学生之间存在着差异。对于员工而言，最常见的受伤是由于滑倒或绊倒，以及在光滑的或不平的平面跌倒。而学生的受伤则是切割、刺破和擦伤，包括玻璃器具类、皮下注射器，以及使用刀具和切割工具。这些最常见的受伤均不属于严重受伤。

表15　　工作健康与安全事件

员工		
途径	数量（件）	总占比（%）
滑倒、绊倒和跌倒	95	21
切割、刺伤或擦伤	51	11
重复性运动导致的身体压迫	48	10
学生		
途径	数量（件）	总占比（%）
切割、刺伤或擦伤	126	45
急性疾病	50	18
滑倒、绊倒和跌倒	16	6

8. 健康

大学很好地整合并认知，健康是一个组织的优先事项。有近70个蓬勃发展的拥护健康的网络，支持旨在持续和有效的身体和心理健康的健康计划。

通过接种免费的流感疫苗，提升工作中的身体健康，有 3,816 名员工接受了这项重要的健康服务。100 天行走倡议的全球挑战，已经有 126 个团队参加。对于久坐工作而言，肌肉骨骼伤病的增加仍然是一个重要的焦点。在 2019 年，完成了 78 项面对面的工作评估。

大学正在通过提供正念练习、精神健康急救训练、增加健康宣传等，解决心理健康问题。在 2019 年，904 名员工参加了正念倡议而建立起适应力。大学持续为员工提供一项雇员帮助计划。

9. 员工补偿

在 2019 年，大学保持它在员工补偿方面的表现。总计报告了 309 项涉及伤害和涉及员工疾病的事件，其中有 101 件获得了员工补偿索赔（见表 16）。

表 16　　　　员工补偿

	2019 年	2018 年	2017 年	2016 年
索赔总成本	$494,243	$337,402	$453,300	$114,564
平均索赔成本	$5,673	$4,205	$5,596	$4,270
每个索赔损失平均时间（天）	5.00*	8.49*	7.36*	4.69*
报告的员工补偿索赔受伤	101	112	91	71
应付保险费（$百万）	$1.79	$1.49	$1.43	$1.38

注：*改变计算方法，包括请病假天数（sick leave days）。

心理伤害索赔占所有员工补偿索赔的 4%，显示出早期干预训练的重要性。在 2019 年，221 名员工在经历个人健康疾病问题情况下，获得留任支持或工作恢复。

大学参与一项新的雇员提供计划——贝内斯塔私立有限公司（Benestar Pty Ltd）。使用该雇员帮助计划的员工占 7%，高于行业平均值（3%），这一水平代表着员工采取寻求帮助步骤以获得支持建议的一个积极指标。

10. 保险协议

大学连续 8 年完成新南威尔士损失预防和恢复员工补偿计划（NSW Loss Prevention and Recovery（LPR） Workers Compensation Scheme）。2019 年

索赔成本和保险费成本超过应付保险费最小值。2020 年，大学仍将在关爱损失预防和恢复计划内保留员工补偿投保。

大学遵循隐私和个人信息保护法案（Privacy and Personal Information Protection Act）的要求，作为大学隐私管理计划（Privacy Management Plan）、隐私政策 2017（Privacy Policy 2017）和隐私程序 2018（Privacy Procedures 2018）的轮廓框架。我们对 12 件获取信息的要求予以回应，并根据法案第 5 部分完成了其中 7 件内部审查。一项隐私事件报告给隐私专员（Privacy Commissioner），一项隐私问题交由新南威尔士市民和管理法庭（NSW Civil and Administrative Tribunal）处理，没有事项被新南威尔士隐私专员调查。

（十三）隐私和个人信息

依据政府信息（公共获得）法案。

1. 信息发布程序

我们审查自身的信息发布程序以确认它的适当性。我们评估了获取申请、大学合同注册、根据公开获取要求可获得信息以及大学网站。未发现相关信息寻求的方式，接收到的请求类型并非由主动发布程序中的缺口产生。我们的网站方便主动发布信息，并无凌驾于公共利益之上的信息披露。我们发布了相关政策、程序和变化，比如新建筑物、部门、员工任命、事件、更新媒体发布和进一步信息的联系细节等。

2. 年度收到的获取申请

我们收到 32 件新的获取申请（见表 17 ~ 表 25）：12 件申请是获取个人信息；16 件是为了获得非个人信息的信息；4 件个人信息和非个人信息的申请；没有申请被撤回。收到的新申请数量，比 2018 年新申请数量的 50 件减少了 18 件。6 件被全部或部分拒绝，原因是这些申请是为了披露 GIPA 法案第一节规定的信息（这些信息确定凌驾于公共利益披露之上），并开展了 5 项内部审查。

表 17 **按申请和结果*类型分类的申请数量** 单位：件

	完全授权获取	部分授权获取	完全拒绝获取	非持有信息	信息已可用	拒绝处理申请	拒绝确认/否认是否持有信息	撤回申请
媒体	2	1	1	2	0	1	0	0
议会议员	0	0	0	0	0	0	0	0
私人部门业务	1	0	0	1	0	0	0	0
非营利组织或社团	2	2	2	2	0	0	0	0
公务员（法律代理申请）	0	0	0	0	0	0	0	0
公务员（其他）	2	16	2	6	2	3	1	0

注：*关于特定的获取申请，能做出至少一个决定。这样一个记录必须由相关的每一个决定产生。同样适用于表18。

表 18 **按申请和结果类型分类的申请数量** 单位：件

	完全授权获取	部分授权获取	完全拒绝获取	非持有信息	信息已可用	拒绝处理申请	拒绝确认/否认是否持有信息	撤回申请
个人信息申请*	1	8	1	1	0	3	0	0
获取申请（非个人信息申请）	6	7	4	9	2	1	1	0
部分个人信息和其他信息申请	0	5	0	1	1	0	0	0

注：*个人信息申请是为了获取申请人个人信息的申请（在法案第4节第4条定义）（申请人为个人）。

表 19 **无效申请** 单位：件

无效原因	申请数量
申请不符合正式要求（法案第41部分）	0
申请获得机构豁免信息（法案第43部分）	0
申请违反管制规则（法案第110部分）	0
收到的无效申请总计	0
随后变为有效申请的无效申请	0

表 20 **凌驾于公共利益非披露的绝对推定：事件列示于法案第1节** 单位：件

	考虑使用次数
凌驾于保密法	0
私密信息	0
执行委员会信息	0

续表

	考虑使用次数
蔑视	0
法律专门豁免	0
豁免信息	0
影响法律实施和公共安全的文件	0
交通安全	0
收养	0
关爱和保护儿童	0
部长行为准则	0
土著和环境遗产	0
关于司法委员会的投诉信息	0
电子网络资产（官方交易）法 2015 官方交易信息	0
新南威尔士土地和财产信息（官方交易）法 2016 官方交易信息	0

注：* 不止一项公共利益考虑可以应用于特定的获取申请，如果这样，每一个考虑均应被记录（但对比于每个申请仅一次）。这也适用于表格 21。

表 21　应对披露的其他公共利益思考：列示于法案第 14 部分事件　单位：件

	申请不成功的数量
负责任的和有效的政府	8
法律生效和安全	0
个人权利、司法程序和自然正义	19
机构和其他人的商业利益	3
环境、文化、经济和常见事务	0
保密条款	0
洲际信息自由立法下的豁免文件	0

表 22　时效性

	申请号
法令框架内做出决定（20 天或更多）	12
35 天内做出决定（与申请人达成一致）	19
在规定时间内不明确（推定拒绝）	3
总计	34

表 23　　根据法案第 5 部分审查的申请数量（根据审查类型和结果）　　单位：件

	改变决定	支持决定	总计
内部评估	1	3	4
信息委员的审查*	2	1	3
根据法案第 98 部分建议的内部审查	1	0	1
由 NCAT 审查	0	2	2
总计	4	6	10

注：*信息委员会委员无权更改决定，但能对最初的决定做出者提出建议。这一安全中的数据表明，由信息委员会委员做出的更改或支持最初决定的建议。

表 24　　由法案第 5 部分实施的申请审查（根据申请类型）　　单位：件

	申请审查数量
由申请人提出的申请	7
与申请人相关内容的申请（法案第 54 部分）	3

表 25　　根据法案第 4 部分第 2 条转移至其他机构的申请（根据转移类型）　　单位：件

	转移申请的数量
机构倡议的转移申请	0
申请人倡议的转移申请	0

二、2019 年财务述评

（一）概述

悉尼大学仅母校财务报表截至 2019 年 12 月 31 日显示，适度的基本结余为 980 万澳元（2018 年为 2,740 万澳元）。这一运营盈余不包括隔离的不能用于日常运营的项目。

如果将隔离项目（比如与特定研究资助、由捐赠者分配给特定目的的慈善基金，以及必须用于特定资本投资项目的基金等非支出基金）包括在内，大学 2019 年运营成果为 17,790 万澳元（2018 年为 16,960 万澳元）。

根据澳大利亚会计准则，运营成果 17,790 万澳元反映出的大学财务状况，并不代表着能被自由支配的支出。运营成果能与基本利润保持一致，如表 26 所示。

表 26 运营成果 单位：百万澳元

	2019 年	2018 年	变化	变化（%）
运营收入①	2,740.3	2,500.5	239.8	9.6
运营支出②	2,562.4	2,330.9	231.5	9.9
根据财务报表的母运营成果	177.9	169.6	8.3	4.9
调整为：				
慈善基金③	(170.9)	(93.1)	(77.8)	(83.6)
投资基金③	(39.8)	(17.3)	(22.5)	(130.1)
特定目的资助	42.6	(31.8)	74.4	234.0
母校基本结余	9.8	27.4	(17.6)	(64.2)
自关联方和控制实体的贡献	0.8	1.5	(0.7)	(46.7)
合并基本结余	10.6	28.9	(18.3)	(63.3)

注：①获得进一步信息，参见运营收入表第 1 部分。

②获得进一步信息，参见运营支出表第 2 部分。

③数字包括内部收益率（rate of return），并反映净结余（net margin）。一些慈善和投资基金被限定并不可用于日常用途（general use）。

财务报表中披露的全部运营成果，通过以下隔离项目产生的贡献实现：

——慈善基金：由大学管理的慈善基金的一大部分被投资于永久年金（perpetuity）。根据许多捐赠条款，这些投资产生的一些投资收益必须留存用于维持捐赠的实际价值，因此不可用于日常运营基金。

——投资基金：这些基金必须用于储备，满足资本化担保基金的要求，以支持大学的借款项目，保护应对任何不可预见的情况。这些储备也支持我们对满足雇员权利的责任，将帮助为我们的学生提供住宿。

——特定目的资助：尚未运用但承诺用于研究和教育的资金，包括国家卫生和医疗研究委员会、澳大利亚研究委员会资助和学生奖学金，其会计影响也是一个关键因素。此外，2019 年的成果反映由实施 AASB 第 15 条“客户合同收入”带来的会计政策变化的影响。

1. 运营收入

2019 年运营收入 27.403 亿澳元，比 2018 年增加了 2.398 亿澳元。表 27 和图 2、图 3 显示这些收入增加的主要因素。

表 27 运营收入 单位：百万澳元

	2019 年	2018 年	变化	变化（%）
学生的收入（包括 HECS - HELP 和 FEE - HELP）	1,454.9	1,272.6	182.3	14.3
联邦政府运营和资本化资助	310.7	304.9	5.8	1.9
研究和顾问活动	513.2	563.9	(50.7)	(9.0)
新南威尔士政府运营资助	3.8	2.6	1.2	46.2
私人资源的收入	457.7	356.5	101.2	28.4
总计	2,740.3	2,500.5	239.8	9.6

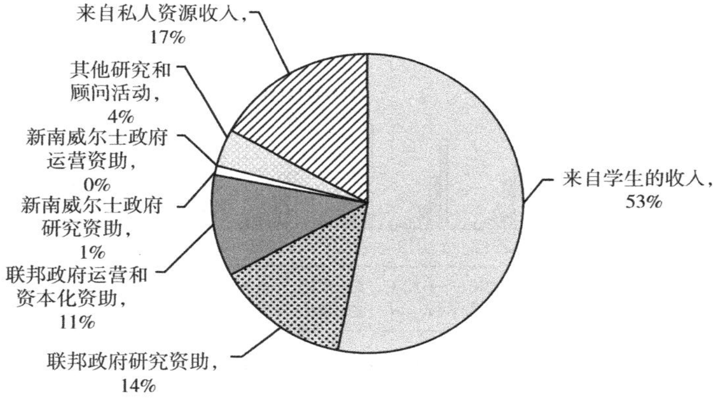

图 2 大学运营收入来源占比

（1）来自学生的收入。

海外全额支付学费（full fee - paying，FFP）的学生，为大学持续提供重要的收入来源。全额支付学费的学生收入占学生收入来源的最大一部分，占学生总收入的 73%。

2019 年源自学生的收入增长 18,230 万澳元，主要来自 FFP 海外学生贡献的额外课程收费 17,720 万澳元，增长了 20%。

表 28 来自学生的收入 单位：百万澳元

	2019 年	2018 年	变化	变化（%）
FFPS——海外	1,061.9	884.7	177.2	20.0
HECS——HELP	216.6	214.2	2.4	1.1
FFPS——研究生（包括 FEE——HELP）	100.8	105.6	(4.8)	(4.5)

续表

	2019 年	2018 年	变化	变化（%）
非资助	58.3	41.3	17.0	41.2
暑期学校	16.8	26.2	(9.4)	(36.0)
FFPS——当地本科生（包括 FEE——HELP）	0.5	0.6	(0.1)	(16.7)
源自学生的总收入	1,454.9	1,272.6	182.3	14.3

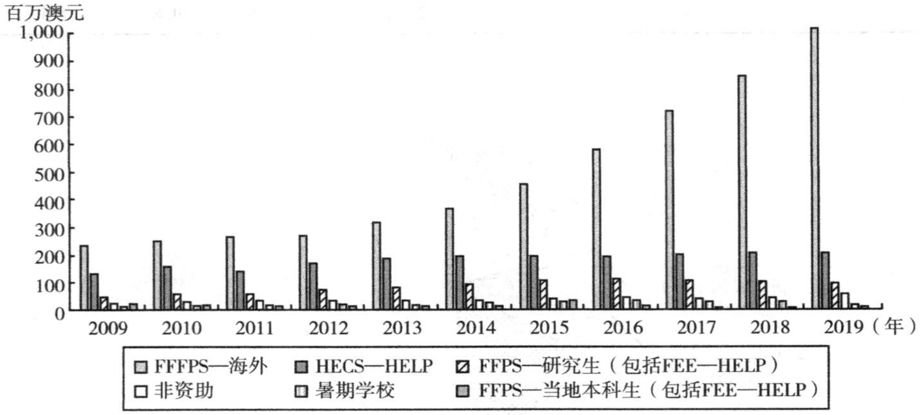

图 3 源自学生的收入（1）

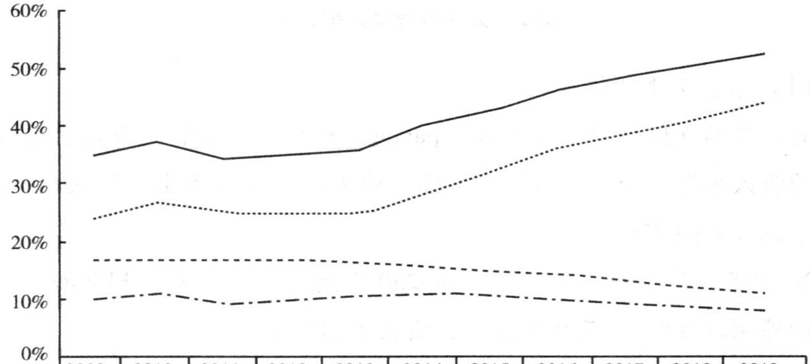

	2009	2010	2011	2012	2013	2014	2015	2016	2017	2018	2019
——	34.6	37.2	34.3	34.6	36.1	40.0	43.0	46.5	48.8	50.9	53.1
------	17.3	17.6	17.0	16.9	16.6	15.8	15.0	14.6	13.2	12.2	11.3
-·-·-	10.1	10.8	9.4	10.3	10.9	11.1	10.6	9.9	9.5	9.1	8.4
………	24.5	26.4	24.9	24.3	25.2	28.9	32.4	36.6	39.4	41.8	44.7

—— HECS—HELP和学费收入　------ 教学运营资助
-·-·- HECS—HELP　……… 学费收入（不包括HECS—HELP）

图 4 源自学生的收入（2）

来源于学费的持续增长，加上联邦政府教学运营资助基金的下降，意味着大学来自 HECS 和学费收入部分自 2019 年以来有了显著的增长（2019 年为 53.1%；2009 年为 34.6%）。这些增长中，大多数来自 FFPS 海外学生的学费收入。

（2）联邦政府基金。

持续不断的联邦财政支持削减，实际上对大学增加了压力，也增加了大学对付费学生的依赖（见表 29）。联邦政府运营支持增加 580 万澳元，然而研究收入减少 3,270 万澳元，最大的原因，是由于采用新的收入标准而产生的递延收入。运营资助的增加，主要是由于合伙人和参与方的项目资金增加 600 万澳元。

表 29　联邦政府基金　单位：百万澳元

	2019 年	2018 年	变化	变化（%）
教学运营资助	310.7	304.9	5.8	1.9
资本化基金	0.0	0.0	0.0	0.0
联邦政府运营和资本化资助	310.7	304.9	5.8	1.9
研究项目基金	180.0	185.8	(5.8)	(3.1)
澳大利亚研究理事会	37.8	45.8	(8.0)	(17.5)
国家卫生和医疗研究理事会	71.0	85.5	(14.5)	(17.0)
其他联邦机构——研究	55.7	61.5	(5.8)	(9.4)
其他联邦机构——非研究	28.2	26.8	1.4	5.2
联邦研究基金	372.7	405.4	(32.7)	(8.1)
联邦基金总计	683.4	710.3	(26.9)	(3.8)

（3）新南威尔士政府资助。

2019 年由新南威尔士政府提供的资助为 3,300 万澳元，减少了 250 万澳元，占 7%。减少主要是由于采用新收入标准引起的减缓收入（见表 30）。

表 30　新南威尔士政府资助　单位：百万澳元

	2019 年	2018 年	变化	变化（%）
新南威尔士政府运营资助	3.8	2.6	1.2	46.2
新南威尔士政府研究资助	29.2	32.9	(3.7)	(11.2)
新南威尔士政府资助总计	33.0	35.5	(2.5)	(7.0)

(4) 研究和顾问活动。

2019 年，大学从事研究和咨询活动获得的收入为 51,320 万澳元，减少了 5,070 万澳元，减少 9%（见表 31）。联邦政府研究基金 37,270 万澳元占该类总基金的 72.6%。非联邦政府外部基金实体资助共 1,800 万澳元，总计减少 5,070 万澳元。在 2019 年海外合作比 2018 年减少 1,780 万澳元。该减少主要是由于采用新收入标准引起的延缓收入。

表 31　研究和顾问活动　单位：百万澳元

	2019 年	2018 年	变化	变化（%）
联邦政府研究基金	372.7	405.4	(32.7)	(8.1)
新南威尔士政府研究资助	29.2	32.9	(3.7)	(11.2)
行业研究资助	11.8	19.4	(7.6)	(39.2)
基金会和个人研究资助	49.5	53.8	(4.3)	(8.0)
当地合作研究基金	15.4	0.5	14.9	2,980.0
海外合作研究基金	28.9	46.7	(17.8)	(38.1)
咨询	5.7	5.2	0.5	9.6
非联邦政府研究和咨询基金	140.5	158.5	(18.0)	(11.4)
研究和咨询收入总计	513.2	563.9	(50.7)	(9.0)

(5) 私人来源收入。

私人来源收入类别的主要部分如表 32 所示。

表 32　收入类别　单位：百万澳元

	2019 年	2018 年	变化	变化（%）
投资收入	213.5	135.5	78.0	57.6
慈善收入	79.7	75.4	4.3	5.7
商业和其他活动	58.7	59.4	(0.7)	(1.2)
外部组织的捐赠	40.3	34.9	5.4	15.5
其他费用	59.9	45.8	14.1	30.8
赞助收入	5.6	5.5	0.1	1.8
私人来源收入总计	457.7	356.5	101.2	28.4

2019 年投资收益增加 7,800 万澳元，主要是由于全球市场增加的回报。

长期投资组合回报 12%，中期基金回报 10.1%。在 2019 年 12 月 31 日，总计投资收益 21,350 万澳元（2018 年为 13,550 万澳元）中，在资产负债表日大学持有的非现金未实现投资收益为 7,150 万澳元（2018 年为 2,790 万澳元）。

慈善收益增加 430 万澳元。

（6）认捐的慈善收入。

在 2019 年 1 月 30 日，激发（INSPIRED）运动实现 10 亿澳元里程碑。在 2019 年，大学开始一个新的运动，至今由此带来的捐赠支持水平已经有特别的增长 10,170 万澳元。

2. 运营费用

2019 年运营支出为 256,240 万澳元，比 2018 年高出 23,150 万澳元，高出 9.9%（见表 33、图 5）。

表 33　运营费用　单位：百万澳元

	2019 年	2018 年	变化	变化（%）
薪资	1,072.8	1,006.3	66.5	6.6
工资间接费用	362.4	318.7	43.7	13.7
雇员福利总计	1,435.2	1,325.0	110.2	8.3
其他运营费用	333.1	343.8	(10.7)	(3.1)
教学/研究资助和奖学金	244.0	246.9	(2.9)	(1.2)
折旧和摊销	284.7	194.7	90.0	46.2
修理和维护	58.5	69.8	(11.3)	(16.2)
咨询和合同	166.7	125.7	41.0	32.6
借款成本	32.2	23.9	8.3	34.7
损伤	8.0	1.1	6.9	627.3
非薪资费用总计	1,127.2	1,005.9	121.3	12.1
费用总计	2,562.4	2,330.9	231.5	9.9

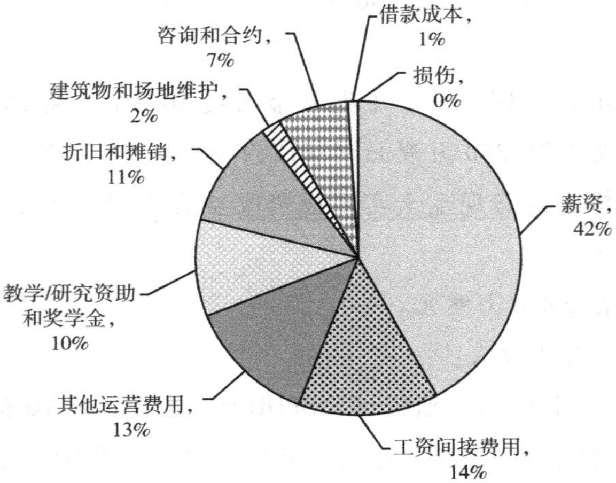

图5　运营支出

对增长有贡献的主要项目如下：

——$11,020万澳元薪资和工资间接费用的增加。其中，5,930万澳元与大学增加的人头有关。保险精算折现率降低是长期服务假期准备金（long service leave provision）增加2,000万澳元的主要原因。剩下的增长是由于大学的事业协议和相关的间接费用的年度增加。

——折旧和摊销费用增加的9,000万澳元，其中4,100万澳元是由于资产、厂房和设备折旧率的变化，2,500万澳元是由于采用了AASB第16条"租赁"，1,240万澳元是由于评估数字图书馆收藏品10年期使用寿命，建筑物和基础设施增加900万澳元是由于新的建筑物和高价值的商业资产。

——咨询和合同费用增加的4,100万澳元是由于CIS和ICT基础设施项目增加1,180万澳元，人力资源项目增加1,130万澳元，以及悉尼运营模式项目增加750万澳元，剩下的是由于非资本化项目增长的结果。这被修理和维护费用减少的1,130万澳元部分抵消。

——其他运营费用减少1,070万澳元，主要是由于次要设备运营租赁减少780万澳元。

——教学和研究资助和奖学金减少290万澳元，是由于特定研究项目基金减少。

3. 资本性支出

根据2016—20战略计划，大学致力于一个长期的资本化费用计划，确保其未来的可持续发展。这包括资助最先进的建筑物、信息和传输技术，以及图书基础设施，以支持大学的核心教学和研究活动。

在2019年，大学发生资本化费用为36,940万澳元，相比2018年减少5,140万澳元。2019年间主要的建筑项目完工和投入使用，包括生命、地球和环境科学楼和学生宿舍楼群（见表34）。

表34 资本性支出 单位：百万澳元

	2019年	2018年	变化	变化（%）
土地和建筑物	1.2	10.7	(9.5)	(88.8)
设备	43.5	32.3	11.2	34.7
资本化工程——软件	25.7	24.7	1.0	4.0
资本化工程——建筑物	281.6	314.9	(33.3)	(10.6)
其他	17.4	38.2	(20.8)	(54.5)
资本化费用总计	369.4	420.8	(51.4)	(12.2)

4. 净资产

截至2019年12月31日，大学净资产总计473,750万澳元，比2018年12月31日大学母体水平高出2,820万澳元（见表35）。2019年留存盈余相比2018年减少，是由于采用了2019 - AASB第15条“客户合同收入”和AASB第16条“租赁”两个重要的会计准则。

表35 净资产 单位：百万澳元

	2019年	2018年	变化	变化（%）
限定性基金	685.3	613.4	71.9	11.7
储备金	510.5	480.7	29.8	6.2
留存收益	3,541.7	3,615.2	(73.5)	-2.0
总净资产	4,737.5	4,709.3	28.2	0.6

总净资产的三个主要组成如下：

——限定性基金，截至2019年12月31日总计68,530万澳元（2018年为61,340万澳元）。这些基金有资本保全义务，被隔离不得用于支持大学的日常运营。

——储备金，主要由大学的土地和继承资产的重新评估调整组成。在2019年，该项净增加2,980万澳元，是由大学持有的接近悉尼第二机场位于百格丽湾（Badgerys Creek）的农场和在尼克尔森收藏馆（Nicholson Collection）继承资产的重新评估引起。

——留存盈余，大学留存盈余为354,170万澳元，组成包括：1992年创设的最初重新评估储备金166,050万澳元（当时新南威尔士政府转移给大学的土地和建筑物），以及由于产生的累计净运营盈余，但不包括截至2019年12月31日的储备金。

5. 运营报表（见表36）

表36　　运营报表　　单位：百万澳元

	2019年预算	2019年预测	2019年实际	2020年预算
收益和持续运营所得				
澳大利亚政府财务援助				
澳大利亚政府资助	663.8	668.7	683.4	715.2
HELP—澳大利亚政府支付	257.9	257.7	257.4	265.0
州和地方政府财务援助	22.5	27.3	33.0	37.8
费用及收费	1,161.9	1,228.0	1,224.2	1,387.9
HECS—HELP—学生支付	33.8	33.1	33.1	34.2
投资收益	47.7	63.8	119.4	54.6
咨询和合同	73.0	90.2	111.3	128.7
版税、商标和许可	4.6	5.6	6.9	5.1
其他收益	223.6	244.3	271.4	211.1
资产处置利得/（损失）	—	（0.0）	0.2*	—
持续经营所得总计	2,488.8	2,618.6	2,740.3	2,839.6
持续经营支出				
雇员相关支出	1,400.6	1,392.1	1,435.2	1,529.9
折旧和摊销	238.2	237.7	284.7	228.9
维修和维护	44.0	66.1	58.5	59.6
借款成本	36.0	32.0	32.2	27.5
资产减值	12.0	9.4	8.0	13.2

续表

	2019 年预算	2019 年预测	2019 年实际	2020 年预算
资助和奖学金支出	131.2	131.4	116.8	156.3
咨询和合约	125.6	137.7	166.7	165.4
教学和研究资助	103.6	123.7	127.2	134.0
其他支出	349.4	360.0	333.1	350.8
持续经营支出总计	2,440.6	2,490.1	2,562.4	2,665.6
归于悉尼大学成员的净结果	48.2	128.5	177.9	174.0

注：* 出售资产、厂房和设备净收益/（损失）。

6. 投资和投资绩效

2019 年，长期基金（Long – Term Fund，LTF）实现 12% 的回报（扣除外部管理费用后）。得益于有利的流动性状况，敞口于上市股票市场（包括国内和海外）取得了最强大的贡献。

（1）长期基金（LTF）。

在 2019 年 12 月 31 日价值：162,158 万澳元。

现金流目标：每年 4.5%。

资本目标：消费价格指数（CPI）（实物保本）。

长期基金配置情况如图 6 所示。

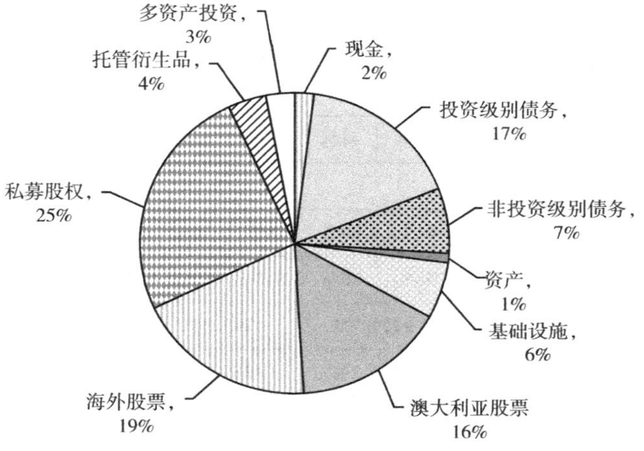

图 6 2019 年 12 月末长期基金资产配置（Long – Term Fund Asset Allocation）

大学中期基金（Medium－Term Fund，MTF）回报（扣除外部管理费后），2019 年为 10.1%。一年来，上市股票市场的大幅度反弹，助推该类基金的结果至两位数，对于这种风险状况的投资组合而言，是一个可喜但非常不寻常的结果。

（2）中期基金（MTF）。

在 2019 年 12 月 31 日价值：9,562 万澳元。

总回报目标：布隆伯格澳洲债券银行票据 +1.5%（扣除所有费用后）。

中期基金配置情况如图 7 所示。

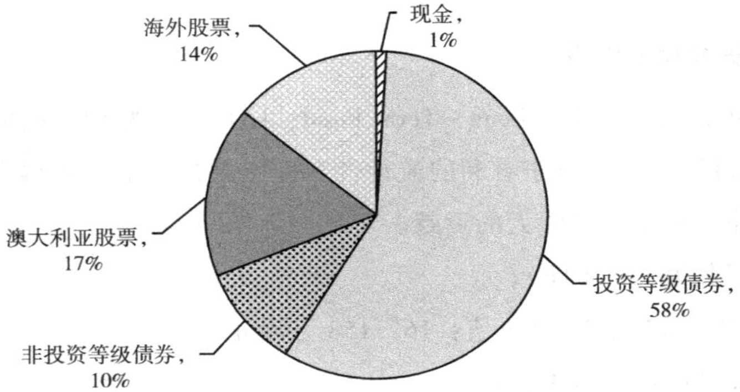

图 7　2019 年 12 月末中期基金资产配置（Medium－Term Fund Asset Allocation）

7. 债权人付款表现（见表 37）

表 37　　债权人付款表现

2019 季度	3 月		6 月		9 月		12 月	
	实际	目标	实际	目标	实际	目标	实际	目标
按时付款账户百分比：								
按单据数量	83%	80%	88%	80%	82%	80%	88%	80%
按单据价值	86%	80%	84%	80%	89%	80%	85%	80%
按时付款额（不包括投资）	$229.7M		$243.3M		$326.8M		$319.2M	
应付款总计（不包括投资）	$268.2M		$289.6M		$367.2M		$376.3M	

注：绩效不包括归因于业务部门直接收到发票的时间延迟因素。

8. 大学拥有土地概况（见表38）

表38 大学拥有土地概况 单位：百万澳元

土地使用	2019年	2018年	变化	变化（%）
教学和研究用地	182.7	182.7	0.0	0.0
学生宿舍	123.7	106.8	16.9	15.8
商业用地	21.3	21.3	0.0	0.0
投资用地	191.2	191.2	0.0	0.0
土地总计	518.9	502.0	16.9	3.4

（1）教学和研究土地。

大学的主要教学和研究设施，位于悉尼的开普顿和达灵顿校区，占地总计51公顷。除了这些房屋外，大学有几处教学和研究设施，包括：

——坎伯兰郡（Cumberland）校区（卫生科学学院，东街，利德科姆）；

——大脑与精神中枢，马莱特街，坎普尔顿（Camperdown）；

——卡姆登（Camden）校区（理学院）；

——澳大利亚考古研究院，雅典和塞萨洛尼基，希腊；

——遍及东澳大利亚的大学所有并商业运营的农场（总占地10,313公顷）。

大学在新南威尔士也拥有若干长期租赁、许可和合同的地点，包括：

——罗泽尔悉尼艺术学院（Sydney College of the Arts，SCA）；

——位于中央悉尼的悉尼音乐学院（Sydney Conservatorium of Music）；

——纳拉布里（Narrabri）植物育种研究院（Plant Breeding Institute）；

——大学教学和研究医院；

——雷德芬（Redfern）澳大利亚科技公园（Australian Technology Park）的科学设施。

（2）商业农场。

大学运营两所商业农场以支持教学和研究活动。农场位于新南威尔士的利物浦平原和南高地区域，按公允价值估值。

（3）学生用房。

大学在坎普尔顿、达灵顿、坎布兰德、卡姆登和利斯莫尔（Lismore）校区附近拥有大学70幢学生宿舍资产。此外，大学在金斯顿（Kingswood）

拥有一套18单元住宅区，居住44名在彭里斯（Penrith）的尼皮安临床学院（Nepean Clinical School）学习的学生。

9. 海外旅行

大学在2019年为教员海外旅行支付了2,330万澳元（2018年为2,190万澳元）。这些付款支持活动范围广泛，包括参加并在国际会议上报告研究论文，以及在有关附属机构中的教师发展、研究和教学。

10. 附属机构财务报表

大学附属机构的详细信息请参考财务报表附注26。

（二）独立审计报告

独立审计报告
悉尼大学

呈新南威尔士议会议员：

意见

我审计了随附的悉尼大学（以下简称“大学”）财务报表，包括截至2019年12月31日的年度损益表和综合损益报表，截至2019年12月31日的财务状况表，年末的权益变化表和现金流量表，财务报表附注，以及大学和合并实体的责任主体声明。合并实体包括大学和在年末或在财务年度内间或由大学控制的实体。

我认为，财务报表：

- 根据澳大利亚会计准则，提供大学及其合并实体截至2019年12月31日的财务状况，以及截止该年度的财务绩效和现金流量的真实和公正的意见。
- 是按照《公共财务和审计法案（1983）》（Public Finance and Audit Act 1983，PF&A Act）第41B部分以及《公共财务和审计法则（2015）》编制。
- 遵循《澳大利亚高等教育提供者2019年报告期间财务报表指引（指

引)》(Financial Statement Guidelines for Australian Higher Education Providers for the 2019 Reporting Period, the Guidelines),这由澳大利亚政府教育部根据《高等教育支持法案(2003)》(Higher Education Support Act 2003)和《澳大利亚研究理事会法案(2001)》(Australian Research Council Act 2001)发布。

• 根据《澳大利亚慈善和非营利组织委员会法(2012)》(Australian Charities and Not-for-Profits Commission Act 2012, the ACNC Act)第60部分和《澳大利亚慈善和非营利组织委员会规则(2013)》(Australian Charities and Not-for-profits Commission Regulation 2013)第60部分编制。

我的意见应与报告的其余部分结合起来理解。

意见基础

我根据《澳大利亚审计准则》(Australian Auditing Standards)实施审计。根据准则,我们的责任表述在我们的报告"审计员财务报表审计责任"部分。

按照以下要求,我与大学保持独立性:

• 澳大利亚审计准则(Australian Auditing Standards)。

• 会计职业和伦理准则委员会的APES 100"职业会计师伦理准则"(包括独立性准则)。

我已经根据APES 110履行了其他伦理责任。

议会通过确保总审计长和新南威尔士审计办公室在他们的角色中不受损害,增进其独立性:

• 只有议会,而不是行政政府,能够调动总审计长。

• 授权总审计长作为公共部门机构的审计员。

• 阻止总审计长提供非审计服务。

我相信我获得的审计证据,对于提供我的审计意见是充分的和适当的。

其他信息

截至2019年12月31日,大学年报还包括除财务报表和之后的独立审计报告之外的其他信息。大学参议院成员对其他信息负责。在独立审计报告日,我获得的其他信息包括任命官员的声明。

关于财务报表的意见并不包括其他信息。因此，我并不表达关于其他信息的任何形式的保证结论。

与审计财务报表相关，我的责任是理解其他信息，这期间还考虑其他信息与财务报表或审计获得的认知是否存在重大矛盾，或者存在重大错误陈述。

如果基于我实施的工作，我认为存在其他信息的重大错误陈述，我必须报告事实。

关于此我没有任何报告。

大学参议院对财务报表的责任

参议院有责任根据《澳大利亚会计准则》（Australian Accounting Standards）、PF&A Act、指引和 ACNC ACT 编制并公正呈报财务报表，参议院认为这些内部控制是必要的，以确保编制和公允呈报会计报表，使之免于重大错误陈述，无论是否是由于欺诈或者错误。

在编制财务报表的过程中，参议院有责任评估大学的持续经营能力，有责任在适当的时候披露关于持续经营的事项以及采用持续经营的会计基础。

审计员审计财务报表的责任

我的目标是：

• 获得关于财务报表作为一个整体是否合理地保证免受重大错误陈述，无论是否由于欺诈或错误。

• 发布包括我的意见的独立审计报告。

合理的保证是一种高水平的保证，但并不担保根据澳大利亚审计准则，一个审计行为总能检查出重大错误陈述。

错误陈述能够引起欺诈或者错误。无论单个或者整体，如果信息使用者基于财务报表，他们能合理预期能影响到经济决策，那么错误陈述就被认为是重大的。

对审计财务报表的责任的表述在审计和担保准则委员会（Auditing and Assurance Standards Board）网站：http：//www. auasb. gov. au/auditors _ responsibilities/ar3. pdf。该表述形成我们的部分审计报告。

我的意见不提供以下担保：

- 大学开展其活动的有效性、效率性和经济性。
- 关于电子出版经审计的财务报表可能被呈报的保密和控制。
- 关于可能被超链接至/从财务报表的任何其他信息。

玛格丽特·克劳福德（Margaret Crawford）

新南威尔士总审计长

2020 年 3 月 30 日

悉尼

（三）审计人员独立性宣言

致校长

悉尼大学

审计人员独立性宣言

作为审计悉尼大学 2019 年 12 月 31 日财务报表的审计员，我宣布，就我的知识和信仰，没有违反任何适当的与审计有关的职业行为准则。

玛格丽特·克劳福德

新南威尔士总审计长

2020 年 3 月 19 日

悉尼

（四）责任实体宣言

迈克尔·思朋斯　博士
副校监　校长
2020 年 3 月 20 日

责任实体宣言

根据悉尼大学参议院 1991 年 2 月 4 日的决定，我们声明责任实体的意见：

（1）有合理根据相信，当债务到期和应付时，注册实体能清偿其债务；

（2）财务报表和附注满足《澳大利亚慈善和非营利组织委员会法案（2012）》（Australian Charities and Not – for – Profits Commission Act 2012）的要求。

根据澳大利亚慈善和非营利组织委员会规则 2013 第 60.15（2）部分签署。

迈克尔·思朋斯（Michael Spence AC）博士	卡恩·蒙塞斯（Karen Moses）
副校监　校长	财务和审计委员会　主席

（五）任命官员声明

迈克尔·思朋斯博士
副校监　校长
2020 年 3 月 20 日

任命官员声明

根据1991年2月4日悉尼大学参议院决议和《公共财务和审计法案（1983）》第41C（1B）和（1C），我们鉴于我们的知识和信仰声明：

（1）财务报表表达了悉尼大学在2019年12月31日的真实和公允的意见，以及截止年末的大学年度财务绩效。

（2）财务报表编制根据《新南威尔士公共财务和审计法案（1983）》《公共财务和审计准则（2015）》，以及由澳大利亚教育部发布的《澳大利亚高等教育者2019年报告期间财务报表指引》。

（3）财务报告编制根据澳大利亚适当的《会计准则》和其他法定职业报告要求。

（4）我们没有发现财务报表中存在任何可能误导细节或任何不正确的情况。

（5）有合理的理由相信，大学能够在债务到期时清偿其债务。

（6）在报告期间，澳大利亚政府财务援助支出的金额是出于资助的目的，大学在支出过程中遵循了适当的立法、合同、协议和项目指引。

（7）按照《高等教育支持法案（2003）》（Higher Education Support Act 2003）和根据该法案做出的管理指引，大学严格承担了学生服务和设施费用。费用支付也严格按照该法案以及仅仅用于该法案19－38（4）部分明确的服务和设施。

迈克尔·思朋斯（Michael Spence AC）博士	卡恩·蒙塞斯（Karen Moses）
副校监　校长	财务和审计委员会　主席

副校监和校长办公室	T +61 2 9351 6980	ABN 15 211 513 484
行政楼（F23）4楼	F +61 2 9351 4596	CRICOS 00026A
东大街和城市路口	E vice. chancellor@ sydney. edu. au	
悉尼大学	Sydney. edu. au	
新南威尔士 2006 澳大利亚		

三、2019 年财务报表

（一）收入报表

表 39　　悉尼大学收入报表

（截至 2019 年 12 月 31 日）　　单位：千澳元

	附注	经济实体（合并）		母体（大学）	
		2019 年	2018 年	2019 年	2018 年
持续运营收益					
澳大利亚政府财务援助					
澳大利亚政府资助	3（a）	683, 397	710, 378	683, 397	710, 378
HELP——澳大利亚政府支付	3（b）	257, 397	256, 901	257, 397	256, 901
州和地方政府财务援助	4	33, 012	35, 497	33, 012	35, 497
费用和收费	5	1, 224, 168	1, 027, 860	1, 224, 168	1, 027, 860
HECS—HELP—学生付款		33, 076	33, 487	33, 076	33, 487
投资收入	6	119, 449	96, 023	119, 449	96, 023
咨询和合约	7	111, 250	125, 593	111, 250	125, 593
版权、商标和许可		6, 945	8, 264	6, 945	8, 264
其他收入	8	177, 389	166, 969	177, 389	166, 969
持续运营收入总计		2, 646, 083	2, 460, 972	2, 646, 083	2, 460, 972
处置资产收益（/损失）		221	（12）	221	（12）
投资利得（/损失）份额		781	1, 529	0	0
采用权益法账户					
其他投资收入	6	94, 016	39, 521	94, 016	39, 521
持续运营收益总计		2, 741, 101	2, 502, 010	2, 740, 320	2, 500, 481

续表

	附注	经济实体（合并）		母体（大学）	
		2019 年	2018 年	2019 年	2018 年
持续运营支出：					
雇员相关支出	9	1,435,212	1,324,991	1,435,212	1,324,991
折旧和摊销	14/15	284,747	194,731	284,747	194,731
修理和维护		58,454	69,764	58,454	69,764
借款成本		32,168	23,879	32,168	23,879
资产减值		8,043	1,128	8,043	1,128
资助和奖学金支出		116,772	116,862	116,772	116,862
咨询和合约		166,696	125,753	166,696	125,753
教学和研究资助		127,232	130,038	127,232	130,038
其他支出	10	333,140	343,737	333,140	343,737
持续运营支出总计		2,562,464	2,330,883	2,562,464	2,330,883
持续运营税前净成果		178,637	171,127	177,856	169,598
减：收入税（利得）/支出		0	0	0	0
持续运营税后净成果		178,637	171,127	177,856	169,598
悉尼大学成员贡献净成果		178,637	171,127	177,856	169,598

注：以上收入报表应结合随附的附注一起理解。

（二）合并收入报表

表 40　　悉尼大学合并收入报表

（截至 2019 年 12 月 31 日）　　单位：千澳元

	附注	经济实体（合并）		母体（大学）	
		2019 年	2018 年	2019 年	2018 年
持续运营税后净成果		178,637	171,127	177,856	169,598
重分类为利得或损失条目：					
对冲储备估值变化	20	0	648	0	648
总计		0	648	0	648

续表

	附注	经济实体（合并）		母体（大学）	
		2019 年	2018 年	2019 年	2018 年
不被重分类为利得或损失条目：					
固定资产重估值收益	20	29, 788	47, 258	29, 788	47, 258
从附属机构分配		0	(1, 633)	0	(1, 633)
固定福利计划确认精算净收益/（损失）		1, 470	(1, 964)	1, 470	(1, 964)
总计		31, 258	43, 661	31, 258	43, 661
其他综合收益总计		31, 258	44, 309	31, 258	44, 309
综合收益总计		209, 895	215, 436	209, 114	213, 907
归于悉尼大学成员的综合收益总计		209, 895	215, 436	209, 114	213, 907

注：以上收入表应结合随附的附注一起理解。

（三）财务状况表

表 41　　　　悉尼大学财务状况表

（截至 2019 年 12 月 31 日）　　　　单位：千澳元

	附注	经济实体（合并）		母体（大学）	
		2019 年	2018 年	2019 年	2018 年
资产					
流动资产					
现金和现金等价物	11	565, 169	534, 165	565, 169	534, 165
应收账款和合约资产	12	193, 797	152, 552	193, 797	152, 552
其他金融资产	13	0	3, 702	0	3, 702
其他非金融资产	16	33, 001	58, 289	33, 001	58, 289
流动资产总计		791, 967	748, 708	791, 967	748, 708
非流动资产					
应收账款和合约资产	12	1, 537, 947	1, 489, 629	1, 537, 947	1, 489, 629
其他金融资产	13	1, 699, 005	1, 527, 755	1, 711, 005	1, 538, 755
固定资产	14	3, 792, 465	3, 499, 711	3, 792, 465	3, 499, 711

续表

	附注	经济实体（合并）		母体（大学）	
		2019 年	2018 年	2019 年	2018 年
无形资产	15	190, 184	192, 722	184, 055	186, 593
其他非金融资产	16	3, 202	72, 606	3, 202	72, 606
采用权益法核算投资		11, 944	10, 613	0	0
非流动资产总计		7, 234, 747	6, 792, 586	7, 228, 674	6, 787, 294
资产总计		8, 026, 714	7, 541, 294	8, 020, 641	7, 536, 002
负债					
流动负债					
贸易和其他负债	17	535, 828	302, 437	535, 828	302, 437
贷款	18	13, 351	0	13, 351	0
衍生金融工具		601	9, 925	601	9, 925
准备金	19	397, 086	338, 529	397, 086	338, 529
流动负债总计		946, 866	650, 891	946, 866	650, 891
非流动负债					
贷款	18	699, 409	596, 295	699, 409	596, 295
准备金	19	1, 636, 876	1, 579, 559	1, 636, 876	1, 579, 559
非流动负债总计		2, 336, 285	2, 175, 854	2, 336, 285	2, 175, 854
负债总计		3, 283, 151	2, 826, 745	3, 283, 151	2, 826, 745
净资产		4, 743, 563	4, 714, 549	4, 737, 490	4, 709, 257
股权					
母体权益					
限制性基金*		685, 328	613, 360	685, 328	613, 360
储备		511, 787	481, 999	510, 474	480, 686
留存收益		3, 546, 448	3, 619, 190	3, 541, 688	3, 615, 211
股权总计		4, 743, 563	4, 714, 549	4, 737, 490	4, 709, 257

注：*限定性基金是那些具有资本保全义务的基金。

以上财务状况表应结合随附的附注一起理解。

（四）权益变化表

表 42

悉尼大学权益变化表

（截至 2019 年 12 月 31 日）

单位：千澳元

2018 年	经济体（合并）				母体（大学）			
	限制基金	储备	留存收益	总计	限制基金	储备	留存收益	总计
2018 年 1 月 1 日余额	575, 331	434, 093	3, 489, 689	4, 499, 113	575, 331	432, 780	3, 487, 239	4, 495, 350
持续运营税后净差额	38, 029	0	133, 098	171, 127	38, 029	0	131, 569	169, 598
重估固定资产收益	0	47, 258	0	47, 258	0	47, 258	0	47, 258
固定福利计划精算收益（损失）	0	0	（1, 964）	（1, 964）	0	0	（1, 964）	（1, 964）
对冲储备估值变化	0	648	0	648	0	648	0	648
附属机构分派	0	0	（1, 633）	（1, 633）	0	0	（1, 633）	（1, 633）
合并收入总计	38, 029	47, 906	129, 501	215, 436	38, 029	47, 906	127, 972	213, 907
2018 年 12 月 31 日余额	613, 360	481, 999	3, 619, 190	4, 714, 549	613, 360	480, 686	3, 615, 211	4, 709, 257

续表

2019 年	经济体（合并）				母体（大学）			
	限制基金	储备	留存收益	总计	限制基金	储备	留存收益	总计
2019 年 1 月 1 日余额	613, 360	481, 999	3, 619, 190	4, 714, 549	613, 360	480, 686	3, 615, 211	4, 709, 257
采用新会计准则*	0	0	(180, 881)	(180, 881)	0	0	(180, 881)	(180, 881)
重述余额	613, 360	481, 999	3, 438, 309	4, 533, 668	613, 360	480, 686	3, 434, 330	4, 528, 376
持续运营税后净差额	71, 968	0	106, 669	178, 637	71, 968	0	105, 888	177, 856
重估固定资产收益	0	29, 788	0	29, 788	0	29, 788	0	29, 788
固定福利计划精算收益（损失）	0	0	1, 470	1, 470	0	0	1, 470	1, 470
合并收入总计	71, 968	29, 788	108, 139	209, 895	71, 968	29, 788	107, 358	209, 114
2019 年 12 月 31 日余额	685, 328	511, 787	3, 546, 448	4, 743, 563	685, 328	510, 474	3, 541, 688	4, 737, 490

注：*大学采用 AASB 第 15 号与客户合同收益和 AASB 第 1058 号非盈利实体收入，自 2019 年 1 月 1 日生效，采用追溯调整法，参见附注 33（b）。以上权益变化表应结合随附的附注一起理解。

（五）现金流量表

表 43 悉尼大学现金流量表

（截至 2019 年 12 月 31 日） 单位：千澳元

	附注	经济实体（合并）		母体（大学）	
		2019 年	2018 年	2019 年	2018 年
运营活动产生的现金流					
澳大利亚政府资助		983, 252	970, 739	983, 252	970, 739
州和地方政府资助		46, 146	35, 497	46, 146	35, 497
HECS – HELP 学生付款		33, 076	33, 487	33, 076	33, 487
学费和其他客户（包括 GST）收入		1, 575, 091	1, 356, 503	1, 575, 091	1, 356, 503
收到的股息		101, 280	75, 868	101, 280	75, 868
收到的利息		20, 397	17, 566	20, 397	17, 566
利息和其他财务成本		(27, 252)	(23, 879)	(27, 252)	(23, 879)
收到（支付）的其他投资资金		22, 525	11, 574	22, 525	11, 574
短期租赁付款		(5, 010)	0	(5, 010)	0
雇员相关支出付款		(1, 395, 000)	(1, 307, 255)	(1, 395, 000)	(1, 307, 255)
付款给供应商（包括 GST）		(836, 961)	(672, 303)	(836, 961)	(672, 303)
运营活动提供（使用）的净现金		517, 544	497, 797	517, 544	497, 797
投资活动产生的现金流					
金融资产销售收入		811, 983	802, 182	811, 983	802, 182
固定资产销售收入		402	430	402	430
购买固定资产和无形资产付款		(369, 429)	(420, 776)	(369, 429)	(420, 776)
购买金融资产付款		(909, 040)	(919, 173)	(909, 040)	(919, 173)
投资活动提供（使用）的现金流		(466, 084)	(537, 337)	(466, 084)	(537, 337)
融资活动产生的现金流					
贷款收入		0	200, 000	0	200, 000
偿还借款		0	(110, 000)	0	(110, 000)

续表

	附注	经济实体（合并）		母体（大学）	
		2019 年	2018 年	2019 年	2018 年
租赁债务付款		(20,421)	0	(20,421)	0
融资活动提供（使用）的现金流		(20,421)	90,000	(20,421)	90,000
现金和现金等价物增加（减少）净额		31,039	50,460	31,039	50,460
财年初现金和现金等价物		534,165	483,630	534,165	483,630
现金和现金等价物兑换率变化的影响		(35)	(75)	(35)	(75)
财年末现金和现金等价物		565,169	534,165	565,169	534,165
金融工具和余额 30（d）					

注：以上现金流量表应结合随附的附注一起理解。

表 44　　悉尼大学附注目录

（截至 2019 年 12 月 31 日）

附注	财务报表附注目录	页码（原报告中页码）
1	财务报表编制基础	62
收益		
2	持续经营收益和收入	64
3	澳大利亚政府财务援助包括澳大利亚政府贷款项目（HELP）	65
4	州和地方政府财务援助	65
5	费用和收费	66
6	投资收益和收入	66
7	咨询和合同	66
8	其他收益	67
费用		
9	雇员相关费用	67
10	其他费用	68
资产		
11	现金和现金等价物	68
12	应收和合同资产	69
13	其他金融资产	70
14	财产、厂房和设备（固定资产）	72
15	无形资产	76
16	其他非金融资产	77

续表

附注	财务报表附注目录	页码（原报告中页码）
负债		
17	贸易和其他债务以及合同债务	78
18	借入款	79
19	准备金（Provisions）	81
权益		
20	留存	83
披露附注		
21	关键管理人员个人披露	83
22	审计人员酬劳	85
23	承诺	86
24	不可预见费用（Contingencies）	86
25	固定福利计划	86
26	相关方	92
27	联合经营	93
28	采用权益法投资记账	93
29	从持续运营到运营活动提供净现金流所得税后净差额调整	94
30	财务风险管理	95
31	公允价值评估	98
32	资产负债表日后事项	101
33	其他会计政策	101
34	澳大利亚政府财务援助责任	106

（六）财务报表附注（截至 2019 年 12 月 31 日）

1. 财务报表的编制基础

编制这些财务报表采用的重要会计政策列示如下，并应用于全部的账户附注。这些政策在文本中被标识斜体文本。这些政策被一贯应用，除非有其他说明。

悉尼大学的主要地址是：悉尼大学，新南威尔士，2006。

财务报表由参议院代表团于 2020 年 3 月 30 日批准发布。

（a）编制基础

这些财务报表呈现了经审计的悉尼大学（大学）通用财务报表。它们根据《澳大利亚会计准则》（Australian Accounting Standards），澳大利亚会计准则委员会（Australian Accounting Standards Board）的其他声明，《高等教育支持法案（2003）》（财务报表指引）（Higher Education Support Act 2003（Financial Statement Guidelines））的要求，《公共财务和审计法案（1983）》（Public Finance and Audit Act 1983）《公共财务和审计规章（2015）》（Public Finance and Audit Regulation 2015）《澳大利亚慈善和非营利组织委员会法案（2012）》（Australian Charities and Not - for - profits Commission Act 2012），以及《澳大利亚慈善和非营利组织委员会规章（2013）》（Australian Charities and Not - for - profits Commission Regulation 2013），采用权责发生制基础（accrual accounting basis）编制。

这些财务报表是由悉尼大学及其控制实体组成的合并实体的财务报表，以澳元呈报，澳元是大学基本的和报告货币单位。

悉尼大学采用第一级报告要求。

（1）遵循国际财务报告准则（Compliance with International Financial Reporting Standards，IFRS）。悉尼大学是一个非营利实体，这些财务报表以此为基础编制。澳大利亚会计准则适用于非营利实体的一些要求，与 IFRS 不一致。

（2）历史成本惯例（Historical cost convention）。除了以公允价值评估其收益和损失的债务和权益财务资产（包括衍生工具），以及特定的财产、厂房和设备外，这些财务报表根据历史成本惯例编制。

（3）重要会计估计（Critical accounting estimates）。这些财务报表的编制，要求采用特定的重要会计估计。在应用大学的会计政策过程中也要求管理层进行判断。这些估计和重要的假定以持续经营为基础。在编制财务报表中，所有重要的估计和假定被陈述于相关的会计政策附注中，列示如下：

i）附注 3 - 澳大利亚政策财务援助；

ii）附注 4 - 州和当地政策财务援助；

iii）附注 14 – 财产、厂房和设备；

iv）附注 19 – 准备金；

v）附注 25 – 固定福利计划；

vi）公允价值评估。

（4）舍入金额（Rounding amounts）。在财务报表和财务报表附注中的金额，除非有不同陈述，均被转至最接近的千澳元。

（5）对标金额（Comparative amounts）。比较信息在必要的地方被重新分类，以增强关于呈报变化在当前年度的可比性。

（6）外币交易和余额（Foreign currency transactions and balances）。外币交易按交易日规定的交换率被转换为澳元。在报告日的应收和应付外币金额，按该日规定的交换率转换。关于应付和应收外币的兑换差异，作为兑换收益或损失记入收入报表账户。

（7）所得税（Income tax）。根据《所得税评估法案（1997）》（Income Tax Assessment Act 1997），大学被豁免免征所得税。

（b）合并基础

合并财务报表呈报母体（parent entity），即悉尼大学的财务报表，以及大学根据 AASB 第 10 号“合并财务报表”控制的所有实体在财年末或期间的资产、负债和成果，统称为合并实体。当母体有可能或有权利从其参与实体获得可变收益（variable returns），并通过其力量指导该实体的相关活动从而能够影响这些收益，那么控制被认为成立。

被控制实体自控制权被转移至大学之日起被合并，自控制权停止之日起不再合并。

忽略组织实体（group entities）之间的内部交易、交易的余额和非实现收益。在必要时，应改变附属机构的会计政策，以确保组织采用政策的一致性。

被控制实体清单在财务报表附注 26（b）中列示。

（c）商品和服务税（Goods and services tax，GST）

除商品和服务税金额不能从澳大利亚税务局（Australian Taxation Office，ATO）收回情况外，收入、费用和资产在扣除商品和服务税额后确认。这在些情况下，商品和服务税被确认为资产获得成本的一部分，或费用项目的一部分。

应收和应付被规定不包括应收和应付商品和服务税额。可从澳大利亚税务局收回或应付给澳大利亚税务局的商品和服务税净额，不包含在当期财务状况表中的资产或负债项目中。

按总额基础（gross basis），现金流包含在现金流量表中。可从澳大利亚税务局收回，或应付给澳大利亚税务局，由投资和财务活动引起的商品和服务税现金流，被归类为运营现金流。

（d）会计估计变更

大学所做出的以下会计政策变化，自2019年1月1日生效。这些变化代表着改变了的会计估计，以及根据AASB第108号“会计政策、会计估计变化和差错”要求的未来的应用。

厂房和设备。每年的10%年折旧率替代了以前年度5%—7%的年折旧率范围。这些资产类别包括音乐设备、简易家具、显微镜、相机和其他科学设备。随着科学技术变化的加快，大学认为改变的政策能提供更好的资产使用寿命（useful lives）指标。这些变化是根据AASB第116号“财产、厂房和设备”（AASB 116 Property，Plant and Equipment）的要求。

数字图书藏品。将于10年以上摊销且残值率为10%。大学之前对数字图书藏品决定为无限期使用年限。尽管数字藏品的特性是长期性并且不随时间的流逝而退化，但是不再确认藏品的价值无限期增长。执行10年期限，与纸质藏品寿命一致，以10%的残值，确认适当的使用年限和藏品的长期价值。这与AASB第138号无形资产相一致。

合并基础上，会计政策变更减少2019年净成果43,193,000澳元（数字图书藏品：12,346,000澳元；厂房和设备：30,847,000澳元）。见附注14和附注15。

2. 持续运营收益和收入

（a）区分持续运营的收益和收入（不包括投资收益和其他投资收入）

大学收益和收入来源如表45所示。

表 45　　大学收益和收入来源

单位：千澳元

2019 年	澳大利亚政府财务资助	州和地方政府财务资助	费用和收费	HECS - HELP 学生付款	HECS - HELP 政府付款	咨询和合约	版税/商标和许可	捐赠和继承	其他	客户合约收入总计	非营利实体收益总计
收益和收入流：											
课程费用和学费											
国内本科生	0	0	993	33, 076	187, 660	0	0	0	0	221, 729	0
海外本科生	0	0	478, 418	0	0	0	0	0	0	478, 418	0
国内研究生	0	0	31, 378	0	69, 737	0	0	0	0	101, 115	0
海外研究生	0	0	583, 522	0	0	0	0	0	0	583, 522	0
继续教育	0	0	15, 400	0	0	0	0	0	0	15, 400	0
其他课程费用和收费	0	0	41, 570	0	0	0	0	0	0	41, 570	0
课程费用和收费总计	0	0	1, 151, 281	33, 076	257, 397	0	0	0	0	1, 441, 754	0
研究收入	164, 476	29, 197	0	0	0	105, 502	0	26, 940	6, 271	306, 649	25, 737
周期性政府资助	490, 691	0	0	0	0	0	0	0	0	0	490, 691
非课程费用和收费											
学生住宿	0	0	36, 766	0	0	0	0	0	0	36, 766	0
学生设施	0	0	13, 215	0	0	0	0	0	0	13, 215	0
其他	0	0	22, 906	0	0	0	0	0	0	22, 906	0
非课程费用和收费总计	0	0	72, 887	0	0	0	0	0	0	72, 887	0
其他											
版税	0	0	0	0	0	0	6, 945	0	0	6, 945	0
其他	28, 230	3, 815	0	0	0	5, 748	0	58, 437	85, 741	128, 006	53, 965
其他总计	28, 230	3, 815	0	0	0	5, 748	6, 945	58, 437	85, 741	134, 951	53, 965
客户合同收益总计	192, 706	33, 012	1, 224, 168	33, 076	257, 397	111, 250	6, 945	5, 675	92, 012	1, 956, 241	0
非营利实体收入总计	490, 691	0	0	0	0	0	0	79, 702	0	0	570, 393
收益和收入总计	683, 397	33, 012	1, 224, 168	33, 076	257, 397	111, 250	6, 945	85, 377	92, 012	1, 956, 241	570, 393

3. 包括澳大利亚政府贷款项目的澳大利亚政府财务援助（HELP）

（a）澳大利亚政府资助（见表46）

表46 **澳大利亚政府资助** 单位：千澳元

	附注	经济实体（合并）		母体（大学）	
		2019年	2018年	2019年	2018年
联邦资助计划	34（a）	305,698	306,096	305,698	306,096
其他资助	34（a）	5,024	（1,220）	5,024	（1,220）
研究培训项目	34（c）	95,921	97,660	95,921	97,660
研究支持项目	34（c）	84,049	88,150	84,049	88,150
澳大利亚研究委员会	34（e）	37,755	45,802	37,755	45,802
国家卫生和医疗研究理事会		71,044	85,539	71,044	85,539
其他联邦研究基金		55,676	61,563	55,676	61,563
其他联邦非研究基金		28,230	26,788	28,230	26,788
澳大利亚政府资助总计		683,397	710,378	683,397	710,378

（b）高等教育贷款项目（见表47）

表47 **高等教育贷款项目** 单位：千澳元

	附注	经济实体（合并）		母体（大学）	
		2019年	2018年	2019年	2018年
HECS - HELP		183,538	180,699	183,538	180,699
FEE - HELP		69,831	72,097	69,831	72,097
SA - HELP		4,028	4,105	4,028	4,105
高等教育贷款项目总计	34（b）	257,397	256,901	257,397	256,901
澳大利亚政府财务援助总计		940,794	967,279	940,794	967,279

（1）研究。

研究基金的收益确认依赖于基金的来源和交易的性质。被认为在AASB第15条“与客户的合同收入”范围内的研究资助，满足强制性标准，因为足够明确在与资助人的合同中存在退款条款，以及承诺与客户（或为了客户的利益）进行交易商品和服务，因此大学有义务提供：

- 在研究期间或完成后的全部研究基金；
- 整个合同期间从资助人获得的研究资源；
- 如果资助人要求，应在公开资源库中持续发布研究数据和结果的出版物；
- 如果资助人要求，应提供专利许可或知识产权的转让。

根据承诺的性质，大学也可以在做出承诺的时点确认收益（如当研究结果被出版时），或在服务进行期间确认收益（如客户获得创建的知识产权的控制时）。一般而言，研究合同收益的确认采用随时间进行的方法，即项目迄今为止发生的支出。

研究合同通常有一个平均不超过三年的存续期，因此并无重大的融资内容。这种考虑并无很大可能的可变内容，大部分固定无变化。

（2）其他资助。

上面提及的其他非研究基金的收入确认参照特定的合同条款决定，包括可执行性以及是否存在足够的具体履行义务。一项基金确定不满足这一标准，那么就在收到时确认为收入。

4. 州和地方政府财务援助（见表48）

表48　　州和地方政府财务援助　　单位：千澳元

	经济实体（合并）		母体（大学）	
	2019年	2018年	2019年	2018年
非资本化				
州政府研究资助	29,197	32,905	29,197	32,905
其他	3,815	2,592	3,815	2,592
非资本化总计	33,012	35,497	33,012	35,497
资本化				
资本总计	0	0	0	0
州和地方政府财务援助总计	33,012	35,497	33,012	35,497

5. 费用和收费（见表49）

表49 费用和收费 单位：千澳元

	附注	经济实体（合并）		母体（大学）	
		2019年	2018年	2019年	2018年
课程费用和收费					
付费海外学生		1,061,940	884,693	1,061,940	884,693
继续教育		15,400	14,533	15,400	14,533
付费国内研究生		31,091	33,583	31,091	33,583
付费国内本科生		366	502	366	502
参加非资助课程学生		914	1,208	914	1,208
其他课程费用和收费		41,570	35,662	41,570	35,662
课程费用和收费总计		1,151,281	970,181	1,151,281	970,181
其他非课程费用和收费					
学生住宿		36,766	26,639	36,766	26,639
学生服务和娱乐设施费用	34（h）	13,215	12,117	13,215	12,117
其他非课程费用和收费		22,906	18,923	22,906	18,923
其他非课程费用和收费总计		72,887	57,679	72,887	57,679
费用和收费总计		1,224,168	1,027,860	1,224,168	1,027,860

学费在相应学期确认为收入。提供服务的收入随时间在服务提供期间，在相应的服务完成阶段予以确认。

当学生提前支付了课程或培训，或者大学提前收到政府的资金时（如学期开始前），大学确认为合同债务，直至大学提供了服务。

包括在上述非课程费用和收费中的运营租赁取得的租赁收入，随租赁期基于直线法确认。

6. 投资收益和所得（见表50）

表50 投资收益和所得 单位：千澳元

	经济实体（合并）		母体（大学）	
	2019年	2018年	2019年	2018年
托管基金分派	75,245	57,562	75,245	57,562
收到股利	23,807	20,895	23,807	20,895

续表

	经济实体（合并）		母体（大学）	
	2019 年	2018 年	2019 年	2018 年
收到股息	20, 397	17, 566	20, 397	17, 566
投资收益总计	119, 449	96, 023	119, 449	96, 023
公允价值计量的金融资产公允价值变化利得或损失	71, 491	27, 948	71, 491	27, 948
公允价值计量金融资产实现的收益/（损失）	22, 525	11, 573	22, 525	11, 573
其他投资收益总计	94, 016	39, 521	94, 016	39, 521
投资收益总计	213, 465	135, 544	213, 465	135, 544

注：投资收入在其取得时确认。

7. 咨询和合同（见表51）

表 51 咨询和合同 单位：千澳元

	经济实体（合并）		母体（大学）	
	2019 年	2018 年	2019 年	2018 年
咨询	5, 748	5, 187	5, 748	5, 187
合同研究	105, 502	120, 406	105, 502	120, 406
咨询和合同研究总计	111, 250	125, 593	111, 250	125, 593

注：咨询收入根据服务完成阶段在服务提供期间确认。其研究基金相关会计政策参考附注 3（b）。

8. 其他收益（见表52）

表 52 其他收益 单位：千澳元

	经济实体（合并）		母体（大学）	
	2019 年	2018 年	2019 年	2018 年
继承和捐赠	85, 377	80, 943	85, 377	80, 943
缴款（外部组织）	40, 256	34, 908	40, 256	34, 908
农场	3, 167	4, 110	3, 167	4, 110
赔偿收入	20, 563	21, 330	20, 563	21, 330
商店销售	5, 786	4, 601	5, 786	4, 601
兽医/医疗实习收入	8, 017	8, 968	8, 017	8, 968
其他收益	14, 223	12, 109	14, 223	12, 109
其他收益总计	177, 389	166, 969	177, 389	166, 969

注：其他收益在取得时记入账户，当商品和服务提供时确认为收入。

继承和捐赠：

继承和捐赠在收到时确认，因为在大学与捐赠者之间没有签订任何强制性的合同，或无足够的具体履行义务。

9. 雇员相关的支出（见表53）

表53　　雇员相关的支出　　单位：千澳元

	经济实体（合并）		母体（大学）	
	2019年	2018年	2019年	2018年
学术：				
薪资	545,816	517,373	545,816	517,373
退休金计划缴款				
基金计划缴款	42,782	40,521	42,782	40,521
非基金计划缴款	45,931	43,414	45,931	43,414
工资税	37,998	36,045	37,998	36,045
员工补偿金	1,380	1,179	1,380	1,179
长期服务假期支出	26,795	16,353	26,795	16,353
年假	37,631	31,737	37,631	31,737
退职金付款	3,986	3,453	3,986	3,453
学术总计	742,319	690,075	742,319	690,075
非学术				
薪资	510,310	478,016	510,310	478,016
退休金计划缴款				
基金计划缴款	38,434	35,837	38,434	35,837
非基金计划缴款	41,264	38,396	41,264	38,396
工资税	34,502	32,204	34,502	32,204
员工补偿金	716	361	716	361
长期服务假期支出	19,611	13,255	19,611	13,255
年假	35,368	29,396	35,368	29,396
退职金付款	12,655	7,446	12,655	7,446
非学术总计	692,860	634,911	692,860	634,911
雇员相关支出	1,435,179	1,324,986	1,435,179	1,324,986
递延退休金雇员福利*	33	5	33	5
雇员相关支出总计	1,435,212	1,324,991	1,435,212	1,324,991

注：*包括3,300澳元职业退休金计划支出（2018年支出为5,000澳元）。关于雇员福利的会计政策参见附注19（c）。

10. 其他支出（见表54）

表54　其他支出　单位：千澳元

	经济实体（合并）		母体（大学）	
	2019年	2018年	2019年	2018年
广告、市场和促销费用	10,764	10,711	10,764	10,711
审计费用、银行收费、法律成本、保险和税费	12,972	14,558	12,972	14,558
通信	11,480	11,711	11,480	11,711
农场运营	11,048	10,332	11,048	10,332
图书资源	8,929	7,957	8,929	7,957
实验室、医疗物品和资源	27,080	26,776	27,080	26,776
许可、专利、版权和佣金	48,043	38,111	48,043	38,111
非资本化设施	24,829	31,155	24,829	31,155
经营租赁和租金支出	6,350	14,134	6,350	14,134
打印和文具	15,657	13,217	15,657	13,217
租借和房屋租用	1,321	17,475	1,321	17,475
软件许可	28,512	24,606	28,512	24,606
旅行、员工发展和培训	54,876	51,261	54,876	51,261
公共事业和保洁	48,617	46,940	48,617	46,940
其他支出	22,662	24,793	22,662	24,793
其他支出总计	333,140	343,737	333,140	343,737

11. 现金和现金等价物（见表55）

表55　现金和现金等价物　单位：千澳元

	经济实体（合并）		母体（大学）	
	2019年	2018年	2019年	2018年
银行和手头现金	177,797	187,855	177,797	187,855
短期通知存款中现金和现金等价物总计*	387,372	346,310	387,372	346,310
财务善表和现金流量表	565,169	534,165	565,169	534,165

注：*这些利息的平均浮动利率为2.02%（2018年为2.15%）。

截至 2019 年 12 月 31 日，大学持有的受资本保全信托限制的现金和现金等价物金额为 25,800 千澳元（2018 年为 25,000 千澳元）。

现金和现金等价物包括手头的和短期投资的现金，它们容易变现为确定的现金，价值变动风险小。就现金流量表而言，现金和现金等价物包括上文定义的现金和现金等价物，扣除未清偿的银行透支。

12. 应收和合同资产（见表 56）

表 56　　应收和合同资产　　单位：千澳元

	附注	经济实体（合并）		母体（大学）	
		2019 年	2018 年	2019 年	2018 年
流动性					
应收交易款项		60,379	50,730	60,379	50,730
学费和贷款		9,835	9,079	9,835	9,079
减：备抵预期信贷损失		(11,089)	(3,335)	(11,089)	(3,335)
应收交易款项总计		59,125	56,474	59,125	56,474
应计收入和其他应收款		35,239	24,658	35,239	24,658
合同资产（a）		199	0	199	0
递延政府福利退休金*	25（d）	99,234	71,420	99,234	71,420
其他应收款项总计		134,672	96,078	134,672	96,078
流动应收账款总计		193,797	152,552	193,797	152,552
非流动性					
递延政府福利退休金*	25（d）	1,532,411	1,485,572	1,532,411	1,485,572
超级资产计划（职业退休金制度）	25（d）	5,118	3,666	5,118	3,666
其他应收款项		418	391	418	391
非流动性应收款项总计		1,537,947	1,489,629	1,537,947	1,489,629

注：* 大学向国家机关退休金信托公司的 3 个退休金计划缴款，见附注 25（f）。根据《高等教育支持法案（2003）》规定，这些补偿安排在联邦政府与新南威尔士政府之间的比例为 78：22。

（1）应收交易款项。

截至 2019 年 12 月 31 日，大学的流动应收款项名义价值减损 11,089 千澳元（2018 年为 3,335 千澳元）。与特定的预期信用损失有关的准备金是 11,062 千澳元（2018 年为 2,789 千澳元）。应收账款减值主要是由于不可预见困难经济状况等原因所导致的私营部门预期信用损失。

剩余准备金 27 千澳元（2018 年为 546 千澳元）是对超过 90 天的应收账款部分的一个准备，评估认为这部分应收账款预期不能被收回。

截至 2019 年 12 月 31 日，交易应收款项 22,672 千澳元（2018 年为 22,942 千澳元），是已过了到期日，但并未减损的款项。这关涉许多没有最近违约历史无关联客户。

这些应收账款的账龄分析如表 57 所示。

表 57　　应收交易账款　　单位：千澳元

	附注	经济实体（合并）		母体（大学）	
		2019 年	2018 年	2019 年	2018 年
3 个月以内		19,454	12,817	19,454	12,817
3 至 6 个月		2,381	3,404	2,381	3,404
6 至 12 个月		708	3,081	708	3,081
超过 12 个月		129	3,640	129	3,640
已到期但未减值的应收账款总计		22,672	22,942	22,672	22,942

表 58 列示的是交易应收款项和合同资产的预期信用损失备抵情况。

表 58　　交易应收款项和合同资产的预期信用损失备抵　　单位：千澳元

	附注	经济实体（合并）		母体（大学）	
		2019 年	2018 年	2019 年	2018 年
1 月 1 日		3,335	2,229	3,335	2,229
预期信贷损失准备金		7,996	1,613	7,996	1,613
冲销应收账款		(242)	(507)	(242)	(507)
12 月 31 日		11,089	3,335	11,089	3,335

交易应收款项最初以公允价值确认，随后采用实际利息方法以摊销成本减预计信息损失准备金计量。

（2）减值。

由于交易应收款项和合同资产的短期性质，大学采用一个简化的方法计算预期信用损失。大学并不跟踪基于个体基础的信用风险变化，基于交易应收账款的预计信息损失寿命，在每一个报告日以共同基础确认一个损失准备。大学基于其历史信用损失经验，建立了一个准备金模型，根据债务人和经济环境的前瞻性因素，必要时进行调整。

采用 AASB 第 15 号与客户合同收益，在年初和年末确认的合同资产如表 59 所示。

表 59 **合同资产** 单位：千澳元

	附注	经济实体（合并）		母体（大学）	
		2019 年	2018 年	2019 年	2018 年
合同资产		年末	年初	年末	年初
12 月 31 日		199	41	199	41

合同资产是大学考虑交换商品和服务的权利，大学转让商品和服务给客户时，并不以时间为条件。

13. 其他金融资产（见表 60）

表 60 **其他金融资产** 单位：千澳元

	经济实体（合并）		母体（大学）	
	2019 年	2018 年	2019 年	2018 年
流动性				
计入利得或损失的公允价值计量其他金融资产				
远期和期货	0	3,702	0	3,702
计入利得或损失的其他流动金融资产总计	0	3,702	0	3,702
非流动性				
计入利得或损失的公允价值计量其他金融资产				
上市证券	287,038	240,387	287,038	240,387

续表

	经济实体（合并）		母体（大学）	
	2019 年	2018 年	2019 年	2018 年
外部基金管理人*	1,285,234	1,183,835	1,285,234	1,183,835
浮动利率票据	75,509	69,126	75,509	69,126
可转换票据	4,782	4,357	4,782	4,357
非上市公司股份	42,348	25,290	54,348	36,290
计入利得或损失的其他非流动金融资产总计	1,694,911	1,522,995	1,706,911	1,533,995
金融资产摊销成本				
应收贷款	4,094	4,760	4,094	4,760
摊销成本其他非流动金融资产总计	4,094	4,760	4,094	4,760
非流动其他金融资产总计	1,699,005	1,527,755	1,711,005	1,538,755
其他金融资产总计	1,699,005	1,531,457	1,711,005	1,542,457

注：* 包括非上市托管的投资计划，非上市合作方和非上市股权。

（1）以公允价值计量的金融资产计入损益。

不满足大学管理金融资产商业模式目标，或不能够整合合同现金流的金融资产，以公允价值计量其变动计入损益。这些金融资产主要包括有价证券、单位信托和债务工具。这些金融资产不计入非流动性的资产，除非这些资产的到期日在报告日的 12 个月之内。以公允价值计量计入损益的金融资产，最初以公允价值确认，随后其公允价值的增加或减少在收入表中确认。以公允价值计量计入损益的金融资产，其在获得时发生的交易成本，在发生期间被确认为净利润的费用。

如果大学对这些资产进行重新分类，那么它们的公允价值由重分类之日决定。由以前的账面价值（carrying amount）和公允价值之间的差异所引起的任何收益或损失，在收入报表中确认。

（2）以摊销成本计量的金融资产。

为在特定的日期整合合同现金流的目的而持有的金融资产，通常以资本及利息（principal and/or interest）的形式，采用实际利息法（effective interest method）扣除任何减值损失（impairment loss）后以摊销成本计量。当一项以摊销成本计量的金融资产被重新分类时，它在重分类之日的公允价值即成为其新的账面价值。

（3）金融资产减值。

大学对所有债务工具的预期信用损失（expected credit losses，ECLs）确认一项准备金，而不包括以公允价值计量计入损益的非持有应收账款。预期信用损失根据与合同到期日相一致的合同现金流与大学预期收到的现金流之间的差异，以最初实际利息率近似值折现。预期现金流将包括从持有担保品的销售产生的现金流，或与合同条款（contractual terms）不可分割的其他信用增级（credit enhancements）产生的现金流。

预期信用损失的确认，分为两个阶段。对于那些信用风险从最初确认开始一直没有显著增加的信用敞口，将未来12个月内可能发生违约事项导致的预期信用损失，确认为预期信用损失；对于自最初确认开始后信用风险有显著增加的信用敞口而言，就需要对风险敞口存续期的预计信用损失提供一项损失准备，而不考虑违约发生的时间（预期信用损失的有效期）。

当不存在未来收回的现实可能性（realistic prospect），那么贷款与预期信用损失一起被冲销。如果在随后的一年内估计减值损失的金额发生变化，那么就调整预期信用损失金额。如果一项冲销后来收回，那么收回款项在收入表中计入财务费用的贷方。

（4）取消确认。

当一项金融资产（也适用，或者一项金融资产的一部分，或者一组类似金融资产的一部分）存在以下情况下时，首先被取消确认（例如，从大学的合并财务状况报表中移除）：

- 从该资产中收到现金流的权利已经过期，
- 根据转手协议（“pass－through”arrangement），大学已经转移从该资产收取现金流的权力，或假定大学有义务将收到的现金流完全无实质性延误地支付给第三方；或者大学已经实质转移资产的所有风险和回报，或大学既没有转移也没有实质获得资产的所有风险和回报，但已经转移的资产控制权。

14. 财产、厂房和设备（见表61）

表 61　　财产、厂房和设备　　单位：千澳元

母体（大学）/经济实体（合并）	教学和研究			商业			厂房设备	租用改良	在产品	遗产资产	图书藏品	总计
	土地	建筑物	基础设施	土地	建筑物	基础设施						
2018 年 1 月 1 日												
成本	182, 647	1, 795, 464	183, 678	0	0	0	805, 704	82, 576	310, 846	0	542, 681	3, 903, 596
估值	0	0	0	259, 544	271, 418	3, 030	0	0	0	250, 419	0	784, 411
累计折旧和减值	0	(506, 713)	(64, 472)	0	0	0	(362, 015)	(28, 207)	0	0	(394, 961)	(1, 356, 368)
账面净值	182, 647	1, 288, 751	119, 206	259, 544	271, 418	3, 030	443, 689	54, 369	310, 846	250, 419	147, 720	3, 331, 639
2018 年 12 月 31 日年末成本和估值：												
增加	0	0	0	0	520	0	32, 319	10, 704	339, 644	1, 149	1, 024	385, 360
从在产品转移	18	127, 807	10, 522	0	3, 711	0	61, 894	2, 041	(209, 250)	0	0	(3, 257)
捐赠	0	0	0	0	0	0	0	0	0	4, 925	102	5, 027
资产处置	0	0	0	0	0	0	(1, 203)	0	0	0	0	(1, 203)
资产报废	0	(33, 745)	0	0	0	0	(8, 287)	0	0	(19)	0	(42, 051)
重估值增加/(减少)	0	0	0	59, 828	(9, 423)	338	0	0	0	(10, 647)	0	40, 096
非资本化成本	0	0	0	(58)	0	0	0	0	(53, 395)	0	0	(53, 453)
转移/重分类	0	(9, 626)	0	0	0	0	(3, 778)	(30, 938)	0	0	0	(44, 342)
折旧												
折旧	0	(43, 748)	(3, 920)	0	(7, 096)	(66)	(70, 099)	(3, 650)	0	0	(47, 536)	(176, 115)
资产累计折旧冲销：												
处置	0	0	0	0	0	0	764	0	0	0	0	764
报废	0	31, 748	0	0	0	0	7, 271	0	0	0	0	39, 019

续表

母体（大学）/经济实体（合并）	教学和研究			商业			厂房设备	租用改良	在产品	遗产资产	图书藏品	总计
	土地	建筑物	基础设施	土地	建筑物	基础设施						
重估值	0	0	0	0	7,096	66	0	0	0	0	0	7,162
转移/重分类	0	993	0	0	0	0	754	9,318	0	0	0	11,065
期末账面净值	182,665	1,362,180	125,808	319,314	266,226	3,368	463,324	41,844	387,845	245,827	101,310	3,499,711
2018年12月31日												
成本	182,665	1,879,901	194,200	0	0	0	886,651	64,382	387,845	0	543,807	4,139,451
估值	0	0	0	319,314	266,226	3,368	0	0	0	245,827	0	834,735
累计折旧和减值	0	(517,721)	(68,392)	0	0	0	(423,327)	(22,538)	0	0	(422,497)	(1,474,475)
账面净值	182,665	1,362,180	125,808	319,314	266,226	3,368	463,324	41,844	387,845	245,827	101,310	3,499,711

母体（大学）/经济实体（合并）	教学和研究			商业			厂房设备	租用改良	在产品	遗产资产	图书藏品	资产使用权租赁	总计
	土地	建筑物	基础设施	土地	建筑物	基础设施							
2019年1月1日													
成本	182,665	1,879,901	194,200	0	0	0	886,651	64,382	387,845	0	543,807	0	4,139,451
估值	0	0	0	319,314	266,226	3,368	0	0	0	245,827	0	0	834,735
累计折旧和减值	0	(517,721)	(68,392)	0	0	0	(423,327)	(22,538)	0	0	(422,497)	0	(1,474,475)
账面净值	182,665	1,362,180	125,808	319,314	266,226	3,368	463,324	41,844	387,845	245,827	101,310	0	3,499,711
采用 AASB 16*	0	0	0	0	0	0	0	(17,033)	0	0	0	157,487	140,454
账面净值重述	182,665	1,362,180	125,808	319,314	266,226	3,368	463,324	24,811	387,845	245,827	101,310	157,487	3,640,165
2019年12月31日年末成本和估值：													
增加	0	0	0	397	758	0	43,474	0	307,323	562	1,012	81,833	435,359
从在产品转移	0	104,171	7,838	0	72,455	0	109,585	14,362	(340,100)	0	0	22,598	(9,091)
捐赠	0	0	0	0	0	0	0	0	0	2,013	0	0	2,013

续表

母体（大学）/经济实体（合并）	教学和研究			商业			厂房设备	租用改良	在产品	遗产资产	图书藏品	资产使用权租赁	总计
	土地	建筑物	基础设施	土地	建筑物	基础设施							
资产处置	0	0	0	0	0	0	(801)	0	0	0	0	(22, 049)	(22, 850)
资产报废	0	0	0	0	0	0	(2, 153)	0	0	(181)	0	0	(2, 334)
重估值增加/(减少)	0	0	0	16, 485	(7, 466)	36	0	0	0	11, 994	0	0	21, 049
非资本化成本	0	0	0	0	0	0	0	0	(50, 009)	0	0	0	(50, 009)
转移/重分类	0	(963)	0	0	192	0	771	4, 680	31, 029	0	0	(14, 032)	21, 677
折旧													
折旧	0	(50, 668)	(4, 499)	0	(8, 660)	(74)	(111, 070)	(6, 804)	0	0	(47, 583)	(24, 938)	(254, 296)
资产累计折旧冲销：													
处置	0	0	0	0	0	0	619	0	0	0	0	0	619
报废	0	0	0	0	0	0	1, 389	0	0	0	0	0	1, 389
重估值	0	0	0	0	8, 665	74	—	0	0	0	0	0	8, 739
转移/重分类	0	203	0	0	(4)	0	(164)	0	0	0	0	0	35
期末账面净值	182, 665	1, 414, 923	129, 147	336, 196	332, 166	3, 404	504, 974	37, 049	336, 088	260, 215	54, 739	200, 899	3, 792, 465
2018 年 12 月 31 日													
成本	182, 665	1, 983, 109	202, 038	0	0	0	1, 037, 527	66, 391	336, 088	0	544, 819	225, 837	4, 578, 474
估值	0	0	0	336, 196	332, 166	3, 404	0	0	0	260, 215	0		931, 981
累计折旧和减值	0	(568, 186)	(72, 891)	0	0	0	(532, 553)	(29, 342)	0	0	(490, 080)	(24, 938)	(1, 717, 990)
账面净值	182, 665	1, 414, 923	129, 147	336, 196	332, 166	3, 404	504, 974	37, 049	336, 088	260, 215	54, 739	200, 899	3, 792, 465

参见附注 33 (c)

根据 AASB 第 116 号“财产、厂房和设备”，大学选择采用成本模式评估其厂房和设备、图书藏品，以及非商业教学研究和土地、建筑物和基础设施。成本包括直接有助于获得这些项目的支出。确认后，这些类别的资产以成本减累计折旧和累计减值损失记账。非商业化土地、建筑物被等同为受到特定限制的资产。例如，土地资助、划区具体使用和具体合同安排。

（1）商业化土地、建筑物和基础设施。

这些计量采用重估值模式。在确认后，这类资产以公允价值记录，在重估值之日的公允价值减去相应的累计折旧，以重估值金额计量。在重估值模式下，重估值以充分的规律性实施，确保计量金额与报告日采用的公允价值决定的价值之间不会有实质性差异。在重估值之日，累计折旧抵减资产的总计量金额，净金额重述为资产的重估值金额。

商业教学和研究用土地、建筑物和基础设施，每年进行外部估值，每五年进行正式评估。最近一次正式评估开展于 2018 年 12 月 31 日。由于土地和建筑物重估值引起的记账金额的增加被确认，扣税后计入其他综合收入，累计计入重估值增减项目下的权益中。在某种程度上，该增加抵消了先前在损益中确认的减少，该增加首先在损益中确认。同样，抵减了之前同类资产增加的减损也被确认为其他综合收益，限额以该类资产的剩余准备金为限。所有其他减损均计入收入表。

（2）继承资产。

继承资产也采用重估值模式计量。大学继承资产的估值通过独立评估者以循环基础实施。

《当代艺术权威收藏》（The Power Collection of Contemporary Art）由大学所有，根据与当代艺术博物馆（Museum of Contemporary Art）的管理协议借出。藏品最早在 2016 年估值，记录在大学的账面上价值为 42,800 千澳元（2018 年为 42,700 千澳元）。

（3）半成品。

半成品表示在报告日闲置的、未完成的建筑项目和其他主要资本化生产项目的成本。它也包括在报告日尚未投入使用的主要信息技术系统开发成本。

（4）租赁改良。

租赁改良根据短于他们的使用寿命或租赁的剩余时间予以资本化或摊销。

（5）后续成本。

后续成本包含于资产的账面价值，或者在适当的情况下，仅当与项目相关的未来的经济利益可能流入大学且项目的成本能够可靠计量时，可被确认为一项单独的资产。修复和维护成本在它们发生财务期间列入收入报表。

资产的剩余价值和使用寿命在每个报告期结束时被重新审查，在适当的时候进行调整。一项资产，如果其账面价值大于它估计的可收回金额，那么应立即记减至它的可收回金额。

（6）资产出售。

资产的控制权转移给购买人时，出售资产所实现的净收益（损失）被作为收入（费用）。

（7）资产折旧。

土地不计提折旧。折旧以直线法基础计提。折旧率基于拥有的不同类别资产的预计使用寿命。折旧比例计入其购买和处置的年度。资产分类的折旧率如表 62 所示。

表 62　　资产分类的折旧率

	2019 年	2018 年
厂房和设备	10% ~25%	5% ~25%
建筑物和基础设施	2%	2%
租赁改良资产	不同	不同
图书藏品	10%	10%
使用权资产	不同	不适用

注：适用于租赁改良和使用权资产租赁的摊销率，是以租赁期或使用寿命孰低为基础。适用于租赁改良以获得更好利用的摊销率，以改良发生的预计期间为基础。

（8）使用权资产租赁。

大学作为承租人签订的租赁分为三大类：财产、设备和机动车（见表63）。

表63 **大学资产租赁** 单位：千澳元

	经济实体（合并）/母体（大学）			
	财产	车辆	设施	总计
2019年1月1日	150,238	1.445	5,804	157,487
包括WIP转移的使用权资产增加	104,131	(360)	660	104,431
使用权资产处置	(22,049)	0	0	(22,049)
改良准备金变化	(4,163)	0	0	(4,163)
折旧变化	(20,513)	(406)	(4,019)	(24,938)
重分类	(9,869)	0	0	(9,869)
2019年12月31日	197,775	679	2,445	200,899

自2019年1月1起适用政策：

使用权资产

使用权资产计量成本组成如下：

——租赁债务的初始计量金额；

——任何租赁支付款，或生效日期前，减去收到的任何奖励；

——任何初始直接成本；

——重建成本。

使用权资产通常短于资产的使用寿命和租赁期以直线法基础计提折旧。如果大学能够合理确定实施购置决定，使用权资产则以标的资产的使用寿命计提折旧。

评估一项合同是否是（或包含）一项租赁

在合同开始时，大学应评估一项合同是否是（或包含）一项租赁。如果合同转让了相关资产一定期间使用权的控制权以换取报酬，那么该项合同就是或包含一项租赁。

大学评估是否：

第一，合同涉及相关资产的使用权。在合同中资产可能被明确或含蓄地指定。如果较大资产的一部分能力能够被物理区分，或者如果该部分实质上代表着该资产的所有能力，那么该部分就被认为是相关资产。如果资产提供者在整个资产使用期内有实体权利替换该资产，那么该资产不能被认为是相关资产。

第二，客户有权利从资产整个使用期的使用中获得实质上所有的经济利益。

第三，客户有权利管理资产在整个使用期的使用权。客户被认为有权利管理资产使用权，只要满足以下一项：①客户有权利管理相关资产在使用期间如何使用和以什么目的使用；②关于相关资产如何使用和以什么目的使用的相关决定被提前确定，以及客户有权利运营该资产；或者客户指定该资产在整个使用期间按提前确定的方式和目的使用。

租赁会计——大学作为承租人

大学作为承租人的合同中，除非适用短期或低值的豁免，大学会在租赁开始之日确认一项资产使用权和租赁债务。

优惠和名义租赁（Concessionary and peppercorn leases）

大学有少数优惠租赁（由于超低于市场租赁价格的租赁资产），根据 AASB 第 16 号“租赁”选择以最初确认成本评估使用权资产。大学运营对这些优惠租赁不存在任何依赖，因此没有披露关于这些资产任何的进一步信息。

租赁会计——大学作为出租人

运营租赁收到的租赁款项，大学在租赁期内作为收入的一部分，采用直线法基础确认为收入。

15. 无形资产（见表64）

表64　　无形资产　　单位：千澳元

2018	经济实体（合并）					母体（大学）			
	计算机软件	其他无形资产	数字图书藏品	合并商誉	总计	计算机软件	其他无形资产	数字图书藏品	总计
2018年1月1日									
成本	163, 671	4, 055	111, 306	6, 129	285, 161	163, 671	4, 055	111, 306	279, 032
累计折旧和减值	(96, 813)	(1, 176)	0	0	(97, 989)	(96, 813)	(1, 176)	0	(97, 989)
账面净值	66, 858	2, 879	111, 306	6, 129	187, 172	66, 858	2, 879	111, 306	181, 043
2018年12月31日年度									
增加	1, 476	0	17, 553	0	19, 029	1, 476	0	17, 553	19, 029
从在产品转移	3, 254	0	0	0	3, 254	3, 254	0	0	3, 254
转移和重分类	2, 115	0	0	0	2, 115	2, 115	0	0	2, 115
资产退休	(26, 673)	0	0	0	(26, 673)	(26, 673)	0	0	(26, 673)
折旧									
折旧变化	(18, 449)	(167)	0	0	(18, 616)	(18, 449)	(167)	0	(18, 616)
资产退休/重分类	26, 441	0	0	0	26, 441	26, 441	0	0	26, 441
期末账面净值	55, 022	2, 712	128, 859	6, 129	192, 722	55, 022	2, 712	128, 859	186, 593
2018年12月31日									
成本	143, 842	4, 055	128, 859	6, 129	282, 885	143, 842	4, 055	128, 859	276, 756
累计折旧和减值	(88, 820)	(1, 343)	0	0	(90, 163)	(88, 820)	(1, 343)	0	(90, 163)
账面净值	55, 022	2, 712	128, 859	6, 129	192, 722	55, 022	2, 712	128, 859	186, 593

续表

2019	经济实体（合并）					母体（大学）			
	计算机软件	其他无形资产	数字图书藏品	合并商誉	总计	计算机软件	其他无形资产	数字图书藏品	总计
2019年1月1日									
2019年12月31日年度									
期初账面净额	55, 022	2, 712	128, 859	6, 129	192, 722	55, 022	2, 712	128, 859	186, 593
增加	0	0	18, 856	0	18, 856	0	0	18, 856	18, 856
从在产品转移	9, 091	0	0	0	9, 091	9, 091	0	0	9, 091
转移和重分类	0	0	0	0	0	0	0	0	0
资产退休	0	0	0	0	0	0	0	0	0
折旧									
折旧变化	(17, 937)	(168)	(12, 346)	0	(30, 451)	(17, 937)	(168)	(12, 346)	(30, 451)
资产退休/重分类	(34)	0	0	0	(34)	(34)	0	0	(34)
期末账面净值	46, 142	2, 544	135, 369	6, 129	190, 184	46, 142	2, 544	135, 369	184, 055
2019年12月31日									
成本	152, 933	4, 054	147, 715	6, 129	310, 831	152, 933	4, 054	147, 715	304, 702
累计折旧和减值	(106, 791)	(1, 510)	(12, 346)	0	(120, 647)	(106, 791)	(1, 510)	(12, 346)	(120, 647)
账面净值	46, 142	2, 544	135, 369	6, 129	190, 184	46, 142	2, 544	135, 369	184, 055

16. 其他非金融资产（见表 65）

表 65　　　　其他非金融资产　　　　单位：千澳元

	经济实体（合并）		母体（大学）	
	2019 年	2018 年	2019 年	2018 年
流动性				
预付支出	32,947	58,230	32,947	58,230
存货	54	59	54	59
流动性其他金融资产总计	33,001	58,289	33,001	58,289
非流动性				
牲畜				
1 月 1 日余额	4,224	5,158	4,224	5,158
购置和自然增长/重估值	120	(104)	120	(104)
销售和自然减少	(1,142)	(830)	(1,142)	(830)
牲畜总计	3,202	4,224	3,202	4,224
预付租赁费				
预付租赁费	0	68,382	0	68,382
预付租赁费总计	0	68,382	0	68,382
非流动性其他非金融资产总计*	3,202	72,606	3,202	72,606
其他非金融资产总计	36,203	130,895	36,203	130,895

注：* 在 2019 年，大学根据 AASB 第 16 号“租赁”，重分类了财产、厂房和设备中的所有维修租赁为使用权资产。

大学以公允价值减去估计销售成本对家畜资产进行计价。大学进行缴款以确保获得这些财产长达 60 年的财产权。这些缴款在获取权期限内予以摊销。

当大学在取得货物或商品的所有权之前，已经预付了货物和服务的款项，那么，大学将这一项预付款确认为资产。

17. 交易和其他债务以及合同债务（见表 66、表 67）

表 66　　交易和其他债务以及合同债务　　单位：千澳元

	经济实体（合并）		母体（大学）	
	2019 年	2018 年	2019 年	2018 年
流动性				
交易应付款项	26,703	42,310	26,703	42,310
对澳大利亚政府的 OS－HELP 负债	2,813	2,929	2,813	2,929
预付收入	137,332	118,813	137,332	118,813
金融负债传递	742	0	742	0
合同债务	249,339	0	249,339	0
应计费用	118,899	138,385	118,899	138,385
交易和其他债务总计	535,828	302,437	535,828	302,437

表 67　　合同债务　　单位：千澳元

	经济实体（合并）		母体（大学）	
	2019 年	2019 年	2019 年	2010 年
	期末余额	期初余额	期末余额	期初余额
合同债务				
合同债务——流动性	249,339	179,085	249,339	179,085

（a）国外货币风险

以上展示的经济实体的交易和其他债务总计中包括 400 千澳元（2018 年为 2300 千澳元）非澳元计价的货币。

交易和其他债务，包括尚未计费的应计费用，代表着在报告期末之前未支付的提供给经济体的商品和服务债务。这些金额无担保（信用）且通常确认后的 30 天内结清。

（b）合同债务

合同债务是一项转移商品或服务给客户的义务，大学已经从客户收到对价（consideration）。如果在大学转移商品或服务给客户之前客户支付了对价，当款项支付或付款到期时（无论哪个更早），一项合同债务即被确认。当大学根据合同履行其责任时，合同债务被确认为收入。

未履行的责任如果预期在未来 12 个月内完成，那么即被作为流动性分类。

包含在合同债务余额内的报告期确认的收入，在报告期初为129,515千澳元。

（c）转让可获得或构建一项可辩论的非金融资产

当大学收到一项转让，该转让使大学可获取或构建一项可确认的非金融资产时，大学可确认为一项合同债务。能获得或构建一项可辨认的非金融资产为大学所用的金融资产转让包括：

（1）要求大学用某项金融资产，以获取或构建一项非金融资产的明确规范。

（2）不要求大学转让非金融资产给出让人或其他各方。

（3）其发生不受强制性约定。

转让的公允价值超过已确认的任何相关金额部分，大学确认为一项债务。当满足转让义务时，在收入报表中确认为收入。根据建筑物的获得或建设时间确认相关建筑物建设的收入。

大学采用AASB第9号“收到金融资产（如现金）会计核算”的要求。根据其他准则，非金融资产的获得或建造应与金融资产转让分别计量。

（d）购置或建造非金融资产转让

上述合同债务包括大学控制的购置或建筑可辨识非金融资产转让。这些合同债务在2019年1月1日为28,184千澳元，在2019年12月31日为20,742千澳元。

在报告期，债务变动是由于购置或建造非金融资产引起的收到现金7,889千澳元和确认收入15,331千澳元。

2019年初和年末，关于购置或建造非金融资产的转让，无澳大利亚政府节余的财务援助。

18. 借贷

在资产负债表日借贷的公允价值为681,906千澳元（2018年为630,064千澳元）（见表68）。参见附注31公允价值计量。为了分析借贷对利率和外汇兑换风险的敏感性，参见附注30。

表 68　　借贷　　单位：千澳元

	经济实体（合并）		母体（大学）	
	2019 年	2018 年	2019 年	2018 年
流动性				
租赁债务	13, 351	0	13, 351	0
流动性借款总计	13, 351		13, 351	
非流动性				
应付债券	597, 538	596, 295	597, 538	596, 295
租赁债务	101, 871	0	101, 871	0
非流动性借款	699, 409	596, 295	699, 409	596, 295
借款总计	712, 760	596, 295	712, 760	596, 295

票面价值

应付债券		期限	利率	发行日期
组别 1	200, 000	7 年	4. 75%	2014 年 4 月
组别 2	200, 000	10 年	3. 75%	2015 年 8 月
组别 3	200, 000	25 年	4. 5%	2018 年 11 月

借贷最初以公允价值扣除发生的交易成本确认。随后借贷以摊销成本计量。收益（扣除交易成本）与赎回金额之间的所有差异，采用实际利率方法于借贷期间在收入报表中确认。

当在合同中确定的债务在履行、取消或到期时，借贷从财务状况报表中移除。偿清或转移给第三方的金融债务的账面金额与支付的对价金额之间的差异，包括转移或承担债务的任何非现金资产，被确认为其他收入或其他支出。

借款被分类作为流动性债务，除了经济实体有权利无条件于财务状况报表日后延期至少 12 个月清偿债务，以及在财务状况报表日期后预期至少 12 个月不必清偿债务。

借款成本，包括为建造任何一项合格资产发生的成本，在发生时列支为费用。

大学作为承租人在收入报表中确认的金额如表 69 所示。

表 69　　收入报表中确认的借贷金额　　单位：千澳元

	经济实体（合并）	母体（大学）
	2019 年	2019 年
租赁债务利率	4, 916	4, 916
低值资产租赁支出，不包括低值资产短期租赁	5, 009	5, 009
总计	9, 925	9, 925

（a）到期分析——非折现合同现金流

表 70　　非折现合同现金流　　单位：千澳元

	经济实体（合并）		母体（大学）	
	2019 年	2018 年	2019 年	2018 年
短于 1 年	14, 690	27, 332	14, 690	27, 332
1 至 5 年	52, 814	65, 520	52, 814	65, 520
超过 5 年	86, 082	24, 858	86, 082	24, 858
借款总计	153, 586	117, 710	153, 586	117, 710

注：*2018 年可比披露根据 AASB 第 117 号“租赁”要求编制。2019 年披露根据 AASB 第 16 号“租赁”的要求编制。

（b）租赁债务

自 2019 年 1 月 1 日适用政策：

一项租赁债务最初计量为租赁开始之日未付租赁款的现值。为了计算现值，如果利息率容易确定，那么未付租赁款采用租赁默认的利息率折现；如果租赁默认的利息率不容易确定，采用租赁开始之日的增量借款利率。包含在租赁债务计量中的租赁款支付组成为：

——固定付款，包括视同（in - substance）固定付款；

——可变租赁付款，依赖于一个指数或一个利率，最初计量采用租赁开始日的指数或利率（例如，付款根据 CPI 指数变化计算）；

——根据残值担保由承租人预期应付的金额；

——购买期权（purchase option）的预购价格（exercise price），如果大学能够合理确定预购期权；

——终止租赁支付的罚款（Payments of penalties），如果租赁条款显示承租人预购期权终止租赁。

随后，租赁债务采用实际利率法以摊销成本计量，导致的利率费用在收入报表中被确认为借款成本。当由于指数或利率变化引起的未来租赁款发生变化时，租赁债务应重新计量，相应调整使用权资产。调整金额被作为因素计入（factor）到各项使用权资产的折旧中。

延长和终止期权涉及大学许多财产和设备。就大学运营的资产而言，这些应用使运营灵活性最大化。持有的最主要延长和终止期权仅仅由大学使用，而不是由各个出租人使用。

（c）短期租赁和低值资产租赁

大学选择不确认使用权资产、短期租赁债务（指租赁期 12 个月或更少的租赁）和低值资产租赁（初始成本不足 10,000 澳元的资产）。大学采用直线法基础确认与这些租赁相关联的租赁款，作为租赁期的一项支出。在现金流量表中确认的金额如表 71 所示。

表 71 租赁融资现金流出 单位：千澳元

	经济实体（合并）	母体（大学）
	2019 年	2019 年
租赁融资现金流出	20, 421	20, 421
租赁融资现金流出总计	20, 421	20, 421

19. 准备金

（a）预算负债（见表 72）

表 72 预算负债 单位：千澳元

	经济实体（合并）		母体（大学）	
	2019 年	2018 年	2019 年	2018 年
预期 12 个月内结算的流动准备金				
雇员福利				
年假	86, 346	80, 288	86, 346	80, 288
长期服务假期	40, 695	38, 546	40, 695	38, 546
固定福利债务	99, 234	71, 420	99, 234	71, 420
终止付款准备金	9, 324	5, 217	9, 324	5, 217
补偿准备金	68	403	68	403

续表

	经济实体（合并）		母体（大学）	
	2019 年	2018 年	2019 年	2018 年
递延租赁准备金	0	376	0	376
递延工资税准备金	1, 920	1, 335	1, 920	1, 335
小计	237, 587	197, 585	237, 587	197, 585
预期超过 12 个月结算的流动准备金				
雇员福利				
年假	2, 922	3, 053	2, 922	3, 053
长期服务假期	156, 577	137, 891	156, 577	137, 891
小计	159, 499	140, 944	159, 499	140, 944
流动准备金总计	397, 086	338, 529	397, 086	338, 529
非流动性准备金				
雇员福利				
长期服务假期	41, 893	35, 013	41, 893	35, 013
固定福利债务	1, 537, 709	1, 490, 705	1, 537, 709	1, 490, 705
补偿准备金	27, 523	24, 386	27, 523	24, 386
递延租赁准备金	0	1, 589	0	1, 589
递延工资税准备金	29, 751	27, 866	29, 751	27, 866
非流动准备金总计	1, 636, 876	1, 579, 559	1, 636, 876	1, 579, 559
借款总计	2, 033, 962	1, 918, 088	2, 033, 962	1, 918, 088

（b）准备金变动

除雇员福利外，每类准备金在财年内的变动列示如表 73 所示。

表 73　　准备金变动　　单位：千澳元

	经济实体（合并）			母体（大学）		
	递延租赁	改良准备	递延工资税	递延租赁	改良准备	递延工资税
2018 年						
1 月 1 日账面金额	2, 141	12, 792	27, 774	2, 141	12, 792	27, 774
确认增加的准备金	285	11, 997	1, 427	285	11, 997	1, 427
使用金额	(461)	0	0	(461)	0	0
12 月 31 日账面金额	1, 965	24, 789	29, 201	1, 965	24, 789	29, 201

续表

	经济实体（合并）			母体（大学）		
	递延租赁	改良准备	递延工资税	递延租赁	改良准备	递延工资税
2019 年						
1 月 1 日账面金额	1,965	24,789	29,201	1,965	24,789	29,201
确认增加准备金	0	2,802	4,043	0	2,802	4,043
使用或撤销的金额	(1,965)	0	(1,573)	(1,965)	0	(1,573)
12 月 31 日账面价值	0	27,591	31,671	0	27,591	31,671

(c) 雇员福利

(1) 流动准备金。

短期雇员福利债务，包括工资和薪金以及非货币福利，如果预期在报告期末后的 12 个月内全部清偿，那么在债务清偿时以预期支付金额计量。

其他长期福利债务，如果预期在报告期末后的 12 个月内全部清偿，被确认为雇员福利流动准备。其他长期雇员福利包括如年假、累计病假和长期服务假期债务等资格。

非累计病假债务在请假时确认，按照应付率计量。

无论预期的清偿时间如何，雇员福利的准备金均被分类为流动债务。除非存在无条件权利递延债务的清偿时间至报告期后至少 12 个月，在这种情况下，则被分类作为非流动准备金。

(2) 非流动准备金。

其他长期雇员福利以预期未来付款的现值计量，付款额按截止报告日雇员提供的服务采用项目单元信用方法确定。考虑预期未来工资和薪金水平、雇员离职经历和服务期限。预期未来付款以报告日的国家政府债券到期条款和流动性，根据市场收益进行折现，尽可能与预计未来现金流出匹配。

(3) 离职福利。

当雇员在正常退休日（normal retirement date）之前被辞退，或者当雇员接受自愿裁员（voluntary redundancy）以换取这些福利时，支付离职福利。当根据无撤销可能的详细正式计划确定要辞退现有雇员，或者由于正式接受自愿裁员结果而提供离职福利时，大学确认离职福利。12 个月内到期的离职福利以名义金额（nominal amounts）估值，报告日后超过 12 个月到期的金额折现为他们的净现值。

（d）其他准备金

当经济实体对过去的事项存在一项现实债务（present obligation），并且很可能要求一项资源的流出以清偿该项债务，并且债务金额能够可靠估计，应确认准备金。

根据报告期末管理层清偿现实债务所需支出的最新估计，以现值（present value）计量准备金。用于确定现值的折现率为税前利率（pre - tax rate），反映对货币时间价值（time value of money）和特定债务风险（risks specific to the liability）的当前市场评估。债务于每个报告期间被重新评估，其价值变化的结果作为财务费用（finance cost）记账。

改良准备金：

大学租赁了许多在租赁期满需要改良的财产。在开始确认改良准备金时，一项租赁权改良资产被确认，记录到期归还所需要的未来经济流出。预计的未来归还成本的变化，在财务状况报表中确认，以调整相关资产的成本。

20. 保全储备金（见表 74）

表 74　　保全储备金　　单位：千澳元

	经济实体（合并）		母体（大学）	
	2019 年	2018 年	2019 年	2018 年
固定资产估值储备	510, 475	480, 687	510, 474	480, 686
联合储备	1, 312	1, 312	0	0
12 月 31 日余额	511, 787	481, 999	510, 474	480, 686
变动：				
固定资产估值储备				
1 月 1 日余额	480, 687	433, 429	480, 686	433, 428
固定资产估值收益	29, 788	47, 258	29, 788	47, 258
12 月 31 日余额	510, 475	480, 687	510, 474	480, 686
对冲储备——现金流对冲				

续表

	经济实体（合并）		母体（大学）	
	2019 年	2018 年	2019 年	2018 年
1 月 1 日余额	0	(648)	0	(648)
减：期满对冲	0	648	0	648
12 月 31 日余额	0	0	0	0
联合储备				
1 月 1 日余额	1,312	1,312	0	0
减：从储备中转移	0	0	0	0
12 月 31 日余额	1,312	1,312	0	0

大学有以下储备：

(a) 财产、厂房和设备重估储备金

该储备用于计量由于重估值引起的资产价值的增加或减少。储备价值增加的根据是附注 14 陈述的资产重估政策，储备价值减少也根据资产重估政策，或者处置的资产之前已被重估值且存在储备，或者根据 AASB 第 136 号“资产减值”中的资产减值，且对于该资产类别已有重估储备。

(b) 套期储备——现金流套期

套期储备用于记录在现金流套期中的套期工具收益或损失，对于掉期利率公允价值中的实际变化部分，与附注 30 (e) 中描述一致，在其他综合收入中确认。与利率掉期无效部分相关的任何收益和损失，立即在损益中确认。

(c) 联合储备

该储备表示联合实体持有的储备，采用权益记账法在合并财务报表中予以确认。

21. 关键管理人员个人披露

(a) 负有责任的个人、行政官员和其他关键管理人员

大学参议院监管所有主要的关于大学实施的决策，包括员工任命和福利、学生福利和纪律、财务事项，以及大学实体和学术发展。除了在参议院的员工按期收到每人的雇佣条件获得报酬外，参议院议员没有以参议院议员身份获取任何报酬。参议院议员名单包含在大学的年度报告中。

下列人员是悉尼大学财年内主要的官员：

M. 思朋斯博士（Dr M Spence AC）；

伊维森教授（Professor D Ivison）；

S. 卡顿教授（Professor S Garton）；

R. 默里女士（Ms R Murray）；

丽莎·杰克逊·普沃教授（Professor Lisa Jackson – Pulver AM）；

P. 帕蒂森教授（Professor P Pattison AO）；

S. 菲利浦斯先生（Mr S Phillips）；

T. 杜兰先生（Mr T Dolan）（至 2019 年 2 月）；

T. 罗兹·泰勒女士（Ms T Rhodes – Taylor）；

R. 费舍尔先生（Mr R Fisher AM）；

B. 梅塞尔教授（Professor B Messerle）（自 2019 年 9 月）；

R. 奥吉维女士（Ms R Ogilvie）（自 2019 年 2 月）。

主要官员薪酬如表 75 所示。

表 75　　主要官员薪酬　　单位：人

薪酬（澳元）	经济实体（合并）		母体（大学）	
	2019 年数量	2018 年数量	2019 年数量	2018 年数量
$45, 000 ~ $59, 999	1	0	1	0
$75, 000 ~ $89, 999	0	1	0	1
$120, 000 ~ $134, 999	0	1	0	1
$195, 000 ~ $209, 999	1	0	1	0
$360, 000 ~ $374, 999	0	1	0	1
$450, 000 ~ $464, 999	0	1	0	1
$465, 000 ~ $479, 999	1	0	1	0
$480, 000 ~ $494, 999	1	0	1	0
$510, 000 ~ $524, 999	0	1	0	1
$525, 000 ~ $539, 999	1	0	1	0
$540, 000 ~ $554, 999	1	1	1	1
$555, 000 ~ $569, 999	0	1	0	1

续表

薪酬（澳元）	经济实体（合并）		母体（大学）	
	2019 年数量	2018 年数量	2019 年数量	2018 年数量
$600, 000 ~ $614, 999	1	0	1	0
$630, 000 ~ $644, 999	0	1	0	1
$705, 000 ~ $719, 999	2	1	2	1
$765, 000 ~ $779, 999	0	1	0	1
$810, 000 ~ $824, 999	1	0	1	0
$930, 000 ~ $444, 999	1	0	1	0
$1, 050, 000 ~ $1, 064, 999	0	1	0	1
$1, 515, 000 ~ $1, 529, 999	0	1	0	1
$1, 620, 000 ~ $1, 634, 999	1	0	1	0
	12	12	12	12

副校监（校长）的合同在 2019 年重新谈判。因此今年是过渡的一年具有下表概括的两个合同的特征。披露的所有金额均在收益表中列支。酬金（Remuneration）包括：

短期雇员福利：

——基本：包括报告年度已支付和提供的基金工资、津贴和假期权利。

——非货币福利：截至 2019 年 4 月，包括占用大学所有权住宅在内，要求这些住宅可用，且定期用于大学的正式活动和推广活动（2018 年为全年）。房屋福利（housing benefit）于 2019 年 4 月停止，替代以房屋津贴（housing allowance）。房屋福利必须缴纳附加福利税（fringe benefits tax），包含在报酬计算中。此外，包括支付搬迁费用（removal expenses）和提供机动车费用的其他福利被计算在一揽子报酬中，附加福利税也适用于这些福利。

可能支付或每年应付的绩效红利，依赖于预先确定的个人绩效目标的成绩，该目标由校长同意并经过参议院批准。

长期雇员福利代表着发生的或享受长期服务假期权利（long service leave entitlements）所引起的长期服务假期余额变动。

离职后福利（Post - employment benefits），包括退休金缴款（superannuation contributions)。

雇员福利如表 76 所示。

表 76 雇员福利 单位：澳元

	短期雇员福利					长期雇员福利	退休后福利	酬金总计
	基础	津贴	年假资格	非货币福利	绩效款项			
副校监（2019 年）	508, 064	195, 942	(7, 667)	490, 610	232, 671	67, 914	133, 244	1, 620, 778
副校监（2018 年）	570, 717	0	(3, 704)	613, 860	217, 293	19, 632	109, 871	1, 527, 669

（b）关键管理人员个人补偿金（见表 77）

表 77 关键管理人员个人补偿金 单位：千澳元

	经济实体（合并）		母体（大学）	
	2019 年	2018 年	2019 年	2018 年
短期雇员福利	6, 554	6, 280	6, 554	6, 280
退职后（退休）福利	920	875	920	875
其他长期福利	186	88	186	88
辞退福利	40	118	40	118
主要管理人员补偿金总计	7, 700	7, 361	7, 700	7, 361

（c）贷款给关键管理人员个人

大学没有任何贷款给关键管理人员。

22. 审计人员报酬（见表 78）

表 78 审计人员报酬 单位：千澳元

	经济实体（合并）		母体（大学）	
	2019 年	2018 年	2019 年	2018 年
(a) 审计服务				
NSW 审计办公室服务费用				
财务报表审计和审查以及其他审计工作	593	540	593	540
母体支付的附属机构审计费用	17	19	17	19
附属机构支付的审计费用	74	70	0	0
私营部门合约提供的审计服务	71	78	24	33
审计服务酬劳总计	755	707	634	592

续表

	经济实体（合并）		母体（大学）	
	2019 年	2018 年	2019 年	2018 年
（b）其他审计和保险服务				
NSW 审计办公室服务相关费用				
监管收益审计	34	33	34	33
支付给其他审计公司的费用	43	66	43	66
支付给其他审计相关服务酬劳总计	77	99	77	99
审计酬劳总计	832	806	711	691

23. 承诺（承付款项）

资本承诺：

在报告日约定但不确认为债务的资本支出列示如表 79 所示。

表 79　　报告日约定但不确认为债务的资本支出　　单位：千澳元

	经济实体（合并）		母体（大学）	
	2019 年	2018 年	2019 年	2018 年
（a）审计服务				
固定资产（PP&E）承诺				
一年内	144, 156	249, 330	144, 156	249, 330
一年至五年间	7, 896	57, 429	7, 896	57, 429
固定资产（PP&E）承诺总计	152, 052	306, 759	152, 052	306, 759
无形资产承诺				
一年内	18, 839	22, 066	18, 839	22, 066
无形资产承诺总计	18, 839	22, 066	18, 839	22, 066

24. 或有事项（不可预见费）

（a）银行担保设施

大学有一项银行担保设施，额度上限为 20, 000 千澳元，2019 年使用了 12, 450 千澳元。银行担保主要是提供员工赔偿保险计划（workers' compensation insurance program）的保证准备金。

（b）给附属机构同意协助书（letters of comfort）

大学为一些控制实体——先进工程有限公司沃伦中心（Warren Centre

for Advanced Engineering Limited)、A14 控股私人有限公司（A14 Holdings Pty Limited）和苏州悉苏商业咨询有限公司（Suzhou Xi Su Commercial Consulting Co.，Limited）提供同意协助书，以保证这些控制实体的债务。

截至报告日，对控制实体发布的同意协助书，包括净资产为2,088 千澳元（2018 年净资产为1,854 千澳元）。

25. 固定福利计划

（a）基金详细披露

（1）国家机关退休金托管公司。

大学在国家机关退休金托管公司（State Authorities Superannuation Trustee Corporation）保有一个储备账户，帮助为雇员筹措资金对国家机关退休金计划（State Authorities Superannuation Scheme，SASS）、国家机关非缴费养老金计划（State Authorities Non – Contributory Scheme，SANCS）和国家退休金计划（State Superannuation Scheme，SSS）进行缴费。

这些计划均为固定福利计划。每一个成员与这些计划相关的最终福利，来源于他们的工资和会员年限的倍数。所有这些计划对新成员关闭。

（2）职业退休金系统。

职业退休金系统（Professorial Superannuation System，PSS）对新成员关闭。退休金领取人从系统中收到退休金款项。该系统的固定福利部分为会员提供一项可选择的资助丧夫缴款退休金（Widows' Contributory Pension）、一项可选择的资助配偶缴款退休金（Spouses' Contributory Pension）和一项非资助的非缴款退休金（Non – Contributory Pension），自65 岁起或支付。这些福利从系统成员和大学的缴款中提供资助，累计福利权利不包括在内。对于这些成员，资产和债务总是价值对等，因此并不影响大学的净负债。

悉尼大学职业退休金系统的总负债是基于2019 年12 月31 日阿里精算咨询私人有限公司（Alea Actuarial Consulting Pty Ltd）的评估。

（3）负债。

包括在财务状况报表中的退休福利未备基金负债净额为1,631,825 千澳元（2018 年为1,558,459 千澳元）。其中，5,118 千澳元（2018 年为3,666 千澳元）在非流动准备金部分的1,537,710 千澳元（2018 年为1,490,705

千澳元）非流动应收账款中；99,234 千澳元（2018 年为 71,420 千澳元）在流动准备金中。该净额中 1,631,645 千澳元应由联邦和新南威尔士政府支付。来自联邦政府和新南威尔士政府的应收账款的细节列示于附注 12 中。

截至 2019 年 12 月 31 日，估值法（valuation methodology）和资本精算假定（principal actuarial assumptions）如下：

估值法：

预计的信用估值方法用于确定固定福利债务和相关的流动服务成本的现值。

该方法将每个服务期视为产生了一项福利权利的附加单元，并分别计量每一个单元以累积给最终义务。

经济假定：

用于精算估值目的的资本假定如表 80 所示（表示为加权平均）。

表 80　　资本假定　　单位：%

	2019 年	2018 年
折扣率 *	1.37%	2.33%
预期薪资增长率 **	3.20%	2.70%

注：* 悉尼大学 2019 年的职业退休金系统精算计算，采用 1.30%（2018 年为 2.30%），作为折现率假定。

** 悉尼大学 2019 年的职业退休金系统精算计算，采用 2.50%（2018 年为 2.50%），作为薪资增长率假定。2019 年 SAAA、SANCS、SSS 基金的精算计算，采用 3.20%（2018 年为 2.70%），作为薪资增长率假定。

下一个财年，大学预期固定福利计划缴款为 101,985 千澳元（2018 年为 74,841 千澳元）。

固定福利义务的加权平均持续期为 10 年（2018 年为 11 年）。非折现福利付款的预期到期分析列示如表 81 所示。

表 81　　非折现福利付款的预期　　单位：千澳元

	1 年内	1 至 2 年间	2 至 5 年间	5 年以上	总计
固定福利债务——2019 年 12 月 31 日	103,940	100,563	285,059	1,321,200	1,810,762
固定福利债务——2018 年 12 月 31 日	103,287	101,890	291,032	1,401,329	1,897,538

(b) 计划资产类别

在报告日计划资产分析如表 82 所示。

表 82 计划资产分析 单位：千澳元

	2019 年		2018 年	
	活动市场	非活动市场	活动市场	非活动市场
现金和现金等价物	13, 299	7, 583	12, 879	9, 479
股权工具	90, 585	9, 585	80, 223	12, 284
债务工具	6, 251	13, 641	3, 604	15, 084
财产	2, 915	11, 455	2, 555	12, 366
其他	3, 661	38, 733	7, 427	42, 952
总计	116, 711	80, 997	106, 688	92, 165

(c) 精算假定和敏感度

固定福利义务对重要假定变化的敏感度如表 83 所示。

表 83 固定福利义务对重要假定变化的敏感度 单位：千澳元

	假定变化	对固定福利债务影响	
		假定增加	假定减少
折扣率	+/-1.0%	减少 9.8%	增加 11.7%
工资增长率	+/-0.05%	增加 0.2%	减少 0.2%

以上敏感度分析基于所有其他假定不变时精算假定变化的影响。在实践中不可能发生，并且一些假定的变化可能有相互联系。当计算固定福利义务对重大精算假定的敏感度时，同样的方法被应用于财务状况报表中确认固定福利债务的计算。

该用于编制敏感度分析的方法和类型，与之前期间相比，并没有改变。

(d) 财务状况报表金额（见表 84）

表 84 财务状况报表金额 单位：千澳元

	SASS	SANCS	SSS	PSS	总计
债务现值 -2019					
期初固定福利债务	114, 247	18, 745	1, 596, 786	27, 535	1, 757, 313
流动服务成本	2, 074	570	0	117	2, 761

续表

	SASS	SANCS	SSS	PSS	总计
税金、保险和费用支出	(214)	(197)	(2, 308)	(117)	(2, 836)
利息费用/(收入)	2, 472	392	36, 623	597	40, 084
	118, 579	19, 510	1, 631, 101	28, 132	1, 797, 322
重计量					
财务假定变化精算引起的损失/(收益)	3, 935	715	132, 761	1, 939	139, 350
机会损失/(收益)	7, 295	(96)	(16, 413)	488	(8, 726)
	11, 230	619	116, 348	2, 427	130, 624
缴款					
计划参与人	1, 209	0	346	0	1, 555
	1, 209	0	346	0	1, 555
计划付款					
福利支出	(14, 421)	(2, 381)	(80, 025)	(3, 140)	(99, 967)
	(14, 421)	(2, 381)	(80, 025)	(3, 140)	(99, 967)
期末固定福利债务	116, 597	17, 748	1, 667, 770	27, 419	1, 829, 534
计划资产现值 - 2019					
期初计划资产现值	110, 103	2, 040	55, 510	31, 201	198, 854
	110, 103	2, 040	55, 510	31, 201	198, 854
重计量					
利息费用/(收入)	2, 381	45	1, 680	681	4, 787
财务假定变化精算引起的损失/(收益)	4, 018	(12)	204	3, 912	8, 122
	6, 399	33	1, 884	4, 593	12, 909
缴款					
雇主缴款	522	3, 581	83, 092	0	87, 195
计划参与人缴款	1, 209	0	346	0	1, 555
	1, 731	3, 581	83, 438	0	88, 750
计划付款支出					
福利付款	(14, 421)	(2, 381)	(80, 025)	(3, 140)	(99, 967)
税金、保险和费用支出	(214)	(198)	(2, 308)	(117)	(2, 837)
	(14, 635)	(2, 579)	(82, 333)	(3, 257)	(102, 804)

续表

	SASS	SANCS	SSS	PSS	总计
计划资产期末公允价值	103, 598	3, 075	58, 499	32, 537	197, 709
索赔权利 -2019					
期初索赔权价值	993	16, 020	1, 539, 979	0	1, 556, 992
索赔权预期回报	1, 643	(2, 664)	(48, 149)	0	(49, 170)
精算重计量	7, 212	631	116, 144	(1, 452)	122, 535
计入利得或损失的索赔	(115)	(7)	(27)	(33)	(182)
计入其他综合收益的索赔	(238)	(25)	248	1, 485	1, 470
期末索赔权价值	9, 495	13, 955	1, 608, 195	0	1, 631, 645
净债务调整 -2019					
固定福利债务	116, 597	17, 748	1, 667, 770	27, 419	1, 829, 534
计划资产公允价值	(103, 598)	(3, 075)	(58, 499)	(32, 537)	(197, 709)
净债务	12, 999	14, 673	1, 609, 271	(5, 118)	1, 631, 825
索赔权	9, 495	13, 955	1, 608, 195	0	1, 631, 645
财务状况报表中净债务/(资产) 总计	3, 504	718	1, 076	(5, 118)	180

	SASS	SANCS	SSS	PSS	总计
债务现值 -2018					
期初固定福利债务	125, 408	21, 487	1, 581, 421	29, 443	1, 757, 759
流动服务成本	2, 688	663	613	143	4, 107
税金、保险和费用支出	(351)	(263)	(4, 293)	(143)	(5, 050)
利息费用/(收入)	3, 100	514	40, 713	728	45, 055
	130, 845	22, 401	1, 618, 454	30, 171	1, 801, 871
重计量					
统计假定变化精算引起的损失/(收益)	(958)	(243)	7, 309	0	6, 108
财务假定变化精算引起的损失/(收益)	1, 437	267	50, 763	591	53, 058
机会损失/(收益)	(245)	(905)	(3, 182)	(285)	(4, 617)
	234	(881)	54, 890	306	54, 549
缴款					
计划参与人	1, 436	0	472	0	1, 908
总计	1, 436	0	472	0	1, 908

续表

	SASS	SANCS	SSS	PSS	总计
计划付款					
福利支出	(18, 268)	(2, 775)	(77, 030)	(2, 942)	(101, 015)
	(18, 268)	(2, 775)	(77, 030)	(2, 942)	(101, 015)
期末固定福利债务	114, 247	18, 745	1, 596, 786	27, 535	1, 757, 313
计划资产现值 -2018					
期初计划资产现值	125, 404	(1, 372)	60, 009	34, 842	218, 883
	125, 404	(1, 372)	60, 009	34, 842	218, 883
重计量					
利息费用/(收入)	(1, 219)	23	(418)	866	(748)
财务假定变化精算引起的损失/(收益)	3, 100	(7)	1, 395	(1, 422)	3, 066
	1, 881	16	977	(556)	2, 318
缴款					
雇主缴款	0	6, 434	75, 376	0	81, 810
计划参与人缴款	1, 437	0	471	0	1, 908
	1, 437	6, 434	75, 847	0	83, 718
计划付款支出					
福利付款	(18, 268)	(2, 775)	(77, 030)	(2, 942)	(101, 015)
税金、保险和费用支出	(351)	(263)	(4, 293)	(143)	(5, 050)
	(18, 619)	(3, 038)	(81, 323)	(3, 085)	(106, 065)
计划资产期末公允价值	110, 103	2, 040	55, 510	31, 201	198, 854
索赔权利 -2018					
期初索赔权价值	(2, 733)	22, 217	1, 519, 700	0	1, 539, 184
索赔权预期回报	7, 005	(5, 280)	(33, 630)	0	(31, 905)
精算重计量	(2, 866)	(874)	53, 495	1, 733	51, 488
计入利得或损失的索赔	(18)	31	181	(5)	189
计入其他综合收益的索赔	(395)	(74)	233	(1, 728)	(1, 964)
期末索赔权价值	993	16, 020	1, 539, 979	0	1, 556, 992
净债务调整 -2018					
固定福利债务	114, 247	18, 745	1, 596, 786	27, 535	1, 757, 313

续表

	SASS	SANCS	SSS	PSS	总计
计划资产公允价值	(110, 103)	(2, 040)	(55, 510)	(31, 201)	(198, 854)
净债务	4, 144	16, 705	1, 541, 276	(3, 666)	1, 558, 459
索赔权	993	16, 020	1, 539, 979	0	1, 556, 992
财务状况报表中净债务/(资产) 总计	3, 151	685	1, 297	(3, 666)	1, 467

(e) UniSuper 固定福利分配

大学采用的退休金计划是 UniSuper 固定福利分配（UniSuper），之前称作澳大利亚大学退休金计划（SSAU）。为学术人员的 UniSuper 从 1988 年 3 月 1 日开始运营，为一般员工的 UniSuper 从 1991 年 7 月 1 日运营。

UniSuper 信托契约第 34 条款描述了如果托管人认为 UniSuper 资产足够提供契约规定的应付福利，为要求雇员额外缴款 UniSuper 必须实施的程序（包括雇员告知和通知期限）。在这些情况下，至少要求提前 4 年告知。如果所有雇员同意这一要求，那么成员将不得不缴纳额外基金。如果所有雇员不同意增加缴款，在公平和公正的基础上，托管人将不得不减少成员的应付福利。

如果 UniSuper 成为赤字，大学将不负有对 UniSuper 付款的责任，直到 UniSuper 成员的所有大学（包括悉尼大学）同意对基金额外缴款（additional contribution）。仅以此为前提，大学将对同意的额外缴款负有责任。管理层相信在可预见的未来，不可能要求有额外的缴款。

从历史上看，UniSuper 的盈余被用于改善成员的福利，并没有影响参与雇员缴款的金额。

截至 2019 年 6 月 30 日，总量上 UniSuper 资产在考虑各种储备金后，估计超过既定的福利达到 5, 643, 000 千澳元。在 2018 年 6 月 30 日，UniSuper 总资产估计超出既定福利 3, 785, 000 千澳元。既定的福利是指对延续成员的无条件福利（即退出参加服务情况下的任何因素），包括由固定福利分配提供的调整后物价指数退休金的价值。

截至 2019 年 6 月 30 日，UniSuper 总量资产在考虑各种储备金后，估计超过累计福利 7, 301, 000 千澳元。截至 2018 年 6 月 30 日为 5, 477, 000 千澳元。累计福利以截止报告日由 UniSuper 成员引起的支付给成员的预期未来福利和调整后物价指数退休金的现值计算。

(f) 退休福利义务

大学根据退休金管理公司提供的信息和公式，为 SAS 受托人公司管理的固定福利计划的缴款人提供退休金。这些计划包括国家退休金计划(SSS)、国家机关退休金计划（SASS）以及国家机关非缴款退休金计划(SANCS)。此外，大学对澳大利亚大学退休金计划（SSAU）缴款，该计划是一项备有基金的固定福利计划并提供有一项累计退休金计划（Accumulation Superannuation Plan)。大学也对悉尼大学职业退休金系统缴款。

涉及固定福利退休金计划的资产或负债，在财务状况报表中确认，并以报告日固定福利义务的现值，减去退休金基金资产在报告日的公允价值和任何未确认的过去服务费用后计量。固定福利义务的现值，是基于报告日基金成员引起的预期未来付款，采用设定的单位信用方法，每年由独立的精算师计算。考虑预期的未来工资和薪金水平、应付缴纳税款、员工离职经历以及服务期限。

预期未来付款根据国家政府债券条款的到期日和流动性，尽可能匹配预计的未来现金流出，采用报告日的市场收益率折现。

由于精算假定中的经验调整和变化引起的重估值收益和损失，在其发生期间直接确认计入其他综合收入。该收益和损失被包括在权益变化表(Statement of changes in equity）和财务状况表（Statement of financial position）的留存盈余（retained earnings）中。

过去的服务费用在下列日期之前确认为损益:

(1) 当计划修订或缩减时;

(2) 当主体确认相关的重建费用或离职福利时。

对大学退休金基金的固定缴款部分和其他独立固定缴款的退休金基金的供款，在其支付时确认为一项费用。

由于在 2006 年修订信托契约（UniSuper 信托契约第 34 条)，固定福利计划是为了 AASB 第 119 号“雇员福利”目的的一项缴款基金，基于 UniSuper 的建议，涉及 UniSuper 固定福利退休金计划的一项债务或资产，未在财务状况表中确认。该计划被分类为母体账户中的一项缴款计划。

26. 关联方

(a) 母体

经济实体中的最终母体是悉尼大学。

(b) 受控实体

表 85 所示实体是大学的受控实体。

表 85　　受制实体所有权益

实体名称	主要业务所在地	2019 年 (%)	2018 年 (%)
A14 股份有限公司	新南威尔士　开普顿	100	100
Kolling 合资管理有限公司*	新南威尔士　开普顿	0	100
苏州西苏商业顾问有限公司	中国　苏州	100	100
悉尼学习有限公司**	新南威尔士　开普顿	0	100
悉尼天才有限公司***	新南威尔士　开普顿	0	100
先进工程有限公司沃伦中心	新南威尔士　开普顿	100	100
西米德 IVF 有限公司	新南威尔士　西米德	100	100

注：* 实体于 2019 年 11 月 20 日清算并注销。
** 实体于 2019 年 6 月 8 日清算并注销。
*** 实体于 2019 年 2 月 19 日清算并注销。

(c) 与相关方交易

报告期间发生的关联方交易如表 86 所示。

表 86　　关联方交易　　单位：千澳元

	2019 年	2018 年
受控制实体		
销售商品和服务	178	120
利息收入	46	43
购买商品和服务	2, 497	2, 569
资助和资金支出	165	477
从受控制实体分派	0	(1, 633)

续表

	2019 年	2018 年
关联方和合资企业		
销售商品和服务	8, 561	7, 077
购买商品和服务	18, 050	16, 967
关联方投资	1, 000	1, 000

（d）未清偿余额（见表 87）

表 87　　　　未清偿余额　　　　单位：千澳元

	2019 年	2018 年
受控制实体		
交易和其他应收款项	264	473
应收贷款	1, 288	1, 252
投资受控实体	325	325
交易和其他应付款项	1, 065	1, 027
关联方和合资企业		
交易和其他应收款项	1, 203	338
交易和其他应付款项	163	518

在当年和以前年度，关于任何未清余额的预期信用损失没有增长。来自相关方的相关坏账和呆账（bad or doubtful debts）无任何费用被确认。

（e）未清余额的期限和条件

在财年内，大学与它的相关方的所有交易均为日常业务，并按正常的商业期限和条件进行。

27. 联合运营（见表 88）

表 88　　　　联合运营所有权益/持有投票权

实体名称	关系性质	主要业务地	2019 年（%）	2018 年（%）
美国研究中心*	澳大利亚公共公司，有限担保	新南威尔士　开普顿	50	50

注：*美国研究中心机构禁止对成员分配。

除公司禁止向成员分配以外，大学联合运营的资产、债务、收入和费用的分红，并入财务报表的适当项目下。

28. 用权益法核算的投资

（a）关联机构（Associates）（见表 89）

表 89 **关联机构所有权益**

实体名称	主要业务地	计量方法	2019 年（%）	2018 年（%）
Abercrombie Street Childcare Limited *	新南威尔士 达灵顿	权益法	1	1
Ab initio Pharma Pty Ltd ****	新南威尔士 开普顿	权益法	25	0
Agerris Pty Ltd ****	新南威尔士 悉尼	权益法	26	0
Acumine Pty Limited ***	新南威尔士 伊夫利	权益法	0	25
ANZAC Health and Medical Research Foundation *	新南威尔士 康科德	权益法	18	18
Australian Technology Park Innovations Pty Limited	新南威尔士 伊夫利	权益法	25	25
Glycemic Index Foundation *	新南威尔士 圣伦纳兹	权益法	50	50
Gradient Institute Ltd */****	新南威尔士 悉尼	权益法	20	0
Immune Signatures Pty Ltd	新南威尔士 悉尼	权益法	35	35
Kinoxis Therapeutics Pty Ltd	维多利亚 坎伯威尔	权益法	25	25
Medsaic Pty Limited	新南威尔士 开普顿	权益法	22	22
Nexcan Laboratories Limited ****	新南威尔士 悉尼	权益法	35	0
Nuflora International Pty Limited	新南威尔士 悉尼	权益法	38	38
Praxis Australia Limited *	南澳大利亚 伊斯特伍德	权益法	33	33
Sydney Institute of Marine Science *	新南威尔士 莫斯曼	权益法	25	25
The Transport Research Association for New South Wales (TRANSW)	新南威尔士 悉尼	权益法	26	26

续表

实体名称	主要业务地	计量方法	2019年（%）	2018年（%）
UIIT Pty Ltd	昆士兰　圣卢西亚	权益法	20	20
UIIT Trust No 7 **	昆士兰　圣卢西亚	权益法	100	100
Uniseed Management Pty Ltd	昆士兰　圣卢西亚	权益法	20	20
Westmead Millennium Institute for Medical Research *	新南威尔士 西米德	权益法	33	33

注：* 这些公司为受担保限制的公立公司。这些公司的章程规定禁止给成员分派基金。因此，这些公司的利息以成本计量，不确认大学的净收益和其他综合收入的分红。

** 大学持有 UIIT 信托 7 号 100% 的股权，然而，由于 UIIT 和 Uniseed 管理股东同意，股权持有人证书。

*** 2019 年 2 月 24 日注销。

**** 这些公司于 2019 年成为大学的关联方。

关联方是指大学对其有重大影响但不控制的实体。投资于关联方被母体采用成本法计量，在最初以成本确认后，合并财务报表采用权益法核算。

大学在一个关联方获得损益后的份额在收入表中确认。在储备金中其获得损益后的份额变化在储备中确认。累计的获得后变动调整投资的账面价值。从关联方收到的股息，在母体的收入报表中确认，同时在合并财务中减少投资的账面价值。

在一个关联方中，当经济实体的损失份额等于或超过它在关联方的利益时，包括任何其他无抵押应收账款，大学不确认未来损失，除非它有已发生的义务或对关联方而付款。

（b）联合企业（见表 90）

表 90　　联合企业所有权益

实体名称	主要业务地	计量方法	2019年（%）	2018年（%）
Innowell Pty Limited	维多利亚　南岸	净资产份额法	45	45
NSW Centre for Animal and Plant Biosecurity	新南威尔士　卡姆登	净资产份额法	50	50
University of Sydney Foundation Program Pty Limited	新南威尔士　滑铁卢	净资产份额法	50	50

联合企业是这样一些联合协议，能提供企业协议净资产的权利。合资企业的利益，合并实体采用权益法核算，而母体采用成本法计量。

权益法下，投资最初以成本确认。其账面价值的增加或减少，确认为投资者收益或损失的份额，被投资人在获得之日确认为其他合并收入。如果企业在联合企业的损失份额，相等或超过其在联合企业的利益时，企业中止确认其未来损失的份额。

由某企业与其联合企业之间的交易所引起的该企业在联合企业的收益或损失份额应被抵消。就合并财务报表而言，当该企业与联合企业的会计政策不同时，联合企业的会计政策应做出调整。

29. 持续运营的所得税后净收益与运营活动提供或使用的净现金流的对账（见表 91）

表 91　　持续运营的所得税后净收益与运营活动提供或使用的净现金流

单位：千澳元

	附注	经济实体（合并）		母体（大学）	
		2019 年	2018 年	2019 年	2018 年
持续运营税后净成果		178, 637	171, 127	177, 856	169, 598
折旧和摊销	14/15	284, 747	194, 731	284, 747	194, 731
退休资产冲销		946	3, 265	946	3, 265
处置固定资产（收益）/损失		(221)	12	(221)	12
非现金投资收益		(72, 272)	(27, 948)	(71, 491)	(27, 948)
非现金应收款项减值		8, 043	1, 128	8, 043	1, 128
非现金其他（收入）/支出		(3, 043)	87, 363	(3, 043)	88, 892
存货（增加）/减少		5	581	5	581
应收账款（增加）/减少		(89, 563)	(17, 122)	(89, 563)	(17, 122)
其他资产（增加）/减少		1, 021	(26, 277)	1, 021	(26, 277)
流动性非金融资产（增加）/减少		(5, 745)	(21, 339)	(5, 745)	(21, 339)
应付账款（增加）/减少		52, 514	75, 693	52, 514	75, 693
其他债务（增加）/减少		46, 605	9, 171	46, 605	9, 171
准备金（增加）/减少		115, 870	47, 412	115, 870	47, 412
运营活动提供的净现金		517, 544	497, 797	517, 544	497, 797

财务活动引起的债务调整如表92所示。

表92　　非现金变化　　单位：千澳元

	2019年1月1日	现金流付款	购买/处置	外汇交易变化	公允价值变化	其他	2019年12月31日
长期借款	596, 295	0	0	0	0	1, 243	597, 538
租赁债务	67, 729	(20, 421)	62, 998	0	4, 916	0	115, 222

30. 财务风险管理

目标和政策

大学暴露于各种金融风险之中，包括市场风险、信用风险和流动性风险。坚持聚焦于金融市场不可预见性的风险管理计划，并寻求对大学财务绩效最小化的潜在负面影响。

各种风险的缓解测度被用于管理大学面临的不同类型的风险。

大学已采取由参议院委员会之一的财务和审计委员会（Finance and Audit Committee，FAC）批准的资金管理政策（Treasury Management Policy）。投资风险和政策由财务和审计委员会下设的投资子委员会（Investment Sub-Committee，ISC）监管。利率风险由资产和债务委员会（Asset and Liability Committee）监管。

资金管理政策建立利率、流动性和运营基金管理、外汇兑换、交易方信用、运营风险和流动性过剩投资等管理的政策框架。

与资产管理最佳实践相一致，大学的投资基金被分配以实现风险的多元化。债务投资根据批准的信用限额，基于在投资等级率范围内的信用率，投资于一系列以澳元计量工具。成长资产被投资于各类资产，包括国内和国际资产类别以及上市和非上市的投资。

在管理利率风险中，大学利用衍生金融工具（derivative financial instruments），例如利率掉期（interest rate swaps）对冲现金流风险敞口，关于大学的债务的衍生品仅用于对冲目的，并不用于交易或其他投机工具。

(a) 市场风险

(1) 外汇兑换风险。

大学面临着外汇兑换风险。这是由于持有以外国货币计量的投资，以及用于支付海外供应的银行账户余额所导致。

（2）价格风险。

大学面临着股权证券价格风险。这是由于大学持有的投资（主要是在长期和中期组合中）和在财务状况报表中以公允价值分类计入损益的投资。证券价值变化的影响将被反映为证券公允价值的增加或减少计入净结余。

大学无实质性暴露于商品价格风险。

为管理投资于股权证券的价格风险，大学与外部的专业管理者签订了投资组合管理契约。这些管理者受托进行多样化投资组合的管理。大学的股权投资包括各种资产类型，包括国内和国际的类别以及上市和非上市的投资手段。通过这些管理者管理的基金总量和每位管理者的投资目标，根据 ISC 设定的限额和政策建立。大学还进行定期审查它的战略性资产配置以评估其风险回报率。

大学的上市股权投资全部由外部基金管理者管理。上市股权风险被划分为国内和海外份额。所有的离岸风险均不受对冲，在整体投资组合层面按货币分别管理。

（3）利率风险。

大学的市场利率风险主要涉及大学浮动的银行信用借款（bank facility borrowings）和债券投资（短期货币市场证券）。

根据资金管理政策，大学维持浮动到固定的利率组合。

在适当的时候，大学采用利率掉期对冲浮动利率的银行债务信用（floating rate bank debt facility）导致的借款部分的利率风险。这些利率掉期被指定为现金流量对冲核算关系，见附注 30（e）。

在适当的时候，大学短期的现金和存款组合包括澳大利亚投资级银行持有的短期存款，以及澳大利亚投资级银行持有的计算银行账户中的现金。该短期的现金和存款组合全部以澳元投资。该组合以公允价值分类计入损益，因此，利率变化的影响将体现净结余的增加或减少。

（4）总体敏感度分析。

表 93 概括了大学金融资产和债务对利率风险、外汇变化风险和其他价格风险的敏感度。

表 93　　金融资产和债务对利率风险、外汇变化风险和其他价格风险的敏感度

经济实体（合并）

2019 年 12 月 31 日	2019 年账面金额	利率风险				外汇变化风险				其他价格风险			
		-10%		+10%		-10%		+10%		-10%		+10%	
		结果	股权	结果	股权	结果	股权	结果	股权	结果	股权	结果	股权
金融资产													
现金和现金等价物	565, 169	0	0	0	0	1, 354	0	(1, 139)	0	0	0	0	0
计入利得或损失的金融资产公允价值	1, 694, 911	906	0	(827)	0	38, 127		(31, 195)	0	(156, 892)	0	155, 808	0
小计		906	0	(827)	0	39, 481		(32, 334)	0	(156, 892)	0	155, 808	0
金融负债													0
贷款	600, 000	0	0	0	0	0	0	0	0	0	0	0	0
递延金融工具	601	0	0	0	0	0	0	0	0	0	0	0	0
增加/(减少) 总计		906	0	(827)	0	39, 481	0	(32, 334)	0	(156, 892)	0	155, 808	0

2018 年 12 月 31 日	2018 年账面金额	其他价格风险				其他价格风险				其他价格风险			
		-10%		+10%		-10%		+10%		-10%		+10%	
		结果	股权	结果	股权	结果	股权	结果	股权	结果	股权	结果	
金融资产													
现金和现金等价物	534, 165	0	0	0	0	3, 859	0	(3, 158)	0	0	0	0	0
计入利得或损失的金融资产公允价值	1, 526, 697	(2, 365)	0	69	0	36, 730	0	(30, 052)	0	(145, 988)	0	141, 077	0
小计		(2, 365)	0	69	0	40, 589	0	(33, 210)	0	(145, 988)	0	141, 077	0
金融负债													
贷款	600, 000	0	0	0	0	0	0	0	0	0	0	0	0
递延金融工具	9, 925	0	0	0	0	0	0	0	0	0	0	0	0
增加/(减少) 总计		(2, 365)	0	69	0	40, 589	0	(33, 210)	0	(145, 988)	0	141, 077	0

（b）信用风险

信用风险是指交易方违约合同责任导致大学的财务损失。

债务组合的信用风险敞口，受交易方限额控制，该限额由投资子委员会审查和批准。关于递延的政府退休金缴款的信用风险在附注 12 中讨论。对于任何单一的交易方或有相似特征的任何交易方群体而言，大学并无任何重大的信用风险敞口。流动资金信用风险被限制，是因为交易方是拥有由国际信用率机构指定的投资级长期信用率的银行。

在每个报告期，采用准备金模型进行减值分析，以评估预期信用损失。因此，记录于财务状况报表中的财务资产账面价值代表着大学的最大信用风险敞口。

（c）流动性风险

流动性风险是指当财务责任到期时大学不能满足财务责任的风险。大学管理流动性的方法，是当到期时大学尽可能确保它总有充足的流动性满足其责任，在通常和压力情况下，没有发生不可接受的损失或风险，从而破坏大学的声誉。

大学从联邦政府定期收到付款，这是构成大学收入的重要组成部分，收到之前日期和金额已知。同样，大学的主要支出在支付到期日之前，也是数量和日期已知。短期现金和存款投资组合，被用作任何时候收入流和支出流失衡时的流动性缓冲（liquidity buffer）。

此外，大学保有信用披露在附注 30（d）中。大学有适当的每日现金流预测和审查程序以管理其流动性风险。表 94 细化了大学 2019 年 12 月 31 日和 2018 年 12 月 31 日的到期日组合。

表 94　　2019 年 12 月 31 日和 2018 年 12 月 31 日流动性风险　　单位：千澳元

	少于 1 年	1 至 5 年	超过 5 年	合约现金流总计	账面金额
2019 年 12 月 31 日					
金融负债					
其他流动负债	119, 641	0	0	119, 641	119, 641
债权人	29, 516	0	0	29, 516	29, 519
贷款	0	200, 000	400, 000	600, 000	597, 538

续表

	少于1年	1至5年	超过5年	合约现金流总计	账面金额
衍生金融工具	601	0	0	601	601
租赁债务	14, 690	52, 814	86, 082	153, 586	115, 222
金融负债总计	164, 448	252, 814	486, 082	903, 344	862, 518
2018年12月31日					
金融负债					
其他流动负债	138, 385	0	0	138, 385	138, 385
债权人	45, 239	0	0	45, 239	45, 239
贷款	0	200, 000	400, 000	600, 000	596, 295
衍生金融工具	9, 925	0	0	9, 925	9, 925
金融负债总计	193, 549	200, 000	400, 000	793, 549	789, 844

(d) 财务信用和余额

大学有未担保的银行信用便利 (credit facility) 额度 200, 000 千澳元，在 2019 年 12 月 31 日和 2018 年 12 月 31 日未动用。

大学获得一项未担保透支便利 (overdraft facility) 25, 000 千澳元，在 2019 年 12 月 31 日未使用，利息按国家澳大利亚银行基本借贷指数率作为应付账款。

还有一项 18, 035 千澳元的信用卡便利，在 2019 年 12 月 31 日有 829 千澳元未使用；并且有一封额度 100 千澳元的信用证便利，2019 年未使用。大学也还获得 20, 000 千澳元的银行担保便利，2019 年使用了 12, 450 千澳元。

(e) 衍生品

在资产负债表日，大学未提取任何可变利率无抵押信用额度，因此，没有可变利率风险。大学在 2019 年 12 月 31 日无可变的固定利率掉期合同。

有大学政策保护总借贷免受利率风险，因此，当或如果大学提取它的可变利率信用额度，大学可能签订利率掉期合同，按可变利率收到利息并按固定利率支付。

合同通常要求每 90 天清偿将应收和应付利息净额。清偿日期与待清偿债务应付利息日期相一致。合同按净额清偿。

衍生品最初以公允价值在衍生品合同签订之日确认，随后重新计量其公允价值。确认结余损益的方法，取决于衍生品是否被指定为一个对冲工具，如果是，则对冲作为项目的性质。

衍生品公允价值被指定并合适作为现金流对冲的有效变化部分，在其他综合收入中确认。关于无效部分的相关的损益，立即在收入报表中的其他收入或其他费用中确认。

当对冲项目影响损益时（例如，当预期销售被对冲替代）在其他综合收入中确认的金额，从股权分类中作为重分类计入期间损益调整（profit or loss as a reclassification adjustment in the periods）。关于与对冲可变利率借款的利率掉期的有效部分的损益，在收入报表中的“借款费用”（Borrowing costs）中确认。

当对冲工具到期或被出售或终止，或当对冲不再满足对冲会计的标准，那么任何已在其他综合收益中确认的有效对冲的期间累计收益，仍将分别保留在股权中，直到预期交易发生。当预期交易预期不再发生时，在其他综合收入中确认的累计收益，则被重分类作为重分类调整计入损益。

不符合对冲会计的衍生品：

某些衍生品工具不符合对冲会计。不符合对冲会计的任何衍生品的公允价值变动，在收入报表中立即确认，计入其他收入或其他费用。

31. 公允价值计量

（a）公允价值计量

金融资产和金融负债的公允价值，为了确认、计量或披露的目的，必须被评估。

由于流动性应收账款的短期属性，其账面价值近似于公允价值。且基于信用历史基础，既未过期无须偿付，也不会减损的应收账款，预计将在到期时收回。同样，由于流动应付账款的短期属性，其账面价值被认为近似于公允价值。

金融负债的账面价值与公允价值总额，在资产负债表日差异的唯一余额，就是借款，如附注 18 中披露。

在循环的基础上，大学计量和确认下列资产和负债的公允价值。

- 金融资产公允价值计入损益。
- 商业资产和基础设施。
- 继承资产。
- 牲畜。
- 借款。
- 衍生金融工具。

(b) 公允价值等级

基于用于计量输入水平（level of inputs），大学将采用公允价值计量的资产和负债分作一个等级。

1 级：同一资产或负债在活跃市场中的报价（未调整）;

2 级：直接或间接的可观察的获得资产或负债，不包括 1 级水平中的报价;

3 级：获得资产或负债，并不基于可观察的市场数据（无法观察的获得）;

(1) 公允价值计量确认。

在 2019 年 12 月 31 日，公允价值计量分为以下等级，如表 95 所示。

表 95　公允价值计量等级　单位：千澳元

	附注	2019 年	第一级	第二级	第三级
采用公允价值计量					
以公允价值计入利得和损失的金融资产					
上市公司证券	13	287, 038	287, 038	0	0
可转换票据	13	4, 782	4, 600	182	0
管理基金	13	1, 285, 234	0	1, 285, 234	0
非上市公司证券	13	42, 348	0	0	42, 348
浮动利率票据	13	75, 509	0	73, 506	2, 003
公允价值计入利得或损失的金融资产总计		1, 694, 911	291, 638	1, 358, 922	44, 351
非金融资产					
土地和建筑物	14	671, 766	0	274, 959	396, 806
遗产资产	14	260, 215	0	240, 487	19, 727

续表

	附注	2019年	第一级	第二级	第三级
牲畜	16	3, 202	0	3, 202	0
非金融资产总计		935, 183	0	518, 648	416, 533
金融负债					
贷款	18	681, 906	0	681, 906	0
衍生金融工具		601	0	601	0
负债总计		682, 507	0	682, 507	0

	附注	2018年	第一级	第二级	第三级
采用公允价值计量					
以公允价值计入利得和损失的金融资产					
上市公司证券	13	240, 387	240, 387	0	0
可转换票据	13	4, 357	4, 175	183	
管理基金	13	1, 183, 835	0	1, 183, 835	0
非上市公司证券	13	25, 290	0	0	25, 290
浮动利率票据	13	69, 126	0	69, 126	0
远期和期货	13	3, 702	3, 086	616	0
公允价值计入利得或损失的金融资产总计		1, 526, 697	247, 648	1, 253, 760	25, 290
非金融资产					
土地和建筑物	14	588, 908	0	260, 769	328, 138
遗产资产	14	245, 827	0	231, 531	14, 296
牲畜	16	4, 224	0	4, 224	0
非金融资产总计		838, 959	0	496, 524	342, 434
金融负债					
贷款	18	629, 842	0	629, 842	0
衍生金融工具		9, 925	0	9, 925	0
负债总计		639, 767	0	639, 767	0

年内循环公允价值计量并无1级与2级间的转移。3级间的转入和转出计量见下面（d）部分。大学的政策是在报告期末确认公允价值等级之间的转入和转出。

（2）披露公允价值。

在活跃市场中交易的资产或负债的公允价值，是基于资产负债表日同一资产或负债（identical assets or liabilities）的市场报价（1级）。在这种情况下，大学持有资产的市场报价最能代表公允价值。

由于短期属性，交易应收账款和应付账款的账面价值减去减值准备，是可以接受的近似公允价值。金融负债公允价值披露的目的，是根据流动市场利率估计折现的未来合约现金流，大学可将该流动市场利率用于类似的金融工具（3级）。

在适当的情况下，在附注18中披露的非流动借款的公允价值，用于流动市场利率的折现未来合同现金流估计，大学可将该流动市场利率用于类似的金融工具。

为交易而持有的衍生合约，通过比较相同持有期至到期日合同的合同利率与流动市场利率进行调整。

（c）用于得出2级和3级公允价值的估计技术

（1）循环公允价值计量。

不在活跃市场交易的金融工具，例如场外衍生品（over - the - counter derivatives），其公允价值采用估计技术确定。这些估计技术尽量采用可观察的市场数据，这些数据是可得到的并且尽可能不依赖于某一主体的估计。如果要求公允估计一个工具的所有重要信息是可观察的，那么该工具被划分在2级中。

如果一个或多个重要信息并不基于可观察的市场数据，该工具被划分在3级中。这是关于非上市股权证券的例子。

大学采用多元的方法并做出基于每一个资产负债表日已有市场条件的假设。用于估值金融工具的具体估值技术包括：

- 采用市场报价或类似工具的交易报价；
- 基于可观察的收益率曲线，将利率掉期的公允价值计算为预计未来现金流的现值；
- 采用资产负债表日远期汇率所决定的远期外汇交易合同的公允价值；
- 其他技术，比如折现的现金流分析，用于决定持有的金融工具的公允价值。

利率掉期的公允价值被计算为预计未来现金流的现值。远期外汇合约的公允价值由采用报告日的远期外汇市场利率的方法决定。公允价值等级水平根据最低水平的信息获得决定，该信息获得对于它整体的公允价值计量是重要的。

在评估公允价值过程中，大学考虑市场参与者使用资产最高和最好的行为能力。

除了附注 31（d）中说明的非上市证券、继承资产、商业建筑物和商业基础设施，所有公允价值评估的结果被列为 2 级。

继承资产以及商业土地和建筑物（分类为财产、厂房和设备）至少每 5 年需要被分别估值。每一个报告期末，大学更新每类资产的公允价值评估，并考虑最新的独立估值。大学在合理的公允价值评估范围内决定资产的价值。

公允价值的最好证据就是在一个活跃市场中相似资产的当前价格。如果这些信息不可获得，大学则考虑其他各种资源的信息，包括：

- 不同属性资产在活跃市场中的当前价格，或相似资产在次活跃市场中的最近价格，通过调整反映这些差异；
- 基于可靠的未来现金流估计，折现的现金流预测；
- 基于财产估计的净市场收入和源自市场证据分析的资本化率，资本化的收入预测。

对于商业土地的所有最终公允价值预计被列为 2 级，而继承资产以及商业建筑物和基础设施在 2 级与 3 级之间进行分割。

（2）非循环公允价值计量。

在报告期为销售而持有的土地和非流动资产（或处置资产组）类别，以他们的账面价值与公允价值减去在重分类时的出售成本两者之间较低者计量。土地的公允价值也采用上述（i）描述的销售比较方法确定。

（d）采用重要的不可观察的信息计量公允价值（3 级）

表 96 是 2019 年 12 月 31 日和 2018 年 12 月 31 日期间 3 级水平项目的调整。

表 96　　3 级水平项目的调整　　单位：千澳元

	商业资产	非上市证券	遗产资产	总计
第三级公允价值计量 2019 年				
2019 年 1 月 1 日余额	328, 138	25, 290	14, 296	367, 724
从 WIP 转移	67, 040	0	0	67, 040
确认计入利得或损失	0	17, 058	5, 431	22, 489
确认计入其他综合收益	1, 628	0	0	1, 628
2019 年 12 月 31 日余额	396, 806	42, 348	19, 727	458, 881
第三级公允价值计量 2018 年				
2018 年 1 月 1 日余额	192, 193	18, 509	17, 595	228, 297
从第二级转移—土地	85, 320	0	0	85, 320
从第二级转移—建筑物	54, 641	0	0	54, 641
从第三级转出	(4, 111)	0	0	(4, 111)
从 WIP 转移	3, 711	0	0	3, 711
在利得或损失中确认*	0	6, 781	0	6, 781
在其他综合收益中确认	(3, 616)	0	(3, 299)	(6, 915)
2018 年 12 月 31 日余额	328, 138	25, 290	14, 296	367, 724

注：* 重要影响公允价值的不可观察信息之间，无重大相互关系。

表 97 概括了关于重要的不可观察到的用于 3 级公允价值计量的数量信息。参见以上采用的估值技术。

表 97　　不可观察到的用于 3 级公允价值计量的数量信息

类型	2019 年 12 月 31 日公允价值（千澳元）	不可观察输入	输入范围（加权平均概率）	不可观察收入与公允价值的关系
股份——非上市	42, 348	折旧率	30%	折旧率越高，公允价值越低
商业建筑物和基础设施	396, 806	剩余使用期限	1～100 年	每项资产的剩余寿命每增加/(减少) 1 年，将导致总公允价值增加 4. 45%/(减少 5. 29%)
遗产资产	19, 727	每项平均价值	5%	平均成本增加 5%，将导致遗产资产公允价值增加 986 千澳元
总计	458, 881			

32. 资产负债表日后发生的事项

COVID－19

COVID－19 的暴发预期对大学 2020 年的财务绩效和流动性均有影响。当完成 2019 年财务报表时，大学尚无法完全评估影响其严重性。有许多因素对此起作用：

- 2020 年度不能参加或选择不参加注册课程的学生数量确定时，有固有的不确定性；
- 政府对来自中国等疫情地区旅游限制的状况；
- 通过未对中国大陆等疫情地区实行旅行禁令的管辖区前往澳大利亚，以及在中国等疫情地区之外停留 14 天后可到达本地的学生的程度；
- 课程资源能在线发送给那些不能到澳大利亚游学的学生的程度；
- 推迟到 2020 年 3 月 31 日开学，并由大学提供能影响学生身体上开始学习的程度。

大学已实施了许多旨在限制一系列自由裁量支出的管理措施。随着问题的严重性越来越明显，大学有一系列可用的其他选择，旨在进一步减少自由裁量开支，并增强流动性。

除了以上披露外，自财年末起，尚未有其他影响或可能后续影响到大学及其附属机构财务情况的事项或情况发生。

其他会计政策

（a）新会计准则和 AASB 解释仍未发布

AASB 第 1059 号——服务特许权安排：授予人。

该准则解决公共部门实体授予人的服务特许安排。AASB 第 1059 条规定了这些安排的运营者会计，以及关于确认服务特许权资产的原则。当应用于未来的期间时，预期并不会对大学的财务状况和绩效产生重大影响。

这些准则在 2020 年 1 月 1 日以后应用于年报。

（b）开始采用澳大利亚会计准则

AASB 第 15 条“客户合同收入”和 AASB 第 1058 条“非营利组织收入”。

根据应用每个准则的过渡条款，大学采用 AASB 第 15 条和 AASB 第 1058 条。采用这些新会计准则带来的变化的性质和影响，被描述如下。

AASB 第 15 条和 AASB 第 1058 条

大学采用 AASB 第 15 条和 AASB 第 1058 条对过渡期进行追溯调整，从 2019 年 1 月 1 日最先开始采用。根据这一过渡方法规定，大学确认采用这些新准则的累计影响，作为在最初应用日期公开留存收益的一项调整。因此，列示的对比信息并未重述，仍按原收益和收入准则继续报告。此外，大学还应用了实际权宜之计，选择将这些追溯的准则仅仅应用于在最初使用之日尚未完成的合同和交易中。

分别根据 AASB 第 15 条和 AASB 第 1058 条，在附注中提供了新的收益和其他收入会计政策。为了披露对比期间收益的会计政策披露如下：

大学确认源自澳大利亚政府主体的公开资助，包括联邦资助、高等教育缴款计划（Higher Education Contribution Scheme，HECS - HELP）联邦支付、高等教育贷款计划（Higher Education Loan Program）学生支付，以及源自新南威尔士政府的资助。当大学获得这些资助的控制权，其经济利益很可能流入大学，而且能被可靠的计量时，大学确认为收入。

学费在相应学期确认为收入，提供服务的收入在其服务提供的期间，根据服务完成的阶段确认。

运营租赁的租赁收入采用直线法基础在租赁期内确认。

咨询和合同收入在服务提供期，根据服务完成的阶段确认。

其他收入按取得时计量，当货物和服务被提供，或当相关的遗赠和捐赠收到时予以确认。

根据新的收入准则，大学将首先决定是否有强制性的协议存在，以及向客户转移商品或服务的承诺是否“足够具体”（sufficiently specific）。

如果有强制性的协议存在，承诺“足够具体”，大学应用 AASB 第 15 号原则决定适当的收入确认。如果不能满足这些标准，大学将考虑是否采用 AASB 的第 1058 条。

对于采用 AASB 第 15 条和 AASB 第 1058 条导致的变化的性质和影响，参见附注 12 和附注 17。

表 98 列示的是截至 2019 年 12 月 31 日以及该年度由于执行 AASB 第 15 条和 AASB 第 1058 条导致的财务报表项目受影响的金额。采用 AASB 第 15

条和 AASB 第 1058 条并没有对综合收入或大学的运营、投资和财务现金流量产生重大影响。

第一部分显示根据 AASB 第 15 条和 AASB 第 1058 条编制的金额，第二部分显示如果不采用 AASB 第 15 条和 AASBA 第 1058 条情况下被报告的金额。

表 98　　执行 AASB 第 15 条和第 1058 条后财务报表的变化　　单位：千澳元

截至 2019 年 12 月 31 日年度收入表

	经济实体（合并）			母体（大学）		
	AASB15/AASB1058	AAS 之前	增/(减)	AASB15/AASB1058	AAS 之前	增/(减)
持续运营收益						
澳大利亚政府财务援助						
澳大利亚政府资助	683, 397	724, 412	(41, 015)	683, 397	724, 412	(41, 015)
HELP 澳大利亚政府付款	257, 397	257, 397	0	257, 397	257, 397	0
州和地方政府财务援助	33, 012	46, 145	(13, 133)	33, 012	46, 145	(13, 133)
费用和收费	1, 224, 168	1, 224, 168	0	1, 224, 168	1, 224, 168	0
HECS－HELP 学生付款	33, 076	33, 076	0	33, 076	33, 076	0
投资收入	119, 449	119, 449	0	119, 449	119, 449	0
咨询与合约	111, 250	144, 000	(32, 750)	111, 250	144, 000	(32, 750)
版权、商标和许可	6, 945	6, 953	(8)	6, 945	6, 953	(8)
其他收入	177, 389	166, 272	11, 117	177, 389	166, 272	11, 117
持续运营收入总计	2, 646, 083	2, 721, 872	(75, 789)	2, 646, 083	2, 721, 872	(75, 789)
资产处置收益/(损失)	221	221	0	221	221	0
权益法核算投资利得/(损失）份额	781	781	0	0	0	0
其他投资收益	94, 016	94, 016	0	94, 016	94, 016	0
持续运营收益总计	2, 741, 101	2, 816, 890	(75, 789)	2, 740, 320	2, 816, 109	(75, 789)
持续运营支出						
雇员相关支出	(1, 435, 212)	(1, 435, 266)	(54)	(1, 435, 212)	(1, 435, 266)	(54)
折旧和摊销	(284, 747)	(284, 747)	0	(284, 747)	(284, 747)	0
修理和维护	(58, 454)	(58, 454)	0	(58, 454)	(58, 454)	0
贷款费用	(32, 168)	(32, 168)	0	(32, 168)	(32, 168)	0
资产减值	(8, 043)	(8, 043)	0	(8, 043)	(8, 043)	0

续表

截至2019年12月31日年度收入表	经济实体（合并）			母体（大学）		
	AASB15/AASB1058	AAS之前	增/(减)	AASB15/AASB1058	AAS之前	增/(减)
资助和奖学金支出	(116,772)	(118,709)	(1,937)	(116,772)	(118,709)	(1,937)
咨询和合约	(166,696)	(166,703)	(7)	(166,696)	(166,703)	(7)
教学和研究资助	(127,232)	(132,003)	(4,771)	(127,232)	(132,003)	(4,771)
其他支出	(333,140)	(333,158)	(18)	(333,140)	(333,158)	(18)
持续运营支出总计	(2,562,464)	(2,569,251)	(6,787)	(2,562,464)	(2,569,251)	(6,787)
所得税前净成果	178,637	247,639	(69,002)	177,856	246,858	(69,002)
所得税费用	0	0	0	0	0	0
税后净成果	178,637	247,639	(69,002)	177,856	246,858	(69,002)
归于大学成员的净成果	178,637	247,639	(69,002)	177,856	246,858	(69,002)
截至2019年12月31日财务状况表						
资产						
合约资产	199	0	199	199	0	199
资产总计	199	0	199	199	0	199
负债						
合约负债	249,339	0	249,339	249,339	0	249,339
负债总计	249,339	0	249,339	249,339	0	249,339
权益						
留存收益	3,546,448	3,795,588	(249,140)	3,541,688	3,790,828	(249,140)
总权益	3,546,448	3,795,588	(249,140)	3,541,688	3,790,828	(249,140)

在1月1日调整的性质，以及在2019年12月31日财务状况表和2019年12月31日年度收入报表发生重大变化的原因描述如下：

- 在2019年1月1日开始实施时，大学确认一项递延合同债务179,085千澳元，一项金融债务1,837千澳元，一项合同资产41千澳元，一项留存收益的抵消费用180,881千澳元。这些是根据之前会计准则已经确认的收益价值，也是尚未满足条件的对客户未履行的义务。

- 截至2019年12月31日的12个月内，大学确认了一项70,254千澳元的未来递延合同债务，金融债务减少1,096千澳元，合约资产增加158千澳元，大大增加了额外未满足的履行义务。

• 截至 2019 年 12 月 31 日，递延合同债务总额为 249,339 千澳元，这是那些履行义务已经部分满足的合同的收入价值。金融负债为 742 千澳元，合同资产为 199 千澳元，代表着合同已经完成，收入已经确认，满足合同履行义务所发生的支出价值。

(c) 开始采用澳大利亚会计准则 AASB 第 16 号“租赁”

AASB 第 16 条取代 AASB 第 117 条“租赁”。AASB 第 16 条于 2019 年 1 月 1 日起生效。

AASB 要求一个租赁确认为一项租赁债务，表示它对于未来租赁付款的义务；同时确认为一项使用权资产，表示在租赁期使用相关标的资产的权利。租赁债务最初以租赁期未来租赁付款的现值计量。这包括依赖于指数或利率的可变租赁付款，但不包括其他可变的租赁款项。使用权资产包括租赁付款、初始直接成本、修复成本和在开始租赁日之前发生的租赁付款。除非标的资产低于价值，租赁被要求确认为使用权资产，对于超过 12 个月租赁期的所有租赁确认为租赁债务。租赁将被要求分别确认租赁债务的利息支出和使用权资产的折旧，而不是确认为一项运营租赁支出。关于 AASB 第 16 号的应用：

• 租赁付款需要在利息和主要成分间进行分割。

• 关于租赁利息的租赁付款应在运营活动和融资活动现金流量表中重新分类。

• 租赁支出将在收入表中的运营支出与融资成本和摊销间重新分类。

大学对交易采用追溯调整法（modified retrospective approach）并确认采用新准则的累计影响，在开始采用之日调整运营的留存收益。因此，列示的对比信息并未被重述，并继续根据之前的 AASB 第 117 号租赁准则和 AASB 解释第 4 号决定一个协议是否包括一项租赁予以报告。根据 AASB 第 16 号租赁的新会计政策在附注 14 和附注 18 中提供。

当自开始应用之日起，剩余租赁期为 12 个月或更少，或者资产的初始成本不足 10,000 澳元时，大学可以应用豁免，不必确认使用权资产和租赁债务。

大学对于在财务状况表中确认的开始使用 4.45% 利率的租赁债务，采用简单加权平均的增量借款利率。

为披露对比期间经营租赁和租赁支出适用的会计政策，列示如下：

大学在经营租赁中租赁不同类型的厂房和设备。在这些协议中，出租人承担着所有权的大部分风险和报酬。租赁的付款（减去从出租人那里获得的奖励）在租赁期内，采用直线法基础计入收益报表。根据评估大学相关资产的所有权的所有风险和所属报酬是否发生实质性转移，大学之前将租赁分为经营租赁和融资租赁。

采用 AASB 第 117 号承诺之前披露的运营租赁，与根据 2019 年 1 月 1 日 AASB 第 16 号确认的租赁债务价值之间的差异，被解释如表 99 所示。

表 99　　调整前后的差异　　单位：千澳元

	合并和母体（2019 年 1 月 1 日）
截至 2018 年 12 月 31 日运营租赁承诺	117, 810
减：GST 总额	(10, 710)
减：低值资产采用直线基础确认支出	(7, 216)
减：调整在 2019 年 1 月 1 日未开始的租赁承诺	(24, 848)
减：折扣采用大学加权平均增量借款率 4.45%	(11, 566)
加：其他调整	4, 259
截至 2019 年 1 月 1 日租赁债务价值	67, 729

（d）私营部门参与提供学生宿舍

悉尼大学签订有一项协议，长期租赁位于卡里隆大街的土地——新城，一项学生大学村（student university village，SUV）项目已经建成并由参与私营部门运营中。这个 650 床位的 SUV 于 2003 年开业。根据项目契约的条款，住所所有权于 2043 年总体归还给大学。在资产负债表日，该项资产的新增份额并不重要。

33. 清偿澳大利亚政府财务援助

（a）教育—CGS 和其他教育资助（见表 100）

表 100 教育—CGS 和其他教育资助

单位：千澳元

	附注	联邦资助计划①		本土学生成功项目		高等教育合作与参与项目		残疾人绩效基金②		促进教学卓越资助	
		2019 年	2018 年	2019 年	2018 年	2019 年	2018 年	2019 年	2018 年	2019 年	2018 年
仅母体（大学）											
在报告期收到/(归还）的财务援助现金		306,937	306,096	2,089	1,965	2,574	(3,404)	361	229	0	0
权责发生制调整净额		(1,239)	0	0	0	0	0	0	0	0	0
本期收入	3（a）	305,698	306,096	2,089	1,965	2,574	(3,404)	361	229	0	0
之前年度盈余/(赤字)		0	0	85	79	3,036	8,559	(610)	(343)	0	1,477
收入总计（包括应计收入）		305,698	306,096	2,174	2,044	5,610	5,155	(249)	(114)	0	1,477
减支出（包括应计支出）		(305,698)	(306,096)	(2,068)	(1,959)	(2,583)	(2,119)	(1,016)	(496)	0	(1,477)
报告期盈余/(赤字)		0	0	106	85	3,027	3,036	(1,265)	(610)	0	0

	附注	澳大利亚数学科学合作项目		总计	
		2019 年	2018 年	2019 年	2018 年
仅母体（大学）					
在报告期收到/(归还）的财务援助现金		0	(10)	311,961	304,876
权责发生制调整净额		0	0	(1,239)	0
本期收入	3（a）	0	(10)	310,722	304,876
之前年度盈余/(赤字)		0	0	2,511	9,772
收入总计（包括应计收入）		0	(10)	313,233	314,648
减支出（包括应计支出）		0	10	(311,365)	(312,137)
报告期盈余/(赤字)		0	0	1,868	2,511

注：①包括基本的 CGS 资助金额、CGS—启动贷款、CGS—医学学生贷款、地点配置，以及非指定课程。
②残疾绩效基金包括对残疾学生的额外支持。

（b）高等教育贷款项目（不包括 OS—HELP）（见表 101）

表 101 **高等教育贷款项目（不包括 OS—HELP）** 单位：千澳元

	附注	联邦资助计划①		本土学生成功项目		高等教育合作与参与项目		总计	
		2019 年	2018 年	2019 年	2018 年	2019 年	2018 年	2019 年	2018 年
仅母体（大学）									
年初现金应付/(收）账款		1, 487	（115）	234	（294）	34	（58）	1, 755	（467）
报告期收到现金财务援助		184, 169	182, 301	68, 963	72, 625	4, 080	4, 197	257, 212	259, 123
本期可用现金		185, 656	182, 186	69, 197	72, 331	4, 114	4, 139	258, 967	258, 656
销售收入	3（b）	（183, 538）	（180, 699）	（69, 830）	（72, 097）	（4, 029）	（4, 105）	（257, 397）	（256, 901）
年末应付/(应收）现金		2, 118	1, 487	（633）	234	85	34	1, 570	1, 755

注：①同上表注。

（c）教育和培训研究部（见表 102）

表 102 **教育和培训研究部** 单位：千澳元

	附注	研究培训项目		研究支持项目		总计	
		2019 年	2018 年	2019 年	2018 年	2019 年	2018 年
仅母体（大学）							
年初现金应付/(收）账款		95, 921	97, 660	84, 049	88, 150	179, 970	185, 810
本期收益	3（a）	95, 921	97, 660	84, 049	88, 150	179, 970	185, 810
之前年度盈余		0	832	0	0	0	832
总收入，包括应计收入		95, 921	98, 492	84, 049	88, 150	179, 970	186, 642
减：支出，包括应计支出		（95, 921）	（98, 492）	（84, 049）	（88, 150）	（179, 970）	（186, 642）
报告期盈余		0	0	0	0	0	0

（d）高等教育提供者研究培训项目支出总计（见表 103）

表 103 **高等教育提供者研究培训项目支出总计** 单位：千澳元

	总计	
	国内学生	海外学生
仅母体（大学）	2019 年	2018 年
研究培训项目费用补偿	69, 465	2, 283
研究培训项目薪金	22, 088	2, 060
研究培训项目津贴	7	18
所有支持类型总计	91, 560	4, 361

（e）澳大利亚研究委员会资助（见表 104）

表 104 **澳大利亚研究委员会资助** 单位：千澳元

	附注	发现		联合		联合基础设施		网络和中心		ARC 其他计划		总计	
		2019 年	2018 年	2019 年	2018 年	2019 年	2018 年	2019 年	2018 年	2019 年	2018 年	2019 年	2018 年
仅母体（大学）													
在报告期收到的财务援助现金		38, 233	36, 265	6, 683	7, 836	1, 543	1, 701	0	0	233	0	46, 692	45, 802
权责发生制调整净额		(6, 521)	0	(772)	0	(1, 411)	0	0	0	(233)	0	(8, 937)	0
本期收入	3 (a)	31, 712	36, 265	5, 911	7, 836	132	1, 701	0	0	0	0	37, 755	45, 802
之前年度盈余/(赤字)		(15, 107)	(9, 507)	9, 596	10, 521	(474)	2, 638	0	(7, 886)	0	0	(5, 985)	(4, 234)
收入总计（包括应计收入）		16, 605	26, 758	15, 507	18, 357	(342)	4, 339	0	(7, 886)	0	0	31, 770	41, 568
减支出（包括应计支出）		(42, 835)	(41, 865)	(5, 903)	(8, 761)	(1, 462)	(4, 813)	0	7, 886	0	0	(50, 200)	(47, 553)
报告期盈余/(赤字)		(26, 230)	(15, 107)	9, 604	9, 596	(1, 804)	(474)	0	0	0	0	(18, 430)	(5, 985)

（f）OS—HELP（见表 105）

表 105 **OS—HELP** 单位：千澳元

	2019 年	2018 年
仅母体		
报告期收到现金	5, 037	5, 744
报告期现金支出	（5, 154）	（4, 507）
收到（归还）现金净额	（117）	（1, 237）
以前年度现金盈余	2, 929	1, 692
报告期现金盈余	2, 812	2, 929

（g）高等教育退休金项目（见表 106）

表 106 **高等教育退休金项目** 单位：千澳元

	2019 年	2018 年
仅母体		
报告期收到现金	82, 734	77, 876
现有雇员的大学缴款	4, 461	3, 934
可用现金	87, 195	81, 810
以前年度现金盈余/（赤字）	0	0
本期可用现金	87, 195	81, 810
特定固定福利基金缴款	（87, 195）	（81, 810）
报告期现金盈余	0	0

（h）学生服务和设施费用（见表 107）

表 107 **学生服务和设施费用** 单位：千澳元

	2019 年	2018 年
仅母体		
以前年度节余/（超支）	34	（58）
SA—HELP 所得收益	4, 028	4, 105
直接源自学生的学生服务费	13, 215	12, 117
本期可支出收入总计	17, 277	16, 141
本期学生服务支出	（17, 363）	（16, 130）
学生服务收入节余/（超支）	（86）	34

首席财务官　韦恩·安德鲁斯（Wayne Andrews）

经审计的财务报表结尾

由新南威尔士审计办公室审计

第七章

高校财务报告信息公开未来展望及对策建议

准确定位和把握市场在资源配置中起决定性作用和更好发挥政府作用，必须正确认识市场与政府作用的关系。政府和市场的关系是我国经济体制改革的核心问题。党的十八届三中全会将市场在资源配置中起基础性作用修改为起决定性作用，虽然只有两字之差，但对市场作用是一个全新的定位，“决定性作用”和“基础性作用”这两个定位是前后衔接、继承发展的。使市场在资源配置中起决定性作用和更好发挥政府作用，二者是有机统一的，不是相互否定的，不能把二者割裂开来、对立起来，既不能用市场在资源配置中的决定作用取代甚至否定政府作用，也不能用更好发挥政府作用取代甚至否定市场在资源配置中的决定性作用。[①]

——《习近平谈治国理政》（第一卷）

① 习近平．习近平谈治国理政［M］．第一卷．北京：外文出版社，2018：117.

本章导读

高校财务信息公开既是高等教育适应经济社会高质量发展的客观要求，也是高等教育自身改革与发展的自然趋向。高校财务报告信息公开既关乎高等教育发展的性质，更关乎高等教育发展的结果。

本章首先总结了美、英、加、澳四国高等学校财务报告信息公开的共同特征。从美、英、加、澳四国295所样本高校财务报告信息公开统计情况看，四国高校财务报告信息公开率高，分别达到了93.9%、98.9%、100%和94.9%，财务报告总体公开率达到96.3%，但在公立和私立不同办学属性高校间，财务报告信息公开并未呈现出差异性；从样本高校财务报告框架和发布看，报告框架完备、报告公信度较高；从财务报告呈现看，印刷精美、形式多样化、内容翔实丰富；从财务报告公开的法制遵循看，除英国之外，四国高校财务报告信息公开进程明显滞后于联邦和地方政府信息公开立法，且各高校间公开起始年度差异较大。

以四国高校财务报告信息公开共同特征为基础，结合我国近年来高校财务信息公开的实践现状，课题组对未来世界高等教育领域财务报告信息公开进行了大胆展望。尽管高等学校财务报告信息公开是国际高等教育改革和发展的必然结果，但同时我们更应清醒地认识到，高等学校财务报告信息公开在世界各国间仍存在显著差异，各国实现高等学校财务报告信息公开之路仍很漫长，从高校财务报告信息公开“有没有”到“用没用”甚至“尽其用”的目标依然艰巨。

本章最后针对我国高等学校财务报告信息公开的十年巨变，尤其是存在的问题，吸收美、英、加、澳四国高等学校财务报告信息公开取得的有益经验，对我国高等学校财务报告信息公开提出了对策建议。

一、四国高校财务报告信息公开共同特征

本课题以美国新闻和世界报道（U. S. News）发布的世界最好大学排行榜为依据，以四国 295 所高等学校为研究对象样本，以四国高校财务报告信息公开的法制遵循、公开进程、公开现状、公开框架、财务信息为研究内容，对四国高校财务报告信息公开情况进行研究，通过研究、比较和分析发现，四国高校财务报告信息公开呈现出一些鲜明的共同特征。

（一）财务报告公开率高且高校属性间无差异

本课题选取的研究对象样本高校共 295 所，其中美国 132 所、英国 87 所、加拿大 37 所、澳大利亚 39 所。截至 2021 年 6 月，四国共有 284 所高校不同程度地公开了财务报告信息，未能在 11 所高校官方网站找到其财务报告信息。从研究对象样本总体上看，四国样本高校财务报告信息公开率为 96.3%（见表 7－1）。

表 7－1　　四国样本高校财务报告信息公开数量及公开率统计

编号	国家	样本高校数量	公开高校数量	未公开高校数量	样本高校公开率
1	美国	132	124	8	93.9%
2	英国	87	86	1	98.9%
3	加拿大	37	37	0	100%
4	澳大利亚	39	37	2	94.9%
总计		295	284	11	96.3%

从研究对象样本高校的属性看，私立高校同公立高校一样，在财务报告信息公开方面并未存在属性差异。

（二）财务报告框架完备且报告发布公信度高

在公开的财务报告目录框架方面，研究对象样本高校公开的财务报告，反映出各国高校财务报告公开框架的完备程度。四国高校在财务报告框架

方面的共同特征是：不仅公开了高校主要的财务报表，还公开了与财务报表密切相关的其他财务和非财务信息。如年度财务概述、独立审计报告、财务报表附注等财务信息，以及校长致辞、管理层责任声明、大学董事会等管理层名单等非财务信息，为数不少的大学甚至公开了与财务报告密切相关的内部控制报告等。

四国高校公开的财务报告在信息内容方面的共同特征，就是财务报告发布呈现出较高的公信度。体现在三个方面：一是公开的财务报告均经过会计师事务所或州审计长办公室的审计。这些会计师事务所多为世界著名四大会计师事务所或世界著名的州省所在地会计师事务所；二是高校公开的财务报告均有校长、主管财务的副校长和财务长的签字署名，以及公开大学治理结构图和大学高级官员，甚至各学院院长的名单；三是公开的财务报告信息内容极尽详细。从体量上看，这些财务报告通常超过 50 页，有些报告甚至超过 200 页，特别是财务报表附注部分，通常会占到整个财务报告总体量的一半页数以上，对财务报告内重要内容进行了详细的解读。

（三）财务报告印刷精美且内容呈现形式多样

四国高校财务报告印刷精美，很多高校的财务报告配图精美，甚至使用彩色版本。这些高校发布的年度财务报告，呈现在读者眼前，就如同一本印刷精美、丰富多彩的手册或图书。财报中或显示有大学校长的照片，或显示大学著名的建筑，或显示大学在财年度内取得的重要成果，或显示大学开展的教学、科研、体育等活动。

从信息内容呈现形式看，将原本单一甚至枯燥的财务数据和文字描述，通过饼形图、柱状图、拆线图等多样化的形式，结合不同类型的表格呈现出来，极大地改善了财务报告的信息呈现质量，很好地提高财务报告使用者的阅读体验和舒服度。

（四）财务报告公开法制遵循滞后且差异较大

从四国高校财务报告信息公开时间进程统计看，美国联邦政府信息自由法颁布于 1967 年，最早公开财务报告的高校为佛罗里达国际大学（Florida International University)，在其官方网站公开了自1988/1989年度至今所有年度的财务报告；2000年（含）之后公开财务报告的高校共100所，约占总体数量的76%；有22所高校在2010年之后才开始公开财务报告；此外，还有8所高校未能在其官方网站获取其财务报告。

英国联邦政府信息自由法颁布于2000年，过渡期后于2005年开始实施，最早公开财务报告的高校为华威大学（University of Warwick），在其官方网站公开了学校1965年成立以来全部财年度的财务报告，也是四国样本高校中唯一一所公开了全部财年度财务报告的高校；排在之后的是谢菲尔德哈勒姆大学（Sheffield Hallam University）于1996年开始公开其财务报告；其余36所高校在2005年（不含）之后公开财务报告，占全部87所研究高校数量的41%。

加拿大联邦政府于1983年颁布信息自由立法，最早公开财务报告的高校为萨斯彻温大学（University of Saskatchewan）和纽芬兰纪念大学（Memorial University of Newfoundland），最早于1996年开始公开1995/1996年度财务报告；而里贾纳大学（University of Regina）直到2013年才开始公开财务报告信息。还有英属哥伦比亚大学（University of British Columbia）和爱德华王子岛大学（University of Prince Edward Island）仅滚动公开三年的财务报告信息。

澳大利亚联邦政府于1982年颁布信息自由立法。澳大利亚样本高校中，最早公开财务报告信息的高校是伍伦贡大学（University of Wollongong），于1975年就开始公开；直到1996年科廷大学（Curtin University）和皇家墨尔本理工大学（RMIT University）才开始公开财务报告；最晚公开财务报告信息的高校——南昆士兰大学（University of Southern Queensland）直到2015年才开始公开财务报告；仍有2所大学未公开财务报告信息。

二、高等学校财务报告信息公开未来展望

高等学校财务报告信息公开的未来取向，一是要充分认识信息公开是

国际高等教育改革与发展未来的主流趋势；二是要充分认识各国高校信息公开的进程会存在较大差异；三是高校财务报告信息公开目标达成任重道远。高校财务报告信息公开要从高校财务信息公开“有没有”到“用没用”最终达到“尽其用”，撞破隔断供给和需求之间那层厚重的“玻璃幕墙”，形成一个充满活力的高校财务信息公开市场，充分发挥高校财务信息在未来高等教育资源配置中的基础性甚至决定性作用，营造一个公平、公开、公正的高等教育资源配置市场环境，进而有效推进高等教育治理体系和治理能力的现代化。

（一）信息公开是国际高等教育未来的主流趋势

知情权是人的基本权利，同时也是人民行使一切民主权利的重要前提。而信息自由是实现人民知情权利的重要制度安排。有研究表明，越是民主政治程度高的国家，信息公开的程度也越高。高等教育是“人”的教育和培养“人”的高等教育，高等学校信息公开是高等教育发达程度的重要标志之一。

尽管各国高校在财务报告信息公开进程方面存在着明显的差异，但即使如此，四国不同办学性质即公立和私立高校，却不约而同公开了自己的高校财务报告，体现了高等教育这种为了“人”、为了人成为“人”的“立德树人”的教育的公共领域属性。换句话说，高等学校财务报告信息公开，不是由高等学校是公立还是私立的办学性质决定的，也不是由高等学校资金的主要来源是政府还是私立捐赠等差异决定的，而是高等教育的公共属性决定的。

高校财务信息公开，是高校理财民主化水平的显著标志，是高校校务公开的重要内容之一，也是高校办学各利益相关方及社会公众了解、监督高校财务管理状况的有效途径。[①] 随着我国高等教育体制改革深入推进，高校筹资渠道逐渐多元化，高校财务信息公开能够保障资源相关方的知情权，

① 路红兵，孙鑫磊．基于 ANP 的高校财务信息透明度指数模型研究［J］．会计之友，2017（24）：103－109.

提升高校资源配置和管理决策能力的社会公信度，甚至影响高校从政府获得绩效拨款和从社会获得资金资助的多寡。因此，高校财务信息公开在高校信息公开工作中重要性强、关注度高、影响面广，成为高校信息公开工作的重要内容之一。做好高校财务信息公开工作，对高校的可持续发展意义重大。

（二）各国高校信息公开的进程会存在较大差异

一国高校信息公开的实践不可能完全照搬至另一个国家。各国高校信息公开的进程，受制于一国的经济、社会、历史、文化等诸多因素的共同影响。

从信息公开立法进程看，根据全球信息自由倡议网络组织（global network of freedom of information advocates）统计，截至 2017 年 9 月，世界上已有 119 个国家和地区颁布了信息自由立法。1766 年，瑞典于颁布信息自由立法，成为世界上第一个颁布信息自由立法的国家，迄今已有 250 年的历史，最近一个颁布信息自由立法的国家是卢森堡公国，颁布信息自由立法的时间是 2018 年。从统计看，各国颁布信息自由立法的进程，存在较大的差距。美国联邦政府于 1966 年颁布了《信息自由法》，澳大利亚、加拿大、英国分别于 1982 年、1983 年、2000 年颁布了国家层面的信息自由立法。①

即使在同一个国家，如美国，联邦政府于 1966 年颁布《信息公开法》后，全国各州、省并未随之立即颁布地方政府的信息公开立法，实际上各州、省的信息自由立法进程之间仍存在着较大的差异；从高校财务报告信息公开进程看，即使在同一个州，美国高校间财务报告信息公开进程之间也存在明显的差异。这种差异是美、英、加、澳四国高等学校财务报告信息公共进程的普遍和共同特征。

我国政府于 2007 年颁布《政府信息公开条例》，成为世界上第 68 个颁布信息自由立法的国家。随后我国教育部于 2010 年颁布了《高等学校信息

---

① freedominfo. org. Alphabetical and Chronological lists of countries with FOI regimes [EB/OL]. http：//www. freedominfo. org/? p = 18223.

公开办法》，于2012年12月首次发布《关于做好高等学校财务信息公开工作的通知》，并于2014年以清单的形式制定了《高等学校信息公开事项清单》。

（三）高校财务报告信息公开目标达成任重道远

信息不会自愿公开，必然需要法律的规制。财务信息规范理论认为，财务信息是公共产品而不是私人产品。公共产品具有外部性。为了保障社会公共利益的最大化，应对会计过程实施公共干预，从而弥补市场失效的损失。[①] 高校财务信息具备公共产品的属性，有必要加强公共干预。因此，我国高校财务信息公开面临双重困难，一方面要加快形成高校财务信息市场，另一方面要对高校财务信息公开进行公共干预，高校财务信息公开的前行之路仍面临重重障碍。

十八届三中全会明确提出让市场在资源配置中起到决定性作用，实现基础就是要建立起有利于市场发挥决定性作用的统一开放、竞争有序的市场体系。而市场体系的完善，最重要的前提就是要建立一套适应市场经济体系的公平、开放、透明的市场规则。十九届四中全会继续强调，要充分发挥市场在资源配置中的决定性作用，同时更好地发挥政府的作用。在我国，高等教育资源具有公共事务资源属性，应建立统一开放、竞争有序的高等教育资源市场，并按照公平、开放、透明的市场规则进行资源的有效配置。高校财务信息公开，为市场在我国高等教育资源配置中发挥决定性作用撞破了制度坚冰，必将在未来的高等教育事务管理决策中大有作为。

（四）信息公开立法需要与隐私保护法并行不悖

美、英、加、澳四国联邦政府和地方政府在颁布信息自由立法、保障公民知情权利和信息权利的同时，特别注重与之相对应的信息隐私保护立法，使信息自由立法和信息隐私保护立法之间保持应有的张力，两法之间有明确的边界规定，共同维护公民的知情权和隐私权。

在四国高校官方网站的实践考察过程中，绝大多数高校在官方网站首

---

① 周红．财务信息披露的三种基本理论模式［J］．会计研究，1998（12）：18－21.

页的醒目位置，开设隐私（Privacy）或数据隐私（Data privacy）专栏，链接高校在信息公开过程中同时保有和遵循的信息隐私保护政策。如牛津大学在其官方网站开设了数据隐私（Data privacy/GDPR）专栏，为保护个人数据信息的安全，于2018年发布了《通用数据保护条例》（General Data Protection Regulation，GDPR），该条例的发布与实施，为大学提供了一个可以进一步加强和保护人们获取、使用数据方式的机会，并将确保数据隐私作为大学工作的核心。[①] 信息隐私保护立法与信息公开立法看似矛盾，但在实施过程中，实则更加明确了哪些信息应该公开，哪些信息应该受到保护，使得信息公开和信息保护在各自的法律框架范围内并行不悖，起到了互相促进的作用。

三、我国高校财务报告信息公开对策建议

自20世纪90年代始，高校财务信息公开逐步成为世界高等教育强国高等学校的普遍实践。近年来，我国各级教育行政部门和各高校不断加快推进高校财务信息公开工作，成绩显著。但从现实维度看，在公共视野中，高校财务信息正由“从无到有”的历史性突破陷入“有而无用”的尴尬境遇；从目标维度看，在高等教育资源委托代理关系中，高校财务信息公开之于多元主体的内源性目标，尚未达成；从实践维度看，公开的高校财务信息，在高等教育事务多元主体间的生成、传递、使用、增值、反馈和监管等实践路径，尚未贯通。[②]

（一）加强高校财务报告信息公开的理论研究

只有认识了理的不得不然，有了自觉，便会自愿。[③] 这就使得“理”在

---

① University of Oxford. Data privacy [EB/OL]. https：//www. ox. ac. uk/about/organisation/governance/dataprivacy.

② 张桂丽，李艳花，赵红卫. 高校财务信息公开的三维观照与未来展望 [J]. 会计之友，2020（14）：57－62.

③ 冯契. 中国古代哲学的逻辑发展（下）[M]. 上海：上海人民出版社，1985：843.

自觉自愿的行动中显得格外重要：它使得基于“理”的决策具有正当性，进而对这种决策的执行具有高效率。① 高校财务报告信息公开，不仅仅需要政治领域关于知情权、公共物品等的理论基础支撑，也不仅需要高等教育领域关于教育权利、委托代理等的理论基础支撑，更需要经济领域关于信息经济、会计制度、会计准则等的理论研究提供坚实支撑。

首先，从高校财务报告信息公开的外部关系看，高校财务报告信息公开与政府领域的知情权、公共管理等理论密切相关；也与高等教育领域的委托代理、公共物品等理论密切相关。这些理论更多地从“为什么”的角度，廓清了高校财务报告信息公开是高等教育改革和发展必然的未来趋势，解决的是“不公开不行”的理论问题。

其次，高校财务报告信息公开同时也是会计领域理论基础研究的范畴。在经济全球化的今天，加快我国会计制度体系的理论基础与国际比较研究，持续推进我国会计准则与国际会计准则的趋同和等效。这里解决的是高校财务报告信息本身的内容和质量等方面的理论问题。

时至今日，会计准则国际趋同已成为全球共识，从美、英、加、澳四国高等学校财务报告与我国高等学校财务报告比较研究和个案研究可以看出，尽管我国高校和四国高校财务报告都是政府会计准则规范的范畴，但我国与四国高校财务报告从会计要素的分类、会计科目的使用、会计报告的框架等方面仍存在明显的差异，这对推进我国政府会计准则与发达国家和国际会计准则趋同带来了巨大的挑战。无论对于企业会计还是政府会计而言，会计要素与会计科目设置目标不同、服务对象不同、具体用途不同，会计要素具有鲜明的外部性、高层级和统一性特征，而会计科目具有鲜明的内部性、低层级、灵活性特征。我国正处于粗放型经济向集约型经济转变的重要转折关头，推进会计准则国际趋同，加强会计、财务体系创新，更好地发挥会计反映财务状况和经营成果会计信息的信号作用，引导资本流动和投融资决策，必然会对社会资源优化配置产生重要影响。因此，适时加快对现行会计准则的修订和完善，优化会计要素和会计科目基本分类，

---

① 童世俊．“理论”的实践意义//苏力，陈春生．中国人文社会科学三十年［M］．上海：三联书店出版社，2009：549－562.

尽快建立完善满足会计核算和监督需要、适应经济社会发展的会计准则和会计报告体系，会计要素和会计科目的改革对高校会计制度改革与发展举足轻重，直接影响着高校财务报告及其信息公开等各项工作。①

当前，经过多年的不懈努力，我国企业会计准则国际趋同的成效显著，净利润和净资产的差异率逐步缩小，并先后与欧盟、中国香港实现了会计准则等效，但会计准则国际趋同的压力仍然巨大。② 然而，我国政府会计准则的国际趋同程度仍较为迟缓滞后。继 2014 年 12 月 12 日国务院出台《权责发生制政府综合财务报告制度改革方案》后，从 2015 年开始，陆续发布了《政府会计准则——基本准则》和一系列具体准则，2019 年 1 月 1 日起，新的《政府会计准则制度》在全国各级各类行政事业单位全面施行。我国高校财务报告信息公开工作随着《政府会计准则制度》的全面实施而进入新的发展阶段，加强包括高校在内的政府会计准则制度理论研究，持续推进我国政府会计准则与国际会计准则的趋同任务更加艰巨。本课题这方面的研究成果发表于《商业研究》2017 年第 7 期。

（二）完善高校财务报告信息公开的法律体系

美国休斯顿大学的琳迪塔·卡马（Lindita Camaj）认为，信息自由立法的积极效果高度依赖于公民的信息需求和国家监督体系，并强调公民社会和公众媒体等非政治制度在信息公开过程中的重要地位。③ 即使美国在许多方面为其他国家信息公开树立了榜样，但从 1946 年的《行政诉讼法》到 1966 年的《信息自由法》，再到 20 世纪 90 年代初历时近半个世纪，《信息自由法》的实施一直不尽如人意，曾被形容为“一只没有牙齿的野兽，被政府机关无耻地踢来踢去”。④ 直到 20 世纪 90 年代初，英、美等国家才开

---

① 赵红卫．会计准则国际趋同背景下会计对象分类差异研究［J］．商业研究，2017（7）：96－102＋118．

② 黄世忠．保持我国企业会计准则与国际准则趋同［N］．中国会计报，2016－10－14（5）．

③ Lindita. Camaj. From “window dressing” to “door openers”? Freedom of information legislation, public demand, and state compliance in South East Europe［J］. Government Information Quarterly, 2016, 33（2）：346－357.

④ 蔡航．美国的政府信息公开法及其借鉴［J］．法治论丛，2003（4）：9－13．

始逐步实现高校财务信息公开。

从各国实践看，一方面，高校财务报告信息公开是信息公开立法规制的主要内容，应然受到上位的信息公开立法体系的规约。另一方面，高校财务报告信息公开的法制进程，高校财务报告信息公开，不仅仅是信息公开领域的事情，还是会计准则制度规制的范围，更是高等教育领域的事项。需要依靠高等教育领域、会计准则制度等立法体系的建立和完善。高校财务报告信息公开需要有多维度的法制遵循，需要不断完善高校财务报告信息公开的法制体系建设。

信息公开立法体系的建立和完善，不仅包括国家的信息公开立法，以及地方政府的信息公开法规的建立和完善，同时也应包括各行业、各部门信息公开立法结合行业领域特点，对该行业领域信息公开立法的建立和完善。

在高等教育领域，高校信息公开是高等教育领域信息公开的重要组成部分，高校财务报告信息公开又是高校信息公开的重要内容，都需要自上而下一系列法律、规章、制度的规制。具体高等学校财务报告信息公开的法规体系的完善，应考虑各国经济、社会、文化、历史等条件，结合各国的信息公开法制进程及高等教育领域信息公开的法制进程，同时协调政府与教育、财政等相关部门共同加强法治建设和法制协调，形成多方合力，避免不同部门之间立法条款的差异与冲突。

（三）提升高校财务报告信息公开的信息质量

首先，从高校财务信息公开目标看。我国高校财务信息公开才刚刚起步，虽然已取得一定的成绩，但与世界高等教育发达国家相比，公开的高校财务信息在满足财务信息质量特征方面还存在较大差距。我国高校财务信息公开的目标达成，要求财务信息首先须“闯”过真实性、全面性、有用性三关。

有效“使用”财务信息比仅仅“公开”财务信息更能突显信息公开的价值，高校财务信息公开急需实现从“有没有”到“用没用”的华丽蜕变。高校财务信息公开“闯”三关，需要政府、高校和社会的三方协同。一方面，高校应当不断提升会计业务和财务管理水平，产出真实、全面的财务信息基础产品；另一方面，政府应当严格规制，强制高校财务报告审计监督，公开经审计的财务报告，保障高校财务信息产品的社会公信力；同时，政府应当出台政策，加快培育高校财务信息决策咨询机构，整合、加工、产出政府和社会公众易获取、易理解、易使用的财务信息增值产品，消除隔断供给需求的“玻璃幕墙”；另外，社会公众应当自觉增强民主法治意识和公共参与意识，主动增强社会公共事务参与和监督能力；政府、高校、社会团体和个人应积极把握政策机遇，整合人、财、物等多方面资源，加快构建高校财务信息决策咨询第三方市场主体，更好地发挥第三方市场主体在高校财务信息价值增值的智库作用。①

其次，从高校财务信息的产生本体看，近年来高校经济腐败和资源浪费等现象日趋严重，暴露出我国高校风险管理审计的薄弱和窘境。高校作为高等教育资源主要的终端受托者和配置者，必须主动构建强有力的风险管理审计体系，有效应对大学在资源配置管理过程中一系列风险和复杂问题，确保高等教育资产的安全、完整、效益、增值。国外大学通过建立大学自身完善的内部控制和审计监督体系，从内部制度架构方面为财务报告具有财务信息质量基本特征提供了制度和组织保障。如哈佛大学构建了科学合理的学校层级的大学法人治理结构和资源权力制衡架构、部门层级风险管理组织构架和职能架构、提供丰富人性化的风险管理审计资源策略，②我国各级政府、教育行政部门和各高校应结合我国历史文化传统和经济社会发展的现实，积极借鉴世界高等教育强国著名大学在风险管理审计方面的有益经验，着力提升我国高校风险管理审计水平，加快推进我国高等教育治理体系和治理能力现代化。

课题组在对国外大学财务报告进行实践调查过程中发现：国外大学从大学治理的视角对待高校财务报告信息公开，将财务报告信息公开事项作为大学治理的重要组成部分，纳入大学治理栏目进行公开，提升了高校财务报告信息公开在大学治理中的地位和作用；从高校财务报告信息公开内容上看，将审计报告、内部控制报告等纳入财务报告框架内，作为财务报

① 赵红卫．高校财务信息公开的信息质量特征研究［J］．中国总会计师，2017（5）：52－53.
② 赵红卫．哈佛大学风险管理审计的经验与启示［J］．审计研究，2017（4）：106－112.

告的重要组成部分一起公开，彰显了审计与内部控制等监督与高校财务报告的必然联系（见表7－2）。

表7－2 完善并构建高校财务报告信息公开信息质量体系

	财务报表体系	财务报告信息质量保障体系
财务报告系统	财务状况表	独立审计报告
	运营活动表	会计准则制度
	现金流量表	大学治理结构
	其他附表	管理层责任声明
	财务报表附注	内部控制报告

上述实践特征，在本课题选择美、英、加、澳四国样本高校中得到充分体现。本课题选择哈佛大学的治理结构与审计服务进行专题研究，从不同视角展现了高校财务报告信息公开与大学治理和审计服务之间不可或缺的密切联系，这方面的研究成果发表于《审计研究》2017年第4期和《高教探索》2017年第9期。

尽管大学治理天然地与民主、政治、文化等较为厚重的理论元素有着密切的联系，不同国家间因政治体制、财政体制、文化传统等方面的不同而造成大学治理结构大相径庭，但大学风险管理和审计服务作为一种治理手段，它自身更突出的特征却是技术性和经验性，是大学治理制度体系中相对具体和操作层面的普适性范式，可资我国高等学校构建风险管理和审计服务体系以借鉴。①

（四）构建高校财务报告信息公开的产品市场

信息公开不是为了公开而公开，而是为了使用而公开。信息作为一种经济资源，其价值功能的发挥依赖于信息的生产、加工、流通等诸多环节。信息经济时代，信息公开产生的大量会计信息，应在现代社会组织中担当起类似人类神经系统中枢的重要地位和作用。信息资源的市场效应，对于

① 赵红卫．现代大学风险管理和审计服务研究——以哈佛大学为例［J］．高教探索，2017（9）：83－88.

信息资源功能的发挥至关重要。

首先，高等会计教育应在信息经济时代的会计革命中担当重任。会计信息的生产者，直接地包括会计准则的制定者、会计活动的从业者、经济事项的决策者；间接地包括会计理论的研究者、会计知识的教育者、会计技能的学习者。这些直接和间接的会计信息生产者，应然全都是高等会计教育的对象。仅从这个意义上看，高等会计教育就应在未来的会计信息革命中担当重任，责无旁贷。从会计信息供给侧的会计人员和专业出版商，到会计信息需求侧的利益相关者和会计信息使用者，他们之间的信息鸿沟需要靠高等会计教育来联通与消弭。这恰恰是高等会计教育所面临的新的信息革命命题，这是由高等会计教育在整个会计教育体系中的战略地位所决定的（见图7－1）。

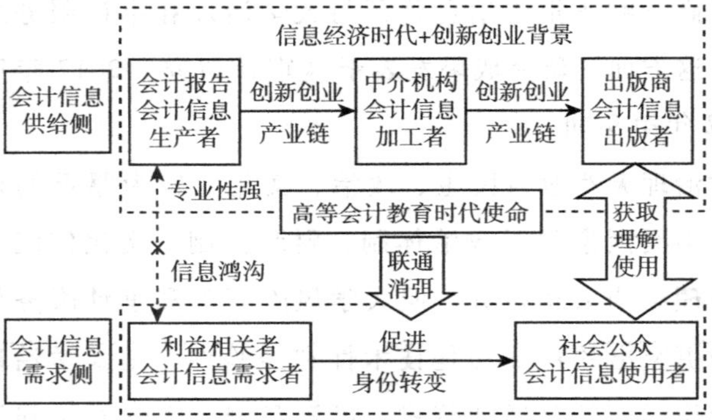

图7－1　信息经济时代高等会计教育面临的新的信息革命

高等会计教育是决定会计人才的储备深度、培养体系和发展速度最重要的力量。我们很难想象，如果会计教育体系中没有高等会计教育，会计从业人员可能只是会计报告的生产者，而不会是真正意义上的会计信息生产者；专业出版商也很难生产并呈现社会公众真正需求的会计信息；如此，社会公众便只会停留在会计信息的需求者层面，而不会成为会计信息的最终使用者，实现身份转变。①

其次，在信息市场中实现高校财务报告信息产品的增值价值。初次公

① 赵红卫．高等会计教育的创新创业能力导向研究［J］．财会月刊，2021（1）：74－81.

开的高校财务报告信息作为公共物品，在信息市场中可以充分获取和流动，取决于高校财务报告信息利益相关者多元主体间的供需渠道各环节的闭环是否完善。从我国高等教育事务委托代理关系看，高等教育资源配置的主要市场参与者包括政府、高校、社会公众、中介机构等，共同构成了高校财务信息公开的多元主体。多元主体围绕高校财务信息的主要载体——高校财务报告，形成信息生成、传递、利用、增值、反馈、监管等环节的封闭循环，共同勾勒出高校财务信息公开的实践思维导图（见图 7－2）。①

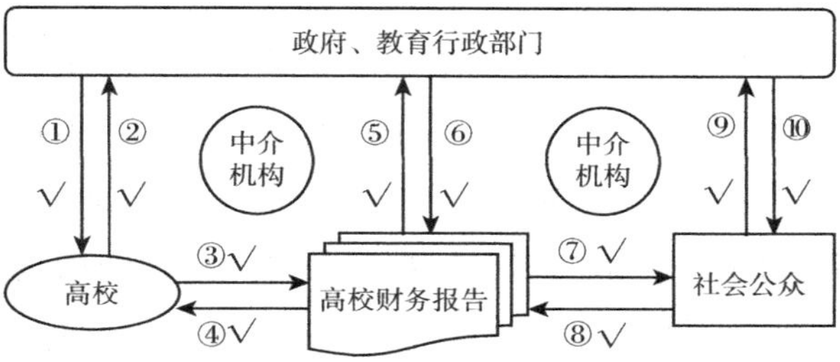

图 7－2　高校财务信息公开实践维度

高校供给的财务报告信息产品往往不能满足特定信息需求者的信息需求，就产生了对高校财务报告信息进行后续加工的社会需求，以满足特定信息产品的需求者。这些经过加工的高校财务信息产品，就可以在信息市场中以一定的价格供应给特定的信息需求者，一方面加快形成了信息经济时代的信息产品市场，另一方面在信息产品市场中实现了高校财务信息产品价值增值，发挥高校财务信息在财政拨款、社会筹资、绩效评价等工作中的资源配置和评价作用，形成高校资源配置的优化配置和良性循环。

① 张桂丽，李艳花，赵红卫．高校财务信息公开的三维观照与未来展望［J］．会计之友，2020（14）：57－62.

后 记

看到全国教育科学规划领导小组办公室发布项目鉴定公告那一刻，满怀期待与忐忑不安相交织的心情才终于踏实下来。项目不仅顺利结项，且被鉴定为“良好”。这不仅是对课题研究质量的一个充分肯定，更是对课题组五年来无怨无悔辛苦付出的莫大回报和鼓舞。感谢全国教育科学规划领导小组办公室，感谢国家社科基金项目各位评审专家的厚爱！

一路走来，先后得益于陕西师范大学教授田建荣博士，教育部中国教育科学研究院研究员张男星博士，北京大学教授马万华博士，英属哥伦比亚大学教授 Hans Schuetze 博士和 Wang Fei 博士，加拿大西安大略大学教授李军博士，华威大学教授何黎刚博士，林肯大学教授 Terence Karran 博士，林肯大学教育学院院长 Anita Backhouse 博士，牛津大学教授 Jonathan Wolff 博士，以及其他国内、外众多专家学者的培养、支持、关心、鼓励。他们中，有些给了我悉心的培养和引领；有些虽未曾谋面，却为我的个人成长和学术探索提供了非常宝贵和难得的机会，是他们给予了我迎难而上、勇毅前行、砥砺奋进的不竭动力！请允许我借此机会留以纪念，并致以最衷心和诚挚的感谢！

该书也是河南省高校科技创新人才支持计划（人文社科类）项目（2020—CX—029）的研究成果。感谢河南财政金融学院对本研究提供的全过程、全方位支持！感谢课题组各位成员的不懈努力与辛苦付出！

感谢国家留学基金委提供的公派访学机会，终于沉下心来对本书进行最后的整理、校对。感谢中国财政经济出版社，感谢李昊民、张怡然编辑同志的悉心批阅、审校，在此表示最诚挚的谢意。

时光荏苒，往事历历。
长路修远，甜苦自知。
负笈前行，初心眷眷，
日月踰迈，有常以志。

赵红卫
于英国　林肯
2022 年 9 月